옥스퍼드
출판의
미래

옥스퍼드 출판의 미래

The Oxford Handbook of PUBLISHING

앵거스 필립스
마이클 바스카

정지현 옮김

교유서가

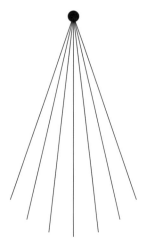

차
례

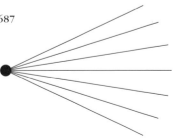

다시, 출판의 미래를 생각하면서

장은수(출판평론가)

출판에는 두 가지 속성이 있다. 문화적 속성과 산업적 속성이다. 무엇보다 출판은 인류 정신문화의 정수인 책을 생산한다. 따라서 사람들은 '출판'이라고 하면 먼저 "신사적 분위기, 책이 가득한 사무실, 고루함과 느긋함, 전통과 예술성 선호 등" 문화적 분위기부터 떠올린다. 좋은 작품을 남기기 위해 고뇌하는 작가들, 매력적 원고를 발굴하고 내용을 보완해 가치를 끌어올리기 위해 분투하는 편집자, 예술품처럼 아름다운 책을 구상하고 만들려고 애쓰는 디자이너, 고상한 이야기를 주고받으며 독자들에게 책을 권하는 사서나 서점 직원 등이 그 구성원이다. 동시에 이는 독자의 정체성을 이루기도 한다. 많은 독자가 단지 정보나 지식을 얻기 위해 책을 사고 읽는 게 아니라 책을 통해서 이러한 문화적 아우라(aura)를 함께 향유하고 체화한다.

출판산업의 바탕엔 경제적 수익보다 문화적 가치를 우선하는 마음이 깔려 있다. 엘리자베스 르 루가 말하듯, "출판은 공동체 정체성과 문화의 핵심"에 존재한다. 이러한 자부는 출판산업에 강력한 매력을 불어넣는다. 출판 일을 시작하려는 사람들을 보면, 그 힘을 알 수 있다. 이들은 책의 아날로그 물성에 끌리고, 그 안의 지식과 지혜에 매료되며, 출판 특유의 분위기에 홀려서 더 나은 수입을 보장하는 일들을 포기하고 기꺼이 이 일에 평생을 바치려 한다.

오래전 한 에이전트가 『그레이의 50가지 그림자』를 내게 소개한 적이 있다. 온라인 연재로 엄청난 화제가 된 직후였다. 미국에서 책이 나오기 전이었는데, 사전 협상을 통해 한국어 출판권을 확보하라고 권했다. 세계적 베스트셀러가 될 게 뻔했기 때문이었다. 하지만 나로서는 굳이 출판하고 싶지 않은 내용이라 동료들과 협의해 거절했다. 결국, 이 책은 국내 다른 출판사에서 나왔고, 엄청난 판매를 올렸다. 훗날, 도서전에서 그 에이전트와 만났다. 에이전트는 우리에게 '그레이' 출판을 포기한 걸 후회하지 않느냐고 물었다. 그 자리에 모였던 우리 출판사 사람 모두가 조금도 후회하지 않는다고 완강히 말했다. 단호한 반응에 에이전트가 깜짝 놀랐던 기억이 난다.

나는 출판을 떠받치는 힘이 이런 종류의 적극적 추구와 거부에서 나온다고 믿는다. 마이클 바스카의 표현을 빌리면, 큐레이션, 즉 출판사가 무얼 출판할지 정하는 일, 가치를 더하기 위해서 콘텐츠를 선별하고 처리하는 일이다. 현재와 같이 즐길 만한 콘텐츠가 넘쳐나는 공급과잉 시장에서 출판사가 무엇을 선택하느냐는 "정체성이나 전략의 문제"를 넘어 "생존의 문제"이지만, 잘 팔리고 수익성 높은 콘텐츠가 출판을 모두 설명하지는 못한다. "기업의 의사결정이 데이터 지향적으로 이루어지는 시대에 편집 관련 선택은 여전히 '직감'이나 주관적 선택에 따른다."

한 출판사의 문화, 편집자의 취향 등은 언제나 출판 매력의 핵심이다.

좋은 책이라고 믿으면 때때로 경제적인 손해를 기꺼이 감수할 수 있는 마음, 먼 훗날을 생각해 미지의 신인 작품에 과감히 투자할 수 있는 마음이 출판 안엔 있다. 이는 아직 사람들이 받아들이기 힘든 위험한 사상이나 모험적 작품을 출판해 인류 정신에 변화를 일으키고, 정치와 사회를 바꾸는 힘이기도 하다. 현재도 출판 현장 곳곳에선 비슷한 시도가 끝없이 이어지고 있다. "출판사들은 언제나 큐레이션 때문에 번영하거나 쇠퇴했다."

출판을 말하는 어떤 사람도 출판의 역사가 이룩한 놀라운 매력, 즉 "사상과 문화의 미개척 지대에서 일하는 흥분감, 꾸준히 세상 변화에 일조하는 능력"으로부터 자유로울 수 없다. 문화적 가치만 생각할 때, "출판은 세계 최고의 비즈니스다. 출판은 아리스토텔레스의 윤리학부터 개발도상국 빈민가에 사는 사람들의 꿈까지, 온갖 생각과 이론의 전파에 관여한다. 책은 사람을 자극해서 생각하고 현상에 도전하고 공직자 선거에 출마하고 더 나은 세상을 만드는 노력을 하게 한다." 이것이 출판에 종사하는 모든 이들의 자존과 자부를 이룬다. 이 책에 실린 여러 사례에서 우리는 출판문화의 매력을 숱하게 확인할 수 있다.

그러나 문화적, 인간적, 낭만적 속성만으로 출판을 이야기하는 건 곤란하다. 경제적, 산업적, 기술적 측면이 출판의 또다른 축을 이룬다. 다른 모든 산업과 마찬가지로, 출판 역시 책의 생산과 유통을 지배하는 엄혹한 경제법칙을 외면하면 서서히 약해진다. 예를 들면, 출판 경제학은 9대 1의 법칙이 지배한다. 앨버트 그레코는 말했다. "일반적으로 미국에서 출판되는 성인서 하드커버 10권 중 7권이 적자이고 2권이 본전을 건지고 1권이 흑자를 거둔다. 출판의 경제학은 가혹하기만 하다." 출판산업을 이야기할 땐 현실의 냉혹함을 반드시 전제해야 한다. 경제학에 바탕을 둔 적절한 전략 없이 좋은 책은 펴낼 순 있어도, 출판을 잘할 순 없다.* 더욱이 디지털 시대를 맞아 출판을 지탱하던 가치사슬이 붕괴하면서 산업 전체가 근본적 혁신을 요구받고 있지 않은가.

이 책은 디지털 시대에 발맞추어 출판산업을 전면적으로 다시 상상하려는 사람들을 위해서 쓰였다. 1부 '맥락'에는 출판산업의 역사적 발전 과정을 살피고, 현재를 정확히 이해하는 데 도움 주는 글들이 실려 있다. 2부 '역학'에서는 출판산업을 움직이는 근원적 힘들을 점검하고, 디지털 시대에 발맞추어 이를 실천적으로 다시 설계하는 방법을 안내한다. 책에 나오는 온갖 자료들은 주로 영국과 미국 출판을 바탕으로 쓰였지만, 그 원리와 작동 방식은 한국 출판에도 유효한 점이 많다. 읽으면서 그 같음과 다름을 살피는 것만으로도 이 산업을 바라보는 시야를 넓힐 수 있을 테다. 3부 '실제'에서는 1부와 2부에서 이야기한 내용을 바탕으로 조직, 디자인, 마케팅, 저작권 등 출판 현장에서 실제로 어떻게 혁신을 일으키고, 앞날을 준비할 것인가를 세밀하게 논의한다.

먼저, 이 책은 출판산업의 전통적 이미지를 파괴하는 데에서 시작한다. 보수적이고, 기술에 뒤지고, 변화에 느리며, 혁신에 둔감한 출판의 모습은 잘못된 신화에 불과하다. 역사는 출판산업이 파괴적 혁신을 두려워한 적이 없음을 알려준다. 존 맥스웰이 말하듯, 출판은 항상 기술적 행위였다. "기술적 수단을 통해 관객, 즉 대중을 확장하는 것이야말로 항상 출판의

---

* 가령, 빅5 출판사(펭귄랜덤하우스, 하퍼콜린스, 사이먼 앤드 슈스터, 아셰트/리틀브라운, 홀츠브링크/맥밀런)는 전문화와 분업화를 도입하고, 이들 사이에 긴밀한 협동을 통해 출간 여부, 마케팅 규모 등을 정함으로써 성공률을 높인다. "책 계약이 이루어지기 전에 편집과 판매, 마케팅, 홍보 분야의 숙련된 인재들이 출판 기획서와 예상 손익을 검토, 분석한다. 그다음에 작가와 계약할지 결정한다. 판매 담당자가 상업성이 없다고 판단하거나 홍보 담당자가 홍보 가능성에 의구심을 보이는 책은 기획안이 수정되거나 아예 취소된다."

'가장 우월한 기능'이었다." 약 1,000년 전 중국 송나라에서 대중을 위한 출판이 생겨난 후로부터 지금까지 출판산업은 한순간도 산업의 낡은 틀을 부수고 역사를 앞으로 전진시키는 급진적 변화를 두려워하지 않았다.

출판은 책과 종이의 표준화를 통해서 대량생산 시대를 열었고, 기계와 결합한 노동 분업을 정교하게 실현했으며, 자본가가 노동조합과 공생하는 산업 체제를 거의 처음 이루었고, 지식재산권을 확립해서 정보혁명의 토대를 놓았다. 인쇄기가 자동화를 통한 대량생산·대량소비의 세계를 열지 않았다면, 산업혁명은 상당히 늦추어졌을 수도 있다.

현대 유통 시스템도 출판이 만들었다. 서점들은 고객이 자유롭게 둘러보다 물건을 살 수 있는 매장을 처음 만들었고, 크리스마스 선물을 발명해서 인위적 수요를 일으켰으며, 국제표준도서번호(ISBN)를 설계해서 바코드를 활용한 물류 혁명을 시작하고 전자 상거래를 가능하게 만들었다. 오늘날 서점 창고에선 인공지능이 책을 분류하고 파악해 주문하고 수납하며, 로봇이 돌아다니면서 자동으로 책을 빼내어 포장하는 일들이 벌어지는 중이다. 이는 아마 미래의 모든 창고에서 벌어질 일이다. 인터넷 서점 아마존에서 본격적 의미의 인터넷 쇼핑이 시작된 건 절대 우연이 아니다.

모든 것이 출판이 아니었어도 일어날 일이었으나, 출판이 있었기에 더 체계적이고 합리적으로, 더욱더 신속하게 가능했다. 첨단은 첨단으로 이어지는 법이니, 아마존 서점이 상징적으로 보여주듯, 디지털 콘텐츠 시대의 개막도 당연히 출판의 몫이었다. 다른 산업에서 어찌할 바를 모르고 방황하는 사이, 출판은 디지털 형태로 작품을 사고팔고, 정보나 지식을 구독하는 모델을 현실화했다. 웹툰이나 웹소설은 물론이고, '월간 이슬아'에서 본격적으로 현실화한 콘텐츠 구독 모델이 그 예이다. 또한 현재 숱한 작가와 편집자가 인공지능과 결합한 새로운 글쓰기 형식을 실험하고, 그 수준을 높여가려고 노력중이다. 출판의 영혼에는 언제나 위험을 두려워하거나 회피하지 않는 도전정신이 가득했다.

따라서 우리는 출판산업의 전체 인상을 다시 그려야 한다. 물론, 출판이 "콘텐츠를 발굴해 책을 만들고, 일반 대중에게 알리고, 책의 인지도를 높이고, 독자를 찾아서 구축하는 과정"임은 앞으로도 달라지지 않을 것이다. 그러나 그 실행은 늘 급진적 변화의 너울대는 파도 위에서 이루어졌다. 출판의 역사에 이름을 남긴 숱한 출판사들도 변화의 쓰나미를 견디지 못하면 스러져 사라졌다.

외부 정보 매체가 출판을 위협한 건 처음이 아니다. 라디오, 텔레비전 등 20세기 내내 인쇄보다 더 적은 비용으로, 더 많은 사람에게 콘텐츠를 전달할 수 있는 수단이 등장해왔다. 다행히, 출판은 라디오와 텔레비전의 대중적 인기를 견뎌내고, 그들과 공존하는 방법을 찾아냈다. 문학과 학술, 어린이책과 청소년 책, 그림책과 자기 계발서 등 여러 영역에서 새로운 시장을 개척하고, 다양한 콘텐츠를 개발해 이전에 없던 독자를 창출했다.

동시에 출판은 다른 모든 콘텐츠 산업에 신선하고 매력적인 콘텐츠를 공급하는 뿌리 산업의 위치를 다졌으며, 그로써 20세기 후반엔 역사상 가장 눈부신 번영을 이룩할 수 있었다. 그렇다면 "독자들이 책 콘텐츠에 접근하는 방식을 크게 바꿔놓은" 인터넷 시대에도 과거처럼 출판이 그 권위와 위엄, 다양성과 창조성을 지켜낼 수 있을까. 현재 출판산업은 이러한 질문 앞에 서 있다.

책의 역사는 정보 매체의 변화가 반드시 출판의 변화를 가져왔음을 보여준다. 죽간이나 양피지에서 종이로, 필사에서 인쇄로, 목판에서 활판으로, 수동식 인쇄에서 자동식 인쇄로, 단색 인쇄에서 다색 인쇄로……. 정보 담는 그릇이 바뀌거나 생산양식이 변화했을 때, 출판산업에는 어김없이 거대한 전환이 시작됐다. 인터넷 등장과 디지털 정보 매체의 출현은 출판산업에 더욱더 큰 혁신을 일으킬 테다. 이런 변화에 대응하려면, 일찍이 '손안의 책'을 창조하고 문고본을 발명하고 만화를 개발했던 선배들과 마찬가지로, 새로운 기술과 결합해 이 산업을 바라보는 관점이 필요하다. 이들은 그때까지의 전통적 '책의 질서'에 얽매이지 않고, 사회 변화에 발맞추어 책의 새로운 역할을 상상하고 실현하는 '출판의 질서'에 주목했기에 역사에 길이 남을 눈부신 혁신을 이룩할 수 있었다.

이 책은 '책의 질서'보다 '출판의 질서'를 주목하는 사람들을 위한 출판 입문서이다. 이 책은 디지털혁명 이후 출판을 생각하는 이들을 위해 출판산업의 현재를 이해하고 미래를 대비할 수 있는 뛰어난 길잡이를 제공한다. 국내에 이미 수많은 관련 서적이 나와 있지만, 이 책보다 현재의 출판 상황을 친절히 안내하는 책은 드물다. 인터넷 일상화 이후, 지난 30년 동안 출판산업이 축적해온 경험과 연구의 정수를 온전히 담아냈기 때문이다.

이 책에 참여한 학자들과 출판인들은 출판 각 분야의 연구와 현장에서 눈부신 성취를 이룩한 최상급 전문가들이다. 이들은 오늘날 출판산업이 맞이한 "시장 세계화, 전략의 진화, 기술 변화 등을 배경으로 출판산업이 어떻게 발전하고 있는지"를 다양한 시각에서 우리에게 보여준다. 이들에 따르면, 무엇보다 "책이 사라지고 편집자가 소멸할 것"이라는 디지털 업자들의 호들갑은 거짓으로 밝혀졌다. 빌 게이츠, 니컬러스 네그로폰테 등 수많은 이들이 책의 죽음을 예언했으나, 책이 "매우 바람직하고 유용하고 탄력적인 매체"라는 엄연한 사실 앞에서, 또 "인쇄를 토대로 하는 사고방식과 디지털로 가능해진 새로운 프로세스"가 서로 타협하면서 공존할 길이 열리고 있다는 점에서 자기 무지를 드러낼 수밖에 없었다.

그러나 이들은 동시에 그 사실이 매체 혁신에 따른 출판산업의 변화를 멈추게 하지도 못한다고 말한다. 모순적 현실이 눈앞에 놓였을 때는 무엇보다 "빠르게 변화하는 시장, 진화하는 기술, 불안정한 소통 구조 안에서 출판이 무엇이고 무엇을 하며 무슨 의미가 있는지를 이해"하는 일이 중요하다. 이론을 현실에 근접시키고, 현실을 이론으로 개벽시키면서 변화의 파도에 맞추어 생각과 행동을 일치시켜가야 한다. 출판산업을 지탱해온 낡은 관행을 벗어던지고 디지털 환경에 적응하는 데 필요한 고도의 사업 전략이 요구되는 것이다. 특히, "포트폴리오 이론, 책의 다각화, 금융 관리" 같은 출판 경제학을 이해하고,* 단행본, 학술서, 교재 등 출판 각 분야의 특성에 맞추어 적극적으로 이를 적용해가는 건 중요하다.** 그래야 "정보는 넘치고 경쟁은 치열한 세상"에서, 항상적 콘텐츠 공급과잉에 시달리는 출판산업이 생존을 이어가면서 번영을 유지할 수 있을 것이다.

이런 관점에서 이 책은 출판의 역사를 책의 역사, 특히 물리적 책(종이책)의 역사에 내접시키는 대신에 정보의 특정한 처리 양식과 결합한다. 출판사는 이제 책이나 텍스트 매체의 제작자나 판매자, 또는 저자와 독자를 위한 서비스 제공자로 정의되지 않는다. 그보다 출판사를 더 잘 정의하는

---

* 이 책에 소개된 펭귄랜덤하우스, 스콜라스틱 출판사, 퍼트넘 등의 전략은 매우 참고할 만하다. 사업 다각화는 이 분야, 저 분야를 건드린다고 성공하는 게 아니다. 가령, 교과서 사업에 진출하려면, 이 사업의 중요한 특성, 즉 인쇄기를 끝없이 돌리는 장치 사업 성격이 강해야 한다는 점, 독자들이 콘텐츠 유용성이나 품질을 판단하는 B2C 사업이 아니라 정부나 학교를 상대하는 B2G 또는 B2S 사업이라는 걸 이해하고 그에 걸맞은 조직을 갖추어야 한다는 점 등을 이해해야 한다. 단행본 중심인 빅5 출판사조차도 이 분야에 진출하는 건 어려워서 망설이고 자제했다.

** 이 책의 2부에서는 단행본 출판, 학술 출판, 교재 출판 등 세 분야로 나눠 출판산업이 걸어온 역사를 두루 훑어본 후, 디지털혁명이 출판산업에 가져온 도전과 혁신의 기회를 살핀다. 이 부분은 디지털 시대 출판산업의 미래를 상상하려는 사람들에게 무척 유용하다.

것은 "지식재산의 거래자 또는 '콘텐츠의 대가'"이다. 그럴 때 출판은 "다양한 정보 구조를 설계하고 유지하는 사업"으로 재정의된다.

현재 출판사는 콘텐츠(저작권)를 사들이거나 직접 개발한 후, 이를 종이책, 잡지, 신문, 전자책, 디지털 콘텐츠 등 당대 미디어 환경에 맞춰 이를 적절히 제작하고 판매함으로써 이익을 남긴다. 여전히 겉으로는 물리적 또는 전자적 형태의 다양한 상품 판매 형식을 취하고 있으나, 자세히 들여다보면 이는 결국 확보한 지식재산(저작권, 브랜드, 판매권 등)을 어떻게 활용할 것인지에 달린 문제다. 출판사는 저작권을 사들여 단지 종이책만 만들 수도 있고, 전자책이나 오디오북을 제작할 수도 있으며,* 다른 출판사에 출판권을 판매할 수도 있으며, 영화나 드라마 제작사에 판권을 넘길 수도 있고, 굿즈 등을 개발해 직접 문화상품 판매에 뛰어들 수도 있다. 따라서 출판 경제의 핵심은 책의 제조 및 판매가 아니라 지식재산의 효율적 관리에 달려 있다. 이런 관점은 출판을 제조에서 해방해서 디지털 시대의 콘텐츠 비즈니스에 적합한 형태로 다시 상상하게 한다.

이 때문에 이 책은 현대 출판의 출발점을 1702년 영국 앤 여왕이 지식재산권을 합법화한 시점으로 본다. "출판은 저작권 없이 존재할 수 없고, 기본적으로 저작권에 의존해서 가동된다." 저작권은 현재와 같은 형태의 출판을 생성해낸 든든한 토대이다. 오늘날 출판의 위기는 이러한 토대의

---

* 존 톰프슨에 따르면, "전자책의 판매량은 처음 등장한 2000년대 초반에는 매우 낮았지만 2007년 11월에 아마존 킨들이 출시된 후로 2008년부터 상승하기 시작했다. 일반 서적의 전자책 판매는 여러 해 동안 급격하게 증가했고 2012년에 이르러 미국 전체 일반 서적 매출의 약 20%를 차지했다. 이는 불과 5년 만에 일어난 극적인 변화였다." 이후, 전자책 판매량 비중은 더 늘어나지 않고, 전체 서적 시장의 15~25% 내외에서 정체 상태에 있다. 디지털 교과서는 아직 교실에서 보편적이지 않다. 그러나 교실과 디지털 기술의 결합은 비가역적으로 일어난다. 이에 대해서는 미하 코바치와 모이차 K. 세바르트의 글을 참고하라.

붕괴, 즉 디지털 미디어의 성행에 따라 '구텐베르크 은하계'를 지배했던 저작권 개념이 무력화된 데에서 비롯했다. 구텐베르크 은하계에서 저자는 원천 콘텐츠 소유자로 텍스트를 확정하고 수정하며 복제할 권리를 가진 유일한 존재였다. 그러나 디지털 미디어는 저자의 사회적 위상과 권리를 약화한다.

거대한 복사기나 다름없는 인터넷은 텍스트 원본성을 쉽게 파괴하고, 그 내용을 비경합적*으로 만든다. 이 세계에선 저자뿐 아니라 모든 사람이 공개 콘텐츠를 복제하고, 잘라내서 다시 붙이고, 이것저것 뒤섞고 맘대로 수정해 배포할 수 있다. "책이 개인 저자에게 귀속되는 건 별로 필연적이지 않다." 디지털 공간에선 쓰기와 다시 쓰기가, 저술과 편집이 거의 대등한 지위를 얻는다. 원본과 사본, 표절과 창조를 구별하기 힘든 까닭이다. "텍스트의 유동성과 협동적 창조, 자유로운 도용"은 이제 자연스러운 행위가 되었다.**

예나 지금이나, "저자의 창조성은 출판산업의 오랜 기반"이다. 출판은 저자의 창조성을 저작권이라는 이름의 지식재산으로 바꾸고, 이를 넘겨받아서 사업을 수행해왔다. 저작권법이 탄생하면서 찰스 디킨스, 빅토르 위고 같은 문필가들이 생겨났음은 익히 알려져 있다. 글을 쓰는 사람은 예전부터 있었지만, 글을 업으로 삼아 사는 '저자'는 그 역사가 불과 200년밖에 되지 않았다. 국가나 귀족의 후원에서 자유로운 저자의 탄생은 작품

---

* '비경합적'이란 다른 사람이 사용하더라도 원본의 사용이 방해받거나 훼손되지 않는 상태를 말한다. 생각이나 지식 등이 이에 해당한다. 따라서 사본이 무한대로 늘어난다.

** 인공지능은 전형적인 표절 기계이기도 하고, 새로운 창조 기계이기도 하다. 인공지능이 쏟아내는 모든 결과물은 기존 콘텐츠의 조합, 배치, 변형에 불과하다. 하지만 다른 측면에서 보면, 그게 바로 창조의 정의이기도 하다. 이는 저작권을 둘러싼 새로운 논쟁이 발화할 것을 예감하게 한다.

내용과 형식, 문체와 어조 등에 엄청난 혁신을 가져왔다. '세계 문학 전집'으로 상징되는 근대문학의 눈부신 발전은 이로부터 비롯했다.

저자의 전성기는 WTO 체제의 성립과 함께 열린 듯하다. 약 30년 전이다. 1988년 미국이, 1990년 중국이 세계저작권협약 체제에 들어오면서 비로소 출판의 세계화를 위한 제도적 기반이 확고해졌다. 작품의 자유로운 도용이 불가능해지자 작가에겐 콘텐츠 하나로 거대한 부를 일굴 기회가 열렸다. 그전에 세계적 인기를 끈 작품이 없었다는 게 아니다. 괴테의 『젊은 베르테르의 슬픔』은 독일을 넘어서 번역을 통해 프랑스, 영국, 이탈리아, 러시아 등에서 모두 베스트셀러가 되었다. 그러나 "18세기와 19세기에 일어난 책 콘텐츠의 세계적인 전파는 주로 '해적판' 형태로 일어났기에 작가나 출판인들에게 경제적 보상을 주지 못했다."

1990년대 이후의 상황은 달랐다. 세계 출판 시장이 하나로 통합됨에 따라, 『해리 포터』를 쓴 조앤 롤링처럼 좋은 작품을 쓰면, 역사상 어떤 작가도 누리지 못한 돈을 벌 수 있게 되었다. 이것이 창조경제의 실질적인 함의이고, 지난 30년 동안 전 세계 출판산업이 암암리에 전략적 에너지를 집중한 지점이기도 하다. 모든 출판사가 『해리 포터』를 발굴해 단숨에 세계적 규모의 출판사로 올라선 블룸즈버리처럼 되고 싶어했고, 이에 고무되어 아예 처음부터 글로벌 시장을 전제로 한 콘텐츠 개발 전략을 짜곤 했다.* 코바치와 비셴바르트는 말한다.

"지난 20년 동안 베스트셀러 작가의 중요한 특징 세 가지가 나타났다.

---

* 미하 코바치와 뤼디거 비셴바르트에 따르면, "베스트셀러의 세계 이동, 국제무역, 보편적 생산 기술과 출판 기술, 해외 인쇄, 다국적 기업의 출판사 소유 등은 책 산업 초기부터 있어온 현상이다." 거대 출판 기업의 글로벌 전략에 대해서는 필자의 『출판의 미래』(오르트, 2016)를 참고하라.

첫째, 20세기 중반에 출판의 주변부라고 여겨지던 지역에서 세계적으로 성공한 작가들이 등장하기 시작했다. 둘째, 베스트셀러 목록에 들려면, 적어도 세 권으로 이루어진 시리즈를 쓰는 것이 필수가 되었다. 셋째, 업계의 유력한 에이전트가 맡는 소수의 작품과 작가들이 베스트셀러 상위 목록을 점령한다."『작은 것들의 신』을 쓴 아룬다티 로이,『밀레니엄』시리즈의 스티그 라르손,『연을 쫓는 아이』의 할레드 호세이니 등이 그 예에 해당한다.

그러나 열흘 붉은 꽃은 없는 법이다. 출판의 세계화와 동시에 인터넷도 등장했다. 디지털 세계는 저자를 탄생시킨 저작권 개념을 파괴하고, 콘텐츠 생산-유통-소비와 관련한 사회문화적 관행을 근본에서 변화시켰다. 이에 따라 출판 역시 급격한 변신을 강요받을 수밖에 없었다.

무엇보다 디지털 우주는 "상품 및 서비스 공급망에서 중개자를 제거" 하는 속성을 띠었다. 이제 출판사는 저자를 생산하는 독점적 특권을 누릴 수 없다. 저자들은 출판사, 편집자, 비평가, 에이전트 등을 건너뛰고, "디지털 기술을 이용해 출판 전체 과정을 온라인에 통합하고 최적화하는" 플랫폼 서비스를 통해 작품을 독자에게 선보인 후, 얼마든지 스스로 작가가 될 수 있다. 이에 따라 자가출판(self-publishig)이 증가하고, 독립 출판도 흔해진다. 작가-출판사-독자라는 사회적 관계가 무너진 셈이다.

출판에 필요한 여러 기능, 즉 책의 편집, 디자인, 제작, 영업, 홍보 등도 더이상 출판사 고유 기능일 수 없다. 적절한 비용만 치르면, 누구나 서비스 업체를 통해 이를 이용할 수 있다. 게다가 작가가 소셜 미디어 등을 통해 직접 독자를 모으고, 적절한 프로젝트를 설계해 작품 활동에 필요한 충분한 자금을 크라우드펀딩으로 모을 수도 있다.* 투자 손실을 감수하고, 마케팅이나 홍보에 따르는 불편함을 견딜 힘만 있다면, "작가는 자가출판을 통해 상당히 더 많은 수익을 올릴 수 있다." 출판사나 에이전트에게 돌아가는 비용을 독식할 수 있기 때문이다. 이는 출판의 문지기 기능을 해체하고, 저자와 출판사의 오랜 결속을 끊어버린다.**

더욱이 작가나 출판사는 더이상 작품을 고정해둘 수 없다. 작품을 이용하고 변형할 권리를 지키려 할수록 홍보 및 마케팅에서 불리해진다. 구절들, 댓글들, 팬픽들, 블로그 서평들, 유튜브 방송들이 마음대로 복제되어 널리 떠돌아다니지 않으면, 발견성 문제 탓에 아무도 그 작품의 존재를 알 수 없을 것이기 때문이다. 게다가 인용, 패러디, 혼합, 융합 등 텍스트의 변형을 막을 길이 사실상 존재하지 않는다. 근대 저작권 질서에서 해방된 텍스트들의 무제한 범람이 인터넷 자체인 까닭이다.***

디지털 문화의 진전에 따라 출판 행위에는 구조적 변화가 일어난다. 작품을 완결 짓고 나서 독자를 찾아나서는 관행은 서서히 사라진다. "새로운 미디어생태계에서 콘텐츠는 단일한 법칙을 바탕으로 출판되고 배포된다. 선 출판, 후 필터링이라는 법칙이다." 그 결과, 글쓰기는 하나의 '퍼포먼스'로 바뀐다. 먼저 독자에게 그 내용을 공개하고, 함께 읽으면서 참여하고 즐기며, 대화를 통해 수정하고 다시 쓰고 편집하는 방식이 일반화한다.****

---

* '월간 이슬아'는 그 생생한 예이다. 이 프로젝트의 성공은 우리나라에서 출판을 보는 관점을 영원히 달라지게 한 중요한 사건 중 하나이다.

** 일부 학자들은 이를 '출판의 민주화' 또는 '저자의 민주화'라고 부른다. 누구나 저자가 될 수 있고, 모두가 책을 출판할 수 있다는 뜻이다. 블로그, 카페, 페이스북, 인스타그램, 유튜브 등 소셜 네트워크 서비스가 가져온 사용자 창작 콘텐츠의 등장은 이를 가속한다. 카를로스 A. 스콜라리는 말한다. "아마추어와 일반 시민들에게 창작 도구가 주어져 더이상 음악과 영화, 비디오, 미술, 텍스트의 생산이 전문가에게만 국한되지 않게 되었다."

*** 저자 동의 없이 전 세계 도서관에 있는 책들을 모두 스캔해서 서비스하는 구글 북스를 생각해 보라.

**** 오픈 액세스, 카피 레프트 같은 콘텐츠 공유를 배포 전략으로 하는 새로운 관행도

이제 저자는 글을 팔아 돈을 버는 대신 글을 이용해 '명성'이라는 화폐를 얻는다. 무단 복제는 더이상 문제 되지 않는다. 음악가들이 음원을 무료로 뿌리고 공연으로 돈을 벌듯, 저자들 역시 콘텐츠를 먼저 공개해 사람들이 자유롭게 읽고 추종하며 마음껏 이용하게 함으로써 명성을 쌓고, 명성을 활용해 새로운 형태의 수익을 창출하는 쪽으로 행동 양태가 바뀐다.*이는 필연적이다. 굳이 돈을 내지 않아도 즐길 수 있는 콘텐츠가 무한정으로 늘어난 시대에 종래처럼 "콘텐츠 희소성에 의존"하는 전략은 약해질 수밖에 없기 때문이다.**

독서율 하락은 그 선연한 지표다. 사람들은 인류 역사상 어느 때보다 많이 읽지만, 역설적으로 독서율은 기록적으로 떨어지는 중이다. 이는 글을 팔아서 생계를 유지하려는 종래의 저자에게 극히 불리하다. 2015년 영국 작가 노조의 조사 자료에 따르면, 2009년 이후 전업 작가 수익은 30% 줄었고, 파트타임 작가 역시 38% 감소했다. 인기 작가 또는 그럴 가망성이 높은 작가를 확보하고, 전 세계 시장을 뒤흔들 만한 슈퍼 베스트셀러를 낸 출판사가 아니라면, 책을 팔아서 얻는 출판사 수익도 함께 줄어든다.***

나타났다.

* 이러한 변화는 결국 근대 저작권법의 대대적 정비를 요구할 것이다.

** 인기 작가 등 자기 브랜드를 확고히 구축한 저자들은 예외적이다. 그들은 이미 충분히 희소성을 확보했기 때문이다. 그러나 당분간은 책이라는 플랫폼 자체가 일부 그 역할을 해줄 것이다. 책의 권위는 서서히 약해지고 있으나, 그 힘은 생각보다 느리게 없어질 것이다.

*** 출판사는 이를 더 많은 책을 출판해서 보충하는 경향이 있다. 2023년 한 해에만 전 세계에서 자가출판물을 포함하여 약 400만 권의 책이 출판되었을 것으로 생각된다. 하지만 미국에서 단행본 한 권의 출간 첫해 연간 판매량은 고작 200부, 전체 합쳐도 1000권에 지나지 않는다(https://www.tonerbuzz.com/blog/how-many-books-are-published-each-year/). 이러한 상황은 여러 분야에서 다양한 책을 쏟아내서 수익 균형을 맞추기 쉽고, 규모를 활용할 수 있는 대기업들에 유리하게 작용한다.

수익 구조가 악화한 출판사는 작가들을 크게 나누어 대우한다. "한쪽엔 하나의 브랜드처럼 홍보되는 유명 작가가 있다." 대박 작품(Big Book)을 꾸준히 시장에 내놓는 이들은 높은 선인세를 받고, 편집 및 마케팅 자원을 독식하며, 더 나아가 독자 관심을 독점한다. 이들의 책은 여전히 많이 팔리고, 국내외 저작권 거래도 활발하다. 다른 한쪽엔 "중간급 작가라고 표현되는 대다수 작가가 있다." 자기 브랜드가 충분히 강하지 않은 이 작가들은 "출판사 지원을 제대로 받지 못한 채 편집자와 마케터의 관심을 얻으려" 끔찍한 경쟁을 치러야 한다. 하물며 신인 작가나 비인기 작가는 말할 것도 없다.

중간급 작가 이하의 경우, 비용을 아끼기 위해 출판사가 마케팅과 홍보를 떠넘기는 일도 흔해진다. 저자한테 블로그, 페이스북, 트위터, 인스타그램, 유튜브 등 소셜 미디어 활동을 권하고, 심지어 충분한 팬들을 확보한 저자가 아니면 아예 출판권 계약을 하지 않는 일도 생겨난다. 저자가 작품 홍보를 위해 따로 시간을 내 서점, 도서관, 도서전 등에서 사인회, 낭독회, 강연회를 하는 경우도 증가 추세에 있다.

저자들이 온라인에서 작가 페르소나를 유지하고, 독자를 관리하는 활동이 주된 업무가 되면, 글쓰기 시간이 줄어들고, 창조성이 약화할 것은 명약관화하다. 일부 작가들은 글을 쓰고 책을 펴내는 활동을 후순위로 두고, 팟캐스트, 유튜브 등에서 명성 자본을 활용해서 새로운 창작자 정체성을 만들어 가는 중이다. 이는 기존 출판산업의 구심력을 약하게 만들고, 작가들이 직원을 고용해 스스로 출판하는 활동을 촉진하며,* 자가출판 플

---

* 마이클 바스카는 출판의 미래를 이야기하는 사고실험에서 이렇게 말한다. "J. K. 롤링은 거물 작가들이 출판사를 통한 출판을 고수하는 경향이 있다는 법칙의 예외를 보여주었다. 직접 판매와 세계관 구축 플랫폼 포터모어(Pottermore)를 구축한 능력과 세계적인 인지

랫폼을 번성하게 한다.* "아마존의 온라인 판매 자료에 따르면, 2015년에 처음으로 자가출판 도서 판매량이 미국 '빅5' 출판사 도서 판매량을 넘어섰다. 영국에서 자가출판 도서는 전체 도서 시장의 약 22%를 차지한다. 독일에서는 2016년에 아마존에서 판매된 전자책의 약 40%가 자가출판 도서였다." 국내에서는 웹소설과 웹툰이 그 자리를 차지하고 있다.

독자들 행위 양식 또한 달라진다. 무엇보다 책에 관한 존경심과 충성심이 줄어든다. 디지털 시대에 접어들면서 전 세계 출판계가 확연히 알게 된 사실이 있다. 흔한 착각과 달리, "인류 사회에서 읽기의 역할이 확고히 자리 잡지 못했다는 점"이다. "읽기는 문화와 지식에 접근하기 위해 꼭 필요한 기술"이고, "정규교육을 통한 책 읽기의 사회화"가 꾸준히 진행되고 있으나, 인터넷이 등장한 이후 사람들은 확실히 책을 예전보다 덜 읽는 방향으로 나아가고 있다. "독자를 계속 책 산업의 굳건한 소비자로 만들 수 있"을지도 불확실하다. 이에 따라서 괜찮은 책을 내면 '어딘가' 독자가 존재하리라는 출판계의 오랜 믿음도 약해지는 중이다.

앞에서 밝혔듯이, 읽기 자체가 약해진 것은 아니다. "다양한 화면 기기로 접근할 수 있는 인터넷은 이용자의 읽기 시간을 크게 늘린다. 사람들이 온라인에 사용하는 시간 중에서 읽기에 할애되는 시간은 상당하다." 다만, 웹사이트, 전자우편, 소셜 미디어 등 화면에서 사람들이 읽고 쓰는 "새로운 텍스트들은 디지털네트워크에 완벽하게 적응된, 길이와 수명이 모두 짧

도에서 롤링은 타의 추종을 불허할 것이다. (중략) 하지만 세계적인 판매량이 높은 유명 작가들이 전부 직접 판매로 전향하는 미래를 상상하는 것은 어렵지 않다."

* 이 책에 실린 글에서 존 오크스는 말한다. "상업적 압박이 점점 더 커지면서 비상업성과 협동을 강조한 버지니아 울프 부부의 호가스 출판사처럼 직접 출판사를 설립하는 작가들이 늘어나고 있다. 최근에는 기술 발달로 왓패드, 스매시워드, 라이트닝 소스 같은 기업이 작가가 편집부 '방해' 없이 사이트에서 직접 출판할 수 있도록 해준다."

은 콘텐츠이다. 트위터, 트레일러, 요약, 미리보기, 마이크로 픽션(microfiction), 정보 캡슐, 뉴스 속보, 웹 드라마 등은 모두 스낵컬처에서 생겨났다."

이 '짧고 조각난 텍스트'들은 출판산업과 아무 관련 없다. 사람들이 책, 잡지, 신문을 읽는 시간은 전 세계에서 감소 중이고, 이에 따라 오늘날 출판에서 "소비자로서의 독자는 더욱더 규정하기 힘든 존재"로 변해가고 있다. 특히, 한국은 전 세계에서 비독자* 비율이 가장 높은 나라에 속한다.

독자가 줄어드는 상황에선 독자를 가능한 한 정확히 파악하는 게 중요하다. 규모가 커지는 시장에선 모든 출판사가 이익을 창출할 수 있지만, 줄어드는 시장에선 경쟁 강도가 심해지면서 지금까지 잘해왔던 출판사도 무너질 수 있는 까닭이다.** 이는 출판산업에 새로운 과제를 던진다. 독서로부터 빠르게 이탈하는 젊은층을 붙잡아 독자층을 단단히 하고, 긴 글 읽기를 장려하는 사회문화적 실천을 조직할 필요를 일으킨다. 물론, 출판산업에서 독자 구축은 아주 낯선 행위다. 지금까지 출판은 보통교육 실시, 문맹률 저하, 독서 교육 보편화, 도서관 증가 덕택에 잠재 독자가 늘어나는 상황만 접했기 때문이다.

그러나 현실은 변했다. 독자층을 보존하고 창출하며, 비독자를 줄여나가지 않으면 장기적으로 출판 위기를 피할 수 없다.*** 매출액 일부를 떼어

---

* 한 해 내내 단 한 권도 책을 읽지 않는 독자를 말한다.
** 출판의 역사는 한때 시장을 지배했던 출판사가 환경 변화를 견디지 못하고 망해버린 결과를 숱하게 보여준다. 르네상스 시대 인문 출판을 이끌었던 알두스 마누티우스의 알디네 출판사도 그의 사후 50년 만에 역사 속으로 사라졌다.
*** 독자층 축소는 열 권에 한 권 성공하기 어려운 출판 사업의 위험도를 끌어올리는 요인이 된다. 이는 출판 활동을 위축시키고, 마케팅 비용 등 작가에 대한 지원을 줄이게 만들어 출판사와 작가의 관계를 약화한다. 이 책에 따르면, "중국을 제외한 세계 주요 책 시

공동으로 독서 진흥 기금을 만들고, 도서관, 학교, 서점, 독서 운동 단체 등과 협업해 독자를 창출하고, 독서의 가치를 퍼뜨리는 일을 해나가는 등 대책이 필요하다. 독자가 앞으로도 "출판산업의 의미 있는 소비자로 남아 있을 수 있도록" 가능한 모든 노력을 다해야 하는 것이다.

전자 상거래 발달에 따라서 책과 독자를 이어주는 판매망도 크게 바뀐다. 1970년대 이후, 우리나라 출판사들은 대형 체인 서점(교보문고, 영풍문고 등)에 책 판매를 크게 의존해왔다. 대형 할인점, 슈퍼마켓, 편의점 등을 이용해서 판매되는 책들도 상당히 많았다. 영국의 경우도 크게 다르지 않았다.* 그러나 1990년대 말 인터넷 서점의 등장이 모든 걸 바꾸었다. 다양성과 편의성으로 무장한 데다 공격적 가격 할인 등으로 독자들을 끌어모은 인터넷 서점은 빠르게 출판 유통 시장을 장악했다. 미국의 경우, 아마존의 시장 점유율이 거의 50%에 이른다.**

인터넷 서점의 팽창은 대형 도매상과 서점의 몰락을 가져왔다. 도매상이 부도나고, 서점이 사라지는 악몽이 거듭됐다. 한국만 그런 건 아니다. 영국의 경우, 1990년에 2만 2926곳이었던 서점이 2018년에는 약 1만 4000곳으로 39%나 감소했다. 서점의 소멸은 책의 발견성을 약하게 만든다. 책이 존재한다는 사실을 독자에게 알릴 가능성이 줄어들어, 홍보나 마케팅에 별도 비용이 필요하게 한다. 2000년 이후, 온라인 서점이나 대형 체인 서점에 지급하는 판매 장려금(진열비, 광고비 등이 포함된다)이 갈수록 늘어나는 이유이다.

장은 인쇄 부수와 소비자 도서 지출 비용 감소 현상을 겪고 있다."

* 영국에서 출판사와 서점 간의 거래 관행에 대해서는 제15장 '단행본 출판'을 참고하라.

** 우리나라의 경우, 인터넷 서점 매출 비중이 교재 출판사를 제외한 대다수 단행본 출판사 매출의 약 70~80%에 이른다.

따라서 출판사가 소셜 미디어를 통해 스스로 독자를 모아서 독자를 구축하고 관리하려는 움직임을 보이는 건 자연스럽다. 2005년 아마존 최고 경영자 제프 베이조스가 대형 출판사 사장들을 모아놓고 훈계했듯이, 전통적으로 출판사는 독자 정보를 거의 보유하고 있지 않았다. 디지털혁명 이전에 출판사의 주요 고객은 독자가 아니라 도매상이나 서점이었다. 출판사는 책을 서점에 팔았고, 독자 소통이나 관리는 모두 서점에 맡겼다. 그러나 관련한 비용이 늘어나고, 독자와의 소통 비용이 줄어들면서 많은 출판사가 독자 정보를 구축하고, 이를 통해 책을 홍보하고 판매하는 데 나서고 있다. 톰프슨의 말처럼, "출판사가 이를 얼마나 잘 활용하느냐가 단행본 출판 부문의 판도 변화를 좌우하는 중요한 요인이 될 것이다."

디지털 환경에서 독자 구축이 쉬워짐에 따라 출판산업은 종이책 같은 물리적 제품을 만들어 판매하는 제조업적 성격보다, 콘텐츠 구독 같은 서비스업 성격이 강해진다. 출판이 물건을 팔아서 돈을 버는 제품 중심 사업이 아니라 콘텐츠 서비스를 제공해서 돈을 버는 사업으로 변해가는 것이다. "제품에서 서비스로의 이동이 이미 학술 저널에서는 이루어져 이용자가 온라인에서 검색 가능한 대규모 데이터베이스에 연중무휴 접근할 수 있다." 이미 이러한 변화는 우리 곁에서 일상적이다. 밀리의 서재나 리디 같은 전자책 구독 서비스 업체의 기록적 성장, 전기가오리, 롱블랙, 북저널리즘, 뉴닉 등 지난 5년 사이 다채로운 형태로 등장 중인 콘텐츠 구독 서비스는 그 선연한 증거이다.

디지털 기술의 발전이 저자, 독자, 출판사의 오랜 관계를 해체하고, 각각에 새로운 역할을 부여하면서 출판사 내부 조직에도 급격한 변화가 일어난다. 프래니아 홀에 따르면, 편집, 생산, 마케팅, 판매, 운영, 재무 등으로 나누어진 현재의 위계적, 기능적 조직은 빠르게 변화하는 환경에 별로 적합하지 않다. 더욱이 가속적 디지털 환경에 맞추어 새로운 제작 방식, 새로운 콘텐츠 서비스, 마케팅 및 홍보 방식의 변화 등이 출판 전 분야에서 수시로 생겨나면서 이에 대응하는 창조적 조직 형태의 필요성이 꾸준히 제기되는 중이다. 아직 우리는 그 정답을 알지 못한다.

그러나 장기적 흐름에 부합할 듯한 변화는 이미 출판산업 곳곳에서 생겨나고 있다. 가령, 책의 판매에서 입소문의 힘이 커지고 신문 서평 등 전통적 홍보 매체의 영향력이 감소함에 따라 편집과 마케팅과 홍보가 과거보다 밀도 높게 결합하고, 서로 빠르게 정보를 주고받으면서 독자와 직접적으로 소통하는 형태로 바뀐다. 이는 편집, 마케팅, 홍보 등으로 나뉘어진 현재의 출판 조직을 뒤흔든다. 또 인하우스 작업 방식에서 외주 인력을 적극적으로 활용하는 프로젝트 업무 구조의 확산, XML 등 디지털 기술을 활용한 콘텐츠 제작 방식과 이를 바탕으로 한 서비스 개발, 종이책 중심에서 디지털 콘텐츠까지 동시에 고려하는 디자인 혁신, 저작권 판매를 중심으로 하는 지식재산 비즈니스 조직의 도입 등도 디지털 시대에 맞추어 피할 수 없을 듯하다.*

마지막으로, 디지털혁명이 일으킨 이 모든 가시적 변화에도 이 책이 여전히 출판의 사회적, 문화적 역할에 대한 숙고를 요청하고 있음을 강조하고 싶다. "책 출판은 가장 창조적인 저작권 산업 중 하나"이다. 디지털혁명이 일어나고, 엄혹한 경제적 질서가 관통하는 가운데에서도 출판인들과 편집자들은 시장 흐름이 미처 알지 못하는 어떤 여분과 틈새를 이용해 창조적 성과들을 끝없이 쏟아냈다. "끊임없이 변화하는 흥미진진한 출판 시

---

* 3부에 나오는 여러 글은 디자인, 마케팅, 홍보, 저작권 판매, 도서관, 서점 등 여러 영역에서 디지털혁명에 발맞추어 출판산업이 어떻게 변화하는지를 구체적으로 보여준다.

장에서 편집인과 출판인, 판매 및 마케팅 담당자가 무작위성과 혼돈, 불확실성을 마주했을 때 자신의 판단을 활용할 수 있는 여지는 언제나 있다."

앵거스 필립스가 수많은 사례를 소개하면서 말했듯, 출판엔 경제학을 판단 정지하는 사회적 책임이 존재한다. 책은 상품 이상의 존재이다. 그것은 인류 정신의 정화이고, 지혜의 정수이다. "출판은 사업이지만, 우리 상품은 폭넓은 사회적 의미를 지닌다. 미래의 성공에 대한 우리의 사고방식에서도 중요한 부분을 차지한다." 따라서 국가의 검열, 성별이나 인종이나 종교나 계급에 따른 차별, 사회적 다양성의 옹호 등에서 출판의 역할은 무척 중요하다. 단지 잘 팔리는 책을 출간해서 이익률을 높이는 게 출판을 전부 규정할 순 없다. 편집과 기획이 시장과 마케팅을 이기는 순간이 존재하지 않는 출판을 출판이라고 부르고 싶지 않다. 책의 문화적 특성과 경제적 특성 사이를 줄타기하면서도, 출판은 독재와 싸우고, 권위에 저항하며, 기득권을 무너뜨리는 싸움을 멈추어서는 안 된다.

애초부터 출판인은 위험한 직업이었다. "출판업이라는 직종이 생겨난 순간부터 출판인들은 소송, 투옥, 파산을 겪었고, 상품이 비난과 금지의 대상이 되고 불태워지곤 했다." 그러나 누구도 출판의 자유를 억압할 순 없었다. 출판은 권력의 탄압으로부터 저자의 사상을 지켜내고, 위험을 무릅쓰고 비판 정신을 퍼뜨리곤 했다. 그리고 역사가 증명하건대 국가 또는 시장의 가혹한 탄압에도 출판이 지켜낸 책들은 끝내 살아남아 사회를 바꾸고, 역사를 변화시키곤 했다.

출판엔 생각을 혁신하고, 문화를 진화시키며, 공동체 관습을 재조직하는 역능이 존재한다. 인류의 미래를 위해 이 힘을 어떻게 사용할 것인가를 숙고하지 않는다면, 결국 출판의 존재 이유는 허물어질 것이다. 신자유주의가 기록적 불평등을 가져오고, 인류세가 파멸적 위기를 가져오는 이 시대에 출판은 정치적, 사회적, 환경적 책임을 다해야 한다. "믿을 수 있는 출판사는 콘텐츠를 신뢰하고 책임지며 저자를 지지한다. 이것이 단순히 콘텐츠를 유통하는 중개자와 출판사의 차이다." 기억할 만한 말이다.

1장

서론

마이클 바스카(Michael Bhaskar), 앵거스 필립스(Angus Phillips)

출판은 특별하다. 그 기원은 1,000년 전으로 거슬러올라가지만 오랜 세월 동안 계속 변화를 받아들여 놀라울 정도의 현대화를 달성한 얼마 되지 않는 중요 산업 중 하나이다. 금융이나 패션 산업도 마찬가지다. 적어도 선진국에 사는 대다수 사람이 종사하는 분야는 500년 전에는 상상도 할 수 없던 산업들이었다. 하지만 출판은 그렇지 않다.

15세기 후반과 16세기 초반에 출판산업은 어떤 면에서는 지금과 완전히 다른 세계라고 할 수 있었다. 문화·기술·경제적 측면에서 특히 지금과 확연한 뚜렷한 대조를 이루었지만 매력적인 공통점도 있었다. 아직 출판사(publisher)의 개념이 생기기 전이었는데도 베네치아와 뉘른베르크, 파리, 앤트워프의 출판사들은 오늘날의 출판업과 놀라울 정도로 비슷한 점이 많았다. 그들도 콘텐츠를 찾아 사들여야 했으며, 종이를 구입하고 공장을 관리해야 했다. 제작, 유통, 본문과 책 디자인, 복잡한 작업 흐름(work flow), 제작 기간, 프랑크푸르트 도서전, 상대하기 까다로운 작가, 운영자금의 끝없는 압박, 적당한 인쇄 발행 부수 예측의 어려움, 서점과 총판의 관계, 재정·문화·법률적 위험 감수 등은 그때도 여전히 출판산업의 특징이었다.

출판산업의 기본적인 경제모델은 크게 변하지 않았다. 실물 필사본이나 특정 정보의 구조물인 책을 제작해 원가보다 높은 가격으로 판매했다. 제작과 판매가 늘어날수록 단위원가가 낮아져 이중으로 성공을 거두게 된다. 책이 많이 팔리면 판매량이 늘어나 선형적 수익이 발생할 뿐만 아니라 제작 단가도 낮아지기 때문이다. 출판산업의 핵심적인 문제도 그때나 지금이나 변함이 없다. 어떤 책이든 잠재적 독자층이 작가나 출판사가 바라는 것보다 적으며 접근하기도 어렵다. 오늘날 학술논문의 평균 발행 부수는 몇백 권 단위로 15세기와 16세기에 대형 출판사들이 발행한 것보다 적다. 인구와 경제의 폭발적 성장, 몇 차례의 기술혁명을 거치면서도 해결되지 못한 문제인 듯하다.

출판의 역사적인 측면은 여러 면에서 여전히 존재감이 강하다. 지금 당신이 읽고 있는 이 책을 출판한 기관은 무려 1586년에 설립되었다. 그때도 옥스퍼드대학교는 이미 한 세기 동안 출판에 개입해온 터였다. 옥스퍼드의 그레이트 클래런던가(Great Clarendon Street)에 있는 옥스퍼드대출판부(OUP) 사무실은 그 역사가 1830년으로 거슬러올라간다. 출판부를 관할하는 대표자들(Delegates)이 모여서 회의를 하는 브로드가(Broad Street)에 있는 건물은 그보다도 더 오래전인 1715년부터 사용되었다. 인쇄기는 좀더 떨어진 곳, 크리스토퍼 렌(Christopher Wren)이 설계한 가장 큰 건물인 셸더니언극장(Sheldonian Theatre) 지하실에 있었다. 여전히 번창하고 있는 유서 깊은 옥스퍼드대출판부 같은 기관을 차치하고도 오늘날 출판산업 하면 종이에 인쇄된 잉크와 요란한 인쇄기 소리, 오랜 친구와 점심을 먹으면서 이루어지는 계약이 가장 먼저 떠오른다. 베네치아의 위대한 출판업자 알두스 마누티우스(Aldus Manutius)는 닻을 휘감은 돌고래 이미지를 출판사 로고로 삼았다. 오늘날에도 똑같은 문양이 세계 최대의 일반 서적 출판사인 펭귄랜덤하우스의 자회사 더블데이(Doubleday)의 로고로 사용된다.

신사적인 분위기, 책이 가득한 사무실, 고루함과 느긋함, 전통과 예술성 선호 등 출판 하면 떠오르는 이미지는 사실에 근거하기도 하지만 완전히 틀린 것이기도 하다. 옥스퍼드대출판부는 매우 오래된 기관이자 현대적인 기관으로, 말레이시아에서 멕시코에 이르는 광범위한 인쇄 및 디지털 제품군을 보유한, 매출액 10억 달러가 넘는 다국적 기업이다(옥스퍼드대출판부 2017). 『옥스퍼드 영어사전*Oxford English Dictionary*』, 『영국 인명사전 *Dictionary of National Biography*』처럼 옥스퍼드대출판부가 내놓은 대표적인 책들 다수가 종이책보다 디지털 제품으로 더 많이 생산된다. 이 책도 실물 도서로 읽는 사람만큼이나 화면으로 읽는 사람이 많을 것이다. 키스 로빈스(Keith Robbins)는 1970년에서 2004년까지 옥스퍼드대출판부의 역사에 대해 다음과 같이 적었다. "옥스퍼드대출판부는 세계 최대의 대학출판부라는 위치를 더욱더 견고하게 다지면서 지켜왔지만" 결코 "편안함으로 가득한 역사를 지나온 것은 아니다. 출판산업의 본질이나 세상의 끊임없는 변화를 생각한다면 절대 그렇게 말할 수 없다"(2017: 689-90).

실제로 출판은 과거를 회상하는 산업이 아니었다. 물론 오래된 전통을 가진 산업이지만 급진적인 혁신이 오늘날까지도 강력하게 계속되었다. 출판업자들은 오래전부터 변화의 최전선에 서 있었다. 그들은 최초의 산업기술로, 근대사회의 조건을 정의하는 표준화된 대량생산의 시험대인 인쇄기를 개발했다. 또한, 작업 흐름, 숙련공과 반숙련공이 정교한 공급망과 의존성으로 동시에 기계를 이용해 일하는 복잡한 노동 분업도 개척했다. 가장 초기의 노동조합도 출판사들에서 조직되었다. 나아가 출판업자들은 오늘날 지식경제의 뚜렷한 필수 요소인 지식재산권을 만들었다. 그들은 유행도 일찍 받아들였다. 소비자가 편하게 둘러볼 수 있도록 개방된 매장, 연말연시에 빠질 수 없는 크리스마스 선물에 이르기까지 소매업에 끊임없이 혁신을 일으켰다.

저작권과 지식재산권의 발명에는 책의 역할이 컸다. 1710년 세계 최초의 저작권법인 앤여왕법(Statute of Anne)이 제정되어 저자에게 저작권을 부여했다. 이는 '주어진 기간 동안 종이책의 권리를 저자 또는 그 구매자에게 부여함으로써 학습을 장려하기 위한 법'이었다. 지식재산권의 개념에는 저작권을 가진 이들이 저작물로 수익을 올리게 함으로써 창의성과 혁신을 촉진하는 원리가 작용한다.

좀더 최근에는 국제표준도서번호, ISBN이 새로운 효율성의 시대를 알리는 전조가 되었다. 영국 디드코트(Didcot)에 들어선 아셰트(Hachette) 출판사의 새로운 물류센터 같은 현대의 출판사 물류창고에는 자동 컨테이너와 로봇, 갠트리가 어지럽게 모여 있다. 앞으로 살펴보겠지만 비록 출판사와 인터넷 거대 기업 아마존의 관계는 복잡하지만 전자상거래의 구축에 책이 핵심적인 역할을 한 것은 부정할 수 없는 사실이고 또 적절하기도 했다. 세계 최고의 갑부 제프 베이조스(Jeff Bezos)는 오프라인 매장에서는 절대로 한곳에 모아놓을 수 없는 아찔할 정도로 다양한 상품 종류로 이루어진 사업체를 설립했다. 이처럼 지적이고 문화적인 변화를 가능하게 한 것은 물론 출판사들이었다. 종교개혁, 과학혁명, 낭만주의, 모더니즘, 공산주의, 뉴턴의 『프린키피아 *Principia*』, 『마오쩌둥 어록 *Little Red Book*』, 킹 제임스 성경, 『톰 아저씨의 오두막』 같은 인쇄본들은 역사의 정의에 막대한 영향을 끼쳤다. 그러한 변화의 이면에는 이런 인쇄물을 만든 사람들과 조직, 즉 출판사가 있었다.

역사와 현대성, 전통과 혁신의 상호작용, 사상과 문화의 미개척 지대에서 일하는 흥분감, 꾸준히 세상의 변화에 일조하는 능력, 이것이 바로 출판산업이 특별한 이유다.

출판을 정의하다

이 책 『옥스퍼드 출판의 미래The Oxford Handbook of Publishing』에서는 처음부터 한 가지 분명히 해야 할 질문이 있다. 바로 '출판이란 무엇인가?'이다. 많은 개념이 그러하듯 이 질문은 가까이 들여다볼수록 더욱 혼란스러워진다. 하지만 본질적으로 이 책의 핵심은 단순하다. 이 책에서 '출판(publishing)'은 우리가 입말로 흔히 쓰고 이해하듯 대략적으로 '책의 출판'을 의미한다.

발행은 하나가 아닌 다수의 산업에 쓰인다. 예를 들어 음악산업에서 퍼블리싱은 음반회사가 수행하는 주요 업무와 관련된 구체적인 활동이다. 음악 퍼블리싱 회사는 아티스트와 음악 저작권자를 대신해 라이선싱과 수익금 관리를 맡는 대행업체(에이전시)이다. 일반적으로 그들은 음악의 부가 사용에 따른 수익을 거두어들이며 음악의 녹음과 제작, 배포보다는 그와 관련된 지식재산권에 관해 관여한다. 음악 퍼블리싱은 도서 출판사와 출판 에이전시의 저작권 담당 부서들과 유사점이 있지만, 음악산업 부문에서는 책의 세계에서 발행이라고 할 수 있는 일을 음반회사가 맡는다. 음악 감독과 퍼블리싱에 대한 이야기를 나누어보면 이 책의 저자들은 물론이고 출판사들에 대해 다른 생각을 갖게 될 것이다.

이번에는 전 세계적으로 1,000억 달러 이상의 수익을 올리는(Batchelor

2018) 비디오게임 산업을 예로 들어보자. 비디오게임 산업은 퍼블리싱 회사가 (주로) 저작물의 주요 투자자 역할을 하고 유통과 상업적 이용 또한 책임진다는 점에서 도서 출판과 유사하다. 하지만 비디오게임 회사와 출판 작업물 창작자의 관계는 약간 다르다. 게임 퍼블리싱 회사는 개발업체와 함께 일한다. 개발업체는 수백 명이나 수천 명의 직원으로 이루어진 조직 내부의 팀일 수도 있고 아예 분리된 기업으로 퍼블리싱 회사에 지식재산권 라이선스를 주거나 그로부터 의뢰를 받았을 수도 있다. 어느 쪽이든 도서 출판에서도 낯선 모델은 아니다. 교육 출판사도 매우 많은 자료를 내부(in-house)에서 제작하는데, 어스본(Usborne) 같은 아동서 출판사가 그런 식으로 작업한다. 모든 분야의 출판사는 일이 찾아오기를 소극적으로 기다리지 않고 작업을 의뢰한다. 하지만 킹이나 유비소프트, 일렉트로닉 아츠 같은 기업을 갈리마르, 보니에르, 플라네타 같은 출판사와 똑같다고 생각하는 사람은 거의 없다.

신문과 잡지 출판은 비디오게임 산업의 퍼블리싱과 구조가 비슷하다. 출판사 내부의 출판부가 비즈니스 기능을 담당하고, 편집부는 콘텐츠를 담당한다. 편집부는 보통 개별적인 부서이지만 도서 출판사에서는 '편집(editorial)'과 '출판(publishing)'이 구분되지 않는다. 출판이 특정 영역의 기능이기보다는 조직 전체가 출판에 전념한다. 실제로 출판의 개념을 이해하는 방법 중 하나는 그것을 출판 조직의 집단적 특징으로 보는 것이다.

책이 출판이라는 전체의 일부분이라면 출판을 요약하는 추가 요소에 좀더 자세한 설명이 필요하다. 출판사는 그냥 책을 만드는 곳이 아니다. 실물이건 디지털이건 일반적으로 책의 생산은 출판사 내에서 이루어지지 않는다. 출판사는 어느 정도까지는, 그리고 여러 방식으로 책을 사람들에게 알리는 일을 한다. 책을 그냥 만드는 것이 아니라 어떤 목적에 맞게, 독자를 위해 만든다. 이 책의 편집자가 다른 글에서 논하듯 '일반 대중에게 홍보하기(making public)'라는 개념은 출판에 대한 상식이지만 여전히 불분명하다. 책을 만들고 난 후 더 많은 독자에게 접근하는 것이므로 '확장(amplification)'이라는 용어가 더 알맞다. 어떤 용어를 사용하건 출판사가 단지 책만 만든다고 할 수는 없다. 출판사는 책을 한 권 만들어 안전한 창고에 고이 넣어두지 않는다. 그것은 출판이 아니라 책 만들기이다. 출판사는 많은 독자를 확보하려고 하지만 출판을 하기 위해서는 애초에 독자가 있어야만 한다.

그렇다면 출판은 책을 만들고 일반 대중에게 알리고 책의 인지도를 높이고 독자를 찾아 구축하는 과정이라고 정의할 수 있다.

출판은 단 하나의 산업이 아니라 책과 관련한 여러 가지 산업으로 이루어진 복수의 개체이다. 책의 출판과 다른 형태의 퍼블리싱을 대조해보면 초점을 맞추는 데 도움이 되지만 또다른 의문이 제기된다. 책이란 무엇인가? 수 세기 동안 여러모로 안정적이었던 책의 기본 토대가 지금 빠르게 흔들리면서 도서 출판의 본질도 당연히 함께 변하고 있다.

책의 자리

출판이 책의 출판만을 뜻한다면 이 책의 편집자들도, 이 책의 출판 자체도 곤란에 처하게 된다. 나중에 살펴보겠지만 책이 사라진다는 말은 과장된 것이다. 책이 매우 바람직하고 유용하고 탄력적인 매체라는 것은 이미 증명되었다. 그러나 지금 이 시대가 책에 매우 중요한 순간이라는 것은 부정할 수 없다. 이 시대는 출판이 무엇이고 어떤 원리로 작동하는지에 영향을 끼칠 뿐 아니라, 한편으로는 출판사들이 자초한 책의 새로운 위기에도 영향을 준다.

출판에서, 나아가 사회 전체에서 책이 차지하는 위치에 대한 질문은 여러 측면에서 생각해볼 필요가 있다. 책은 수 세기 동안 우리가 지금 서양이라고 부르는 곳에서 확실히 지적·문화적 영역을 지배했다. 지식이나 사상을 모으고 널리 알리거나, 어떤 이야기를 최대한 많은 사람에게 들려주거나, 종교·정치·개인적으로 중요한 주장을 펼치고 싶다면, 또는 명성을 얻거나 영향력을 미치고 싶다면 책을 출판하는 것이 가장 효과적인 방법일 것이다. 중세부터 20세기까지 쌓인 배움과 문화의 체계는 인쇄술에 의해 뒷받침되었다. 이는 아드리안 판데르베일(Adriaan van der Weel)이 책의 질서(Order of the Book)라고 부른, 사회 전체에 중요한 구조적 역할이다 (Van Der Weel 2011).

고도로 계층화된 사회에서 출판업자의 위치는 거상(巨商)과 거리의 장사꾼, 위대한 지성인과 그들에게 아첨하는 하인 사이의 어딘가에서 항상 모호했다. 자본주의자이자 예술 애호가였던 그들은 결국 유럽과 미국의 대도시에서 중요한 지위를 차지했다. 앨런 레인(Allen Lane)이나 조너선 케이프(Jonathan Cape) 등 20세기 초반에 활동한 훌륭한 출판업자들의 회고록이나 전기를 읽어보면 출판이 지나온 굴곡뿐만 아니라 그 시대의 가십 칼럼과 사교 분야를 장악한 출판계 유명인사들을 찾아볼 수 있다. 출판업자들은 제 나라에서 매우 영향력 있는 인물이자 창조적인 혁신가, 실세, 파티 참석자였다.

그러한 황금기는 지나갔다. 출판업자는 여전히 중대한 영향력을 미치고 있지만 그들이 가십 칼럼을 장식하던 시대는 거의 끝났다. 출판업자들이 주도하고 관리하는 책의 질서, 그 문자 시스템이 과연 살아남을 수 있을지에 대한 의문이 커지고 있다. 출판에 가해진 공격은 끝없고 잔인했다.

19세기 후반부터 잇따른 기술혁신으로 책보다 훨씬 더 적은 비용으로 이용할 수 있는 새로운 매체들이 등장해 커뮤니케이션과 엔터테인먼트의 생태계에서 기능적 요소들을 두고 책과 경쟁을 벌였다. 라디오, 텔레비전, 디지털매체의 등장으로 인해 책은 더이상 폭넓은 독자와 소통하는 유일한 방법도, 가장 강력한 방법도 아니게 되었다. BBC나 넷플릭스 같은 미디어 기업과 매체들, 토크쇼, 멀티플레이어 온라인 게임 등이 그 생태계에서 책의 자리를 밀어냈다.

이것이 꼭 나쁜 일은 아니다. 일반적으로 새로운 매체의 등장은 기술과 생활수준, 선택권의 개선을 뜻하기 때문이다. 신문 편집자 볼프강 리플(Wolfgang Riepl)의 이름이 붙은 법칙에 따르면 새로운 매체는 기존 매체의 형태를 완전히 파괴하지는 않는다. 대신 그 상부에서 자라나며 수정과 팽창을 거쳐 더 복잡하고 다층적인 방식을 만들어낸다. 현재 출판사들은 총매출이나 판매 권수로 볼 때 그 어느 때보다 많은 책을 만들고 있다. 그들은 팽창한 생태계에서 여전히 새로운 아이디어의 원천이자 품질 보증인 역할을 한다. 반면 다른 매체들은 너무 산만한데다 자유롭게 실험하는 경우가 적어 그 역할을 제대로 해내지 못한다.

하지만 책의 상대적 지위는 바뀌었다. 학자인 테드 스트리파스(Ted Striphas 2011)의 기록에 따르면 장식용 가짜 책장이 팔리기 시작한 지 거의 100년이 지났다. 사람들은 진짜 책이 아니라 배움의 고상한 멋, 책과 연관된 문화자본을 원했다. 경쟁이 더욱 치열해진 환경에서 책의 위치가 변화하고 있음을 뜻했다. 책의 역할, 심지어 텍스트마저도 일부 영역에서는 구조적이 아니라 장식적인 것이 되어갔다. 오늘날에도 이러한 현상은 계속되고 있다. 소매업을 소비자들에게 하나의 경험—소파와 커피, 이벤트—으로 만드는 변화를 개척한 것은 미국의 대형 슈퍼마켓이라고 주장할 수 있겠지만, 오늘날 서점도 상징적 자본의 측면을 제공한다. 예를 들어 중국의 경우 지난 몇십 년 동안 지어진 많은 쇼핑몰들이 서점에 임대료 특혜를 제안했다. 사실 서점은 수익성이 높거나 많은 소비자가 이용하는 것도 아니지만 건물 주인들은 건물에 서점이 들어오는 것을 선호한다. 쇼핑을 점잖은 경험으로 만들어주기 때문이다. 여러 국가에서 서점은 생존을 위해 장난감, 게임, 문구, 머그잔 등 다양한 상품을 갖추어야 하고, 정부가 독립 서점에 경제적 지원을 하기도 한다. 신문들은 헌신적이던 책 코너를 서서히 그러나 확실히 포기했다. 책의 지위가 지속되지 않았더라면 그 과정은 진즉에 끝났을 것이다. 책은 학계에서 더이상 성공의 사다리가 아니다. 학술지에 글을 실어야 인정받는다. 이제 책은 종신 재직권을 가진 나이 지긋한 스타 교수들이 은퇴를 앞두고 그동안 발표했던 연구 결과를 요약해서 보여주는 일종의 우승 세리머니 같은 것이 되었다. 책의 장(章)과 학술지 논문이 데이터베이스에서 통합되는데 지금 읽는 자료가 책에 수록된 내용이라는 것을 알 수나 있을까? 우리는 책의 의미에, 그리고 이미지의 보편적인 힘 덕분에 텍스트의 특권에도 서서히 일어난 문화적 변동을 목격했다. 출판사는 이 두 가지를 모두 취급하므로 영향을 받을 수밖에 없다. 출판사들은 항상 기표(signifier)를 취급해왔지만 그들의 상품(stock)은 그 자체가 거래인 동시에 기표가 되었다.

『그레이의 50가지 그림자』 덕분에 잠깐이나마 사람들이 책 이야기를 하기는 했지만 이제 대중문화에 관한 격의 없는 대화는 최신 넷플릭스 드라마나 유럽의 범죄드라마를 주제로 이루어지는 경우가 많다. 서로 다른 매체의 사용 시간을 비교하는 것은 과학적으로 정확한 방법은 아니나, 취미로 하는 독서 시간이 여전히 상당하긴 해도 다른 매체들에 점점 밀려나고 있다는 사실이 나타난다. 가장 열성적인 독자들이 높은 연령대에 몰려 있어서 더욱더 문제가 된다. 영국 성인의 3분의 2가 취미로 독서를 하지만 지난 12개월 동안 소설책을 구매한 사람은 46.8%에 불과하다(DCMS 2015). 영국 정부 산하 방송통신규제기관인 오프컴(Ofcom)에 따르면 영국인이 미디어 기기에 사용하는 시간은 하루 8시간 41분으로 잠자는 시간보다 더 많다(Miller 2014). 영국인의 텔레비전 시청 시간은 하루 약 4시간인 반면 미국인은 하루 평균 5시간 이상 텔레비전을 시청한다(Kafka 2016, https://www.recode.net/2016/6/27/12041028/tv-hours-per-week-nielsen).

대부분의 출판업자는 단순히 책만 제작하지 않는다. 처음부터 제작은 출판의 여러 부문 중 하나일 뿐이었다. 기본적인 의미의 마케팅이나 편집은 책의 '제작'에 포함되지 않는다. 옥스퍼드대출판부의 경우 책뿐만 아니라 학술지, 수업 자료, 연구 및 학습 자료 등을 실물과 디지털 형태로 모두 제작한다. 실제로 세계적으로 큰 출판사들은 전통적인 출판사와 거리가 먼 모습이다. 피어슨(Pearson)이나 리드 엘제비어(RELX)처럼 기업가치와 수익이 수십억 파운드에 이르는 기업들은 점점 더 적은 수의 '책'을 출판하고 있다. 대부분의 제작이 비도서 형태로 이루어지며 그마저도 디지털의 비중이 높다.

흥미롭게도 출판사라는 이름표를 지우기 위해 가장 열심인 곳이 그런 기업들이다. 그들은 정보기술(IT) 기업이 되고 싶어한다. 하지만 그들의 기업가치는 거대 실리콘밸리 기업의 엄청난 시가총액과는 비교가 되지 않는다. 또한, 그들은 거대 기술 기업들과 마찬가지로 IP를 거래하고 데이터와 부호, 시스템, 정보를 다루는 플랫폼이자 기업이다. 둘의 차이는 투자자들이 기술 기업에 더 큰 인내심을 보인다는 것이다. 그래서 주요 출판 기업들은 빅텍스트(Big Text) 기업이 아닌 빅테크(Big Tech) 기업이 되고자 한다. 대중의 눈에 비친 변화에 대한 저항과 내부 영역 싸움에도 출판산업은 디지털 환경으로 빠르게 진입했다. 출판사들은 전자책이나 온라인 수업 자료의 도입에 앞장섰다. 거기에다 최고경영진은 무슨 수를 써서라도 출판사라는 단어를 피하라고 지시한다. 하지만 출판사는 여전히 출판사이다. 국제출판 기업에서 일하는 대부분의 젊은 대학 졸업자들은 기업의 홍보 자료에는 다르게 언급되어 있더라도 여전히 자신들이 교육 서비스 분야가 아닌 출판 분야에 종사한다고 생각한다. 출판은 책에서 멀어지고는 있지만 핵심 요소인 상호 매개 기능은 여전히 강력하고도 분명하게 존재한다.

우리는 책 출판사에 관한 이야기를 하고 있다. 하지만 책의 자리는 매우 복잡하고 출판은 대체로 '책 출판사'로만 이해될 수 있는 실체들로 구성된다. 산업이자 관습이며 사회적 기반인 출판은 언제나 그렇듯이 변화무쌍하고 모순적이며 복잡하다.

정보환경

책과 저널 논문, 혹은 '콘텐츠'에 대해 좀더 폭넓게 생각하는 또다른 방법은 코프와 필립스처럼 그 각각을 제품이나 텍스트가 아닌 특별한 유형의 '정보 구조(information architecture)'라고 생각하는 것이다(Cope, Phillips 2006). 우리는 출판업자를 (책이나 그 외 텍스트 매체의) 제작자나 (저자나 독자를 위한) 서비스 제공자로 생각하는 경향이 있지만 구조를 '건설'하는 수준 높은 정보 설계자로도 볼 수 있다. 대중에게 널리 홍보한다는 개념과 합치면 새로운 길이 보인다. 즉 출판업자는 여러 형태로 제작하고 '공표'하는 다양한 정보 구조를 설계하고 유지하는 사람이다. 그들은 이를 제공하는 역할뿐 아니라, 상품으로 제작하고 판매하는 역할도 수행한다.

여기에서 정보란 출판사가 출판하는 모든 형태의 것을 말하는데 이는 출판이 어떠한 사회에서나 매우 중요하다는 점을 재차 일깨워준다. 아무리 책의 위상이 변하고 모호해져도 출판의 개념은 여전히 매우 중요하다. 출판은 정보, 지식, 문화 등을 전파하는 중요한 통로이다. 또한 그 과정에서 우리가 어떻게 살아가고 무엇을 믿고 알 수 있는지, 언제 어떻게 어떤 이야기가 우리를 정의하는지 규정하는 데에 필수적인 역할을 한다. 출판은 교육 시스템으로 활성화되어 연구의 최전선에서 경계를 설정하는데 이는 인류 문명의 궁극적인 기록이기도 하다. 출판은 사회를 비추는 거울인 동시에 사회를 만드는 주체이다. 출판을 깊이 있게 연구해야 하는 이유를 묻는다면 그 답이 여기에 있다. 중세 수도원의 필사실이건 오늘날의 서버나 웹 플랫폼 개발 허브이건 출판은 정보환경을 창조하고 끊임없이 재생산하는 중대한 매체이다. 출판 없는 사회는 침묵하는 집단이나 마찬가지다.

출판을 한번 해체해보는 것이 좋겠다. 한 예로 교육은 국가가 제공하는 대표적인 정책 중 하나이다. 일반적으로 정부는 교과과정을 세우거나 적어도 감시한다. 하지만 그런 높은 수준의 작업을 교과서와 수업 자료라는 구체적인 결과물로 바꾸는 것은 공공 및 민간 교육 출판사의 몫이다. 일반적으로는 출판사가 재량을 발휘하여 주어진 교육 사안을 최대한 올바르게 해석하고 전달해야 한다. 편집, 디자인, 제작, 판매, 마케팅과 관련된 여러 사소한 의사결정에 따라 콘텐츠가 다양한 방식으로 조정되고 세대 전체의 교육이 미묘하게(그리고 노골적으로) 변할 것이다. 다시 말해서 오늘날 출판사는 지구상의 모든 사람을 교육하는 데 매우 커다란 역할을 한다. 보통 강력한 기업이라 하면 다국적은행이나 주요 에너지 기업, 대형 제약회사, 기술 기업 등을 떠올리지 교육 출판사를 생각하는 경우는 흔치 않을 것이다. 하지만 교육 출판사는 전 세계 젊은 세대의 일상에서 어느 기업 못지않은 막강한 영향력을 가지고 있다. 미래의 열쇠를 손에 쥐고 있기 때문이다.

마찬가지로 소설이라는 형식에도 끊임없이 의문이 제기된다. 하지만 소설은 본질적으로 하나의 이야기이며 오늘날 통용되는 가장 원형적인 이야기 구조일 것이다. 이야기는 인류에게 필수적이다. 사건을 순서대로 놓고 유의미하게 설명하는 능력은 인류의 진화에 매우 중요했다. 인간의 사회생활과 소통, 협동을 이루는 기본 요소와 표준은 이야기의 힘 덕분에 생겨났다(Kluger 2017). 이야기를 하는 사람은 계층 구조와 강한 유대로 이어진 초기 인류 공동체 안에서 지위와 인기를 누리고 조력자와 영향력을 얻었다. 그것은 자신과 후손의 안정적인 미래를 위해 좋은 일이었다(Gottschall 2013). 길가메시에서부터 아서왕에 이르는 이야기가 국가를 정의하게 되었다. 『일리아스』와 『오디세이아』 같은 구전 이야기들은 이야기가 처음 등장한 이후 수천 년이 지난 지금까지도 변함없이 사랑받고 있다. 오늘날 출판사들은 다른 산업만큼이나, 어쩌면 더욱더, 스토리텔링 기술을 육성하고 유지하는 최일선에 서 있다. 책은 여전히 새로운 이야기의 근원이자 오래된 이야기가 부활하는 수단이다. 영화와 텔레비전, 게임은 시장점유율 경쟁에서 출판보다 규모가 훨씬 크지만 어느 정도는 여전히 책의 저자와 출판에 의존한다. 출판은 의사소통 환경의 중심인 만큼 인간의 필수적인 활동에서 중요한 역할을 수행한다.

우리는 최첨단 연구를 생각할 때 정밀 조사와 의심이라는 조직적 체계를 떠올린다. 16세기와 17세기의 과학혁명은 경험적 입증과 반증에 대한 새로운 개방성을 전제로 했다. 지식을 무조건적으로 믿지 않고 검증했다. 새로운 출판산업이 거기에도 필수적이었고 그 역할은 여전히 계속되고 있다. 과학자들은 실험 방식과 결과를 공개해 동료 과학자들과 공유해야만 했다. 그다음에는 동료 과학자들이 똑같은 실험을 반복해 모든 측면을 확인했다. 공개성이 지식 체계의 핵심을 이루었다. 여러 방면의 비판적 관찰에 대한 개방성은 지속적인 지식 축적 과정에 필수적이었다. 공개적 출판과 동료 검토(peer review, 다른 연구자들이 투고자의 논문을 심사하는 것-역주)는 오늘날까지도 지식을 측정하는 최고의 기준이다. 공개적으로 출판되기 전까지는 지식으로 간주되지 않는다. 동료들이 비평하고 분석할 수 있도록 지면이나 화면으로 공개되지 않으면 증명되지 않은 것이다. 그렇다면 출판은 진실의 중재자라는 특별하지만 과소평가된 인식론적인 역할을 하는 셈이다. 앎이라고 할 수 있는 것을 결정하는 영원히 끝나지 않는 위대한 게임의 심판자인 것이다. 이 역할이 현재의 출판사 형태로 계속될지 새로운 것으로 진화할지, 아니면 지금처럼 둘 사이의 어딘가에 계속 놓이게 될지는 두고 보아야 한다. 하지만 투명성과 보급을 우선시하는 과학의 가치에 헌신하는 한, 출판의 역할은 계속될 것이다.

지금까지 출판이 다양한 정보환경과 상호작용하는 중요한 방식을 철저하게 살펴본 것은 아니지만 시사하는 바는 있다. 출판은 기업 활동과 관련한 일련의 관행으로 생각할 수 있다. 실제로 그렇기도 하다. 하지만 출판의 이면에는 수많은 사업체가 생겨났다 사라지고 (심지어 수백 년 동안 이어온 기업들이 있는 산업 부문이라도 마찬가지이다) 끊임없이 변화하는 시장에서 살아남는 중요하고 지속적인 무언가가 자리한다. 출판이 하나의 개념으로서 수행하는 심오한 구조 기능이다. 출판은 그 기능을 오랫동안 다양한 형태로 이어왔다. 비록 책의 질서는 도전받았지만 출판의 질서(Order of Publishing)는 살아남을 것이다. 그 기능은 사라지진 않지만 어느 때보다 빠르게 변화하고 있다.

출판 연구

수많은 학문 분야에서 출판을 연구했다. 이는 언론학, 문학, 사회학, 경영학, 도서관학, 정보과학 등의 분야에서 출판을 교육한다는 사실에서도 알 수 있다. 책의 역사를 연구하는 사람들은 책과 출판의 역사에 관한 모든 시대를 조사했다. 앞에서 언급한 모든 관련 영역을 계속 활용하는 한편 출판을 새롭고 중요한 연구 및 교육 영역으로 제시하는 것이 이 책의 목적이기도 하다. 전 세계의 학자들과 함께 출판 연구 분야를 이루는 아이디어와 접근법의 통합적인 그림을 그리고자 한다.

학부과정, 박사과정, 박사후연구과정까지 출판 교육 과정이 급속하게 성장한 것은 간학문적 연구에 출판산업의 관심이 크다는 사실을 보여준다. 디지털화부터 세계화에 이르기까지 출판에 일어난 변화에 발맞추려면 항상 새로운 사고가 필요하다는 것도 알 수 있다. 다른 학문의 이론이 출판에 어떻게 적용 혹은 응용되었고 출판사가 무슨 일을 하고 무료 콘텐츠와 자가출판(self-publishing)의 세계에서 그들이 어떤 식으로 가치를 더할 수 있는지를 설명하는 새로운 아이디어도 제시되었다. 그 모든 생각을 한곳에 담고 다양한 분야의 새로운 접근법도 함께 보여준다는 것이 이 책의 주요한 특징이다.

이 책은 출판 연구의 성장을 보여준다. 어떤 이들은 출판 연구가 비즈니스의 측면에서만 적용되므로 다른 분야에 포함되어야 한다고 주장할 것이다. 이러한 관점은 하나의 산업에 집중할 때 당연히 중요하다. 그러나 문화, 정보, 사회 영역 전반에 걸쳐 중요한 역할을 하는 일 또한 출판의 특징이다. 세계의 여러 국가에서는 여전히 정부가 출판산업과 출판사를 통제하려고 하는데 이는 출판이 사회 번영에 이바지하는 가치 있는(그리고 잠재적으로 도전적인) 분야임을 증명할 뿐이다.

이 책은 출판업계의 전문가들과 세계적으로 유명한 출판 및 관련 분야 학자들의 기고를 통하여 현재 출판에 대한 연구와 사고를 포괄적이고 통합적으로 탐구한다. 맥락, 역학, 실제의 세 파트로 나누어 저작권에서 기업의 사회적 책임에 이르기까지 다양한 주제를 다룬다. 필자들은 시장의 세계화와 전략의 진화, 기술 변화 등을 배경으로 출판산업이 어떻게 발전하고 있는지에 대한 다양한 관점을 제시한다. 또한 이들은 출판의 변함없는 중요성을 보여주고 출판사들이 콘텐츠 선정이나 디자인, 시장 인식 등을 통하여 가치를 더하는 모습도 살펴본다.

오늘날 출판은 영국과 미국의 수많은 학부와 대학원 과정의 주요 연구 분야이며 중국, 한국, 네덜란드, 독일, 발트 3국, 아르헨티나, 오스트레일리아, 남아프리카, 나이지리아에서도 중요한 활동으로 자리잡았다(Simon Fraser University Library 2018). 학제 간 논문은 물론 〈계간 출판 연구 Publishing Research Quarterly〉, 〈로고스 Logos〉 같은 저널의 논문, 샤프(SHARP)와 바이 더 북(By the Book) 같은 학회까지 높은 수준의 연구가 늘어나고 있다. 이 책은 이론과 사업의 측면에서 출판에 대한 다차원적인 관점을 제시하고자 기획되었다. 업계와 대중매체는 출판에 대한 논평을 쏟아내고 있다. 학회와 블로그, 뉴스 기사는 특히 디지털이 출판을 어떻게 바꾸고 있는지에 업계의 관심이 향하고 있음을 보여준다. 주류 미디어는 책의 죽음부터 전자책의 죽음까지 책 출판의 발전에 여전히 흥미를 보이고 있다.

이 책에 기고된 글의 주제와 저자는 독자층을 최대한 넓히고 영향력을 높이고자 신중하게 선택하였다. 출판을 연구하는 사람들뿐만 아니라 출판의 최신 해석에 관심 있는 다양한 업계의 실무자들도 쉽게 활용할 수 있도록 하기 위함이다. 각 장은 그 주제에 관한 지식의 현상태를 요약하고 관련 저자와 출판물, 아이디어를 포함한다. 해당 주제의 영역을 더 잘 보여주는 경험적 자료는 물론 역사적 배경의 관점을 적절하게 담은 장도 있다. 독자는 분석과 원칙, 핵심 사안, 필수 맥락을 발견할 수 있을 것이다. 시장이나 특정 실무 영역을 분석할 때 이 책은 전체적 구조와 역학에 대한 관점을 제시하고 미래에 관한 주요 질문과 연구 분야도 조명한다.

각 장들에 대하여

이 책은 맥락, 역학, 실제라는 주제에 따라 세 부로 나뉜다. 1부에서는 출판에 영향을 주는 근본적인 요인과 출판이 사회 및 문화와 어떻게 연결되는지 살펴본다.

맥락: 앨리스터 매클리어리(Alistair McCleery)가 쓴 장은 출판 역사의 본질을 다룬다. 출판의 역사가 얼마나 오래전으로 거슬러올라가는지 살펴보고, 출판의 본질과 정의를 분석하며 이를 무정형이고 더 융통성 있는 책의 역사와 구분하는 방법을 찾고자 한다. 그 과정에서 과거에 매우 큰 매력이 있었던 출판업계의 '위대한 사람들'을 살펴본 다음 '역설계'로 현대 출판산업을 대표하는 하퍼콜린스(Harpercollins)의 역사로 넘어간다.

시몬 머리(Simone Murray)는 책이 개별 저자에게 귀속되는 데에는 필연성이 없다고 주장한다. 저자권(authorship)의 발달이 수 세기에 걸쳐 이루어졌고 서유럽의 특정한 법적-미학적 이론이 우세한 탓에 저자권 문제가 크게 부각되지 않는 듯하다. 디지털 커뮤니케이션은 자가출판을 용이하게 만들고 텍스트가 익명으로 유통될 수 있게 하며 작가가 타인의 작품을 읽고 비평, 편집, 수정할 수 있는 세계적인 플랫폼을 제공한다. 그로 인해 텍스트의 고정성과 표준화된 형식, 개인화된 저자의 통제권이라는 종이 출판의 영역을 지탱하는 지성의 버팀목이 책 문화에서 내몰리고 있다.

책은 독자를 필요로 하며 독서는 시간이 지나면서 문화와 지식에 접근하는 필수적인 기술이 되었다. 하지만 독서는 인간이 참여하기 쉽지 않은 행위인데다 디지털 기기가 커뮤니케이션 수단으로 책과 경쟁한다. 아드리안 판데르베일은 독서가 사회에서 수행해온 부수적인 역할에 대한 인식이 새롭게 떠오르고 있으며 출판산업이 그로부터 배울 것이 많다고 이야기한다. 독서의 위치는 의식적 결정과 그것을 유의미하게 만들려는 지속적인 노력에 달려 있으므로 스크린 독서가 지배하는 세상에서는 더욱 의식적으로 독서 기술을 함양해야만 한다. 독자가 계속 출판산업의 믿을 만한 소비자로서 존재하느냐는 그 어느 때보다 불확실해졌다.

저작권은 근대 출판을 구축한 토대라고 해도 과언이 아닐 것이다. 하지만 오늘날 저작권은 과도기에 놓여 있다. 저작권과 출판의 밀접한 관계로 미루어 볼 때 현대 저작권이 출판에 너무도 근본적이고 지대한 영향을 끼친다는 것을 알 수 있다. 좋든 싫든 디지털 환경에서 현대 저작권법의 변화가 출판의 미래를 결정할 것이다. 미라 T. 순다라 라잔(Mira T. Sundara Rajan)은 우리가 알고 있는 저작권 개념의 파괴가 불가피한지 아니면 저작권 없는 세상이 올 수도 있다는 생각이 터무니없는 것인지 묻고 있다.

엘리자베스 르 루(Elizabeth le Roux)는 출판과 사회를 다루는 장에서 국가마다 출판의 형태가 다르다는 것을 보여준다. 어떤 국가에서 무엇이 출판되고 누가 출판 과정을 통제하느냐는 인구통계에 따라 달라진다. 따라서 성별, 인종, 계급, 다양성의 문제가 중요하다. 특히 종교, 민족주의, 정치, 성정체성과 같은 논란의 여지가 있는 문제를 다루는 책의 출판은 사회적 정체성의 균열을 두드러지게 할 수 있다. 교육, 언어, 문화에 관한 논의 역시 모두 출판물과 겹치거나 큰 영향을 받는다. 사회는 특히 보호주의와 홍보부터 규제, 교과서 조달, 검열에 이르는 정부의 개입을 통해서 출판에 직접적인 영향을 줄 수도 있다.

존 오크스(John Oakes)는 '출판과 문화'라는 개념이 모순적인 조합일 수도 있다고 설명한다. 광범위한 의미에서 문화가 특정 사회의 경계를 의미한다면 책의 출판은 그 경계를 정의하는 데 필수적인 역할을 한다. 출판은 문화의 변화와 교류, 해석의 중심이다. 출판이 단순한 사업이 아니라 상업적 성공과 문화적 실체의 갈등을 상징하는 이유도 그 때문이다. 출판은 창작자/저자가 자신의 생각을 소비자/독자에게 호소하기 위해 쓴 글을 책으로 옮겨 전달해준다. 이는 데일 카네기(Dale Carnegie)나 사뮈엘 베케트(Samuel Beckett)의 저작에 모두 똑같이 적용되는 원칙이다.

마틴 폴 이브(Martin Paul Eve)는 출판 및 '정보'에 대한 토론과 관련된 몇 가지 개념적 난제를 다룬다. 여기에는 다양한 용어에 관한 근본적인 철학적 구분부터 논픽션/학술 출판 영역의 실질적 변화, 새로운 유형의 데이터 객체와 소프트웨어 출판의 수요 증가가 포함된다. 특히 '정보'의 맥락에서 데이터와 디지털-아티팩트 출판으로의 변화에 초점을 맞춘다. 그는 인터넷 시대에 출판과 정보의 진정한 과제는 문화적 권위와 진실의 프레임과 관련이 있을 뿐만 아니라 무한히 풍요로운 디지털 세계에서 출판의 노동력 부족과도 관련있다고 주장한다.

카를로스 A. 스콜라리(Carlos A. Scolari)는 출판과 네트워크를 다루는 장에서 1970년대 초 디지털네트워크의 등장과 확산 이후 미디어생태계에 일어난 변화를 조망하면서 디지털네트워크를 통해 공급되는, 적어도 출판사에는 가장 중요한 '상품'인 텍스트를 분석한다. 생산, 유통, 콘텐츠 소비 과정의 변화는 물론 공동 제작과 사용자 제작 콘텐츠, 필터링 과정, 새로운 존재인 하이퍼리더(hyperreader, 하이퍼리딩은 디지털 환경에서 독자가 주도하는 스크린 기반의 독서를 말한다-역주)의 등장 같은 현상을 집중적으로 분석하고 있다.

출판사는 기후변화와 불평등, 정치적 자유 등 지구에 영향을 끼치는 필수적인 문제들을 다루는 책도 많이 제작해왔다. 기업은 운영에 따르는 외부효과나 부작용을 고려할 의무가 없지만 앵거스 필립스(Angus Phillips)가 기업의 사회적 책임에 대한 글에서 이야기했듯이 대부분의 기업은 이제 그런 일들을 무시할 수 없다는 것을 인식하고 있다. 세계화 시대에 기업이 사회적, 환경적 책임에 관한 정책을 도입하고 시행해야 하는 필요성은 더욱 시급해졌다. 게다가 기업의 사회적 책임은 출판사가 왜 필요하고 어떤 가치를 창조하는가 하는 질문에도 중요한 답을 제시한다. 믿을 수 있는 출판사는 콘텐츠를 신뢰하고 책임지며 저자를 지지한다. 이것이 단순히 콘텐츠를 유통하는 중개자와 출판사의 차이다.

역학: 2부에서는 출판산업의 기본적 동인을 분석한다. 구텐베르크 이후로 끊임없이 변화하는 사업 환경에서 출판사는 치명적인 위험 부담과 복잡성의 요인에 대처하고 그것들을 최소화하기 위해 실행 가능한 경제적 사업 전략과 모델을 찾아 이해하고 창조해야만 했다. 두 개의 글을 기고한 앨버트 N. 그레코(Albert N. Greco)는 첫번째 글에서 활판인쇄 형식으로 시작해, 디지털 전자책과 스트리밍 옵션으로 변화한 출판 시장에서 출판사들에 지적 프레임워크를 제공하는 주요 경제학자들의 이론을 소개한다. 출판만큼 해마다 신제품이 마구 쏟아지는 산업도 없다. 아이디어 경쟁의 장에서 과연 책이 성공을 거둘지는 누구도 미리 알 수 없는 상황이므로 소수의 베스트셀러 작가를 제외한 저자와 편집자들은 엄청난 불확실성을

마주한다.

전략에 관한 두번째 글에서 그레코는 출판사에 영향을 준 전략 이론이 있다는 사실을 보여준다. 출판사, 편집자, 저자는 기본적인 의문에 직면한다. 독자들이 정확히 무엇을 원하는가? 기업들은 국내외 시장에서 성장하기 위한 전략과 그것을 실행하는 데 필요한 구조를 만들 수 있었다. 물론 전략 이론도 중요하지만 끊임없이 변화하는 역동적인 시장에서 무작위성과 혼란, 불확실성에 직면했을 때 출판사와 편집자, 영업과 마케팅 담당자가 자신의 판단력을 활용할 수 있는 여지는 항상 있다.

베스트셀러의 세계적 전파, 국제무역, 보편적 생산 장비와 출판 기술, 해외 출판, 출판사의 국제적 기업 소유 등은 출판산업의 초반부터 항상 존재했다. 미하 코바치(Miha Kovač)와 뤼디거 비셴바르트(Rüdiger Wischenbart)는 이러한 공통적인 특징이 어떻게 20세기와 21세기 초까지 세계적 도서 제작을 촉진했는지 살펴본다. 특히 출판산업의 전반적인 확장을 이끈 공통점이 무엇이고 지역과 문화, 국가에 따른 차이를 만든 힘이 무엇인지에 중점을 둔다.

큐레이션(curation)은 무엇을, 왜 출판하는가에 관한 출판사의 선택을 말한다. 마이클 바스카(Michael Bhaskar)가 '가치를 더하기 위한 선택과 정리'라고 정의하는 큐레이션은 능동적이고 광범위한 과정이다. 외부인이나 다른 부서 사람들이 보기에 편집 과정은 미스터리한 분위기를 풍길 수 있다. 회의도 대다수 직원에게 비공개로 이루어지는 경우가 많다. 전통적으로 편집자는 힘과 지위를 행사했으며, 중요한 사업과 창의적인 의사결정의 중심에 서 있다. 재정적 책임과 심미적 결정을 내리는 책임이 만나 그들의 역할에 특권을 부여한다. 하지만 출판을 이해하려면 편집에 대한 편견을 버리고 큐레이션의 구조적 역할을 분명하게 이해해야만 한다. 바스카는 그 방법으로 출판사의 편집 전략을 뒷받침하고 이끄는 '큐레이션 패러다임'이라는 개념을 소개한다.

일반 출판(trade publishing)은 사람들의 눈에 가장 잘 띄는 분야이지만 여러 다양한 출판 분야 중 하나일 뿐이다. 전체 수익성의 측면에서도 일반 도서 출판의 총매출은 교육 출판이나 전문서 출판처럼 대중적 인지도가 낮은 분야보다 훨씬 적다. 또한, 교육과 학술 출판보다 소비자 가격이 낮고 소매업자들의 할인율은 더 높아서 위험성도 크고 수익성은 낮은 분야이기도 하다. 하지만 일반 출판은 출판산업의 핵심적인 분야이자 출판업에 종사하고 싶어하는 사람들이 가장 선호하는 분야이다. 존 B. 톰프슨(John B. Thompson)은 영미(英美)의 일반 출판 분야를 살펴본다. 그 분야에서 특히 중요한 네 가지 측면, 즉 저자의 브랜드 가치, 신간 리스트(frontlist)와 구간 리스트(backlist)의 관계, 마케팅과 홍보의 역할, 디지털혁명에 따른 도전과 기회를 조명한다.

서맨사 J. 레이너(Samantha J. Rayner)는 학술 출판에 대해 살펴본다. 논문, 학술지, 텍스트 판본, 대학 교재, 에세이집 등 일종의 동료 검토 과정을 거친 것들이 이에 포함된다. 간단히 말해서 이 분야는 지식과 연구의 생산 및 보급을 다루지만 교육과 지식 경제의 가치, 접근성, 지위 같은 정치적 사안과 복잡하게 연결되어 있으며 언제나 복잡하고 혁신적이고 사회 반영적인 산업이다. 무료 공개 학술 자료의 제작은 21세기 이후 학술 출판의 변화 요인 중 하나였지만, 연구와 지식을 널리 전파하려는 욕구는 중세 후기 이래 학술 출판을 지탱해왔다.

여러 국가에서 출판산업의 중심에는 교육 출판이 있다. 교육 출판사들은 의무교육 덕분에 도서 출판사 중에서도 가장 광범위한 독자를 보유하고 있다. 전체 연령대에 책을 제공하기 때문인데 적어도 어떤 사람들에게는 교과서가 평생 동안 접하는 유일한 책이다. 하지만 광범위한 독자층에도 불구하고 교육 출판은 거의 눈에 띄지 않는 출판 부문이다. 교과서는 베스트셀러 차트도 없는데다, 교과서 저자들은 소설이나 비소설 베스트셀러 작가들과는 달리 미디어로부터 거의 관심을 받지 못한다. 미하 코바치와 모이차 K. 세바르트(Mojca K. Šebart)는 디지털의 발달이 교육 출판에 끼치는 영향을 분석하는 한편 교육 출판을 교육계에서 일어나는 심오한 변화를 보여주는 리트머스 종이로 바라본다. 교육 출판은 현대사회의 문화적, 인류학적 변화를 이해하고자 하는 사람들에게 중요한 관찰 영역으로 자리잡고 있다.

실제: 이 책은 결코 직업 안내서가 아니지만 독특한 아이디어와 접근 방식을 가진 실무 분야도 포함한다. 편집은 이전 장에서 큐레이션으로 다루었고, 3부에서는 다른 주제에 대해 살펴본다. 우선 프래니아 홀(Frania Hall)이 출판사의 구조를 살펴보는 것으로 시작한다. 출판사에는 20세기에 다양한 기업 경영에서 사고되고 진화한 생산 시스템과 식별 가능한 조직적 위계질서가 갖추어져 있다. 일반적으로 소규모 출판사들도 출판 사업을 위해 기능적인 접근법을 채택한다. 하지만 이러한 구조는 빠르게 변화하는 환경에서 기업이 효율적으로 움직이기 어렵게 만들기에, 끊임없이 변화하는 디지털 환경에 자리잡고 필요에 따라 적응하려면 조직적 설계에 대한 새로운 접근법이 필요하다는 인식이 커지고 있다.

500년 이상 모든 출판의 목적은 물리적 제품을 만드는 것이었으므로 책 디자인에는 물성이 고려되었다. 텍스트의 시각적 배치, 삽화, 제본은 물론 촉각적 특징과 내구성도 중요했다. 폴 루나(Paul Luna)는 종이책은 물론 전자출판 경로의 발달로 급격한 변화가 일어났음을 보여준다. 출판사는 실물 도서의 모든 측면을 통제하지만, 전자 유통되는 콘텐츠의 제공자로서 전자책의 외형, 독자와 전자책의 상호작용에 행사하는 영향력은 출판 기기와 플랫폼의 제한을 받을 수 있다. 따라서 실물 책과 가상의 책 디자인이 함께 고려되어야 한다. 출판에서 디자인은 흥미로운 가공품과 복잡한 디자인 시스템을 만드는 것을 모두 포함하기 때문이다.

존 W. 맥스웰(John W. Maxwell)은 디지털 미디어가 책과 출판의 전통에서 벗어난 것이라고 생각하기 쉽지만 사실 출판은 언제나 기술의 투쟁이었다는 사실을 기억해야 한다고 말한다. 기술 수단을 이용해 독자와 대중을 확대하는 것이야말로 출판이 항상 추구해온 중요한 혁신이었다. 오늘날의 출판계에는 혁명이라고까지는 할 수 없어도 가능성이 만개하고 있다. 종이책은 수 세기 동안 그래왔듯이 여전히 많은 독자에게 다가가고 있지만 인터넷엔 무수히 많은 새로운 경로와 형식, 장르가 가득하다. 전자책이나 온라인 신문과 같이 일부는 우리가 알고 있는 종이책의 형식과 매우 유사하지만 그렇지 않은 것도 많아서 '출판'의 의미를 다시 생각하게 만든다. 출판을 현대 교양의 인프라로 광범위하게 정의한다면 출판과 '첨단기술'의 오랜 관계는 매우 탄탄해 보인다.

앨리슨 베이버스톡(Alison Baverstock)이 쓴 장은 마케팅과 포지셔닝(positioning, 제품이 소비자의 인식 속에 어떻게 자리잡게 할지에 관한 전략-역주)이 책의 성공에 필수적이며 조직의 방향과 출판 관련 의사결정에서 마케팅 담당자들의 영향력이 점점 커지고 있음을 보여준다. 하지만 그 메커니즘은 변화하고 있다. 출판사들은 비공식적으로 유료와 무료로 구분되는 프로모션인 마케팅과 홍보의 균형을 항상 유지해야 했다. 하지만 디지털 마케팅과 소셜 미디어와 같은 새로운 도구의 등장으로 경계가 점차 흐려지고 있다. 시장에 정보를 제공하는 새로운 방식이 등장하면서 한때 저자와 독자를 중재하는 고전적인 메커니즘이었던 유력 언론의 서평과 발췌 연재에 변화가 생겼다. 신문 발행 부수가 감소하고 책 블로거와 소셜 미디어 '친구들'의 영향력이 커지면서 새로운 방식의 중요성이 커지고 있다.

일반적으로는 창작자로서의 저자가 저작권과 그에 따른 모든 권리를 갖는다. 그러나 대부분의 저자는 그 관리를 출판 계약 조건에 따라 문학 에이전트나 출판사에 위임한다. 그동안 출판업계에서 저작권 판매는 더욱 중요해졌다. 일부 출판, 특히 그림책 분야에서는 저작권 판매가 책의 재정적 성공을 좌우하고 출판사의 수익성에 크게 기여할 것이다. 리넷 오언(Lynette Owen)은 출판산업에 매우 중요한 저작권 관리 기능이 편집과 판매 기능에 비해 과소평가되는 경우가 많다고 설명한다. 실제로 라이선스 수익 지분은 매출 수익과 잘못 비교되는 경우가 많다. 출판사의 라이선스 수익은 매출의 이윤 요소와 정확히 비교되어야 한다.

출판 거래처라고 하면 도서관은 서점과 달리 즉각 떠오르지 않을지도 모른다. 앨릭스 홀츠먼(Alex Holzman)과 세라 칼리크먼 리핀콧(Sarah Kalikman Lippincott)은 도서관을 다루는 장에서 이것이 잘못된 생각임을 보여준다. 그들은 대다수의 출판사에 매우 중요한 판로인 도서관이 논문과 학술지 구독권을 구매하고 출판물의 저장소이자 게이트키퍼, 큐레이터 역할을 한다고 주장한다. 도서관은 디지털 환경 아래 디지털화가 시작되었지만 비용 증가로 출판사와의 관계가 우려되는 상황이다. 동시에 도서관은 비교적 새로운 추세를 보여준다. 즉 도서관 자체가 다양한 형태의 출판사로 변신하고 있다. 서점과 마찬가지로 도서관도 출판사와의 사이에 긴장감이 있지만 본질적으로는 공생적인 관계를 맺고 있다. 닐스 페터 토마스(Niels Peter Thomas)는 3부의 마지막 장에서 서점에 관심을 기울인다. 수 세기 동안 책 판매는 출판 과정의 필수적인 부분이었지만, 출판의 수많은 분야와 마찬가지로 최근에는 대형 서점 체인의 등장부터 온라인 책 판매의 막대한 성장에 이르기까지 엄청난 변화를 겪었다. 책 판매는 경쟁이 치열한데다 책을 구매하는 대중의 변덕에 영향받을 수밖에 없어서 소매건 도매건 결코 수월했던 적이 없다. 그럼에도 불구하고 책 판매는 책의 가치와 공급망에서 여전히 필수적인 부분이다.

마무리하며: 출판의 미래를 예측할 수는 없어도 적어도 고민해볼 수는 있다. 이 책의 마지막 장인 '마무리하며'는 사고실험을 통해 '만약에'라는 질문의 형태로 다양한 질문을 하고 그 결과를 따져본다. 현재에 바탕을 두고 추정한 전제를 이용하여 축소된 서사를 만들어 살펴본다. 처음에는 풍성한 지식 체계를 떠올려보고 두번째는 새로 유행하는 사고실험으로 불확실한 미래를 예측해본다. 출판의 사고실험은 미래와 현재를 부각시킨다. 출판의 핵심적인 특징을 분리해 극단까지 확장하면 현재의 궤도를 다시 고려해보아야만 한다. 이것은 결과적으로 출판에 대한 이해를 높이고 미래에 대처하는 전략을 수립하는 데 도움이 될 수 있다. 하지만 이러한 사고실험이 실제로 일어날 것이라고는 주장하지 않겠다. 일어나지 않을 가능성이 크다. 하지만 사고실험은 다양한 표현과 양식을 통해 무엇이 중요하고 무엇이 위험하며 무엇이 출판의 미래에 대한 가능성의 경계 안에 있는지 분명하게 보여줄 것이다.

결론

출판산업은 특별하다. 그러니 당연히 질문하고 설명하고 표현해야만 한다. 무엇보다 이 책이 해야 할 일은 빠르게 변화하는 시장, 진화하는 기술, 불안정한 커뮤니케이션 구조 안에서 출판이 무엇이고 무엇을 하며 무슨 의미를 가지는지 이해하고, 서로 영향을 주고받는 심오한 수준으로 이론과 실제를 결합시키는 것이다. 일반적으로 출판사는 학문적 의미나 이해보다 긴박한 업무에 집중한다. 출판사들은 언제나 독서와 공부를 좋아하는 분위기를 풍겼고 주요 생산자는 아니지만 행동으로 나서왔다. 출판 일정은 계속 움직여야만 하는 힘들고 끝없는 작업 할당계와도 같다. 마감 일정과 수익 문제는 출판 활동의 일상을 좌우하며, 각 단계는 뒤돌아볼 여유가 별로 없다. 의존할 수 있는 재고, 즉 구간 리스트가 있는 출판사도 많지만 실제로 대부분은 변동성이 큰 사업체다. 출판사는 생존을 위해 끊임없이 새로운 것을 받아들여야만 한다. 그렇기에 무엇보다도 새로운 혁신이 그들의 활동을 이끌고 지배한다.

바로 그 이유로 인해 지금 출판은 새로운 고도화의 시대로 접어들고 있다. 앨버트 N. 그레코가 이 책에서 분명히 밝히듯 요즘은 고도의 사업 전략이 더욱 흔해진 시대다. 결과적으로 출판의 실제와 더 넓은 환경 및 기술에 대한 보다 깊고 자세한 이해가 출판사에 꼭 필요하다는 뜻이다. 다시 말하면 이론과 실제는 예전처럼 서로 떨어져서도 안 되고 떨어질 수도 없다. 학자들은 현장에서 이루어지는 행동에 깊은 관심을 기울여야 하지만 출판사는 자신들이 하는 일이 무엇이고 치열한 경쟁과 넘치는 정보가 있는 세상에서 어떻게 가치를 더하는지 알아야만 한다. 데이터 분석과 시장 연구를 더 적극적으로 활용하는 일이건, 에이비 테스트(A/B testing) 같은 혁신적인 기술 메커니즘을 최대한 활용하는 쪽으로 테스트에 대한 태도를 새롭게 바꾸는 일이건, 코드에 관한 이해건, 불확실한 세상에서 자신의 임무와 목적을 명확하게 표현하는 일이건, 지금은 그 어느 때보다 실제와 이론을 모두 받아들여야 할 필요가 절실하다.

전통적으로 그래왔듯이 21세기에도 출판은 중국의 문화혁명 등 세계적 갈등이나 사건 같은 대재앙적인 격변 이후 현대사회에서 볼 수 있었던 일련의 실존적 도전에 직면하게 될 것이다. 이번에는 경제적, 기술적으로 가하는 압박이 그 요인이지만 다른 형태의 혼란도 무시할 수 없다. 이 모든 것은 출판이 무엇이고 왜 중요한지에 대한 깊은 이해를 통해 최고의 조건을 갖추어야 할 뿐만 아니라 끊임없는 개선안도 찾아야 할 필요가 있음을 말해준다. 어느 쪽이건 이론과 실제의 통합은 필수적이다. 이 책의 목적이 바로 그것이다.

참고문헌

Batchelor, James (2018). 'Games industry revenues in 2017'. *GamesIndustryBiz* [online]. https://www.gamesindustry.biz/articles/2018-01-31-games-industry-generate-dusd108-4bn-in-revenues-in-2017 [2018년 4월 3일 검색].

Cope, B. and A. Phillips, eds (2006). *The Future of the Book in the Digital Age*, Witney: Chandos.

DCMS, Department for Culture, Media and Sport (2015). *Taking Part* 2013/14, *Free time activities, Statistical Release*, March.

Gottschall, Jonathan (2013). *The Storytelling Animal: How Stories Make Us Human*, New York: Mariner Books.

Kafka, Peter (2016). 'You are still watching a staggering amount of TV every day'. *Recode* [온라인]. https://www.recode.net/2016/6/27/12041028/tv-hours-per-week-nielsen [2018년 4월 4일 검색].

Kluger, Jeffrey (2017). 'How Telling Stories Makes Us Human'. *Time* [온라인]. http://time.com/5043166/storytelling-evolution/ [2018년 4월 8일 검색].

Miller, Joe (2014). 'Britons spend more time on study than asleep'. BBC [온라인]. http://www.bbc.co.uk/news/technology-28677674 [2018. 4. 4 검색].

Oxford University Press (2017). *Annual Report of the Delegates of the University Press 2016/17* [온라인]. https://annualreport.oup.com/2017/report-of-the-secretary-to-the-delegates/ [2018년 4월 1일 검색].

Robbins, Keith, ed. (2017). *The History of Oxford University Press*, Volume IV: 1970 – 2004, Oxford: Oxford Univesity Press.

Simon Fraser University Library (2018). 'Publishing programmes and conferences around the world'. Simon Fraser University [온라인]. https://www.lib.sfu.ca/help/researchassistance/subject/publishing/schools [2018년 4월 25일 검색].

Striphas, Ted (2011). *The Late Age of Print: Everyday Book Culture from Consumerism to Control*, New York: Columbia University Press.

Van Der Weel, Adriaan (2011). *Changing Our Textual Minds: Towards a Digital Order of Knowledge*, Manchester: Manchester University Press.

출판의
맥락

1부

2장

출판의 역사

앨리스터 매클리어리(Alistair McCleery)

서론

출판사는 허영심이 많은 기관이다. 그들은 가능한 한 오래전까지 자신의 내력을 되짚어올라가며, 다른 분야에서는 감히 엄두도 내지 못하는 형태로 제 역사를 발행한다. 출판사의 역사는 지속적이고 제도화된 문화자본이다. 그리고 문화자본은 (원조 기업의 상속자와 후계자들로부터 내려온) 상업적 혹은 경제적 자본(주의적) 기반을 숨기는 사회적 자본을 생성한다. 출판사가 발행한 자기 역사는 출판에 이용 가능한 기술과 함께 움직인다. 아사 브리그스(Asa Briggs)가 편집하고 롱맨출판사가 직접 후원한 롱맨의 전통적인 인쇄 역사(1974)부터 독일의 백과사전 전문 출판사 브로크하우스(Brockhaus)의 CD판 역사 기록(Keiderling 2005), 최근에 인수합병이 이루어진 사업이라도 무조건 최초와 원조를 주장하는 하퍼콜린스의 온라인판 역사까지 모두 그러하다(2017). 온갖 출판사들의 자기과시적인 역사에서 출판은 하나의 산업 발전이자 바람직한 자기 정의의 형태, 혹은 상업적 토대를 바탕으로 일반 대중에게 자료를 공개하는 산업으로 알려져 있다. 그러나 사실 출판 자체는 일반적인 책의 역사에서 단순한 부분집합에 불과하다. 학자들은 분류와 구분을 통해 출판의 역사를 책의 역사에, 그 기능을 물리적 형태에 종속시킨다. 채드윅힐리(Chadwyck-Healey)가 출판사들의 보관 기록을 마이크로필름으로 판매하는 것을 보완하고자 1977년부터 발행한 저널 〈출판의 역사Publishing History〉는 한때 탁월하고도 특별했지만, 저자성, 읽기, 출판 역사 협회(Society for the History of Authorship, Reading and Publishing, SHARP)에서 1998년에 창간한 〈북 히스토리Book History〉에 자리를 내어주었다. 대학 같은 대형 조직에 소속된 비판적인 연구자와 학자들이 늘어나자 출판의 역사는 학문 활동의 변두리로 밀려나기에 충분했다. 또한 교재 시장이 만들어져 핀켈스타인과 매클리어리(2012)부터 몰과 레비(2017)에 이르기까지 (자본이 개입된) 책의 역사를 다루는 다양한 입문서가 나왔다.

이 장에서는 출판 역사의 본질을 논하면서 그 역사가 얼마나 오래전으로 거슬러올라가는지 함축적으로 살펴보고 출판 자체의 본질과 정의를 분석하며 (자본이 빠진) 무정형의 더 융통성 있는 책의 역사와 구분하는 방법을 찾고자 한다. 그 과정에서 과거에 매우 큰 매력이 있었던 출판업계의 '위대한 사람들'을 살펴본 다음에 '역설계'로 현대 출판산업을 대표하는 하퍼콜린스의 역사로 넘어간다. 이는 한편으로 출판사 역사의 자기 만족적인 주장에 대한 보완이고, 다른 한편으로는 출판의 역사를 학문 활동의 중심에서 주변부로 밀어낸 불균형을 바로잡는 일이 될 것이다. 더 넓은 학문 분야로서 책의 역사는 텍스트 비평과 사회경제사라는 뚜렷한 분야에 뿌리를 둔다. 학계 내에서 그 존재는 1980년대 이후로 점차 공식화되었지만 문헌학과나 역사학과 안에서의 제도적 기반과 책의 역사라는 이름으로 나온 광범위한 결과물은 별개의 기원을 드러냈다. 학자들이 책의 탄생을 가능하게 한 기술은 쓰기(그리고 읽기)라고 주장하고, 근현대에서 시작해서 책 역사의 범위를 소급해 올라가, 구전에서 기록으로의 전이, 석판과 두루마리에서 고문서로의 발달, 필사본에서 인쇄로의 이동 등으로 옮겨가자 종이책에 집중된 관심도 약해지게 되었다. 그러나 하우샘(2006)이 요약한 대로 책의 역사에 접근하는 방식은 크게 네 가지이다. 물리적 사물로서의 책, (다루기 쉬운) 텍스트를 위한 매개체로서의 책, 일련의 (상업적) 거래 대상으로서의 책, 사회 행위자로서의 책이다. 이들은 모두 출판의 구조와 기능을 약화시키는 경향이 있다.

우선 책의 역사는 책이 물질적 형태로 발달해온 기나긴 과정을 추적하는 것 이상을 의미한다. 그 과정에는 전자책과 그 이전의 '페이퍼백' 혹은 인쇄 자체에 일어난 혁명과 관련된 기술적 결정론의 위험이 수반된다. 하지만 책의 역사는 물질적 형태의 의미를 확인하고 탐구하기 위해서 그 너머를 바라보는 과정이기도 하다. 이 책 자체에서도 드러나는 책의 포맷, 출판사명, 색인의 생략이나 첨부는 모두 책이 갖는 학문 텍스트로서의 지위를 강화한다. 제라르 제네트(1997)가 유행시킨 이 파라텍스트적 의미는 (상업적 결정에 영향을 끼치는 것은 물론) 텍스트 자체의 의미 창조를 보완한다. 단어는 타이포그래피와 레이아웃에 관해 토론할 때는 이미지로 여겨지지만 시대마다 각기 다른 형태를 띠는 텍스트를 살펴볼 때는 읽기 행위를 통하여 해독해야 할 상징으로 취급된다. 책의 역사는 텍스트의 발달을 추적한다. 텍스트란 전자책을 포함해서, 여러 다른 모양과 유형의 용기에 담긴 특정한 물질성을 띠기 때문이다. 텍스트 비평에서 이 접근법은 대부분의 경우 권위 있는 문학 텍스트의 중요성을 우선시해왔다. 그 결과 소설

출판으로 초점이 향하고 다른 출판 형식, 특히 교육과 과학 부문은 실질적 우위를 차지하기 어려워진다. 의미 창조를 강조한 결과, 독서의 본질로 관심이 집중되었으며 텍스트 비평에 원동력을 제공한 의도주의와는 다르게 독자를 위하여 출판인을 아예 제거했듯 저자 역시 쫓아내거나 그 역할을 없애버렸다.

로버트 단턴(Robert Darnton) 같은 대표적인 책 역사학자들이 주장하는 책 역사의 거래적 접근법 모델에서는 출판사에서 독자, 도서관, 정부 기관 등에 이르는 책의 제작과 유통, 평판과 관계된 모든 행위자와의 상호작용에서 저자의 역할을 완전히 회복한다(1990). 이 모든 것은 섀넌과 위버가 1940년대에 정보 이론으로 고안한 통신 회로 모델(communication circuit model)에서 출발했다. 발신점(저자)이 설정되고 수신점(독자)도 설정되며 그 사이에 다양한 행위자(출판사, 정부 등)가 개입해 전달을 촉진하거나 억제한다. 책의 역사에서 이 모델의 변형을 토대로 한 접근법은 출판사와 출판의 기능을 저자와 독자의 중간 어디쯤에 끼워넣는다. 책 거래의 다양성에 대한 연구는 책의 역사상 가장 풍성한 자료를 내놓았는데, 특정 텍스트의 매개체로서의 책에서 멀어져 사회, 경제적 상품 범주에서 책으로 다가가는 움직임을 나타낸다. 이 접근법은 인문학과 정반대인 경제사 같은 사회학 분야에서는 익숙한 방법론과 자료 형태에 의존한다. 책 역사가들은 책의(그리고 독서의) 사회적 역할과 지위에 대한 이해를 높이고자 가장 최근에는 피에르 부르디외(Pierre Bourdieu)의 연구(1993)를 비롯한 사회학 이론도 활용했다. 책을 읽고 소유할 때 습득되는 부르디외의 사회적 자본 개념은 책과 독자, 그리고 실은 출판업자의 개별적 본질과 정반대되는 통합적 본질에 관한 많은 연구를 뒷받침한다. 20세기 이래 사람들의 시간을 차지하려 겨루는 상호적 취미 활동의 발달로 독서는(그리고 책의 구매와 대여는) 여러 라이프스타일 중 하나의 선택지에 불과한 것이 되었다. 책의 역사에서 비롯되는 이 분야의 이해는 가까운 과거뿐 아니라 가까운 미래를 보는 관점에도 영향을 끼친다. 균형을 잡아 이야기하자면, 책의 역사는 (상업적 경쟁 이외의) 출판사의 역사에는 대부분 빠져 있거나 깊이 탐구되지 않는 외부적 맥락을 회복한다. 출판사가 단지 하나의 구성 요소에 불과한 출판의 전체적인 동향은 무시되거나 잊히는 것이다. 그러나 현재의 출판산업과 그 실제를 이해하려면 더 구체적인 출판의 역사가 필요하다.

정통적인 출판 역사

책의 물리적 형태나 사회적 역할이 아니라 출판 기능에 다시 주안점을 두면 (문학과 대중을 향한) 업무에 관하여 기나긴 내력과 전통이 만들어진다. 오디세우스가 리스본을, 아이네이아스가 로마를 세웠다는 것처럼 말이다. 이 고전적인 비교는 티투스 폼포니우스 아티쿠스(Titus Pomponius Atticus, 110BC-32BC)를 최초의 '출판인'이라 주장하고 뉴욕의 아티쿠스 북스와 뉴헤이븐의 아티쿠스 서점을 비롯해 아티쿠스의 혈통을 드러내느라고 그 이름을 쓰는 출판사와 임프린트가 지난 세기에 적어도 여덟 군데나 되는 것을 볼 때 그리 황당한 이야기는 아니다. 레이놀즈와 윌슨(1968: 22)이 로마 시대의 책에 대해 쓴 중요하고 영향력 있는 보고서에 따르면, "아티쿠스는 키케로에게 일류 출판인의 업무를 해내리라는 믿음을 주었다. 그는 키케로의 저작을 신중하게 수정하고 문체나 내용을 비평하였으며 출판의 타당성과 제목의 적합성을 논의하고 새 책의 비공개 낭독회를 개최하였고 증정본을 보내고 유통을 준비했다". 이 사실이 학계의 지식으로 받아들여지지 못한 것은 '출판인'이라는 용어가 처음에는 오로지 자료의 공개 기능을 수행하는 것으로만 해석되다가 나중에는 현대의 출판산업이 수행하는 다양한 역할의 유사성과 연결되었기 때문이다. 기병대원인 아티쿠스가 키케로 저작의 특별 판본을 후원만 하고 복잡한 상업적 거래는 자유민이나 노예에게 맡겼는지, 아니면 직접 인맥이나 독립 책 판매상(librarii, 원래는 노예 신분으로 구성된 '필사자'를 뜻했다)을 통하여 제작과 유통, 판매 시스템을 조직한 천재이자 재정 지원자였는지에 대해 저명한 고전학자들 사이에서 설전이 있었다(Phillips 요약 1986). 그러나 모든 학자가 과거의 로마를 현대의 관점으로 보는 과오를 저지르고 있다. 아티쿠스가 최초의 '출판인'이고 소시(Sosii) 형제가 호라티우스의 '출판인'이었고 트리폰이 퀸틸리아누스의 '출판인'이었다는 논의에서 고전학자들은 21세기 독자에게 출판의 역사를 현대적 이해의 틀로 보라고 청한다. "이들(아티쿠스 등)을 오늘날에 통용되는 식으로 출판사와 저자 사이, 출판사 및 서점과 독자 사이의 상거래와 연결해서 '사업'을 하는 '출판인'이라고 부를 수 있다는 생각은 착각"이라고 렉스 윈즈버리(Rex Winsbury 2009: 53)는 자신의 출판 경력이 갖는 권위를 활용해 결론지었다. 출판의 역사가 무언가를 이용 가능하게 만드는 일반적인 기능에 대한 것이라면 아티쿠스는 최초의 '출판인'이라고 할 수도 있을 것이다. 하지만 오늘날에도 알아볼 수 있는 형태로 진화하는 출판의 역사를 찾는다면, 다른 출발점에서 '최초의 출판인'을 찾아야 한다.

알두스 마누티우스(Aldus Manutius 1449?-1515)도 최초 출판인으로 거론되는 강력한 후보다. 그의 이름을 사용하는 출판사와 임프린트가 많지만 전부 다 '일류'도, 민간 출판사도 아니다. 런던의 올다인 퍼블리싱 컴퍼니(Aldine Publishing Company)는 1880년대 후반부터 『버펄로 빌의 모험』같은 미국 '삼류 소설책'의 재판본(reprint)을 출판했고 동시대에 뉴욕의 올다인 컴퍼니(Aldine Company)는 〈올다인The Aldine〉과 〈미국 예술 저널The

Art Journal of America〉을 발행했다. 1897년에 설립되어 현재는 그 이름과 역사를 펭귄랜덤하우스에 내준 더블데이는 마누티우스의 돌고래와 닻 로고를 도용했다. 현재 뉴저지에 있는 올다인 트랜잭션(Aldine Transaction)은 2004년에 발터 드 그루이터 퍼블리싱 그룹(Walter de Gruyter Publishing Group)으로부터 사들인 올다인 퍼블리싱 컴퍼니의 유물 트랜잭션 퍼블리싱의 사회학 부문 임프린트 이름이다. 마누티우스는 출판의 시조로만 인정받는 것이 아니다. 알두스 코퍼레이션이 만든 애플 매킨토시의 선구적인 DTP 소프트웨어 알두스 페이지메이커는 1994년에 어도비 시스템스가 인수한 후 좀더 평범한 인디자인(InDesign)이라는 이름으로 바뀌었다. 마지막으로, 유럽 도서전 네트워크는 ALDUS라는 이름이 붙었는데, 철자의 생김새와 달리 약자가 아니고 헌정의 의미를 담고 있다.

알두스 마누티우스의 존재와 이름이 기념되는 현상은 그 역사의 두 가지 측면을 보여준다. 첫째는 번역가, 작가, 인쇄업자 집단의 중심이라는 그의 위치다. 이것은 출판인이 어떤 절차나 일련의 과정을 관리하는 사람이라는 관점을 보증하는 듯하다. 둘째는 르네상스 인문주의 운동의 가치와 텍스트를 홍보하고 선전한 그의 역할이다. 마틴 라우리(Martin Lowry 1979)가 쓴 선구적인 전기 이후로 우리는 마누티우스를 지적 활동이라는 태풍의 눈에 서 있는 존재로 생각하게 되었다. 그는 1453년 콘스탄티노플 함락 이후, 위기에 놓인 지식을 보전하고자 그리스 고전의 새로운 판본 발행과 번역에 힘썼고(1513년에 키케로가 아티쿠스에게 보낸 편지를 포함한 라틴어 텍스트의 새로운 판본도 발행했다) 자신이 만든 책이 더욱 편리하게 이용되고 쉽게 이해되도록 그리포의 이탤릭체를 포함한 새로운 서체 개발을 감독했으며 특히 세미콜론을 발명했다. 그렇게 탄생한 출판물은 유럽인들에게 고대 그리스와 로마 시대의 선조들을 상기시키고 중세 기독교의 제약을 넘어

(비트루비우스적) 인간이 중심에 자리한 우주적 관점으로 옮겨가게 해주었다. 원칙에 입각한 스승과 실용적인 창작자의 이러한 조합에는 현대의 출판사들이 스스로를 회사 주주들의 이익은 물론, 문화의 수호자로 생각하게 하는 큰 매력이 들어 있다. 마누티우스는 로베르토 칼라소(Roberto Calasso)에게 확실히 매력적이었다. '위대한 출판사가 무엇인지 이해하려면 알두스 마누티우스가 출판한 책들을 보면 된다. 그는 출판계의 나다르(가스파르 펠릭스 투르나숑Gaspard Felix Tournachon 1820-1910, 프랑스의 사진작가) 였다. 그는 형태의 측면에서 출판사를 상상한 최초의 인물이었다'(2015: 5). 실제로 칼라소는 출판인을 훌륭한 책을 출판하는 어엿한 창조적 예술가로 본다. 이탈리아어에서 번역되어 펭귄 페이퍼백으로 출간한 칼라소의 얄팍한 책에 스며든 자기만족적인 태도는 일부 사람들에게는 공감을 일으킬지도 모르겠다. 칼라소가 알두스 마누티우스를 선택했고, 우리가 이 장에서 그를 다루는 이유는 그의 커리어가 전형적이라서가 아니라 아티쿠스와 마찬가지로 그가 큰 야망을 품었기 때문이다.

물론 출판인으로서의 자격은 충분하겠지만 알두스 마누티우스라는 인물을 이런 식으로 특징짓는 것은 대략적이고 모호한 과거의 그림에 더욱 확고한 관점으로 현재의 모형 틀을 얹는 것이므로 단순화와 왜곡의 위험이 있을 수 있다. 마누티우스는 1495년부터 사망할 때까지 20년 동안 알디네 인쇄소(Aldine Press)를 운영하면서 120권이 조금 넘는 책을 출판했는데 그 발행 부수는 일반적인 200부에서 이례적인 1,000부까지 다양했다. 그 과정에서 그가 독보적으로 수행한 역할은 기술 혁신가였다. 마틴 라이언스(Martyn Lyons 2011: 78)는 '그리스 로마 고전의 부흥에서 중요한 선구자는 베네치아의 인쇄업자 알두스 마누티우스'라고 마지못해 요약하지만 마누티우스가 (로마의 필사자 혹은 서기관과 비슷한) 숙련된 복제 서비스를 제공했다는 그의 설명은 정확하다. 마누티우스는 무엇보다 시장의 난제에 대한 창의적이고 수익성 있는 해결책을 찾으려 애쓴 기술 전문가였다. 특히 닐 해리스가 정의한 것처럼 당시 계속 구축되고 있던 새로운 교육 정본 목록에 적합한 텍스트를 다룬, 휴대와 관리가 쉬운 책을 만드는 것이 그의 목표였다. 이러한 특성은 출판의 필수 요소일지는 모르지만 현대 출판에 이르는 진화의 역사적 출발점을 제공하기에 역부족이다.

아티쿠스나 알두스가 출판의 역사를 발달시킨 선두주자라는 주장에 대한 두 가지 분명한 반대 의견이 있다. 바로 유럽중심주의와 개인 창작자의 추종이다. 전자의 경우 로마 문자와 실물 책의 발달이 수메르에서 페르시아, 그리스, 로마로 말끔하게 이어졌다고 강조함으로써 세계화된 영어의 승리와 영미 출판산업의 지배에 이르는 목적론을 강화하고 특권을 부여한다. 중국을 비롯한 기타 지역이 출판의 역사에 공헌한 바를 완전히 배제하는 것처럼 보인다. 무엇보다 중국은 종이 제조를 포함해 세 가지 중요한 기술 혁신을 제공했다. 종이는 비교적 이용하기 쉬운 재료에 인쇄하거나 그림을 그릴 수 있는 저렴한 인쇄매체를 제공함으로써 선진 세계 도처에서 책 제작과 유통이 급속도로 발달하게 해준 열쇠였다. 특히 면이나 리넨 같은 천은 도시와 마을에서 1년 내내 비교적 풍부하게 공급되어 가장 널리 쓰이는 원료가 되었다. 서기 150년에 이르러 종이의 사용과 제조가 투르키스탄까지 퍼지고 그다음에는 한국, 베트남, 일본까지 전해졌다. 그리고 몇 세기 동안 종이 사용과 제지 기술은 중앙아시아로 이어지는 주요 무역로를 통해 퍼져나갔다. 1150년경에는 스페인에서도 무어인 장인들이 종이를 만들었고, 그로부터 마침내 유럽 전역과 서양으로 전파되었다.

중국에서 비롯된 두번째 주요 혁신은 잉크였다. 전파 지역에 따라 영어권 국가에서는 '인도 잉크(Indian Ink)'로, 나머지 유럽에서는 '중국 잉크

(Chinese Ink)'라고 알려진 고체 잉크(먹)는 중국에서 돌에 새겨진 글자를 종이로 본뜨는 탁본을 위해 발달한 것이었다. 휴대가 가능한 단단한 먹은 (인도를 포함해) 중국 밖으로 퍼져나갔고, 결국은 서유럽까지 전해져서 인쇄 목적에 맞도록 개량과 재개발을 거쳐 생산되기 시작했다.

비록 그 영향과 차용(혹은 적응)을 추적함에 있어 큰 논란이 발생하지만 중국에서 나온 세번째 혁신은 목판인쇄술이다. 이것은 서로 다른 두 가지 관습에서 생겨났다. 그중 하나는 텍스트가 영구적으로 유지되도록 돌에 새긴 후 젖은 종이를 돌에 올려놓고 먹을 문지르는 탁본이고 다른 하나는 거울처럼 글자를 뒤집어 돋을새김한 목판에 잉크를 묻혀 종이에 찍어내는 압형(stamping)이다. 대부분의 중국 학자들은 이 두 가지 기술을 합쳐 돌에 새겼던 텍스트를 목판에 복제한 것이 인쇄술의 발명이라고 본다. 덕분에 순조롭게 그림을 삽입한 문학작품과 교과서의 대량생산이 가능해졌지만 독자 수는 매우 적었다. 한마디로 '황제의 궁 밖에는 책 시장이 없었다'(Lyons 2011: 58). 또한 중국에서는 좀더 작은 크기의 목활자도 발명되었지만 시간과 비용 측면에서 전체 텍스트가 들어간 큰 목판보다 경제적이지 못했다. 종이, 잉크, 활자 기술이 아무리 출판의 발달에 필수적이었어도 인쇄 기술의 역사는 출판 역사의 단면만 보여줄 뿐이다.

인류는 어떤 큰 업적에 대해 실험과 전파를 통해서 서서히 지식이 쌓였다고 설명하는 것보다 개별적인 서사를 만들어내기를 좋아한다. 채륜이 종이를 발명했고 형이(邢夷)가 먹을 발명했으며 구텐베르크가 활자를 발명했다고 강조하는 식이다. 다른 한편으로 아티쿠스와 알두스처럼 특정한 '이름'에 부여된 특권은 더욱 광범위한 작업 범위와 더욱 집단적인 작동 양식을 갖는 근대 출판의 분명한 진화를 추적하는 데 방해가 될 수 있다. 복제 기능의 산업화와 과학적 경영 관리법의 적용은 수도원의 필사본 기록실 혹은 베스파시아노 다 비스티치(Vespasiano da Bisticci 1421-1498)의 세속적인 필사본 작업실에서 더 일찍 시작되었지만 1564년에 설립된 앤트워프의 플랑탱모레투스(Plantin-Moretus) 같은 대규모 인쇄공장의 발달은 복제산업의 규모와 집합적 특성의 분명한 움직임을 알리는 신호였다. 1575년에 이르러 크리스토프 플랑탱(Christophe Plantin)의 인쇄기는 16대에서 22대로 증가했고 인쇄업자 32명, 식자공 20명, 교정자 3명, 잡부 1명 등 총 56명을 고용했다(Clair 1960). 각 인쇄기는 하루에 양면 1,250쪽을 인쇄할 수 있었는데 장인(匠人)인 알두스 마누티우스를 월등히 뛰어넘는 생산량이었다. 플랑탱 인쇄소는 대략 1,863가지의 판본을 인쇄했는데 이는 알디네 인쇄소의 총 작업량보다 무려 1,500%나 증가한 수준이었다.

전쟁을 비롯한 대재앙이 허락하는 한도에서 더욱 광범위하고(다양한 종수) 더욱 집중적인(늘어난 부수) 운영 모델이 유럽 전체에 퍼졌다. 한 예로 플랑탱의 견습생이었던 루이 엘제비르(Louis Elzevir)는 1580년에 네덜란드의 레이던에 자신의 이름을 내건 공장을 설립했다. 그의 회사는 마누티우스의 경우처럼 후손들이 몇 세대에 걸쳐 가업에 뛰어들어 재판본과 휴대용 판본을 제작하며 17세기에 전성기를 누리다 18세기에 쇠퇴하여 사라졌다. 원작품이 아니라 재판본 시장을 토대로 하는 비슷한 업체들은 살아남았다. 그들은 팔릴 만한 것을 인쇄했기에 재판본에 주력했다. 게다가 지식재산권의 개념이 없던 시대라 위험 요소가 최소한이라서 인기가 있으면 다른 인쇄업자들도 따라 하는 그리 선하지 않은 순환이 이어졌다. 지식재산권 개념이 도입되고 법의 효력이 생기자 재판본에 의존하는 사업 모델의 생존 가능성은 크게 줄어들었다. 지금은 엘스비어(Elsevier)로 표기하는 이름을 걸고 1880년에 새로이 설립된 출판사는 세계에서 가장 큰 과학 출판사 중 하나로 성장했다. 1992년부터 2015년까지는 영국의 리드 인터내셔널(Reed International)이 인수해 리드 엘스비어(Reed Elsevier)였고 2015년부터는 RELX 그룹의 일부가 되었다. 2016년 기준 수익의 26%만이 유럽에서, 수익의 20%만이 온라인이 아닌 종이책으로 발생했다(RELX 2016). 여기에서 중요한 사실이 드러나는데, 엘제비르라는 기업의 죽음과 엘스비어라는 기업의 탄생 사이에 일어난 일이 출판 역사 자체의 시작을 나타낸다는 점이다. 그 사이에 일어난 일이란 바로 저작권이 법적 강제력을 가진 원칙으로 도입된 것이다. 이 원칙은 특정 관할권에만 통용되다가 점점 여러 관할권에서도 비슷해졌고 그 어떤 특정 복제 방식과도 별개였다.

하지만 이 부분을 더 자세히 다루기 전에 기술의 혁신뿐만 아니라 개인 창작자에 대한 숭배도 저작권에 영향을 주었음을 짚고 넘어가야 한다. 초기의 익명 작품들은 구전에서 문자 기록 형태로 넘어간 이후에는 저자에게 귀속되었다. 종이 같은 발명품과 마찬가지로 한 명의 창작자가 혼자 작품을 만들었다는 생각에서였다. '최초의 중국 소설'로 알려진 『서유기』는 삼장법사의 인도 순례 여행에 관한 구전설화에서 나왔다. 가장 잘 알려진 버전은 1590년 이후 목판인쇄를 통해 익명으로 출간된 것이지만 그후 작가가 오승은이라고 알려지게 되었다(Yu 1977). 텍스트가 문자 형태로 고정되면 창작자는 한 명만 필요한 듯하다. 처음 완성된 텍스트의 정통성에 특권을 부여하는 것이다. 텍스트의 보호와 저자의 소유권은 저작권 조항에 명시된 법적 권리가 된다. 다시 말해서 저작권은 '최초 창작자'의 소유였고 계속 그렇다. 그다음에 저자나 예술가는 단순 매매나 라이선스 계약을 통해 출판업자에게 저작권을 위임할 수 있다. 그러면 저자는, 무엇보다 출판사는 보상받을 가능성이 생기지만 이는 작품에 대한 독점적 착취가 될 수도 있다. 저자의 이름으로 제정되었지만 '무형재산권의 보호와 저작권법의 법전화는 "저자권"의 경제성보다 "출판"의 경제성에 맞춰 이루어졌다'(David 2004: 5).

출판의 출판 역사

존 톰프슨(John Thompson)의 표현에 따르면(2010) 출판사는 기본적으로 텍스트의 복제자가 아니며 단순한 '문화 상인'도 아니다. 마이클 바스카가 강조한 대로(2013) 그들은 지식재산의 거래자 혹은 '콘텐츠의 대가'이다. 이 기능 혹은 역할은 인쇄나 책 판매보다 출판을 더욱 잘 정의한다.

18세기 초에 철학자 존 로크(John Locke)가 전개한 지식재산 개념이 1710년 영국 법안으로 통과되어 세계 최초의 저작권법인 앤여왕법이 제정되었고 이는 저작권의 분수령이 되었다. 물질성을 제외한 '재산'의 모든 특징이 지적 창작물에도 해당된다고 여겨졌다. 지식재산은 최초 창작자의 소유로, 집을 지은 사람이 집을 팔거나 임차계약에 따라 임대할 수 있는 것처럼 지적 창작물의 복제 권리도 판매하거나 저자-출판사의 계약으로 대여할 수 있었다. 재산권이 판매된 후 저자는 모든 권리를 잃으며, 대여한 경우에는 계약 내용대로 권리가 유지된다. 건축업자가 돈을 받고 고객에게 집을 지어주듯 만약 저자가 고용 상태에서 창작한 작품이라면 저작권은 작품을 의뢰한 출판사의 소유였다. 원래 저작권의 조건에서 복제 독점 라이선스는 크게 제한되어 있었지만(출판일로부터 14년), 출판사들의 상업적 압박감과 더불어 저자와 유저(遺著) 관리자들이 결탁한 결과로 오늘날 저작권 유효기간은 저자 사후 70년까지로 훨씬 길어졌으며 그 기간에는 독점이 가능하다. 유럽 대륙에서 프랑스혁명의 이상주의를 이어 지적 창작물의 보호가 다시 발달하게 되었는데 재산의 개념이 아니라 혈통의 개념에 근거하는 접근법을 채택했다. 즉, 저자와 작품 간에 양도할 수 없는 연결고리가 만들어지고 저자에게 그 어떤 상업 거래로도 끊을 수 없는 작품의 저작 인격권이 부여되었다. 예를 들어 독일의 저작권법(Urheberrechtsgesetz)과 프랑스의 저작권법(droits d'auteur)은 '출판의 경제'를 인정하면서도 저자의 권리(단어 recht, droit의 문자 그대로 번역)의 지속을 더욱 중시했다.

국가로서 아직 출발점에 서 있던 미국은 영국과 마찬가지로 물질적 재산처럼 팔거나 대여할 수 있는 '무형재산'의 원칙을 채택하고 1710년에 제정된 영국의 저작권법을 모방해 1790년에 최초의 연방 저작권법을 만들었다. 하지만 이는 오직 미국인 저자들에게만 적용되었다. 덕분에 미국 출판사는 다른 영어권 국가 저자들의 작품에 수수료나 위약금을 지불하지 않은 채로 수익성 좋은 재판본 사업을 (1891년까지 줄기차게) 계속할 수 있었다. '미국의 사법권이 미치지 않는 외국의 지역에서 미국 시민이 아닌 자에 의해 쓰이거나 인쇄되거나 출판된 지도, 도표, 책의 미국 내 복제 또는 재출간'(Spoo 2013: 21 인용)은 금지되지 않는다는 조항이 보호무역의 형태로 계속 살아남았다. 1891년에야 미국은 체이스법(Chase Act)을 제정해 미국인 제조업자들에게 저작권을 보증하고 저작권사무국에 작품을 등록하는 것을 의무화했다. 미국이 1988년 베른조약에 가입했을 때는 영국과 다수의 유럽 국가들이 베른조약에 따라 국제적인 수준으로 저작권을 규제하고 감시한 지 한 세기가 지난 다음이었다. 이러한 편협성은 자국 저자들의 이익보다 출판업의 경제에 더 유익했다. 하퍼 앤드 브라더스(Harper & Brothers, 하퍼의 옛 이름-역주) 같은 미국 출판사들은 미국인 작가들을 배제하고, 저작권 적용 대상이 아닌 영국 재판본 총서를 출간했다. 1886년에 출간되어 한 권당 10센트에 팔린 하퍼스 프랭클린 스퀘어 라이브러리 시리즈 54권 가운데 단 한 권만이 미국인 작가의 작품이었다. 역시 1886년에 출간되어 권당 20센트 또는 25센트에 판매된 하퍼스 핸디 시리즈 62권 중 미국인 작가의 작품은 4권뿐이었다.

치열한 경쟁 속에서 라이선스 없는 재판본 시장을 장악하려면 단 며칠이라도 빨리 초판을 발행하는 것이 중요했다. 그래서 하퍼스를 비롯한 일부 미국 출판사들은 교정쇄를 일찍 입수하고자 영국 출판사와 작가에게 돈을 지급하기도 했다. 한 예로 에든버러의 출판사 챔버스는 큐나드(Cunard) 같은 최신 대서양 횡단 증기선을 이용해 미국의 합법적인 거래처에 시간적 우위를 제공하려 애썼다. 계산 방식이 어떠했건 챔버스 같은 출판사에 지급된 수수료의 형태는 미국 출판사에 그들의 판본이 '공인' 판본이라는 차별화된 홍보 기회를 주었고, 회사의 위상도 다른 부도덕하고 (모든 면에서) '값싼' 경쟁자들과도 구분되었다. 하지만 저작권이 보증하는 출판 독점의 부재로 미국 시장은 심한 상업적 경쟁과 약탈 가격(일부러 가격을 낮게 책정해 경쟁자들을 몰아낸 뒤 다시 가격을 올리는 수법-역주)이라는 특징을 띠었다. 1881년에 하퍼 앤드 브라더스는 J. A. 프루드(J. A. Froude)판 토머스 칼라일의 『회고록Reminiscences』 출간을 두고 스크리브너(Scribner)와 공개적인 논쟁을 벌였다. 하퍼 앤드 브라더스는 칼라일 생전에 작품 출간에 합의했지만, 칼라일의 유고 관리자인 프루드와 계약한 스크리브너가 이전 계약은 무효라고 주장했다. 분쟁이 해결될 기미가 보이지 않자 하퍼 앤드 브라더스와 스크리브너 둘 다 『회고록』을 출간하고 서로 자사의 책이 '공인 판본'이라는 주장을 계속했다(Tebbel 1987). 한편, 출판사들은 경쟁이 아닌 결탁으로 담합을 이뤄 저작권 없는 텍스트를 착취하기도 했다. 하퍼스와 티크노 앤드 필즈(Ticknor & Fields)는 찰스 디킨스의 『에드윈 드루드의 비밀The Mystery of Edwin Drood』(1870년 작가가 사망하면서 미완성으로 남은 원고)을 두고 싸움을 벌였으나 하퍼스는 〈하퍼스 위클리〉에 시리즈로 연재하고 티크노 앤드 필즈는 소설책으로 출간하는 방법으로 무난하게 해결했다(McParland 2011).

하퍼 앤드 브라더스 같은 기업은 어떤 의미에서 알두스 마누티우스나 아티쿠스와 연결고리가 많다. 1817년에 창업한 제임스와 존 하퍼는 (전망 있는) 숙련된 인쇄업자였고 해외 저작권을 인정하지 않는 미국의 관행에 따라 해외 텍스트를 자유롭게 복제할 수 있었다. 즉 그들은 미국 작가들을 위한 새로운 시장을 만들기보다 디킨스처럼 인기가 검증된 작가를 위한 시장을 좇았다. 그러려면 플랑탱이 개척한 대량 복제 공장 시스템을 채택해야만 했다. 1853년에 이르러 하퍼스는 인쇄기 41대를 보유하고 일주일에 6일, 하루에 10시간씩, 매분 25권의 책을 찍어냈는데, 이는 플랑탱보다 기하급수적으로 높은 생산성이었다. 1853년 하반기에 발생한 끔찍한 대화재 이후에는 더 많은 증기 인쇄기와 전기판술(electrotyping) 같은 신기술의 도입으로 생산량이 더욱 향상되었다. 1855년에는 출판사 건물 내에 동력 인쇄기가 28대 설치되었고, 기계화 덕분에 앤트워프의 숙련된 장인들보다 상대적으로 덜 숙련된 여성 노동자를 고용할 수 있게 되었다(1855년에 인쇄와 접지 맞추기, 제본을 담당하는 여성 노동자가 300명에 이르렀다). 이렇게 복제 공장이 갖추어진 덕분에 교정쇄가 입수되는 대로 매우 빠른 작업이 가능해졌다. 정식이건 아니건 하퍼스가 출간한 책이 대서양을 횡단하는 배가 부두에 도착한 후, 미국 독자들에게 팔리기까지 24시간밖에 걸리지 않을 때도 있었다. 하퍼스는 미국 최대의 인쇄소가 되었다. 1884년에 하퍼스가 결국 1891년의 체이스법에 통합되는 제조업 조항을 지지한 것도 놀라운 일은 아니었다. 하지만 최고의 생산성을 자랑하는 인쇄기가 계속 돌아가려면 인쇄할 거리가 계속 공급되어야만 했다. 그러려면 재판본과 비저작권물 총서 이외에 원작품인 교과서와 종교 서적으로 옮겨갈 필요가 있었다. 하퍼스의 경우는 특히 잡지에 매진했다.

하퍼스의 첫번째 잡지 〈하퍼스 뉴 먼슬리 매거진Harper's New Monthly Magazine〉은 1850년에 창간되어 빠르게 판매 부수 11만 부를 넘겼다. (새 인쇄기가 설치된 지 2년 후인) 1857년에는 〈하퍼스 위클리Harper's Weekly〉가 창간되었고 1865년에는 일주일에 평균 10만 부가 판매되었다. 30만 부가 팔린 호도 있었다. 1867년에는 여성 독자들을 겨냥한 〈하퍼스 바자〉(원래 철자는 Harper's Bazaar가 아닌 Harper's Bazar였다)를 선보였다. 이제 하퍼스는 기술적으로 능숙한 대량 복제 공장이 아니라 출판사가 되었다. 헨리 제임스(Henry James)는 잡지 출판을 기차가 달리는 것과 비교했다. 기차와 잡지는 모두 제시간에 출발해야 하지만 기차의 객차와 달리 잡지의 페이지는 꽉 채워져야만 한다. 기사는 구매하거나 의뢰했으므로, 믿을 수 있고 일관성 있는 저자를 찾고 양성할 필요가 있었다. 다른 시장에서 성공한 적 없는 텍스트를 싣는 위험도 감수해야 했다. 잡지 출판은 물론 책 출판에도 성공이 따랐다. 1880년에 『벤허』가 출판되었고 1895년에는 마크 트웨인이라는 필명을 사용하는 새뮤얼 클레먼스(Samuel Clemens)와 전 작품 독점 계약이 이루어졌다. 지식재산권 시장에 진입한 후 하퍼스는 저자에게 이로운 쪽으로 계약을 조율하는 문학 에이전트라는 새로운 협상 파트너와 협조할 필요가 있었다. 적합성과 품질이 보장된 작품을 처음 선택할 때 그들에게 의존하기도 했다. 1863년부터 1869년까지 〈하퍼스 위클리〉에서, 1869년부터 1919년까지 〈하퍼스 먼슬리〉에서 편집자를 지냈고 하퍼스 편집 부문의 최고 실세였던 헨리 밀스 올던(Henry Mills Alden)은 새로운 문학 에이전트의 존재가 가져다주는 기회를 기꺼이 환영했다. 또한, 그는 전통적으로 익명성을 '누려온' 저자의 이름이 기고란 위쪽에 제대로 표시되도록 했으며 확실하게 자리잡은 기존 작가뿐만 아니라 신인 작가들도 영입했다. 그는 마크 트웨인, 헨리 워즈워스 롱펠로(Henry Wadsworth Longfellow), 헨리 제임스 같은 미국 작가들과 그들이 국제적인 문화에 공헌하는 바를 강력하게 옹호했으며 메리 E. 윌킨스 프리먼(Mary E. Wilkins Freeman) 같은 여성 작가들도 격려했다. 윌리엄 딘 하우얼스(William Dean Howells) 같은 유명 문인을 직원으로 고용하기도 했다. '정기간행물은 다른 무엇보다 미국인들에게 큰 이로움을 주었다'(Alden 1908: 49)는 그의 주장은 타당했다. 하퍼 앤드 브라더스가 걸출한 출판사로 입지를 탄탄히 다진 것도 정기간행물 덕분이었다.

하지만 여기에서 하퍼스를 강조하는 이유는 편집 부문에서 거둔 성공 때문만은 아니다. 하퍼스는 비교적 오랫동안 성공적인 출판사로 승승장구했지만 출판물의 종수나 판매량, 수익의 규모로 볼 때 20세기 초반에 미국에서 가장 큰 출판사는 아니었다. 하퍼스를 강조하는 이유는 그 기업이 하퍼콜린스라는 이름의 한 부분을 이루기 때문이다. 하퍼콜린스는 (수익 면에서) 현재 세계 12위 출판사이고 온라인 사업 그룹 자체가 높은 명성을 증명한다(퍼블리셔스 위클리 2017. 엘스비어를 포함한 RELX는 2위이다). 하퍼스가 이 위치에 이른 과정은 어쩌면 엘스비어의 경우보다도 좀더 20세기와 21세기 초 출판의 역사에 적합한 모델을 제공한다. 매클리어리(2014)는 그 모델을 순수 영어권이 아닌 좀더 넓은 맥락에 놓는다. 실제로 앞에서 언급한 〈퍼블리셔스 위클리〉의 2017년 자료에서 각각 4, 5, 6위를 차지하는 베르텔스만(Bertelsmann)이나 아셰트, 플라네타(Planeta) 같은 유럽 출판사들은 국가나 정치적 국경뿐 아니라 언어 시장과 언어의 경계를 넘나들며 이 모델을 따랐다.

19세기가 끝나갈 무렵 하퍼스가 편집 부문에서 거둔 성공이나 문화적 영향력은 상업적 성공에 반영되지 않았는데, 부분적으로는 제조 공장에 투자하기 위해 떠맡은 융자금 때문이며, 또다른 이유로는 여러 가족 기업과 마찬가지로 제3세대 이후의 후손들이 효율적인 운영보다 이익 분배에 더 관심을 가졌기 때문이었다. 1900년에 은행가들이(J. P. 모건) 통제권을 쥐었고 하퍼스는 결국 더블데이와 매클루어에 인수되었다. 자산 박탈도 뒤따랐다. 〈하퍼스 바자〉는 1913년에 허스트로 이전되었고 〈하퍼스 위클리〉는 1916년 뉴욕에 있는 조합 교회 소유의 잡지 〈인디펜던트〉로 흡수되었다. 19세기 중반부터 편집과 인쇄 작업이 이루어졌던 건물은 1923년에 모건에 매각되었다. 1925년 이후로도 유진 F. 색슨(Eugene F. Saxon)의 주도로 편집 부문은 계속 문화적인 측면에서 성공을 거두었지만, 상업적 안정을 찾으려는 고군분투는 계속되었다. 이러한 이분법은 일반 출판 분야에서 문화와 상업의 갈등이 지속되었다는 것으로 볼 수 있다. 그 끈질긴 모순은 레인과 부스(1980)부터 코서(1982)를 거쳐 그레코 외(2007)에 이르기까지 현대 출판의 발달을 살펴보는 여러 책 제목에도 나타난다.

상업적 안정성 추구에 대한 1970년대의 대답은 인수와 합병을 통한 성장과 통합이었다. 개별 출판사가 취약해도 규모의 경제를 통해 취약성을 완화할 수 있었다. 그전까지는 동업의 형태가 가족 소유 기업과 독립 출판사를 지탱해주었지만 출판 부문에 거의 경험이 없는 금융기관들이 지배하는 주식 보유 확장으로 변화가 일어났다. 영화로도 각색되고(1996) 문학상도 받은 희곡 〈파더스 메모리The Substance of Fire〉(1990)는 뉴욕에 사는 가족에게 닥친 이러한 변화와 결과를 보여준다. 시너지가 출판계를 장악한 것이다. 질리언 도일(Gillian Doyle 2013)은 미디어 조직의 이러한 구조적 변화에 대해 통찰력 있고 포괄적인 토론을 제공하고 스테퍼니 펠티에(Stephanie Peltier 2004)는 19세기 후반의 인수합병으로 높아진 기대에 관한 좀더 회의적인 견해를 내놓는다. 예전에 책 생산에서 출판으로 변화가 일어난 것처럼 이 시기에는 출판에서 미디어로 경계가 넘어갔다는 사실에도 주목해야 한다. '제작에서 출판으로 그다음에는 미디어로'의 변화는 책이 '문자에서 인쇄로 그리고 디지털로' 변천한 역사를 보여주는 모델보다 현대 출판의 진화를 좀더 만족스럽게 이해시켜주는지도 모른다. 1962년에 하퍼 앤드 브라더스는 교과서 출판사 로, 피터슨 앤드 컴퍼니(Row, Peterson & Company)와 합병해서 하퍼 앤드 로가 되었고 1977년에는 크로 얼(Crowell)을, 1978년에는 리핀콧(Lippincott)을 인수했다. 판권, 브랜드, 시 장침투 전략 같은 무형재산이 계속 추가되었다. 인수합병은 출판이 200년 넘게 지식재산의 거래 형태로 발달해온 필연적인 결과였으므로 제조 공장 (혹은 직원) 같은 고정자산의 제거가 가능했고 직원을 인수할 수도 있었다. 하퍼콜린스가 2000년에 인수한 영국의 독립 출판사 포스 에스테이트 (Fourth Estate)의 주요 자산은 역동적이고 유능하고 모험적인 빅토리아 반 슬리(Victoria Barnsley)였다. 1984년에 혁신적인 임프린트 포스 에스테이트 를 설립한 반슬리는 곧바로 영국 하퍼콜린스의 CEO가 되었고 2008년에 는 하퍼콜린스 인터내셔널까지 맡았다.

규모가 출판계를 장악했다. 하퍼 앤드 로는 몇 차례의 인수합병을 거 친 후 1987년에 미디어 대기업 뉴스 코퍼레이션(News Corporation)에 인수 되었다. 뉴스 코퍼레이션은 1988년에 종교 출판사 존더반(Zondervan)을, 1989년에는 교과서 출판사 스콧 포어스먼(Scott Foresman)을 인수했고 1990년에는 영국의 윌리엄 콜린스 앤드 선스(William Collins & Sons)까지 인수해 세계 최대 규모의 영어권 출판사를 만들겠다는 야망으로 하퍼콜린 스를 출범시켰다. 그 야망은 〈뉴욕 타임스〉에도 보도되었다. 이러한 사업은 책의 판권이 아니라 출판사를 통째로 사고파는 형태를 취했다. 예를 들어 하퍼콜린스는 교육 출판에서 물러나며 1998년에 스콧 포어스먼을 피어슨 에게 팔았다. 2012년에는 당시 미국의 대표적인 기독교 출판사 토머스 넬 슨을 사들여(에든버러에 있는 동명의 원조 출판사 토머스 넬슨사와 아무런 관계도 없다) 종교 출판 부문의 입지를 더욱 굳혔다(McCleery 2001).

하퍼콜린스의 또다른 모회사 윌리엄 콜린스와 토머스 넬슨의 역사는 하퍼와 거의 동일한 패턴을 보이며 비슷한 과정을 거쳐서 성장했다. 1819년에 대서양 건너 글래스고에 설립된 콜린스는 역시 초기에 지인이었던 토머스 차머스(Thomas Chalmers)의 설교를 인쇄, 복제하는 것으로 시작해서 1862년 (정식 버전의) 킹 제임스 성경 출판을 비롯해 종교 서적을 전문적으로 취급하게 되었다. 하퍼스의 잡지 출판이 그랬던 것처럼 문구류, 특히 일기장 제작이 안정성을 가져다주었다. 1850년대에 제조업에 투자해 증기 인쇄기를 도입했고, 셰익스피어의 작품이나 존 버니언의 『천로역정』처럼 저작권이 없는 텍스트를 학교용을 포함해 개별 혹은 총서로 내놓는 식으로 저렴한 재판본을 폭넓게 출판하여 사업을 안정시켰다. 19세기 후반에는 영국에서 의무교육이 확대된 덕분에 교육 출판의 기회가 커졌다. 1895년에 콜린스의 직원은 1,900명이 넘었고 '(글래스고의) 헤리엇 힐에서 연간 인쇄, 제본되는 책은 250만 권 가까이' 되었다(Keir 1952: 204). 저작권 없는 저렴한 문학책 시리즈인 콜린스 포켓 클래식은 1903년 출간 이후 1953년까지 2,500만 권 이상 팔렸다(Stevenson 2007: 324). 콜린스는 다른 영국 출판사들과 마찬가지로 대영제국의 정착지와 행정구역을 모두 포함하는 제국의 넓은 시장에 접근할 수 있다는 점에서 이득을 보았다. 오스트레일리아, 인도, 뉴질랜드, 남아프리카에 지점을 내고 그 외 지역에서는 에이전트를 고용했다. 이런 패턴은 루틀리지 출판사에 관한 커난(2013)의 연구와 펭귄에 관한 매클리어리(2013)의 연구에서도 확인된다. 영국 제국의 넓은 시장은 미국의 커다란 (보호주의) 시장을 상쇄했다. 실제로 콜린스는 재판본이나 종교 및 교육 서적과 달리 1917년에 이르러서야 오리지널 소설을 출간하기 시작했다.

그즈음에 이르러 노동력 부족과 고질적인 생산비 증가가 저렴한 복제 사업 모델을 약화시키고 있었다. 콜린스는 1926년에 애거사 크리스티(Agatha Christie)의 (숱한 소설 중) 첫 작품을 포함해, 특히 범죄소설 위주로 오리지널 작품의 특색 있는 목록을 개발하기 시작했다. 하지만 기존의 습관은 쉽게 사라지지 않았다. 좀더 정확하게 말하자면 제조 능력을 완전하게 활용해야 하는 필요성이 계속되어서 1930년에 콜린스 크라임 클럽(Collins Crime Club)이 등장했다. 콜린스는 1935년부터 펭귄의 선례를 따라 재판 페이퍼백 목록을 확장했고 '이보다 더 좋을 수 없는' 2차대전 이후 찾아온 페이퍼백 호황에서 유리한 위치를 차지하게 되었다. 그러나 콜린스는 1960년대에 추세를 잘못 읽고 블랙키스(Blackies) 공장을 인수하는 등 제조업에 더 큰 규모로 투자하고 말았다. 결과적으로 기존 인쇄와 출판 구조의 약점이 갈수록 부각되었다. 인쇄의 비유연성이 출판 구조의 민첩성을 무효화, 심지어는 파괴했다. 1970년대 말에 이르러 콜린스는 심각한 적자를 면치 못했다. 런던 본사 건물을 팔고 (다시 임대했으며) 직원은 600명으로 줄었다. 한마디로 콜린스는 포식자에서 먹이로 전락했다. 1989년에 이 사회는 호랑이에게 먹히느냐, 하이에나에게 먹히느냐를 결정해야만 했다. 결국 페르가몬 프레스와 (미국의) 맥밀런 Inc., 로버트 맥스웰의 프렌티스 홀 인포메이션 같은 다수의 하이에나가 아닌 루퍼트 머독(Rupert Murdoch)의 뉴스 코퍼레이션이라는 호랑이를 선택했다. 이렇게 해서 앞에서 말한 것처럼 1990년에 하퍼콜린스가 탄생했다.

결론

혼수상태 같은 부문에서 두서없는 임프린트들이 미약하게 활동하고 있으니 (출판) 역사의 끝이라고 말할 수 있을지도 모른다. 하지만 냉전과 마찬가지로, 현실 안주는 예상치 못한 파괴적 동인의 등장 때문에 오래갈 수 없다. 신생기업들이 지식재산권 거래에서 출판사들과 경쟁한 것은 아니었다. 오히려 그들은 자사의 독점 플랫폼 말고는 지식재산권의 거래(또는 존중과 보호)에 전혀 관심이 없는 듯했다. 대신, 그들은 19세기와 그 이전의 복제 인쇄업자들이 그랬던 것처럼 판권 소유나 라이선싱 없이 자료 복제가 가능한 공간을 제공했다. 그뿐만 아니라 명예훼손이나 외설스러운 자료의 배포에 관해 인쇄업자들이 법적 책임망의 일부였던 것과 달리 유튜브나 페이스북 같은 기업들은 그들이 '관리'하고, 사이트 접근을 통해 배포되는 '사용자 제작 콘텐츠'에 대한 그 어떤 책임도 부인했다. 리서치게이트(ResearchGate) 등의 기업들은 이미 엘스비어 같은 과학 및 학술 출판사가 저작권을 가지고 있는 학술 자료들을 상대하는 듯했다. 그리고 구글은 대규모의 인쇄 텍스트 디지털화 프로그램을 시작해 공공영역의 자료와 저작권 있는 자료를 혼동하는 것처럼 보였다. (2017년 말 기준) 두 경우 모두 지적 저작권을 침해당했다고 생각하는 사람들과 출판사의 갈등을 해결하려는 시도가 계속되고 있다(Vaidhyanathan 2007; Van Noorden 2017). 새로운 형태의 옛 경쟁에 기존 출판산업이 보인 첫 반응은 1970년대 이후 이어지는 익숙한 주문과 비슷했다. 이길 수 없다면 사버려라. 뉴스 코퍼레이션은 2005년에 소셜 네트워킹 사이트 마이스페이스를 인수해 전통적인 출판사 하퍼콜린스와 그 계열 내의 다른 미디어업체들인 스카이, 폭스와 나란히 자리했다. 마이스페이스는 쇠락의 길로 접어들었고 2008년에 가입자와 수익의 측면에서 모두 페이스북에 추월당했다. 뉴스 코퍼레이션은 5억 8,000만 달러를 주고 사들인 마이스페이스를 2011년에 겨우 3,500만 달러에 팔았다(Saporito 2011). 이것은 예외적인 일이 아니었다. 프렌즈 리유나이티드(Friends Reunited) 웹사이트는 2010년에 스코틀랜드의 출판사 D. C. 톰프슨에 2,500만 파운드에 팔렸는데 2011년에 520만 달러로 가치가 떨어졌고 2013년에는 족보 사이트로 재단장되었다가 2016년에 아예 없어졌다(Fraser 2017).

지난 300년 동안 출판업계에 쌓인 기술과 지식은 지식'재산'의 측면에서만 생존하고 번영한다. 지식재산의 개념이 현대 출판산업을 뒷받침하는 상품성 있는 제품을 만든다. 출판산업은 세계시장을 상대로 영업하므로 공정한 무역 조건을 확보하기 위해 국제 저작권 통일을 추구한다. 한때 저작권 문제와 가장 동떨어져 있던 중국이 1980년에 세계지식재산권기구(World Intellectual Property Organization)에 가입했고 약간의 불협화음이 생기기는 했지만 1990년에 베른조약에 따라 자국의 저작권 법규를 개정한 후에는 세계 무역의 조건이 갖추어졌다(Mertha 2005). 그러한 평형 상태를 무너뜨린 것은 21세기 초의 새로운 온라인 플랫폼과 소셜 미디어의 상업적 지배력뿐만이 아니었다. 그것들이 상징하고, 의도적이건 아니건, 그것들의 운영 방식이 장려하는 저작권의 원칙에 대한 도전 때문이기도 했다. 하퍼스나 콜린스가 (미국 이외의) 저작권을 무시하거나 기존의 판권을 침해하지 않는 작품만 허용하는 복제업체에서 지식재산권을 거래하는 출판업체로 진화한 것처럼 온라인 기업들도 앞으로 과연 진화할지는 확실히 알 수 없다. 애플과 아마존이 넷플릭스와 (폭스 지분 30%인) 훌루 같은 대표적인 스트리밍 서비스업체들을 따라 오리지널 영화와 TV 프로그램 제작으로 옮겨간 것은 적어도 방송 미디어 분야에서 그들이 '콘텐츠의 대가'로 경쟁하리라는 것을 보여준다. 오늘날 일반 미디어의 일부분이 된 현대 출판산업의 생존은 결국 지식재산권의 개념과 1710년에 시작된 저작권법 시행의 존속 여부에 달려 있다. 만약 '새로운 미디어'가 콘텐츠의 저작권 보호에 의존하게 된다면 자유롭게 탄생한 정보에 출판사가 족쇄를 씌운다는 주장(전자프런티어재단Electronic Frontier Foundation과 퍼블릭 라이브러리 오브 사이언스Public Library of Science 같은 단체의 주장)은 입법기관과 법정에서 성공적으로 반박될 것이다(EFF 2017; PLOS 2017). 역사는 미래를 예측하도록 해주는 것이 아니라 과거의 메아리만 보여줄 수 있을 뿐이다.

참고문헌

Adams, Thomas and Nicolas Barker (1993). 'A New Model for the Study of the Book', in *A Potencie of Life: Books in Society,* Edited by Nicolas Barker, London: British Library. pp. 5 – 43.

Alden, Henry Mills (1908). *Magazine Writing and the New Literature*, New York: Harper & Brothers.

Bhaskar, Michael (2013). *The Content Machine*, London: Anthem Press.

Boehmer, Elleke, Rouven Kunstmann, Priyasha Mukhopadhyay, and Asha Rogers, eds (2017). *The Global Histories of Books: Methods and Practices*, London: Palgrave Macmillan.

Bourdieu, Pierre (1993). *The Field of Cultural Production*, New York: Columbia University Press.

Briggs, Asa, ed. (1974). *Essays in the History of Publishing: In Celebration of the 250th Anniversary of the House of Longman*, London: Longman.

Cadie, Nathaniel (2014). *The Mediating Nation: Late American Realism, Globalization and the Progressive State*, Chapel Hill, NC: University of North Carolina Press.

Calasso, Roberto (2015). *The Art of the Publisher*, London: Penguin Random House.

Clair, Colin (1960). *Christopher Plantin*, London: Cassell.

Coser, Lewis A., Charles Kadushin, and Walter W. Powell (1982). *The Culture and Commerce of Publishing*, New York: Basic Books.

Darnton, Robert (1990). 'What is the History of Books', in *The Kiss of Lamourette: Reflections in Cultural History*, New York: Norton, 107 – 36.

David, Paul A. (2004). 'The End of Copyright History', *Review of Economic Research on Copyright Issues*, 1(2), pp. 5 – 10.

Davies, David W. (1954). *The World of the Elseviers 1580–1712*, The Hague: Martinus Nijhoff.

Doyle, Gillian (2013). *Understanding Media Economics*, 2nd edition, London: Sage.

EFF (2017). https://www.eff.org/about/history [Accessed: 14 August 2017].

Eliot, Simon and Jonathan Rose, eds (2012). *A Companion to the History of the Book*, 2nd edition, London: Wiley Blackwell.

Exman, Eugene (1965). *The Brothers Harper: A Unique Publishing Partnership and Its Impact on the Cultural Life of America from 1817 to 1853*, New York: Harper and Row. *

Exman, Eugene (1967). *The House of Harper: 150 Years of Publishing*, New York: Harper and Row.

Finkelstein, David and Alistair McCleery (2012). *An Introduction to Book History*, 2nd edition, London: Routledge.

Fraser, Douglas (2017). 'D.C. Thomson's Friends Reunited continues fall in value', http://www.bbc.co.uk/news/uk-scotland-scotland-business-16210645 [Accessed: 14 August 2017].

Fyfe, Aileen (2012). Steam-Powered Knowledge: *William Chambers and the Busi-*

---

* 엑스먼은 1965년 은퇴할 때까지 하퍼 앤드 로(Harper and Row)의 부사장을 지냈고 은퇴 후에는 회사의 아키비스트이자 역사가가 되었다. 이것은 충성심을 증명한 내부자들이 회사의 역사를 가장 잘 다룬다고 여겨졌던(그들 자신이 역사에 직접 연루되어 있기도 했다) 그 시대에 흔히 볼 수 있던 패턴이었다.

ness of Publishing, 1820 – 1860, Chicago: University of Chicago Press.

Ganea, Peter, Thomas Pattloch, and Christopher Heath (2005). *Intellectual Property Law in China*, The Hague: Kluwer Law International.

Genette, Gerard (1997). Paratexts: *Thresholds of Interpretation* (Literature, Culture, Theory), Cambridge: Cambridge University Press.

Greco, Albert A., Clara Rodriguez, and Robert Wharton (2007). *The Culture and Commerce of Publishing in the 21st Century*, Stanford: Stanford University Press.

Harper, Henry J. (1912). *The House of Harper: A Century of Publishing in Franklin Square*, New York: Harper & Brothers.

Harper, Collins (2017). http://200.hc.com/timeline [Accessed: 14 August 2017].

Harris, Neil (2017). 'Aldus and the Making of the Myth (Or What Did Aldus Really Do?)', in Aldo Manuzio. *La costruzione del mito*. Edited by Mario Infelise. Venice: Marsilio, pp. 346 – 85.

Hepburn, James (1968). *The Author's Empty Purse and the Rise of the Literary Agent*, Oxford: Oxford University Press.

Howsam, Leslie (2006). *Old Books and New Histories: An Orientation to Studies in Book and Print Culture*, Toronto: University of Toronto Press.

Keiderling, Thomas, ed. (2005). *F.A. Brockhaus, 1905–2005*, Mannheim: Verlag F.A. Brockhaus.

Keir, David (1952). *The House of Collins: The Story of a Scottish Family of Publishers from 1789 to the Present Day*, London and Glasgow: William Collins & Sons.

Kelly, W. A. and Giulia Trentacosti, eds (2016). *The Book in the Low Countries*, Edinburgh: Merchiston.

Kernan, Mary Ann (2013). 'Routledge as a Global Publisher', *Publishing Research Quarterly*, 29(1), pp. 52 – 72.

Lane, Michael and Jeremy Booth (1980). *Books and Publishers: Commerce Against Culture in Postwar Britain*, Lexington: Lexington Books.

Lowry, Martin (1979). *The World of Aldus Manutius: Business and Scholarship in Renaissance Venice*, Oxford: Blackwell.

Lyons, Martyn (2011). *Books, A Living History*, London: Thames and Hudson.

Madison, Charles A. (1966). *Book Publishing in America*, New York: McGraw-Hill.

McCleery, Alistair (2001). 'Introduction', in *Thomas Nelson & Sons*, ed. David Finkelstein and Heather Holmes, Edinburgh: Tuckwell Press, pp. xv – xxii.

McCleery, Alistair (2013). 'Penguin and post-colonial publishing 1948 – 1972', *The Journal of Commonwealth Literature*, 48(1), pp. 131 – 44.

McCleery, Alistair (2014). 'Publishing in the Long Twentieth Century', in *The Cambridge Companion to the History of the Book* ed. Leslie Howsam, Cambridge: Cambridge University Press, pp. 162 – 80.

McParland, Robert (2011). *Charles Dickens's American Audience*, Lanham, MD: Lexington Books.

Mertha, Andrew C. (2005). *The Politics of Piracy: Intellectual Property in Contemporary China*, Ithaca, NY: Cornell University Press.

Mole, Tom and Michelle Levy (2017). *The Broadview Introduction to Book History*, Guelph: Broadview Press.

Needham, Joseph and Tsien Tsuen-Hsui (1985). *Science and Civilisation in China: Volume 5, Chemistry and Chemical Technology, Part 1, Paper and Printing*, Cambridge: Cambridge University Press.

NYT (1990). 'Birth of a Global Book Giant', *New York Times*, 11 June 1990, D1. Available at: https://www.nytimes.com/1990/06/11/business/the-media-business-birth-of-a-globalbook-giant.html [Accessed: 14 August 2017].

Peltier, Stephanie (2004). 'Mergers and Acquisitions in the Media Industries: Were Failures Really Unforeseeable?', *Journal of Media Economics*, 17(4), pp. 261 – 78.

Phillips, John J. (1986). 'Atticus and the Publication of Cicero's Works', *The Classical World*, 79(4), pp. 227 – 37.

PLOS (2017). https://www.plos.org/open-access [Accessed: 14 August 2017].

Publishers Weekly (2017). https://www.publishersweekly.com/pw/by-topic/international/international-book-news/article/74505-the-world-s-50-largest-publishers-2017.html [Accessed: 14 August 2017].

RELX (2016). http://www.relx.com/investorcentre/reports2007/Documents/2016/relxgroup_ar_2016.pdf [Accessed 14 August 2017].

Reynolds, L. D. and N. G. Wilson (1968). *Scribes and Scholars*, Oxford: Oxford University Press.

Saporito, Bill (2011). 'Remember News Corp.'s Brilliant MySpace Buy?', *Business. time.com*, 12 January 2011, http://business.time.com/2011/01/12/remember-news-corp-s-brilliant-myspace-buy/ [Accessed: 14 August 2017].

Spoo, Robert (2013). *Without Copyrights: Piracy, Publishing and the Public Domain*, Oxford: Oxford University Press.

Stevenson, Iain (2007). 'William Collins & Sons', in *The Edinburgh History of the Book in Scotland Volume 4: Professionalism and Diversity 1880–2000*, ed. David Finkelstein and Alistair McCleery, Edinburgh: Edinburgh University Press, p. 323.

Stevenson, Iain (2010). *Book Makers: British Publishing in the Twentieth Century*, London: British Library.

Suarez, Michael F. and H. R. Woudhuysen, eds (2010). *The Oxford Companion to the Book*, 2 volumes, Oxford: Oxford University Press.

Tebbel, John (1987). *Between Covers: The Rise and Transformation of Book Publishing in America*, New York: Oxford University Press.

Thompson, John B. (2010). *Merchants of Culture: The Publishing Business in the Twenty-first Century*, Cambridge, UK: Polity.

Tucker, Amy (2010). *The Illustration of the Matter: Henry James and the Magazine Revolution*, Stanford, CA: Stanford University Press.

Van Noorden, Richard (2017). 'Publishers threaten to remove millions of papers from ResearchGate', *Nature*, 10 October, doi:10.1038/nature.2017.22793.

Vaidhyanathan, Siva (2007). 'The Googlization of Everything and the Future of Copyright', *University of California Davis Law Review*, 40(3), pp. 1207 – 31.

Winsbury, Rex (2009). *The Roman Book*, London: Duckworth.

Yu, Anthony C. trans and ed. (1977). *The Journey to the West*, Volume I, Chicago: University of Chicago Press.

3장

저자성

시몬 머리(Simone Murray)

저자가 누구인가? 이것은 책에 관한 대화에서 으레 튀어나오는 전혀 특별할 것 없는 질문이다. 대학 수업이나 서점의 고객 센터, 교외 북클럽 모임 등 어디에서 이루어지는 대화이든 책의 저자가 누구인가라는 질문은 너무도 자연스러워서 '저자성(authorship)'이 역사와 지리에 특정한 개념이라는 사실을 가려버린다. 한마디로 책이 개인 저자에게 귀속되는 것은 전혀 필연적인 일이 아니다. 저작권의 발달이 수 세기에 걸쳐 이루어졌고 서유럽 법-미학 이론의 우세함 때문에 저자성에 아무런 문제가 없어 보이는 탓이다. 정반대로 디지털 기술이 과거에 당연하게 여겨진 구텐베르크 인쇄 문화의 특징을 약화시키는 바람에 이제 우리는 오히려 그것들을 좀더 명확하게 볼 수 있다. 디지털 커뮤니케이션이 저비용의 자가출판과 텍스트의 익명 순환을 가능하게 하고, 작가들에게 읽고 비평하고 편집하고 타인의 작품을 다시 쓰는 세계적인 플랫폼을 제공함에 따라 텍스트의 고정성과 표준 형식, 저자의 개인적인 통제권이라는 인쇄 체제를 지탱했던 지적인 토대가 책 문화에서 쫓겨나고 있다. 결과적으로 21세기의 첫 몇십 년은 디지털 문화의 영향 아래 저자성의 변화를 관찰할 수 있는 더없이 유리한 위치를 제공할 것이다.

　1900년대 초중반에 월드와이드웹의 접근성이 보편화되고 디지털 문화가 등장하자 책 산업이 처음 보인 반응은 책이나 편집자가 소멸하고 인쇄 겸 디지털매체가 발달할 것이라는 암울한 방향으로 기울어졌다. 게다가 이 모든 것이 전부 불필요한 동요를 자아내는 과장된 수사법으로 표현되었다(Spender 1995; Nunberg 1996). 하지만 그동안 인쇄와 디지털 문화는 상호보완의 관계를 맺었고 기존의 인쇄를 토대로 하는 사고방식이 디지털로 가능해진 새로운 프로세스와 공존한다. 변화가 일어난 것은 부정할 수 없지만 1990년대에 예상한 것보다 느리고 미묘하고 쌍방향으로 이루어졌다.

　톰 페팃(Tom Pettitt 2007)의 '구텐베르크 괄호'는 인쇄와 디지털의 관계를 개념화하는 생산적인 모델을 제공한다. 구텐베르크의 인쇄 문화가 디지털 문화의 난데없는 공격으로 존폐 위기를 맞은 것으로 보지 말고 약 500년 동안 이어진 인쇄의 우위를 인쇄 이전의 필사본 전파 시대와 현대 디지털 문화 사이의 공백기('괄호')로 보는 편이 더 정확하다. 이렇게 훨씬 기다란 역사적 틀로 바라보면 텍스트의 유동성과 협동적 창조, 자유로운 도용 같은 디지털 문화의 측면이 필사본 시대의 전례들과 더욱 면밀하게 닮았다는 것이 분명해진다. 물론 중세 후기와 21세기 초의 기술은 엄청나게 다르지만 역사적으로 기술이 지식에 일으킨 변화를 견뎌낸 문자 커뮤니케이션의 선례가 있다. 미래 회귀라는 반직관적인 논리는 중세사학자들이 디지털 문화의 등장에 적어도 인쇄 중심의 동료 문학 연구학자들보다는 낙관적이었던 이유를 설명해줄 것이다(O'Donnell 2007). 필사본 문화에 익숙한 중세사학자들에게 텍스트가 급격하게 변형되고 저자가 점점 불어나고 광범위한 상호참조가 이루어진다는 것은 매우 평범한 일상이나 다름 없다. 디지털 문화는 인쇄 이전 시대의 사고방식을 부활시킬 뿐만 아니라 학문적 연구에도 큰 도움이 된다.

디지털혁명은 이론상으로 단순한 과도기로 격하될지라도 그것이 현실적인 측면에서 현대 저자들의 직업적 위상에 초래한 실질적 변화까지 부정할 수는 없다. 오래전부터 저자의 창조성은 출판산업의 기반이었다. 디지털 변화가 위신과 소득에 피해를 준다고 생각된다면 현역 작가들은 창작을 멈출 것이다. 이 장에서는 저자성을 등장시킨 역사적 필수조건을 살펴보고 저자라는 존재가 오래도록 건재했다는 사실이 의미하는 바를 평가해볼 것이다. 나아가 디지털 출판의 현주소를 살펴보고 저자성의 현실을 파헤치며 미래에 나타날 수 있는 일촉즉발의 상황도 예측해보기로 하자. 여기에서는 디지털 문화가 저자성에 끼치는 영향을 다루는 좀더 복잡하고 이분적인 모델이 필요하다고 주장한다. 그것은 전통적인 저자의 존재를 민주화하는 동시에 신격화하는 모델이기도 하다.

인쇄 문화와 저자성의 구성

영어권 국가에서 저작권의 법적 기원은 문학작품의 출판일로부터 14년간 저자에게 저작권을 보장한 영국 의회의 앤여왕법(1710)으로 거슬러 올라간다. 중요한 사실은 이 새로운 형태의 재산이 어떤 관념을 보호하지도(법률화되기에는 너무 모호한 개념), 실물 책 자체를 보호하지도 않았다는 것이다(동산 관련 법으로 이미 보호되고 있었다). 그보다 앤여왕법은 단어의 특정한 배치로 표현된 저자의 생각을 보호하는 재산소유권의 중재 수준의 경계를 지정했다. 철학적인 측면에서 이러한 (무형이므로) '지식'재산권 개념의 발명은 사실상 문학작품을 사물(책)에서 추상적 관념이기도 한 것으로 비(非)물질화시켰다. 새로운 저작권법의 지지자는 주로 책 판매업자들(당시의 출판업자들)이었는데 자신들의 수익을 침해하는 해적질을 막기 위해서였다. 하지만 저작권은 힘이 물질 생산자(인쇄업자, 책 판매상)에서 창작자(저자)로 점진적으로 이동하는 결과를 가져왔다. 이제 저자들은 저작권의 만료로 작품이 공공영역(누구나 무료로 복제 가능)으로 넘어가기 전까지 일정 기간 동안 작품을 팔아 이익을 취할 수 있게 되었다.

저자들은 저작권법 제정을 위해 맨 앞에 나서서 의회에 로비를 하지는 않았지만 장기적으로 저작권법이 가져온 경제적 변화의 대표적인 수혜자였다. 저작권은 18세기와 19세기에 특히 점진적으로 이루어진 저자성의 전문화에 필수적인 토대를 마련했다. 흔히 저자들이 작품을 헌정하는 대상인 왕족이나 귀족 후원자에게서 저자성을 제거하고 대신 저자들이 폭넓은 대중에게 작품을 팔아서 먹고살 수 있는 가능성이 마련되었다(현실적으로 정말로 그렇게 할 수 있는 저자의 수는 제한적이었지만). 나중에 변형되었듯 저작권은 저자가 생전은 물론이고 사후에도 정해진 기간 동안 작품으로 인한 소득을 얻을 수 있게 해주므로 작가들은 작품이 인기를 얻어도 무단 복제되어 보상을 전혀 얻지 못할 것이라는 두려움에서 벗어나 문학 창작에 온전히 시간과 노력을 쏟아부을 수 있게 되었다. 영국의 저작권법이 발달하는 계기가 마련된 것은 18세기 초였지만 전 세계에서 제각각 행사되던 저작권이 통합된 것은 19세기 후반 문학적, 미술적 저작물 보호에 관한 베른조약(Berne Convention for Protection of Literary and Artistic Works, 1886)이 체결되고 나서였다. 이 조약을 위해 찰스 디킨스와 빅토르 위고 등 전 세계에 독자를 거느린 유명 문인들이 적극적으로 로비 활동을 펼쳤다(Wirtén 2004). 하지만 오늘날까지도 이 조약에 서명하지 않거나 적극적으로 규제를 따르지 않는 국가들이 있어 국제 저작권법의 법적인 토대에 구멍이 뚫린 셈이다.

저자의 관점에서 저작권은 양날의 검과 마찬가지였다. 저자의 경제적 지위를 높여준다고 약속하면서도 불리할 수 있는 방식으로 저자를 텍스트와 묶어두었다. 국가와 왕실이 저작권에 개입하는 가장 큰 법적인 동기는 신성모독, 선동, 명예훼손과 관련된 법의 집행을 위해서였다. 특정 텍스트의 원작자로 추정되는 개인을 파악함으로써 금지된 사상에 대한 형벌을 내릴 수 있었다(Foucault 2006, [1969]). 이런 측면에서 '저자(author)'의 라틴어 어원이 auctor(창시자, 설립자, 창조자)인 것은 매우 적절하다. 저자는 텍스트에 담긴 사상을 지지 혹은 보증함으로써 텍스트를 승인한다. 신성모독, 선동과 관련된 법은 서양의 민주주의 법전에서 거의 사라졌지만 더 분산된 문화적 측면에서 자신의 작품을 승인하는 작가의 힘은 여전히 강력하다(나중에 '현대 저자의 현실'에서 살펴볼 작가들의 축제 출연 현상에서 증명된다). 거꾸로 저자의 편재성은 저자의 부재를 통해 측정할 수 있다. 현대에는 책이 익명으로 출판되는 경우가 지극히 드물고 그런 책이 나오면 불편함이 생긴다는 사실을 생각해보라. 최근 몇십 년 동안 얼마 되지 않는 사례가 있는데, 클린턴 행정부를 풍자한 『원색Primary Colors』(1996)과 성적 따분함을 느끼는 젊은 아내의 반항 일기를 표방한 『발가벗겨진 신부The Bride Stripped Bare』(2003)가 대표적이다. 미디어는 익명으로 출판된 두 작품의 저자를 찾으려고 열심이었다. 미셸 푸코가 저자성을 혁신적이고 철학적인 시선으로 살펴보는 「저자란 무엇인가」에서 적었듯(2006, [1969]: 285) '문학적 익명성은 참을 수 없다.' 일종의 '출처'를 제공하는 가명을 사용해도 '진짜' 저자의 '가면을 벗기려는' 대대적인 운동이 일어난다. 이는 베일에 둘러싸인 이탈리아 소설가 엘레나 페란테(Elena Ferrante)와 범죄소설 작가 로버트 갤브레이스

(Robert Galbraith. 나중에 J. K. 롤링으로 밝혀졌다)의 경우에서 볼 수 있다.

'부모 없는' 텍스트가 불안을 일으키는 이유를 알려면 18세기 저작권의 기원으로 거슬러올라가야 한다. 저작권의 가장 유력한 유산은 법적이거나 경제적인 것이 아니라 사회-미학적인 특징을 띤다. 저작권의 등장은 18세기 후반 낭만주의 문학의 출현과 겹치고 그것을 강화했다. 물려받은 생각을 다시 작업하는 단순한 장인에서 창조적 천재로 작가의 지위를 격상하는 것이 낭만주의의 주요 원칙이었다. 즉 저자는 자신의 독창성으로 작품에 특별한 의미를 불어넣는 유일무이한 개인이었다(Woodmansee 1984: 427, 447). 전례 없는 생각을 대중에게 전달하는 지극히 탁월하고 심지어 거의 신성한 개인으로 예술가를 바라보는 낭만주의는 그 시대를 신비롭게 표현한 존 마틴(John Martin)의 그림 〈시인The Bard〉(1817)에 잘 요약되어 있다.* 그 그림에서 중세 시인은 전통악기 리라를 들고 강 협곡의 가장자리에 서서 저 아래의 군주와 병사들에게 자신의 예술적 진실을 외치는 저항적인 모습이다. 거대한 풍경에 비해 아래쪽의 전경에 작게 칠해진 군주와 병사들은 힘없는 세속적인 존재로 보인다. 그림의 주인공은 시인-예술가를 '세상의 인정받지 못하는 입법자들'**로 찬양하는 낭만파 시인 퍼시 비시 셸리(Percy Bysshe Shelley)와도 같다. 이 그림은 예술가가 창조적 영감의 원천과 특별한 관계를 맺고 있으며 보통 인간은 물론 군주 같은 속세의 최고 통치자마저 경이로워해야 할 고귀한 미적 감성을 지녔음을 암시한다. 시인-저자는 선지자이고 독자는 그저 숭배자라는 유사종교 예술관을 주입한다(Sapiro 2016: 8).

---

* http://interactive.britishart.yale.edu/art-in-focus-wales/185/the-bard 참고.
** 셸리의 수필집 『시의 옹호A Defence of Poetry』(1821)의 끝맺음말.

낭만주의의 오랜 쇠퇴기는 디지털 문화의 잘라 붙이기 미학이 법적·문화적 불안을 일으키는 이유를 설명해준다. 저자의 천재성에 대한 숭배로 가득한 전통적인 인쇄 문화에서 텍스트는 저자가 완성한 최종 형태로 고정된다. 바로 그런 이유에서 텍스트는 그 어떤 독자와의 상호작용보다 먼저 만들어지고 더 오래 살아남는다. (구텐베르크 이전 중세의 필사본 문화에서 고질적으로 이루어졌다고 추정되는) 텍스트의 수정은 인쇄 기반의 사고방식에서는 텍스트의 가치를 저하하거나 훼손하는 행위나 마찬가지였다. 물론 (인쇄 역사학자 엘리자베스 아이젠스타인Elizabeth Eisenstein이 고안한 [1983, 78]) '타이포그래피의 고정성(typographical fixity)'이라는 개념은 예전부터 허구에 불과했다. 책 역사학자들이 수집한 풍부한 자료에 따르면 현실적으로는 저자의 수정과 새로운 판본, 사후 편집 등이 낭만주의의 영향을 받은 저자 이론에서 허용된 수준보다 인쇄 텍스트에 훨씬 큰 유동성을 가능하게 했으니까 말이다. 전통적인 서지학에서 텍스트에 담긴 '저자의 의도'를 알아보려는 철저한 조사는 허울만 그럴듯한 학문적 개입이었다. 출판과 전달 과정에서 서로 다른 문화적 동인이 개입되면 어느 작품에라도 협업자와 출판업자, 편집자, 에이전트, 일러스트레이터, 마케터 등 다양한 개인의 지문이 필연적으로 남기 때문이다. 디지털 문화의 주류화와 대여, 샘플링, 리믹싱 등의 특징적 논리에도 불구하고 낭만주의의 개인주의적 유산은 여전히 건재하다. 순수주의자들은 '제인 오스틴과 세스 그레이엄 스미스'의 합작이라고 할 수 있는 『오만과 편견 그리고 좀비』(2009) 같은 혼합물을 불쾌하게 여긴다. 저작권은 사라진 지 오래지만 제인 오스틴의 고전을 타인이 '침해'했기 때문이다.

저자의 존재는 문학의 학문적 제도화 측면에서는 오랫동안 이론적으로 부인되었지만 롤랑 바르트(Roland Barthes)가 주어진 텍스트의 해석에 대한 '독재적' 권력이라고 말한 힘을 휘둘렀다(1986, [1968], 50). 저작권법이 끼치는 부정적인 영향 가운데 하나는 문학작품을 저자의 개인 재산으로 개념화하여 텍스트를 서로 고립되고 전적으로 고유한 별개의 단위로 상정한다는 것이다(Landow 2006). 책의 포맷 자체는 텍스트 분리와 자급자족을 암암리에 장려했다. 책이 표준 판본으로 대량 인쇄되었지만 그 소재 형태는 여러 사람이 쓴 필사본이나 기술로 연결된 하이퍼텍스트보다 분리성을 훨씬 더 강조했다. 20세기 전반에 대서양의 양쪽에서 뿌리내린 신비평파와 리비스파는 저자의 일생을 참고해 텍스트를 읽는 것을 '의도의 오류'라고 매도했다(Wimsatt and Beardsley 1946). 그래도 양측 모두 동일 저자가 쓴 텍스트를 모아 해석의 통일성을 부여함으로써 은밀하게 저자의 힘을 회복시켰다(Foucault 2006, [1969]: 284). 그렇다면 다른 개인이 쓴 텍스트 간의 장르, 상호텍스트성, 인용, 영향, 패러디, 차용 같은 연결성은 어떻게 설명하는가? 특히 저자를 중심으로 하여 은밀하게 낭만주의적인 문학관으로는 구전 서사와 번역, 공동 저자성, 대필, 계속 변화하는 디지털 텍스트처럼 저자의 한계가 명백한 사례를 설명할 수 없다.

디지털 시대에 다양해진 저자성

일반적으로 디지털 문화는 탈중개화(disintermediation)의 특징을 보인다. 상품 및 서비스의 공급망에서 중개자가 제거되었다. 책의 세계에서는 자가출판의 등장이 가장 명확한 증거이다. 이제 작가가 되고자 하는 사람은 전통적으로 출판산업의 문지기였던 출판사와 편집자, 문학 에이전트를 건너뛰고 루루, 라이트닝 소스, 스크리브드, 아마존의 킨들 다이렉트 퍼블리싱 같은 온라인 서비스로 책을 만들 수 있다. 일반적으로 자가출판 서비스업체들은 출판의 원활한 진행을 대가로 책 한 권이 팔릴 때마다 수수료를 챙긴다. 덕분에 전통적으로 책을 출판하며 인쇄 출판업자들이 감당해야만 했던 위험이 크게 제한된다. 자가출판에서는 주문이 들어올 때마다 생산이 이루어지므로 보관이나 서점 공급에 따르는 비용이 발생하지 않는다. 이제 온라인업체들은 편집 도움, 포맷 작업, 레이아웃, 표지 디자인, 마케팅, 홍보 지원 등 전통적으로 출판사가 직접 수행해온 서비스도 점차 (무료로) 제공하는 추세이다. 저자들에게 조언해주는 칼럼은 마케팅, 유통, 주류 매체 서평 획득 등 자가출판을 이용하는 저자들이 맞닥뜨리는 힘겨운 투쟁에 관한 '매수자 위험 부담' 경고로 가득하다. 하지만 자가출판 서비스의 급증은 자신의 글을 활자로 읽고 저자성이라는 훌륭한 권리를 얻고자 하는 욕망이 여전히 크다는 것을 보여준다.

디지털로 가능해진 두번째 저자성인 크라우드펀딩은 현재의 디지털 관행이 미래로 회귀하는 반직관적인 방식으로 과거의 책 산업 모델을 자주 부활시킨다는 사실을 분명히 보여준다. 크라우드펀딩은 킥스타터나 인디고고* 같은 웹사이트를 통해 흥미로운 책 아이디어를 잠재 독자들에게 소개하고 출판(혹은 집필) 비용을 요청할 수 있도록 해준다. 크라우드펀딩으로 설립된 출판사 언바운드는 좀더 일반적인 크라우드펀딩 시장의 문자 그대로의 종말을 목표로 출범한 것이었다.** 언바운드의 모델은 개인이 출판에 필요한 자본을 미리 요청하는 방식인데, 18세기와 19세기에 널리 퍼진 기부 출판과 많이 닮았다. 후원자들에게는 결과물인 책의 맨 마지막 페이지에 이름을 올리는 보상이 주어졌다.

---

* https://www.kickstarter.com/; https://www.indiegogo.com

** https://unbound.com/. 이 회사의 홍보 영상: https://www.youtube.com/watch?v=de9CQA7G6vk

디지털 문화의 또다른 두드러진 특징은 상호작용성이다. 이것은 인터넷으로 더욱 다양해진 저자성 가운데에서도 매우 대화적인 저자성에서 드러난다. 과거에는 수동적이었던 독자들이 이제 텍스트와 저자에게 회답을 할 수 있다. 팬픽션(팬픽)은 아마추어가 고전이나 대중적인 작품을 다시 쓰거나 시퀄이나 프리퀄로 확장하는 것이다. 영화와 TV, 게임, 애니메이션, 만화 등을 토대로 하는 팬픽이 많고 여러 허구의 세계관을 자유롭게 합칠 수도 있다는 점에서(여러 작품을 합치거나 나누는 형태) 팬픽은 어떤 매체든지 활용할 수 있다. 팬픽은 인터넷이 등장하기 훨씬 전부터 존재했다. 20세기 중반에는 팬층 사이에서 SF 간행물의 형태로, 나중에는 복사본 잡지로 암암리에 유포되었다. 하지만 1990년대 중반 이후 인터넷이 보편화되면서, 좀더 최근에는 캐나다 플랫폼 왓패드(Wattpad)*의 성공으로, 그 인기와 존재감이 커졌다. 일반적으로 팬픽은 이미 출판된 텍스트에 '기생'한다('독창성'을 예술적 성공의 중요한 기준으로 보는 인쇄 문화/낭만주의의 관점을 드러내는 표현이라는 점에 주목하자). 법적으로 팬픽은 저작권(그리고 상표등록권) 침해와 주로 젊은층의 여성이 참여하는 용인 가능한 문화적 관습 사이의 모호한 경계에 놓여 있다. J. K. 롤링처럼 크게 성공한 작가들은 그들의 작품이 비상업적인 팬픽으로 재탄생되는 것을 암묵적으로 용인하며 E. L. 제임스의 『그레이의 50가지 그림자』(2011~15) 같은 베스트셀러 시리즈는 온라인 팬픽에서 출발했다. 이러한 사실은 팬픽의 모호한 법적 지위를 더욱더 복잡하게 만든다. 출판사들이 아무리 저작권 침해라고 주장해도 팬픽션을 전통 출판의 연구개발팀 정도로 여기고 타협을 중개했음을 시사하기 때문이다. 기존의 출판사는 인기 팬픽과 자가출판된 작품 중에서 눈에 띄게 인

---

* https://www.wattpad.com/

기 있는 것을 골라 매우 낮은 위험 부담으로 인쇄물의 옷을 입혀 출판할 수 있다(Bradley 외 2011). 저자성의 관점에서 문제가 되는 이러한 '팬픽의 화폐화'에는 팬픽 커뮤니티의 전반적인 분위기를 이용하고 경제적 혜택을 손에 넣는 작가가 개입된다(Guthrie 2013). 디지털 영역의 마니아들에게 이것은 단일 저자와 확실한 저작권법에 대한 다국적 출판사 친화적인 해석 같은 어울리지 않는 구식 개념을 상징한다.

현대의 저자성을 새로 쓰는 디지털 문학 관행의 마지막 두 가지 사례는 팬픽션과 연관 있다. 바로 다수의 저자가 작성하는 위키소설(wikinovel)과 리믹스 소설이다. 팬픽션과 마찬가지로 두 소설에서는 모두 텍스트의 구성이 중요한 단계이고 어떤 작가의 작업이든 임시적이며 앞으로 계속 다른 작가에 의해 재작업될 수 있다. 다수의 저자가 쓰는 위키소설은(위키피디아처럼) 누구나 온라인에 글을 쓰고 타인의 글을 편집할 수 있는 협동 소설이다. 하지만 팬픽처럼 기존 텍스트를 다시 쓰는 것이 아니라 보통은 무(無)에서 쓰기 시작한다. 펭귄북스와 영국의 드몽포트대학이 고안한 5주간의 실험 프로젝트 '어 밀리언 펭귄스(A Million Penguins)'(2007)가 대표적인 협동 소설이다. 이 프로젝트가 서사의 모순으로 급격히 수준이 하락하고 트롤링과 노골적인 반달리즘에 장악당했다는 사실은 디지털 커뮤니티라는 유토피아적 아이디어를 현실로 바꾸기가 힘들다는 것을 보여준다(Mason & Thomas 2008). 게다가 그 프로젝트를 지원한 웹사이트가 프로젝트 이후 5년 만에 이용이 불가능해졌다는 사실은 디지털 출판 작품의 수명에 관한 불안한 질문을 제기한다.* 이후에 진행된 리믹스 소설 실험 프

---

* http://www.katepullinger.com/website_archive/index.php/blog/comments/
a-million-penguinsfive-years-on

로젝트에서는 사람들이 쓰는 글을 조사하거나 차단할 수 있고 인쇄 출판 버전에 들어갈 글을 선택할 권한을 가진 중재자들을 내부에 마련함으로써 참여의 경계를 분명하게 정했다.* 그런 식으로 수정된 문학 리믹스 프로젝트로는 오스트레일리아에서 진행된 리믹스 마이 릿(Remix My Lit, 2007)이 있다. 기성(즉 인쇄 출판 경력이 있는) 작가들이 저작물의 사용을 허락하는 라이선스를 표기해 온라인에 단편을 올리면 사람들이 비상업적인 용도로 원작을 표기하여 얼마든지 새로 쓰거나 활용할 수 있었다. 편집자들이 선택한 '최고의' 리믹스 소설은 주문형 출판 형식으로 원작과 함께 『시계의 작동방식을 통하여*Through the Clock's Workings*』(Barker 2009)라는 책으로 출판되었다. 음악과 영화 부문에서는 오래전부터 있어온 리믹스가 문학에서는 리믹스 프로젝트를 통해 이제야 떠오르고 있다는 것은 단일 저자에 대한 낭만주의적 관점의 그림자가 출판매체에 얼마나 오래 드리워져 있었는지를 보여준다.

디지털이 저자의 개념에 던지는 난제

방금 소개한 사례들은 디지털(특히 웹 2.0) 문화의 기술적 지원성이 전통적인 저자 기능을 여러모로 와해시킨다는 사실을 분명하게 보여준다. 디지털 시대를 맞이해 (활자에 익숙한 눈에) 자연스럽기만 했던 것들이 '이상하게' 변함으로써 저자성이 역사·기술·법·문화적 힘의 구체적인 융합에 따른 결과라는 점이 두드러지게 되었다. 디지털 문화가 출판에 끼친 가장 극

---

* 한 예로 100명이 넘는 사람들이 쓴 이탈리아의 역사 소설 『전직에서*In Territorio Nemico*』(2013)는 'SIC'라는 단체명으로 출간되었다.

적인 영향은 저자성의 민주화였다(Pugh 2005). 품질관리를 받지 않고 누구나 출판에 접근할 수 있게 해주는 기술이 등장함으로써 단일 저자를 거의 신적인 존재로 추종하는 낭만주의적 사고가 이어질 수 없게 되었다. 앞에서 말한 E. L. 제임스의 사례가 보여주듯 '아마추어' 팬픽션이 책으로 나오고 세계적 베스트셀러가 될 수 있는데 어떻게 저자성이 엘리트의 범주에 남을 수 있단 말인가? 이에 대해 저자성은 자칭 '문학'으로 표현되는 책 시장의 수준 높은 문화 부문에서만 엘리트의 범주에 속했을 뿐이고 인쇄 문화는 오랫동안 가난한 문인들의 생활과 반익명 글쟁이 문화를 지지했다고 주장할 수 있을 것이다. 역사적으로 정확한 말이기는 하다. 그러나 디지털 문화가 가져온 진정한 민주화는 그것이 기성 작가들의 내부 계층제에 끼친 영향보다는 독자를 작가로 변신시킴으로써 인쇄 문화의 희소성의 경제가 대다수 독자에게 제시했던 오로지 읽기만 가능한 편파적인 논리를 파괴한 데에 있다.

크라우드펀딩과 자가출판 같은 디지털 출판은 읽기와 쓰기를 서로 자유로운 이동이 가능한, 밀접하게 연결된 활동으로 새롭게 개념화함으로써 독자들에게 작가가 될 수 있는 권한을 부여했다. 디지털 문화는 과거에 따로 구분되었던 '작가'와 '독자'의 역할을 약화시켰을 뿐만 아니라 '평론가'의 역할도 새롭게 정의했다. 팬픽은 독자와 평론가의 혼합체인 베타-독자(beta-reader)를 등장시켰다. 이들은 팬픽 커뮤니티에서 입지를 다진 독자들로서 편집자나 문학 에이전트처럼 팬픽 작가들의 작품을 검토, 편집하고 줄거리와 캐릭터화, 표현에 관한 제안을 한다(Jenkins 2006; Thomas 2011a, 2011b).* 스토리 '피드백 주기'(feedbacking)'라고도 불리는 이 관행은

---

* 베타-독자 문화는 팬픽 커뮤니티를 넘어서까지 나타난다. 한 예로 영국예술위원회가 후

문학비평 및 학계가 평론가의 역할을 일종의 초독자(super-reader)로 소중하게 모실 만큼 이상한 인쇄 문화 규범이 만들어졌음을 보여준다(Busse 2013: 63). 인쇄 문화의 오랜 특징이었던 접근성의 경계가 디지털 문화로 인해 약해짐에 따라 '일반' 독자들은 비평가와 평론가라는 권위 있는 역할을 적극적으로 받아들였다. 아마존의 독자 서평, 굿리즈(Goodreads)의 평점, 문학 블로그, 책 유튜버가 그것을 폭넓게 말해준다(Murray 2018).

좀더 추상적인 측면에서 보자면 디지털 문학 활동의 주류화는 텍스트의 본질에 대한 재개념화를 촉발했다. 구텐베르크 이후의 인쇄 문화에서는 텍스트가 표준화되고 비교적 고정적이고 공식적으로 인증된 특징을 보인다. 그와 달리 디지털 문학 독자들에게는 텍스트를 수정하고 다시 쓰고 편집하고 최소한 디스플레이(예: 시장 지배적인 전자책 독자들에게 제공되는 글꼴 크기와 색깔, 레이아웃, 형식, 화면 해상도 조절 기능, 읽어주기 기능)라도 바꿀 수 있는 기술이 주어진다. '타이포그래피의 고정성'에서 텍스트 변이성으로의 변화는 특히 전자 문학에서 두드러진다. 이것은 종이책을 그냥 전자책으로 포맷을 변경하는 것이 아니라 처음부터 디지털로 만들어지는 텍스트다. 전자 문학을 연구하는 아스트리드 엔슬린(Astrid Ensslin 2007: 34)에 따르면 처음부터 디지털 형식으로 만들어지는 문학작품의 공통점은 '절차성(processuality)'이다(텍스트는 항상 진행중이며 절대로 최종 상태가 아니라는 것). 독자가 읽고 기고를 추가하기까지 걸리는 시간 동안조차 텍스트가 정적이지 않은, 매우 불안정한 합동 소설이 대표적이다. 문학 연속성의 형태인 시간성은 연재 팬픽과 트위터러처(Twitterature, 트위터를 통해 즐기는 서사) 같은 전자 문학 형식에서 현대적으로 반영된다(Andersen 2017). 두 가지

원하는 웹사이트 You Write On이 있다. (http://www.youwriteon.com)

모두 서사가 주기적으로 조금씩 연재되므로 시간이 지나도 작가-독자 관계가 유지된다는 느낌이 있다. 19세기 소설이 주간 혹은 월간 간행물에서 연재되다가 3부작으로 출판되던 것과 비슷하다. 대중의 협동 저자성과 텍스트의 자유로운 변이성이라는 특징이 나타나는 일시적인 영역에서 저자의 의도와 텍스트 사본의 서지학적 개념은 어떤 설명의 힘을 간직할 수 있을까?

시간의 개념을 문학과의 관계로 생각해보려면 문학의 기억을 구텐베르크 괄호 훨씬 이전인 구전 문화가 장악했던 시대로 거슬러올라가야 한다. 문자가 발명되기 전에, 그리고 문자가 등장하고 오래 지나서도 사람들은 서사를 일대일의 환경에서 경험했다. 말하는 사람(저자가 아님에 주목하자)의 체화된 존재가 그 특징이었다. 그 사람의 말투와 표정, 손짓, 몸짓이 듣는 사람의 해석에 큰 영향을 끼쳤다. 공간적 실체(인쇄 문화의 책, 페이지, 문단, 행)에서 시간 속 하나의 사례(디지털 문화의 여러 버전, 예시화, 화면 캡처)로 텍스트의 재개념화가 이루어진 것은 문학 문화에 철학적으로 커다란 영향을 끼친다. 결과물을 '작품'이라고 해야 하는가 '퍼포먼스'라고 해야 하는가? 퍼포먼스가 공연 예술에서 빌려온 어휘라는 점에서 흥미로운 사실이 드러난다. 문학 노동의 전통적 이해에서는 저자가 무언가를(작품) 생산한다는 사실이 결과물의 구성과 관련된 모든 신호(예: 초고, 편집, 확정되지 않은 부분, 교정 오류 등)를 숨긴다. 이러한 공간적, 총괄적 논리에 따르면 결과물이 가장 중요하다. 하지만 디지털 환경에서는 글쓰기가 퍼포먼스적인 (performative) 개념으로 바뀐다. 지켜보고 참여하고 즐기는 것이다. 최종 결과물은 덜 중요해지고 읽기/쓰기 과정에 퍼포먼스적으로 시간이 투입된다는 뜻이므로 시간적인 은유가 지배적이 된다. 전자 문학을 연구하는 학자이자 저자인 스콧 레트버그(Scott Rettberg 2011: 197)는 "모든 유형의 협동 서사는 결과적인 '작품'의 측면뿐만 아니라 퍼포먼스의 측면에서도 이해되어야 한다"라고 말한다. 저자와 독자에게 모두(이미 둘이 하나의 개체로 합쳐지지 않았다면) 문학의 여정이 목적지보다 더 중요해진다.

현대의 저자성

디지털 문화의 맹공격으로 저자의 역할에 일어난 세분화와 재개념화는 이론적으로는 매우 바람직하지만, 현대 저자성의 현실은 개인 창작자들에게 불리한 쪽으로 바뀌었다. 서구권에서 이루어진 다수의 설문조사 결과는 저자의 수익이 줄어들고 있음을 보여준다. (여러모로 칭찬할 만한) 저자성의 민주화로 특히 디지털 형식의 콘텐츠 소비에 돈을 내지 않으려는 대중이 많아졌기 때문이다. 자국의 경제 발전을 저해한다는 이유로 서양의 저작권 개념을 종종 경시하는 개발도상국에서 저작권은 별 힘을 발휘하지 못했다. 그 결과로 러시아나 중국처럼 저작권 침해가 난무한 국가에서는 작가가 문학 노동으로 생계를 유지하기가 거의 불가능하다. 저작권의 고향인 영어권 국가에서도 저자조합(Authors Guild, 미국), 저자협회(Society of Authors, 영국)나 오스트레일리아 저자협회(Australian Society of Authors) 같은 전문 협회가 회원들을 대상으로 시행한 조사에 따르면 저자들이 글쓰기로 벌어들이는 평균 소득은 최저생활수준보다 한참 낮으며 오랫동안 감소해왔다.* 현역 작가의 대다수가 다른 직업으로 생계비를 벌면서 글을

---

* 한 예로 영국 저자 라이선싱 & 징수 협회(Authors' Licensing and Collecting Society, ALCS)가 시행한 'What Are Words Worth Now?'(2015) 연구에 따르면 작가들이 글을 써서 벌어들이는 세전 수익 중앙값은 1만 1,000파운드(영국인의 평균 수익은 2만 7,011파운드)에 불과하다. 2005년 이후로 29%나 떨어진 수치다(Johnson et al. 2015). 오스트레일

쓰거나 배우자에게 재정적인 도움을 받는다(Zwar et al. 2015: 4).* 물론 전자
책 같은 디지털 형식의 판매량이 증가 추세에 있지만 종이책(특히 전통적으
로 저자들이 받는 인세가 약간 높은 하드커버) 판매량의 감소를 메워주기에는
역부족이다. 나아가 주요 전자책 소매업체(아마존, 애플)가 사업 구축을 위
해 전자책의 표준 가격을 워낙 낮게 책정하는 바람에 저자들이 받는 몫도
적어서 판매량이 늘어나도 소득은 계속 감소하는 더욱더 복잡한 문제가
발생한다. 그런 관행 때문에 책 한 권을 쓰는 데에 따르는 보수가 적은 것
이 당연하다는 생각이 대중의 머릿속에 자리잡고, 자가출판을 이용하는
아마추어들의 증가로 그런 인식이 더 커지는 상황에 대해 저자들은 우려
하고 있다. 디지털 저작권 관리(digital rights management, DRM) 기술에 대
한 전자책 단말기 개발업체와 출판사들의 투자에도 지속적인 위협이 되고
있는 전자책 저작권 침해 또한 저자의 수익을 위협한다(Zwar et al. 2015: 6).
디지털의 불확실성으로 업계 전반에 긴축이 이루어지고 있어서 저자들에
게 지급되는 선인세(이후의 수익으로 상쇄되는 선지급금)가 A급 작가들(그러나
정작 요란하게 뉴스를 장식하는 막대한 선인세를 메우는 성적을 내지 못할 때가 많
다)을 제외하고 크게 줄어들었다.** 이러한 경제적 현실은 저자성의 양극화

리아의 연구자 얀 즈워(Jan Zwar), 데이비드 스로스비(David Throsby), 토머스 롱든
(Thomas Longden)의 2015년 연구에서는 작가의 평균 수익이 A$1만 2,900(오스트레일리
아인의 평균 수익은 A$6만 1,485)인 것으로 나타났다(Zwar et al. 2015: 3). 저자조합의 설
문조사 'The Wages of Writing'(2015)에 따르면 2009년 이후로 전업 작가의 수익은 30%
감소했고 파트타임 작가의 경우는 38% 감소했다. 경력이 15년 이상인 작가들의 소득 감
소치가 가장 높았다.

* https://www.authorsguild.org/wp-content/uploads/2015/09/WagesofWriting_
Final_10-22-15.pdf

** http://www.alcs.co.uk/Documents/Authors-earning-2015-Download_version.aspx.
Squires 2007 and Murray 2012도 참고.

를 가져왔다. 한쪽에는 하나의 브랜드로 홍보되는 스타 작가들이 있지만 '중견작가(midlist)'라고 표현되는 대다수의 작가는 출판사의 지원을 제대로 받지 못한 채 편집자와 마케터의 관심을 얻으려 서로 경쟁해야만 한다.

대부분의 작가가 이렇게 암울한 경제적 현실에 직면했는데도 저자성에 대한 일반 대중의 관심이 여전하다면 그것은 스타 작가 현상 덕분이다. 독자층을 넘어서까지 유명세를 떨치는 작가는 수 세기 전부터 존재했지만 (종종 바이런이 최초의 스타 작가로 불린다) 1980년대에 이루어진 책 산업의 경제적 합리화와 그로 인해 커진 마케팅의 중요성은 작가를 하나의 브랜드로 만들었다. 대개 독자의 충성심은 출판사가 아닌 작가에게 향하므로 출판사는 불리한 입장에 놓인다. 작가들과 그들의 새로운 관리자이자 내부 편집자의 역할을 맡게 된 문학 에이전트는 이 상황을 유리하게 활용하고자 가장 높은 선인세와 최고의 홍보 지원 조건을 찾아 출판사 간 경쟁을 조장하기 시작했다. 부커상을 비롯한 권위 있는 문학상의 성장은 저자의 시각적 브랜딩을 발달시켰고 수상 작가의 기존작들도 수상작과 비슷한 스타일로 표지를 새로 입혔다(스타 작가나 고유 장르의 시각적 이미지는 그 작가의 독자층을 활용하고자 하는 다른 작가와 출판사들에 의해 모방된다). 브랜드 작가는 억제 효과를 발생시키기도 한다. 이언 뱅크스(Iain Banks) 같은 스타 작가는 이언 M. 뱅크스라는 하위 브랜드를 만들어 기존 독자층을 고립시키지 않고 주류 소설에서 SF 장르로 데려간다. 이언 플레밍(Ian Fleming)이나 스티그 라르손(Stieg Larsson)처럼 이미 사망한 유명 작가들의 사후 출판에서 스타 저자성의 극치가 나타난다(실제로는 유저遺著 관리자의 의뢰로 다른 작가가 쓴 것). 뛰어난 독창성과 문화적 영향력을 가진 스타 작가의 페르소나는 일반 대중과 작가 지망생들에게 여전히 유혹적이다. 하지만 출판사가 스타 작가에게 제공하는 기록적인 선인세와 홍보 지원은 중견 작가들의 계약금과 마케팅 예산을 줄이기 때문에 가능하다.

　대다수 작가의 소득 감소와 직결되는 문제는 출판사들이 기존에 담당했던 지원 역할에서 서서히 물러나고 있다는 것이다. 특히 마케팅과 홍보 활동이 작가들에게 아웃소싱되는 경우가 많아지고 있다. 출판사는 작가들에게(부분적으로 출판사 역할을 대신하는 문학 에이전트들에게도) 소셜 미디어 활동을 활발하게 할 것을 권한다(Thompson 2010; Adsett 2012; Killick 2013). 작가들이 직접 홈페이지나 이메일 뉴스레터, 블로그, 페이스북, 트위터, 인스타그램, 유튜브 북트레일러 등으로 출간 소식을 전하고 '입소문' 마케팅을 해야만 한다(Zwar et al. 2015: 6; Murray 2016, 2018).* 실제로 팔로워가 많은 소셜 미디어 '계정'이 책 계약의 필수조건인 경우도 있다. 출판사들이 이미 수량화 가능한 수익 집단의 니즈에 맞춤으로써 위험을 최소화하려는 것이다(Marshall 2006: 794; Clark & Phillips 2008: 88; Katz 2010: 47; Thompson 2010: 86). 작가는 소셜 미디어 관리라는 추가 노동을 짊어지며 줄어드는 재정적 수익 대신 소셜 미디어에서 적절한 종류의 이미지를 만드는 방법에 대한 조언까지 듣는다. 비록 형편없는 홍보 방식이지만 트위터 팔로워나 페이스북 친구들에게 출판 소식이나 서점 진열 사진을 퍼붓는 것만으로는 부족하고 수치스러운 일이다. 작가들이 소셜 미디어의 협력적인 사용자 간 특징을 제대로 이용하려면 팔로워들과 진심으로 소통하고 개인마다 맞춤 답변을 하고 출간과 축제 기간 사이에 소셜 미디어에서 두드러진 존재감을 보여야 한다(Baverstock 2008; Cannold 2011; Harrad 2012; Radford 2012). 온라인 작가의 페르소나를 유지하기 위한 노동이 작가의 주업무가 되어버릴

---

* '2009년 이후 작가가 마케팅과 독자와의 소통에 쏟는 시간이 59% 급증하다'(https://www.authorsguild.org/wp-content/uploads/2015/09/WagesofWriting_Final_10-22-15.pdf).

위험이 있다. 홍보와 독자 발굴에 힘쓰느라 글 쓰는 시간이 줄어들기 때문이다(Zwar et al. 2015: 5). 어느 작가는 이렇게 적었다. "소셜 미디어 관리는 만족을 모르는 짐승 같다. 1년에 소설 한 권을 쓰려면 그 짐승에게 먹이만 주고 있을 수는 없다." 딱한 처지에 놓인 작가들이 너무나 많다.*

이렇게 끔찍한 상황이 실제로 다수 작가가 처한 현실이 아니라 그저 최악의 시나리오라고 해도, 또한 지나친 소셜 미디어 사용을 자제하고 성실하게 집필 시간을 엄수하는 작가들이 많다고 해도, 21세기의 저자성이 기업가적 활동이 되었다는 것은 분명하다. 이것은 창조적 노동의 수사법에 퍼져 있는 신자유주의의 초개인주의를 상기시키는 일인데, 대학에 많이 생겨나는 문예창작학과나 MFA 과정을 졸업한 작가 지망생들은 최대한 스스로 작가 경력을 키우고 팔릴 만한 이미지를 만들라고 재촉받는다(Horner 2015). 저자성 현상이 등장한 18세기부터 그래왔듯이 작가 페르소나는 창작자의 실제 모습과 정반대일 수도 있다(문학계에서 오래 이어져온 필명의 역사가 이를 증명한다; Mullan 2008). 중요한 사실은 현대의 작가들은 자신의 책이 (자가출판은 빼고도) 해마다 출판되는 수많은 책 가운데에서 돋보이도록, 그리하여 책 산업이 재정적으로 생존하도록 만드는 일반 대중, 즉 독자의 관심을 사로잡을 수 있도록 의식적으로 이미지를 만든다는 것이다.

책 산업에 디지털 기술이 도입되었지만 작가 축제는 여전히 독자들과 이어지는 중요한 장이다. 작가에게 홍보를 떠맡기는 업계 관행을 장점이라고 보는 작가들이 늘어나면서 작가 및 문학 축제가 유행하고 있다. 축제는 작가가 실제 독자들과 직접 접촉할 수 있도록 해준다. 일반적으로 작가들은 축제나 그와 비슷한 서점 거리 행사에서 낭독과 패널 출연, 사인회 등

---

* http://www.bookpromotion.com/authors-need-blog/

을 통하여 독자들을 상대하고 질문을 받고 사회적 상호작용을 한다. 매우 부담스럽고 공개적 망신의 위험도 있지만 아무리 내성적인 성격이라도 대부분의 작가는 작가 축제를 고독한 창작 생활에서 맞이하는 긍정적인 자극이라고 생각한다. 각종 문학 축제는 연례행사이자 문학계에서 꼭 기억해야 하는 날이 되었다. 축제와 관련해 작가는 기획자와 브랜드 대변인, 사회운동가가 혼합된 역할을 수행한다. 약간 불편할 수도 있는 마지막 역할은 특히 소수집단에 속하는 작가들에게서 볼 수 있다. 그들의 존재 자체가 정체성에 관한 정치적 토론의 발판으로 표현된다. 그런 경우가 아니더라도 작가 축제의 게스트는 누구나 저자성의 역할을 공개적으로 수행(performance)하는 것이라고 할 수 있다. 그 과정은 구텐베르크 이전 필사본 문화 속 작가의 역할을 상기시킨다. 저자는 점잖은 환경에서 작품을 낭독함으로써 시중에서 유통되는 필사본이 그의 저작물임을 증명했다(여기에서도 '저자author'와 '권한authority'의 어원이 서로 연결되어 있음을 알 수 있다). 저자성을 공개적으로 드러내는 것이 현대 저자의 역할에서 매우 중요한 요소라는 사실은 낭독회나 학교 강연, 팟캐스트 제작, 블로그 운영, 트위터 에티켓 등에 관한 조언으로 가득한 작가협회의 정기간행물에서도 분명하게 드러난다.

오늘날 작가의 업무에는 구술과 인쇄, 디지털 방식의 커뮤니케이션이 복잡하게 엮여 있다. 1980년대 이후로 유행한 작가 축제는 작가의 구술 커뮤니케이션을 부활시킨 반면, 축제 현장의 서점과 사인회에서는 종이책이 가장 지배적이라는 사실이 분명하게 드러난다. 그뿐만 아니라 책 축제는 관객을 늘리기 위해 디지털 미디어 기술을 적극적으로 이용해왔다. 연대순으로는 청각-시각 기록을 통해, 지리적으로는 실시간 연결과 실시간 트위터 같은 실험을 통해 축제 현장을 넘어서까지 관객을 확장했다(Driscoll

2014; Murray & Weber 2017). 축제 자금이 공공 부문 문화 정책 기관들을 통해 충당되므로 축제 관리자들은 행사의 공적 파급력에 대한 수량화 가능한 증거를 수집해 더욱 강력하게 공공 자본 지원 요청을 계속할 수 있다. 디지털 기술이 흠뻑 스며든 작가 축제는 디지털과 퍼포먼스에 익숙한 작가에게 가장 적합하다. 작가들은 축제 기간 이외에도 디지털 미디어를 홍보와 마케팅에 활용하고 비공식적인 시장조사, 그리고 덜 상업적으로는 창작의 동기부여 수단으로도 활용해왔다. 특히 닐 게이먼(Neil Gaiman), 재스퍼 포드(Jasper Ford), 마거릿 애트우드(Margaret Atwood), 존 그린(John Green)처럼 신기술에 열성적인 작가들은 디지털 미디어를 이용해 공동 저자성에 참여하거나 팬들을 대상으로 표지 디자인 대회를 열기도 했다 (Skains 2010; Murray 2018).

실제로 독자가 반응하기 전까지는 그 어떤 책도 끝나지 않았다는 것은 작가 축제에서 흔히 볼 수 있는 표현이다. 하지만 이것은 1970년대에 '작가적' 텍스트라는 프랑스 후기 구조주의 사상이 유입된 후로 문학 연구에서 지배적인(비록 주로 이론상이지만) 우려이기도 했다. 변화가 있다면 디지털 미디어가 작가-독자의 상호작용을 눈에 띄게 해주고 기록과 발견이 가능하도록 해준다는 것이다. 디지털 기술은 상호작용성으로 칭송받지만 유명한 소수가 익명의 다수에게 말하는 방송 구조와 비슷한 용도로 전락할 위험도 따른다. 앞에서 언급한 신기술에 적극적인 작가들도 소셜 미디어에서 본인이 구독하는 사람보다 팔로워가 수백, 수천 배는 더 많다. 따라서 저자의 소셜 미디어 사용은 반직관적으로 인쇄 문화에서 나타나는 작가-독자의 계층적인 관계를 강화할 가능성이 있다. 스타 작가 조너선 프랜즌(Jonathan Franzen)과 살만 루슈디(Salman Rushdie)가 트위터 사용을 두고 벌인 공개 설전(Franzen 2013 참고)은 대다수 독자를 논쟁에 직접 참여하게 하는 것이 아니라 싸우는 작가를 몰래 지켜보는 관음증 환자로 만들었다.

결론

저자성은 특정 시간과 장소에 관련한 법적·문화적·경제적 개념의 범주로 발달했다. 약 300년 전부터 일어난 광범위한 기술 발달과 세계화를 고려할 때 저자의 존재도 막대한 변화를 거쳤다고 할 수 있다. 21세기 초반, 저자의 존재는 과거와 미래를 모두 바라본다. 저자를 고유한 창조력을 가진, 문화적으로 우월한 개인으로 바라보는 낭만주의적 시각은 여전히 매력적이다. 대다수의 자가출판 작가가 그런 지위를 얻고자 한다는 점에서도 알 수 있다. 그러나 역설적으로 신성화를 원하는 작가가 늘어날수록 저자성의 범주는 배타적으로 되기 어렵다. 따라서 저자성은 중대한 문화적 가치 절하의 시대를 겪고 있다. 현대 디지털 문학은 다양한 수단으로 저자성의 대규모 민주화를 상쇄하거나 그에 대응하고자 했다. 전위주의를 자처하는 실험적 전자 문학 작가들, 다수가 집필하는 합동 소설이나 리믹스 소설의 감독과 편집, 팬픽 커뮤니티에 널리 퍼진 삐뚤어진 계층적 베타-독자 규약 등이 그렇다. 계급의 맨 꼭대기에 자리한 스타 작가는 실질적인 브랜드 이름으로 유통되고 전 세계 작가 축제에서 과찬을 받으며 사회적·정치적 대의의 선두주자 역할을 하고 각종 매체에서 열성 독자들과의 상호작용을 이어간다. 21세기 저자성은 양극화가 뚜렷하다. 평단의 평가와 상업적 성공 모두 보통 수준인 중견 작가들은 위태로운 자리를 지키기 위해 힘든 싸움을 해나간다.

참고문헌

Adsett, Alex (2012). 'Self-publishing in the Digital Age', *Island*, 128, pp. 132－9.

Andersen, Tore Rye (2017). 'Staggered Transmissions: Twitter and the Return of Serialized Literature', *Convergence*, 23(1), pp. 34－48.

Authors Guild (2015). *The Wages of Writing*, New York: Authors Guild. https://www.authorsguild.org/wp-content/uploads/2015/09/WagesofWriting_Final_10-22-15.pdf

Barker, Amy, ed. (2009). *Through the Clock's Workings*, Sydney: Sydney University Press.

Barthes, Roland (1986). 'The Death of the Author' [1968] *The Rustle of Language*, Richard Howard 번역, Oxford: Blackwell. pp, 49－55.

Baverstock, Alison (2008). *How to Market Books*, 4th edition, London: Kogan Page.

Bradley, Jana, Bruce Fulton, Marlene Helm, and Katherine A. Pittner (2011). 'Non-traditional Book Publishing', *First Monday*, 16(8). http://firstmonday.org/ojs/index.php/fm/article/view/3353/3030 (2017년 8월 1일 기준).

Busse, Kristina (2013). 'The Return of the Author: Ethos and Identity Politics', in *A Companion to Media Authorship*, Jonathan Gray, Derek Johnson 편집. Malden, MA: Wiley Blackwell, pp. 48－68.

Cannold, Leslie (2011). 'The Tweeting Truth', *Australian Author*, 43(3), pp. 13－15.

Clark, Giles, and Angus Phillips (2008). *Inside Book Publishing*, 4th edition, Abingdon, UK: Routledge.

Driscoll, Beth (2014). *The New Literary Middlebrow: Tastemakers and Reading in the Twentyfirst Century*, Houndmills, UK: Palgrave Macmillan.

Eisenstein, Elizabeth L. (1983). *The Printing Revolution in Early Modern Europe*, Cambridge: Cambridge University Press.

Ensslin, Astrid (2007). *Canonizing Hypertext: Explorations and Constructions,* London: Continuum.

Foucault, Michel (2006). 'What Is an Author?' [1969] *The Book History Reader*, David Finkelstein & Alistair McCleery 편집. 2nd edition, London: Routledge, pp. 281 – 91.

Franzen, Jonathan (2013). 'What's Wrong with the Modern World', *Guardian* 13 September. http://www.theguardian.com/books/2013/sep/13/jonathan-franzen-wrong-modern-world (2013년 10월 10일 기준).

Guthrie, Meredith (2013). 'Whatever You Do, Don't Call It "Mommy Porn": *Fifty Shades of Grey*, Fan Culture, and the Limits of Intellectual Property Rights', *Infinite Earths*. http://79.170.40.240/infiniteearths.co.uk/?p=993

Harrad, Kate (2012). 'Twitter—the Virtual Literary Salon', *Guardian* Books Blog 11 January. http://www.theguardian.com/books/booksblog/2012/jan/11/twitter-virtual-literary-salon (2017년 8월 1일 기준).

Horner, Damian (2015). 'The Author Brand', *The Author*, 126(4), pp. 120 – 1.

Jenkins, Henry (2006). *Convergence Culture: Where Old and New Media Collide*, New York, London: New York University Press.

Johnson, Phillip, Johanna Gibson, and Gaetano Dimita (2015). *What Are Words Worth Now?: A Survey of Authors' Earnings*, London: Authors' Licensing and Collecting Society. http://www.alcs.co.uk/Documents/Authors-earning-2015-Download_version.aspx (28 July 2017).

Katz, Christina (2010). 'Elements of a Successful Fiction Platform', *Writer's Digest*, November/December, pp. 46 – 51.

Killick, Ruth (2013). 'Meet the Publicist', *The Author*, 124(2), pp. 63 – 4.

Landow, George P. (2006). *Hypertext 3.0: Critical Theory and New Media in an Era of Globalization*, 3rd edition, Baltimore, MD: Johns Hopkins University Press.

Marshall, P. David, ed. (2006). *The Celebrity Culture Reader*, New York: Routledge.

Mason, Bruce and Sue Thomas (2008). *A Million Penguins Research Report*, Institute of Creative Technologies, De Montfort University, UK. http://www.ioct.dmu.ac.uk/documents/amillionpenguinsreport.pdf

Mullan, John (2008). Anonymity: *A Secret History of English Literature*, London: Faber and Faber.

Murray, Simone (2012). *The Adaptation Industry: The Cultural Economy of Contemporary Literary Adaptation*, Routledge Research in Cultural and Media Studies, New York: Routledge.

Murray, Simone (2016). '"Selling" Literature: The Cultivation of Book Buzz in the Digital Literary Sphere', *Logos* 27(1), pp. 11 – 21.

Murray, Simone (2018). *The Digital Literary Sphere: Reading, Writing, and Selling Books in the Internet Era*, Baltimore, MD: Johns Hopkins University Press.

Murray, Simone and Millicent Weber (2017). '"Live and Local"?: The Significance of Digital Media for Writers' Festivals', *Convergence: The International Journal of Research into New Media Technologies*, 'Writing Digital' special issue 23(1), pp. 61 – 78.

Nunberg, Geoffrey, ed. (1996). *The Future of the Book*, Berkeley, CA: University of California Press.

O'Donnell, Daniel Paul (2007). 'Disciplinary Impact and Technological Obsolescence in Digital Medieval Studies', in *A Companion to Digital Literary Studies*, Susan Schreibman, Ray Siemens 편집, Oxford: Blackwell, pp. 65 – 81.

Pettitt, Tom (2007). 'Before the Gutenberg Parenthesis: Elizabethan–American Compatibilities', Plenary presentation to Media in Transition 5 conference, MIT http://web.mit.edu/commforum/mit5/papers/pettitt_plenary_gutenberg.pdf

Pugh, Sheenagh (2005). *The Democratic Genre: Fan Fiction in a Literary Context*, Bridgend, UK: Seren Books.

Radford, Ceri (2012). 'How Twitter is Changing the Literary World', *Telegraph* [UK] 12 March. http://www.telegraph.co.uk/culture/books/9137910/How-Twitter-is-changing-the-literaryworld. html (2017년 8월 1일).

Rettberg, Scott (2011). 'All Together Now: Hypertext, Collective Narratives, and Online Collective Knowledge Communities', in *New Narratives: Stories and Storytelling in the Digital Age*, Ruth Page, Bronwen Thomas 편집. Lincoln, NB: University of Nebraska Press, pp. 187 – 204.

Sapiro, Gisèle (2016). 'The Metamorphosis of Modes of Consecration in the Literary Field: Academies, Literary Prizes, Festivals', *Poetics, 59*, pp. 5 – 19.

Skains, R. Lyle (2010). 'The Shifting Author – Reader Dynamic: Online Novel Communities as a Bridge from Print to Digital Literature', *Convergence*, 16(1), pp. 95 – 111.

Spender, Dale (1995). *Nattering on the Net: Women, Power and Cyberspace*, Melbourne: Spinifex Press.

Squires, Claire (2007). *Marketing Literature: The Making of Contemporary Writing in Britain*, Houndmills, UK: Palgrave Macmillan.

Thomas, Bronwen (2011a). '"Update Soon!": Harry Potter Fanfiction and Narrative as a Participatory Process', in *New Narratives: Stories and Storytelling in the Digital Age*, Ruth Page, Bronwen Thomas 편집. Lincoln, NB: University of Nebraska Press, pp. 205 – 19.

Thomas, Bronwen. (2011b). 'What Is Fanfiction and Why Are People Saying Such Nice Things about It?', *StoryWorlds: A Journal of Narrative Studies*, 3, pp. 1 – 24.

Thompson, John B. (2010). *Merchants of Culture: The Publishing Business in the Twenty-first Century*, Cambridge, UK: Polity.

Wimsatt, William K., and Monroe C. Beardsley (1946). 'The Intentional Fallacy', *Sewanee Review*, 54(3), pp. 468 – 88.

Wirtén, Eva Hemmungs (2004). *No Trespassing: Authorship, Intellectual Property Rights, and the Boundaries of Globalization*, Studies in Book and Print Culture, Toronto: University of Toronto Press.

Woodmansee, Martha (1984). 'The Genius and the Copyright: Economic and Legal Conditions of the Emergence of the "Author"', *Eighteenth-Century Studies*, 17(4), pp. 425 – 48.

Zwar, Jan, David Throsby, and Thomas Longden (2015). *Australian Authors— Industry Brief No. 1: Key Findings*, Sydney: Department of Economics, Macquarie University. http://www.businessandeconomics.mq.edu.au/our_departments/Economics/econ_research/reach_network/book_project/authors/1_Key_Findings.pdf (2017년 7월 28일).

4장

읽기

아드리안 판데르베일(Adriaan van der Weel)

약 6,000년 전에 이루어진 문자의 발명은 텍스트, 특히 책이 지식과 문화의 기록과 전파에 가장 중요한 수단이 되는 세상을 알리는 서곡이었다. 문자의 발명과 발달은 역사적인 우연이라고 해도 과언이 아닐 것이다. 하지만 우연이 아니었다. 문자가 세계의 세 군데 지역에서 개별적으로 발달한 '수렴적' 현상이라는 것은 그 발명이 필연적이었음을 시사한다. 읽고 쓸 수 있다는 것은 인류가 거둔 가장 비범한 문화 업적 가운데 하나이다. 비록 배우는 데 수년이 걸리지만 문해력(literacy)은 모든 서양 국가에서 의무교육 과정의 일부가 되었다. 말하기는 꼭 학교에 가지 않아도 배울 수 있다. 물론 부모의 수고는 들어가지만 우리는 특별한 노력이 없어도 놀라울 정도로 정교하게 모어를 사용할 수 있게 된다. 하지만 자녀가 말로 소통할 수 있도록 부모가 오로지 사랑으로 기부하는 시간과 에너지와 인내심은 모든 아이에게 읽기와 쓰기를 가르치기 위해 운영되는 시스템에 비하면 아무것도 아니다. 오랜 세월 동안 이루어지는 정규교육은 고되고 끝없는 노력을 요구한다. 사회가 모든 새내기에게 요구하는 혹독한 대가이다. 읽고 쓰기를 배우는 고된 일은 소근육 운동 발달에서 큰 부분을 차지한다. 좀 더 근본적으로 보자면 우리의 뇌는 구어와 달리 문어는 쉽게 배우도록 설계되지 않았다.

힘든 읽기 기술을 익히기 위해 우리는 자연의 길 '읽기' 같은 오래된 과제를 수행하고자 진화한 뇌의 여러 영역을 새로운 용도에 맞게 고친다. 어느 저명한 신경학자는 읽기를 '부자연스럽다'라고까지 했다. 의도적인 도발일 수도 있지만 읽기의 인위성을 이해하는 데에는 도움이 된다. 쓰기는 음악, 구어, 게임, 영화 같은 매체에서 누군가가 말하는 것을 보거나 들을 때보다 추가적인 해독 노력을 뇌에 요구한다. 신경과학적으로 누군가의 말을 실제로 듣는 것과 라디오나 TV, 오디오 녹음 같은 매체를 통해 듣는 것에는 차이가 없다. 하지만 종이나 화면에서 똑같은 단어를 읽을 때 우리는 먼저 단어를 이루는 글자의 시각적 이미지와 그것이 나타내는 발화 언어를 연결해야만 한다. 그 과정을 거쳐야만 머릿속 사전에서 그 의미에 접근할 수 있다. 구어(오디오북도 포함)와 달리 문어에는 항상 매개가 따르고 읽기에는 추가적인 해독 단계가 개입된다. 따라서 오디오북을 읽기 통계에 포함해야 하는가는 무엇을 측정하느냐에 달려 있다. 소비되는 '이야기'의 숫자인지, 해독이 수행되는 텍스트의 양인지.

최근에 읽기 연구에는 큰 진전이 있었다. 읽기와 쓰기라는 놀라운 현상에 대한 여러 새로운 통찰 덕분이다. 그중에서도 디지털화의 영향에 대한 보다 나은 이해가 필요하다는 사실이 연구에 더욱 박차를 가했다. 그 영향을 파악하는 데에 있어서 최초의 중대한 깨달음은 우리가 보통 생각하는 것과 달리 우리 사회에서 읽기의 역할이 견고하게 자리잡지 않았다는 것이다. 시간이 지나면서 읽기는 문화와 지식에 접근하기 위해 꼭 필요한 기술이 되었다. 하지만 읽기는 원래부터 인간이 수행하기 쉬운 활동이 아닌데다 요즘은 스크린이 제공하는 다른 의사소통 수단도 많다. 이처럼 전통적으로 읽기의 역할이 부수적이라는 사실에 대한 인식이 새롭게 떠올랐고 이는 책 산업에 많은 배울 점을 시사한다. 읽기의 지위는 그것을 유의미하게 만들려는 의식적인 결정과 지속적인 노력에 좌우된다. 스크린에 지배당한 세상에서 읽기는 생각보다 의식적인 수련이 필요한 행위다. 하지만 읽기가 위험에 처했다는 뜻은 절대로 아니다. 오늘날 책을 예전보다 덜 읽는 방향으로 나아가면서도 오히려 독자들이 무엇을 어떻게 읽는지는 급격하게 변하고 있다. 따라서 독자를 계속 책 산업의 굳건한 소비자로 만들 수 있는가 하는 문제는 그 어느 때보다 불확실해졌다.

가치사슬의 끝에 자리한 독자의 위치는 그들이 산업의 부속물에 불과하다고 말해주기 쉽다. 흥미롭게도 오랫동안 정말로 그러했다. 책 산업에서 독자는 주로 '최종 사용자' 혹은 좀더 모호한 '시장'이었다. 따라서 독자는 주로 판매업자가 신경써야 하는 문제였다. 독자는 규정하기 힘든 존재일지라도 어딘가에 확실히 존재했다. 찾아내 구매자로 만들면 되는 것이었다. 독자가 충분하지 않다는 것도 문제가 되지 않았다. 그들은 분산된 시장에 숨어 있을 뿐이었다. 도서관을 통해 간접적으로만 접근이 가능할 때도 있었지만 독자가 존재한다거나 그들에게 책의 잠재적 소비자가 되려는 의지가 있다는 것만큼은 의심할 수 없었다. 지난 몇 세기에 걸쳐 서서히 구축된 책의 질서에 따라 자연스럽게 독자-구매자도 만연하게 되었다(Chartier 1994; Van der Weel 2011). 19세기 후반에 이르러 대부분의 서양 국가에서 정규교육을 통한 책 읽기의 사회화가 제도로 자리잡았다. 현실적으로 소수의 엘리트에 해당하는 비교적 적은 인구만이 독자로 전환했는데 그렇다고 그들이 전부 책 구매자가 된 것은 아니었다. 하지만 그 비율은 매우 안정적이었다. 꽤 많은 독자 계급이 존재하리라는 기대가 항상 자리했으므로 반짝 인기를 끄는 것부터 전문적이고 고전적인 것까지 새로운 책을 끊임없이 공급하는 책 산업이 필수적으로 계속되어야만 했다.

하지만 인터넷이 주요 동인으로 등장하면서 변화가 생겨났다. 최근 들어 읽기는 (새로운) 우려의 주제와 연구 대상으로 떠올랐다. 문제는 사람들이 글을 읽느냐가 아니다. 사람들이 읽는다는 것은 확실하다. 인터넷은 대단히 텍스트적인 매체다. 다양한 스크린 기기로 접근 가능한 인터넷은 이용자의 읽기 시간을 크게 늘린다. 사람들이 온라인에 사용하는 시간 중에서 읽기에 할애되는 시간은 상당하다. 단순히 설명이나 댓글, 문자메시지를 읽는 것뿐이라도 말이다. 쇼핑과 금융을 포함해 점차 온라인으로 옮겨 간 일상의 수많은 서비스에도 읽기가 개입된다. 웹페이지와 이메일, 상태 업데이트, 블로그 같은 짧고 조각난 텍스트는 책 분량도 아니고 출판 상품도 아니라는 점이 문제다. 알아차리지 못하는 사이에 우리가 하고 있는 엄청나게 많은 '기타' 아날로그적인 읽기도 마찬가지다. 광고 전단, 정부의 홍보 자료, 자막, 영상 크레딧, 지침, 설명 등 그 장르도 다양하다.

읽기 통계

이처럼 읽기는 다양한 형태로 이루어지지만 대부분 자료 기록이 없어서 눈에 잘 띄지 않는다. 사람이 평생은커녕 하루에 읽는 텍스트가 얼마나 되는지에 대해서도 믿을 만한 통계가 없다. 21세기 서구 사회에서는 역사상 그 어느 때보다 읽기가 많이 이루어지고 있다고 볼 수 있다. 하지만 일상생활에 텍스트가 범람하는데도, 어쩌면 바로 그 이유에서, 출판산업의 기둥인 독서는 줄어들고 있다. 변화하는 읽기 습관은 독자가 맨 마지막에 위치하는 가치사슬에서 진정 필수적인 행위자인가 하는 문제에까지 관심을 집중시킨다. 안타깝게도 너무도 많은 읽기가 출판산업 이외의 장소에서 이루어지는 변화 속에서 소비자로서의 독자는 더욱더 규정하기 힘든 존재가 되고 있다.

생활시간 조사와 도서관 대출 통계는 책과 잡지, 신문을 읽는 시간이 줄어들고 있음을 보여준다. 2005년부터 2015년까지 미국인이 주말과 연휴에 취미로 즐기는 독서 시간은 22% 줄어들어 하루 평균 21분이고 평일에는 17분이었다. 미국 젊은 세대(15~44세)의 하루 평균 독서 시간은 7~12분으로 나이든 세대보다 책을 덜 읽는다. 예측 가능한 일이지만 같은 기간에 독서 시간은 줄어든 반면 게임과 TV 시청 같은 여가 관련 스크린 사용 시간은 늘어났다(Humanities Indicators 2016). 독일에서는 일주일에 적어도 책을 한 권씩 꾸준하게 읽는 독자의 숫자가 2002년 49%에서 2017년 42%로 줄어들었다. 역시나 이러한 하락세는 교육 수준에 상관없이 젊은 세대(14~29세)와 중장년 세대(30~59세)에서 더욱 두드러졌다(Boersenblatt 2018). 2005년에서 2014년까지 전년도에 도서관을 방문한 적 있는 영국 성인의 비율은 48.2%에서 34.9%로 줄어들었다(영국 문화, 미디어, 스포츠부 2014). 네덜란드에서는 1994년에서 2015년까지 도서관 대출 건수가 1억 8,000만 권에서 8,000만 권 미만으로 급감했다(Centraal Bureau voor de Statistiek, Statline 2017). 한편 '열정적인 독자'(1년에 책을 20권 이상 읽는 사람)의 비율은 2012년과 2016년 사이에 19%에서 12%로 줄어든 반면 (1년에 책을 한 권도 읽지 않는) '비독자'는 11%에서 21%로 증가했다(Stichting Lezen 2016). 이 수치들이 시사하는 암울한 추세는 2017년에 독일 시장조사기관 GfK의 보고로 확인되었다. 전 세계에서 비독자의 비율은 네덜란드와 한국이 가장 높았고 중국은 매일 책을 읽는 독자의 비율이 36%로 가장 높았다(세계 평균 30%. GfK 2017).

네덜란드에서 2018년에 전국적인 규모로 이루어진 생활시간 설문조사 결과도 독서의 감소율이 젊은 세대에서 더 두드러지게 나타난다는 사실을 확인해주었다. 13~19세는 거의 절반, 20~34세는 4분의 3이 비독자로 나타났다(Wennekers et al. 2018: 60, 62). 크게 우려되는 바가 아닐 수 없다. 어느 연구에 따르면 젊은 세대의 독서 감소 현상이 나중에 만회되는 것이 아니라 개인의 평생 동안 이어지기 때문이다(Huysmans 2007: 179−92). 따라서 이것이 전반적인 추세를 보여준다고 생각하지 않을 이유가 없다.

하지만 놀랍게도 아동서는 대부분의 시장에서 좋은 성적을 내고 있다. 해당 연령대에서 독서 활동이 활발하게 이루어진다는 뜻으로 받아들일 수 있을 것이다. 하지만 연구 결과에 따르면 학교의 사회화 노력에도 불구하고 10대 중반 청소년들은 긴 책이 아니라 소셜 미디어 같은 스크린 읽기를 선호하는 경향이 있다(Eyre 2015). 스마트폰과 컴퓨터 탓이라고 보기 쉽지만, 독서량 감소는 그보다 훨씬 전에 시작되었을 것이다. 매우 오래전부터 여가 시간은 책이 아니라 TV 같은 매체에 쓰였다.* 이제는 컴퓨터와 스마트폰이 가장 대중적인 여가 활용 수단이다. 스크린의 경우 작은 화면에서 여러 요소가 우리의 주의를 끌려고 경쟁하며 정신을 산만하게 한다. 알다시피 스크린 읽기는 뇌에 힘든 정보 처리를 요구하지도 않는다. 게임, 인스타그램(비디오와 이미지를 점점 더 선호하는 알고리즘을 갖춘 페이스북도 포함) 같은 이미지 중심의 소셜 네트워크, TED 강연과 드라마, 유튜브 영상 시청이 이에 다 해당된다. 이것들이 모두 정보 검색과 여가를 두고 독서와 직접적인 경쟁을 펼친다. 여가를 위해 텍스트가 아닌 다른 미디어를 찾게 되는

---

* 확실한 자료는 부재하지만 낮은 교육 수준과의 연관성이 나타나는 듯하다.

또다른 이유는 일할 때 스크린을 읽는 시간이 많기 때문일 것이다.

공공도서관은 19세기 후반에 도처에서 설립되었다. 특히 책을 살 형편이 되지 않는 사람들이 책을 널리 이용할 수 있도록 해주는 분명한 역할을 맡았다. 따라서 책 판매 감소보다 훨씬 더 뚜렷한 도서관 대출 감소는 경제적 비용이 읽기 감소의 중요한 요인은 아니라는 뜻이다. 약간 놀라울 수도 있지만 독서 시간이 줄어든 최근, 책 판매량 통계는 생각보다 훨씬 안정적인 모습을 보인다.* 물가상승률을 고려해도 구매와 읽기 행동에 차이가 나타나는데, 구매와 읽기가 꼭 긴밀하게 연결된 것은 아니라는 책의 오랜 역사적 진리가 21세기에도 확인된다.

과연 그 차이는 무엇 때문일까? 연구가 이루어지지는 않았지만 여러 상호 연관적인 요소를 떠올려볼 수 있다. 우선 책은 비교적 저렴한 편이라 구매한 책을 읽지 않는다고 큰일나지 않는다. 한 예로 과거에 비싼 LP판이 어떤 취급을 받았는지 요즘의 소모적인 음악 파일과 비교해보자. 금전 투자가 이루어지지 않은 매체는 그것을 소중히 여기려는 동인이 훨씬 약하다. 현재의 책 가격 수준으로 볼 때, 어떤 책에 실망한 독자는 그 책을 중도에 포기해도 다음 책을 사기까지 오래 고민하지 않는다. 그리고 책은 여전히 선물용으로도 인기가 많다. 책의 상징적 자본은 받는 사람과 주는 사람 모두에게 축적된다. 책 선물은 주는 사람이나 받는 사람 모두에게 독서가 가치 있다는 것을 가정한다. 따라서 책 선물은 상호 지식 혹은 문화적 공감의 신호 역할을 한다. 이것과 관계된 세번째 요인은 읽기가 특정한 사회적 집단에 상징적 자본을 축적해준다는 것이다. 책의 소유권이 독자를

---

* 유럽(29개국) 출판사들의 2016년 총매출은 223억 유로로 도서 시장의 가치가 2015년에 비해 변하지 않았음을 보여준다(유럽출판인재단Federation of European Publishers 2016).

연상시키는 신호라면 그 소유권과 나아가 독자의 존재를 눈에 보이게 하는 것은 인쇄의 특징이다. 오늘날 인쇄의 상징적 자본 효과는 여전히 판매량의 큰 부분을 차지하고 통계에서 나타나는 책 소비 감소의 증거를 약화한다. 팔리는 책 한 권 한 권은 단기적으로 확실한 가치를 상징하더라도 책 산업의 안정에 탄탄한 토대를 제공해주지는 못한다.

통계가 보여주는 사실도 흥미롭지만, 통계를 벗어나 독자와 독자층을 좀더 근본적인 역사적 관점에서 바라봐야 한다. 디지털의 발달은 너무 다양하고 아직 너무 새로워서 수치만으로 쉽게 설명할 수 없다. 장기적인 역사적 맥락에서 바라보는 디지털혁명은 또하나의 구두점(punctuation)이다. 그것은 텍스트와 읽기 기술의 기원을 손글씨로 특징 짓는 '구멍 뚫린 평형(punctuated equilibrium, 종의 진화는 오랫동안 점진적인 변화를 겪다 급격한 변화가 나타난다는 '단속평형이론'-역주)'이다. 디지털혁명의 결과로 정보의 양, 독자의 수, 전파의 속도가 급속하게 증가한다. 활자 인쇄의 발명으로 일어난 일과 똑같다. 물론 독자층이 더 넓어진 것은 반가운 일이지만 이전의 혁명들과 마찬가지로 대가가 따른다. 인쇄가 만든 책 문화가 디지털 텍스트가 만든 읽기 문화로 바뀜으로써 전체적으로 읽는 행위는 증가했지만 정작 독서는 줄어들고 책의 권위도 떨어지기 시작한다는 가혹한 현실 말이다. (기능적 읽기가 아닌) 취미로서의 읽기는 예전보다 많지 않은 듯하다. 결과적으로, 변화하는 수요에 대한 공급자는 이제 전통적인 책과 인쇄 산업이 아니다. 온라인 사용 시간의 대부분을 차지하는 구글과 페이스북 같은 소셜 미디어 등 디지털 대기업과 소수의 인기 플랫폼이다.

이것은 부정할 수 없는 추세인 듯하다. 현대사회에 만연한 스크린이 모든 것을 설명해줄 수는 없겠지만 디지털화가 주요 원인이라는 점을 부정할 수도 없다. 우리의 생활방식이 급격하게 디지털화하고 있으므로 긴 글

(long-form) 읽기가 감소하는 현상도 일시적인 것이 아닐지 모른다. 읽기와 (유료) 독자가 당연시될 수 없는 미래가 되었다는 사실은 분명히 장기적인 영향을 끼칠 것이다. 변화하는 소비 습관은 산업에 영향을 주는 단순한 경제적 문제만이 아니다. 그것은 사회적으로 책의 위치와 읽기에 나타난 근본적인 변화의 일부분이자 그 변화를 반영한다. 자본주의 국가에서는 정부가 책의 쓰기와 생산과 유통을 지원하고 홍보하는 과제와 책임을 계속 유기하고 있어 변화의 영향력을 바로잡을 가능성도 줄어들고 있다. 책 산업은 전혀 익숙하지 않은 종류의 난관에 처했다. 책이 아무런 역할도 할 수 없다는 뜻이 아니라 오히려 필수적인 역할을 해야 한다는 뜻이다. 하지만 그 역할이 무엇인지 알아보기 전에 최근에 쏟아지는 읽기 연구가 이러한 놀라운 문화적 현상에 대해 책 산업에 무엇을 가르쳐주는지 살펴보면 도움이 될 것이다.

읽기 연구가 주는 가르침

다행히 읽기의 장점은 더는 의심받지 않는다. 19세기 후반 몇십 년과 20세기 초반에는 빠르게 증가한 학식 있는 대중 독자들의 읽기 습관이 의구심은 물론이고 혐오의 대상이기까지 했다. 그후로 읽기 기술은 사회에서 제대로 역할을 수행하기 위한 필수 조건이 되었다. '하위 계급'의 사회적 해방이 일어나 그들의 읽기 습관이 우월감에 젖은 이들에게 무시당하는 일도 줄어들었다. 최신 연구에서는 내용에 대한 선입견은 훨씬 줄이고 독서의 장점을 보여주는 데 집중한다.

그렇다면 읽기가 왜 좋을까? 답을 살펴보기 전에 독자들이 여러 측면에서 텍스트에 개입한다는 사실을 알아야 한다. PISA* 테스트는 매우 기술적인 측면의 읽기 능력을 시험한다. 문학 텍스트는 이야기로서의 서사와 작가의 문체와 어휘, 심리적 통찰 등에 따라 다양하게 읽힐 수 있다. 하지만 가장 먼저 짚고 넘어가야 할 점은, 그리고 천년 역사의 문화적 현상이지만 여전히 중요한 사실은, 읽고 쓰는 문해력이 사람의 사고방식을 바꾼다는 것이다. 그러한 변화가 이로운지, 심지어 읽고 쓰기에 의한 사고방식이 그렇지 않은 사고방식보다 우월한지는 중요하지 않다. 문해에 입각한 사고는 그렇지 않은 사고와 다르다는 것이 핵심이다. 무엇보다 문해는 읽고 쓸 줄 아는 인류의 문화적 역사를 정의해온 추상적 사고와 추론 기술을 발달시킨다.

좀더 근래에 여러 흥미로운 상관성을 보여주는 통계 패턴이 공개되었다. 놀랍지 않을 수도 있지만 책을 흔히 볼 수 있는 집에서 자란 아이일수록 학업 성취도가 높다. 이러한 상관성은 세계의 모든 문화권에 해당하며 사회경제적 지위에 영향받지 않는다(Evans et al. 2010). 비슷한 맥락에서 (신문이나 기타 유형의 텍스트를 제외한) 독서는 수명과도 연관 있는 것으로 나타났다(Bavishi et al. 2016). 그 연구의 저자들은 '책 읽기의 장점은 책을 많이 읽을 수 있도록 수명이 늘어난다는 것이다'라고 결론지었다(Bavishi et al. 2016: 44). 최근의 연구는 독서가 개인의 삶에 주는 직접적인 혜택을 경험적으로 보여주는 것에 집중했다. 서로 약간 겹치지만 그 혜택은 세 가지 범주로 나눌 수 있다.

첫째, 읽기는 생각을 넓혀준다. 소설과 비소설 모두 새로운 관점을 보여주어 자신의 믿음과 견해를 돌아보고 상상력과 창의력을 훈련하도록 해준다. 실제로 읽기가 인생을 바꿔준다는 증거 자료가 많다.

---

* 국제학업성취도평가(Programme for International Student Assessment), pisa.oecd.org.

둘째, 읽기는 타인에 대한 이해와 사회적 능력을 기르도록 도와준다. 독자들은 작가의(혹은 작가 페르소나의) 생각과 감정, 바람에 대해 생각해보게 된다. 앞으로 살펴보겠지만 이 효과는 특히 소설에서 강하게 나타난다.

셋째, 읽기는 웰빙을 개선해준다. 읽는 행위 자체로 제공되는 즐거움을 통해 나타나는 직접적인 효과이다. 간접적으로는 삶의 우연적 요소들에 의미와 질서를 만들어주기도 한다. 의미와 질서는 통제감을 높여주고 나아가 어렵거나 부정적인 상황에 대처하는 수단이 되어준다.

이 외에도 읽기가 시간을 유익하게 활용하는 방법인 이유는 있다. 두드러지지는 않지만 그에 못지않게 중요한 독서의 '부수적' 효과도 있다. 비독자 통제집단이 없어서 검증은 어렵지만 읽기는 집중력과 정신력 같은 삶의 필수적인 기술이 나오는 중요한 원천이 된다. 독서는 정신력에 방해되는 것이 아닌 이로운 것에 주의를 집중하도록 가르친다. 일반적으로 읽기가 웰빙에 이로운 이유는 혼자만의 시간이 휴식과 스트레스 감소로 이어지기 때문이다. 읽기는 '비옥한 고독(fertile solitude)'을 통해 독자의 회복력을 높여주고 소셜 미디어에서 마주하는 사회적 압박과 기대에 영향받지 않도록 해준다(Salgaro & Adriaan van der Weel 2017).

독서의 감소에 대하여 일부 평론가들은 중요한 것이 읽기 자체라면 그 어느 때보다 활발하게 이루어지고 있다고 말한다. 종류를 막론한 읽기가 독서를 꾸준히 그리고 능숙하게 하도록 돕는 것은 사실이다. 하지만 숙련된 저자가 쓰지 않은 짧은 텍스트는 집중력이나 정신력, 어휘력에 별로 도움되지 않는다. 길이 자체는 중요하지 않을지 모르지만 긴 형식의 논쟁이나 진지한 소설이 당연히 더 큰 집중력을 요구하고 다양한 어휘가 들어 있을 것이다.

소설 읽기는 전체적인 읽기에서도 따로 구분되는 경우가 많은데 고유한 장점이 있기 때문이다. 소설은 우리 자신의 감정과 관심사를 돌아보게 해준다. 삶의 대안을 생각해보게 해주고 지적 감성과 공감을 발달시킨다. 가능성 있는 행동 시나리오를 제공함으로써 독자가 도덕적 사안을 해결하고 대인관계의 어려움을 타협하게 도와주기도 한다. 문학 소설이 독자에게 끼치는 영향이 대중소설과 어느 정도나 다른지는 아직 확실하지 않지만 당연히 문학 소설을 읽을 때 더 큰 인지 능력이 요구될 것이다. 장르소설은 컴퓨터게임처럼 몰입 효과가 있는 반면, 문학 소설이나 (학술서 같은) 진지한 비소설, 시는 심오한 읽기를 요구한다.

일부 평론가들은 소설 읽기의 장점을 따로 구분할 때 게임이나 드라마, 영화의 스토리텔링이 똑같은 효과를 낸다는 것에 반대한다. 책 홍보가 읽기 습관보다 이야기의 중요성에 맞춰져야 한다는 주장이다. 영화와 드라마, 게임의 인기로 볼 때 그런 마케팅이 독서에 별 도움이 되지 않으며 영화와 드라마, 게임은 독서와 달리 홍보가 별로 필요하지 않다고 반박할 수도 있을 것이다. 하지만 가장 중요한 점은 영화를 볼 때보다 소설을 읽을 때 더 큰 상상력이 자극된다는 것이다. 일반적으로 모든 독서가 그렇다. 독서는 그 어떤 매체보다 적극적인 정신적 개입이 요구되므로 특정 뇌 발달과 사고 기술의 향상에 도움이 된다. 소설을 읽는 행위는 한때 수동적 소비라는 오명을 썼지만 지금은 거의 그렇지 않다. 아직 그런 오명이 남아 있다면 일반적인 읽기에서 장르소설로, 책에서 드라마와 영화로 옮겨갔다. 이것은 사회에서 읽기가 차지하는 부수적인 위치를 보여주므로 흥미롭다.

긴 형식의 읽기는 더 큰 집중력을 요구하고 넓은 범위의 어휘에 노출해주는 것 말고도 장점이 또 있다. 긴 텍스트일수록 복잡하므로 암기와 정보 구성 능력을 키워준다. 텍스트에 담긴 주장을 이해하고 분석하는 능력은 민주주의 사회의 책임감 있는 시민이 되기 위해 중요한 전제 조건이다. 자주 언급되는 사실이지만 스크린에서의 읽기는 텍스트가 더 짧으며 긴 형식의 읽기일수록 종이책으로 이루어진다. 그렇다고 사람들이 스크린에서 책 한 권 분량의 텍스트를 읽지 않는다는 말은 아니다. 그 용도로 가장 적합한 스크린은 전자잉크나 전자종이로 된 전자책 기기 스크린이다. 빛을 반사하는 표면이 종이책을 읽는 것 같은 경험을 제공한다. 하지만 사람들은 대부분 스마트폰, 태블릿, 노트북, 데스크톱 컴퓨터처럼 조명이 안에서 비추는 화면에서 디지털 텍스트를 읽는다. 그리고 소셜 미디어, 이메일, 블로그, 문자, 뉴스, 웹페이지 등은 대부분 길이가 짧다. 많은 사람이 스크린으로 긴 형식의 텍스트를 읽을 때 주의력을 이어가기 어려워한다. 따라서 종이 혹은 화면에서 읽는지, 긴 형식인지 아닌지도 흥미로운 연구 질문이다.

간단하게 답하자면 기질(基質)은 정말로 중요하다. 조금 전에 살펴보았듯 이야기가 이야기가 아닌 것처럼 텍스트는 텍스트가 아니다. 스크린이 읽기 경험에 어떤 영향을 끼치는지, 그 영향이 과연 중대한지가 문제다. 스크린이 독서에 끼치는 영향에 대한 우려는 그 역사가 긴데, 스크린이 깜박거린다는 점—반사와 눈부심, 해상도, 가독성의 문제—에서 종이보다 열등하다는 사실을 지적하는 것에서 우려가 시작되었다. 특히 스크린에 관한 초기의 우려는 지금 보면 약간 순진무구하게 느껴지기까지 한다. 새로운 세대의 스크린 하드웨어는 휴대성과 해상도, 가독성, 조명 등이 20년 전에는 상상조차 하지 못한 수준으로 개선되었다. 좀더 근래에는 새로운 촉각 경험이 연구되고 있다. 촉각 경험의 부재가 종이의 부재처럼 스크린 읽기의 몰입을 방해하는 듯하지만 아직 완전하게 밝혀진 것은 아니다. 지금까지 나온 증거들은 기질의 차이가 읽기 경험에 영향을 끼친다는 것을 일관성 있게 보여주지 못한다. 확정적인 결과가 없는데도 종이에서 스크린으로의 이동과 관련된 모든 문제를 불필요하게 우려하는 경향이 있다. 그러다가는 장점도 단점과 함께 버려버릴지 모른다. 스크린은 좀더 근본적인 측면에서 문제를 보여준다. 온라인 스크린 이용의 기저를 이루는 '인프라'를 살펴보면 다른 그림이 나타난다. 24시간 연결된 스크린의 텍스트 표면 아래로 너무도 자명하지만 말하기 껄끄러운 문제가 숨어 있다.

종이책은 인터넷에 연결되지 않은 기기이므로 접점과 탐색 가능성의 측면에서 매우 단순명료하고도 예측 가능한 특징을 보인다. 반면 하드웨어와 소프트웨어의 탐색 가능성은 기기마다, 운영 시스템마다, 소프트웨어 버전마다 달라진다. 연구에 따르면 비교적 단순한 하이퍼링크도 따라가야 할지 말아야 할지의 의사결정을 제시해 이용자의 주의를 촉구한다. 인지 과부하는 평소 독서를 많이 하지 않는 독자들에게 부정적인 영향을 미친다. 멀티미디어로 아동서를 증강하는 것도 마찬가지다. 즉각적 보상을 제공하는 클릭은 서사를 분명히 뒷받침하지 않으면 이야기를 이해하는 데 집중력을 흩트려놓을 뿐이다. 인지 과부하는 이미 자주 언급되는 경제적 디지털 분열에 더해진다. 따라서 종종 책의 미래라고 언급되는 디지털 증강으로 전자책을 풍성하게 하는 방법은 신중하게 접근되어야만 한다.

또한, 스크린은 자연적으로 유혹의 공간이다. 클릭만으로 새로움과 재미를 약속한다. 언제든 다음 페이지에 더 좋은 것(텍스트, 해상도, 새로운 오락 요소)이 나올 수 있다. 스크린은 지면에 없는 새로움을 계속 약속하지만 그렇기에 지극히 현대적인 불안증인 고립공포감(FOMO, 사람들이 전부 누리는 좋은 것을 나만 놓치는 게 아닐까 하는 두려움-역주) 역시 존재한다. 주의와 집중력이 낭비되기 쉽다. 테이블에 놓인 전원 꺼진 스마트폰만 해도 정신을 산만하게 한다고 밝혀졌다.

앞의 내용을 감안하면 놀라운 일은 아니지만 가장 우려되는 점은 디지털 텍스트가 종이 텍스트보다 독자들에게 진지하게 받아들여지지 않는다는 증거가 상당히 많다는 것이다(Singer & Alexander 2017; Delgado et al. 검토 중 [2018]). 스크린에서 텍스트를 읽을 때는 메타인지적 학습 조절에 개입하려는 의지가 줄어든다는 사실에서도 알 수 있다. 이것은 특히 학습 환경에서 큰 문제가 된다. 확실하지는 않지만 스크린 텍스트의 유동성과 순간성이 주요 원인일 것이다. 주의산만과의 연관성이, 특히 진지하지 않지만 흥미진진한 스크린을 이용할 때 주의가 산만해진다는 것이 또다른 요인으로 보인다. 따라서 혼란스러운 인터넷에서 찾은 모든 정보 조각들을 분석해야 하는 것—누가 쓰고 게시한 정보인지, 개인의 견해인지 사실인지, 신뢰할 수 있는지—은 독자의 더 큰 책임이 되었다. 예를 들어 디지털 플랫폼 페이스북의 사업은 '콘텐츠'(읽기용 포함) 제공이 아니다. 페이스북은 소비자의 관심을 파는 기업이다. 플랫폼에서 보낸 시간을 토대로 이용자 데이터를 수집하는 방법을 이용한다. 따라서 이용자를 최대한 오래 머무르게 하는 것이 필수적이다. 노골적으로 말하자면 정보의 진실성과 품질은 페이스북에 중요하지 않다. 인기(클릭을 유도하는 미끼의 숫자)와 중독('좋아요' 수집처럼 도파민을 생성하는 활동)이 중요하다. 평가와 식별의 필요성이 독자들의 고충을 더한다는 것은 2016년 미국 대선 이후로 인쇄 기반의 전통적인 저널리즘의 인기가 부쩍 되살아난 사실에서 잘 나타난다.

또한, 사람들이 스크린 텍스트에 많은 투자를 하지 않는다는 사실은 '저렴한 연설(cheap speech)' 현상을 등장시켰다. 1995년에 이 현상을 처음 설명한 유진 볼로크(Eugene Volokh)는 디지털매체의 흥미로운 민주화 효과라고 했다. 편집자, 출판사, 서점 같은 중재자에 의해 침묵당하지 않고 누구나 목소리를 낼 수 있다는 것이다. 좀더 최근에는 이러한 '저렴성'에 의도하지 않은 부작용이 따른다는 증거가 계속 발견되었다. 앤드루 킨(Andrew

Keen)이 '아마추어 추종'(Keen 2008)이라고 부른 것부터 가짜 뉴스의 부정적인 정치적 효과까지 다양하다(Hasen 2017).

마지막으로 디지털 텍스트는 유동성과 비영구성이라는 특징이 있다. 잘라 붙이기와 리믹스가 쉽게 이루어지므로 공식 저자나 추정 저자 혹은 소비자의 기준에서도 소유권을 논하기가 어려워진다('구매' 약관에서는 소비자에게 일시적인 접근 권한만 허용한다는 점을 강조하는 경향이 있다). 아직 연구가 이루어지지는 않았지만 텍스트의 일시적인 소장은 학습에 도움이 되지 않을 것이다. 어쨌든 미리 준비하는 지식(암기를 통한 학습)에서 그때그때의 지식(검색으로 찾아보기)으로 변하는 추세를 막을 수 없는 듯하다(Sparrow et al. 2011).

디지털 시대가 초래한 또다른 결과는 디지털 읽기가 다양성을 감소시킨다는 것이다. 인터넷에서 쉽게 접근 가능한 '콘텐츠'가 그 어느 때보다 넘쳐난다는 점에서 모순적이지만 이것은 풍부한 콘텐츠에 접근하는 알고리즘이라는 수단이 가져온 결과다. 알고리즘은 대부분 상업적 목적을 만족시키기 위하여 고안되었다. 한 예로 구글의 검색 결과는 개인이 이전에 찾아본 관심사나 타인의 관심사로 평가되는 '인기'에 따라 상위에 노출된다. 마찬가지로 아마존의 추천은 판매 연결이 목적이므로 판매 수치를 토대로 가장 인기 있는 책들을 선호할 것이다. 이미 2008년에 영국의 경제학자 윌 페이지(Will Page)와 앤드루 버드(Andrew Bud)는 음악의 경우 판매 가능한 1,300만 곡의 '노래' 가운데 무려 1,000만 곡이 한 번도 다운로드된 적 없으며 (1%의 10분의 4인) 불과 5만 2,000곡이 전체 수익의 80%를 차지했다는 사실을 발견했다(Page & Garland 2009). 롱테일(long tail, 대중적인 주류 상품을 밀어내고 시장점유율을 높여가는, 다품종으로 소량 생산된 비주류 상품-역주)은 적극적으로 찾으려는 사람들에게만 발견된다. 학문 연구를 위한 읽기도

132

이런 협소화의 영향에서 자유롭지 않은 것으로 밝혀졌다. 일반적인 생각과 달리 '학술지의 온라인화가 커질수록 주로 최신 논문만 참조되어 오히려 전체적으로 인용되는 학술지와 논문의 숫자는 줄어들고 그 출처도 좁아졌다'(Evans 2008).

이처럼 종이와 스크린의 인프라 차이가 읽기에 끼치는 영향은 사회 전반에 매우 다양하게 분산되어 작용하다보니 측정하기가 쉽지 않다. 우리가 의식적으로 신중하게 어떤 목적(일시적인 현실도피, 삶에 대한 숙고, 새로운 학습 등)을 위해 텍스트에 개입하는 개인으로서, 효율적인 의사소통 수단이 필요한 복잡한 사회로서, 읽기에서 무엇을 기대하는지도 정의가 필요하다. 읽기 연구에는 많은 변수가 따른다. 계속 변화하는 시대와 디지털 경험이 대표적이다. 그래서 미래를 추측하는 것이 특히나 위험하다. 하지만 장기적으로 디지털 텍스트의 도입이 가져올 결과가 약 600년 전에 이루어진 인쇄술의 발명을 능가하리라는 것은 의심할 수 없는 사실이다. 약 6,000년 전에 문자의 발명이 인류의 문명에 끼친 변혁적인 결과와 비슷할 것이다.

독자층 개발

스크린 읽기는 출판산업에 분명한 난관을 안겨준다. 지금도 그렇지만 출판산업은 언제나 야누스 같은 면이 있었다. (보통 장기적인) 문화적 고려사항과 (보통 단기적인) 경제적 과제가 우위를 두고 다툰다. 디지털 변화의 구조적 본질로 볼 때, 읽기 패턴의 급속한 변화에 대한 업계의 반응에서 양쪽의 과제를 조화롭게 하는 것이 난제로 떠오를 것이다. 대체로 이익 주도적인 산업에서 자연스럽고도 바람직한 일이듯, 당연히 경제적 고려사항에 가장 먼저 관심이 쏠린다. 창조적인 문화 산업에 따르는 사회적 책임감이 좀더 의식적으로 함양될 필요가 있다. 젊은 독자층이 윗세대보다 독서를 덜 한다면 어떻게 새로운 독자를 키울 수 있을까? 특히 책 산업은 종이책과 전자책에서 긴 형식의 읽기가 줄어드는 현상을 어떻게 막을 수 있을까?

빠른 변화와 책의 부수적인 사회적 지위로 볼 때 읽기와 독자를 기존보다 훨씬 더 역동적인 현상으로 대하는 것이 옳다. 독자를 인구 통계적으로 별개의 시장(표적 집단 포함)으로 생각하는 것과 더불어 일생에 걸친 독자의 발달 단계를 긴밀하게 연구하는 것도 필수적이다. 많은 독자가 읽기를 등한시하게 되는 청소년기와 교육이 독서의 사회화에서 수행하는 중요한 역할을 집중적으로 살펴봐야 한다.

미래의 독자층을 육성하는 새로운 책임은 공동으로 짊어져야만 한다. 여러 국가에서 이미 정부와 업계가 함께 독서를 장려하고 있다. 하지만 읽기 패턴에 막대한 변화가 일어난 만큼 (긴 형식의) 독서 시장을 성장시킬 뿐 아니라 그런 시장이 번영할 수 있는 문화를 장려하는 폭넓은 전략이 필요하다. 특히 일반 출판은 책 생산의 가속화로 점점 공급 주도적으로 변하고 있다. 제목과 저자, 캐릭터, 시리즈, 출판사명에 집중하는 기존의 책 마케팅으로는 다른 출판사들과 직접적으로 경쟁할 수밖에 없다. 더욱 치열해진 출판사 간의 경쟁은 독서를 공동의 관심사로 홍보하는 마케팅에 쏟는 자원과 달리 낭비에 불과하다.

책값이 비교적 저렴하므로 독서 마케팅은 소비자의 지출을 두고 이루어지는 경쟁이 아니라 관심과 시간이라는 희소성을 두고 이루어지는 경쟁이다. 그러한 마케팅이 효과적이려면 특히 미디어 사용 시간 및 습관과 구매 활동, 독서의(혹은 비독서의) 행동 동기, 책의 위상에 대한 이미지, 취미와 오락과 정보 같은 다양한 목적의 읽기에 대한 인구 통계적 연구가 이루어져야 한다. 책 산업은 담배 산업과 다를 바 없는 중독 산업으로 변모한 실리콘밸리와 비교되지 않을지도 모른다. 하지만 데이터가 앞으로 전략적 사고에 더욱더 중요한 역할을 해야 하며 이는 아마존 같은 거인을 제외하고는 오로지 협동 시나리오를 통해서만 가능하다.

책 구매가 아닌 읽기의 문화적 중요성에 주안점을 둔다면 다른 업계의 자원도 활용할 수 있을 것이다. 가장 대표적인 기존의 파트너십은 (책 산업과 독립적으로 운영되는) 독서 홍보 에이전시와 도서관이다. 도서관과의 파트너십은 도서관 이용자가 꼭 구매자는 아니라는 점에서 전통적으로 모호함이 있었다. 대여는 자연히 판매의 경쟁으로 여겨지므로 출판계와 도서관의 협력은 적극적으로 이루어지지 않았다. 하지만 독서 홍보를 공동의 목표로 삼아 집중한다면 미묘하지만 생산적인 관점의 변화가 이루어질 수 있다.

도서관보다는 덜 두드러지지만 건강과 민주주의, 책임감 있는 시민의식 등의 사안을 홍보하는 다양한 단체들과의 파트너십도 시험적인 조사가 이루어지고 있다. 이상하게 그동안 방치되었지만 필수적인 파트너는 바로 교육 분야이다. 독서의 부수적인 본질로 볼 때 교육은 (단순한 읽기가 아닌) 책 문화의 육성에 원천적 역할을 한다. 특히 학교가 중요하다. 어린 독자들의 사회화를 위한 권위적인 수단이기 때문이다. 하지만 청소년 독자의 이탈이 많다는 점에서 현재 학교와의 파트너십을 평가하는 것은 역효과를 낳을 수도 있다. 부모의 모범도 도움이 될 수 있지만 영향력을 가지기가 훨씬 힘들다. 학생들은 싫든 좋든 독자이다. 현재 디지털 학습 환경을 우후죽순처럼 늘어나게 하는 추진력이 기술 산업에서 나오는 것처럼 보이는 점은 책 산업뿐만 아니라 모두가 우려해야 할 문제이다. 기술 산업은 교육 정책 입안자들 사이에 널리 퍼진 '뒤처질지 모른다'는 두려움을 교묘하게 활용함으로써 기술이 학습에 도움이 되는지, 된다 해도 그 증거가 충분하지 않다는 사실을 용케 감추고 있다(Selwyn 2016). 앞에서 살펴본 것처럼 오히려 증거는 정반대 방향을 가리킨다. 학교에서의 책 사용이 줄어들면서 독서 사회화의 중요한 두 가지 원천 중 하나가 사라질 위험에 처했다. 이것은 우려해야 할 문제다.

최근 젊은 독자들이 온라인 군중에서 멀어지는 희망적인 추세가 나타났는데 책 산업도 발 빠르게 이를 지지하고 있다. 아직 뭐라 말하기는 이르지만, 읽기가 새로운 사회적 유행을 선도하는 행동 양식에 스며드는 폭넓은 운동이 일어날지도 모른다. 출판 분야의 젊고 역동적인 스타트업들은 이미 그 추세에 부응하기 시작했다. 언뜻 보기에 놀랍지만 그들은 디지털 지식층(digerati)이 '구식'이라고 치부하는 물질성을 강조한다. 마음 챙김과 자기계발의 시대에 읽기가 '자아의 기술(technology of the self)'로 (재)발견되고 있다. 온라인 사용은 단기적인 쾌락이라는 덧없는 보상만 주고 그 효과가 사라지고 나면 피로와 공허함만 남을 뿐이므로 시간 낭비에 불과하다는 인식이 커지고 있는 듯하다. 따라서 스크린과 온라인이 주는 값싸고 해로운 쾌락에 중독된 사람들에게 오프라인 독서를 해독제로 홍보할 수 있다. 쉽지 않고 음미하면서 읽어야 하는 책을 포함해 사유적인 '느리게 읽기'는 시장의 의외의 빈틈인지도 모른다.

따라서 다음과 같은 종이책의 차별점(unique selling points, USP)이 좀더 강조되어야 한다. 오프라인이고(방해 요소가 없으니 집중을 돕는다) 소유할 수 있으며(지적 콘텐츠를 내 것으로 만들기 위해 주석을 달 수 있다) 인지적, 정서적으로 의미 있는 기억의 물리적 기록으로 보관할 수 있으며 디지털 저작권 관리(DRM)와 달리 공유(대여)가 가능하고 형태를 갖춘 사람처럼 촉각 욕구를 충족해주고 미학과 무게, 가시성이 있어 상징적 자본을 나타낸다. 아직 거의 연구가 이루어지지 않았지만 종이책의 또다른 USP는 구매뿐 아니라 생산에 진지한 투자가 따르므로 구매 가치가 있다는 점에서 비롯되는 가치 인식이다(Van der Weel 2018). 편리성과 유용성, 일회용성을 원한다면 디지털 텍스트가 있다. 상징적 가치와 소유권, 감정을 원한다면 종이책이 있다. 이처럼 책 산업의 범위는 매우 넓으며 사람들은 오로지 종이책에만 높은 비용을 지불할 준비가 되어 있다. 반대로 전자책의 전형인 편리성과 유용성에 대한 소비자 수요는 쉽게 수익화할 수 있는 가치를 더해줄 기회가 별로 없다.

책 마케팅이 아닌 독서 마케팅을 위해 협업하려면 출판사들이 자사의 전략을 다시 돌아볼 필요도 있다. 출판사와 서점은 읽기와 책 커뮤니티를 연결하는 문화 중재자로 읽기의 사회적 역할을 강조하는 값진 역할을 수행할 수 있다. 계속 큐레이션 서비스에 중점을 둔다면 특히 새로운 독자들에게 환영받고 유용할 것이다.

문화적 고려 vs 경제적 과제

책 산업의 미래에는 건강한 문화적 토대는 물론이고 건강한 경제적 토대도 필요하다. 그렇다면 전자책(e-reading)과 전자상거래(e-commerce)의 전체적인 경제적 문제라는 주제로 이어진다. 여기에서 중요한 요인은 바로 E(전자)의 가치다. 전자책은 일회성의 특징을 지닌 문고본(mass market paperback)의 가장 대중적인 대체물이었다. 전자책의 가격이 종이책보다 확실하게 낮다는 사실로 볼 때 전자책 홍보는 단기적으로 매출과 어쩌면 이윤의 감소로도 이어질 것이다. 5유로짜리 칙릿이나 자가출판된 1유로짜리 전자 소설책을 읽는 사람은(무료 소설은 생각하지 말자) 전자책이든 종이책이든 더 비싼 책에 쏟을 수도 있는 관심과 소중한 독서 시간을 거기에 대신 쓰고 있다는 것이다.

훨씬 더 중요한 것은 소비자가 P(인쇄) 상품보다 E(전자) 서비스에 대한 가치를 낮게 인식하므로 장기적으로는 책과 글쓰기 전체의 인식 가치도 낮아질지 모른다는 점이다. 디지털 책과 디지털 독서의 가시성이 사회 전체의 잠재적 독자들에게 낮게 인식된다는 것도 또다른 요인이다. 독서를 마케팅하고 '브랜딩' 하려면 독서가 눈에 잘 띄어야 한다. 독서의 가시성, 즉 책 읽는 모습을 보인다는 것은 (현대에도 여전히) 교양 있는 사람이라는 인식을 대신한다. 하지만 스크린에서의 읽기 행위는 교양 있는 모습으로 인식되지 않는다. 또한, 책 판매가 대거 온라인으로 옮겨감에 따라 서점들이 중심가에서 살아남기가 더 어려워졌을 뿐만 아니라 전반적으로 책과 독서의 존재감이 줄어들어 사회의 자연스러운 일부분이 아니게 되었다.

일각에서는 전자책 읽기가 더욱 굳건히 자리매김하려면 디지털 형식의 고유한 '진짜' 강점을 발달시켜야 하는데, 그 강점이 아직 발견되지 않았다고 주장한다. 몇 해 전에는 게임화를 비롯한 추가적인 형식이 출판이 나아갈 방향에 관한 담론을 장악했다. 하지만 텍스트를 그렇게 다루려면 막대한 투자가 필요하므로 상업적으로 큰 성공을 거두어야만 투자 가치가 있다. 게다가 독자들은 추가적인 형식을 읽기 과정의 매력이 아닌 방해물로 인식하며 필요로 하지 않는 듯하다. 문학이 자연스럽게 하이퍼텍스트소설로 진화하리라는 예측은 현실로 이루어지지 않았다(Mangen & Van der Weel 2017). 책의 증강이 독자의 실질적인 요구에 대한 답이라고 생각할 이유가 무엇인가? 물론 증강의 자리가 없다는 말은 아니다. 증강 작업이 이루어진 책은 읽기 위한 텍스트와 구별되는 매체로 인식되는 게임이나 영화처럼 재매개(remediation)에 더 가까울 것이다.

책 산업이 '콘텐츠 산업'의 일부로 건재하기 위해 멀티미디어성

(multimediality)을 피할 필요는 없다. 비록 엄밀하게 말하면 읽기라고 볼 수 없지만 오디오북이 긍정적인 성과를 올리고 있다. 일반적으로 서점들은 (형식이 계속 존재하는 한) DVD를 포함한 여러 오락 매체를 취급한다. 특히 대형 다국적 출판 기업들은 미디어와 책이 한데 합쳐지는 추세에 진즉 합류했다. 하지만 이것은 출판업계가 마주한 문제를 두드러지게 할 뿐이다. 업계와 시장이 어떤 모습의 정체성을 홍보해야 하느냐의 문제이다. 텍스트 읽기 경험인가, 미디어 산업인가? 파괴적인 혁신 이론이 시사하듯, 책 산업은 낯선 영역에서의 경쟁에 고전하고 산업을 지탱해주는 충실한 독자층을 잃게 될 수도 있다. 또한, 책 산업이 콘텐츠 산업으로 진화할수록 장기적으로 책 읽기 문화에 큰 영향력을 발휘하기도 어려워진다.

단순한 수치와 통계는 디지털혁명이 일으키는 파괴와 문제를 충분히 다룰 수 없다. 이제 독자와 (잠재적) 구매자를 동일시하는 것만으로는 부족하다. 현재의 변화 속에서는 읽기 문화에 관심을 기울이는 것만으로 충분하지 않다. 출판산업과 사회 전체가 책 문화 안에서 독서 함양을 목표로 삼아야 한다. 읽기는 인류의 문화만큼 불안정하지만 늘 그러하듯 우리는 분명히 새로운 현실에 적응할 것이다. 하지만 우리는 책 문화와 그 여러 측면의 보존 가치를 알아야 한다. 그중에서도 특히 종이로 된 긴 형식의 텍스트를 읽는 것에 어떤 장점이 있는지 알아야 한다. 다른 매체들은 오래전에 거의 완전히 디지털화가 이루어졌지만 종이책은 살아남았다. 책이 디지털 텍스트의 분절화와 얄팍한 소비에 대한 바람직한 균형추로 여겨지기 시작하고 있으며 디지털 세상에서 성장한 학생과 아이들마저도 확실히 종이책을 선호한다는 점은 모두 보존할 가치가 있는 책 문화의 측면이다 (Baron 2015: ch. 4).[*]

양면성을 가진 책 산업은 경제적인 관점뿐만 아니라 문화적 측면까지 진지하게 고려함으로써 중재자의 역할을 계속해나가는 방법을 고민해야 한다. 독자를 유지하고 생성하는 공동의 책임은 책 산업에 주어진 새롭고 낯선 역할이다. 여기에는 기존의 독서 홍보가 향한 초점을 넘어선 협동이 필요하다. 적극적인 로비 활동까지는 아니더라도 거리에서, 특히 상점과 서점, 또한 학교에서 책의 존재와 독서를 지속시키는 읽기 문화가 발달할 수 있도록 강력한 지원이 필요하다. 다행히 책 산업의 이해관계는 사회 전반의 이해관계와 일치한다. 읽기 연구에서 증명되듯 읽기의 디지털화를 그냥 방치하는 것은 사회를 위한 최선이 아니며 장기적으로 책 산업에도 가장 이로운 정책이 아닐 것이다.

참고문헌

Baron, N. (2015). *Words Onscreen: The Fate of Reading in a Digital World*, New York: Oxford University Press.

Bavishi, A., Martin D. Slade, and Becca R. Levy (2016). 'A chapter a day: Association of book reading with longevity', *Social Science & Medicine*, 164, p. 44.

Boersenblatt (2018). 'Der Buchmarkt verliert vor allem jüngere Käufer'. https://www.boersenblatt.net/artikel-studie_des_boersenvereins.1422566.html

Centraal Bureau voor de Statistiek, Statline (2017) 'Openbare bibliotheken'. http://statline.cbs.nl/Statweb/publication/?DM=SLNL&PA=70763NED&D1=20&D2=13-19&VW=T

Chartier, R. (1994). *The Order of Books: Readers, Authors, and Libraries in Europe between the Fourteenth and Eighteenth Centuries*, Stanford, CA: Stanford University

---

* '아동 약 3분의 2(65%. 2012년 60%보다 증가)가 전자책이 있어도 항상 종이책을 선택할 것'이라고 응답한 스콜라스틱의 연구 결과 참고(Scholastic 2015).

Press.

Delgado, P., C. Vargas, R. Ackerman, and L. Salmeron (2018). 'Don't throw away your printed books: A meta-analysis on the effects of reading media on reading comprehension', *Educational Research Review*, 25, pp. 23–38, https://doi.org/10.1016/j.edurev.2018.09.003

Department for Culture, Media and Sport (2014). 'Taking Part 2014/15: Quarter 1'. https://www.gov.uk/government/uploads/system/uploads/attachment_data/file/360011/Taking_Part_2014_15_Quarter_1_Report.doc

Evans, J. A. (2008). 'Electronic Publication and the Narrowing of Science and Scholarship', *Science*, 321(5887), p. 395. DOI: 10.1126/science.1150473

Evans, M. D. R., Jonathan Kelley, Joanna Sikora, and Donald J. Treiman (2010). 'Family Scholarly Culture and Educational Success: Books and Schooling in 27 Nations', *Research in Social Stratification and Mobility*, 28, p. 171. doi:10.1016/j.rssm.2010.01.002

Eyre, C. (2015). 'Nielsen highlights mid-teens reading dip'. https://www.thebookseller.com/news/nielsen-says-18-25s-more-likely-read-young-teens-314777

Federation of European Publishers (2016). 'European Book Publishing Statistics'. https://www.fep-fee.eu/European-Book-Publishing-922

GfK (2017). 'Frequency of reading books'. http://www.gfk.com/global-studies/global-studiesfrequency-of-reading-books/

Hasen, R. L. (2017). 'Cheap Speech and What It Has Done (to American Democracy)'. https://papers.ssrn.com/sol3/papers.cfm?abstract_id=3017598

Humanities Indicators (American Academy of Arts & Sciences) (2016). 'Time Spent Reading'. https://www.humanitiesindicators.org/content/indicatorDocaspx?i=11094

Huysmans, F. (2007). 'De openbare bibliotheek in Nederland en de veranderende leescultuursinds 1975', *Jaarboek voor Nederlandse Boekgeschiedenis*, 14, p. 179.

Keen, A. (2008). *The Cult of the Amateur: How Blogs, MySpace, YouTube and the Rest of Today's User Generated Media Are Killing Our Culture and Economy*, London: Nicholas Brealey Publishing.

Mangen, A. and Adriaan van der Weel (2017). 'Why don't we read hypertext novels?', *Convergence: The International Journal of Research into New Media Technologies*, 23(2), pp. 166–81. DOI: 10.1177/1354856515586042

Page, W. and E. Garland (2009). 'The long tail of P2P', *Economic Insight*, 14. https://www.prsformusic.com/-/media/files/prs-for-music/research/economic-insight-14-the-long-tailof-p2p.ashx?la=en&hash=E60A0106A1890DF49C6D103766BF354C37069133

Salgaro, M. and Adriaan van der Weel (2017). 'How Reading Fiction Can Help You Improve Yourself and Your Relationship to Others', *The Conversation*, 19 December. https://theconversation.com/how-reading-fiction-can-help-you-improve-yourself-and-yourrelationship-to-others-88830

Scholastic (2015). *Kids & Family Reading Report*, 5th edition. http://www.scholastic.com/readingreport/Scholastic-KidsAndFamilyReadingReport-5thEdition.pdf?v=100

Selwyn, N. (2016). *Is Technology Good for Education?*, Cambridge: Polity.

Singer, L. M. and P. A. Alexander (2017). 'Reading on Paper and Digitally: What the Past Decades of Empirical Research Reveal', *Review of Educational Research*, 87(6), p. 1007. DOI: 10.3102/0034654317722961

Sparrow, B., J. Liu, and D. M. Wegner (2011). 'Google Effects on Memory: Cognitive Consequences of Having Information at Our Fingertips', *Science*, 333, p. 776. DOI: 10.1126/science.1207745

Stichting Lezen (2016). *Leesmonitor*. https://www.leesmonitor.nu/nl/leestijd

Van der Weel, Adriaan (2011). Changing Our Textual Minds: Towards a Digital Order of Knowledge. Manchester: Manchester University Press.

Van der Weel, Adriaan (2018). 'The Persistent Predilection for Paper', TXT 2018.

Wennekers, A., Frank Huysmans, and Jos de Haan (2018). *Lees: Tijd: Lezen in Nederland*, The Hague: Sociaal en Cultureel Planbureau. https://www.scp.nl/Publicaties/Alle_publicaties/Publicaties_2018/Lees_Tijd

5장

저작권과 출판
디지털 환경에서의 공생

미라 T. 순다라 라잔(Mira T. Sundara Rajan)

서론

저작권과 출판은 마치 부모와 자녀처럼 서로 긴밀하게 연결된 관계이다. 출판은 저작권 없이 존재할 수 없으며 기본적으로 저작권에 의존해 가동된다. 저작권은 현대 출판을 구축한 토대라고 해도 과언이 아닐 것이다.

매우 거창하게 들리지만 꼭 필요하고 중요한 주장이기도 하다. 알다시피 지금 저작권은 과도기에 놓여 있다. 저작권과 출판의 긴밀한 관계를 고려할 때, 현대 저작권은 출판에 매우 근본적이고도 막대한 영향을 끼친다. 좋든 싫든 현대 디지털 환경에서 현대 저작권법의 변화에 따라 출판의 미래가 형성될 것이다.

저작권은 원본을 '복제할 권리'라고 매우 단순하지만 놀랍도록 정확하게 정의할 수 있다. 저작권은 저자와 출판사의 관계를 통제한다. 출판사가 출판 관련 행위를 진행하려면 저자, 즉 원칙적으로 작품의 최초 저작권자인 저자로부터 저작권을 얻어야 한다. 저자는 저작 재산권을 출판인에게 완전히 양도하거나 부분적 혹은 전체적인 사용을 허가할 수 있다. 후자의 경우 출판에 관한 자세한 합의는 계약에 따른다.* 출판사가 작품에 대한 권리를 행사하려면 저작권 취급에 대한 합의가 먼저 이루어져야 한다. 출판사는 오로지 저작권에 의해서만 행동할 권리를 부여받는다.

현대의 저작권법은 지난 300년 동안의 저작권법 상황과는 근본적으로 다른, 매우 복잡한 환경에서 작동한다. 특히 디지털 기술은 저작권법의 토대를 이루는 개념들을 반박한다. 작품이 디지털화되어 무한한 복제와 완전한 수정, 공개적 사용이 쉬워지는 순간, '복제 권리'는 무엇을 뜻하는 가? '복제'라는 단어 자체의 개념과 마찬가지로 저자권과 원본성, 출판, 사용 등 현대 저작권법의 기반에 대한 정교한 이해를 이루었던 것들이 이제 예전의 의미를 잃어버렸다. 저작권의 존재 자체가 위협을 받고 있다.

저작권과 출판의 공생 관계로 볼 때 현대 저작권법의 변화가 출판에 막대한 영향을 주리라는 것에는 의심의 여지가 없을 것이다. 급격하고 역동적인 진화 속에서 저작권법이 마주한 주요 난제는 무엇이고 그것은 우리가 알고 있는 출판의 현재와 미래에 무엇을 의미하는가? 이 장에서는 현대 저작권법의 가장 흥미롭고 불안한 발달 현황을 살펴보고 출판에 어떤 영향을 끼칠지 다양한 결론을 끌어낼 것이다.

---

* 고용된 상태에서 만들어진 작품에 대해서는 절차에 따라 법칙이 명시되어야 한다. 현대 저작권법에서는 저자가 고용 상태일 경우 그의 저작권법에 따른 특권이 고용주의 권리로 대체되어 고용주가 작품의 저자가 될 수 있다. 이론상 고용이라는 중요하지만 예외적인 관계에서는 소유권의 이전이 저작권법의 직접적인 작동으로 완수되어 옳든 그르든 소유권이 직접 고용주에게 옮겨간다. 출판사는 작품의 사용을 위해 작품의 소유자, 즉 창작자의 고용주와 협상해야 한다. 그 거래는 역시 더 넓은 범위의 저작권법에 따라 통제된다.

저작권: 한눈에 살펴보는 역사

기본적으로 저작권은 저자와 출판사 모두의 권리를 보호하고자 한다. 저자는 작품의 출판과 출판 관련 권리를 가진다. 출판사는 작품을 대중에게 알리는 문제를 제어할 권리를 저자로부터 얻는다. 그러면 저작권법이 적용되어 작품의 배포에 관한 출판사의 독점적인 권리를 그 누구도 침해할 수 없다.

하지만 이 권리는 절대적이지 않다. 저작권법은 공공정책의 중요한 목표를 촉진하기 위해 균형을 이루려 한다. 문화를 지속하는 실질적 자양분을 제공해 문화 창조를 지지하고 장려하는 것이 저작권의 목적이다.* 그와 동시에 상업화를 장려함으로써 작품의 대중적 보급을 촉진하는 것이다. 공공정책과 관련된 이 두 가지 목표가 적절한 균형을 이룰 때 저작권법은 교육과 문화 발달, 사회 개선이라는 값진 목표를 옹호한다. 예를 들어 미국 헌법의 유명한 '저작권 항목'에서는 저작권의 목적을 '과학과 유익한 예술의 진보'라고 분명히 명시한다.**

따라서 저작권법은 세 가지 중요한 기능을 수행한다. 첫째, 지적 창작물에 대한 권리를 설정하고 그 과정의 일부로 작품의 창작자인 저자에게 권리를 부여한다. 둘째, 앞에서 말한 것처럼 저작권은 작품의 배포를 책임지는 개인 및 단체인 출판사와 저자의 관계에 관한 기본적인 조건을 정의한다. 셋째, 저작권은 권리 보유자와 대중의 이해관계가 균형을 이루도록

---

* 저작권법에서 말하는 저작권의 목적 가운데 하나는 창의성의 '장려'이다. 하지만 저작권이 창작자인 저자에게 경제적 지원 수단을 마련해줌으로써 문화를 지원하는 역할을 한다는 점에 집중하는 것이 논란의 여지가 훨씬 적다.

** https://fairuse.stanford.edu/law/us-constitution/ 참조.

한다. 이 세 가지 가운데 마지막 역할은 디지털 시대에 큰 갈등을 일으키는 원인이 된다. 저자와 출판사의 관계를 비롯해 저작권에 의해 보호되는 다른 관계들도 정도의 차이는 있지만 모두 삐걱거리고 있다.

현대 저작권법이 도입된 이후로 출판 문제에 개입하는 세 당사자인 저자와 출판사, 대중의 역할을 살펴볼 필요가 있다. 흥미롭게도 저자는 출판 영역에 비교적 늦게 추가되었지만 전체적인 시스템을 잡아주는 닻 역할을 하게 되었다. 1710년 최초의 근대 저작권법인 앤여왕법이 만들어진 후로 저작권은 저자의 역할에 집중되어왔다. 그 법은 영국의 기존 출판 구조를 허물고 혁명적인 출판 환경이 마련되는 계기를 제공했다. 앤여왕법이 가져온 혁신은 엄청났지만 놀라울 정도로 단순하기도 했다. 서양 역사상 최초로 저자가 자신의 출판되지 않은 작품을 소유하게 된 것이다. 자신이 창작한 것이라는 이유로 그러했다. 그후 출판사와 협상을 거쳐 출판하느냐 마느냐는 저자의 선택에 달려 있었다.

오늘날의 관점에서는 그다지 급진적인 변화로 보이지 않을지도 모른다. 하지만 앤여왕법 이전에는 출판에 엄청난 제약이 따랐고 거의 전적으로 정부가 검열의 특권을 행사했다는 사실을 기억해야 한다. 군주는 인쇄의 '특권'을 지닌 사람에게 독점적인 출판권을 주는 왕립 헌장에 따라 출판을 긴밀하게 통제했다.* 출판인들은 인쇄출판동업조합(Stationers' Company) 그리고 특히 서점업자연합(Conger)으로 알려진 매우 긴밀하고 강력한 집단이

---

* 이 역사는 라이먼 레이 패터슨(Lyman Ray Patterson)의 선구적인 작업 『역사적인 관점에서 보는 저작권Copyright in Historical Perspective』 등 저작권에 관심 있는 학자들에 의해 통찰력 있게 탐구되었다. 패터슨은 다음과 같이 말했다. '1710년에 저작권은 작품에 대한 출판인의 독점적 출판권이었고 문학의 저작권 침해를 막는 기능을 했다. 1774년에 이르러 저작권은 저자의 권리가 되었고 여전히 배타적인 출판 권리를 보호해주는 기능이었다.' (1968, p. 151)

었다.* 그들은 자신들의 특권이 희생되지 않도록 반세기 이상 교활하고 잔인한 법적 다툼을 벌였다. 그 투쟁은 앤여왕법의 해석에 심오한 방식으로 큰 영향을 끼쳤다.**

하지만 인쇄출판동업조합은 역사의 흐름과 싸우고 있었다. 저자성에 초점을 맞춘 앤여왕법의 도입은 막대한 사회적 압박의 결과였고 이전 세기 내내 쌓인 역사적 요인을 반영했다. 이러한 파도를 타고 밀턴과 로크 같은 작가와 사상가들이 앤여왕법을 지지했다. 그들은 창작 행위를 토대로 언론의 자유와 개인의 저자권을 유창한 말로 옹호했다.*** 저자에게 개인적인 권리를 부여하는 것이 앤여왕법의 결정적인 요소였고 오늘날까지도 저작권법에 영향을 미친다. 그러나 현대에 이르러 저작권에 따라 저자성을 정식으로 인정하는 것은 퇴색되었다고 할 수 있다. 출판사들이 저작권의 운용으로 얻은 힘과 저작권자가 행사하는 영향력이 너무 지나치고 대중의 이해에 반한다는 일반적 인식이 커져가면서 가져온 논란 때문이다.

디지털 시대의 저작권: 패러다임의 변화

디지털 환경에서 기술 발달로 가능해진 일들은 저작권에 새로운 난제를 가져왔다. 접근성에 변화가 일어나고 그에 따라 저자성의 작품 가치에 대한 대중의 인식도 크게 바뀐 탓이다. 저작권에 일어난 이러한 변화는 확

---

* Patterson (1968, pp. 151 – 52).

** 유명한 사례는 밀러 대 테일러(1769) 4 Burr. 2303, 98 Eng. Rep. 201, 5년 후에 일어난 도널드슨 대 베킷(1774) 2 Brown's Parl. Cases 129, 1 Eng. Rep. 837.

*** 언론출판의 자유에 관한 밀턴의 유명한 논쟁 『아레오파지티카Areopagitica』 참고.
https://www. dartmouth.edu/~milton/reading_room/areopagitica/text.html

실히 장기적으로 패러다임을 바꾸는 요인으로 작용할 것이다. 이제 가장 흥미진진한 발달 현황을 살펴보고 그 영향을 출판의 관점에서 짚어 보자.

저자성과 원본성

출판사가 작품을 출판하려면 저자와 협상을 해야 한다. 그러나 기술 발달로 저자성의 본질에 여러 측면의 변화가 나타났고 결과적으로 소유권과 통제가 모호해졌다. 이 문제는 다음의 세 가지 현상으로 나눌 수 있다. 창작에의 새로운 기술 방식 활용, 기술을 통한 작품의 자동적인 배포 수단, 저자성의 민주화이다.

새 작품

저마다 정도는 다르지만 창작물은 언제나 이전의 작품들을 이용해 탄생했다. 영감의 측면에서도 그렇지만 특히 문학과 음악 작품은 실제로 이전 작품을 노골적으로 인용하고 발췌한다.* T. S. 엘리엇(T. S. Eliot)은 1919년에 발표한 에세이 「전통과 개인의 재능Tradition and the Individual Talent」에서 이러한 기존 문학의 동화 과정, 새로운 창작물을 뒷받침해주는 기존 문학의 신비한 연금술을 훌륭하게 파헤쳤다.**

그러나 디지털 기술 환경은 우리와 문화의 관계를 바꿔놓았다. 이제 우리는 기억, 시각, 꿈이 아니라 (그에 더해서) 데이터를 통하여 완전히 새로운

---

* 클래식 음악의 보기는 무수히 많다. 한 예로 로베르트 슈만은 피아노 환상곡 〈OP.17〉에서 베토벤의 노래를 '인용'한다.
** Eliot (1964, p. 3).

문화와 전통을 가진 세계를 활용할 수 있게 되었다. '눈에 보이지 않는 시의 날개'라는 시인 존 키츠의 표현에 담긴 의미도 그것이리라. 장기적으로 볼 때 정보가 매우 풍부한 환경에서는 전통적인 방식의 창조성이 다시 강조될 가능성이 크다. 정보가 많은 환경일수록 지식과의 무한한 연관성을 나타내는 창의성이 매우 가치 있게 여겨질 것이기 때문이다. 하지만 지금으로서는 현실적인 우려와 유혹이 가득하다.

오늘날에는 과거의 텍스트를 손쉽게 통합하여 책을 쓸 수 있다. 콜라주 같은 예술 작품은 사실상 무한한 디지털 이미지를 이용해 기존의 예술을 새롭고 고유한 방법으로 연결할 수 있다. 실제로 매끄러운 디지털 기술은 완벽한 통합을 가능하게 한다. 새로운 텍스트와 재사용된 텍스트를 구분하는 '물리적인' 방법이 없을 수도 있다. 미술 작품 이미지와 개인의 사진, 고전문학, 학생의 시험지 등 이용 가능한 자료가 급증함에 따라 정보의 큐레이션이 점점 더 미묘하고 복잡하고 가치 있는 활동으로 인정받을 것이다.

이러한 기술적 변화에는 미적, 도덕적 변화도 따라왔다. 어쩌면 자연스러운 일이겠지만 디지털 시대 초기에는 용어의 일반적 의미에서 제한보다 실험을, 통제보다 자유를, 독창성보다 혁신을 선호했다. 이제는 기술에 대한 열광이 지배적이다. 이러한 환경에서 10대 작가가 전적으로 기존 작품의 구절을 이용해서 쓴 온라인 소설이 열풍을 일으켰다. 〈뉴욕 타임스〉의 랜디 케네디(Randy Kennedy)는 2010년에 다음과 같이 적었다.

미디어 포화 세대의 자식은 〔헬레네 헤게만〕……리믹스가 생득권인 작가의 모습으로 자신을 드러냈다. 그녀는 목적에 부합하는 것은 무엇이든 활용한다. 그녀가 차용한 작가들에게는 공동 창의성이라는 개념이 없었다. 그녀는 사르트르에게서 훔친 듯한(훔친 게 아니었다) 구절에 이렇게 추가했다. "독창성은 없고 진실성만 있을 뿐이다."*

늙고 병든 피아니스트 아내를 둔 음향 기술 엔지니어는 기존의 여러 녹음 샘플을 약간 침울한 분위기로 합쳐서 아내의 연주처럼 보이는 새로운 곡을 만들었다. 아내에게 훌륭한 콘서트 연주자라는 명성을 쌓아줌으로써 아내가 힘든 시기를 이겨낼 수 있도록 하는 것이 그의 목적이었다. 의심쩍어도 충분히 이해는 된다. 피아니스트로서의 생명이 거의 끝나가던 조이스 하토(Joyce Hatto)는 클래식 음악계에서 아무런 의심 없이 큰 환영을 받고 뒤늦게 훌륭한 피아니스트로서의 전성기를 누렸다. 하지만 아이러니하게도 첨단기술 덕분에 가능했던 사기 행각이 그 기술로 인해 드러나고 말았다. 어느 음악 애호가가 하토의 연주가 담긴 CD를 아이튠즈에서 재생하자 데이터베이스에 저장된 곡과 일치하는 곡들을 추적해주는 그레이스노트(Gracenote) 서비스가 하토의 연주가 다른 유명하거나 덜 유명한 피아니스트들의 연주와 일치한다는 사실을 찾아낸 것이다.**

디지털 환경에 자료가 넘쳐나고 그 출처를 알기 어렵다는 사실은 출판 산업에 문제를 발생시킨다. 앞에서 언급한 사례에서 보듯 비교적 쉽게 해결할 수 있는 문제도 있고 복잡한 문제도 있다. 소프트웨어로 복제를 탐지할 수 있지만 표절인지 허용 한도에 속하는지는 매우 미묘한 문제이다. 출판인이 저자와 협의했고 저자가 작품에 원자료(source material)를 이용했다면 기존 자료가 과연 얼마나 섞인 경우를 오리지널 작품이 아니라고 하는

---

* Kennedy (2010).
** Singer (2007).

지 확실한 기준이 있는가? 안타깝지만 없다. 저작권법에서는 이제 더이상 그 문제를 명확히 하지 않는다. 단어 하나라도 작품의 중요한 부분일 수 있고* 기계로 발췌한 열한 개 단어라도 데이터베이스에 포함된 작품을 보유한 저자의 오리지널 창작물을 나타낼 수 있으므로 저작권으로 보호받는 작품이라고 법원이 판결하기 때문이다.** 표절로 판단되어 저자가 법적 책임을 져야 하는 기준이 과연 어디이고, 디지털 환경에서 그만큼, 아니 그보다 더 심각한 문제라고 할 수 있는 출판사의 명성 실추가 이루어지는 지점이 어디인가?

표절 문제를 사회적 관점으로 보느냐, 아니면 법적 관점에서 보느냐에 따라 견해가 달라질 수 있음을 짚고 넘어가야 한다. 표절은 출판사에 법적 책임이나 명예 실추 혹은 두 가지 결과를 모두 초래할 수 있으며, 디지털 환경에서는 명예의 보호가 매우 민감하고 중요한 사안이 되고 있다.

기술과 배포 수단

정보는 인간뿐 아니라 기계에 의해서도 조작될 수 있다. 그럴 경우, 지식 피라미드의 맨 아래에서 이루어지는 기본 텍스트와 데이터의 수집부터, 최고 수준으로 체스와 바둑을 두도록 훈련된 딥블루와 딥마인드 컴퓨터처럼 개별적으로 작동되는 인공지능까지 사소하거나 엄청난 결과가 일어난다. 이런 기계들은 인간의 능력을 따라잡으며 심지어 넘어서기도 한다. 유명한 바둑 기사 판후이의 말처럼 기계는 '아름다움'에 이를 수 있다.***

---

* Frisby v BBC [1967] Ch 932.

** 이 사안에 대한 해석을 제공하는 유럽재판소(European Court of Justice)의 2009년 7IPPT20090716_ECJ_Infopaq_v_DDF.pdf에서 참조.

*** Metz (2016) 참조.

앞에서 말한 것처럼 기술이 진보할수록 단순한 정보 제공의 가치와 흥미는 떨어지리라고 예측된다. 정보가 넘쳐나는 만큼 그에 해당하는 지침이 필요하다. 이는 출판사에 중요한 기회가 된다. 출판사는 출판의 지침과 색인, 요약을 제공하여 대중이 원하는 정보를 찾고 그렇게 찾은 정보를 이해하도록 도와주는 여러 도구를 개발하는 데 큰 역할을 할 수 있다. 그러나 **인포파크**(Infopaq) 사건에서 보듯(151쪽 두번째 각주) 기술의 사용은 꼭 필요하지만, 기계로 만든 '창작물'도 인간의 창작물이라고 주장할 수 있는 상황으로 이어져 새롭고 충격적인 저작권 문제가 발생할 수도 있다. 다른 한편으로 보자면 '순전히' 기계로 만든 창작물은 미국을 포함한* 대부분의 사법권에서 현재 저작권 보호 대상이 아니므로 발전 가능성이 있는 영역이다. 하지만 저작권 시스템이 제공하는 동인과 저작권 소유권이 부재한다면 보호가 어려울 것이다.

저자성의 민주화

저자성 자체의 본질이 변화하는 현상도 복잡함을 더한다. 디지털 환경은 기존의 자료를 이용해 새로운 자료를 만드는 기회를 제공한다는 점에서 그 어느 때보다 많은 사람에게 창작 능력이 주어진다. 기존 기사를 인용하는 평론가나 기존 사진으로 콜라주를 만드는 아티스트 등은 이미 스스로 저자라고 생각할 것이다. 그러나 기존 '저자'의 개념이 없는 사진과 글

---

* Compendium of U.S. Copyright Office Practices (2017년 9월 29일 기준), s. 313.2, 'Works That Lack Human Authorship'. https://www.google.co.in/search?q=U.S.+COPY RIGHT+OFFICE%2C+COMPENDIUM+OF+U.S.+COPYRIGHT+OFFICE+PRACTICES&o q=U.S.+COPYRIGHT+OFFICE%2C+COMPENDIUM+OF+U.S.+COPYRIGHT+OFFICE+P RACTICES&aqs=chrome.69i57.1031j0j9&sourceid=chrome&ie=UTF-8

같은 자료를 만드는 창작자들도 나올 것이다. 그런 작품이 온라인에 등장한다면 어떻게 될까? 그것도 출판의 형태라고 할 수 있을까? 기존의 작품이나 기존 작품을 토대로 한 새로운 작품은 어떤 상황에서 다른 출판물에 사용 또는 재사용될 수 있을까?

크리에이티브 커먼즈 라이선스(CCL) 시스템은 적어도 그 질문의 일부를 다룬다. 온라인에서 더이상의 제휴와 통제 없이 자유롭게 작품을 만들 수 있는 옵션을 제외하고도 디지털 시대의 유일하고 진정한 '저작권의 대안'이라고 할 수 있는 크리에이티브 커먼즈는 창작자가 자신의 작품에 대해 대중에 포괄적인 사용을 허가하고 온라인에 작품을 공개하도록 해준다. 크리에이티브 커먼즈 웹사이트에서 라이선스를 무료로 이용할 수 있다.* 이 시스템은 미국에서 법학 교수 로런스 레시그(Lawrence Lessig)가 리처드 스톨먼(Richard Stallman)의 컴퓨터 소프트웨어 오픈소스 보호 모델에서 영감을 받아 개발했고** 여러 국가로 퍼졌다. 세계 여러 나라의 웹사이트에서 다양하게 각색된 버전으로 만나볼 수 있다.

크리에이티브 커먼즈 라이선스 시스템은 온라인에 공개된 작품의 지위를 분명히 하려는 목적으로 만들어졌지만 그럼에도 불구하고 그 자체로는 매우 복잡하다. 사실상 모든 라이선스가 작품 이용자의 인정 수단(창작자의 귀속 등)을 어느 정도 필요로 하는데 나아가 작품의 추가적 사용에 대한 조건을 요구하기도 한다. 크리에이티브 커먼즈 자료를 이용한 출판물에 대해 역시 크리에이티브 커먼즈 라이선스로 대중에 공개할 것을 요구하는 것이다. 이것은 출판에 매우 중대한 의미가 있다. 해당 라이선스의 조건을

---

* https://creativecommons.org/2005/10/12/ccinreviewlawrencelessigonhowitallbegan/ 참고.

** https://creativecommons.org/choose/ 참고.

존중하지 않고 작품을 이용하거나 재출판한 사례가 밝혀지면 법적 책임을 물어야 하거나 명성이 떨어질 수 있다. 크리에이티브 커먼즈는 출판 환경에 다양한 옵션을 더해준다. 기술의 측면에서 저작권에 불리한 점을 생각하면 좋은 일이 분명하다. 하지만 이 시스템이 제공하는 옵션으로 이득을 보려면 출판사는 그 존재를 자각할 뿐만 아니라 사업과 창작 관행에 그 조건을 통합하는 새로운 방법도 찾아야만 한다.

창작 과정에 참여하기가 쉬워졌다는 점이 이러한 추세에 어떤 영향을 줄지는 알 수 없다. 저작권에 대한 태도는 개인이 문화 생산 주기의 어디에 놓여 있는지에 따라 변할 것이고 관객들은 창작물에 대한 접근권에 감사하고, 창작자를 위한 통제의 필요성도 인정하는 쪽으로 향할 것이다. 하지만 점점 다양하고 예측 불가능해지는 환경에 대한 일반적인 견해 이상으로 받아들여서는 안 된다. 저자들은 작품에 대한 통제권을 어느 정도 필요로 하고 원하는 경우가 많다. 그들은 적어도 저자성의 귀속을 원한다. 하지만 크리에이티브 커먼즈 시스템이 인정하듯 작품에 대한 추가적인 통제권을 전혀 원하지 않는 저자들도 있다. 그러나 현실적으로 작품이 대중에게 배포되는 것을 희생하면서까지 통제권을 원하는 저자는 없다. 작가라면 누구나 자신의 작품이 읽히기를 바란다. 기본적으로 모든 저자의 목표는 대중과의 소통이다. 불법 복제와 저작권 침해에 대한 극단적인 반응을 포함하여 작품의 소통을 극도로 제한하는 것은 저자들에게 타당하지 않은 일이다. 관객들의 적대감을 일으키는 것이 아닌 대중과의 건설적인 관계 유지를 원하는 일반적인 저자들 말이다.

출판과 대중과의 소통

지금까지 살펴본 내용으로 짐작하겠지만 이론적으로 신기술은 '출판'을 그 어느 때보다 쉽게 만들었다. 최신 저작권법 용어로 말하자면 '작품으로 대중과 소통하기'가 쉬워졌다. 이 용어는 온라인 출판의 현실을 반영하고자 한다. 온라인 출판은 전통적인 출판과 다르지만 여전히 작품을 대중에게 알리는 목표를 수행하며 그러한 행동에 실질적 영향이 따른다.

특히 저작권법 아래에서 출판의 전통적 개념을 확장해 작품을 배포하는 기술적 수단을 수용하려는 시도는 두 가지 흥미로운 상황으로 이어진다. 첫째, 기술은 끊임없이 변화하므로 미래에는 작품을 배포하는 새로운 방법과 형식이 생겨날 것이다. 여기에는 디지털 환경에서 출판사들의 '부가가치'를 반영하는 맞춤화 형식(curated format)도 포함된다. 이러한 출판의 새로운 접근법들이 저작권법의 범위에 속하게 되어 저작권자의 승인이나 저작권료 지급 조건도 새로운 맥락에 놓일 가능성이 크다. 새로운 출판 방식이 계약 조항에 분명하게 언급되느냐 혹은 될 수 있느냐의 여부가 될 것이다.

새롭고 구체적인 기술 환경에서 작품의 사용 비용을 얼마나 지급해야 하느냐는 이미 판단하기 어렵다고 입증된 사안이다. 예를 들어 유튜브 같은 비디오 플랫폼이나 스포티파이 같은 음악 스트리밍 서비스를 포함한 새로운 온라인 출판 플랫폼은 저자나 음악가를 대표하는 단체로부터 라이선스를 확보할 수 있을 것이다. 하지만 그런 방식은 저작권료에 관한 불만을 일으켜 갈등으로 이어질 수 있다. 대표적인 사례가 스포티파이를 둘러싼 논란과 소송이다. 역시나 명성의 손상은 후폭풍을 몰고 온다. 유명 팝스타들이 스포티파이에 반대의 뜻을 표명한 것은 스포티파이가 아티스트에 대한 보상을 개선하도록 만드는 데 소송만큼이나 큰 영향력을 끼쳤다.*

두번째 상황은 매우 흥미로운데, 출판 자체의 접근성이 점점 커지는 현상이다. 저자성이 민주화 과정을 경험하고 있듯이 출판도 자가출판 기회의 증가로 '민주화'가 이루어지고 있다. 그리하여 출판사를 거치지 않고 '출판'할 수 있는 기술이 자리잡았다. 온라인에 올리는 단순한 방법부터 온라인 출판 플랫폼이 제공하는 좀더 정교한 방법까지 다양한 가능성이 있다. 예를 들어, 기술 대기업 아마존의 크리에이트 스페이스(CreateSpace) 플랫폼은 사용량 기반 과금제(pay-per-use)로 책의 디자인과 출판뿐만 아니라 편집, 표지 디자인 서비스까지 제공해 저자가 직접 자신의 출판물을 전문화할 수 있다. 아마존은 특정 지역의 책 판매량으로 계산한 생산비에 따라 사용료를 받고 저자는 나머지 판매수익을 받는다. 이런 플랫폼의 자가출판 서비스를 이용하여 막대한 성공을 거두는 작가도 있다. 이들은 직접 출판사를 차려도 될 만큼 경제적 성공과 명성을 얻어 그 분야의 다른 작가들에게 편집에 관한 조언과 지원을 해줄 수도 있다. 이처럼 출판산업은 전체적으로 일종의 민주화를 겪고 있다.

중요한 사실은 이러한 시나리오에서는 초점이 저작권으로 향하지 않는다는 것이다. 자가출판하는 작가에게는 저작권 협상에 따른 제약이 따르지 않는다. 오히려 저작권이 자신에게 있다는 것이 애초에 자가출판을 이용하는 출발점이 된다. 자가출판은 저작권 문제보다는 출판 플랫폼이 제공하는 서비스의 계약에 따라 진행된다. 저자가 원하는 플랫폼에 책의

---

* https://djbooth.net/features/2017-07-19-spotify-unreliable-royalty-payment-systemartists-scrambling, https://www.rollingstone.com/music/lists/wixens-16-billion-spotify-lawsuit-whatyou-need-to-know-w514878, https://www.theverge.com/2017/6/9/15767986/taylor-swift-apple-musicspotify-statements-timeline 참고.

PDF 파일을 만들어 올리는 간단한 서비스일 수도 있다. PDF 파일을 책으로 인쇄해 해당 플랫폼을 통해 온라인으로 판매하는 것이다. 아마존 같은 호스팅 업체가 주문에 따라 책을 인쇄하고 배송해준다. 편집이나 디자인 서비스가 포함되면 좀더 복잡하고 정교해진다.

두 가지 상황 모두 경쟁이 치열한 새로운 산업을 등장시킬 가능성이 크다는 점은 주목할 만하다. 어느 업체가 가장 빠르고 질 좋은 인쇄와 생산, 배급 서비스를 제공하는가? 그런 기업이 편집과 디자인도 가장 뛰어날까, 아니면 그러한 니즈를 위해 다른 경쟁력 있는 업체가 등장할까? 물론 이 질문도 중요하다. '민주화된' 새로운 형태의 출판은 전통적인 출판과 어떻게 상호작용하는가? 경쟁, 보완, 대체 혹은 포함하는가, 아니면 장르와 지리 외에도 유연성, 반응성, 기업의 목표 같은 기타 요인에 따라 여러 조합이 나타나는가?

이 시나리오에서 저작권의 실질적 과잉은 명백한데, 점점 과잉이 심해지는 전통 출판에서도 전반적으로 비슷한 모습이 나타난다. 저작권은 저자와 함께할 때만 의미가 있다. 법에 따라 저자에게 부여되므로 적어도 일시적으로 존재한다. 저작권은 저자의 출판 권리를 확인해주고 저작권이 없으면 더이상의 행동이 불가능하다. 불필요하지만 필수적이다. 하지만 지금까지 설명한 새로운 출판 환경에서 저작권의 약점에 전반적인 패턴이 나타난다는 것은 부정할 수 없다. 전통적인 의미에서의 저작권이 저작물을 다루는 새로운 기술 수단으로 대체되는 경우가 늘어나리라는 것이다.

따라서 마지막으로 매우 중요한 점을 고려해볼 필요가 있다. 특히 검색 엔진 등 온라인 자료를 다루는 구글을 비롯한 대기업의 역할이다.

세계의 모든 책을 온라인 라이브러리에서 볼 수 있도록 디지털화하는 대규모 프로젝트 구글 북스는 매우 흥미로운 추세를 보여준다. 한편으로는 기술의 저작권을 억제하며 또 한편으로는 저작권의 패러다임 안에서 저자와 출판사의 전통적 관계를 초월하는 새로운 충성심을 찾아 신기술에 적응하려는 출판업계의 시도이다.

구글 북스가 내놓은 혁신적인 제안은 온라인에서 책을 훑어보고 이용할 수 있다는 것이다. 구글은 저작권법의 보호를 받는 책들의 경우는 발췌문을 읽어볼 수 있게 하려고 했다. 저작권자가 원치 않으면 구글에 직접 연락해 그 서비스를 '선택 해제'할 수도 있다. 동참한 이들은 물론 평론가들의 말에 따르면 구글의 그러한 제안은 데니 친(Denny Chin) 판사의 2011년 판결에서 볼 수 있듯 저작권법의 본질이자 토대, 즉 출판 전에 저자의 동의를 얻어야 하는 필요성을 없앰으로써 저작권을 '거꾸로' 뒤집었다. 첫 소송에서 미국출판협회(Association of American Publishers)는 구글과 저자들, 대리인들을 고소했다. 그러나 구글이 항소하면서 출판사들과 구글 사이에 조용한 대화가 진행되었다. 구글 북스 프로젝트를 둘러싸고 거의 10년에 걸친 논란이 이어지는 동안 기술이 계속해서 바달해 구글에 대한 출판사들의 태도가 점점 현실적으로 바뀌었다. 그리하여 친 판사는 2013년에 기존의 판결을 뒤집는 새로운 판결을 내렸다. 구글 북스가 대중의 커다란 이해관계를 충족하므로 계속 유지되어야 한다는 것이었다.* 그때쯤 출판사들은 대부분 구글과 재조정을 거쳐 합의한 상태였다.** 그러나 출판사들이 구글과 합의한 후에도 저자조합은 온라인 환경에서 일부 저자와 출판사의 인식에 차이가 있음을 지적하며 소송을 이어갔다.*** 흥미롭게도 이 분쟁

---

* 판결문은 이곳에서 확인할 수 있다. https://www.scribd.com/document/184176014/Judge-Denny-Chin-Google-Books-opinion-2013-11-14-pdf

** 이곳에서 분석을 확인할 수 있다. http://www.nytimes.com/2012/10/05/technology/google-and-publishers-settleover-digital-books.html

이 일어난 원인은 출판 초기부터 저자-출판업자의 관계를 괴롭힌 힘의 불균형 문제가 아니었다. 온라인에서 지식과 정보와 문화를 관리하고 조종하는 기술 대기업들의 엄청난 힘으로 인해 저자들이 온라인 환경에서 자신들의 지위에 의문을 던지게 되었기 때문이었다. 저자조합은 그 소송을 다음과 같이 요약했다.

> 저자조합은 디지털혁명이 글쓰기로 생계를 유지하는 저자의 권리를 희생시키면 안 된다는 입장을 고수한다. 저작권 보호는 미국 건국 이래로 줄곧 문화 산업을 발전시켜온 중요한 토대였다. 우리는 다음 세대의 작가와 창작자들이 이전 세대와 똑같은 기회를 얻을 수 있도록 해주어야 한다.*

기술은 문화 영역에서도 매우 흥미진진하다. 기회가 비용보다 더 클까? 저자들은 기술 변화의 수혜자가 될까, 피해자가 될까? 저자는 디지털 환경에서 앞으로 계속 저작권을 필요로 하거나 원할까? 만약 그렇지 않다면 어떤 대안이 나와야 할까?

명성과 저작인격권

디지털 시대가 가져온 변화는 저작권의 여러 측면에 대담한 도전을 제

*** 저자조합이 소송에서 패배했고 대법원 항소도 거부되었다. https://law.justia. com/cases/federal/appellate-courts/ca2/13-4829/13-4829-2015-10-16.html, http://www. scotusblog.com/case-files/cases/authors-guild-v-google-inc/ 참고.

* https://www.authorsguild.org/where-we-stand/authors-guild-v-google/ 참고.

시하고 존재 자체를 위협하기도 하지만, 그 패턴에는 주목할 만한 예외가 있다. 바로 저자의 '저작인격권(moral rights)'이다. 저작인격권은 저작권의 여러 측면 가운데 저자의 개인적 이익을 보호하는 것과 관련있다. 저작인격권의 원칙은 작품의 저자임을 주장할 수 있는 권리와 허락 없이 이루어진 수정이나 훼손에 이의를 제기할 수 있는 권리를 의미한다. 비록 미국에서는 제한이 많지만* 저작인격권은 모든 국가에서 저작권법에 의해 그리고 세계저작권협약에 의해 보호되는 여러 '권리 묶음'의 일부분이다. 일반적으로 저작인격권은 저작권의 다른 측면들과 달리 양도할 수 없다. 논란은 있지만 대표적으로 캐나다와 영국 같은 관습법 국가들에서는 부분이나 전체의 포기가 가능하다.

저작인격권은 다양한 법적 특징들이 흥미로운 조합을 이루어 기본적으로 비상업적인 목적을 가진 강력한 권리가 된 것이다. 그 권리란 저자와 저작물의 관계 보호, 저작물의 온전성 보호를 말한다. 그래서 저작인격권을 저자의 귀속권, 온전성 유지권이라고도 한다.

역사적으로 저작인격권은 개인적이고 비상업적인 특징 때문에 저작권법 안에서 부차적인 영역으로 여겨졌다. 우선시된 것은 저작권의 경제적인 측면이었다. 하지만 디지털 환경에서는 저작인격권이 보호하는 이익이 점차 중요해지기 시작했다. 작품이 허락 없이 상업적으로 착취되는 상황에서 저자와 저작권자가 보호받기가 점점 어려워지는 반면, 앞에서 소개한 조이스 하토의 사례에서 보듯 기술이 권리 귀속과 온전성 보전을 강화해주는 경향이 있기 때문이다. 이것은 필자가 다른 저작에서 심도 있게 분석한

---

* 미국의 저작인격권은 1990년에 제정된 시각예술가법(Visual Artists Rights Act)에 따라 시각 예술가들에게만 적용된다. 17 U.S.C. s. 106A, https://www.law.cornell.edu/uscode/text/17/106A

내용이다.* 이렇게 볼 때 저작인격권은 권리 귀속과 온전성 유지를 지속해 줌으로써 저작권 침해와의 싸움을 강화한다. 하지만 현안 문제는 단순한 저작권 침해 문제보다 훨씬 광범위하다. 앞에서 말한 것처럼 디지털 환경에서 저작권이 저작자를 지원하는 수단이 될 수 있는지는 의심스럽다.

반면 디지털 환경에서 의심할 수 없는 확실한 사실은 저자성이 명성에 의존한다는 것이다. 명성은 언제나 저자성의 중심이었지만 디지털 환경에서는 그 의미에 변화가 나타나고 있는 듯하다. 저자가 대중에 접근하는 능력은 그 어느 때보다 명성에 의존한다. '무단 복제', 즉 자신의 작품이 이용되는 것을 제한하는 능력보다 성공 가능한 명성을 쌓고 유지하는 능력이 더 중요하다. 따라서 저작자의 생계유지를 위해 저작권이 아니라 명성이 점점 더 중요해지고 있다. 이미 저작인격권으로 인정된 명성은 어떤 의미에서는 디지털 환경의 화폐가 되었다. 흥미로운 역설이지만, 원래 저작권 이론에서 서로 이질적인 맥락을 띠었던 경제적인 부분과 개인적인 부분이 이제는 새로운 패턴으로 밀접하게 연결되었다.

전통적으로 저작인격권은 저자와 출판사의 잠재적 협동과 갈등을 상징하는 영역이었다. 출판사는 저자와 특별한 관계를 맺고 있는 만큼, 귀속과 온전성 권리를 무시하면 저자의 저작인격권에 해를 끼칠 수 있는 유일무이한 위치에 놓여 있다. 그런가 하면, 제삼자가 저자의 개인적 권리나 작품의 온전성을 침해하려고 할 때 저자와 출판사는 그 피해를 막으려 한다는 점에서 이해관계가 강력하게 일치한다. 디지털 환경에서 저자와 출판사의 이해관계는 서로의 명성에 의존한다는 점에서 더욱 하나로 합쳐진다. 기술의 진화는 출판산업 전체가 주로 법적인 이유가 아닌 실질적이고 사회

---

* Sundara Rajan (2011, ch. 5: 새로운 판본으로 출간 예정).

적인 이유에서 저작인격권의 문화적 필수 요건에 더 관심을 기울여야 한다는 것을 시사한다. 저작인격권을 인정하는 문제는 디지털 환경이 가져온 저작권과 출판의 변화를 반영해 현실적이고 합리적으로 이루어져야 한다. 입에 발린 인정만으로는 새로운 시대에 적응할 값진 기회를 잃을 것이다. 디지털 시대의 현실에 맞추어 저작인격권을 탐구한다면 저작권과 출판문화 모두에 유익할 것이다.

결론

이 장에서 제시된 관점은 왜 저작권이 디지털 환경에서 가장 역동적인 법의 영역인지 보여준다. 저작권은 곤경에 처했지만 부활 가능성도 엿보인다. 그러나 저작권에 관한 전문가들의 담론은 기술이 야기한 저작권 침해의 위험에만 집중되고 있다. 저작권의 기존 개념은 파괴될 수밖에 없을까, 저작권 없는 세상이 오리라는 것은 터무니없기만 한 예측일까? '저작권 전쟁'의 끝이 어떻든, 미리 대비하더라도 변화는 필연적일 수밖에 없다. 저작권이 출판에 중요하다는 사실로 볼 때, 저작권의 발전이 형식을 막론한 모든 출판에 막대한 영향을 끼치리라는 것은 의심의 여지가 없다. 합리화와 현대화, 새로운 비전이 필요하다. 매우 복잡한 디지털 환경 속에서 저작권에 대한 이해는 출판이 저작권과 함께 변화를 꾀하도록 도와주고 전 세계의 문화에 계속 활기를 불어넣을 새롭고 창의적인 방법을 찾을 수 있다는 희망을 저자와 출판사, 대중 모두에게 안겨줄 것이다.

참고문헌

Eliot, T. S. (1919 [1964]). 'Tradition and the Individual Talent', in *Selected Essays*, new edition, New York: Harcourt, Brace & World.

Kennedy, Randy (2010). The Free-Appropriation Writer, *New York Times* (26 February 2010). http://www.nytimes.com/2010/02/28/weekinreview/28kennedy. html

Metz, Cade (2016). 'The Sadness & Beauty of Watching Google's AI Play Go', *Wired* (3 November 2016). https://www.wired.com/2016/03/sadness-beauty-watching-googles-ai-play-go/

Patterson, Lyman Ray (1968). *Copyright in Historical Perspective*, Nashville, TN: Vanderbilt University Press.

Singer, Mark (2007). 'Fantasia for Piano', *The New Yorker* (2007년 9월 17일). https://www.newyorker.com/magazine/2007/09/17/fantasia-for-piano

Sundara Rajan, Mira T. (2011). *Moral Rights: Principles, Practice & New Technology*, Oxford: Oxford University Press.

6장
출판과 사회

엘리자베스 르 루(Elizabeth le Roux)

우리는 출판이 사회에서 수행하는 역할을 어떻게 개념화하는가? 중국과 일본의 교과서에서는 중일전쟁이 시작되고 끝난 날짜마저 다를 정도로 서로 판이하게 설명된다. 남아프리카에서는 넬슨 만델라(Nelson Mandela)의 말년을 다룬 책이 유가족의 압박으로 배포 중단되었고 인도 구자라트주에서는 마하트마 간디(Mahatma Gandhi)에 대한 내용으로 논란 많은 책을 금지시켰다. 프랑스와 덴마크에서는 이슬람 국가에 대한 혐오가 담긴 책과 만화가 출판된 후 종교적 갈등이 발생했다. 미국과 영국의 유색인종 작가와 여성 작가들은 출판사와 평론가, 문학상 심사위원회로부터 부당한 대우를 받는다고 자주 주장한다. 그리고 반지성주의로 나아가는 추세 때문에 출판사와 미디어에 대한 대중의 신뢰가 떨어지고 있다.

이 사례들은 모두 책과 출판이 사회의 필수적인 부분임을 알려준다. 출판산업 및 출판된 책과 우리의 상호작용은 사회정치적 토론과 다양한 관객, 사회 변화에 관한 질문을 제기한다. 조너선 로즈(Jonathan Rose 2003)

는 '필사하거나 인쇄한 기록은 모두 문화를 전도하고, 정보를 알리며, 인간의 기억을 보존하고, 부를 분배하고, 권력을 행사하는 데 사용될 수 있다'고 말했다. 엘리자베스 아이젠스타인(Elizabeth Eisenstein 1979) 이후로 많은 학자가 인쇄기와 인쇄물이 사회 변화의 동인으로 작용했음을 인정했다. 비록 그 변화의 범위와 방향에 대한 견해는 서로 다르더라도 말이다. 데즈먼드 헤즈먼덜프(Desmond Hesmondhalgh 2012)는 저서 『문화 산업*The Cultural Industries*』에서 아이젠스타인의 견해에 덧붙여 출판이 '경제·사회·문화적 변화의 동인'이라고 표현하면서 그것이 텍스트의 생산과 배포를 통하여 다른 매체 산업들과 더불어 세상에 대한 이해와 지식에 영향을 끼친다고 주장했다. 따라서 출판은 사회의 근본적인 사상과 가치의 표현 및 전파와 밀접한 연관이 있다.

그동안 출판과 사회의 관계를 설명하는 여러 이론 모델이 제시되었는데, 대부분은 문화 연구와 사회학에서 나왔다. 모든 모델은 출판이 그 행위가 이루어지는 특정한 사회적 맥락에 필연적인 영향을 받는다고 본다. 한 예로 로버트 단턴(Robert Darnton)의 『의사소통의 회로*Communications Circuit*』에서는 '경제적, 사회적 접점'을 모델의 중앙에 놓는다. 그는 다른 사회와 시대에도 그 모델이 적용될 수 있음을 강조한다. 이타마르 에벤조하르(Itamar Even-Zohar)의 다중 시스템 이론과 피에르 부르디외(Pierre Bourdieu)의 문화사회학 이론은 출판을 좀더 광범위하고 역사적, 문화적으로 구체적인 사회적 맥락에 위치시키는 데 사용되었다. 출판의 상징적 자본(명망이나 명성)과 경제적 자본을 구분하는 부르디외의 장 이론(field theory)은 특히 큰 영향을 끼쳤다. 베네딕트 앤더슨(Benedict Anderson 1983)의 상상의 공동체(imagined communities) 개념도 출판을 표상이나 정체성 같은 사회적 사안의 측면으로 살펴보는 데 사용되었다. 좀더 근래에 이르러서는 『후기 인쇄 시대*The Late Age of Print*』(2009)의 테드 스트리파스(Ted Striphas) 같은 이론가들이 책을 통해 '사회적 행위자가 구체적 이익과 가치, 관행, 세계관을 표현하고 투쟁한다'라면서 책을 사회적 가공물(social artifact)로 평가했다. 책을 사회적 가공물과 문화적 매개체로 바라보는 이러한 관점이 점점 널리 퍼지고 있다.

출판은 창조산업으로서 공동체의 정체성과 문화의 핵심적 측면이며 시간의 흐름에 따른 문화적 변동을 반영한다. 이러한 측면에서 문화는 정체성뿐만 아니라 사회의 가치관과도 밀접한 연관이 있는데, 그 연관성은 다음 장에서 자세히 살펴볼 예정이다. 여러 사회에서 책은 독특한 사회적·문화적 가치(혹은 부르디외가 상징적 자본이라고 한 것)를 부여받는다. 다시 말해서 책은 다른 유형의 상품들과 구분되는 특별한 지위를 갖춘 것으로 여겨진다. 그와 동시에 책은 서로 다른 공동체들이 서로를 이해하도록 도와주므로 특별한 가치를 지닌다. 책은 저자의 민족적 혹은 문화적 정체성을 대표하는 것으로 해석될 때가 많다. 폰자네시는 이렇게 말했다. '텍스트는 정체성과 국민성, 세계시민주의의 대사가 될 수 있다'(2014: 3).

이 모델들을 적용하는 학자들이 보여주려는 것처럼, 출판은 사회마다 그 형태가 매우 다르다. 인구통계는 어떤 사회에서 무엇이 출판되고 누가 출판 과정을 통제하느냐에 영향을 끼친다. 따라서 젠더와 인종, 계급, 다양성의 문제가 중요해진다. 특히 종교나 민족주의, 정치, 성(性)을 다루는 논쟁적인 책의 출판은 다양한 사회에서 사회적 정체성 내부의 균열을 두드러지게 한다. 교육과 언어, 문화에 관한 담론도 출판되는 책과 겹치거나 큰 영향을 받는다. 사회는 보호주의, 규제 옹호, 교과서 조달, 검열 등 다양한 방법을 통한 정부의 개입으로 출판에 직접적인 영향을 끼칠 수도 있다. 그러나 그러한 분석에서 정치나 권력 요소가 항상 중요시되는 것은 아니다.

이를테면 인쇄 연구에서 출판과 이데올로기의 관련성에 대한 이론은 분명하게 수립되지 않았다. 문화 연구 같은 분야의 이론 모델은 문화상품이 사회적 불평등을 반영하고 정부를 비롯한 권력 집단의 이익을 강화하는 데 사용될 수도 있음을 설명한다. 저항과 전복 전략을 통해 지배력에 저항할 수도 있다(미디어와 이데올로기의 연관성에 관한 토론은 Lassen 외[2006] 참고). 출판과 사회의 상호작용 측면에는 더 주의를 기울일 필요가 있다.

이 장에서는 사회-정치적 토론에 관한 몇 가지 핵심 영역을 다룰 것이다. 바로 출판과 다양성, 민족주의, 검열과의 상호작용이다. 문화와 다양성, 권력 문제는 다양한 사회적 환경에 따라 다르게 나타난다.

다양성

출판이 사회를 반영한다면 사회의 인구 구성과 불평등, 부당함 모두를 반영한다. 따라서 책 같은 상품은 한 사회 내부의 다양한 사회집단 사이의 불평등을 반영한다(더 나아가 책이 불평등을 더욱 심화한다는 시각도 있다). 다양성은 세계적으로 중요한 사회적 사안인데 이주와 그 영향 때문이기도 하다. '다양성' 문제는 젠더와 인종, 계급, 언어 같은 사회적 정체성 요인을 가리키는 세계적인 유행어가 되었다. 다양성의 문제는 인도처럼 민족성과 언어가 다양한 국가에서 훨씬 더 심각하다. 클레어 스콰이어스(Claire Squires 2017)에 따르면 출판과 관련한 다양성은 출판 인력(직원과 저자)과 콘텐츠(출판의 아웃풋), 독자층(잠재적 소비자)의 측면에서 고려할 수 있다. 이 사안들은 통제와 권력의 문제와 연결된다. 누구의 목소리가 존중받는가? 대중이 어떤 상품을 이용할 수 있는가? 핵심 독자층은 누구인가? 세계적으로 출판산업에는 막대한 인력이 고용된다. 하지만 그런 출판산업은 다양성 부족으로 비판받았다. 미국과 유럽 같은 출판업계는 심할 정도로 백인과 여성이 대부분이다. 실제적인 통계 증거 자료가 거의 없는데다 이 분야의 연구가 주로 학자가 아닌 이익집단이나 NGO(비정부기구)에 의해 이루어진다는 사실을 짚고 넘어가야 한다. 출판의 다양성 문제를 제대로 이해하려면 출판사의 소유권, 고용주와 직원, 독자에 관한 조사와 저자 프로필 분석 그리고 독자의 정보 접근성에 관한 연구가 더 필요하다. 후자의 경우 디지털혁명으로 독자의 접근성이 민주화되어 좀더 넓은 독자층이 출판물을 이용할 수 있게 되었다. 그러나 비록 제한적이지만 해당 주제에 관한 연구에 따르면 기대와는 다르게 디지털화가 불평등한 접근성을 반드시 개선해주지는 않았다.

다양성에 관한 조사는 할당량이나 숫자로 매우 단순하게 이루어지는 경향이 있다. 아동서에 흑인 캐릭터가 몇 명이나 등장하는지, 해마다 책을 출간하는 여성 작가가 얼마나 되는지가 그 예이다. 벤하무와 펠티에(2007)는 프랑스 출판산업을 사례로 삼아 다양성을 측정하는 좀더 전체론적인 방법을 살펴보았다. 그들은 다양성 같은 광범위하고 복잡한 문제를 이해하려면 숫자만으로는 충분하지 않다고 강조하며 변화(variety), 균형(balance), 상이성(disparity)의 세 가지 차원에서 출판의 다양성 문제를 살펴봐야 한다고 제안한다. 또한, 그들의 연구는 다양성의 한도가 사회마다 다르다는 점도 인정한다. 국가마다 분열과 사회지표가 초래하는 갈등이 다르기 때문이다.

출판산업의 다양성 연구는 주로 저자, 그리고 젠더와 인종의 차원에 초점을 맞춰왔다. 종교와 계급, 언어, 성적 지향성에는 상대적으로 관심을 덜 두었다. 그러한 문제를 제기하는 연구로는 대표적으로 계급을 중요한 요인으로 살펴보는 야오(2014)의 중국 출판산업 인력에 관한 연구, 애덤스

(1998)의 레즈비언 출판에 관한 연구, 이슬람문화 생산에 관한 연구(예: Watson 2005) 등이 있다. 젠더에 초점을 맞춘 연구가 다양성 문제에 대한 인지도와 관심을 높여주는 기준선으로서 꼭 필요하다. 여성과 유색인종 작가의 작품에 대한 출판과 포장, 수용에 편견과 차별이 여전하기 때문이다. 여성 작가에게는 남성 작가보다 출판과 서평, 수상 기회가 적게 주어진다는 증거가 존재한다. 예를 들어 마크 버부어드(Marc Verboord 2012)는 프랑스와 독일, 미국에서 시행한 연구를 통해 여러 장르와 베스트셀러 목록에서 여성의 숫자가 적다는 사실을 발견했다. 시간이 지나면서 약간의 개선이 나타났지만 성별의 격차는 여전하다. 요시오(2012)도 일본에서 비슷한 성별 격차를 발견했다. 이 문제가 여러 사회적 환경에 영향을 미친다는 뜻으로 보인다.

　흥미롭게도 출판산업에 여성의 비율이 늘어나고 있음에도 그 격차는 여전하다. 실제로 많은 경우 여성이 다수를 차지하고 있음에도, 일부 환경의 인력 분석에서는 가장 중요한 의사결정자가 여전히 대부분 남성이라는 사실이 드러났다. 또한, 출판사에서 일하는 여성의 존재가 저자와 독자로서 여성에게 향하는 근본적인 태도와 편견을 자동으로 바꿔주지도 않는다. 사회의 지배적인 태도는 어떤 책이 출판되는지를 결정할 것이다. 출판산업의 이러한 지속적 불평등 문제를 해결하고자 영국의 비라고(Virago)와 남아프리카의 모다지 북스(Modjaji Books) 같은 출판사들이 설립되고 특별한 문학상들도 생겨났다. 비록 지금은 존재감이 줄어들었지만 비라고처럼 여성이 경영하거나 페미니스트적인 출판사는 출판계의 여성에 대한 편견에 대응하여 생겨났고 1970년대에 일어난 여성해방운동의 일환으로 시작되었다(Murray 1999; Travis 2008). 메논(2001)은 근래에 '세계의 여러 페미니스트 출판사들이 폐업하거나 주류 출판 기업에 인수되어' 출판량이 급격히 줄어들었다는 사실을 지적한다. 그러나 그녀는 '우리가 계속 저항하는 부와 지식의 권력 구조'는 위축되지 않았고 오히려 강해졌다고 주장한다.

비슷하게 유색인종에 대한 편견도 출판업계에 존재하는 인종차별에 대한 비난으로 이어졌다. 예를 들어 아동서에는 여전히 흑인이 충분히 등장하지 않고 유색인종 작가들은 출판 기회에서 여성이나 다른 소수자들보다 더 큰 구조적 불평등에 직면한다. 인종은 젠더나 계급 같은 요인들과도 교차하므로 상황이 더욱 복잡해진다. 출판산업에서 소유권과 의사결정도 여전히 백인이 지배한다. 미국에서는 흑인과 라틴계 작가의 '재발견' 혹은 전경화와 출판에 대한 연구가 활발하게 이루어지고 있다. 여러 연구가 미국 역사에 나타나는 '인종의 텍스트적 구성'을 살펴보았다. 조지 허친슨(George Hutchinson)과 존 K. 영(John K. Young)이 편찬한 『검은색을 출판하다*Publishing Blackness*』(2013)에 따르면 에릭 가드너(Eric Gardner 2015), 라라 랭어 코언(Lara Langer Cohen)과 조던 알렉산더 스타인(Jordan Alexander Stein 2012), 크리스토퍼 헤이거(Christopher Hager 2013)의 연구가 여기에 포함되며 셜리 무디터너(Shirley Moody-Turner 2015)는 젠더와 인종의 교차성을 분석했다. 영국에서는 이른바 BAME(흑인, 아시아인, 소수민족) 작가와 출판사들이 처한 문제에 관심이 높아졌다(Chambers 2010; Fowler 2013 참고). 남아프리카공화국과 오스트레일리아에서는 여전히 출판산업이 압도적으로 백인 소유이며 이들 국가 내에서 변화의 주요 사안으로 여겨진다.

다양성 연구에 등장하는 주요 개념 중 하나는 진정성(authenticity)이다. 이것은 여성이나 유색인종 작가가 그들의 민족 및 인종 집단 전체를 상징한다고 여겨지는 것을 가리킨다. '문화적 차이와 민족적 진정성에 대한 독자의 기대' 때문에(Slaughter 2014: 59) 출판사들은 작가를 특정한 방식으로 포장한다. 그 정도가 매우 심해서 '유색인종 작가는 자신의 책이 자신의 문화유산에 대한 낭만적인 숭배를 충족하지 않으면 하찮은 취급을 받는다고 느낀다'(Squires 2017). 한 예로 하이네만의 아프리카 작가 시리즈는 편집자들이 생각하는 '아프리카인'의 개념에 들어맞는 작품만 출판한다고 비난받았다. 좀더 근래에 나이지리아의 작가 치마만다 응고지 아디치에(Chimamanda Ngozi Adichie)는 자신의 작품이 독자의 환원주의적인 기대와 출판사가 특정 관객층을 겨냥해 선택하는 책표지에 따라 '아프리카적' 혹은 '충분히 아프리카적이 아닌'으로 분류된다고 주장하면서 이러한 고정관념화를 '단일적 이야기의 위험'(2009)이라고 표현했다. 아일린 줄리앙(Eileen Julien)은 '아프리카를 세계에 설명'하리라는 기대를 받는 책들이 나타나는 현상을 '외향적 소설'이라는 이론적 개념으로 설명한다(Julien 2006: 695). 서구 시장에서 출판되는 아프리카 출신 작가들의 책 디자인을 보면 분명하게 알 수 있다. 표지에 배경과 주제에 상관없이 석양을 등진 아까시나무가 들어가는 경우가 많다. 비냐방가 와이나이나(Binyavanga Wainaina)는 '아프리카에 관한 글을 쓰는 방법'(2006)이라는 기사에서 그러한 현상을 풍자했다.

하지만 아프리카계 작가들의 경우만 그런 것이 아니다. 비서양 작가들도 고정관념의 대상이 된다. 이슬람 여성 작가의 책표지에는 베일을 쓴 여성이 꼭 등장하는 것으로 밝혀졌다. 소수민족과 독립 식민지 국가 작가들의 마케팅과 명성도 세계적인 출판과 문화 산업의 엑조티시즘(exoticism)과 토크니즘(tokenism), 소수 문화 숭배에 대한 날카로운 분석의 주제였다(Ponzanesi 2014 참고). 이것은 그레이엄 후건(Graham Huggan)의 『포스트식민주주의의 이국성: 주변부를 마케팅하라*The Postcolonial Exotic: Marketing the Margins*』(2001)나 세라 브로일레트(Sarah Brouillette)의 『세계문학 시장의 포스트식민주의 작가들*Postcolonial Writers in the Global Literary Marketplace*』

(2007) 같은 대표적인 연구에서 보듯 일반적인 문화의 상업화라는 더욱 커다란 추세에 자리했다. 이 연구들은 인종과 민족주의의 교차점 혹은 지리적 위치의 정치를 살펴본다.

민족주의와 국제 네트워크

고정관념은 불평등한 지정학적 관계, 거시적 사회문제 때문에 생겨난다. 어떤 국가가 문화 생산을 지배하는가? 영어가 세계공용어가 된 것과 그에 따라 영어권 출판산업이 강력해진 것은 어떤 책이 출판되고 배포되는지에 영향을 끼친다. 다국적 출판 기업이 작은 국가들에서 지배적이고 북반구의 출판에 더 큰 신뢰와 권위가 부여된다는 점에서 그러한 현상은 계속되었다. '책 산업은 지식의 특정한 지형도를 뒷받침하고 영속화한다. 주변 국가들의 창작자와 학자들이 중심 국가들로 끌어당겨지고 정작 그들의 출신 국가들은 경제적으로나 문화적으로 지배적인 책 생산자들로부터의 수입에 의존한다'(Murray 2007: 6). 따라서 지리적 위치와 국가와 관련된 정치적, 사회적 사안은 세계화 시대로 보이는 지금도 여전히 중요하다. 여러 출판 연구에서는 '중국의 책'이나 '멕시코의 책'을 살펴보는 등 여전히 국가로 초점이 향하지만, 때로는 세계화가 가져온 동질화 효과에 대한 반응으로 출판은 더 넓은 세계적인 맥락 안에 놓이는 경우가 많다. 민족주의 정치와 국제주의 문제, 그리고 국가와 지역의 출판산업에 영향을 끼치는 문화와 경제의 힘이라는 문제가 발생한다.

민족주의와 국가 건설은 출판산업과 밀접하게 연결된 경우가 많다. 일부 국가는 책을 통해 '민족 문학'이나 '민족 유산'을 쌓아 국가의 정체성을 발달시키고자 한다. 이것은 유네스코가 2차대전 직후로 책과 출판을 지원하게 된 주요 동인이기도 하다. 유네스코는 서로 다른 사회 간 대화와 상호 이해를 높이려는 목적으로 '글과 이미지로 생각의 자유로운 흐름'을 촉진하고자 설립되었다. 책은 UN이 전후 세계평화를 이룩하고자 활용한 수단 중 하나였다. 유네스코의 헌장과 다수 출간물에 따르면 책은 사회가 특히 경제적으로 빠르게 발전할 수 있도록 도와 사람들의 교육과 웰빙 수준을 올려주므로 사회 진보를 뒷받침하는 필수적 수단이다. 유네스코는 문화 발달이 다른 형태의 발달을 가져오므로 '건전한 출판산업은 국가의 발달에 필수적'이라고 강하게 주장한다(Barker & Escarpit 1973: 138). 과학, 기술 정보의 공유도 촉진되었고 그것은 예상대로 사회적 문제의 심화와 완화를 모두 가져왔다.

유네스코가 지원하는 프로그램에는 출판과 독서의 사회적 영향과 직접적으로 관련있는 것도 있다. 예를 들어 식민지에서 벗어난 '개발도상국'에서 좀더 개선된 생계 수단의 기회를 접할 수 있도록 여학생들에게 읽고 쓰는 능력을 강조하거나 새로운 출판인 세대를 양성한다. 책 개발 프로그램은 하나의 해결책으로 널리 홍보되었다. 결과적으로 책은 경쟁력을 갖춘 산업화 후기 경제의 필수 조건인 문해력과 교육 및 직업 표준에 도달하기 위한 '탈식민 국가들의 주요 도구'로 비추어졌다(Murray 2007: 14). 책의 개발을 위한 노력은 세계 문화 시장에서 자국의 상품이 더욱 두드러지게 하려는 의도적인 시도일 때가 많았다. 출판과 사회 발달의 연관성은 유네스코의 낙관적인 예측만큼 직접적이지는 않았지만, 책과 사상이 자유롭게 퍼져나가야 한다는 것은 여전히 중요한 사안이다.

영어가 대표적인 세계공용어지만 번역은 책을 다른 사회로 전파하는 중요한 수단이다. 에벤조하르(2005)는 문화의 계층에서 각 언어가 차지하는 위치가 다르다는 점이 텍스트의 세계적인 배포에도 영향을 끼친다는 이론을 내놓았다(이 모델을 이용한 번역과 문학상에 관한 토론 참고. Pickford 2011). 이에 따르면 유네스코가 '세계문학' 전집을 공유하는 중요한 번역 프로젝트를 지원한 것도 놀랍지 않다. 대표 작품 컬렉션(Collection of Representative Works)이라고 알려진 이 프로젝트는 '다른 국가나 언어 공동체에 잘 알려지지 않은 문학이나 문화적으로 중요한 작품이 영어와 프랑스어, 스페인어, 아랍어의 주요 언어로 번역, 출판, 배포되는 것을 장려'하려는 목적이었다(Giton 2015). 유네스코의 후원으로 1948년부터 1994년까지 866권의 책이 91개 언어로 출판되었다. 하지만 셀린 기톤(Céline Giton 2015)이 지적하듯 번역 프로젝트가 정말로 사회적 분열을 해소하는 성공적인 다리 역할을 하는지는 모호하다. 기톤은 그 프로젝트가 '선택받은 서양의 혹은 서양화된 엘리트층에만 다가갔고 일반 대중에게 다가가는 데에는 큰 어려움을 겪었다'고 말한다. '포용적인 지식사회' 구축이라는 유네스코의 목표는 여전히 달성하기가 어려울지 모르지만 프로젝트가 계속 진행 중이다.

번역 프로젝트가 성공하지 못하는 이유는 특정한 사회적 가치를 보편적으로 인식하기 때문일 수도 있다. 사회집단마다 공동의 신념과 가치가 다르며 특히 국가와 지역에 따라 다르다. 따라서 국가마다 책과 출판에, 그리고 읽기와 쓰기의 전통에 부여되는 가치가 다르다고 할 수 있다. 부르디외의 용어(1986 [2011])를 이용하자면 상징적 자본과 경제적 자본은 여전히 대립한다. 프랑스 같은 사회는 보조금과 도서정가제로 출판산업을 장려하고 보호한다. 독립 서점들의 생존은 정부 예산과 문화 지원 정책 덕분이었다. 프랑스 마크롱 정부의 문화부 장관 프랑수아즈 니센(Francoise Nyssen)이 출판인 출신일 정도다. 독일에서도 출판을 국가의 정체성에 매우 중요한 요소로 본다. 독일은 최초로 국가의 출판산업 역사를 연구하고 가격을 안정시켰다. 그에 비해 영어권 국가인 영국과 미국에서는 상업적인 부분으로 초점이 향한다.

물론 영국과 미국은 이미 세계적인 지배권을 쥐고 있어서 자국의 출판산업을 보호할 필요성을 느끼지 않는지도 모른다. 하지만 더 작은 국가들은 인지된 위협에 대응하지 않으면 안 된다. 예를 들어 캐나다 정부는 자국의 출판과 글쓰기를 장려하고자 보조금을 지급한다. 캐나다의 출판이 규모와 경제 면에서 더 강력한 미국에 가려지는 경우가 많기 때문이다. 스코틀랜드의 출판업도 단순히 영국의 일부가 아닌 독자적인 지역적 정체성을 적극적으로 홍보한다. 람다르산볼드와 매클리어리(2012)가 '작은 국가 출판'이라고 부른 이러한 추진력은 다른 작은 소수 문화권에서도 나타난다(오스트레일리아는 Henningsgaard [2008], 스코틀랜드와 카탈루냐는 Boswell [2014], 스코틀랜드와 슬로베니아는 Kovač과 Squires [2014] 참고). 누어다(2016, 2017)는 작은 국가가 국제 문학 시장에서 자국의 책을 어떻게 홍보하는지, 세계에 흩어져 있는 스코틀랜드인들의 정체성이 어떻게 표현되는지도 살펴보았다. 프랑스어를 사용하는 국가들의 상호작용이나 스페인과 포르투갈이 공유하는 이베리아반도 시장과 이베리스모(Iberismo)라고 하는 정체성 등 지역 공동체 안에서 국가의 이익을 살펴보는 연구도 있다(Faustino 2009). 모두 국가가 문학 문화와 책 정책을 통하여 특정 국가의 이상을 전파하려는 시도를 나타낸다.

문학상도 국가성의 홍보가 목적이다. 문학상은 특히 문학 출판산업에, 누구의 책이 출판, 번역, 배포되고 얼마나 팔리는지에 영향을 끼친다. 캐나다의 문학상을 살펴본 질리언 로버츠(Gillian Roberts 2011)는 문학상을 '국가 찬양' 담론의 측면으로 바라본다(연구 부제가 '국가 문화의 찬양과 유통'인 것에서도 알 수 있다). 그러나 그녀는 '국가적'이라는 개념을 국가적 정체성과 소속감뿐 아니라 시민권과 이민자 환대 같은 관련 사안과 연결함으로써 복잡하게 만든다. 문학상의 통합이지만 실제 결과는 그렇지 못하다. 그녀는 이론적 체계에서 부르디외를 활용해 계급 아비투스(부르디외가 내놓은 개념으로 습관을 뜻하는 라틴어 Habitus에서 유래. 인간이 사회적 구조나 규범에 적응하여 살아가면서 형성하는 무의식적 습관을 뜻한다-역주)가 아닌 '국가적 아비투스'의 개념을 내놓아 맥락을 기술한다. 비슷하게 에드워드 맥(Edward Mack)은 〈현대 일본 문학의 생산Manufacturing Modern Japanese Literature〉(2010)이라는 연구에서 일본의 출판과 문학상 문화를 연구했다.

국가의 이상을 홍보하려는 원동력은 여전히 의미가 있다. 세계적으로 힘의 분배가 불공평하기 때문이다. 인쇄 문화와 출판 연구에서 힘의 불균형은 비서구 국가들에 대한 (종종 무의식적인) 편견으로 비춰질 것이다. 출판 생산의 중심을 차지하는 국가에서 이루어지는 연구는 특수한 문화적 맥락에 대한 이해가 없는 문화적 공백 상태에 놓이는 때가 많은 듯하다. 그 외의 연구는 '비주류'라고 치부된다. 주류 국가의 연구에서 책은 문명, 특히 서구 문명의 개념과 연관되고 원주민 저자와 인쇄업자, 출판인의 역할은 경시한다. 한 예로 인도는 세계에서 두번째로 규모가 큰 영어책 시장이지만 영어권 출판에 대한 분석은 거의 미국과 영국에만 집중된다. 더 극단적으로 아프리카 출판산업은 빈곤하고 역사가 짧으며 심지어 완전히 결핍된 것으로 묘사된다. 출판 통계를 비롯한 기본적인 증거 자료의 부재는 개발도상국가에 '책 기아 현상'이 만연한다는 고정관념을 퍼트렸다(젤과 시에리[2015]가 보여주듯 실제로는 실질적인 격차가 아니라 접근성의 문제이다). 또한, 비평가들은 높은 문맹률과 낮은 가처분소득으로 인한 적은 독자층이나 열악한 사회기반기설 등 개발도상국가의 출판과 관련된 현실적인 문제를 제기하지만, 식민지 역사의 지속적인 영향이라든지 다국적기업이 수익성 좋은 교과서 시장을 지배하는 현실에는 별 관심을 쏟지 않는다. 한 예로 캐럴라인 데이비스(Caroline Davis 2011; 2013)는 옥스퍼드대출판부가 20세기에 남아프리카에서 실행한 출판 프로그램의 근본적인 모순을 연구했다. 최근에 맥밀런과 옥스퍼드대출판부가 동아프리카의 부패 스캔들에 연루된 것에도 관심이 쏠리지 않기는 마찬가지였다. 그러한 경쟁 속에서 국가의 출판업을 이어가는 것은 무척 힘든 일이다.

정부의 통제와 검열

민족주의 문헌 발달의 원동력으로 작용하는 국가주의는 극단으로 치닫기도 한다. 어떤 주제와 관련된 정보를 제한하거나 특히 역사적으로 당혹스럽거나 부정적인 사건을 특정한 관점에서만 보여주는 국가들이 그렇다. 교과서에 수록된 역사적 사건은 정부가 어린 세대에 애국심 같은 특정한 가치를 심어주려는 시도일 때가 많다. 예를 들어 일본에서는 1980년대에 '일본의 정신과 조국에 대한 긍지를 심어주어야 한다'는 이유로 교과서 검정 과정이 엄격해졌다(He 2009: 211). 교육부 장관 다나카 다쓰오는 출판사들에 '2차대전 당시 일본의 도 넘은 행위에 부드럽게 접근하라'고 지시했다. 다시 말하자면 일본이 저지른 전쟁범죄를 축소하라는 것이었다. 그 결과로 1982년과 2000년에 외교 시위가 일어났다. 중국과 한국은 일본의 주장 속 중국을 '침략'한 것이 아니라 중국으로 '진격'했다는 표현을 비판했다. 특히 일본역사교과서개혁위원회는 우익 사상이 담긴 출판물을 내놓아 비난을 받았다(Kasahara 2010). 하지만 좀더 최근인 2017년에 중국에서도 비슷한 사건이 일어났다. 교육부 장관이 모든 교과서에서 실제로 8년 동안(1937-45) 이어진 중일전쟁을 '일본의 공격에 대한 중국의 14년 항쟁'

으로 수정하라고 지시한 것이다. 하지만 흥미롭게도 스탠퍼드대학이 시행한 교과서 비교 연구(Shin & Sneider 2011 참조)에 따르면 최근 일본의 교과서는 대부분 평화주의를 옹호하며 '거의 무난할 정도로 조용하고 중립적'인 반면, 중국과 한국의 교과서는 민족주의적인 특징이 더 강하다. 미국의 교과서도 '지나치게 애국주의적'인 것으로 나타났다. 이처럼 정부는 여전히 국가의 이익 옹호를 위하여 출판에 기꺼이 개입하며 학교 교과서의 형태라도 출판이 선전에 이용될 수 있다.

출판산업 규제와 관련된 정부의 역할에 대한 연구는 주로 극단적인 검열의 측면에서 이루어졌다. 연구에 따르면 소비에트 연방(Sherry 2015), 동독(Beate Müller; Spittel 2015), 독재자 프란시스코 프랑코 집권하의 스페인(Herrero-Olaizola 2007), 미얀마(Wiles 2015), 아파르트헤이트 시대의 남아프리카(McDonald 2009) 등 억압적인 환경에서 책에 대한 검열이 이루어졌다. 전반적인 미디어 검열에 관한 연구들도 많다. 물론 사례마다 역사적, 지역적 특징은 다르지만, 억압적인 정부들이 모두 비슷한 방법으로 정보 배포에 관여했음을 알 수 있다.

하지만 연구에서는 정부의 검열과 통제가 저마다 정도는 다르지만 여전히 전 세계에 만연한다는 사실도 나타난다. 음란물로부터 미성년자 보호(미국의 도서관에서 특정 책들을 금서로 지정하는 이유), 종교적 통제, 비밀 보장이나 국가안보 문제 등 이유도 다양하다. 니콜 무어(Nicole Moore)가 편찬한 『문학의 검열과 한계: 세계적 관점Censorship and the Limits of the Literary: A Global View』(2015)에서도 전 세계의 사례 연구를 제공하여 이를 분명하게 설명한다. 중요한 점은 어느 정도의 정보 통제는 거의 모든 사회에 존재하지만 대개는 성문화되지 않은 이유로 이루어진다는 점이다. 책의 검열이나 금지, 규제를 뒷받침하는 텍스트 외적(extra-textual) 요인은 주로 명시적인 정책이 아니라 사회적으로 용인되는 믿음과 규범, 행동 양식을 토대로 한다. 부르디외의 구조 검열 연구(1986 [2011])에 이론적 토대를 제공하는 것도 바로 이러한 통찰이다. 부르디외는 모든 문화 생산 분야에는 암시적인 사회적 통제가 존재한다고 가정한다. '구조적 검열은 텍스트가 유포되는 분야에서 일어나며 그 분야에 속한 행위자들의 아비투스에 의해 결정된다고 할 수 있다. 이런 면에서 검열은 일련의 제도적 법칙은 물론이고 대중의 의견과 담론을 과도하게 통제하는 억압적인 수단이 아니라 현재의 아비투스와 특정 분야에서 텍스트가 누리는 상징적 자본에 의해 만들어진 일련의 성문화되지 않은 법칙으로 보아야만 한다'(Billiani가 인용한 Bourdieu, 2014: 8). 아라시 헤자지(Arash Hejazi)가 보여주듯 그 성문화되지 않은 법칙은 정부의 검열 사실을 적극적으로 부정하는 이란 같은 국가들의 경우 매우 극단적이기까지 하다. 헤자지는 검열의 영향력을 언급한다. '검열 시스템은 추적이 불가능하지만 모든 출판물의 내용에 대해 절대적인 통제권을 지닌다'(2011: 56).

과거 식민지였던 국가들의 출판 역사에 관한 연구에서는 정보와 출판물의 배포가 항상 정부의 통제 및 검열과 밀접하게 연결되어 있었다는 사실이 나타난다. 통제와 검열이 국가가 지원하는 출판사의 형태로 지금까지 계속되고 있기도 하다. 과거 식민지 국가들에 관한 연구는 인쇄 문화가 저항과 탈식민지화에 끼친 영향을 추적하는 경우가 많다. 케냐가 좋은 보기인데 시라즈 두라니(Shiraz Durrani)의 『절대 침묵하지 않으리Never Be Silent』 (2016)에서는 케냐의 출판 역사를 '투쟁의 역사'라고 표현한다. 출판사와 작가, 독자를 저항의 행위자로 묘사하는 것은 강렬한 이미지이지만 지나친 단순화일 수도 있다. 아파르트헤이트 시대의 대학출판부들에 관한 필자의 연구(Le Roux 2016)에 따르면 검열에 대한 반응은 변화하는 상황과 종종 개인에 따라 공모에서 저항까지 매우 복잡하게 나타날 수 있다.

근래에 정부의 규제가 바뀌었는가? 출판산업과 소통에 대한 규제가 전반적으로 좀더 완화되었다는 것이 일반적인 견해인 듯하다. 정보 기술과 인터넷 그리고 상업에의 커진 초점 때문이다. 하지만 그 관점에는 출판 연구가 지배적인 사회(특히 영어권 사회)에 집중된다는 사실이 반영되었을 것이다. 앞에서 언급한 이란은 물론 중국 같은 국가는 강력한 중앙집권적인 통제가 여전하다. 다른 국가에서는 전반적으로 억압적인 분위기가 두려움과 자기검열로 이어지기도 한다. 예를 들어 빌게 예실(Bilge Yesil 2014)은 튀르키예에서 정보의 자유로운 흐름을 제한하는 것은 정부 통제보다도 '국가 권력의 네트워크와 상업적 압박, 자기검열'이라는 사실을 발견했다. 일부 학자들은 과거와 같은 방식의 국가검열은 줄어들었을지 몰라도 시장 주도적인 검열로 대체되었다고 주장한다. 미디어와 출판 기업의 경제적 이익에 따라 무엇이 출판되는지가 결정되므로 특정한 관점과 목소리는 배제될 수밖에 없다는 뜻이다. 특히 1990년대 이후로 출판 기업의 소유 집중화가 심해져서 시장 검열의 위험과 그것이 다양성에 끼치는 영향에 대한 경고가 있었다(Moran 1997 참고). 일반적으로 문화 이론가들은 상업적 필요성이 의사 결정의 보수주의를 심화시킨다고 믿는다.

상업과 디지털 결정론

시장의 힘이 지배적이라는 것에 대한 우려는 있지만 근래에 출판 연구는 상업적인 측면, 특히 책 시장의 자본 조건에 더욱 집중한다. 상업주의가 모든 출판 결정의 중심을 차지하므로 자연스럽고도 필수적인 일로 여겨지기도 한다. 그러나 그것은 책이 문화 생산물이라기보다 그저 상품으로 그려진다는 것을 뜻한다. 마찬가지로 구석구석 배어든 디지털 기술의 영향력은 출판 연구의 중심축으로 여겨진다. 전자책의 등장으로 종이책이 몰락하리라는 요란한 추측은 이제 사라졌지만, 거의 모든 출판 영역이 '디지털'의 영향에만 몰두한 나머지 다른 사회적 사안과 더 넓은 맥락은 제쳐두는 모습을 보인다. 예를 들어 교과서 출판에 관한 연구는 초중고와 대학교의 전자책 사용에 집중되는 경향이 있다. 독서 습관과 패턴 연구는 이제 '소비자 행동 패턴' 또는 '사용자 경험'이라고 불린다. 흔한 일이지만 상업과 디지털에의 초점이 합쳐진 것이다. 비즈니스 중심적인 연구에서는 디지털로 인한 위협과 난관에 직면한 출판사와 서점의 '변화하는' 비즈니스 모델과 '혁신'을 파헤친다. 그런 연구에서는 '사회적 변화'를 기술이 출판에 끼치는 영향이라고 표현한다(Feather 1997). 좀더 근래에 나온 출판산업 이론 모델들은 이러한 관점을 주요한 개념으로 활용하고 있다. 마이클 바스카는 『콘텐츠 기계The Content Machine』(2013)에서 책을 어떤 모델에 따라 '틀이 잡히고' 그다음에 '필터를 거쳐' '증폭되는' '콘텐츠'로 묘사한다. 이것은 전반적으로 출판을 이해하는 유용한 관점일 수 있지만 여러 다른 맥락에 따른 출판의 정치적, 사회적 특이성을 경시하는 경향이 있다.

이것은 출판 연구만의 문제가 아니다. 문화 연구 분야에서도 '지식사회' 혹은 '창조경제'를 역사적인 측면에서 충분히 분석하는 일관적인 연구가 너무 적다는 비판이 있어왔다. 연구의 초점이 점점 심해지는 상업화와 기술의 영향력으로 향한다는 것은 사회적 사안, 특히 정치적 사안에 관심을 두지 않는다는 뜻이다. 출판산업은 21세기에도 사회적, 정치적 역할을 하는가? 우리는 여전히 출판과 이데올로기의 연결고리를 찾으려 하는가? 앞으로 출판의 사회적 역할을 직접 파고들고 그 정치적 영역도 인정하는 연구가 이루어질 기회는 많다. 자신의 연구가 '정치와 무관'하다고 생각하는 학자라면 연구 주제와 관련된 문화와 다양성, 권력 같은 이데올로기적 사안을 고려하지 않을 것이다.

참고문헌

Adams, Kate (1998). 'Built out of books: Lesbian energy and feminist ideology in alternative publishing', *Journal of Homosexuality*, 34(3 – 4), pp. 113 – 41.

Adichie, Chimamanda Ngozi (2009). 'The danger of a single story', TED Talks. https://www.ted.com/talks/chimamanda_adichie_the_danger_of_a_single_story

Anderson, Benedict (1983). *Imagined Communities: Reflections on the Origin and Spread of Nationalism*, London: Verso.

Barker, Ronald and Robert Escarpit (1973). *The Book Hunger*, Paris: UNESCO.

Benhamou, Françoise and Stéphanie Peltier (2007). 'How should cultural diversity be measured? An application using the French publishing industry', *Journal of Cultural Economics*, 31(2), pp. 85 – 107.

Bhaskar, Michael (2013). *The Content Machine*, London: Anthem Press.

Billiani, Francesca (2014). 'Assessing Boundaries: Censorship and Translation', in *Modes of Censorship: National Contexts and Diverse Media*, Francesca Billiani 편집, Abingdon: Routledge, pp. 1 – 25.

Boswell, Daniel (2014). 'Publishing and the Industrial Dynamics of Biblio-cultural Identity in Catalan and Scottish Literary Fields', PhD Diss, Edinburgh Napier University.

Bourdieu, Pierre (1986 [2011]). 'The forms of capital', in *Cultural Theory: An Anthology* 1, Imre Szeman & Timothy Kaposi 편집, Malden, MA; Oxford: Wiley-Blackwell, pp. 81 – 93.

Brouillette, Sarah (2007). *Postcolonial Writers in the Global Literary Marketplace*, Basingstoke: Palgrave Macmillan.

Chambers, Claire (2010). 'Multi-Culti Nancy Mitfords and Halal Novelists: The Politics of Marketing', *Textus*, 23(2), pp. 389 – 403.

Cohen, Lara Langer and Jordan Alexander Stein, eds (2012). *Early African American Print Culture*, Philadelphia: University of Pennsylvania Press.

Davis, Caroline (2011). 'Histories of Publishing under Apartheid: Oxford University Press in South Africa', *Journal of Southern African Studies*, 37(1), pp. 79 - 98.

Davis, Caroline (2013). *Creating Postcolonial Literature: African Writers and British Publishers*, London: Palgrave Macmillan.

Durrani, Shiraz (2016). *Never Be Silent: Publishing and Imperialism 1884-1963*, Nairobi: Vita Books.

Eisenstein, Elizabeth L. (1979). *The Printing Press as an Agent of Social Change: Communications and Cultural Transformations in Early-modern Europe*, Volume 2, Cambridge: Cambridge University Press.

Even-Zohar, Itamar (2005). 'Polysystem theory (revised)', *Papers in Culture Research*, 38 - 49.

Faustino, Paulo (2009). 'The Potential of Book Publishing in Iberian American and African Countries', in *The Handbook of Spanish Language Media*, Alan Albarran 편집, London: Routledge.

Feather, John (1997). 'Book publishing and social change', *Logos*, 8(1), pp. 55 - 61.

Fowler, Corinne (2013). 'Publishing Manchester's black and Asian writers', in *Postcolonial Manchester: Diaspora Space and the Devolution of Literary Culture*, Robert H. Crawshaw, Corinne Fowler, Lynne Pearce 편집, Manchester: Manchester University Press.

Gardner, Eric (2015). *Black Print Unbound: The 'Christian Recorder,' African American Literature, and Periodical Culture*, New York: Oxford University Press.

Giton, C. (2015). Unesco's World Book Policy and its Impacts. UNESCO. http://en.unesco.org/news/unesco-s-world-book-policy-and-its-impacts-accordingceline-giton

Hager, Christopher (2013). *Word by Word: Emancipation and the Act of Writing*, Cambridge, MA: Harvard University Press.

He, Yinan (2009). *The Search for Reconciliation: Sino-Japanese and German-Polish*

Relations since World War II, Cambridge: Cambridge University Press.

Hejazi, Arash (2011). '"You don't deserve to be published": Book censorship in Iran', *Logos*, 22(1), pp. 53 – 62.

Henningsgaard, Per (2008). 'Outside Traditional Book Publishing Centres: The Production of a Regional Literature in Western Australia', PhD Thesis, University of Western Australia.

Herrero-Olaizola, Alejandro (2007). *The Censorship Files: Latin American Writers and Franco's Spain*, Albany: State University of New York Press.

Hesmondhalgh, David (2012). *The Cultural Industries*, 3rd edition, London: Sage.

Huggan, Graham (2001). *The Postcolonial Exotic: Marketing the Margins*, Abingdon: Routledge.

Hutchinson, George and John K. Young, eds (2013). *Publishing Blackness: Textual Constructions of Race Since 1850*, Ann Arbor: University of Michigan Press.

Julien, Eileen (2006). 'The extro-verted African novel', in *The Novel: History, Geography and Culture*, Franco Moretti 편집, Princeton, NJ: Princeton University Press.

Kasahara, Tokushi (2010). 'Reconciling Narratives of the Nanjing Massacre in Japanese and Chinese Textbooks', Presented at Center for Philippine Studies & Japan Society for the Promotion of Science.

Kovač, Miha and Claire Squires (2014). 'Scotland and Slovenia', *Logos*, 25(4), pp. 7 – 19.

Lassen, Inger, Jeanne Strunck, and Torben Vestergaard, eds (2006). *Mediating Ideology in Text and Image: Ten Critical Studies*, Amsterdam: John Benjamins Publishing.

Le Roux, Elizabeth (2016). *A Social History of the University Presses in Apartheid South Africa*, Leiden: Brill.

McDonald, Peter (2009). *The Literature Police*, Oxford: Oxford University Press.

Mack, Edward (2010). *Manufacturing Modern Japanese Literature: Publishing, Prizes and the Ascription of Literary Value*, New York: Duke University Press.

Menon, Ritu (2001). 'Kali for Women in India in 1984', *Logos*, 12(1), pp. 33 – 8.

Moody-Turner, Shirley (2015). "Dear Doctor Du Bois": Anna Julia Cooper, WEB Du Bois, and the Gender Politics of Black Publishing', *MELUS: Multi-Ethnic Literature of the United States* 40(3), pp. 47 – 68.

Moore, Nicole, ed. (2015). *Censorship and the Limits of the Literary: A Global View*, London: Bloomsbury.

Moran, Joe (1997). 'The role of multimedia conglomerates in American trade book publishing', *Media, Culture & Society*, 19(3), pp. 441 – 55.

Murray, S. (1999). *Mixed Media: Feminist Presses & Publishing Politics in Twentieth-Century Britain*, London: University College London.

Murray, S. (2007). 'Publishing Studies: Critically Mapping Research in Search of a Discipline', *Publishing Research Quarterly*, 22(4), pp. 3 – 25.

Noorda, Rachel (2016). 'Transnational Scottish Book Marketing to a Diasporic Audience, 1995 – 2015', PhD Diss, Stirling University.

Noorda, Rachel (2017). 'From Waverley to Outlander: Reinforcing Scottish diasporic identity through book consumption', *National Identities* (2017), pp. 1 – 17.

Pickford, Susan (2011). 'The Booker Prize and the Prix Goncourt: a case study of award-winning novels in translation', *Book History*, 14(1), pp. 221 – 40.

Ponzanesi, Sandra (2014). *The Postcolonial Cultural Industry: Icons, Markets, Mythologies*, London: Palgrave Macmillan.

Ramdarshan Bold, M. and A. McCleery (2012). "What is my country?": Supporting Small Nation Publishing', *Journal of Irish and Scottish Studies*, 6(1), pp. 115 – 131.

Roberts, Gillian (2011). *Prizing Literature: The Celebration and Circulation of National Culture*, Toronto: University of Toronto Press.

Rose, Jonathan (2003). 'The horizon of a new discipline: inventing book studies', *Publishing Research Quarterly*, 19(1), pp. 11 – 19.

Sherry, Samantha (2015). *Discourses of Regulation and Resistance*, Edinburgh: Edinburgh University Press.

Shin, Gi-Wook and Daniel Sneider, eds (2011). *History Textbooks and the Wars in Asia*, New York: Routledge.

Slaughter, Joseph R. (2014). 'World literature as property', *Alif: Journal of Compara-*

tive Poetics, 34, pp. 39 – 73.

Spittel, Christina (2015). 'Reading the Enemy: East German Censorship across the Wall', in *Censorship and the Limits of the Literary: A Global View*, Nicole Moore 편집, London: Bloomsbury.

Squires, Claire (2017). 'Publishing's Diversity Deficit', *CAMEo Cuts No.2*, Leicester: CAMEo Research Institute for Cultural and Media Economies, University of Leicester.

Striphas, Ted (2009). *The Late Age of Print*, New York: Columbia University Press.

Travis, Trysh (2008). 'The women in print movement: History and implications', *Book History*, 11(1), pp. 275 – 300.

Verboord, M. (2012). 'Female Bestsellers: A cross-national study of gender inequality and the popular-highbrow culture divide in fiction book production, 1960 – 2009', *European Journal of Communication*, pp. 396 – 409.

Wainaina, Binyavanga (2006). 'How to write about Africa', *Granta*, 92.

Watson, C. W. (2005). 'Islamic books and t‚heir publishers: notes on the contemporary Indonesian scene', *Journal of Islamic Studies* 16(2), pp. 177 – 210.

Wiles, Ellen (2015). *Saffron Shadows and Salvaged Scripts: Literary Life in Myanmar Under Censorship and in Transition*, New York: Columbia University Press.

Yao, Jianhua (2014). *Knowledge Workers in Contemporary China: Reform and Resistance in the Publishing Industry*, Lanham, MD: Lexington Books.

Yesil, Bilge (2014). 'Press Censorship in Turkey: Networks of State Power, Commercial Pressures, and Self-Censorship', *Communication, Culture & Critique*, 7(2), pp. 154 – 73.

Yoshio, H. (2012). *Envisioning Women Writers: Female Authorship and the Cultures of Publishing and Translation in Early 20th Century Japan*, New York: Columbia University Press.

Zell, Hans M. and Raphaël Thierry (2015). 'Book Donation Programmes for Africa: Time for a Reappraisal? Two Perspectives', *African Research & Documentation*, 127.

7장

출판과 문화

존 오크스(John Oakes)

구텐베르크 시대 이후, 어쩌면 더 오래전부터, 출판사들은 가장 대중적이고 수익성 높은 주제에 의존하며 생존해왔다. 꾸며낸 내용이 절반을 차지하는 숨가쁜 여행기부터 음란물까지, 수수께끼 문제집에서 부유한 후원자에 대한 아첨 섞인 묘사까지, 출판은 언제나 상업에 헌신하는 모습을 보였다. 그렇기에 '출판과 문화'라는 개념은 모순적인 조합일지도 모른다. 하지만 광범위한 측면에서 문화가 특정 사회의 경계선(delimitation)을 의미한다면 책의 출판은 그 경계를 규정하는 데 필수적인 역할을 한다. 문화의 변화와 교환, 해석의 중심이 되는 것이다. 그래서 출판은 단순한 사업이 아니라 상업적 성공과 문화적 실체 사이의 갈등을 상징한다. 출판은 직접적 호소를 상징하는 생각과 다듬어진 메시지, 사상을 글의 형태로 창작자/저자의 머리에서 소비자/독자의 머리로 이동시킨다. 데일 카네기뿐만 아니라 사뮈엘 베케트의 저작에는 모두 똑같은 원칙, 즉 조금만 밀어붙이면 생각의 이동이 '글쓰기'에서 '출판'으로 필수적인 도약을 하게 된다는 점이 적용되었다. 글쓰기에는 단 한 사람의 신체적 행동이 필요하지만 출판은 개인의 좁은 범위를 벗어나 독자층과의 복잡한 관계를 요구한다. 출판은 문화적 영향력을 지니기 위해 독자의 공동체를 갈망한다.

생각에서 책 페이지로의 이동은 다른 매체에는 빠져 있는 수신자에 대한 창작자의 헌신을 상징한다. 독자는 정확히 자신을 위해 만들어진 표시를 정확히 의도된 순서에 따라서 본다. 춤, 연극, 음악, 미술은 개념에서 무대, 캔버스, 콘서트로의 물리적 이동이 이루어지는 과정에서 창작자의 헌신이 사라진다. 글쓰기는 생각이 집중적이고 정확하게 이동하는 형태에 가장 가깝다.* 과거에도 현재에도 인간의 역사에는 구전전통이 풍부하므로 책 없는 문화도 없다는 주장은 과장일 수도 있지만, 책이 문화적 메시지를 보다 효율적이고 쉽게 전달 가능한 방식으로 창조하고 보존하며 발전시키는 강력한 도구라는 주장은 맞을 것이다(여기에서 '책'은 글자를 토대로 미리 정해진 광범위한 메시지를 전달하는 사물이라고 정의한다. 종이책, 전자책, 오디오북이 모두 해당된다).

사람들의 정체성의 표현인 문화가 책 이전 시대에 어떻게 나타났는지 생각해보면 문화의 진화와 관습이 시간을 거쳐 발달한 개인적인 관계에 좌우되었음을 알 수 있다. 대화와 토론은 살아 있는 문화에 필수적이다.

---

* 하지만 단정하기는 이르다. 플라톤의 『파이드로스』에서 소크라테스는 이집트의 파라오에 관한 전설을 인용한다. 신들의 서기(書記)이자 서기의 신인 토트가 파라오를 만나 여러 선물을 주며 사람들과 나누어야 한다고 설명한다. 그는 수많은 선물을 일일이 설명하고 맨 마지막으로 가장 훌륭한 선물을 보여준다. '기억과 지혜의 영약', 바로 글자였다. 파라오는 토트에게 이의를 제기한다. 글자에 '사실과 정반대되는 힘'이 있다고 말하다니 과연 실수인지, 악의인지 물었다(274c, H. N. Fowler 번역; Harvard University Press). 글은 절대로 생각이나 사건을 정확하게 기술하지 못한다. 근사치를 전달할 뿐이다. 엘레아의 제논(기원전 5세기) 이전까지 그리스 철학자들은 시를 통해 자기주장을 전달했다. 모든 것을 고려할 때, 그것은 복잡한 생각을 좀더 효율적으로 전달하는 수단일지도 모른다.

책 이전 시대에는 정보가 느리게 퍼졌다. 사람에서 사람으로 입을 통해 혹은 작은 집단을 통해 필사본으로 먼 거리를 이동했다. 주요 토론도 몇십 년에 걸쳐 점진적으로 일어나 새로운 세대가 개입하기도 했다. 이러한 교환의 결과로 공통성이 만들어졌고 서서히 사회를 재조성했다. 데이비드 포스터 월리스(David Foster Wallace)는 『재밌다고들 하지만 나는 두 번 다시 하지 않을 일』에서 말한다. '규범의 확립은 우리가 공동체로서 우리의 진정한 이익과 목적이라고 결정한 것에 따라 자신의 (발언을 포함한) 행동을 평가하는 데 목적을 둔다.' 즉 공동체의 문화를 수립하기 위함이다.

이제부터 비록 불완전하고 개인적이지만, 출판 종사자들과 그 지지자들의 끈기로 수 세기에 걸쳐 나타난 관계를 대략적으로 살펴보겠다. 종교재판, 영연방, 텍사스 교육청, 나치 시대의 제국문화원(Reichskulturkammer), 뉴욕악폐퇴치협회(New York Society for the Suppression of Vice) 등 적들도 그들 못지않게 끈질겼다.

15세기에 유럽에서 인쇄기와 특히 활자가 등장하면서 문화 발달 속도가 급격히 빨라지고 '혼자 일하는 필경사'는 시대착오적인 것이 되었다. 인쇄기 덕분에 사본의 영향력이 몇 배나 커져 전 대륙에서 문화적 토론이 시기적절하게 이루어지도록 해주었다. 하지만 학식을 갖춘 사람들의 목소리가 커질수록 기득권층의 우려도 커졌다. 책은 고정적인 선전 역할을 통해 유례 없이 커다란 지적 불안을 초래했다.

이 시기가 바로 근대 출판의 시작이었다. 책 사업의 기본 원칙을 반박하지 않는 기술혁신 외에도 출판산업이라는 직종은 500년 동안 기본적으로 똑같이 유지되어왔다. 21세기의 출판인들은 근대적인 인쇄기와 활자가 처음 등장했을 때의 특징과 사건들을 살펴보면 오늘날과 비슷한 점이 너무 많아 놀랄 것이다. 활자를 처음 발명한 마인츠의 요하네스 구텐베르크

는 인쇄기와 사업을 채권자에게 빼앗겼고 베네치아의 알두스 마누티우스
는 그의 알디네 인쇄소에서 출간한 책들의 해적판과 싸웠다. 그런가 하면
사제이자 출판업자였던 네덜란드의 인문주의자 데시데리위스 에라스뮈스
는 학문 연구 활동에 매진하는 것 말고도 연구를 도와줄 후원자를 끊임없
이 찾아 헤매는 삶을 살았다. 불규칙한 현금 흐름, 저작권 침해, 혁신적이
지만 경제적으로는 위험한 책을 승인할 지속적인 필요성 등 오늘날의 출
판사들에 너무 익숙한 문제가 그때도 똑같이 존재했다.

　기술 혁신으로 단축된 작업 시간과 낮아진 생산비는 인쇄업자나 출판
업자를 부자로 만들어준 것을 넘어, 16세기에 세비야의 유명한 인쇄업자
였던 자코보 크롬베르거(Jacobo Cromberger)가 기뻐한 것처럼 '읽을거리의
부족 현상'을 해결해주었다.* 크롬베르거는 책의 새로운 수요 발생으로 급
증한 행위에서 비롯된 문화의 혼합을 잘 보여준다. 책은 이동 가능하고 가
격도 저렴한 오락과 지식, 선전의 원천이었다. 뉘른베르크 출신으로 스페인
에서 일한 크롬베르거는 개종한 유대인이었을 가능성이 크다. 그는 1539년
에 멕시코의 첫 주교 후안 데 수마라가(Juan de Zumârraga)의 요청 혹은 지
시를 받고 자신의 대리인인 이탈리아인 조반니 파올리(Giovanni Paoli, 후안
파블로스Juan Pablos라는 이름으로도 알려짐)를 보내 신세계 멕시코시티에 최
초의 인쇄기를 설치했다(인쇄기가 설치되었던 그 출판사가 지금도 모네다와 리센
시아도 프리모 베르다드 거리에 있다).** 6년 후 크롬베르거 출판사(Casa de

＊ Lisa Jardine 1998: 141.
＊＊ 알베르토 망겔(Alberto Manguel)은 『밤의 도서관』에서 이단의 책을 적극적으로 불태
웠던 수마라가가 '한편으로는 책을 만들고 또 한편으로는 파괴하는 역설을 이해하지 못했
던 것 같다'라고 적었다. 필자는 수마라가 주교가 책의 신적인 힘을 알아보고 책에 집중
했기 때문이라고 주장하고자 한다. 새로운 세계를 창조하려면 이전의 세계를 파괴해야
만 한다.

Cromberger)는 아메리카 대륙 최초의 인쇄본을 스페인어와 나와틀어로 출간했다(수마라가 주교의 『Breve y más compendiosa doctrina Christiana en lengua Mexicana y Castellana』). 멕시코 종교재판의 수장이었고 최초의 공립도서관을 만든 것으로 알려진 수마라가는 출판의 가치를 잘 알고 있었다.[*] 그는 원주민 문화를 끊임없이 공격한 것으로도 유명하다. 그가 활용한 가장 효과적인 방법은 바로 아즈텍의 코디세(Codice, 양피지에 그림과 글로 남긴 자료-역주)를 끈질기게 찾아 나선 것이었다. 1530년에는 텍스코코(Texcoco)에서 코디세를 불태워버렸다. 책은 검을 대신해 전통문화를 불태우고 새 문화를 도입하는 필수적인 역할을 했다.

인쇄기가 등장한 초창기에 자칭 '책의 사람들(People of the Book)'이라고 불린 유대인들보다 책 문화에 더 깊이 관여한 집단은 없을 것이다. 모세의 2페이지짜리 '책', 즉 십계명이 적힌 석판은 유대교의 중요한 부분을 차지한다. 유대교 신전마다 글로 된 문서가 꼭 있는데, 대부분 토라나 구약성서가 적힌 두루마리가 '방주(Ark)'라고 하는 보관장에 안전하게 들어 있다. 토라를 제외하고 유대인 문화의 활력과 안정성을 지키는 데 필수로 여겨진 다른 책들도 있었다. 따라서 유대인들은 출판산업 초기에 이미 준비된 시장을 제공했다. 랍비의 뿌리깊은 토론과 분석 전통은 『탈무드』에서 잘 나타난다. 유대인의 법과 전통에 관한 토론을 집대성한 『탈무드』가 처음 등장한 것은 지금으로부터 2,000년도 더 이전이다. 하지만 인쇄기가 유대인의 문화적 행동을 바꾸고 먼 거리와 상관없이 그들을 하나로 단결해준 것은 특히 기도서의 표준화 덕분이었다. 역사상 최초로 코친과 바르샤바, 암스테르담의 유대인 모임에서 똑같은 텍스트와 노래가 담긴 책을 읽을

---

[*] Fernando Báez 2008: 131.

수 있게 된 것이다. 즉시 인쇄된 책을 모든 신자가 가지게 되었다. 르네상스 시기 세계에서 가장 활발한 유대인 공동체의 본거지였던 베네치아에서는 유대인의 책 출판이 금지되었지만, 기도서의 꾸준한 수요는 초기 인쇄업자/출판업자들의 소득원이 되었고 그곳의 인쇄 시장을 150년 동안 번영시켰다.

출판에 필요한 협업 덕에 여러 문화가 힘을 합치는 전례없는 일이 일어났다. 최초로 기독교인과 유대인, 개종자가 함께 사업을 했다. 출판 상품의 보급뿐만 아니라 출판 행위 자체가 문화적 변화로 이어졌다(지금도 여전히 그러하다). 한마디로 증오의 대상인 마르틴 루터(Martin Luther)와 인문주의(에라스뮈스도 열렬한 인문주의자였다), 유대교는 물론 아랍의 사상(아랍의 과학과 철학의 촉매 작용으로 일어난 발전도 포함) 모두가 책을 통해 르네상스 시대의 계몽 귀족들에게 전해졌다. 그들은 유대교와 아랍 필사본의 대표적인 수집가였다.

책 중심 검열이라는 개념이 처음 등장한 이후로 기득권층이 주장해온 대로 만약 책이 문화와 '잘못된' 사상을 널리 전파한다면, 논리상 책의 부재는 이데올로기의 타락을 예방해줄 것이다. 출판이 허락된 책이라도 잘못된 사람의 손에 들어가면 사람들을 타락시킬 수 있다. 개신교의 위협은 물론 신기술을 활용하는 독립적인 평자들의 숫자가 점점 늘어나는 것에 대한 반응으로 1546년에 트리엔트 공의회 제4차 회기 제2교령에서는 '인쇄업자들은 교회의 허가 없이 자신들이 원하는 대로 할 수 있다고 생각하면서 성경 본문과 그에 관한 주석과 해설을 저자를 가리지 않고 출판한다'라고 규탄하면서 다음과 같이 공포했다.

교회 직권자의 검토와 승인 없이 거룩한 주제와 관련된 서적을 저자의 이름 없이 인쇄하거나 인쇄하게 하는 것은 불법이다. 나중에 그것을 팔거나 자신의 소유로 간직해서도 안 된다. 이를 어길 때는 지난 라테란 공의회의 규정에 따라 파문과 벌금형에 처한다. 미리 검열과 승인을 받지 않은 필사본을 주고받거나 유포하는 자들은 인쇄업자들과 동일한 처벌을 받게 될 것이다. 만일 이런 책들을 소유하거나 읽는 사람들이 저자를 밝히지 않으면 자신이 저자로 간주된다.

이 교령은 공의회의 표현처럼 '규탄받아야 할 것은 규탄받도록 해야 한다'라는 권위주의적인 외침에 추진력을 제공했다. 실제적으로는 체제 전복의 동인으로서의 책이 무자비하게 파괴되는 결과를 가져왔다. 그후로 비슷한 교령이 더 나왔고 1559년에 교황 비오 4세는 『금서목록*Index Librorum Probibiturum*』의 초판을 발행했다. 프랑스와 스페인, 신성로마제국, 신세계 등 여러 지역마다 비슷한 금서령이 발표되었고 지금 보면 매우 놀랍게 여겨지는 교령도 나왔다. 1565년에 멕시코 2차 관구 공의회가 불가타본(교회가 승인한 4세기 라틴어 번역)을 포함해 성경의 유포를 제한하고 비유럽인의 소유를 분명히 금지한 것이다. 『금서목록』은 새로운 판본이 계속 나오면서 1966년까지 교회의 교리로 지켜졌다. 그 목록에는 마르틴 루터, 장 칼뱅뿐만 아니라 볼테르와 데카르트, 시몬 드 보부아르 등 4,000권의 책이 포함되었다.

한편 영국에서는 헨리 8세가 영국 교회의 수장임을 선언하는 수장령이 1534년에 통과되었고 그와 관련해 케임브리지대출판부가 설립되었다. 국교에 반대하는 목소리를 편리하게 통제하는 방법이었다. 헨리 8세의 치하에서 (그 뒤를 이은 에드워드 6세도 역시) 토마스 아퀴나스(Thomas Aquinas)나 둔스 스코투스(Duns Scotus)를 포함한 '교황주의자들'이 쓴 책과 무자비한 전쟁을 벌였고 책을 찾는 족족 없애버렸다. 한 예로 1548년에 헨리 8세는 300년 동안 켈트족 학문 연구의 중심지였던 글라스니대학(Glasney College)을 유일한 콘월어 장서들과 함께 파괴했다. 메리 1세 치하에서 가톨릭주의가 회복된 후에는 반대 방향으로 이데올로기의 탄압이 이어졌다. 1557년에 인쇄출판동업조합(Stationers' Company)이 설립 150년 만에 왕실로부터 인정받았고 두 개의 대학과 21곳의 인쇄소에만 출판 권리가 허락되었다. 인쇄출판동업조합은 공인 검열기관으로서 책과 저자, 인쇄업자에게 해를 끼치는 행위를 제재할 권리와 의무가 있었으므로 정부의 대리인 역할을 수행했다.

출판과 책은 17세기 중반에 청교도와 왕정주의자들의 계속된 대립에서 필수적인 부분이었다. 실제로 그 대립은 전장에서 이루어지는 싸움과 다를 바 없이 잔혹했다. 완고한 청교도 평론가이자 출판업자로 희곡『히스트리오마스틱스: 바람둥이의 재앙 혹은 배우의 비극*Histriomastix: The Player's Scourge, or Actor's Tragedy*』에서 '외설적인' 배우들을 공격한 것으로 유명한 윌리엄 프린(William Prynne)의 사례가 대표적이다. 그 평론은 전부 공개적으로 불태워졌고 프린은 두 귀가 잘렸다. 그후에도 출판을 그만두지 않은 그는 귀의 남은 부분을 또 잘렸고 뺨에 낙인까지 찍히고 종신형을 선고받았다(놀랍게도 프린은 나중에 군주제의 부활을 지지했다).

지배계급이 잘 논증된 책에 담긴 문화적 힘에 매료되면서도 그것을 두려워할 이유는 충분했다. 랍비 레오네 다 모데나(Leone da Modena)가 1637년에 쓴『유대인 의식의 역사*Historia de'riti hebraici*』를 통해 유대인들이 영국에서 추방당한 지 3세기도 더 지나 유대인의 '인간화(humanization)'가 이루어졌다. 비(非)유대인에게 고하는 이 책은 크롬웰의 명으로 유대인들이 영국으로 돌아오는 기회를 열어주었다.* 프랑스 인구의 50%까지 치솟은 문해율은 왕정의 일관적이지만 실패로 돌아간 출판업 통제와 더불어 유럽 대륙의 급격한 변화를 알리는 전조가 되었다. 인쇄업자 기욤 데스프레즈(Guillaume Desprez)는 파스칼의 『시골 친구에게 쓴 편지Les Provinciales』를 출판했다가 투옥되었지만 그 책의 판매로 부를 얻었다.**

유럽과 아메리카에서 계몽운동이 거세지면서 문화를 바꾸는 힘을 가진 출판물은 종교적인 특징이 약해지고 정치와 사회적인 부분으로 초점이 향했다. 좋은 출판에는 논란이 따랐다. 토머스 페인의 책은 베스트셀러였지만(페인은 평생 빈곤에 시달린 혁명가였고 『상식Common Sense』으로 거둬들인 상당한 인세도 독립전쟁 당시 미국군의 방한 장갑을 구매하는 데 썼다) '그의 책을 취급하는 인쇄업자와 출판업자, 서적상(대개는 모두 동일인)이 선동과 신성모독죄로 기소될 위험도 가장 컸다.'*** 성경을 제외하고는 무엇을 읽든 의심의 대상이었다. 18세기의 도덕 수호자들은 '통제되지 않은 소설을 읽음으로써 일어나는 도덕적 방종'을 경계했다.****

'신성모독적인' 출판은 정치적 급진주의와 동일시되는 경우가 많았다. 장자크 루소, 바뤼흐 스피노자, 존 스튜어트 밀의 경우와 마찬가지로 기득권층 사회를 비난한 자코모 카사노바(Giacomo Casanova), 헨리 필딩(Henry Fielding), 마르키 드 사드(Marquis de Sade) 같은 혁명가들의 책은 논란과 금지의 대상이 되었다. 책은 사상을 전파할 뿐만 아니라 이해관계의 보편성을 인정하게 해준다는 점에서 위험했다. '1780년대에 영국 도싯주 해변의

---

* Alessandro Marzo Magno, 'Bound in Venice: The First Talmud'. http://primolevicenter.org/printed-matter/bound-in-venice-the-first-talmud/#_edn11
** Vincent Giroud 2013: 336.
*** Elisabeth Ladenson 2013: 174.
**** Abigail Williams 2017: 3.

웨이머스가 관광객들에게 인기를 끌자 서적상 제임스 러브(James Love)는 그의 서점을 대중의 오락을 위한 장소 "취향의 신전(The Pantheon of Taste)"으로 홍보했다. 아침 6시부터 밤 10시까지 문을 연 그곳에는 책뿐만 아니라 당구장, 음악 자료를 빌려주는 도서관, 전시장 등이 갖춰져 있었다.* 철학자 알바 노에(Alva Noë)의 표현처럼 예나 지금이나 책은 '확장된 신체(extended bodies)'로서 독자들이 만든 공동체에도, 개인과 문화의 변화 수단에도 핵심이 되었다. 세르반테스 이후로 문학의 가장 실질적인 과잉은 책 중심으로 이루어진다. 돈키호테를 미치게 만든 것도 책이고 프랑수아 라블레(Francois Rabelais), 윌리엄 S. 버로스(William S. Burroughs), H. P. 러브크래프트(H. P. Lovecraft) 같은 각양각색의 작가들이 하나같이 가장 도취적인 세속적 소유물이라고 찬양한 것도 바로 책이었다.

경제가 더욱 복잡해지면서 벤저민 프랭클린 같은 작가/인쇄업자/출판업자의 시대는 저물었다. 19세기에는 인쇄업자(장인)와 출판업자(합병자), 작가(창작자)의 역할이 갈수록 전문화되었다. 적어도 이론상으로 모든 측면에서 전문성(professionalism)이 강해지고 구분도 확실해졌다.

사회적 지배력을 잃지 않으려 발버둥치는 지배층과 이데올로기는 점점 증가하는 식자층이 가져올 수 있는 위험에 반응했다. 산업화와 더불어 출판업을 새롭게 발전시키거나 아예 제거하려는 기득권층의 시도가 전 세계적으로 계속 나타났다. 1873년에 (페르난도 바에즈Fernando Báez가 근대 '종교재판'이라고 적절하게 부른) 뉴욕악폐퇴치협회를 설립한 악명 높은 앤서니 콤스톡(Anthony Comstock)이 그러한 억압을 잘 보여준다. 아직까지 콤스톡은 미국에서 가장 많은 책을 없앤 사람이라는 기록을 보유하고 있다.** 당

---

* Williams 2017: 111.

시 영국계 미국인 기득권층은 처음에는 오스카 와일드(Oscar Wilde) 같은 이들, 나중에는 조지 버나드 쇼(George Bernard Shaw)와 제임스 조이스(James Joyce) 같은 작가들의 공격을 막으려고 필사적이었다. 그들의 야만적인 반격이 가져온 여파로 20세기까지 이어지는 비극이 초래되었다. 20세기에도 여전히 미국의 출판업자와 서적상들은 책의 출판과 판매로 감옥에 갈 수 있었다. 프린과 데스프레즈 같은 선조들의 정신을 떠올리게 하는 모리스 지로디아스(Maurice Girodias), 존 캘더(John Calder), 바니 로셋(Barney Rosset) 같은 용감하고 단호한 출판인들은 기득권층에 반항한 죄로 벌금을 물거나 투옥될 위험을 감수하고 블라디미르 나보코프, 헨리 밀러, D. H. 로런스 같은 작가들의 책을 계속 출판했다. 프랑스인 아방가르드 작가 알프레드 자리(Alfred Jarry)의 저서를 번역한 뉴욕의 서적상 샘 로스(Sam Roth)를 비롯한 다수가 유죄를 선고받고 여러 차례 투옥되었다. 출판 지지자들의 힘은 약한 듯했지만 출판업계가 교회와 국가가 정한 규율을 계속 조금씩 깎아내면서 부정할 수 없는 현실이 드러났다. 문화적 관습이 변하고 있고 '여가의 성애화가 그 어떤 경고도 멈출 수 없을 만큼 강렬하다'라는 것이었다.*** 잉크를 통 단위로 구매하는 남자와는 싸우지 말라는 21세기 격언의 핵심은 진리였던 듯하다. 출판업자들은 출판업이라는 직종이 생겨난 순간부터 소송과 투옥, 파산을 겪었고 상품이 비난과 금지의 대상이 되고 불태워지기까지 했지만 여전히 살아남았다. 그들이 만드는 출판물도 마찬가지다. 머릿속에서 떠올라 종이로(또는 전자 화면으로) 옮겨지는 생각은 지금도 여전히 권위에 저항하는 놀라운 강인함을 지닌다.

** Báez 2008: 224.

*** Jay Gertzman 2002: 106.

뻔뻔한 자기 홍보의 훌륭한 고전이라고 할 수 있는 벤베누토 첼리니(Ben-venuto Cellini)의 회고록(1563년)으로 거슬러올라가는 오래전부터 예술가들은 문학 창작이 미학의 지배권을 부여한다는 사실을 알고 있었다. 상업성이나 사회적 영향력을 위한 것이든 '단순히' 예술이 다른 매체로 확장되기를 바란 것이든 예술가와 작가들의 운동은 종종 출판사 설립으로 이어졌다. 윌리엄 모리스(William Morris)의 켈름스콧 출판사(Kelmscott Press, 1891)는 영국에서 미술공예운동(Arts and Crafts Movement)의 발달과 사회주의 가치의 홍보에 중요한 역할을 했다. 나머지 유럽 대륙에서는 상징주의자들이 〈메르퀴르 드 프랑스Mercure de France〉를 창간했다. 이 문예지는 기욤 아폴리네르(Guillaume Apollinaire), 앙드레 지드(Andre Gide) 등의 작품을 실었다. 몇십 년 후인 1917년에 버지니아와 레너드 울프는 예술가 집단 블룸즈버리 그룹(Bloomsbury Group)을 위해 호가스 출판사(Hogarth Press)를 세웠다. 비슷한 시기에 러시아에서는 '미래파 문학단(Literary Company of Futurists)'이 세워졌고, 이탈리아에서는 『미래파 선언』(1909)과 『파시스트 선언』(1919)을 발표한 필리포 토마소 마리네티(Filippo Tommaso Marinetti)가 밀라노에서 미래파 문학 잡지 〈포에시아Poesia〉를 창간했다. 그 전통은 계속되어 2010년에 폴 찬(Paul Chan)이 뉴욕에 독립 출판사 배드랜즈 언리미티드(Badlands Unlimited)를 설립해 자신이 쓴 성애물과 마르셀 뒤샹(Marcel Duchamp)과의 인터뷰, 이라크의 독재자 사담 후세인의 민주주의에 관한 연설 등을 출판했다. 이처럼 출판사 대표가 되면 미학의 변화에 영향을 끼칠 수 있다.

자유주의 사상을 지닌 출판인들이 특정한 정의의 '문명'에 끼치는 위협은 두 가지 방향에서 나타났다. 바로 사회적 측면과 정치적 측면이었다. 20세기 초의 위대한 무정부주의자 엠마 골드만(Emma Goldman)은 '자유연애'의 초기 옹호자였다. 검열과 싸우는 출판인들은 육체적 쾌락을 찬양하는 글이 가끔 많이 팔리기는 하지만 사회적 안정성에 반박하는 글임을 잘 알고 있었다. 예를 들어 바니 로셋은 헨리 밀러의『북회귀선』을 출판했다는 이유로 미국 정부에 거듭 기소되었다. 체 게바라의 일기와 프란츠 파농의『대지의 저주받은 사람들』같은 다수의 급진주의적인 책을 미국에서 출판한 것도 그였다. 몇십 년 동안 이어진 영미 출판계의 법정 싸움은 테리 서던(Terry Southern)과 메이슨 호펜버그(Mason Hoffenburg)가 지로디아스의 올림피아 출판사를 통해 출간한 풍자소설『캔디』가 영어권에서 100만 부나 판매되면서 정점에 이르렀다.* 처음에는 암암리에 입소문을 타다가(1958) 판매 1위로 대박을 터뜨린(1965) 그 책이 거둔 성공은『채털리 부인의 연인』『울부짖음』『브루클린으로 가는 마지막 비상구』같은 작품들이 영화배우 도리스 데이(Doris Day)로 대표되는 쾌활하고 중립적인 완벽함의 환영이 훼손되지 못하도록 한 '품위유지법'이 완화된 뒤 미국에서

---

* 지로디아스는 거듭된 법정 공방으로 파산에 이르면서 출판업을 그만두었다. 블라디미르 나보코프의『롤리타』와 J. P. 돈리비(J. P. Donleavy)의『진저맨』을 처음 출판한 그는 '성애물'에 대한 헌신만큼이나 작가들에게 바가지를 씌우는 것으로도 악명이 높았지만, 당국을 가장 분노하게 한 것은 그의 정치적 개입이었다. 지로디아스는 1947년에 국가의 경제 상태를 공격하는 책『부패의 빵Le pain de la corruption』을 출판했다는 이유로 프랑스 문화부 장관(작가 앙드레 말로Andre Malraux)으로부터 고소당했다. 1959년에는 프랑스에서는 합법이지만 원작이 쓰인 국가에서는 금지된 책들을 출판해 또 말로에게 고소당했다. 1963년에 지로디아스는 역시나 선구적인 출판인 바니 로셋에게 쓴 편지에서 이렇게 적었다. "이곳의 상황은 무척이나 끔찍하고 역겹다네. 정말이지 말도 안 되는 이유로 나는 일주일에 한 번씩 형을 선고받고 있어. 프랑스에서는 출판업을 계속 이어가기가 어려울 것 같아. 이제 해외에 지점을 하나 혹은 여러 개 낼 생각이네"(Barney Rosset 2016: 249). 1970년에 올림피아 출판사가 파산한 후 지로디아스는 뉴욕으로 건너갔고 불과 4년 만에 외설적인『키신저 대통령President Kissinger』이라는 책을 출판했다는 이유로 미국 국무부로부터 추방당했다. 비자가 만료되어서 사태가 그렇게 진행되었을 것이다(Nile Southern 2004: 284).

일어난 갑작스러운 성장 덕분이었다.*『캔디』이후 미국과 영국 정부는 출판업자들과 갈등을 빚었지만 싸움에서 졌음을 알고 있었다.

출판의 힘에 대한 정부의 증오와 두려움에 관한 논의에서 1930년대 독일의 이야기가 빠지면 안 될 것이다. 게리 스타크(Gary Stark)가 『이데올로기 사업가Entrepreneurs of Ideology』(1981)에서 보여준 것처럼 다수의 독일 출판인들은 수십 년 동안 극우주의 이데올로기의 무대를 다져놓았다. 철학의 '탄탄한' 토대를 제공함으로써 나치의 국가사회주의 발흥에도 필수적인 역할을 했다고 할 수 있다. 오이겐 디데리흐스(Eugen Diederichs), 율리우스 레만(Julius Lehmann) 같은 19세기 후반과 20세기 초의 출판인들은 당시 식자층 독자가 세계에서 가장 많았던 독일 시장에서 이민자들과 마르크스주의자에 대한 두려움을 활용하고 민족주의를 부추겼다. 책이 무척이나 잘 팔렸다. 히틀러가 1933년에 바이마르공화국의 총리로 임명된 후 '위험한' 자료를 규제하는 법안이 통과되었고 철학 박사학위를 소지한 악명 높은 소설가이자 선전 전략가인 괴벨스가 책을 불태우는 일을 시작했다. 텍스트가 불태워지고 도서관이 수색당하고 출판인들의 창고가 '살균'되었다. 프랑크푸르트에서는 트럭으로 실어온 책을 학생들이 인간 사슬 모양을 하고서 모닥불에 던졌다.** 2차대전에서 독일의 동맹국이었던 일본도 정복 전략의 하나로 중국 전역의 도서관을 유사하게 체계적으로 파괴했다. 책과 책 생산자와 수호자들에 대한 박해가 심해질수록 그 과정이 더욱더 강력하고 인간 집중적인 억압의 전조일 뿐이라는 것이 분명해졌다. 책에 대한 관심과 활발한 출판 환경은 사회가 구성원의 가치를 어떻게 평가하느

---

* Southern 2004: 13.
** Báez 2008: 210.

나와 밀접한 관계가 있다. '책을 불태우는 곳에서는 결국 사람도 불태울 것이다.'* 특정한 사람들에게 성스러운 책이나 그 저장소를 불태우는 것은 엄청난 모욕이 된다. 적어도 서적 파괴자들은 그렇게 생각한다. 세계무역센터가 파괴된 후 미국인 목사 테리 존스(Terry Jones)는 코란을 불태워 유명해졌다. 1950년에 티베트를 침략한 중국이 실시한 민족말살정책(약 20만 명이 목숨을 잃었다)에는 전국의 사원을 파괴하는 집중적인 전략도 따랐다. 티베트 불교에서 사원은 출판사나 마찬가지였다. '데르게 사원에는 10개가 넘는 방에 50만 개 이상의 목판이 보관되어 있었다. 그 목판을 사용해 언제든 인쇄가 가능했다.'** 중국은 무수히 많은 사원과 도서관, 필사본, 목판을 파괴한 것으로도 모자라 '티베트인들에게 경전을 태우거나 조각낸 뒤 거름을 섞어 땅에 뿌리고 그 위를 걷게 시켰다.'*** 워낙 철저하게 파괴가 이루어져서 1990년대까지 도서관의 개념을 모르는 티베트인이 대부분이었다.****

러시아인들은 출판사와 작가 그리고 그들이 내놓는 결과물을 공경하는 것으로 유명하다. 그 정도가 지나쳐서 정부는 오래전부터 출판 과정을 통제하려고 시도했다. 출판업을 엄격하게 통제하는 것은 물론이고 국가에 위협이 된다는 구실로 작가와 출판인들을 투옥했다. 몽골족과의 전쟁, 대규모 고문으로(그리고 노브고로드 대학살로도) 유명한 러시아 최초의 차르 이반 뇌제(Ivan the Terrible)는 1553년에 러시아 최초의 출판사 모스크바 출

---

* 'Das war ein Vorspiel nur, Dort wo man Bücher verbrennt, verbrennt man auch am Ende Menschen.'—Heinrich Heine, 'Almansor'.
** Rebecca Knuth 2003: 205.
*** Knuth 2003: 213.
**** Knuth 2003: 225.

판장(Moscow Print Yard)을 설립했다. 러시아의 통치자들은 수 세기 동안 출판과 대중적인 영향력의 연결고리를 잘 알고 있었다. 역대 최고의 베스트셀러 중 하나이자 위험한 결과를 가져온 『시온 의정서』는 1903년에 로마노프 왕조의 비밀경찰 수장 표트르 라치콥스키(Pyotr Rachkovsky)의 지시로 위조되었다고 알려져 있다. 30년 후 소비에트연방은 '처음에는 작가 연합, 그다음에는 국가가 임명한 정치 위원, 마지막으로는 공산당 중앙위원회를 통해'* 출판산업을 엄격하게 통제했다. 스탈린도 매우 열성적인 독자로 작가와 그들의 작품을 높게 평가했다. 그렇기에 작가와 출판인을 투옥하고 처형하는 데도 망설임이 없었다. 결국 절대적인 편집자이자 출판인이었던 스탈린에게 '편집의 힘은 권력 그 자체였다.'** 2차대전 이후에는 소비에트연방의 국가출판위원회 고스코미즈다트(Goskomizdat)가 지배권을 쥐었다. 민간(비정부) 출판업자들은 1980년대까지 출판업을 금지당했다. 규제가 완화된 후에도 사회기반시설의 부재와 엄격하게 통제되는 종이 공급 때문에 민간 출판은 거의 불가능했으므로 사미즈다트(samizdat)라고 하는 지하 출판이 등장했다. 얼마 되지 않는 '발행 부수'를 사람들이 불법으로 돌려가며 읽었다. 1989년 이후로 소비에트연방 산하 국가들에서는 식자율과 급진주의적 출판이 급증했지만 이미 오래전부터 서양이 그랬듯 이내 출판업계는 상업적인 작품들(로맨스, 안내서, 돈벌이만을 노리는 책들)에 장악되었다. 이것은 (매우 긍정적인 출판인들을 제외하고) 전혀 놀라운 일이 아니었다. 그리고 출판인들은 그들의 상품을 못마땅하게 생각하는 사람들의 표

---

* Isaiah Berlin, *The New York Review of Books*, 2000. 10. 19.: http://www.nybooks.com/articles/2000/10/19/the-arts-in-russia-under-stalin/

** Holly Case, *The Chronicle of Higher Education*, 2013. 10. 7. 검색: https://www.chronicle.com/article/Stalins-Blue-Pencil/142109

적이 되었다. 한 예로 2006년에 알렉스 커비(Alex Kervey)가 운영하는 터프 (T-ough) 출판사의 모스크바 사무실이 폭탄 테러를 당했다(바니 로셋의 그 로브 출판사는 1968년에, 마틴 린자Martin Rynja의 깁슨 스퀘어 출판사 런던 사무 실은 2008년에 공격당했다).

프랭클린 D. 루스벨트는 1942년에 '사람은 죽지만 책은 절대로 죽지 않 는다'라고 말했다.* 루스벨트는 책과 '퇴폐적' 예술에 반대하는 나치의 전략 을 역선전에 이용할 수 있음을 깨닫고 W. W. 노턴이 이끄는 출판협회인 전 시도서위원회(Council on Books in Wartime, CBW)의 설립을 승인했다. '책은 사상 전쟁의 무기이다'가 CBW의 슬로건이 되었다. 루스벨트 행정부가 대 공황과 2차대전 때 펼친 책 중심 문화 정책의 정점이라고 할 수 있는 CBW 는 독자적인 출판 계획을 도입했고 해외에서 복무하는 군인들을 위해 1억 2,300만 권의 페이퍼백 도서를 만들고 유통하는 일을 맡았다. 제인 그레이 (Zane Grey), F. 스콧 피츠제럴드(F. Scott Fitzgerald) 같은 다양한 작가들이 그 계획에 참여했다. CBW는 새로 '독립한' 국가에도 책을 찍어 배포했는데 고의로 저작권을 침해하는 일도 있었다(사회주의 작가 이그나치오 실로네 Ignazio Silone의 아브루치 3부작으로 불리는 작품들의 무단 복제판 포함).** 출판 계획은 그 어떤 연설과 노골적인 교화 활동보다 연합군의 목적을 분명하 게 표현하는 방법이었다.

2차대전이 끝난 후 FBI 국장 J. 에드거 후버(J. Edgar Hoover)의 표현대

---

* [작자 불명], 'Book Trade hears appeal by M'Leish: He Urges a Return to Old-Time Standards of Responsibility for Works Dealers Sell Message from President "Books Never Die", He Writes in Referring to Anniversary of the Nazi Bonfire', *The New York Times*, 1942. 5. 7., p. 17.

** Alexander Stille 서문, Ignazio Silone 2000: vii-viii.

로 미국은 '문명의 뿌리까지 흔들려고 하는' 세력을 막고자 출판산업에 영향을 끼치려고 열심이었다. 공산주의의 위협을 분석하는 후버의 베스트셀러(1958) 제목을 빌리자면, 출판인들은 그 자신도 조종당할 수 있지만 사람을 조종하는 '기만의 대가'였다. 미국의 선전 전략가들은 추축국에 한 것처럼 적의 비타협적인 태도를 오히려 유리하게 활용할 수 있음을 발견했다. 보리스 파스테르나크(Boris Pasternak)는 1957년에 『닥터 지바고』의 출판을 소비에트 국영 출판사 고스리티즈다트(Goslitizdat)로부터 거절당한 후 이탈리아의 좌파 출판인 장자코모 펠트리넬리(Giangiacomo Feltrinelli)의 대리인에게 원고를 넘겼다. 펠트리넬리는 소비에트 특사의 압박에도 불구하고(특사가 그의 사무실을 직접 방문하기도 했다) 출판을 강행했다. 이탈리아어로 출간한 책이 하루 만에 매진되었다. CIA의 도움으로 유럽 전역에 배포된 그 책은 주체하기 힘들 정도로 커다란 성공을 거두었다. 미국의 한 에이전트는 『닥터 지바고』에 대해 이렇게 적었다. '그 책과 관련된 계획을 계속 전해달라고 본사에 요청했다. 그 책을 최대한 활용하는 방안을 영국과 긴밀하게 논의하기 위해서였다.'* 영국에서는 세커 앤드 워버그(Secker & Warburg)를 통해 CIA의 자금이 호의적인 출판물로 흘러들어갔고 프리 유럽 출판사(Free Europe Press)는 CIA '정책실'이 관리하는 완전한 CIA 출판사였다.** 수년이 지나자 비콘 출판사(편집자이자 출판인이며 CIA가 자금을 댄 미국문화자유위원회American Committee for Cultural Freedom 주요 회원인 솔 스타인Sol Stein을 통해 CIA와 이어졌다)부터 파라 스트라우스 앤드 지로(Farrar, Straus & Giroux, 로저 스트라우스는 〈뉴요커〉 기자에게 CIA의 자금으로

---

* Joel Whitney 2016: 62-5.
** Whitney 2016: 38.

채용한 문학 스카우트의 존재를 인정했다)*까지 출판인들은 CIA와의 관계를 부정할 필요성조차 느끼지 못했다.

현대에 접어들어 정치 운동에는 항상 출판물이 함께했고 미래의 리더는 (비록 대필이라도) 자기 이름으로 낸 책이 한 권은 있어야 정당성을 인정받는 듯하다. 이데올로기는 문화적 토대를 제공하는 책이 한 권은 있어야 지속된다. 파시스트에서 사파티스타까지, 레닌에서 트럼프까지 두 가지가 리더의 개념을 뒷받침한다. 바로 일관적인 시각적 이미지(바지 정장을 입은 힐러리 클린턴, 붉은색 넥타이를 매고 벗어진 머리를 덮도록 빗어 넘긴 트럼프)와 책(힐러리『아이 하나를 키우려면 마을 전체가 필요하다』, 트럼프『거래의 기술』)이다. 레닌의『무엇을 할 것인가?』와 히틀러의『나의 투쟁』, 마오쩌둥의『마오쩌둥 어록』, 메르켈의『신께 맹세합니다So wahr mir Gott helfe』, 가다피의『그린 북』, 케네디의『용기 있는 사람들』, 오바마의『내 아버지로부터의 꿈』, 대처의『국가경영』등 수많은 책이 여기에 포함된다. 이 책들은 저자의 야망을 진전시킬 목적으로 쓰였고 저마다 다양한 수준의 성공을 거두었다.

인도 첸나이에 있는 타라 북스(Tara Books)의 발행인이자 공동 책임자인 V. 지타(V. Geetha)는 이집트나 중국, 인도 같은 국가에서 출판산업은 '우리 자신과 우리의 과거와 미래를 이해하기 위한' 노력의 일부분으로 급성장했다고 외세의 고압적인 통제력에서 벗어나면서 말한다. 프랑스령 북아프리카에서 알제리 태생의 작가들은 전문성을 인정받으려면 책이 식민지

---

* CIA 관계자는 스트라우스의 애국심에 호소하며 직원 두 명을 유럽에 채용해달라고 부탁했다. 그 두 사람은 문학 스카우트로서 실제 업무를 수행하되 업무 내용을 또한 정부 기관에 보고하고 급여도 정부 기관으로부터 받을 것이라고 했다. (평소 스파이 소설을 좋아한) 스트라우스는 그 계획에 동의했다. 그의 사무실에는 정부 관계자와 연락을 주고받는 전용 회선이 설치되었다. Ian Parker, 'Showboat: Roger Straus and his flair for selling literature', The New Yorker, 2002. 4. 8.

의 언어로 먼저 출판되어야 한다는 사실을 알고 있었다. 자기 존중감과 반식민주의, 번영하는 문학 문화는 모두 똑같은 범주에 속한다. 다른 국가를 점령하는 국가는 항상 그 힘을 경계했다. 알제리의 독립전쟁에서는 알제 대학의 도서관과 캠퍼스가 표적이 되어 1962년에 극우파 비밀군사조직(Organisation de l'armée secrète, OAS)에 의해 방화가 일어났다. 아랍권 전역에서 추모가 이루어진 대참사였다.* 인도에서는 19세기 초에 증오 가득한 여러 선동법을 도입하고 이를 거스르는 자들에게 추방형과 종신형을 내렸다. 선동 재판에 기소 증거가 되는 것은 언제나 책이었다(윌리엄 파월William Powell의 『무정부주의자의 요리책*Anarchist Cookbook*』이나 애비 호프먼Abbie Hoffman의 『이 책을 훔쳐라*Steal This Book*』 같은 책을 가지고 있는 것만으로 폭력적인 혁명에 가담한 증거로 취급받은 현대 미국의 사건들을 떠올리게 한다). 1800년대 후반에 힌두자유사상연합(Hindu Free Thought Union)이 출판사를 설립해 주로 무신론과 이성주의를 다루는 책들을 출간했다. 1920년대에는 포퓰리즘적 열람실이 우후죽순처럼 생겨났다. 지타의 말처럼 그곳에는 '책을 읽지 않지만 듣는 것을 좋아하는' 사람들을 위한 책이 마련되어 있었다. '대중적인 구술문화와 문자문화의 연결이 가까웠다. 그곳에서 젊은 여성들과 나이 많은 여성들이 유대를 쌓았다. 처음으로 정식 환경에서 인도의 콘텐츠에 노출되어 낯선 사람들과 교류하고 "새로운 세계"를 접할 기회가 생겼다.' 출판은 문화적으로 지식 공유를 금기시한 카스트제도의 전통을 따르지 않음으로써 대대적으로 지식의 민주화를 일으켰다. 문화와 역사가 갑자기 특권층 가족이나 집단의 '재산'이 아닌 대중의 기억 일부로 인정받게 되었다. 출판사들은 영어를 거부하고 식민지 시대 이전에 가장 많이 쓰

* http://www.libraryhistorybuff.com/bibliophilately-algiers-library.htm

인 언어인 힌두어와 타밀어, 말라얄람어, 우르두어, 벵골어, 칸나다어 등 인도의 언어로 출판하는 절대로 간단하지 않은 행동을 통해 지역문화를 살리려는 노력을 시작했다.

튀르키예에서는 21세기에 접어들어 강력한 민족주의 정권이 들어섰지만 문학 출판인들은 대체로 시련을 피해갔는데 눈에 띄는 예외가 하나 있었다. 바로 벨게 출판사(Belge Publishing House)의 라지프 자라클루(Ragıp Zaraklou)였다. 그는 적어도 일곱 차례 법정에 섰다. 무엇 때문일까? 자라클루가 그리스, 쿠르드, 미국 작가의 작품을 출판하기 때문이다. 튀르키예 이외의 목소리를 용인하지 않는 정부가 집권하는 국가에 소수민족의 문화를 계속 주입한 것이다. 중국의 편집자들은 법의 집행에 일관성이 없고 출판인들이 투옥될 위험이 실제로 존재한다는 사실을 잘 알고 있다. 중국에서는 국가신문출판라디오영화텔레비전총국이 인쇄와 전자책을 둘 다 하는 출판산업을 총괄한다. 일반적으로 문화혁명과 티베트, 국경 지역 문제를 관광객이 아닌 관점으로 다루거나 천안문 사태를 언급만 해도 책의 출판이 거부된다. 1990년대에 신문출판총서라고 알려졌던 기관은 닥터 수스의 『초록 달걀과 햄』을 금지했다. 최근에 시진핑 주석의 집권 아래 검열이 더욱 강화되었고 정부를 거스르는 행위에 따르는 결과도 더욱 극적으로 변했다. 2015년에 홍콩 마이티 커런트 미디어(Mighty Current Media) 계열의 출판인과 서점업자 다섯 명이 실종되었는데, 그들은 모두 중국 정부 관리들의 비리를 노출하는 책을 출판했다. 그중 한 명인 구이 민하이(Gui Minhai)는 스웨덴 국적으로 시진핑 주석의 연애사를 다루는 책을 내려다 붙잡혔고 이 글을 쓰는 시점까지도 여전히 정부에 구금된 상태다.

출판은 문화 기록의 수단을 제공한다. 토대가 없고 기록되지 않은 문화는 취약하다. 한 예로 요르단강 서안 지구(West Bank)와 가자 지구에 사

는 팔레스타인인들은 그 사실을 잘 알고 있다. 그 가난한 500만 명의 난민
은 약 서른 군데의 출판사를 열성적으로 지원한다. 종이 공급이 제한되고
작가와 편집자들이 선동죄로 구금되지만 그곳의 출판산업은 번창하고 있
다. 책과 출판에 대한 강력한 탄압을 통한 문화 공격은 전시나 피점령국에
만 국한되지 않지만 전쟁은 그 과정을 가속하는 조건을 제공한다. 저널리
스트 로버트 피스크(Robert Fisk)는 2003년에 '책과 도서관이 탄생했고 최
초의 법률이 만들어진 땅'*에서 바그다드 국립도서관이 약탈당한 사건에
대해 유명한 글을 남겼다. '아수라장이 되어버린 뜰 전체에 아라비아 법원
앞으로 쓰인 추천서, 군대 탄약 보충 요청서, 순례자들을 대상으로 이루어
진 낙타 절도와 폭력 사건 보고서 등 섬세한 손글씨로 쓰인 아랍어 문서
가 가득했다. 내 두 손에 이라크 기록 역사에 관한 바그다드의 마지막 흔
적이 들려 있었다. 이라크 역사는 맨 처음으로 돌아갔다. 토요일에 고고학
박물관의 고대 유물들이 파괴되고 국립 보존 기록관과 코란 박물관이 차
례로 불타 이라크의 문화 정체성이 삭제되고 있다. 바그다드는 거의 천 년
동안 중동에서 가장 문해율이 높은 아랍의 문화 수도였다. 13세기에 칭기
즈칸의 손자가 바그다드를 불태웠을 때 티그리스강은 책의 잉크로 온통
검은색이었다고 한다. 어제 무수히 많은 고대 문서가 불타고 그 재가 이라
크 하늘을 검게 뒤덮었다.'**

　　출판인들은 스스로 시대와 언어에 걸친 장애물로부터 문화를 지키는
수호자라고 생각하는 경우가 많다. 실제로 덕망 높은 출판사 뉴 디렉션스
(New Directions)의 편집장 바버라 에플러(Barbara Epler) 같은 사람들은 선

---

* Báez 2008: 278.

** Robert Fisk, 'Library books, letters and priceless documents are set ablaze in final
chapter of the sacking of Baghdad', *The Independent*, 2003. 2. 15.

구자 역할이 출판 일에서 매우 중요한 역할을 차지한다고 본다. '나는 [1936년에 뉴 디렉션스를 설립한 제임스 래플린(James Laughlin)의] 유산을 지키고자 한다. 그가 추구한 출판인의 길을 따라가 작가들이 대중을 상대로 실험하고 머릿속의 벽을 허물 수 있도록 해주고 싶다. 돈을 가장 우선시하면 불가능한 일이다.' 한때 CIA로부터 자금을 후원받는 정치 선전 기관이었던 비콘 출판사는 이제 시민의 자유를 옹호하는 대표적인 출구가 되었다. 비콘 출판사의 부발행인 톰 핼록(Tom Hallock)은 출판사 블로그에 긍지를 가득 담아 적었다. '꼭 베스트셀러를 내야만 이 시대의 요구에 응할 수 있는 것은 아니다. SCOTUS(미국대법원)가 동성 결혼을 인정하는 판결을 내린 날, 힐러리 굿리지(Hillary Goodridge, 매사추세츠주를 상대로 소송을 제기해 미국 전역을 흔든 장본인)는 E. J. 그래프(E. J. Graff)의 『결혼은 무엇을 위한 것인가What Is Marriage For?』를 출간한 비콘 출판사에 공개적으로 감사를 전하며 그 책이 제공해준 지적인 토대 덕분에 자신의 입장을 굽히지 않을 수 있었다고 했다. 비록 그 책은 판매 부수가 그리 많지 않았지만 지금까지 미국의 동성애자 약 100만 명이 결혼할 수 있도록 도왔다.'*

이어지는 적자와 가속화되는 현금 고갈, 시장의 압박은 다수의 출판인에게 소송과 구금, 국가가 용인한 폭력보다도 더 긴급한 위협이었고 지금도 마찬가지다. 출판인들은 항상 수요와 공급의 법칙을 거스르고자 했다. 많이 팔리지 않는 책이라도 아랑곳하지 않고 상품에 가치를 두었다. 하지만 상업적 압박이 점점 더 커지면서 비상업성과 협동을 강조한 버지니아 울프 부부의 호가스 출판사처럼 픽션 컬렉티브(Fiction Collective)나 AK 출판

---

* Tom Hallock, 'The work of publishers in an authoritarian age', Beacon Broadside, 19 January 2017. http://www.beaconbroadside.com/broadside/2017/01/the-work-of-publishers-in-an-authoritarian-age.html

사(AK Press) 등 직접 출판사를 설립하는 작가들이 늘어나고 있다. 최근에는 기술 발달로 왓패드(Wattpad)나 스매시워드(Smashwords), 라이트닝 소스(Lightning Source) 같은 기업이 지하 출판 사미즈다트의 전통을 이어 작가들이 온라인이나 오프라인에서 출판인으로 변신하는 사례를 보여준다. 이 기업들은 서로 다른 방식으로 문화의 문을 활짝 열어준다. 예를 들어 왓패드는 작가가 편집부의 '방해' 없이 사이트에서 직접 출판할 수 있도록 해준다. 상업적으로 성공한 수많은 책과 적어도 한 편의 영화를 배출했다.

전쟁과 지배층의 통제, 수익 창출의 억압적인 필요성이 힘을 합쳐 문화를 공격하지만 불굴의 의지를 갖춘 출판인들은 결코 만만치 않은 상대다.

기술의 발달로 인해 새로운 세대로 이어질 때마다 출판 행위에 대한 접근성이 개선되었지만 출판업이라는 직종은 역사적으로 순환의 고리에 놓여 있다. 근대 이전과 마찬가지로 이제 작가가 직접 자신의 작품을 출판하게 되었고, 그 결과로 책이 홍수처럼 쏟아졌다. 압도적이면서도 즐거운 혼란이다. 출판인과 저자 그리고 저자와 독자의 구분은 앞으로 계속 모호해질 것이다. 문화의 도구를 이용할 수 있는 것은 이제 소수만이 아니다.

감사의 말

센트로 프리모 레비(Centro Primo Levi)의 책임자 알레산드로 캐신(Alessandro Cassin), 작가이자 평론가 데일 펙(Dale Peck), 타라 북스의 발행인이자 공동 책임자 V. 지타, 뉴 디렉션스의 편집장 바버라 에플러, 뉴욕공립박물관의 선임 사서 매슈 J. 보일런(Matthew J. Boylan), 뉴스쿨대학 베라리스트 예술과 정치 센터(Vera List Center for Art and Politics) 소장 카린 쿠

오니(Carin Kuoni) 등 여기에 실린 생각들을 넓혀주고 다듬어준 모두에게 감사를 전한다.

참고문헌

Báez, F. (2008). *A Universal History of the Destruction of Books: From Ancient Sumer to Modern Iraq*, A. MacAdam 번역. New York: Atlas and Co.

Gertzman, J. (2002). *Bookleggers and Smuthounds: The Trade in Erotica, 1920–1940*, Philadelphia: University of Pennsylvania Press.

Giroud, Vincent (2013). 'The History of the Book in France', in *The Book: A Global History*, Michael F. Suarez & H. R. Woodhuysen 번역, Oxford: Oxford University Press, pp. 328 – 48.

Hoover, J. (1958). *Masters of Deceit: The Story of Communism in America and How to Fight It*, New York: Henry Holt and Company.

Jardine, L. (1998). *Worldly Goods: A New History of the Renaissance*, New York: W.W. Norton.

Knuth, R. (2003). *Libricide: The Regime-Sponsored Destruction of Books and Libraries in the Twentieth Century*, Westport, CT: Praeger.

Ladenson, Elisabeth (2013). 'Censorship', in *The Book: A Global History*, Michael F. Suarez, H. R. Woodhuysen 편집, Oxford: Oxford University Press, pp. 1639 – 82.

Manguel, A. (2008). *The Library at Night*, New Haven, CT: Yale University Press.

Rosset, B. (2016). Rosset: *My Life in Publishing*, New York: OR Books.

Silone, Ignazio (2000). *The Abruzzo Trilogy*, Hanover, NH: Steerforth Italia.

Southern, N. (2004). *The Candy Men: The Rollicking Life and Times of the Notorious Novel Candy*, New York: Arcade Publishing.

Stark, Gary D. (1981). *Entrepreneurs of Ideology: Neoconservative Publishers in Germany, 1890–1933*, Chapel Hill: University of North Carolina Press.

Suarez, M. and H. Woudhuysen, eds (2014). *The Book: A Global History*, Oxford:

Oxford University Press.

Whitney, Joel (2016). *Finks: How the C.I.A. Tricked the World's Best Writers*, New York: OR Books.

Williams, A. (2017). *The Social Life of Books: Reading Together in the Eighteenth-Century Home*, New Haven, CT: Yale University Press.

8장

출판과 정보

마틴 폴 이브(Martin Paul Eve)

이른바 지식경제의 시대에는 컴퓨터 정보와 관련된 용어가 넘쳐난다. 우리는 데이터, 메타데이터, 정보, 블로그, 비트와 바이트, 포스트, 소프트웨어, 코드, 대역폭, 4G, 라우터, 와이파이, 스마트폰, 스마트홈 같은 것들에 둘러싸여 살아간다. 실제로 21세기 초는 2진법 시대의 기술 관련 현상을 설명하는 신조어로 가득하다.

이 용어들을 보면 두 가지 측면이 유난히 두드러진다. 첫째, 지식과 정보, 데이터의 정확한 관계와 정의에 따른 구분이 분명하지 않다. 둘째, 만약 지금 열거한 단어들로 연상되는 용어를 떠올려보라고 한다면 '출판'이라고 대답하는 사람은 매우 드물 것이다. XML 기반의 디지털 출판 프로세스가 자리잡았는데도 아직까지 대부분의 사람들이 출판 하면 인쇄를 떠올린다.*

---

* N. Katherine Hayles (2012: 6).

이 장에서는 출판과 '정보'에 대해 말할 때의 개념적인 난제를 다룰 것이다. 용어의 근본적인 철학적 구분부터 논픽션/학술 출판의 실질적인 변이, 새로운 유형의 데이터 객체와 소프트웨어 출판의 높아지는 수요까지 다양하다. 16장('학술 출판')과 겹치는 부분이 있을 수밖에 없겠지만, 여기에서는 '정보'의 맥락에서 데이터와 디지털-인공적(digital-artefactual) 출판으로의 전환에 초점을 맞춘다. 특히 필자는 인터넷과 월드와이드웹 시대에 출판과 정보의 진정한 난제는 문화적 권위와 진리의 틀뿐만 아니라 디지털 시대에 무궁무진해 보이는 출판의 노동 희소성이라고 주장할 것이다. 첫번째 소제목에서 '정보'의 의미를, 두번째 소제목에서는 20세기에 등장한 디지털 복제의 역사를, 세번째 소제목에서는 정보 출판의 노동과 권위라는 난제를, 마지막으로 출판 전 논문(preprint)과 연구 재현, 데이터 관련 사례 연구와 현실적 견해를 살펴보는 구성으로 이루어진다.

데이터, 정보, 지식, 진실

정보와 지식, 데이터의 개념에 대한 정의는 학계/전문 출처와 사전적 정의가 일치하지 않는다.* 실제로 기업 문화에서 지식 숭배는 '지식'의 실질적인 정의에 대한 공통의 이해가 확립되지 않은 상태로 일어났다. 서로 다른 인식론적 방식과 개념을 이해하려는 것은 고대 그리스로부터 오늘날까

---

* Anthony Liew (2007), Merriam-Webster 〈Collegiate Dictionary〉 10쇄, Juris Kelley (2002); Pentti Sydänmaanlakka (2002); Amrit Tiwana (2001); George Von Krogh, Kazuo Ichijō, and Ikujirō Nonaka (2000); Nancy M. Dixon (2000); Frances Horibe (1999); Debra M. Amidon (1997); Andrew P Garvin and Robert I. Berkman (1996); Ikujirō Nonaka and Hirotaka Takeuchi (1995); Thomas H. Davenport and Laurence Prusak (2010) 비교.

지 서양 철학의 핵심이었으므로 놀라운 일은 아니다.* 이 주제에 관한 최종 결론은 아니지만 앤서니 류(Anthony Liew)는 데이터를 '기록된(캡처해서 저장한) 상징과 신호의 읽기'로, 정보를 '관련있는 의미와 암시, 혹은 의사 결정이나 행동의 인풋을 담은 메시지'로, 지식을 '(1) 인식 또는 인정(대상을 아는 것), (2) 행동 역량(방법을 아는 것), (3) 마음이나 뇌에 담긴 것에 대한 이해(이유를 아는 것)'로 각각의 용어를 구분한다.**

하지만 이들 정의에도 신중함이 따라야 한다. 예를 들어 류의 표현에서 '관련있는'이라는 말은 '데이터'가 아닌 '정보'에만 쓰였다. 이렇게 볼 때 데이터는 '처리되지 않은' 형태라고 생각할 수 있다. 나중에 하위집단의 관련성으로 축소될 수 있는 현상을 중재 없이 캡처한 것처럼 말이다. 하지만 리사 지텔먼(Lisa Gitelman) 등의 강력한 주장처럼 '원자료는 모순이다.'*** 수집과 저장 행위는 인간의 판단과 선택에 따라 마지막에 결정된다. 아무리 데이터 수집 과정이 '포괄적'이라도 데이터 수집을 지원하도록 설계된 시스템 안에 포함되어 있는 관련성의 경계와 관련된 의사 결정이 수반될 것이다. 그후 데이터는 사용을 위하여 적극적인 보존과 해석을 요구하는 코드화와 파일 형식을 통해 분해 가능한 매체로 기록된다. 데이터의 관련성은 기록 시점에 이르러 이미 결정된다.

마찬가지로 류는 기업 문화 안에서 탄생하는 정보에 대한 실용적인 정의를 제공한다. '관련있는 의미와 암시, 혹은 의사 결정이나 행동의 인풋을 담은 메시지'라는 것이다. 류가 사용한 표현에서 '관련있는 의미'나 '암시'가 '의사 결정이나 행동'의 목적을 위한 것이기도 한지, 아니면 '인풋' 하고만

---

* Dick Stenmark (2001: 1).

** Liew (2007).

*** Lisa Gitelman (2013).

관련된 것인지는 분명하지 않다. 그러나 정보가 항상 그런 목적을 위한 것인지 살펴볼 필요가 있을 것이다. 다양한 형태의 정보에 담긴 내면적 혹은 내재적 가치는 의사 결정이나 행동과는 관련없고 오로지 관심을 위해서, 즉 정보 제공을 위해 존재하는지도 모른다.

마지막으로 류가 말하는 '지식'의 세 가지 하위 정의는 받은 정보의 진실에 관한 부수적인 가치 판단에 의존한다. '대상을 아는 것', '방법을 아는 것', '이유를 아는 것' 모두 진실 검증을 받으며 그 검증은 구체적인 지식적 맥락 안에서 이루어지기 때문이다. 한 예로 수 세기 동안 태양은 지구 둘레를 돈다고 '알려져'왔다. 따라서 '지식 생산'이나 '지식 이전' 같은 지식과 관련된 용어를 말할 때 우리는 지식의 핵심에 믿음(belief)이 자리한다는 사실을 억압하는 절대적인 사회적 계약에 의존한다. 그 억압은 실용적인 방식에 대한 선호 때문이며 믿음의 토대는 경험적 증거에서 나올 것이다. 하지만 여기에서 난제는 지식에 대한 주장이 항상 사회적 뿌리를 가진다는 것이다. 이것은 출판에도 영향을 끼친다.

출판, 정보, 디지털 시대

출판이라는 용어를 어떻게 정의하든 구텐베르크 이후로, 어쩌면 그보다 훨씬 더 오래전부터, 정보 배포는 출판의 한 분야였다. 정보 출판의 결과로 다양한 입법 기구가 등장했다. 에이드리언 존스(Adrian Johns)가 살펴본 것처럼 현재의 저작권법은 ('저자와 발명가들에게 제한된 시간 동안 저작과 발명품에 대한 독점적인 권리를 보장함으로써 과학과 유용한 예술의 발전을 촉진하기 위해'라는 미국 저작권법 조항에서 보듯) 인쇄술의 복제 능력 향상이 가져온 직접적인 결과로 생겨났다.* 디드로의 『백과전서Encyclopédie』도 이러한 측면에서 중요한 이정표이다. 많은 역사학자가 밝혔듯 출판의 기술적 잠재력 향상은 지식 혁명을 일으켰다. 바로와 플리니우스, 보베의 뱅상 등 그전에 이루어진 백과사전 제작 시도는 신이 준 지식을 반영한다고 여겨졌지만, 디드로의 모델은 비록 총체적 실증주의 경향이 강해도 좀더 리좀적(서로 얽혀 온갖 방향으로 뻗어나가는 줄기식물의 뿌리 형태를 지칭하는 리좀rhizome을 가리킴-역주)이고 개방적이었다. 지식에 관한 서로 연결된 전체적인 탐구였 다.** 그와 동시에 로버트 단턴이 지적한 것처럼 『백과전서』의 가격은 평민 노동자 소득의 2.5배에 이르는 980리브르(livre)였다. 새로운 인쇄 지식의 '개방성'은 매우 제한적이고 전혀 민주적이 아니었다.***

디드로의 책에 암시된 현실적인 제약에도 불구하고 지식 배포와 정보 출판 모델은 20세기에 출판 생태계에 일어난 변화로 확장, 촉진되었다. 실 제로 그러한 변화는 1930년대에 폴 발레리(Paul Valéry)가 다음과 같이 적 었을 때 시작되었다.

예술은 현재와 매우 다른 시대에, 지금과 비교해 매우 보잘것없는 영향 력을 가진 사람들에 의해 발달하고 그 유형과 용도가 확립되었다. 하지 만 기술의 놀라운 성장, 그것이 달성한 적응성과 정확성, 그것이 만드는 생각과 습관은 아름다운 사람들이 이룩한 고대로부터 내려오는 기술에 막대한 변화가 임박했음을 분명히 알려준다. 모든 예술에는 이제 과거 와 똑같이 고려하거나 취급할 수 없고 현대의 기술과 힘에 영향받지 않 을 수 없는 물리적 요소가 존재한다. 지난 20년 동안 물질과 공간, 시간

---

* Adrian Johns (2011: 291–326).
** Robert Lewis Collison (1964: 42).
*** Robert Darnton (1987: 11).

은 태곳적과 같지 않았다. 예술의 전체적인 기법을 바꾸는 거대한 혁신이 일어날 것이다. 예술 발명품 자체도 영향을 받고 예술의 개념에도 놀라운 변화가 생길지 모른다.*

마찬가지로 발터 벤야민은 『기술적 복제시대의 예술작품』에서 발레리를 그 전형으로 인용하며 이렇게 적었다.

원칙적으로 예술작품은 언제나 복제가 가능했다. 인간이 만든 인공물은 항상 인간에 의해 모방될 수 있었다. 1900년경에 기계 복제는 전송된 모든 예술작품을 복제하는 수준에 도달해 대중에 끼치는 영향력에 큰 변화를 일으켰을 뿐만 아니라, 예술적 과정의 하나로 자리잡았다.**

발레리와 벤야민의 생각이 논리적인 결론에 이르도록 컴퓨터 시스템이 발달하기까지는 30년이 더 걸렸지만, 여기에서 본질적인 위험은 비경쟁적인 물체(non-rivalrous object)와 지식, 혹은 정보의 본질에 관한 생각에 집중된다.

지식과 정보가 '비경쟁적' 형태일 것이라는 개념은 오랜 역사를 지닌다. 비경쟁적 물체는 원주인이 그것을 잃지 않은 채로 완벽하게 복제될 수 있다. 예를 들어 토머스 제퍼슨(Thomas Jefferson)은 이렇게 적었다. '만약 자연이 전유물에 덜 민감한 것을 하나 만들었다면 그것은 바로 생각(idea)이라고 불리는 사고력이다. 개인은 입 밖으로 내지 않는 이상 생각을 독점할

---

* Walter Benjamin (1999: 211) 인용.
** Benjamin (1999: 212).

수 있지만, 입 밖으로 내는 순간 생각은 모두의 소유가 되고 그 정보를 받은 사람에게서 빼앗아올 수도 없다.'* 근래에는 에런 스워츠(Aaron Swartz) 같은 인터넷 핵티비스트(hacktivist, 해커hacker와 행동주의자activist의 합성어로 정치나 사회적 목적을 위해 해킹을 활용하는 운동가-역주)가 보여주는 정서이기도 하다. 스워츠는 '본질적으로 생각은 재산이 될 수 없다'라고 적었다.**

그러나 최근까지 출판이 다뤄온 용기(容器)는 전부 경쟁적이었다. 종이책을 비롯해 출판의 용기는 본질적으로 지식과 똑같지 않았다. 피터 수버(Peter Suber)도 이렇게 말한다.

> 디지털 시대 이전에 인간의 모든 역사에서 글쓰기(writing)는 경쟁적이었다. 글로 쓰거나 기록된 지식은 돌, 점토, 양피지, 종이 같은 물체가 되었고 필연적으로 경쟁적 특징을 띠었다. 인쇄기와 복사기가 등장해 비교적 적은 비용으로 다수의 사본을 만들어낼 수 있게 되었을 때도 개별 사본은 경쟁적인 물체였다. 글쓰기는 그 혁명적인 영향력에도 불구하고 비경쟁적인 지식을 경쟁적인 형태로만 기록할 수 있다는 비극적인 한계 때문에 처음부터 두 발이 묶였다. 디지털 글쓰기는 기록된 지식을 경쟁적 물체로 전락시키지 않는 최초의 글쓰기였다.***

디지털 시대에는 변화가 일어났다. 인터넷으로 가능해진 출판의 새로운 기술 역량은 1930년대 이후로 구축된 과정의 지식/정보 철학과 처음으

---

* Thomas Jefferson (1853: VI, 180).
** 스워츠와 제퍼슨의 상관성을 지적해준 마크 캐리건에게 감사를 전한다. Mark Carrigan (2016); Aaron Swartz (2015: 24).
*** Peter Suber (2012: 46–7).

로 일치하는 듯하다. 사본의 양이 거의 무한대로 변화하고 있다. 이는 '전 세계의 정보를 정리하겠다'는 구글의 주장에도 반영된다. 어쩌면 거대한 규모의 책 스캔 사업에서 가장 잘 나타나는지도 모른다. 그 변화는 정보의 잠재적 과부하 공간에서 정보의 발견 가능성을 어렵게 만든다.* 그러나 디지털 공간에서 일어나는 기술적 지원성의 급격한 변화가 아직 정보 출판의 노동과 경제 구조에 반영되고 있지 않다는 것도 분명하다.

디지털 노동, 디지털 권한, 정보 출판

디지털 형식이 모여서 만들어진 지식과 정보 구조를 갖춘 최초의 대규모 비경쟁적 시스템은 출판에 막대한 영향을 끼친다. 그런 디지털 공간에서 출판에 난제로 작용하는 두 가지 측면은 바로 노동과 권위다. 우선 노동에 대해 살펴보자.

디지털 공간은 노동을 눈에 보이지 않거나 불필요해 보이도록 만든다. 디지털 세계에서 대부분의 출판 비용은 눈에 잘 보이지 않는 최초 사본 비용 안에 포함된다.** 배포 비용은 디지털 기술의 역량에 의해 거의 극미한 수준으로 줄어든다. 하지만 고정비와 변동비에 모두 보상을 요구하는 다양한 형태의 노동이 존재한다. 인프라의 측면에서 유지보수와 기능 개발, 프로그래밍, 그래픽 디자인, 포맷 창조, 디지털 보존, 콘텐츠 이전, 보안 디자인, 마케팅, 소셜 미디어 홍보, 의미론적인 기계 판독성, 라이선싱, 법률 비용은 모두 중요하다. 모든 상품 단위마다 조판, 교정 교열, 디자인, 마

---

* James Somers (2017).
** Martin Paul Eve (2014: 16); John B. Thompson (2005: 16 – 20).

케팅, 법률 비용이 추가로 발생할 수도 있다.*

하지만 이러한 형태의 노동은 인쇄매체를 중심으로 성장한 마케팅과 판매 시스템 안에서 보상받아야만 하며 소비자들은 구매 대상에 분명한 혼란을 느낀다. 영국의 전자책과 VAT(부가가치세)가 좋은 사례다.** 소비자들은 전자책이 종이책보다 비싸다는 사실에 충격을 받곤 한다. 그도 그럴 것이 전자책은 눈에 보이는 물질성이 훨씬 약하기 때문이다. 또한, 알다시피 전자책 가격에서 최종 인쇄와 배포 비용은 중요한 요소가 아니다.

물리적인 물체에 더 큰 가치를 부여하는 것은 마르크스의 물신숭배 (commodity fetishism) 사상으로 거슬러올라간다. 마르크스는『자본론』1권에서 다음과 같이 적었다.

> 상품은 노동 자체가 상품으로 실재하는 특징으로서 인간의 노동에 담긴 사회적 특징을 반영한다. 실제로 그것은 인간 사이의 확실한 사회적 관계에 지나지 않는다. 즉 여기에서는 물건들 사이의 환상적인 관계 형태를 띤다. 나는 상품으로 생산되자마자 노동 상품에 부여되는 이것을 물신숭배라고 부른다.***

다시 말해서 우리는 출판 과정을 정보와 유사하다고, 비경쟁적이고 자유로운 (특히 노동에서 자유로운) 것이라고 성급하게 인식함으로써 우리와 출판 대상의 관계를 노동과의 관계가 아닌 인공물과의 관계로 착각하기 쉽다. 데이터와 정보, 지식 출판이 더욱 중요해진 세상에서, 무제한적 배포를

---

* 필자가 이 주장을 처음 펼친 곳. Martin Paul Eve (2017).
** Marion Dakers (2015).
*** Karl Marx (1992: 165).

가능하게 하는 디지털의 비경쟁적 본질이 노동을 가리려고 한다. 하지만 정보 출판은 출판의 노동을 특히 중시하는 서비스산업으로 바뀌어야만 한다.

디지털 시대에 정보 출판이 처한 두번째 난제는 권위와 관련있다. 첫번째 소제목에서 살펴본 것처럼 지식과 진리에 관해 말할 때 개념적 의미와 관련된 난제가 발생한다. 전통적으로 출판에서 진실의 평가 방식은 마이클 바스카가 부분적으로 제안하듯 고품질의 프레이밍(framing) 수단으로 이루어졌다.* 그러한 수단들은 품질 평가의 대용물 역할로 설계되었고 소재 선택과 관련된 출판의 희소성이 따랐다. 다시 말해서 (유서 깊은 대학출판부 등) 오래된 출판사들의 권위는 인쇄의 희소성과 품질의 희소성에 입각한 것이었다. 서로 연결된 다음의 두 가지 사실을 인정함으로써 출판물에 권위가 부여되었다. (1) 작품의 인쇄와 배포에 드는 비용 때문에 대학출판부를 통해 개인의 작품을 출판하기란 쉽지 않다. (2) 출판물을 선택하는 절차는 매우 엄격해서 통과하기가 힘들다. 실제로 권위는 상징 경제와 그 원리가 약간 비슷하다. 희귀성이 클수록 가치가 높아진다. 모든 것을 똑같이 진리라고 주장할 수 있다면 판단의 문제가 생긴다.

그 시스템이 완벽했다는 말은 아니다. 실제로 필자는 다른 저작에서 동료 검토(Peer review)에 대해 미래의 품질을 제대로 예측하지 못하는 매우 결함 있는 시스템이라고 주장했다.** 출판사나 학술지의 브랜드명을 품질의 대용물로 활용하는 것은 작품을 논문이나 책의 측면에서 평가하기에는 너무 광범위한 기준이며 대학교 도서관의 예산에 심각한 영향을 미

---

* Michael Bhaskar (2013: 103 – 6).
** Samuel Moore et al. (2017).

친다고도 주장했다.* 전문지식의 전파가 (자료의 희소성에 입각한 권위도 가지는) 전통적 인쇄매체에 의해 정당화되면 실제로 파괴적인 결과가 나타날 수 있다. 〈랜싯The Lancet〉에 실렸다가 취소된 앤드루 웨이크필드(Andrew Wakefield)의 MMR(홍역, 파상풍, 풍진) 백신과 아동 자폐증의 연관성을 주장한 논문이 좋은 사례이다.** 웨이크필드의 연구는 가장 엄격한 선별 기준을 갖춘 세계적으로 명망 높은 의학지에 실렸지만 비윤리적이었다. 윤리적 동의도 없이 아이들을 불필요한 의학 연구 절차에 노출시켰고 이해관계로 인한 경제적 갈등과 결과 위조를 밝히지도 않았기 때문이다.*** 타블로이드지는 정보 출판에서 진실의 토대 역할을 하는 〈랜싯〉의 문화적 권위를 이용해 이 사건에 달려들었다. 웨이크필드의 논문 내용이 사실이라고 생각하는 대중의 잘못된 인식을 바로잡기가 놀랍도록 힘든 일이라는 것이 증명되었다. 물론 동료 검토가 없었다면 진실이 아닌 논문이 많이 통과되어 상황이 악화했으리라고 주장할 수도 있을 것이다. 하지만 필자는 그렇게 생각하지 않는다. 동료 검토의 위력과 이 경우에서 보듯 그 실패는 지금까지도 논문 철회가 실수 은폐이고 과학적 합의가 현실적으로 여전히 억압당한다는 잘못된 믿음으로 이어진다. 다시 말하자면 정보와 지식을 진리로 동일시하는 희소성의 지표는 완전한 디지털 시대로 접어들기도 전부터 큰 문제가 있었다.****

이 문제는 디지털 영역에서도 똑같이 심각하지만 좀더 강렬하게 노출

---

* Eve (2014: 44 – 55).

** A. J. Wakefield et al. (1998).

*** Fiona Godlee, Jane Smith, Harvey Marcovitch (2011).

**** 실제로 웨이크필드는 〈란셋〉의 권위를 이용해 자신의 사기 행위를 옹호했다. 특히 '출처가 인터넷'이라는 근거로 비평가의 주장을 비난했다. A. J. Wakefield (1998).

된다. 웹사이트를 만들어 겉치장에 불과한 전문성과 화려한 겉모습이 진리 평가라는 수상쩍은 사회적 관습보다 중요하게 여겨지도록 만들기가 어렵지 않기 때문이다. 디지털 공간의 지식 '풍요'는 저마다의 상대적인 진리 주장을 비교하기 어렵게 만든다. 디지털 시대 이전의 진리 지표에도 문제는 많았지만 말이다. 실제로 정보 출판의 미래에서 가장 큰 난제는 논문이나 책(그리고 그 밖의 다른 형식들)의 품질이나 진위 여부를 정확히 알려주면서 디지털 공간으로 가능해진 풍부한 보급력을 활용하는 지표 혹은 틀을 찾는 일이 될 것이다. 이것은 여전히 서비스가 아닌 판매 모델을 더 중요시하는(그래서 디지털의 무한한 복제 가능성 때문에 고군분투하는) 출판사와 유료 시스템에 조직적인 문제를 제기한다. 그들은 출판인의 편향에 치우치고(그래서 진위 평가의 기준이 지나치게 광범위해지고) 진리에 관련된 브랜드의 종합에 의존하는 마케팅과 수익 전략을 중요시한다.

정보와 데이터 출판

이 장의 마지막 소제목에서는 디지털 풍요의 시대에(노동 희소성의 시대임은 여전하다) 정보 출판 영역에서 점점 커지는 새로운 수요로 관심을 돌리고자 한다. 디지털매체가 정보 또는 지식의 기본 구조를 점점 긴밀하게 반영함에 따라 과학과 검증의 이론 구조가 출판에 추가되었다. 가장 명확한 사례는 출판 전 논문, 연구의 재현, 데이터 출판 현상이다. 각각을 차례대로 살펴보자.

과학과 정보 출판에서 '출판 전 논문(preprint)'은 동료 검토와 조판, 교정 교열에 이르는 정식 출판 과정이 완료되기 전의 논문을 말한다. 고에너지물리학 등 여러 학문 분야에서 출판 전 논문이 일반적으로 자리잡은 데는 여러 가지 이유가 있다.

첫번째는 우선순위다. 일반적으로 학술 부문의 인증 체계는 새로움을 중요시한다. 어떤 주장을 처음 내놓은 사람이 발견자로 인정받는다. 이미 나온 주장을 똑같이 반복하는 논문은 표절이다. 과학, 사회, 인문학 분야의 학술 출판은 학술지에 투고되는 논문은 다른 곳에 게재되거나 발표된 적이 없는 것이어야 한다는 이른바 '잉겔핑거 법칙(Ingelfinger Rule)'을 오랫동안 지켜왔다.* 그러나 인터넷 사용이 보편화된 이후로 소유권 정보가 붙은 파일 형식이기는 하지만 arXiv처럼 출판 전 논문을 게시하는 서버가 등장했다.** 이런 사이트들은 학자나 연구자들이 작업중인 논문이나 출판 전 논문을 공유하는 저장소다. 출판 전 논문 서버가 학계의 큰 관심을 받자 최대한 빨라야 한다는 것으로 우선순위가 향했다. arXiv에 게시된 논문은 인용 가능하기 때문이다. 하지만 잉겔핑거 법칙과 '출판'의 의미에 관한 곤란한 문제가 제기되었다. 2016년 기준으로 다수의 출판사는 출판 전 논문이 학자들에게 유익할 수 있다는 사실을 인정하고 이미 공개된 논문을 수용하지 않으면 안 되었다. 예를 들어 온라인 오픈 액세스 학술지 〈팰그레이브 커뮤니케이션Palgrave Communications〉은 이렇게 공표했다. '출판 전 논문 서버에 사전 게시해 같은 분야의 다른 학자들에게 심사를 거친 후 본 학술지에 투고하는 것을 허용하며 또 권유합니다. 논문과 함께 제출하는 소개서에 출판 전 논문 서버명과 승인 번호를 적어주십시오.'***

출판 전 논문을 활용하는 두번째 이유는 속도와 가속도 때문이다. 생명과학을 포함한 여러 과학 분야에서는 속도가 절대적으로 중요하다. 출

---

* Arnold S. Relman (1981).

** arXiv (2013).

*** Palgrave Communications (2016).

판 정보를 빠르게 활용하고 실행하는 것에 사람의 생명이 달려 있을 수 있다. 물론 출판 과정에 필요한 시간과 노동이 정보 순환 속도를 늦춘다. 속도가 느려지는 것이 용납되지 않는 일부 분야에서는 출판 전 논문이 정답으로 제시된다.

하지만 우선순위와 속도에 일어난 변화가 정보 출판의 존재 방식에 압박을 가하고 있다. 한 예로, 미디어와 출판 전 논문 서버에서 이미 대량으로 유통되는 논문을 정식으로 출판하는 마지막 장소가 저널이라면 저널의 실질적인 기능은 무엇인가? 보존을 위한 저장소 역할인가? 아니면 단순히 인증 수단인가? 저널이 발견 장소가 될 수 있는가? 정보 과부하의 시대에 저널은 발견 가능성(discoverabillity)과 필터링을 위한 사회적 큐레이션 장소일 수 있는가? 이 질문들의 답은 현재로서는 불분명하지만 정보 출판의 변화하는 작업 흐름(workflow)이 속도와 가속의 수요를 바꾸고 있음은 확실하다.

여러모로 출판 전 논문은 정보 출판 영역에서 노동과 텍스트가 동의어라는 암묵적인 개념에도 도전이 된다. 제롬 맥간(Jerome McGann)은 1980년대에 발표한 영향력 있는 저서에서 텍스트 편집 분야의 그 개념에 반대하며 노동은 사회적 사건이지만 텍스트는 노동의 단일적이고 고정적이며 매체 부호화된 순간이라고 주장했다.* 학술 정보 출판에서 '기록 버전'이 유통되는 유일한 버전이라는 개념은 오랫동안 노동과 텍스트를 융합하고자 했다. 한 버전의 고정성이 과학적 진리와 그 진리의 텍스트적 표상, 텍스트와 동일한 노동의 수렴을 통하여 진리를 일관성 있게 제시할 수 있는 것처럼 말이다. 여기에서 난제는 텍스트의 가변성이 인쇄 시대보다 디

---

* Jerome McGann (1983).

지털 시대에 더 크다는 것이다. 버저닝(versioning, 여러 버전으로 만드는 것-역주)의 개념은 텍스트와 작품을 분리시킨다. 정보 출판에 속하는 논문 한 편에 여러 버전의 텍스트가 있을 수 있다(출판 전 논문, 버전 1, 업데이트 버전 2 등). 따라서 진위 평가의 문제도 훨씬 어려워진다. 어떤 버전을 살펴봐야 하는가? 나중 버전일수록 더 사실에 가까운가? 정보 출판에서 이것은 텍스트의 일시적 실증주의 같은 것인가? 디지털 시대에 인쇄의 고정성과 진리의 관계에 대한 인식론은 비판 대상이 된다. 꼭 나쁜 일은 아니지만 변화로 인식되고 있다.

오늘날 정보 출판을 둘러싼 담론에서 두번째 주요 변화 영역은 연구의 재현과 부정적인 연구 결과와 관련있다. 가설과 실험 모델, 연구의 재현에 관한 논문은 어떤 논문에서 기술된 방식이 일관성 있는 결과를 도출한다는 사실을 입증하고자 실험을 반복 재현하는 것을 말한다. 반면 어떤 가설이 정확하지 않다고 입증되면 부정적인 연구 결과라고 한다(예를 들어 'Y라는 물질이 말라리아를 치유해준다'는 가설이 실험을 통해 사실이 아닌 것으로 밝혀질 수 있다). 연구의 재현과 부정적인 연구 결과는 모두 과학 지식의 축적에 이바지한다. 예를 들어 연구의 재현에서 기존의 실험 결과가 똑같이 나타난다면 그 논문에 대한 신뢰도가 높아질 것이다(그 반대의 경우도 마찬가지다). 하지만 최근 논문에 따르면 연구의 재현으로 검증되지 않은 임상 전단계 연구가 50%에 이르고 연간 280억 달러의 비용을 발생시키는 것으로 추정된다.* 반면 부정적인 연구 결과는 시간과 노력 낭비를 크게 막아주므로 여러 분야에서 중요하다. 만약 다른 과학자 집단이 'Y 물질'을 말라리아 치료에 실험해보고자 한다면 이미 똑같은 연구가 실패한 적 있다는 사실

---

* Leonard P. Freedman, Iain M. Cockburn, Timothy S. Simcoe (2015).

을 미리 아는 것이 유용할 것이다.

풍요로워 보이는 디지털 정보 출판 시대에 연구의 재현과 부정적인 연구 결과의 출판 필요성이 점점 커지고 있다. 그런데 어차피 디지털 영역에서는 자료의 무한 복제가 가능하니 유용한 과학 정보를 그냥 더 많이 출판하면 안 되는 것일까? 그런 방식에는 장점과 단점이 모두 따른다. 물론 연구의 재현과 부정적인 연구 결과를 출판하면 과학적 지식 획득의 축적 과정에 긍정적으로 기여할 것이다. 하지만 발견 가능성의 생태계에 교란을 가져오기도 할 것이다. 연구의 재현이 많이 출판되면 독자들이 가짜와 진짜를 구분하기가 더 힘들어진다. 제한적인 시간 경제 속에서 살아가는 독자들이 현재의 분해되고 분산된 기업 출판 모델에서 '논문'을 제대로 해석하려면 연구의 재현과 누적된 문헌 검토에 어떤 시스템이 필요할지 분명하지 않다. 연구의 재현의 가치가 어디에서/언제 끝나느냐는 질문도 존재한다. 예를 들어 물의 끓는점에 관한 연구의 재현을 출판하는 것이 이로운가? 물의 끓는점은 너무도 잘 알려진 사실이므로 방법론적으로 문제가 없고 결과가 정확하더라도 더이상 연구의 재현은 필요하지 않다. 마찬가지로 터무니없는 가설을 바탕으로 하는 실험(이를테면 매달 3일마다 물의 끓는점은 섭씨 30도가 된다)의 부정적인 연구 결과를 출판하는 것도 집단지성에 별로 도움이 되지 않는다. 하지만 이러한 정보 출판의 담론에서 가장 큰 난제는 점점 정보화되는 출판의 치솟는 노동 비용이다. 현재의 도서관 예산으로 간신히 감당되는 수준이다.*

디지털 시대를 맞이해 확장된 정보 출판의 세번째이자 마지막 영역은

---

* Association of Research Libraries (2014) 참조. 도서관의 연쇄 경비가 1980년대 이후 통제하기 어려울 정도로 치솟은 이유는 고등교육의 대규모 확장은 물론이고 정보 출판의 우세와 소수 대기업이 20% 이상의 수익을 올리는 현실 때문임을 보여준다.

두번째와 연관 있다. 바로 데이터 출판이다. 우선 데이터 공유에 많은 논란이 따른다는 사실에 주목할 필요가 있다. 한 예로 최근 〈뉴잉글랜드 의학 저널The New England Journal of Medicine〉에 실린 사설에서는 '데이터의 생성과 수집에 개입하지 않은 사람은 변수의 정의에 내려지는 선택을 이해하지 못할 것'이고 '자신의 목적을 위해 다른 집단의 데이터를 사용하는 사람은 데이터 수집자가 계획한 연구 생산성을 훔치는 것이고 원래의 연구자가 제시한 주장이 틀렸음을 증명하기 위해 데이터를 사용하는 것일 수도 있다'라는 우려를 비치며 그런 일들이 '연구 기생충'에 의해 벌어진다고 묘사했다.* 이것은 곤란한 일이다. 어떤 주장이 틀렸음을 주장하거나 기존 데이터 안에서 새로운 연구를 찾는 것은 과학의 핵심적인 기능인 반증가능성(falsifiability)이다. 실제로 '데이터'나 증거가 공개적으로 이용될 수 있는 문화적 가공물인 인문학에서 매우 흔하다. 문학 연구에서 '데이터세트'에 대한 여러 다양한 해석이 이루어지는 소설 작품이 이에 해당한다. 이러한 보수적인 관점과 반대로 〈영국 의학 저널British Medical Journal〉 블로그의 게시글에서는 '데이터를 이용할 수 있도록 하지 않고서 연구 결과를 출판하는 것은 과학적 과오'라거나 '데이터 없는 연구 출판은 과학이 아니라 다만 광고'라고까지 주장한다.** 이러한 주장은 10년 넘게 계속되어왔는데 필자가 발견한 가장 이른 시기의 참고문헌은 1995년에 출판된 책이다. 그 책은 이렇게 주장한다. '과학 출판에서 컴퓨터과학에 관한 논문은 그 자체로 학문이 아니고 학문의 광고에 불과할 뿐이다. 실제적인 학문은 전체적인 소프트웨어 발달 환경과 수치 생성에 사용된 전체 명령 조합이다.'*** 이러한

---

* Dan L. Longo & Jeffrey M. Drazen (2016).

** Claire Bower (2013); Graham Steel (2013).

*** Jonathan B. Buckheit & David L. Donoho (1995: 55 – 81). 이 문헌을 찾도록 도와

토론을 통해 여러 대규모 연구 자금 제공자들이 공개 데이터와 소프트웨어 공유 정책을 만들게 되었다.[*]

데이터 토론에서 어느 쪽에 찬성하는지에 상관없이 데이터 출판의 필요성이 정보 출판인들에게 심각한 의미를 지닌다는 것만은 분명하다. '데이터'는 '그것'이라는 말로 통용될 정도로 매우 모호한 용어이기 때문이다. 실제로 출판인들에게 데이터 출판의 필요성은 크기가 몇 킬로바이트부터 테라 혹은 엑소 바이트에 이르는 디지털 객체를 이용 가능하게 하고 영원히 보존하라는 말과 같다. 소프트웨어 '출판'은 가상의 기계로 영구 접근 가능한 새로운 소프트웨어 보존 시스템과 프로그램 실행 환경이 만들어져야 할 필요성을 제시할 것이다. 디지털 암흑의 시대로 접어들지 않는다면 말이다.[**] 이 모든 것에는 노동과 시간, 비용뿐만 아니라 새로운 기술과 방식의 '출판' 인재 양성이 필요하다. 하지만 이것은 오늘날 디지털 시대를 맞이해 정보 출판에 일어나는 변화의 일부분일 뿐이다.

결론

출판과 정보는 서로 오랜 역사를 맺어왔다. 하지만 그 둘을 둘러싼 용어('데이터', '정보', '지식')의 이해와 정의는 제대로 이루어지지 않았다. 우리가 '정보'를 말할 때 가리키는 출판의 유형이 무엇인지도 명확하지 않다. 하지만 디드로의 『백과전서』를 반영하는 진부한 위키피디아의 사례를 훨씬 초월하는 인터넷과 월드와이드웹의 발달로 근래에 정보 출판에 일어난 변화

준 Cameron Neylon과 Todd Vision에게 감사를 전한다.

[*] Research Councils UK (2016) 참조.

[**] Terry Kuny (1998).

는 출판의 검증/진위, 노동 문제에 어려움을 새로이 더한다. 디지털 세계는 지식의 비경쟁적인 본질과 최신의 경쟁적인 표현 방식을 통합하려 하지만, 정보 공간에는 출판산업이 극복해야 할 심각한 장애물이 남아 있다. 디지털 공간에서 무한정 이루어지는 복제는 한때 인쇄의 고정성에 의존해 진실과의 상호 연관성을 보장한 출판의 기본 인식론에도 어려움을 제시한다. 블록체인처럼 바꿔쓰기가 불가능한 데이터베이스를 배포하는 신기술은 인공적인 희소성과 고정성을 다시 쓰는 방법을 디지털 공간에 제공해줄 것이다. 하지만 우리가 다루어야 할 더 중요한 질문은 그것이 우리가 디지털 시대에 원하는 것인가, 아닌가다. 아니면 웹의 다원주의를 받아들이고 디지털 공간의 다중성이 사실은 과학적 프로세스 그 자체의 혼란에 대한 보다 나은 표상이라는 사실을 인정하는 것이 타당할지도 모른다.

참고문헌

Amidon, Debra M. (1997). *Innovation Strategy for the Knowledge Economy: The Ken Awakening*, Boston: Butterworth-Heinemann.

arXiv (2013). 'FAQ'. http://arxiv.org/help/support/faq [2013. 12. 22 검색].

Association of Research Libraries (2014). 'ARL Statistics 2009 – 2011'. http://www.arl.org/storage/documents/expenditure-trends.pdf [2014. 7. 1 검색].

Benjamin, Walter (1999). 'The Work of Art in the Age of Mechanical Reproduction', in *Illuminations*, Pimlico, 332, Pimlico ed London: Pimlico, pp. 211 – 44.

Bhaskar, Michael (2013). *The Content Machine: Towards a Theory of Publishing From the Printing Press to the Digital Network*, New York: Anthem Press.

Bower, Claire (2013). 'Publishing Articles without Making the Data Available Is Scientific Malpractice', *BMJ Blogs*. http://blogs.bmj.com/bmj-journals-developmentblog/2013/05/24/publishing-articles-without-making-the-data-available-is-scientificmalpractice/ [2016. 11. 13 검색].

Buckheit, Jonathan B. and David L. Donoho (1995). 'Wavelab and Reproducible Research', in *Wavelets and Statistics*, Anestis Antoniadis, George Oppenheim Dordrecht 편집: Springer, pp. 55 – 81. http://link.springer.com/10.1007/978-1-4612-2544-7_5 [2016. 11. 14 검색].

Carrigan, Mark (2016). 'Like Air, Ideas Are Incapable of Being Locked up and Hoarded', *Mark Carrigan*. http://markcarrigan.net/2016/04/06/like-air-ideas-are-incapableof-being-locked-up-and-hoarded/ [2016. 4. 6 검색].

Collison, Robert Lewis (1964). *Encyclopaedias: Their History throughout the Ages; a Bibliographical Guide with Extensive Historical Notes to the General Encyclopaedias Issued throughout the World from 350 b.c. to the Present Day*, Royal Oak, MI: Hafner.

Dakers, Marion (2015). 'Controversial VAT Change Means E-Books Are about to Get More Expensive', *The Telegraph*. http://www.telegraph.co.uk/finance/businessclub/11320318/Controversial-VAT-change-means-e-books-are-about-to-get-more-expensive.html [2016. 11. 10 검색].

Darnton, Robert (1987). *The Business of Enlightenment: A Publishing History of the Encyclopédie, 1775–1800*, Cambridge, MA: Harvard University Press.

Davenport, Thomas H. and Laurence Prusak (2010). *Working Knowledge: How Organizations Manage What They Know*, Boston, MA: Harvard Business School Press.

Dixon, Nancy M. (2000). *Common Knowledge: How Companies Thrive by Sharing What They Know*, Boston, MA: Harvard Business School Press.

Eve, Martin Paul (2014). *Open Access and the Humanities: Contexts, Controversies and the Future*, Cambridge: Cambridge University Press. http://dx.doi.org/10.1017/CBO9781316161012

Eve, Martin Paul (2017). 'Scarcity and Abundance', in *The Bloomsbury Handbook of Electronic Literature*. Joseph Tabbi 편집, London: Bloomsbury.

Freedman, Leonard P., Iain M. Cockburn, and Timothy S. Simcoe (2015). 'The Economics of Reproducibility in Preclinical Research', *PLOS Biology*, 13, p. e1002165. https://doi.org/10.1371/journal.pbio.1002165

Garvin, Andrew P. and Robert I. Berkman (1996). *The Art of Being Well Informed*, Garden City Park, NY: Avery Pub. Group.

Gitelman, Lisa, ed. (2013). '*Raw Data' Is an Oxymoron*, Infrastructures Series, Cambridge, MA: The MIT Press.

Godlee, Fiona, Jane Smith, and Harvey Marcovitch (2011). 'Wakefield's Article Linking MMR Vaccine and Autism Was Fraudulent', *British Medical Journal*, 342, p. c7452. https://doi.org/10.1136/bmj.c7452

Hayles, N. Katherine (2012). *How We Think: Digital Media and Contemporary Technogenesis*, Chicago: University of Chicago Press.

Horibe, Frances (1999). *Managing Knowledge Workers: New Skills and Attitudes to Unlock the Intellectual Capital in Your Organization*, Toronto: J. Wiley.

Jefferson, Thomas (1853). *The Writings of Thomas Jefferson*, ed. by H. A. Washington, Washington, DC: The United States Congress, VI.

Johns, Adrian (2011). *Piracy: The Intellectual Property Wars from Gutenberg to Gates*, Chicago: University Of Chicago Press.

Kelley, Juris (2002). *Knowledge Nirvana*, Fairfax, VA: Xulon Press.

Kuny, Terry (1998). 'The Digital Dark Ages? Challenges in the Preservation of Electronic Information', *International Preservation News*, 17, pp. 8 – 13.

Liew, Anthony (2007). 'Understanding Data, Information, Knowledge And Their Inter-Relationships', *Journal of Knowledge Management Practice*, 8. http://www. tlainc. com/articl134.htm [2016. 11. 5 검색].

Longo, Dan L. and Jeffrey M. Drazen (2016). 'Data Sharing', *New England Journal of Medicine*, 374, pp. 276 – 77. https://doi.org/10.1056/NEJMe1516564

McGann, Jerome (1983). *A Critique of Modern Textual Criticism*, Charlottesville, VA: University of Virginia Press.

Marx, Karl (1992). *Capital*, London: Penguin, I.

Moore, Samuel, Cameron Neylon, Martin Paul Eve, Daniel O'Donnell, and Damian Pattinson (2017). 'Excellence R Us: University Research and the Fetishisation of Excellence', *Palgrave Communications*, 3. https://doi.org/10.1057/palcomms.2016.105

Nonaka, Ikujirō and Hirotaka Takeuchi (1995). *The Knowledge-Creating Company: How Japanese Companies Create the Dynamics of Innovation*, New York: Oxford University Press.

Palgrave Communications (2016). 'Editorial and Publishing Policies'. http://www. palgrave-journals.com/palcomms/about/editorial-policies [2016. 11. 12 검색].

Relman, Arnold S. (1981). 'The Ingelfinger Rule', *New England Journal of Medicine*, 305, pp. 824 – 26. https://doi.org/10.1056/NEJM198110013051408

Research Councils UK (2016). 'Concordat on Open Research Data Launched', *RCUK*. http://www.rcuk.ac.uk/media/news/160728/ [2016. 11. 13 검색].

Somers, James (2017). 'Torching the Modern-Day Library of Alexandria', *The Atlantic*, 20 April. https://www.theatlantic.com/technology/archive/2017/04/the-tragedy-ofgoogle-books/523320/ [2017. 7. 9 검색].

Steel, Graham (2013). 'Publishing Research without Data Is Simply Advertising, Not Science', *Open Knowledge International Blog*. http://blog.okfn.org/2013/09/03/publishingresearch-without-data-is-simply-advertising-not-science/ [2016.

11. 13 검색].

Stenmark, Dick (2001). 'The Relationship between Information and Knowledge', *Proceedings of IRIS 24*, pp. 11 – 14. http://citeseerx.ist.psu.edu/viewdoc/summary?doi=10.1.1.21.965

Suber, Peter (2012). *Open Access*, Essential Knowledge Series, Cambridge, MA: MIT Press. http://bit.ly/oa-book

Swartz, Aaron (2015). 'Jefferson: Nature Wants Information to Be Free', in *The Boy Who Could Change the World*, London: Verso, pp. 23 – 25.

Sydänmaanlakka, Pentti (2002). *An Intelligent Organization: Integrating Performance, Competence and Knowledge Management*, Oxford: Capstone.

Thompson, John B. (2005). *Books in the Digital Age: The Transformation of Academic and Higher Education Publishing in Britain and the United States*, Cambridge: Polity Press.

Tiwana, Amrit (2001). *The Essential Guide to Knowledge Management: E-Business and CRM Applications*, Essential Guide Series, Upper Saddle River, NJ: Prentice Hall PTR.

Von Krogh, George, Kazuo Ichijō, and Ikujirō Nonaka (2000). *Enabling Knowledge Creation: How to Unlock the Mystery of Tacit Knowledge and Release the Power of Innovation*, Oxford: Oxford University Press.

Wakefield, A. J. (1998). 'Autism, Inflammatory Bowel Disease, and MMR Vaccine', *The Lancet*, 351, p. 1356. https://doi.org/10.1016/S0140-6736(05)79083-8

Wakefield, A. J., S. H. Murch, A. Anthony, J. Linnell, D. M. Casson, M. Malik, and others (1998). 'RETRACTED: Ileal-Lymphoid-Nodular Hyperplasia, Non-Specific Colitis, and Pervasive Developmental Disorder in Children', *The Lancet*, 351, pp. 637 – 41. https://doi.org/10.1016/S0140-6736(97)11096-0

9장

네트워크

카를로스 A. 스콜라리(Carlos A. Scolari)

미디어와 기술에 관한 글을 쓰는 것은 쉬운 일이 아니다. '새로운' 미디어나 기술 문제에 관한 담론은 (안토니오 그람시가 말한 것처럼) 가장 최근의 신상품을 분석해 좀더 전략적이고 유기적인 의미를 살펴보지 않으면, 단 몇 주 만에 시대에 뒤떨어질 수 있기 때문이다.

그렇다면 빠르고 심오하게 변화하는 미디어생태계는 어떻게 다루어야 할까? 여기에서는 1970년대 초반에 디지털네트워크가 처음 등장하고 전파된 이후 미디어생태계에 일어난 주요 변화를 조망하는 것으로 시작한다. 두번째 소제목에서는 디지털네트워크에서 흘러다니는, 적어도 출판인들에게는 가장 중요한 '상품'인 텍스트를 분석한다. 그리고 마지막에는 콘텐츠의 생산과 배포, 소비 과정의 변화를 분석하는 데 주력한다. 공동생산, 사용자 제작 콘텐츠, 필터링 과정, 새로운 존재 하이퍼리더(hyperreader)의 등장 같은 현상도 다룬다.

네트워크의 등장

아르파넷에서 월드와이드웹, 그 이후까지

고등연구계획국(Advanced Research Project Agency)이라는 미국의 국가 기관이 자금을 댄 최초의 컴퓨터 네트워크 아르파넷(Arpanet)은 데이터 패 킷 교환망으로 시험 기간을 거쳐 1972년에 국제컴퓨터통신회의(Interna- tional Conference on Computer Communication)에서 정식으로 도입되었다. 처음에는 원격 컴퓨팅과 핵전쟁 발발시 군사용 내부 통신 수단으로 설계 되었다. 그러나 디지털 시대 초기에는 아르파넷을 먼 거리에 있는 컴퓨터 의 계산력으로 복잡한 수학 문제를 해결하는 데 사용하기보다는, 개인적 메시지 전송과 간단한 비디오게임에 쓰는 연구자들이 많았다. 아르파넷은 베트남전쟁에 반대하는 정치선전과 워터게이트사건 정보, 빌 크라우더(Bill Crowther)가 만들고 컴퓨터공학과 학생들이 완벽하게 다듬은 게임 〈던전 스 앤드 드래곤즈〉의 디지털 버전 '어드벤처(Adventure)'의 최초 버전을 공 유하는 데 사용되었다(Hafner & Lyon 1998; Berners-Lee 2000).

1970년대 초에 비슷한 네트워크가 이탈리아, 영국, 노르웨이, 독일을 중 심으로 유럽에도 퍼졌다. 연구자들은 이런 네트워크를 통합해 '네트워크의 네트워크' 혹은 '인터-네트워크(인터-넷)'를 만들려는 생각을 하기 시작했 다. 물론 이를 위해서는 모든 시스템 간에 대화가 가능하도록 프로토콜을 정의하는 것부터(그리하여 TCP-IP/전송 제어 프로토콜Transmission Control Protocol—Internet Protocol이 탄생했다) 데이터 패킷의 지시와 배포를 가능하 게 해주는 게이트웨이를 만드는 것까지 풀어야 할 문제가 많았다. 네트워 크는 1973년부터 1975년까지 매우 빠르게 성장했다. 1978년에는 마침내

TCP/IP가 규정되었고 아직까지도 인터넷 접속의 공동 표준으로 사용된다.

모르는 사람이 거의 없듯이 월드와이드웹은 1980년대 말에 어느 연구진이 만들었다. 1990년에 버너스리(Berners-Lee)를 비롯한 세른(CERN, 유럽입자물리연구소, 제네바) 소속 연구원들은 그래픽 인터페이스(graphical interface)의 잠재성에 잔뜩 기대감을 안고 디지털네트워크를 브라우징하는 소프트웨어의 최초 버전을 개발했다. 고객-서버 통신에 객체 지향 기술과 하이퍼텍스트 전송 프로토콜(Hypertext Transfer Protocol, HTTP)을 사용하는 그 프로그램은 정보의 편집과 WYSIWYG(what you see is what you get, 보이는 그대로 출력된다는 뜻─역자) 방식의 열람을 가능하게 해주었다. 1년 후 그 기술이 다른 플랫폼으로 전송되고 여러 연구 센터로 배포되어 프로그래머들이 프로토콜의 성능 개선에 노력을 기울였다.

1993년에는 일리노이대학교 연구팀이 인터넷 이용자들 간에 급격히 전파되는 그래픽 인터페이스를 갖춘 브라우저 모자이크(Mosaic)의 알파 버전을 내놓았다. 얼마 후 그 연구팀은 대학을 떠나 넷스케이프(Netscape)라는 기업을 설립했다. 넷스케이프는 비즈니스 논리를 거스르고 새로운 디지털네트워크 탐색 프로그램을 무료로 배포했다. 그 이후로 새로운 브라우저(인터넷 익스플로러, 파이어폭스, 사파리, 오페라, 크롬 등)가 앞다투어 등장했고 웹 페이지 콘텐츠(애니메이션 GIF 이미지, JPG나 PNG 같은 고압축 형식, 비디오, 애니메이션 등)의 진화가 가속되면서 멀티미디어와 상호작용 기능의 통합이 계속되었다(쇼크웨이브, 자바, 플래시, HTML 새 버전 등). 새로운 브라우저의 첫 페이지에는 단순히 정적인 정보가 담겨 있었지만 그 등장만으로 상황이 크게 바뀌었다. 월드와이드웹 자체가 복합매체(metamedium)로 바뀐 것이다. 그것은 일련의 새로운 미디어와 통신 플랫폼이 계속 생성되는 미디어 생태계의 거대한 틈새였다.

월드와이드웹에서 소셜 네트워크로

2000년대 초에 많은 연구자와 전문가들은 월드와이드웹에서 일련의 변화를 감지했다. 위키피디아(Wikipedia) 같은 협력적 플랫폼과 비트토렌트(BitTorrent), 냅스터(Napster) 같은 공유 수단 그리고 단순한 정보 출판이 아닌 참여 기반의 새로운 커뮤니케이션 방식이 새로운 패러다임을 형성하고 있었다. '새로운' 웹은 웹 2.0이라고 불렸다(O'Reilly 2005).

새로운 협력적 웹의 등장은 1990년대 웹의 한계를 보여주는 증거였다. 초기의 웹은 네트워크 인프라 기반이었지만 개념과 이용은 여전히 전통적인 방송의 그것이었다(일 대 다수 통신). 웹 2.0은 특정 미디어와 커뮤니케이션의 장에서 새로운 다자간 통신 패러다임을 표현했다. 모든 상품 유형에서 좁은 틈새와 '롱테일'의 등장(Anderson 2006), 폭발적인 빅데이터 연구와 서비스(Mayer-Schonberger & Cukier 2013), 참여 문화 기반의(Jenkins et al. 2016) 집단지성 등장(Lévy 1997), 저작권 같은 전통 법적 체계의 위기(Lessig 1999)를 비롯한 새로운 현상들은 방송에서 네트워킹으로의 패러다임 변화에 나타난 특징이다.

웹 2.0의 표현은 링크드인, 마이스페이스(2003), 페이스북, 플리커(2004), 트위터, 굿리즈, 왓패드(2006), 텀블러(2007), Academia.edu(2008), 포스퀘어(2009), 인스타그램(2010), 핀터레스트(2011) 같은 소셜 네트워킹 플랫폼의 등장으로 절정에 이르렀다. 소셜 네트워킹 플랫폼에는 여러 유형이 있다. 대인관계적인 접촉을 촉진해주는 소셜 네트워크 사이트, 창의성을 지원하고 콘텐츠 교환을 촉진하는 사용자 제작 콘텐츠 미디어, 아마존이나 이베이 같은 거래 및 마케팅 사이트, 마지막으로 팜빌, 앵그리 버즈, 포켓몬 GO처럼 게이밍에 적합하도록 설계된 놀이와 게임 사이트 놀이 환경이다.

소셜 네트워킹 플랫폼의 진화는 텍스트 콘텐츠에 어떤 영향을 끼쳤을까? 조세 반디크(Jose van Dijck)는 다음과 같이 설명한다.

초기에 웹 2.0 플랫폼이 제시한 가능성이 콘텐츠의 해방이었다는 사실을 떠올려보면 유익하다. 아마추어와 일반 시민들에게 창작 도구가 주어져 더이상 음악과 영화, 비디오, 미술, 텍스트의 생산이 전문가에게만 국한되지 않게 되었다. 그러나 지난 10년 동안 이용자와 플랫폼 소유자들은 온라인 콘텐츠의 가치를 서로 다르게 인식했다. 전자는 그것을 창조와 공유의 대상으로 여겼지만, 후자는 관리와 착취 대상으로 규정했다. 이용자는 콘텐츠의 질과 형식을 신경쓴 반면 플랫폼 소유자는 데이터의 수량과 트래픽 규모에 집중했다. (van Dijck 2013: 161 - 2)

미디어생태계의 진화는 항상 진행중이다. 반디크의 말처럼 소셜 미디어 플랫폼은 완성된 상품이라기보다 '이용자의 요구와 소유자의 목적에 따라서 그리고 경쟁 플랫폼과 커다란 기술 및 경제 인프라 환경에 따라서 수정이 이루어지는 역동적인 객체이다'(van Dijck 2013: 7).

새로운 미디어생태계에서의 힘과 갈등

지금까지 (새로운) '미디어생태계'라는 단어를 계속 언급했다. 월드와이드웹의 등장에 관한 연구에는 영화나 라디오 같은 기존 '새 미디어'가 탄생했을 때는 존재하지 않았던 요소가 포함되었다. 바로 미디어 시스템을 생태계로 바라보는 시각이다. 전통적으로 영화와 라디오는, 심지어 텔레비전까지도 복잡한 커뮤니케이션 생태계의 일부가 아닌 단일 미디어로 연구되었다. 종종 격론의 대상은 되지만 매우 유익한 마셜 매클루언의 미디어 연구는 커뮤니케이션 시스템에 대한 좀더 통합적이고 생태학적인 관점을 띤다.

> 새로운 미디어는 기존의 것에 대한 부가물이 아니고 기존의 것을 가만히 놓아두지도 않는다. 스스로 새로운 형상과 위치를 찾을 때까지 기존의 미디어를 계속 억압한다. (McLuhan 1964: 278)

요컨대 단일 미디어(영화, 라디오, 텔레비전, 신문, 인터넷 등)를 전체적인 미디어생태계에서 떼어내 분석하는 것은 거의 불가능하다. 미디어 연구는 단일 미디어 접근법을 버리고 미디어 시스템을 생태계로 바라보는 시각을 채택해 매체 간(inter-media) 관계에 특히 관심을 기울여야 한다. 마찬가지로 '새 미디어'에 대해 계속 이야기하는 것도 거의 불가능하다. 텔레비전이 '새 미디어'인가? 1950년대에는 새 미디어였다. 1920년대의 라디오도, 20세기 초의 영화도 마찬가지이다. 다시 말하자면 모든 미디어는 한때 새 미디어였다(Gitelman & Pingree 2003; Gitelman 2006; Zielinski 2006). 타자기, 광전신 기술, 레코드판, 8트랙 녹음테이프, 워크맨은 (지금은) 오래된 미디어지만 '항상 오래된 것은 아니었으며 그 미디어들에 새로움의 의미가 무엇인지 이해하는 것은 시기적절하고 문화적으로도 중요한 연구 과제다' (Gitelman & Pingree 2003: xi). 따라서 '새 미디어'는 상대적인 개념이다. 블로그와 전자책, 온라인 저널도 20~30년 후에는 '옛 미디어'가 될 것이다.

출판이 디지털네트워크 등장 이후에 겪은 변화를 이해하려면 전체적인 미디어생태계의 변화부터 시작해야 한다. 1980년대의 개인 컴퓨터 보급과 1990년대의 웹 확장으로 디지털 기술은 현대사회에 일어난 사회적 변화의 촉매제 역할을 했다. ICT(정보통신기술)의 새로운 발달과 이용 방법은 경제에서 정치, 그리고 교육에서 문화까지 사실상 삶의 모든 부분을 바꿔놓았다. 앞에서 언급한 것처럼 미디어생태계는 전통적인 방송 시스템에서 네트워킹 패러다임으로 변화하고 있다. 옛 '미디어 종'(라디오, 영화, 텔레비전, 책 등)은 새로운 종(유튜브, 트위터, 페이스북, 포켓몬 GO 등)과 경쟁하고 적응해야만 살아남을 수 있다(Scolari 2012, 2013).

마지막으로 네트워크와 힘, 헤게모니에 관한 몇 가지를 더 살펴보자. 네트워크는 1990년대 초반에 일부 유토피아주의자들이 생각한 것처럼 민주주의와 투명성의 천국이 아니다. 기업 미디어, 풀뿌리 운동가, 사회운동 그리고 수많은 사회적 행위자들은 네트워크 안에서 새로운 전쟁터를 발견했다. 우리는 네트워크 안에서 저마다 다른 수준으로 살고 배우고 공유하고 토론하고 힘에 반박한다. 이러한 변화를 가장 명쾌하게 분석한 마누엘 카스텔스(Manuel Castells)는 다음과 같이 말한다.

힘의 구조는 사회의 구조에 뿌리를 둔다. 그러나 힘의 구조는 커뮤니케이션 영역에서 주로 이루어지는 문화전쟁에 의해 복제되고 도전받는다. 사회적 행위자가 자립적으로 정치 어젠다를 설정하는 능력은 기업의 대중매체보다 대중적인 자기 커뮤니케이션(mass self-communication) 네트워크에서 더 크다. (Castells 2007: 257)

네트워크에 관한 가장 중요한 세 가지 사안은 커지는 사생활 침해, 소수 기업의 광범위한 개인 데이터 착취, 알고리즘을 기반으로 하는 주체 중심의 필터 버블(filter bubble) 창조다. 2011년에 일라이 파리저(Eli Pariser)는 이렇게 경고했다. '디지털 세계는 근본적으로 변화하고 있다. 한때 누가 누구든 될 수 있었던 익명의 미디어가 이제는 개인 데이터 수집과 분석의 도구가 되었다'(2011: 6). 파리저는 다음과 같이 필터 버블이라는 개념으로 새로운 상황을 설명했다.

> 새로운 세대의 인터넷 필터는 당신이 좋아하는 것(실제로 한 일이나 좋아하는 사람들)을 참고해 추론하려고 한다. 그 예측 엔진은 당신이 누구이고 다음에 무엇을 할 것이며 무엇을 원할지에 관한 이론을 끊임없이 만들고 수정한다. 이 엔진들은 각 개인에게 고유한 정보의 우주를 만든다. 그 우주는 우리가 생각과 정보와 마주하는 방법을 기본적으로 바꿔놓는다. (Pariser 2011: 9)

필터 버블은 뜻밖의 발견이 일어나는 기회를 감소시킨다. 우리가 살아가고 사람들과 상호작용하고 비디오를 보고 책을 읽는 장소를 디지털 엔진으로 미리 선택해(적어도 추천해) 편안한 틈새를 만들어준다. 파리저에 따르면 필터 버블은 눈에 보이지 않으며 그 안에는 오로지 개인 혼자만 있다. 개인이 그 안에 들어가기로 선택한 것도 아니다. 필터 버블은 푸코의 원형 교도소 파놉티콘(panopticon)의 정교하게 업그레이드된 버전일까?

여기에서 설명한 변화 과정이 일어난 것은 지금으로부터 1만 일도 채되지 않았다. 호모사피엔스의 장기적인 진화의 측면으로 보자면 인류사의 약 1나노 초 전의 일이다. 거대한 변화와 그로 인한 갈등은 이제 막 시작되었다.

새로운 텍스트성

여기에서는 디지털네트워크의 확산이 가져온 결과로 미디어생태계에 등장한 새로운 텍스트 구조와 서사를 분석해보기로 한다. 수백만 개의 최소 정보단위로 이루어진 디지털 텍스트성(digital textuality)은 특히 네트워크 순환에 적합하다. 흐름이 매우 유동적이고 수정 및 공유가 쉬우며 스마트폰, 태블릿, 개인 컴퓨터, 디지털 텔레비전 등 다양한 쌍방향 기기에 적용하기 쉽다. 디지털화 과정은 전통 미디어콘텐츠에 다른 변화도 가져왔다. 그 변화의 기본적인 특징은 하이터텍스트성, 매체 다중성, 상호작용성이라고 할 수 있을 듯하다. 그 기원은 하이퍼텍스트라는 단일 개념으로 압축할 수 있다.

모든 지식 분야에는 신비로운 특징을 지닌 창시자와 주창자가 존재한다. 1930년대에 정보검색 분야의 일부 과학자들은 상상 속에서 새로운 유토피아를 건설했다. 많은 양의 과학 자료를 어떻게 관리할 수 있는가? 처음에는 전쟁 직후의 유토피아로 시작되었던 것이 인류 문화가 만든 모든 문서를 연결하는 광활한 디지털네트워크를 구축하는 프로젝트로 이어졌다.

창시자: 버니바 부시(Vannevar Bush)

방대한 데이터 관리 문제는 최근에 등장한 것이 아니다.

보통 책이 넘쳐난다는 말로 표현되는 정보 과부하 문제는 그 역사가 매우 길어 전도서 12장 12절로 거슬러올라간다('많은 책들을 짓는 것은 끝이 없고'. 기원전 4세기 또는 3세기 추정). 고대의 도덕주의자 세네카는 서기 1세기에 '책이 풍부하면 정신이 산만해진다'라고 불평했고 기원전 3세기의 알렉산드리아 도서관 건축이나 18세기에 시작된 신문의 발달처럼 또다른 정보 호황도 종종 일어났다. (Blair 2010)

이러한 경고에도 텍스트의 양은 계속 거침없는 속도로 늘어난다. 19세기에 이미지와 소리를 기계로 복제하는 기술이 도입되고 20세기에는 전기기술이 뒷받침되면서 텍스트 생산의 성장으로 이어졌다.

하지만 텍스트의 풍요는 문화 산업에서만 나온 것이 아니었다. 과학 텍스트도 끊임없이 증가해 특수 지식의 생산과 배포, 소비에 불균형이 일어났다. 버니바 부시는 대규모 과학 정보 텍스트의 관리 문제를 우려했다. 미국의 엔지니어였던 그는 1930년대에 미국 해군의 정보 고속 선별기(Rapid Selector) 설계에 참여했다. 텍스트 생산이 인간의 이해와 통제 능력보다 훨씬 빠르게 확장되고 있다는 것이 그의 눈에는 분명해 보였다. 그렇다면 정보를 어떻게 선택하는가? 그 과정의 기계화가 가능한가?

부시는 논문 「우리가 생각하는 것처럼As We May Think」(1945)에서 정보 조직과 선택의 주요 형태인 선형적 형태와 계층적 형태를 분석하고 다음과 같이 반박했다.

인간의 정신은 그런 원리로 움직이지 않는다. 연상에 따라 작동한다. 하나의 항목을 이해하면 연상이 제시하는 다음 항목으로 즉각 움직인다. 연상되는 생각은 뇌세포가 따라가는 복잡한 거미줄 같은 길과 일치한다. 물론 다른 특징도 있다. 자주 사용되지 않는 길은 흐려지기 쉽다. 항목은 완전히 영구적이지 않고 기억은 일시적이다. 하지만 행동의 속도,

길의 복잡성, 마음의 자세한 사진은 자연의 그 어떤 것보다 경외심을 자아낸다. 정신적 과정의 인위적인 재현이 완벽하게까지는 불가능할지 몰라도 색인 작성(indexing)이 아닌 연상에 의한 선택은 언젠가 기계화가 이루어질지 모른다. (Bush 1945)

연상에 따른 정신적 과정을 기계화하는 것이 부시의 목표였다. 그는 1945년에 〈애틀랜틱 먼슬리The Atlantic Monthly〉에 실은 논문에서 메멕스(Memory+Extension)라는 상상의 기계를 소개했다. 저장된 책과 기록, 커뮤니케이션을 놀라운 속도와 유연성으로 참조 가능한 일종의 기계화된 개인 문서이자 서재였다. 메멕스의 주요 기능은 문서 간에 개인적인 연결고리와 경로를 만들어 나중에 다른 이용자가 얼마든지 참고하도록 해주는 것이었다. '메멕스에 넣어 강화할 수 있는 연상 회로가 퍼져 있는 완전히 새로운 형태의 백과사전이 등장할 것이다'(Bush 1945). 연결고리와 탐색 경로가 교차하는 융통성 있고 개방적인 텍스트 네트워크의 개념이 탄생했다.

신화: 더글러스 엥겔바트(Douglas Engelbart)

1962년 5월 24일, 엔지니어 더글러스 엥겔바트는 메멕스 논문의 몇 문단을 인용하고자 버니바 부시에게 연락해서 허락을 구했다. 스탠퍼드 연구소에서 일하던 엥겔바트는 거의 최초라고 할 수 있는 디지털 공동생산 시스템(그룹웨어)을 개발하는 중이었다. 컴퓨터네트워크 안에서 집단의 정보 공유를 가능하게 해준 이른바 오그멘트(Augment) 프로젝트는 디지털네트워크 진화의 기본 단계로 여겨졌다.

엥겔바트의 연구는 인간 문제 해결자들의 효율성을 높이고 그 변화를 지원해줄 새로운 기법과 절차, 시스템을 개발하려는 목적이었다. 엥겔바트에 따르면 부시의 회로는 '새로운 인공적 처리 능력에서 비롯된 상징 구조에 새로운 역량의 훌륭한 사례를 제공하며 개념 구조를 개발하고 묘사하는 새로운 방법을 제공한다'(Engelbart 1962). 30년 후 사이버 철학자 피에르 레비(Pierre Levy)는 그 연구에 생기를 불어넣은 철학을 이렇게 요약했다. '특정 시대에 이용 가능한 저마다 다른 매체와 지적 기술, 언어, 작업 방식의 연속은 사회집단의 사고와 작업 방식을 주로 결정한다'(1992: 61). 레비에 따르면 엥겔바트 같은 사람은 '분자 규모의 인터페이스' 연구로 차별화되는 '특수 유형의 정치인'이다. 분자 규모의 인터페이스는 서로 다른 시스템이 조직되고 표상이 재해석되고 인간-기기의 관계 의식이 만들어지는 통로이다. 더글러스 엥겔바트는 1960년대에 직접적인 정보 접근 세계와 새로운 그룹 작업 방식의 전조를 보여주었다. 오늘날, 우리는 그 세계에 살고 있다.

주창자: 테드 넬슨(Ted Nelson)

테드 넬슨은 1965년에 하이퍼텍스트의 개념을 최초로 소개한 논문 「복잡하고 항상 변하고 쉽게 가늠할 수 없는 것들을 위한 파일 구조A File Structure for the Complex, the Changing, and the Indeterminant」를 발표했다.

너무 복잡하게 서로 연결되어 종이로 편리하게 나타내거나 표현할 수 없는 방대한 글자 또는 그림 자료를 뜻하는 '하이퍼텍스트'라는 단어를 소개한다. (Nelson 1965)

1974년에는 하이퍼미디어(hypermedia)라는 개념으로까지 확장했다.

하이퍼미디어는 이용자의 행동에 반응하는 분기 또는 실행 가능한 표상이다. 이를테면 자유롭게 탐구하거나 양식화된 방법으로 질문할 수 있는 미리 배치된 글과 그림 시스템이다. 하이퍼미디어는 평범한 신문과 그림처럼 미디어라고 할 수 있을 것이다. 한편으로 '다차원적'이므로 '하이퍼'라는 단어의 수학적 사용에 따라 하이퍼미디어라고 부를 수 있다. (Nelson 1974)

넬슨의 주요 프로젝트였던 제너두(Xanadu) 시스템은 서로 연결된 문서의 개방적 네트워크를 통해 저장과 연결 및 탐색이 가능한 디지털플랫폼으로, 단일 환경에서 버니바 부시의 유토피아 버전과 더글러스 엥겔바트의 오그멘트 프로젝트의 인식적 차원을 통합했다. 1987년에 넬슨은 포스터 발표에서 제너두 저장 시스템을 다음과 같이 묘사했다.

개인 컴퓨팅, 워드프로세싱, 파일 관리, 미래의 사무실과 소프트웨어, 화상회의, 전자메일, 전자출판, 미래의 도서관, 내일의 교육을 위한 혁명적인 영향력이 잠재된 새로운 형태의 소프트웨어. 넬슨은 그것이 저장된 세계의 글과 그래픽, 데이터 뭉치의 수억 명 이용자를 동시에 생성하는 '세계적인 네트워크를 위한 계획을 제공한다고 보았다. 제너두는 그런 네트워크의 이해와 사용, 확장을 가능하게 해주는 새로운 문헌 디자인이자 질서 시스템이다. 제너두 시스템은 나머지 모든 데이터 구조의 지도를 만드는 보편적인 데이터 구조를 제공한다'. (Boyd Rayward 1994 인용)

넬슨의 개념은 몇 세대 프로그래머와 혁신가, 작가, 문헌학자에게 영감을 제공했다. 그의 사상과 하이퍼카드(HyperCard) 같은 소프트웨어의 보급 덕분에 1980년대 후반에 하이퍼텍스트소설이 대중화되었다. 구글의 베테랑 연구원 대니얼 M. 러셀(Daniel M. Russell)은 다음과 같이 말한다.

하이퍼텍스트는 거대하고 매우 성공적인 아이디어이다. 파격적인 아이디어에는 항상 다수의 창시자가 있기 마련이다. 하지만 넬슨의 저서는 엄청난 비전과 전도를 통하여 대중에 동기를 부여했다고 인정받는다. 당시 그의 저서 『컴퓨터의 해방/꿈의 기계*Computer Lib/Dream Machines*』 만큼 하이퍼텍스트를 심오하고 정확하게 설명한 책은 없었다. (Russell 2008: 16)

비슷한 시기인 1989년 3월에 팀 버너스리(Tim Berners-Lee)가 상사 마이크 센들(Mike Sendall)에게 정보 관리 시스템에 관한 제안서를 제출했다. 센들은 '모호하지만 흥미롭다'고 평가하면서 버너스리가 연구를 계속하는 것을 허락했다. 버너스리는 '정보 관리: 제안(Information Management: A proposal)'에서 다음과 같이 설명했다.

오늘날 이용 가능한 시스템은 대부분 단일 데이터베이스를 이용한다. 다수의 이용자가 배포된 파일 시스템을 이용하여 데이터베이스에 접근한다. 서로 다른 데이터베이스의 노드 연결을 허용함으로써 테드 넬슨의 광범위한 '문서 우주(docuverse)' 개념을 있는 그대로 받아들이는 상품은 소수에 지나지 않는다. 그런 상품을 위해서는 표준화 작업이 필요할 것이다. 하지만 표준화된 작업대에서는 네트워킹이 아니라 교환 가능한 미디어를 위한 형식의 표준화로 초점이 향했다. 광디스크 같은 것으로 하이퍼미디어 정보를 출판하는 것을 강력하게 밀어붙이기 때문이다. 하이퍼텍스트 시스템이 어떤 추상적 데이터 모델을 사용해야 하는지 일반적인 합의가 존재하는 듯하다. (Berners-Lee 1989)

팀 버너스리가 제안한 표준화에는 배포 가능한 공동의 하이퍼미디어 정보 시스템을 위한 전송 프로토콜(Hypertext Transfer Protocol/HTTP), '웹 페이지'를 만드는 언어(HyperText Markup Language/HTML), '웹 주소'를 찾는 URL(Uniform Resource Locator) 등이 포함되었다. 1940년대에 제안되어 1960년대에 캘리포니아의 연구소에서 처음 개발된, 텍스트 네트워크 안에서 회로를 따라 링크를 만들고 탐색하는 경험이 마침내 특별한 프로그래밍이나 컴퓨터 공학 지식이 없는 수많은 일반 이용자에게도 가능해졌다.

새로운 텍스트 종

월드와이드웹은 새로운 '미디어 종'만 탄생시킨 것이 아니었다. 그 환경 안에서 새로운 '텍스트 종'도 탄생했다. 새로운 쌍방향의 협력적 텍스트성에 초점을 맞추어 바라본다면 새로운 형식의 발달은 1970년대 이후로 디지털네트워크의 확장과 평행을 이루었다. 최초로 광범위하게 배포된 컴퓨터용 어드벤처 게임 콜로설 케이브(Colossal Cave)가 1975년에 만들어졌다. 3년 후 에식스대학교 학생이 다중사용자 모험 게임 MUD(Multi-User Dungeon)를 만들었다. MUD는 1980년대와 1990년대 초에 미국과 영국 대학생들 사이에서 가장 인기를 끈 취미 활동 가운데 하나였다. 온라인 텍스트 기반의 롤플레잉게임은 많은 연구자의 관심을 끌었는데 셰리 터클(Sherry Turkle 2004)은 쌍방향 환경 이면에 자리한 복잡성을 발견했다.

컴퓨터 프로그래밍은 다수에게 현실과 동떨어진 세계를 창조하는 경험을 선사한다. 어떤 사람들은 지극히 예측 가능한 세계를 창조하고 그 안에서 자신의 경험을 활용해 단호한 통제력을 갖춘 존재라는 자아의식을 발달시킨다. 또다른 필요와 욕망을 가진 이들은 통제 불능 직전의 복잡성이 있는 세계, 스스로 벼랑 끝 전술을 펼치는 마법사가 된 것처럼 느껴지는 세계를 창조한다. (Turkle 2004: 21)

1970년대 말에 어드벤처랜드(Adventureland)나 조크(Zork) 시리즈 같은 게임이 나왔고 쌍방향 소설(interactive fiction)이 상업화 시대로 접어들어 1990년대까지 계속되었다. 모든 텍스트 기반의 롤플레잉게임은 3D 고해상도 환경과 다른 플레이어들과의 실시간 상호작용을 활용한 실감나는 몰입형(immersive) 비디오게임으로 점차 대체되었다.

디지털 환경에서 탄생한 새로운 텍스트 종에 대한 설명에는 하이퍼텍스트소설에 대한 언급도 포함되어야 한다. 마이클 조이스가 쓴 『애프터눈, 스토리*Afternoon, A story*』(1990) 같은 하이퍼소설은 20년 이상 이론적 고찰 대상이었다가 디지털 문학 목록에 들어가게 되었다. 하이퍼소설은 비디오게임이나 모바일앱만큼 인기는 없지만 매우 활성화된 분야로 해마다 새로운 작품이 계속 나온다. 그와 동시에 마크 Z. 다니엘레프스키(Mark Z. Danielewski)의 『나뭇잎의 집*House of Leaves*』(2000)을 비롯해 하이퍼텍스트소설에 큰 영향을 받은 소설도 무척 많다. 문학에서 탄생한 것(훌리오 코르타사르Julio Cortazar의 『돌차기 놀이*Hopscotch*』)은 문학에 남는다(다니엘레프스키의 『나뭇잎의 집』).

새로운 미디어생태계에 등장하는 텍스트 종은 대부분 공통점을 보인다. 그 새로운 텍스트들은 그것들이 탄생하고 복제되고 유포되는 디지털네

트위크에 완벽하게 적응된, 길이와 수명이 모두 짧은 콘텐츠다. 트위터, 트
레일러, 요약, 미리보기, 마이크로픽션(microfiction), 정보 캡슐, 뉴스 속보,
웨비소드(웹web과 에피소드episode의 합성어로 짧은 온라인 전용 드라마-역주),
모비소드(mobisode, 휴대폰 화면에 맞게 제작된 짧은 TV 드라마-역주) 등은 모
두 스낵컬처(snack culture, 짧은 시간에 즐길 수 있는 문화 콘텐츠-역주)에서 생
겨났다(Miller 2007). 이러한 사실을 잘 보여주는 자료가 있다. 2014년에 온
라인 콘텐츠 영상의 길이는 평균 4.7분, 온라인 영상 광고는 평균 0.4분이었
다(comScore 2014).

낸시 밀러(Nancy Miller)는 〈와이어드〉에 실은 기사 '새로운 시대를 위한
선언문(Minifesto for a New Age)'에서 이러한 짧은 형식의 매체를 다루었다.

> 음악, 텔레비전, 게임, 영화, 패션: 이제 우리는 사탕이나 감자칩이라도
> 되는 듯 대중문화를 먹어치운다. 한입에 쏙 들어가는 크기로 편리하게
> 포장되어 점점 더 자주, 빠르게 먹을 수 있다. 이것이 바로 스낵컬처이
> 다. 정말 황홀한 맛이다(당연히 중독성도 있다). (Miller 2007)

근래에 비단 영어권에서만이 아니라 세계적으로 마이크로픽션(플래시
픽션flash fiction이라고도 함)이 크게 발달했다(중국과 일본처럼 단편 이야기의 역
사가 오래된 사회뿐만 아니라 스페인어권에서도 그렇다는 사실은 놀랍다). 1990년
대에 월드와이드웹, 2000년대에는 소셜 네트워킹 플랫폼의 발달로 플래시
픽션의 인지도가 높아져 새로운 이야기의 창작과 온라인 출판에 영감을
주었고(SmokeLong Quarterly, wigleaf, NANO Fiction, Flash Fiction Online,
Flash Fiction Magazine 등) 관련 연구도 촉진시켰다(2011년에 과학 저널 〈단편
소설의 이론과 실제Short Fiction in Theory and Practice〉 창간).

이처럼 디지털네트워크에 등장한 새로운 텍스트 형식과 서사 구조는 전통적인 버팀목 안에서 문학적 표현과 강력한 관계를 맺고 있다. 모든 텍스트와(디지털이든 아날로그든) 모든 서사 구조(선형적이건 하이퍼텍스트적이건)는 같은 환경에 공존하며 재매개와 변형, 혼합의 법칙에 영향을 받는다.

새로운 행위자와 프로세스

여기에서는 기존 미디어 행위자의 변화, 새로운 미디어 행위자의 등장, 미디어생태계에 일어난 변화의 결과로 특정 출판 영역에 일어난 관계 및 프로세스의 변화에 대해 살펴볼 것이다. 생산 과정과 유통에 일어난 변화를 차례대로 살펴본 후 마지막으로 새로운 읽기 관행을 다룬다.

새로운 미디어생태계에서의 콘텐츠 생산

디지털네트워크는 텍스트 콘텐츠가 만들어지는 방법을 바꿨다. 이 변화에는 혁신적인 생산 방식의 보급과 새로운 직무 기술서의 등장도 포함된다. 이 글에서는 특히 이 두 가지 분야에 일어난 주요 변화에 집중하기로 한다.

월드와이드웹은 새로운 형태의 협동적 글쓰기를 퍼뜨렸다. 이것은 2000년대에 웹 2.0의 등장과 함께 확장된 관행이다. 21세기의 가장 대표적이고 중요한 협동적 글쓰기 프로젝트는 당연히 위키피디아일 것이다. 이에 관한 인상적인 통계가 있다(2019년 1월 기준). 영국 위키피디아에는 570만 건의 문서가 존재하고 2001년 1월 15일에 시작된 이래 3,500만 명이 넘는 이용자가 참여했으며 실제 이용자는 12만 2,000명 이상이다(지난 30일 동안 활동한 회원을 뜻한다). 위키피디아는 301개 언어로 사용 가능하며 7,900만 명이 넘는 이용자를 동원하고(실제 이용자 29만 명) 4,900만 건의 문서를 포함한다(Wikipedia: Statistics). 하지만 지난 20년 동안 여러 국가에서 위키피디아 말고도 문학과 디지털네트워크의 교차로에서 다양한 협력적 글쓰기 경험이 이루어졌다. 트위터와 같은 소셜 미디어가 널리 퍼지면서 덩달아 그런 프로젝트도 늘어났다(한 예로 2009년에 작가 닐 게이먼이 시작하고 이용자들이 이어간 실험적인 쌍방향 소설 『투블Twovel』이 있다).

텍스트 생산의 변화 지도에는 팬픽션과 사용자 제작 콘텐츠 분야도 들어가야 한다. 팬픽션은 대중문화만큼 오래되었지만 월드와이드웹의 등장과 소셜 네트워킹 플랫폼의 확산은 사용자 제작 콘텐츠를 새로운 차원으로 끌어올렸다. 이제 팬이라면 누구나 콘텐츠를 제작하고 어떤 창작품이든 세계적으로 공유할 수 있게 되었다. Fanfiction.net에는 전 세계 팬들이 쓴 『해리 포터』 시리즈 팬픽션이 80만 편이 넘는다(2019년 1월 기준). 셔키(Skirky)에 따르면 사용자 제작 콘텐츠는 단순히 워드프로세서나 그림 그리기 프로그램 같은 창작(creative) 도구를 이용할 수 있는 평범한 사람들이 내놓은 결과물이 아니다. '플리커나 위키피디아, 웹블로그처럼 자신의 창작물을 타인에게 배포하는 재창작(re-creative) 도구에도 접근할 수 있어야 가능하다'(Shirky 2008: 83).

헨리 젠킨스(Henry Jenkins 2003, 2006a, 2006b)에 따르면 여러 미디어 플랫폼을 이용하는 트랜스미디어 스토리텔링은 미디어 산업과 협력적 문화의 통합으로 등장한 관행이다. 트랜스미디어 이야기는 '여러 미디어에 전달되는 이야기'이다. 현재 가장 중요한 이야기들은 여러 미디어 플랫폼을 가로질러 흘러가는 경향이 있다'(Jenkins et al. 2009: 86). 이용자 제작 콘텐츠는 모든 트랜스미디어 서사 세계를 이루는 기본적인 구성 요소가 된다. 블로

그, 소셜 미디어, 위키, 팬픽션 플랫폼은 사용자가 서사를 풍요롭게 해주는 오픈소스 이야기 창작 기계로 여겨져야 한다.

디지털네트워크는 협력적 창작을 등장시켰을 뿐 아니라 새로운 형태의 편집도 촉진한다. 협동 번역이나 만화 스캔레이션(scanlation) 같은 현상은 역시나 개방적인 참여 과정의 일부분이다. 여러 비영어권 국가의 『해리 포터』 시리즈 팬들은 번역서가 출간될 때까지 기다리지 않아도 되었다. 독일과 프랑스, 베네수엘라, 스리랑카, 중국의 팬 네트워크가 온라인 번역을 통해 단 몇 시간 만에 텍스트를 번역했기 때문이다. 이러한 번역 행위는 저작권 침해로 간주되어 번역자들이 곤경에 처했고 실제로 체포된 경우도 많았다.

만화 스캔레이션은 여러 단계와 매우 조직적인 협동 구조가 개입되는 좀더 복잡한 과정이다. 스캔레이션(스캔scan+번역translation)은 팬들이 만화를 한 언어에서 다른 언어로 스캔, 번역, 편집하는 행위를 말하는데 단순한 번역 작업을 크게 초월한다. 예를 들어 원본 텍스트의 양식을 복제해 새로운 텍스트로 글을 쓴다. 미국에서 스캔레이션은 일본 만화를 영어로 번역하는 것을 가리키지만 브라질 등을 비롯한 국가에서는 미국의 슈퍼히어로 만화를 포르투갈어로 번역하는 것을 말한다(Lee 2009, 2011; Silva 2014). 스캔레이션의 경계를 구분 짓기는 쉽지 않다. 마노비치, 더글러스, 후버는 이렇게 설명한다.

스캔레이션 집단의 창작 활동은 '저자권'도 '리믹스'도 아니다. 미셸 드 세르토(Michel de Certeau)가 제시한 그 유명한 '전략'과 '전술'의 구분으로도 제대로 설명할 수 없다(스캔레이션 집단은 드 세르토가 설명한 무의식적 전술과 달리 그들이 의식적으로 출판하는 만화 시리즈에 새로운 페이지를 추가하기 때문이다). 마찬가지로 스캔레이션은 '재매개'(David Bolter & Richard Grusin)나 '트랜스미디어'(Henry Jenkins)도 아니다. 한마디로 현재는 스캔레이션을 제대로 설명하는 용어가 없다. 그것이 연구가 필요한 중요한 이유이기도 하다. (Manovich et al. 2011 : 193)

이러한 집단 쓰기는 더 넓은 오픈소스 운동과 참여 문화의 하위에 위치해야 한다. 스티븐 웨버(Steven Weber)는 오픈소스를 상품의 무료 배포 권리를 토대로 한 '정치적 경제 구축 실험, 즉 지속가능한 가치 창조 시스템과 일련의 거버넌스 메커니즘'이라고 본다(2004: 1). 이러한 경험들은 '생산 조직에 관한 전통적인 이론과 그것이 사회와 주고받는 영향'에 이의를 제기한다(2004: 8). 다수의 디지털 저널리스트, 블로거, 자유 정보 옹호자들은 이 철학을 받아들여 디지털 콘텐츠에 적용시켰다(Gillmor 2004). 기존의 세계가 소멸하고(혹은 크게 변화하고) 새로운 세계가 창조되기 위해 투쟁할 때는 긴장과 갈등이 나타나고 그 주요 행위자에 도전한다. 예를 들면 다수의 새로운 '실험'이 법률 시스템의 경계에 혹은 바로 바깥쪽에 놓인다. (크리에이티브 커먼즈 라이선스처럼) 전통적인 저작권을 뛰어넘는 새로운 형태의 저작권 보호는 혁신적이고 가치 있는 창작 관행에 새로운 법칙을 만들고자 한다.

젠킨스 등은 참여 문화에 대해 다음과 같이 말한다.

참여 문화는 예술적 표현과 시민 개입의 장벽이 비교적 낮고 창작에 대한 강력한 지지와 창작물 공유 그리고 경험 많은 참여자가 초보자에게 지식을 전해주는 비공식적 멘토링이 존재하는 문화이다. 참여 문화에서 구성원들은 자신의 기여가 중요하다고 믿으며 서로가 사회적 관계로 연결되어 있음을 느낀다(적어도 구성원들은 자신의 창작물에 대한 타인의 견해에 신경쓴다). (Jenkins et al. 2009: xi)

웹블로그, 왓패드 같은 소셜 네트워킹 플랫폼, Fanfiction.net 같은 웹 포털은 텍스트 콘텐츠의 자유 배포를 기반으로 한다. 이러한 맥락으로 볼 때 위키 기술은 이용자에게 디지털 텍스트의 수정과 공유 권한을 준다. 이러한 오픈소스 철학과 다자간 배포의 조합은 출판의 전통적인 생산 방식에 가장 중요한 난제 중 하나로 작용한다.

새로운 생산 방식에는 새로운 인력과 생산 루틴이 필요하다. 출판은 1980년대 초에 디지털의 물결을 가장 먼저 맞이한 업종 가운데 하나였다. 데스크톱 출판(Desktop Publishing, DTP)은 인쇄 출판의 생산 과정을 급격하게 바꿔놓았다. 그 혁명은 1990년대에 사진, 음악, 비디오 제작으로까지 확대되었다. 지난 20년 동안 쌍방향 디자이너, 웹 콘텐츠 관리자, 온라인 마케팅 전문가, 비디오 블로거 등 새로운 직무와 행위자가 등장했다. 텍스트 콘텐츠 제작이라는 특정 분야에서는 기록 관리자(archivist) 같은 전통적인 직무가 디지털 콘텐츠 관리 시스템으로 대체되면서 거의 소멸하게 되었다. 책 판매자나 생산 관리자 같은 사람들은 새로운 기술을 연마해 미디어생태계의 새로운 조건에 적응하지 않으면 안 되었다.

지금까지 새로운 생산 방식을 알아보았으니 이제 텍스트 콘텐츠의 배포에 대해 살펴보자.

새로운 미디어생태계의 콘텐츠 배포

미디어생태계에 일어난 변화에 따른 텍스트 배포의 변화에는 주문형 디지털 인쇄, 온라인 출판, 오픈소스 저장소, 크리에이티브 커먼즈 라이선스 등이 있다. 여기에서는 한 가지만 집중적으로 살펴보기로 한다. 점점 널리 퍼지는 탈중개화와 재중개화 과정의 측면에서 전통적인 출판 방식의 전위(轉位) 현상에 대해서만 살펴보자. 새로운 미디어생태계에서 콘텐츠는 단일한 법칙을 바탕으로 출판되고 배포된다. 선 출판, 후 필터링이라는 법칙이다. 클레이 셔키(Clay Shirky)의 설명을 보자.

> 이전에 개별적인 기능이었던 개인적 커뮤니케이션과 출판이 서로 겹쳐지면서 미디어의 영역에 변화가 일어났다. 한 예로, 출판하기 전에 좋은 것을 골라내는 전문적인 필터링의 패턴이 깨졌다. 이제 필터링은 점점 사회적인 특징을 띠고 출판 이후에 일어난다. (Shirky 2008: 81)

출판-필터링 순서의 변화는 디지털네트워크의 등장과 디지털콘텐츠의 폭발로 일어난 결과이다. 먼저 필터링을 한 후에 출판하는 예전의 시스템은 미디어 콘텐츠의 희소성에 의존했다. 예전에 미디어생태계에서 텍스트 생산은 전문가(작가, 편집자, 예술가, 일러스트레이터, 뮤지션 등)의 손에 달려 있었고 필터링은 사회적 기관(신문사, 출판사, 라디오, 텔레비전 방송국 등)의 도움을 받았다. 이용자 생산과 작은 틈새 롱테일의 등장으로 디지털콘텐츠의 증식이 이루어진 덕분에 희소성은 옛날이야기가 되었다. 소셜 네트워킹 플랫폼의 확장은 '선 출판, 후 필터링이 유일하게 작동하는 시스템이라는 뜻'이고 그러한 움직임에서 '커뮤니케이션 매체와 방송매체의 분명한 구분이 사라졌다'(Shirky 2008: 98).

이처럼 텍스트 배포에 일어난 변화는 전통적인 매개 과정의 변화라는 틀에 포함할 수 있을지도 모른다. 그렇다면 탈중개화란 무엇인가? 간단히 말하자면 생산/배포/소비의 사슬에서 '중간자를 없애는 것'이라고 정의할 수 있다. 부동산 중개업자나 출판업자, 저널리스트 같은 전통적인 직종은 물론이고 여행사와 비디오 대여 같은 서비스 종사자들은 이미 그 딜레마에 직면했다(Scolari el al. 2013). 1990년대에 전문직 종사자들은 월드와이드 웹이 혁신적 배포 경로로서 가진 가능성을 분명하게 알 수 있었다. 웹은 특히 출판과 정보 서비스, 디지털 상품 같은 부문의 공급업자들에게 유통 비용 혹은 매출원가가 0으로 줄어드는 시장에 참여하는 기회를 제공했다. 제조업자는 적절한 정보 기술의 도입으로 모든 중간자를 건너뛰어 전체적인 과정에 드는 비용을 줄일 수 있었다(Hoffman et al. 1995). 사카르 등에 따르면(Sarkar et al. 1995) 비용 절감과 행동의 내부화는 중간자를 없애자는 주장이 내세우는 주요 논거이다. 웹에서 구매자와 판매자는 서로 직접적인 접촉이 가능하므로 마케팅 비용과 현실적 상호작용에 따르는 제약이 사라진다. 아마존 킨들, 팬픽션, 스크리브드, 왓패드, 아카데미아처럼 전통적인 출판 중간자에 도전하는 새로운 유통 과정과 행위자가 등장한 것은 놀라운 일이 아니다.

그러나 독자는 이렇게 물을지도 모른다. 서로 너무도 다른 아마존이나 스크리브드 같은 출판 플랫폼은 탈중개화의 좋은 보기인가? 아니면 새로운 유형의 중개를 제안하는가? 바로 이러한 맥락에서 사이버 중개(cyberintermediation) 혹은 분산 중개(distributed intermediation)에 관해 이야기해볼 수 있다. 방금 말한 플랫폼에서 전통적인 중간자(출판업자나 책 판매자)는 알고리즘과 데이터베이스, 전 세계의 데이터 주문 이행 센터, 수

많은 이용자 상호작용이 제공하는 정보 기반의 인터페이스로 대체되었다. 이러한 맥락에서 이른바 '고급 자동차 세일즈맨' 개념에 기반한 원래의 탈중개화 제안은 온라인과 오프라인 혼합 경제로 변했다. 산업 생산에 완벽하도록 다듬어진 조직 형태가 텍스트 콘텐츠의 풍요와 빅데이터, 디지털네트워크에 최적화된 구조로 교체된 맥락에서는 사이버 중개 혹은 분산 중개의 등장이 예상될 수 있다.

새로운 미디어생태계에서의 콘텐츠 소비

디지털네트워크는 연구자들이 대중매체의 상호작용이라는 전통적인 개념을 되돌아보게 만든다. 디지털 쌍방향 매체에서 이용자의 경험은 TV 채널을 돌리거나 페이지를 넘기는 것과 같지 않다. 디지털 환경에서는 몰입감이나 상호작용의 결과가 크게 다르다. '관객' 같은 전통적인 개념은 '쌍방향'의 관점에서 새로 논의되어야 한다(Burnett & Marshall 2003; Marshall 2004).

디지털네트워크의 텍스트 소비에 관한 또다른 중요 사안은 정치적인 특징을 띤다. 많은 하이퍼텍스트 이론가들이 저자와 독자(생산자-소비자)의 구분이 사라져야 한다고 생각한다. 조지 랜도(George Landow)는 '하이퍼텍스트는 독자와 작가의 경계를 흐릿하게 만든다'라고 말한다(1991: 5). 1세대 하이퍼텍스트가 저자에게서 독자에게로 힘을 이전시켰다면 현재 사회적 네트워크와 미디어의 협동 플랫폼에서 이루어지는 디지털 커뮤니케이션은 콘텐츠의 제작과 배포를 사회화하고 있다.

네스토르 가르시아 칸클리니(Néstor García Canclini)는 2009년에 문화 소비자 영역의 변화를 담은 얇은 저서 『독자, 관중, 인터넷Lectores,

Espectadores e Internautas』를 출판했다.

> 독자의 개념은 문학 독자(Iser, Jauss)라는 제한적인 방식으로 혹은 편집
> 시스템의 수신자(Chartier, Eco)라는 좀더 사회적인 방식으로 장의 이론
> 이라는 틀 안에서 작용했다. 관중의 개념은 좀더 보편적이지만 영화나
> 텔레비전, 음악처럼 구체적인 분야에 따라 정의되었다. 그러나 인터너
> 트(internaut, 인터넷Internet과 우주비행사astronaut를 합친 말로 기술에 뛰
> 어난 인터넷 이용자를 말함-역주)는 읽고 보고 들으면서 여러 다양한 읽
> 기와 오락 자료를 혼합하는 복합적 행위자를 가리킨다. (García Canclini
> 2009: 31-2)

가르시아 칸클리니는 '수많은 사람은 인터너트가 됨으로써 독자와 관
중이 될 가능성이 커졌다'라고 결론지었다(2009: 78). 읽기 관습의 확장은
새로운 미디어생태계의 주요 특징이다. 그러나 읽기의 변화는 엄밀히 말하
자면 새로운 것은 아니다. 읽기는 지난 6,000년 이상(적어도 '문자'가 발명된
이후로) 계속 변해왔다. 여러 세기를 거치는 동안 구전과 집단적 관습에서
무언의 개인적 활동으로 진화했다. 마셜 매클루언(1962)은 그 변화가 인쇄
술이 가져온 결과라고 보았다. 반면 이반 일리치(Ivan Illich 1996) 같은 연구
자들은 무언의 개인적 읽기가 구텐베르크 시대보다 적어도 두 세기 전에
탄생했다고 주장했다. 어쨌든 근래까지 '정상적'이라고 여겨지던 특정 관습
(소리 내지 않고 책을 읽는 것)이 이제는 폭넓은 범위의 텍스트 소비 경험으
로 확장되고 있다. 역시나 놀라운 현상이자 현대의 변화를 파괴적으로 만
드는 것은 바로 변화의 속도이다. 읽기가 집단적 구전에서 개인적 무언으
로 변하는 데는 몇 세기나 걸렸다. 하지만 전통적인 독자가 관중과 인터너

트로 변하는 데는 몇십 년밖에 걸리지 않았다.

읽기는 새로운 미디어생태계에서 어떻게 변이하는가? 광범위하고 집중적인 읽기 관습이 차지했던 공간은 이제 약하고 위태로운 독자들의 영역이 되어가고 있다(García Canclini 2009). 니컬러스 C. 버뷸스(Nicholas C. Burbules)는 일찍이 1997년에 디지털 텍스트 네트워크에서의 읽기는 '독자에게 텍스트 안에서 그리고 텍스트를 걸쳐서 연결고리를 찾는 것을 요구한다. 디자이너나 저자가 구성한 방식에 따를 때도 있지만(예를 들어 주석이나 인용을 따라가며), 대개는 독자가 결정한 방법으로 읽는다'라고 설명하면서 하이퍼리더와 하이퍼리딩이라는 용어를 소개했다. 이제 독자들은 그 관습을 초월했다. 직접 쓰고 편집도 한다. 편집은 독자가 텍스트를 잘라내거나 옮기거나 순서를 바꾸거나 아예 텍스트를 직접 씀으로써 이루어진다. 비센테 루이스 모라(Vicente Luis Mora)는 『독자-관중El Lectoespectador』에서 이 주제를 파헤치며 다음의 질문을 던진다. 독자-관중은 어떤 식으로 읽는가? 그들은 페이지를 '표면에서 방출되는 전자나 풍경화, 그림처럼 읽는다. 독자-관중은 페이지를 넘기면서 읽지 않고 그냥 봄으로써 문학을 겨냥해 처리된 텍스트와 페이지를 19세기의 텍스트보다 자신의 상상에 더 가깝게 확인할 수 있다'(2012: 109~18).

모든 새로운 형식의 읽기는 해석학과 문화 연구에서 1980년대 이후로 혹은 그 전부터 정당성이 입증된 '비판적 독자'의 존재를 훨씬 초월하는 곳에 자리한다. 현대의 미디어생태계에는 텍스트 네트워크를 탐구하는 데 꼭 필요한 고수준의 해석 기술과 동일시되는 하이퍼리더가 등장한다. 이 숙련된 하이퍼리더는 프로슈머(텍스트 생산자textual producer+소비자consumer)이기도 하다. 이 용어는 미래학자 앨빈 토플러(Alvin Toffler 1980)가 처음 사용했고 최근에 대중화되었다. 브런스(Bruns 2008) 같은 새로운 세대의 쌍방향

미디어 연구자들은 더욱 급진적인 프로듀저(생산자producer+이용자user)라는 개념을 내놓았다. 한마디로 이제 독자는 예전처럼 인쇄된 책에 몰입하면서 독서의 세계에 혼자 갇혀 있지 않다.

야만인이 쳐들어온다

알레산드로 바리코(Alessandro Baricco)는 저서 『야만인: 문화 변이에 관한 에세이*The Barbarians: An Essay on the Mutation of Culture*』(2013)에서 다음과 같이 적었다.

요약하자면 이렇게 말하고 싶다. 혼란스러운 종말의 분위기가 뚜렷이 감지되고 야만인이 쳐들어온다는 소문이 무성하다. 예리한 사람들은 텔레비전에 시선을 고정한 채 적의 침략이 임박했는지 훑어본다. 그러나 그들의 대학교 강의실에서, 교수의 교묘한 설문조사에서, 학생들의 침묵에서 야만족이 남기고 간 폐허를 아무도 보지 못한다. 쓰인 것 또는 상상의 것을 위에서 굽어보며 해석학자들은 놀라고 당황한 표정으로 이 땅이 문화도 역사도 없는 야만족에게 약탈당했음을 전한다. (Baricco 2013: 2)

예전과 달라진 것은 독자만이 아니다. 미디어생태계에서는 모든 전통적인 행위자(저자, 출판업자, 번역자, 배포자, 대리인, 사서, 책 판매업자 그리고 물론 독자)가 대체되었다. 그와 동시에 아마존의 최고 서평과 더불어 2010년대에 가장 강력한 책 규정자라고 할 수 있는 북튜버(booktuber) 같은 새로운 행위자들의 등장은 출판계에 새로운 갈등과 긴장을 형성했다. 야만족은 이미 쳐들어왔다. 요새가 과연 버틸 수 있을 것인가?

우리는 사회에 대한 우리의 해석을 이루었던 통합적 대립(예: 전문가-아마추어, 민간-공공, 유료-무료, 폐쇄-개방 등)이 지난 20년 동안 급격하게 변화하는 것도 보았다. 상반되는 것들의 해체는 또다른 측면의 복잡성을 더한다. 이 경우에는 해석의 측면에서다. 다크웹 서버에서 해적판 책이 독자를 기다리고 어느 10대라도 유튜브에 영상 몇 개만 올리면 책 규정자로 변신할 수 있는데, 도대체 어떤 시각으로 출판을 이해해야 하는가? 그뿐만 아니라 출판인의 사전에는 크리에이티브 커먼즈, DRM, 팬덤, 필터 버블, 롱테일, 오픈 액세스, 프로듀저, 프로슈머, 스캔레이션, 트랜스미디어 같은 새로운 단어가 생겼다. 새로운 미디어 환경의 새로운 단어들이다.

처음에 바리코는 책의 제목을 '변이Mutation'로 하려고 했다. 변이도 중요한 개념이다. 미디어생태계는 결과를 예측할 수도 없을 만큼 심한 변이를 겪고 있다. 미디어생태계는 복잡한 시스템이므로 나중의 진화를 예측하기가 매우 힘들다. 하지만 우리는 그러한 지난 변화를 통해서 많은 것을 배울 수 있다. 이 장에서는 그 변이의 일부분을 살펴보았을 뿐이다. 미디어 시스템에 큰 변화를 일으킨 것은 기술, 행위자, 과정의 창조적 조합인 경우가 많았다. 다시 말해서 미디어생태계와 하위 출판 시스템의 미래는 미디어생태계에서 다양한 인간과 기술 행위자들에 의해 생성되는 새로운 조합에 달려 있다. '미래를 예측하는 가장 좋은 방법은 미래를 만드는 것이다'라는 앨런 케이(Alan Kay)의 말처럼.

참고문헌

Anderson, C. (2006). *The Long Tail: Why the Future of Business is Selling Less of More*, New York: Hyperion.

Baricco, A. (2013). *The Barbarians. An Essay on the Mutation of Culture*, NewYork: Rizzoli Ex Libris.

Berners-Lee, T. (1989). *Information Management: A proposal*, CERN, Geneve, Switzerland. https://www.w3.org/History/1989/proposal.html [2018. 3. 1 검색].

Berners-Lee, T. (2000). *Weaving the Web: The Original Design and Ultimate Destiny of the World Wide Web by its Inventor*, New York: Harper Collins.

Blair, A. (2010). 'Information overload, the early years', *Boston.com*, 28 November. http://archive.boston.com/bostonglobe/ideas/articles/2010/11/28/information_overload_the_early_years [2018. 3. 1 검색].

Boyd Rayward, W. (1994). 'Visions of Xanadu: Paul Otlet (1868 – 1944) and Hypertext', *Journal of the American Society for Information Science*, 45(4), pp. 235 – 50. http://polaris.gseis.ucla.edu/gleazer/260_readings/Rayward.pdf [2018. 3. 1 검색].

Bruns, A. (2008). *Blogs, Wikipedia, Second Life, and Beyond: From Production to Produsage*, New York: Peter Lang.

Burbules, N. C. (1997). 'Rhetorics of the Web: Hyperreading and Critical Literacy', in *Page to Screen: Taking Literacy Into the Electronic Era*, I. Snyder 편집, New South Wales: Allen and Unwin, pp. 102 – 22. http://faculty.education.illinois.edu/burbules/papers/rhetorics.html [2018. 3. 1 검색].

Burnett, R. and D. Marshall (2003). *Web Theory. An Introduction*, London: Routledge.

Bush, V. (1945). 'As we may think', *The Atlantic Monthly*, August 1945. http://www.theatlantic.com/magazine/archive/1945/07/as-we-may-think/303881/ [2018. 3. 1 검색].

Castells, M. (2007). 'Communication, Power and Counter-power in the Network Society', *International Journal of Communication*, 1, pp. 238 – 66. doi: 1932-

8036/20070238. http://ijoc.org/index.php/ijoc/article/viewFile/46/35 [2018. 3. 1 검색].

comScore (2014). *comScore Releases January 2014 U.S. Online Video Rankings*, 21 February. http://www.comscore.com/Insights/Press-Releases/2014/2/com-Score-Releases-January-2014-US-Online-Video-Rankings [2018. 3. 1 검색].

Danielewski, M. Z. (2000). *House of Leaves*, New York: Pantheon Books.

Engelbart, D. (1962). *Augmenting Human Intellect: A Conceptual Framework*, Menlo Park, CA: Stanford Research Institute. https://web.stanford.edu/dept/SUL/library/extra4/sloan/MouseSite/EngelbartPapers/B5_F18_ConceptFrameworkPt3.html [2018. 3. 1 검색].

García Canclini, N. (2009). *Lectores, espectadores e internautas*, Barcelona: Gedisa.

Gillmor, D. (2004). *We the Media. Grassroots Journalism by the People, for the People*, Sebastopol, CA: O'Reilly. http://www.oreilly.com/openbook/wemedia/book/ [2018. 3. 1 검색].

Gitelman, L. (2006). *Always Already New Media, History, and the Data of Culture*, Cambridge, MA: MIT Press.

Gitelman, L. and G. Pingree, eds (2003). *New Media, 1740–1915*, Cambridge, MA: MIT Press.

Hafner, K. and M. Lyon (1998). *Where Wizards Stay Up Late: The Origins of the Internet*, New York: Touchstone.

Hoffman, D., T. Novak, and P. Chatterjee (1995). 'Commercial Scenarios for the Web: Opportunities and Challenges', *Journal of Computer-Mediated Communication*, I(3). http://onlinelibrary.wiley.com/doi/10.1111/j.1083 – 6101.1995.tb00165.x/full [2018. 3. 1 검색].

Illich, I. (1996). In the Vineyard of the Text: A Commentary to Hugh's Didascalicon, Chicago: University of Chicago Press.

Jenkins, H. (2003). 'Transmedia storytelling. Moving characters from books to films to video games can make them stronger and more compelling', *Technology Review*, 15 January. http://www.technologyreview.com/biotech/13052/ [2018. 3. 1 검색].

Jenkins, H. (2006a). *Fans, Bloggers, and Gamers: Exploring Participatory Culture*, New York: New York University Press.

Jenkins, H. (2006b). *Convergence Culture: Where Old and New Media Collide*, New York: New York University Press.

Jenkins, H., R. Purushotma, M. Weigel, K. Clinton, and A. J. Robison (2009). *Confronting the Challenges of Participatory Culture: Media Education for the 21st Century*, Cambridge, MA: The MIT Press.

Jenkins, H., M. Ito, and d. boyd (2016). *Participatory Culture in a Networked Era: A Conversation on Youth, Learning, Commerce, and Politics*, Cambridge: Polity Press.

Joyce, M. (1990). *Afternoon, A story*, Watertown, MA: Eastgate Systems(floppy disc).

Landow, G. (1991). *Hypertext: The Convergence of Contemporary Critical Theory and Technology*, Baltimore, MD: Johns Hopkins University Press.

Lee, H.-K. (2009). 'Between fan culture and copyright infringement: manga scanlation', *Media Culture and Society*, 31(6), pp. 1011 – 22. doi: 10.1177/0163443709344251.

Lee, H.-K. (2011). 'Participatory media fandom: a case study of anime fansubbing', *Media Culture and Society*, 33(8), pp. 1131 – 47. doi: 10.1177/0163443711418271.

Lessig, L. (1999). *Code and Other Laws of Cyberspace*, New York: Basic Books.

Lévy, P. (1992). *Le Tecnologie dell'Intelligenza*, Bologna (Italy): ES/Synergon (orig. edition: *Les Technologies de l'intelligence. L'avenir de la pensée à l'ère informatique*, Paris: La Découverte, 1990).

Lévy, P. (1997). *Collective Intelligence: Mankind's Emerging World in Cyberspace*, New York: Basic Books.

McLuhan, M. (1962). *The Gutenberg Galaxy: The Making of Typographic Man*, Toronto: University of Toronto Press.

McLuhan, M. (1964). *Understanding Media: The Extensions of Man*, New York: McGraw Hill.

Manovich, L., J. Douglass, and J. Huber (2011). 'Understanding scanlation: how to read one million fan-translated manga pages', *Image and Narrative*, 12(1), pp. 190 – 227. http://www.imageandnarrative.be/index.php/imagenarrative/article/

view/133 [2018. 3. 1 검색].

Marshall, D. (2004). *New Media Cultures*, London: Arnold.

Mayer-Schonberger, V. and K. Cukier (2013). *Big Data: A Revolution That Will Transform How We Live, Work and Think*, London: John Murray.

Miller, N. (2007). 'Minifesto for a New Age', *Wired*, March 2007. http://www.wired.com/2007/03/snackminifesto/ [2018. 3. 1 검색].

Mora, V. L. (2012). *El Lectoespectador*, Barcelona: Seix Barral.

Nelson, T. H. (1965). 'A File Structure for The Complex, The Changing and the Indeterminate', *Proceedings of ACM 20th National Conference*, pp. 84 – 100. http://csis.pace.edu/~marchese/CS835/Lec3/nelson.pdf [2018. 3. 1 검색].

Nelson, T. H. (1974 [1987]). *Computer Lib/Dream Machines*, Self-published, 2nd edition, Redmond, WA: Tempus Books/Microsoft Press.

O'Reilly, T. (2005). *What Is Web 2.0. Design Patterns and Business Models for the Next Generation of Software*, 9 September. http://www.oreilly.com/pub/a/web2/archive/what-is-web-20.html [2018. 3. 1 검색].

Pariser, E. (2011). *The Filter Bubble. What the Internet is Hiding from You*, NewYork: The Penguin Press.

Russell, D. M. (2008). 'Deeply Intertwingled: The Unexpected Legacy of Ted Nelson's Computer Lib/Dream Machines', in HCI Remixed, *Essays on Works That Have Influenced the HCI Community*, T. Erickson, D. W. McDonald 편집, Cambridge, MA: MIT Press, pp. 13 – 18.

Sarkar, M. B., B. Butler, and C. Steinfield (1995). 'Intermediaries and Cybermediaries: A Continuing Role for Mediating Players in the Electronic Marketplace', *Journal of Computer-Mediated Communication*, I(3). http://onlinelibrary.wiley.com/doi/10.1111/j.1083 – 6101.1995.tb00167.x/full [2018. 3. 1 검색].

Scolari, C. A. (2012). 'Media Ecology: Exploring the Metaphor to Expand the Theory', *Communication Theory*, 22(2), pp. 204 – 25. doi: 10.1111/j.1468 – 2885.2012.01404.x

Scolari, C. A. (2013). 'Media Evolution: Emergence, Dominance, Survival, and Extinction in the Media Ecology', *International Journal of Communication*, 7, pp.

1418 – 41. doi:1932 – 8036/20130005.

Scolari, C. A., C. Cobo Romaní, and H. Pardo (2013). 'Should We Take Disinter-mediation In Higher Education Seriously? Expertise, Knowledge Brokering, and Knowledge Translation in the Age of Disintermediation', in *Social Software and the Evolution of User Expertise: Future Trends in Knowledge Creation and Dissemination*, T. Takševa 편집, Hershey, PA: IGI Global, pp. 73 – 92.

Shirky, C. (2008). *Here Comes Everybody: How Change Happens when People Come Together*, New York: Penguin.

Silva, A. H. da (2014). 'Shared Values in Social Media and Comics Scan Communi-ties as New Belonging-Marks', in *Handbook of Research on the Impact of Culture and Society on the Entertainment Industry*, R. Gulay Ozturk 편집, Hershey, PA: Information Science Reference/IGI Global, pp. 558 – 77.

Toffler, A. (1980). *The Third Wave*, New York: Morrow.

Turkle, S. (2004). *The Second Self: Computers and the Human Spirit*, Cambridge, MA: MIT Press.

van Dijck, J. (2013). *Culture of Connectivity. A Critical Story of Social Media*, New York: Oxford University Press.

Weber, S. (2004). *The Success of Open Source*, Cambridge, MA: Harvard University Press.

Wikipedia:Statistics. https://en.wikipedia.org/wiki/Wikipedia:Statistics [2018. 3. 1 검색].

Zielinski, S. (2006). *Deep Time of the Media: Toward an Archaeology of Hearing and Seeing by Technical Means*, Cambridge, MA: MIT Press.

10장

출판과 기업의 사회적 책임

앵거스 필립스(Angus Phillips)

책과 지식이 우리의 역사와 사회, 문화에서 여전히 중요한 위치를 차지하는 것으로 볼 때 출판은 특별한 유형의 사업이다. 우리는 기업 시민으로서의 출판인을 어떻게 바라봐야 하는가? 사회에 대한 출판인의 책임은 무엇인가? 지구를 생각하는 지속가능한 출판 비즈니스 모델은 무엇인가? 출판은 글로벌 사업인데, 기업 운영의 영향에 대해 얼마나 광범위하게 생각해야 하는가? 어떻게 하면 출판인들이 윤리 법칙을 따르면서도 이윤 목적을 추구할 수 있는가? 기업의 사회적 책임(corporate social responsibility, CSR)을 살펴보면 무료 콘텐츠와 자가출판의 시대에 출판인의 역할도 분명해진다.

아치 캐럴(Archie Carroll)은 '기업의 사회적 책임은 특정한 시기에 사회가 조직에 가지는 경제적, 법적, 윤리적, 자유재량적 기대를 아우른다'라고 했다(Carroll 1979: 500). 사회는 기업이 경제에 이바지하고 법을 준수할 뿐만 아니라 환경, 공정한 직원 대우, 포용 같은 윤리적 규범에도 관심을 기울이기를 기대한다. 기업은 자유재량적 기대를 충족하기 위해 자선활동을 하거나 직원들에게 유급 자원봉사 활동을 장려할 수 있다.

이 장에서는 출판 기업이 경제에 긍정적으로 이바지하고 법(고용법, 보건법, 안전 관련 법)을 준수하며 윤리적이고 자유재량적인 두 가지 기대 영역에 집중한다고 가정할 것이다. 출판 기업에 대한 일반 대중과 이해관계자들의 기대는 기업이 선한 기업 시민으로 행동하려면 어떻게 운영되어야 하는지 알려준다.

'기업의 사회적 책임은 이윤을 높이는 것이다'라고 말한 경제학자 밀턴 프리드먼(Milton Friedman)은 이에 즉시 반박할 것이다(Friedman 1970). 그는 기업의 사회적 행동이 주주의 이익이나 직원의 임금을 감소시킨다면 해롭다고 생각했다. 어떤 대의에 돈을 쓸지는 주주나 직원들에게 달려 있다. 하지만 출판계에서는 기업에 사회적 책임이 있다고 생각하지 않는 사람을 보기가 어렵다. 많은 기업이 독서 프로그램을 후원하고 환경에 끼치는 해로운 영향을 최소화하는 것으로 사회적 책임을 다하는 모습을 보여주는데 적극적이다. 출판의 중심에는 책의 중요성, 그리고 교육과 오락, 자기계발, 사회 관련 콘텐츠의 중요성에 대한 믿음이 자리한다. 영국 아셰트 칠드런스 그룹의 CEO 힐러리 머리 힐(Hilary Murray Hill)은 2017년에 이렇게 말했다. '출판은 사업이지만 우리 상품은 폭넓은 사회적 의미를 지닌다. 미래의 성공에 대한 우리의 사고방식에서도 중요한 부분을 차지한다'(The Bookseller, 9월 20일).

기후변화와 불평등, 정치적 자유처럼 세상에 영향을 끼치는 중대한 사안들이 있다. 출판인들은 그런 주제에 관한 책과 논문을 많이 펴냈다. 기업은 기업 운영의 외부효과 혹은 부작용을 고려할 의무가 없지만 이를 절대 무시하면 안 된다는 사실을 이제 많은 기업이 알고 있다(Meyer & Kirby

2010). 세계화가 진행될수록 기업이 사회와 환경에 대한 책임을 고려한 정책을 채택하고 강화할 필요성은 더욱 긴급해지고 있다. 이를테면 공급망 안의 노동 행위에 관련해서 기업의 명성을 지키고 잠재적 위험을 관리하는 것이 목표가 될 수 있다. 유엔글로벌콤팩트(UN Global Compact)의 목표는 다음과 같다.

> 기업의 지속가능성은 기업의 가치 시스템과 원칙에 입각한 사업 방식으로 시작한다. 인권과 노동, 환경, 반부패 영역의 기본적인 책임을 최소한으로 충족하는 방식의 경영을 뜻한다. 책임감 있는 기업은 모든 영역에서 그와 동일한 가치와 원칙을 수립하며 한 영역에서 모범적 관행을 따른다고 다른 영역에서는 해를 끼쳐도 되는 것이 아님을 안다. 기업은 유엔글로벌콤팩트를 전략과 정책, 절차에 통합해 성실한 문화를 구축함으로써 인간과 환경에 대한 기본적 책임을 받아들일 뿐 아니라 장기적 성공을 위한 장을 마련할 수 있다. (www.unglobalcompact.org)

규모가 작은 기업들도 이러한 원칙을 지키려고 하겠지만 대기업일수록 좀더 결연하게 행동하고 정기적으로 목표와 성과를 보고 및 분석하는 자원(그리고 영향력)도 갖추었다. 'CSR 보고서는 기업이 이해관계자들에게 CSR 활동을 전달하고 기업 운영, 기후변화, 채용과 공급 다양성 계획, 지역사회 투자와 파트너십을 비롯한 다양한 측면에서 거둔 성공이나 난제를 (단일 문서로) 토론할 수 있도록 해준다'(Noked 2013).

학습 출판 기업 피어슨(Pearson)의 사회적 책임 전략은 지속가능성에 대한 비전과 상업적인 비전을 연결하는 방식을 취한다. '우리는 "신뢰할 수 있는 파트너 되기", "더 많은 학습자에게 접근하기", "학습의 미래 만들기"라는 세 가지 축을 찾았다. 우리의 사업 전략을 보면 신뢰할 수 있는 파트너 되기와 더 많은 학습자에게 접근하기가 상업적 전략의 일부이기도 하다는 것을 알 수 있다. 지속가능성과 상업적 전략이 서로 깊이 통합되어 있다'(Hughes 2017).

CSR와 지속가능성 지수가 존재하기는 하지만 폭스바겐 자동차의 배출가스 조작 사건으로 의문에 놓이게 되었다. 2015년 9월에 배출가스 테스트를 조작했다는 뉴스가 터졌을 당시 폭스바겐의 다우존스 지속가능경영 지수(Dow Jones Sustainability Index)는 최고 수준으로 세계에서 가장 안정적인 자동차 기업이었기 때문이다(얼마 후 폭스바겐의 지수는 유보되었다). 새로운 사회적 기업 인증법도 있다. 그중 하나가 식품 생산 부문의 공정무역 표시와 똑같은 B Corp 인증이다. 이것은 사회와 환경 관련 성과, 책임, 투명성에 관한 엄격한 기준을 지키는 기업에 주어진다(www.bcorporation.net). 가치가 이끄는 기업은 윤리적 경영이 장기적으로 기업에 유리하다는 사실도 알게 될 것이다. 직원과 소비자, 이해관계자가 보기에 그 가치가 기업의 상품과 브랜드에 반영되기 때문이다.

이해관계자들과 함께 일하기

출판 기업의 이해관계자는 매우 다양하다. 직원, 저자, 독자, 주주, 소비자, 공급자, 정부, 비정부기관, 넓게는 사회와 환경까지 포함된다(그림 10. 1). 악셀 스프링어(Axel Springer) 출판사가 2015년에 이해관계자들과 나눈 회담에서는 여성의 리더십 참여(직원), 콘텐츠 신뢰도(독자), 기업의 환경발자국(환경 NGO)에 관한 질문이 제기되었다(Axel Springer 2015).

이해관계자들과의 상호작용은 양방향이고 복잡할 수 있다. 당연히 직

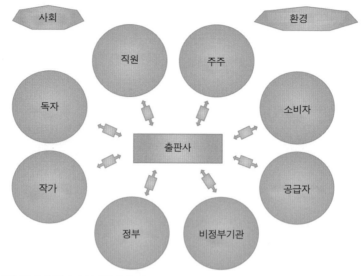

그림 10.1 출판사의 이해관계자 지도

원들은 기업이 직원을 대할 때나 조직 전반에서 윤리적으로 행동하기를 바랄 것이다. 그리고 많은 직원이 노조를 인정한다. 하지만 국가에 따라 노조의 활동이 방해받거나 불법인 곳도 있으며 정부의 행동이 출판사의 운영에 지대한 영향을 끼칠 수 있다. 중국과 이란 같은 국가에는 검열이 존재한다. 튀르키예에서는 2016년 여름에 쿠데타가 실패로 끝난 후 다수의 출판사가 문을 닫았다. 2017년에 케임브리지대출판부는 중국 정부의 요청으로 특정 내용을 삭제하도록 결정했다가 비난을 받았다(나중에 번복했다). '케임브리지대출판부가 발행하는 중국 연구 분야의 명망 있는 학술지 〈계간 중국China Quarterly〉 웹사이트는 중국의 요구에 따라 천안문 대학살과 문화혁명, 시진핑 주석에 관한 논문들은 삭제해왔다(Kennedy & Phillips 2017).

출판산업이 문화와 사회에 대한 중요성을 인정받고 출판과 서점이 정부의 지원을 받는 국가들도 있다. 예를 들어 캐나다 북 펀드(Canada Book

Fund, CBF)는 캐나다 작가가 쓴 책의 생산과 마케팅, 배포 자금을 지원한다. 프랑스는 독립 서점을 지원하는 도서정가제를 운영하고 국가의 문화 정체성을 지키기 위해 영세 출판사와 서점에 재정 지원을 한다. 반면 영국과 미국에서는 체인 서점과 슈퍼마켓, 아마존 같은 온라인 소매업체와의 경쟁으로 독립 서점들이 위기에 처했다. 이에 베스트셀러 작가 제임스 패터슨(James Patterson)은 2014년에 '서점들이 운영 환경 개선에 투자하고 직원들에게 보너스를 주고 문맹 퇴치 프로그램을 확장하도록 사비 100만 달러를 지원하는 프로그램을 마련했다. 패터슨은 "나는 부자라 책을 더 팔지 않아도 된다. 하지만 아이들은 책을 더 많이 읽어야 하고 사람들은 서점에 더 자주 가야 한다. 요즘은 그 중요성에 대한 인식이 줄어들었다"라고 말했다(New York Times, 2014년 2월 19일).

세금과 거대 기술 기업에 관해 제기되는 질문이 있다. 거대 기술 기업들은 사회 공헌에 관해 윤리적인 입장을 추구하고 있는가? 2016년 6월에 영국 구글은 전 회계연도에 10억 파운드의 수익에 대하여 3,640만 파운드의 세금을 낸 것으로 보고되었다. 이에 구글은 '영국 지사는 직원이 3,000명 미만으로 "영구적 기업"이라고 할 만큼 규모가 크지 않으므로 그 세금의 대부분을 다른 곳에서 내야 한다'고 설명했다(Independent, 2017년 3월 31일). 또한, 소매업 부문의 보고에 따르면 '영국 서점들은 매출 100파운드당 91펜스를 세금으로 낸다. 온라인 소매업체 아마존이 매출 100파운드당 8펜스를 내는 것보다 11배나 높다'(The Bookseller, 2017년 9월 11일).

출판 기업들은 프리랜서를 통해 편집 작업이나 조판, 인쇄, 일반 업무 등 공급자를 구할 때 최고의 품질을 추구한다. 아웃소싱의 성장은 국내 공급자들을 국제적인 경쟁에 노출시켰고 공급망의 작업 조건에 의문을 제기한다. 프리랜서들은 출판사 정직원과 똑같은 권리와 혜택을 보장받지 못한다. '미디어와 문화 산업의 비정형 노동자들은 실업급여나 연금, 출산휴가, 유급 병가 등에서 정직원과 똑같은 보장을 받지 못하는 경우가 많다. 독립 사업자 혹은 자영업자라는 이유로 배제된다. 자영업자라는 위치는 개인 사업을 키우고 싶은 미디어 및 문화 노동자에게는 긍정적인 선택일 수 있지만 실직 상태를 피하려는 필요악일 수도 있다'(ILO 2014: 10).

　출판인들은 해외 공급자들의 작업 조건을 인식할 필요가 있다. 그곳의 근로자들도 그들의 이해관계자이기 때문이다. 그 작업 조건을 정기적으로 감시하지 않아 학대나 위법 행위가 드러나면 명성에 문제가 생긴다. 예를 들어 일반적으로 컬러북 인쇄는 품질과 가격의 최상 조합을 제공하는 국가에서 이루어지는데 흔히 홍콩이나 중국 본토에서 작업이 진행된다. 2014년에 한 보고서는 핀란드 출판사들의 책이 생산되는 중국 광둥성 허산에 있는 홍싱 인쇄공장의 근무 환경을 조사했다. 보고서에서는 그 업체를 이용하지 말라고 권고하지는 않았지만 인터뷰한 노동자들의 건강과 안전에 관한 우려를 제기했다. 그 공장에서는 보호 장비 착용을 의무화하지 않았다. 또한, 임금 수준도 매우 낮아 노동자들은 생계유지를 위해 한 달에 평균 80시간 초과근무를 한다. '홍싱 공장 근로자들의 한 달 급여에서 초과근무 수당은 큰 부분을 차지한다. 표준 시간만 근무할 경우 한 달 임금은 1,479위안(194유로)으로, 최저 임금을 약간 넘지만 허산의 기본 생활비를 감당하기가 힘들다'(Finnwatch 2014: 7). 영국에서는 북 체인 프로젝트(Book Chain Project)의 일환으로 PRELIMS(Publishers Resolution for Ethical International Manufacturing Standards, 윤리적 국제제조표준에 대한 출판인 결의)가 출판업에 행동 규범을 제공하여 공급자가 노동과 환경에 관한 표준을 충족하도록 한다. 감사 결과를 다른 출판사들과 공유할 수 있으므로 공급자에게도 도움이 된다(bookchainproject.com).

출판사는 해외 자회사들의 활동도 주시해야 한다. 옥스퍼드대출판부(OUP)와 맥밀런은 아프리카에서의 뇌물 지급 사건으로 상당한 벌금을 내야 했다. 두 출판사는 케냐와 탄자니아(OUP), 남수단(맥밀런)에서 세계은행이 지원하는 계약을 따내려고 부적절한 뇌물을 지급했다는 사실을 인정했다. 그들은 영국 중대부정수사국(Serious Fraud Office)을 통해 형사가 아닌 민사재판을 받았다. 2012년에 OUP는 189만 파운드의 벌금을 냈고 사하라 이남 아프리카 지역의 비영리단체들에 약 200만 파운드를 기부했다. 맥밀런은 2011년에 1,130만 달러의 벌금을 선고받았다.

개발도상국의 출판사들도 이해관계자에 포함되어야 할까? 그들은 다국적기업의 행위에 지대한 영향을 받을 수 있다. 아프리카의 상황이 바뀌자 사라졌던 다국적 출판사들이 돌아와 다시 현지 출판사들과 경쟁했다. '탄자니아 같은 국가에서는 1980년대에 경제위기가 닥치면서 다국적 출판기업들이 철수했지만 세계은행이 교육 지원에 6,000만 달러를 할당하자 철수했던 기업들이 곧바로 돌아왔다. 준국가기관과 민간 부문 신생 독립 출판사 모두 생존이 어려워졌다. 아프리카의 전반적인 GDP 감소와 해외에서 책을 기부받는 것을 선호하는 정책이 합쳐져 다수의 출판사가 폐업에 이르렀다'(Bgoya and Jay 2015: 12).

작가와의 계약은 에이전트의 개입 여부와 상관없이 대부분 협상이 따르기 마련이다. 그렇다면 작가가 부당하게 계약을 맺는 일이 없으리라는 사실이 공식적으로 인정될 필요는 없는가? 작가와 출판사의 이해관계에는 기본적으로 긴장이 존재하는가? 한쪽이 성공하면 다른 쪽은 희생되어야 하는가? 작가에게 투명한 제안이 갈수록 공정함이 커지는가? 출판사들은 출판사가 작가와 최선의 조건으로 계약을 맺을 수 있어야 한다고 주장할 것이다. 위험을 감수하고 출판하는 기업에 이득이 될 수 있는 계약 말이다.

하지만 영국에서는 작가의 소득 하락을 고려해 작가협회(Society of Authors)가 작가의 공정한 대우를 보장하는 법안을 통과시키려 애쓰고 있다. 니콜라 솔로몬(Nicola Solomon) 대표는 2016년에 이렇게 지적했다. '(충격적일 정도로 거의 돈을 받지 못하는) 저널 수익을 제외하더라도 작가들은 (주요) 출판사가 약 13%의 수익률을 올린 해에 매출의 5%도 안 되는 수익을 올렸다'(Solomon 2018).

디지털콘텐츠 이용자들은 개인정보 침해를 우려해 자신의 신상이나 관심사, 행동에 관한 데이터를 책임감 있게 사용할 것이다. 반면 책과 논문을 읽는 독자들은 출판물이 공정하지 않은 가격 책정으로 막대한 수익을 올리리라고 생각하지 않을 것이다. 예를 들어 저널 출판의 높은 매출수익률과 가격 인상은 연구 논문에 오픈 액세스 정책이 적용되는 명분을 자극했다. 이 사안은 공적 자금으로 이루어진 연구에 대한 접근성이 커지기를 바라는 정부와 연구 투자자들의 지원을 끌어냈다. 이것을 명백하게 윤리적인 사안이라고 보는 사람들이 있다. 연구는 깨끗한 공기처럼 공공재이므로 유료 구독 시스템으로 가둬놓지 말고 무료로 이용할 수 있어야 한다는 것이다.

책과 환경

공급망이 자원을 효율적으로 활용하는가, 책 생산은 환경에 어떤 영향을 끼치는가? 2007년에 펭귄 출판사의 매니징 디렉터 헬렌 프레이저(Helen Fraser)는 '출판이 숲의 나무를 잘라 화물차에 실어 인쇄소와 창고, 서점으로 보내고 그것이 나중에 다시 폐지 처리 펄프가 되어 쓰레기 매립지에 버려지는 산업이라고 설명된다면 그야말로 우리에게는 공포일 것이다'라고 말했다(The Bookseller, 2007년 4월 5일). 실제로 보도에 따르면 영국에서는 팔리지 않아 수거된 밀스 앤드 분(Mills & Boon) 출판사의 로맨스 소설 250만 권으로 M6 유료 고속도로를 다시 깔았다. '팔리지 않은 책들을 분쇄해 걸쭉한 상태로 만들어 시멘트와 타맥을 섞어 고속도로에 깔았다. 무거운 중량으로 표면이 갈라지는 것을 예방하기 위해서였다'(Telegraph, 2003년 12월 18일).

산업의 발달로 폐기물이 줄어들었다. 로맨스 같은 장르에 전자책이 도입되면서 인쇄 생산이 감소한다. 판매 시점(point of sale) 데이터로 인쇄와 구매 결정이 관리되고 디지털 인쇄가 성장함에 따라 재고 과잉도 줄었다. 지역 시장에서의 분산 인쇄로 책을 장거리 운송해야 하는 필요성이 줄어듦에 따라 책의 이동 거리가 줄어들었다. 그러나 종이 생산 장소는 더 싼 비용을 추구하느라 바뀌었다. 2007년 보고서에도 강조되었듯이 '펄프와 종이 산업은 종이 생산의 늘어나는 수요를 맞추기 위해 주로 원자재와 인건비가 낮고 환경 규제가 느슨한 개발도상국에서 생산량을 확장한다. 최대 종이 제품 소비자는 산림 파괴와 공장의 오염물질 배출 등 종이 생산이 환경에 미치는 결과를 수출하고 있다'(EPN 2007: vi).

자연자원의 측면에서 책은 물과 잉크, 종이를 소비한다. 물은 종이를 만드는 데 필요한 주요 재료인데, 물의 사용량을 줄이고 재순환으로 폐수를 최소화하는 조치가 행해졌다. '폐쇄적인 급수 시설은 제지 과정에 필요한 깨끗한 물의 양을 1톤당 13만 2,000갤런에서 2,640갤런으로 줄였고 폐수는 사실상 0이 되었다'(Bullock & Walsh, 2013: 99). 식물성 잉크 사용의 증가도 긍정적인 조치이다. 기존의 석유 잉크는 대기 중에 휘발성 유기화합물(Volatile organic compounds, VOCs)을 배출해 공기의 질을 저하하고 오염시키는 원인이 된다.

어떤 자료에서는 미국에서 1년에 팔리는 책을 만드는 데 나무 약 3,000만 그루가 사용된다고 추정한다(BISG 2008). 이것은 뉴욕 센트럴파크의 나무보다 1,500배나 많은 숫자이다. 소비자들은 책이 친환경적인 종이로 인쇄되기를 바랄 것이다. 재활용 종이와 지속가능한 재료로 만든 종이를 사용하는 두 가지 대안이 있다. 2015년에 영국의 아셰트 북 그룹(HBG)이 사용한 재생지는 전체 종이 사용량의 9%였고 90%는 산림관리협의회(Forest Stewardship Council, FSC)의 인증을 받은 종이였다. FSC 라벨이 붙은 채로 수확된 나무들은 자연적으로 교체 혹은 재생된다. HGB는 재생지의 사용량을 더 늘리고자 했지만 희소성과 낮은 품질, 높은 비용이라는 문제에 부딪혔다. 티슈 제품과 신문 인쇄용지 등에는 재생지가 더 많이 사용된다. 버진 섬유(virgin fibre)는 '재활용할 때마다 기계화 과정을 거치면서 섬유가 점점 짧아지므로 6, 7회 이상은 재활용이 불가능하다. 즉 다른 경로를 통해서도 버진 섬유가 공급되어야 한다'(Sammons 2018). 많은 기업이 오래된 삼림지대나 열대우림 같은 멸종 위기에 처한 지역에서 생산되는 종이라는 것을 알게 되면 그것을 사용하지 않겠다고 발표한다.

영국 북 체인 프로젝트(Book Chain Project)의 하나인 PREPS(Publishers' database for Responsible Environmental Paper Sourcing, 책임감 있는 출판인들을 위한 친환경 종이 소싱 데이터베이스) 등급 시스템은 기업이 구매하는 종이를 평가하는 도구를 제공한다. 이것은 출판사들이 사용하는 종이의 출처가 불확실하다는 문제에 대한 대응책으로 고안되었다. 종이 한 장이 다섯 개 국가의 다섯 개 지역에서 생산된 원료로 만들어졌을 수도 있는 것이다. 'PREPS의 목적은 인증되지 않은 수많은 종이의 출처를 파악하려는 것이다. 종이가 어디에서 왔고 어떤 나무로 만들어졌으며 그 나무와 그 나무가 자라는 국가와 관련해 어떤 위험이 존재하는지 알고 위험성이 덜한 종이를 찾는 것이다'(Sammons 2018). 현재 PREPS는 세계 약 100개국의 제지 공장과 손잡고 800종이 넘는 종이에 관한 숲과 나무종 데이터를 보유하고 있다.

세계자연보전기금(World Wildlife Fund)은 북아메리카와 유럽에서 종이와 판지 소비량을 10%만 줄이면 아프리카와 남아메리카의 1년 치 소비량이 된다고 추정한다. '개발도상국의 종이 사용이 늘어나고 있으므로 과대 인쇄나 과대 포장 같은 종이 낭비를 줄이면 숲과 땅의 사용에 대한 압박감도 줄어들 것이다'(WWF 2012: ch. 4). 전자책의 등장으로 일부 시장에서 책산업의 종이 사용량도 점점 줄어들어야겠지만, 영국의 통계에 따르면 2011~2015년에 종이 사용량은 오히려 17% 증가했다(PA 2015: 104). 컬러링북과 아동서의 생산이 늘어난 탓으로 보인다(Hughes 2017). 다른 연구에 따르면 21세기로 접어든 2001년에 영국의 종이와 판지 소비가 최고조에 이르렀지만 인쇄 생산은 감소했는데, 이는 책과 신문을 읽는 사람들이 더욱 줄어들었기 때문이다. '신문 판매 부수와 책 판매량이 감소하고 있으므로 이 추세가 계속될 가능성이 크다. 일반적으로 디지털 읽기는 종이 읽기보다 온실가스 영향이 훨씬 적은 것으로 여겨진다'(Goodall 2011: 11) .

태블릿컴퓨터와 종이책의 탄소발자국을 비교해보면 그 주장이 사실인지 알 수 있다. 애플의 아이패드에 관한 환경보고서에 따르면 아이패드는 상품의 수명주기 동안 135킬로그램 혹은 297파운드의 이산화탄소를 발생시킨다. 86%는 생산, 10%는 사용, 3%는 운송, 1%는 재활용과 관련한 운송과 에너지를 통해 발생한다(Apple 2017). 반면 책 산업 연구에 따르면 종이책의 탄소발자국은 생산부터 판매에 이르는 모든 단계에서 1권당 이산화탄소 8.85파운드(약 4킬로그램)가 배출된다(BISG 2007). 만약 사용자가 아이패드 수명주기의 10%를 독서에 사용한다면 종이책을 서너 권 구매하는 것과 같다. 종이책의 재활용을 생각하면 더욱 복잡해진다. 또한, 끝내 펼쳐져 읽히지 않는 책들도 있다. 디지털 자원에 크게 투자하는 학습 기업 피어슨의 입장은 이러하다. '인쇄와 디지털은 환경에 영향을 끼치는 방식 자체가 다르다. 인쇄는 인쇄된 종이가 환경에 영향을 끼치는 것이고 전자책은 사용법과 콘텐츠 접근법에서 영향을 끼친다. 둘 중 무엇이 낫다기보다 서로 다른 것이다'(Hughes 2017).

책의 생산에 영향을 줄 수 있는 추세가 또 있다. 나무섬유로 만든 생물학적 제품이 점점 발달함에 따라 종이책과 그 유효성 및 비용도 영향을 받는다. 생물학적 제품에는 방수 종이와 난연성 종이, 비스코스로 만든 옷이 포함된다. '생물학적 제품의 가격은 제조업체가 책 종이로 받는 가격보다 높을 수 있다'(Sammons 2018).

인쇄 판매 부문이 대부분 온라인으로 이동한 것은 환경적 고려에 어떤 영향을 끼칠까? 연구에 따르면 매장 방문과 가정 배송이 각각 환경에 끼치는 영향을 비교할 때는 지역적 측면이 큰 부분을 차지한다. 즉 상품이 물류센터에서 최종 목적지로 이동하는 거리를 뜻하는 라스트 마일(last mile)이 중요하다. 인터넷 쇼핑의 발달은 탄소발자국을 증가시키지 않는 듯하다. '일부 전통적 쇼핑 행위(예: 대중교통 이용)는 택배보다 이산화탄소를 적게 배출한다. 그러나 대체로 비식품 구매의 경우는 택배로 배출되는 이산화탄소량이 더 적다'(Edwards et al. 2009: 36–7).

환경 저널리스트 저스틴 길리스(Justin Gillis)는 기후변화에 관해 이렇게 말한다. '우리가 일으켜야 할 변화는 결코 쉽지 않으며 대규모의 집단행동이 필요하다. 에너지 시스템을 재구축하고 숲을 살리고 자동차를 바꾸고 훨씬 더 좋은 건물을 지어야 한다'(New York Times, 2017년 8월 18일). 출판사들은 재생 가능한 자원 사용, 에너지 효율적인 일터 구축, 인쇄와 배포의 지역화를 통한 책의 이동 거리 감축으로 탄소발자국 줄이기 등의 노력을 통해 온실가스 줄이기에 동참할 수 있다.

다양성과 책 산업

출판사는 책과 콘텐츠의 다양성에 관한 이해관계자들의 질문에 답해야 한다. 또한, 기업이 전체 인구층을 상징하는 인력을 갖추도록 인재 풀을 넓혀야 하는 데에는 사업적인 이유가 있다. 그렇지 않으면 모든 대중에게 다가가고 새로운 독자를 끌어들이는 출판물을 어떻게 만들겠는가? 사회는 출판사가 젠더와 민족성 등의 측면에서 다양한 인구층의 관심사와 일치하는 책을 출판하기를 기대한다. 다양성 추구에 대해 입바른 소리만 하지 않고 조직 내부에서부터 포용주의를 구축하는 것이 난제라고 할 수 있다. 리베카 니컬슨(Rebecca Nicholson)은 이렇게 말했다. '나는 대기업이 기업의 사회적 양심을 상징하는 표시로 무지개를 사용하는 것을 볼 때마다 본능적으로 이런 생각이 든다. 저것이 절대로 무지개 깃발의 핵심은 아니라고'(Guardian, 2017년 7월 3일).

도서평론가 론 찰스(Ron Charles)는 이렇게 적는다. '에즈라 잭 키츠(Ezra Jack Keats)는 반세기도 전에 아프리카계 미국 흑인 아이가 나오는 혁신적인 동화책 『눈 오는 날』을 출간했다. 그 이후로 아동과 청소년 독자에게 미국의 다양성을 반영한 책을 더 많이 제공하려는 노력이 이루어졌지만 현실의 책장은 여전히 갓 내린 눈에 뒤덮인 것처럼 하얗다'(Washington Post, 2017년 1월 3일). 니크시 슈클라(Niksh Shukla)가 엮은 『착한 이민자The Good Immigrant』에서 작가들은 오늘날 영국에서 흑인과 아시아인, 소수민족으로 산다는 것은 무엇인지 파고든다. 이 책은 언바운드(Unbound)에서 진행된

크라우드펀딩과 작가 J. K. 롤링이 기부한 5,000파운드로 출간이 이루어졌다. 그 책에 기고한 대런 체티(Darren Chetty)는 유색인종이 등장하는 책을 만드는 것에 대해 출판사들이 느끼는 불확실함이 매우 크다는 사실을 발견했다. '남아시아 작가는 더 많은 독자의 흥미를 끌기 위해 책표지에 들어가는 작가의 이름을 바꾸라는 권고를 받았고 또다른 작가는 판매량이 줄어들 수 있으므로 "시사"를 다루는 책을 제외하고 표지에 흑인이 들어가면 안 된다는 말을 들었다'(Shukla 2016: 98).

미국의 위 니드 다이버스 북스(We Need Diverse Books) 같은 단체는 '아이들에게 다양한 캐릭터가 등장하는 책을 제공할' 목적으로 설립되었다. 그들이 말하는 다양성에는 'LGBTQIA(성소수자), 원주민, 유색인종, 젠더 다양성, 장애를 가진 사람들, 민족과 문화, 종교적 소수집단' 등이 모두 포함된다. 그들은 다양한 배경을 가진 사람들을 채용하는 인턴제도를 후원하고 서점에 도서 목록을 제공하며 다양성을 의미 있게 다룬 책에 상을 수여한다. 영국의 타냐 번(Tanya Byrne)은 작가들이 좀더 파괴적이어야 한다고 주장한다. '우리는 자신이 하고 싶은 이야기를 해야 한다. 그것을 허용해주는 공간이 없다면 우리가 직접 만들어야 한다. 루피 카우르(Rupi Kaur)가 『우유와 꿀Milk and Honey』을 직접 출판하고 이사 레이(Issa Rae)가 조회수 2,500만이 넘는 유튜브에 『어설픈 흑인 소녀의 불운한 모험The Misadventures of Awkward Black Girl』을 만든 것처럼'(Guardian, 2017년 8월 19일).

2015년에 미국에서 시행된 산업 설문조사에서는 출판계의 다양성 부족 현상이 두드러졌다. 전체 직원의 79%가 백인, 78%가 여성, 88%가 이성애자, 92%가 비장애인이었다. 임원의 경우 그 수치는 각각 86%, 59%, 89%, 96%였다(Lee and Low Books 2015). 〈퍼블리셔스 위클리〉가 지적했듯 그러한 상황을 바꾸기는 쉽지 않다. '대부분 출판사는 직원에게 대학 졸업장을 요구하는데 최근의 인구통계에 따르면 미국인 대학 졸업자의 73%가 백인이다. 따라서 근본적인 문제가 출판산업을 넘어 퍼져 있다'(2016년 3월 11일). 이러한 딜레마에 맞서고자 영국의 펭귄랜덤하우스는 신규 채용에서 대학교 졸업 자격 요건을 없앴다.

출판계에서 인턴직의 급여가 아주 적거나 아예 없다는 사실도 인력의 다양성에 영향을 끼칠 것이다. 이것은 직장 근처에 사는 가족이나 친구가 없거나 오랫동안 무급으로 일할 형편이 되지 않는 사람들에 대한 차별이다. 나오미 클라인(Naomi Klein)은 서비스업의 낮은 유급 노동에 관한 글에서 이렇게 지적한다. '짐작하겠지만 문화산업은 무급 노동이 만연하도록 이끌었고 30세 이하의 많은 사람이 스스로 생계를 꾸려야 하는 일상의 책임을 떠안고 있다는 지극히 평범한 사실을 못 본 척했다. 물론 방송국, 잡지사, 출판사 같은 미디어 대기업은 젊은이들에게 혹독한 고용시장에서 값진 경험을 제공하는 것이라고 주장할 것이다'(Klein 2010: 245).

통계에 따르면 출판은 여성이 지배적인 직종인데도 영국 작가 나오미 올더먼(Naomi Alderman)은 출판업계에 미묘한 성차별이 존재한다고 말한다.

출판업계는 여러 측면에서 여전히 남자들의 세상이다. 나는 비디오게임 업계와 출판업계에 종사하는데 비디오게임 업계에서는 성차별이 매우 공공연하게 이루어진다. 하지만 출판업계의 성차별은 미묘하다. 그렇다고 출판업계의 성차별이 더 낫다는 말은 아니다. 미묘하면 대처하기가 훨씬 더 어려우니까. 명백한 성차별은 지적할 수 있다. '거의 발가벗은 비키니 차림의 여자들을 이용해 비디오게임을 홍보하지 마세요. 끔찍해요'라고 말할 수 있다. 하지만 출판업계의 성차별은 미묘하다. 여성 작가가 쓴 소설은 '여성 소설'로 분류되고 책표지에 꽃이 들어가며 여성 코너에 놓인다. (The Bookseller, 2017년 6월 8일)

영국 출판업계의 급여에 관한 자료를 보면 기업마다 큰 차이가 나타난다. 엘스비어의 평균 임금은 남성이 여성보다 40% 더 높지만(출판사가 공개한 가장 높은 수준) 펭귄랜덤하우스에서는 여성이 약 2% 더 높은 것으로 나타났다(Page 2018). 임금 격차는 기업 임원들의 성별 균형에 따른 결과일 수 있지만, 다수의 출판사가 여성에게 높은 자리를 맡기도록 장려하는 긍정적인 역할을 했다.

다양성에는 계급부터 성 지향성까지 또다른 측면들도 있다. 고용과 사회 전반에서 동성애자에 대한 태도가 크게 바뀌었다. 여전히 동성애가 불법인 국가가 71개국이나 되고 8개 국가에서는 사형에 이를 수도 있지만 말이다(http://www.equaldex.com). 출판사들은 동성애 친화적인 태도가 인재를 끌어오고 잡아두는 데에 있어 중요하다는 사실을 점점 깨닫고 있다. 2013년에 엘스비어는 LGBT 직원들을 위해 긍정적인 환경을 만들고 유지하기 위한 사내 교육 행사를 진행하는 엘스비어 프라이드(Elsevier Pride) 네트워크를 출범했다. HIV/에이즈 정보 제공 같은 지역 프로젝트를 위해 기금을 모금하고 해마다 열리는 암스테르담 프라이드 행사에도 참여한다. 자신의 '정체성의 중요한 부분을 감춰야 한다면 업무에 최선을 다하기가 쉽지 않다. 이성애자 직원들은 대체로 가족사진으로 사무실 책상을 꾸민다. 기분좋은 환경을 만들어주기도 하지만 "먹여 살려야 할 가족이 있으니까 자르지 마라"라는 메시지기도 하다. 하지만 커밍아웃하지 않은 동성애자들은 동료들과 친목을 다지거나 인맥을 쌓기가 훨씬 힘들다'(The Economist, 2012년).

공동체 돕기

냉철한 비즈니스의 관점에서 볼 때 새로운 독자 세대와 책의 가시성이 받쳐주지 않으면 출판산업은 사라질 것이다. 출판사가 독서 홍보와 도서관 캠페인, 독립 서점 후원 같은 일에 참여하는 것은 자선사업일까, 아니면 자기 이익을 위해서일까? 게임과 음악, 페이스북과 유튜브 같은 소셜 미디어와의 치열한 경쟁으로 상황이 더욱 긴박해졌다. 출판사들은 선진국의 독서 장려 운동과 개발도상국의 문맹 퇴치 운동에 적극적으로 참여한다. 교육이 경제적 성공의 주요 원동력인 만큼 정부는 (자원) 준비를 확대해 디지털과 인쇄 자원을 모두 최대한 활용하고자 한다.

2015년 7월 프랑스는 공휴일에 아이들을 겨냥한 전국적 독서 장려 캠페인 '반바지 차림으로 읽기'(Lire en Short)를 시작했다. 수많은 행사로 이루어진 첫 캠페인은 30만 명이 넘는 아이들과 부모들을 끌어들였고 다음해부터 '책으로 떠나기'(Partir en Livre)라는 이름으로 계속되었다. 출판사들은 책을 기부하고 도서관, 서점과 연계해 행사를 조직한다.

책 구매와 독서를 장려하는 더욱 광범위한 캠페인으로 세계 책의 날(World Book Day)이 있다. 1995년에 유네스코가 제정한 이후로 출판사들이 후원해왔다. 이날은 호르디 데이(Jordi Day), 즉 성 조지의 날(4월 23일)에 남자는 여자에게 장미꽃을, 여자는 남자에게 책을 선물하는 스페인 카탈루냐 지방의 오랜 전통에서 비롯되었다. 이제 여자들도 그날 책을 받으므로 책, 특히 소설의 판매량이 매우 증가했다. 2017년 호르디 데이 주간에 스페인의 책 소매업계가 올린 매출액은 7,300만 유로였고 전주에는 5,200만 유로였다(Nielsen Bookscan). '약 30개국에서 작가 사인회와 장미 판매 행사가 예정된 것으로 알 수 있듯이 전 세계에서 이날을 축하한다.'

카탈루냐 외교협회 관계자 알베르트 로요(Albert Royo)는 다음과 같이 말했다. "우리는 이 축제를 해외로 확장하려 노력하고 있다. 책과 장미는 문해력, 문화, 평화, 시민성 같은 보편적인 긍정적 가치를 고취하며 이것이 우리 모두가 나누려는 것이다"(Guardian, 2017년 4월 23일).

출판사들이 더 큰 공동체에 베풀려는 모습을 보여주는 고귀한 사례가 있다. 영국 유색인종 출판의 선구자가 1987년에 폴 햄린 재단(Paul Hamlyn Foundation)을 설립했다. 햄린이 2001년에 세상을 떠나면서 거의 모든 재산을 기부해 이 재단은 영국에서 가장 큰 독립 연구 기금 재단 가운데 하나가 되었고 특히 소외층 젊은이들과 예술에 초점을 맞춘다. 다국적 학습 기업 피어슨은 이윤의 최소 1%를 지역공동체를 위한 자선사업에 기부한다.

기업들이 이처럼 사회적 책임에 더욱 적극적이 되어야 할까? 재정적으로 어려운 기업이라면 힘들겠지만, 전통적인 경로를 제쳐두고 완전히 새로운 개념을 추구하는 기업들의 사례가 있다. 수제 맥주 기업 브루독(BrewDog)은 2017년에 해마다 이윤의 20%를 절반은 직원들에게, 절반은 자선단체에 기부하겠다고 발표했다. 브루독의 공동창업자 제임스 와트(James Watt)는 '시대에 뒤떨어진 CSR 정책은 현실적인 영향력은 전혀 고려하지 않은 채 기부 금액이 적힌 대형 수표를 들고 어색한 사진을 찍으려는 목적으로만 존재한다. 기업들은 자선활동의 영향력이 공동체와 사람, 세상에 끼치는 영향을 민주화해야 한다'고 말했다(www.brewdog.com).

기업 시민

효율적이고 도덕적인 기업 시민이 되기가 쉬운 것만은 아니다. 출판사는 윤리적 경영을 위하여 이해관계자들의 다양한 기대를 고려하고 사회와 환경에 대한 그들의 관심사를 활동에 반영해야 한다. 재생 가능한 에너지 사용부터 작가와 공급자에 대한 책임감 있는 태도, 고용 방침과 연봉 구조까지 다양한 것이 있을 수 있다. 하지만 출판사는 좀더 커다란 도덕과 정치 사안을 어떻게 헤쳐나가야 할까? 만약 정부로부터 보조금을 받는다면 집권당과 반대되는 관점을 자유롭게 출판해도 되는가? 혹은 직원들이 불편해하는 관점을 출판해야만 할까?

뉴욕의 사이먼 앤드 슈스터 출판사는 2017년에 영국의 우익 정치 논객 마일로 이아노풀로스(Milo Yiannopoulos)의 자서전을 출간할 예정이었다. 담당 편집자 미첼 아이버스(Mitchell Ivers)는 전에도 도널드 트럼프를 비롯한 보수적 인물들과 일해본 적이 있지만, 이아노풀로스가 '어린 소년'들과 나이 많은 남자의 성행위를 옹호하는 발언이 담긴 영상이 퍼지자 자서전 출간을 취소했다. 결국 이아노풀로스는 자가출판으로 자서전을 내고 출판사를 고소했다(그 소송은 후에 취하했다). 법원에 제출된 문서에는 초고 편집본이 포함되었다. '편집자는 이아노풀루스가 페미니스트 이데올로기는 "만들어진 동화"라고 주장하는 부분에 인내심을 보이지 않았다. "나는 한 계급의 사람들 모두를 '정신병자'라고 싸잡아 몰고 가는 원고를 받아들일 수 없다"라고 편집자는 적었다'(Buncombe 2017). 사이먼 앤드 슈스터가 이아노풀루스와 자서전 출간을 계약했을 때 그의 논란 많은 관점이 진지한 플랫폼에서 소개된다는 사실에 대해 많은 사람이 비난했다. 만약 출간이 그대로 진행되었다면 어떤 반응이 나왔을까? 불쾌한 견해를 검열하는 것도 출판사의 의무일까? 소셜 미디어의 콘텐츠 버블에 갇혀버린 세상에서 우리는 나와 다른 의견을 어떻게 접하는가? 파도를 거스르거나 옳은 것을 옹호하는 것은 출판사의 의무라고 할 수 있다. 하지만 부족한 품질의 책은 출판하지 말아야 한다.

표현의 자유와 출판물의 진실성을 지키는 것은 출판사의 특수 기능이
자 책임이다. 예를 들어 펭귄은 1960년대 초에 꿋꿋하게 『채털리 부인의 연
인』을 출간했고 역사학자 데버라 립스탯(Deborah Lipstadt, 미국의 역사학자.
홀로코스트를 부정한 데이비드 어빙David Irving을 비난했다가 고소당했다-역주)
의 편을 들었다. 에머리대학교의 교수였던 그녀는 저서 『홀로코스트 부정:
진실과 기억에 대한 점점 커지는 공격Denying the Holocaust: The Growing
Assault on Truth and Memory』(1993)에서 데이비드 어빙을 '홀로코스트 부정
자'라고 칭했다. 한때 명망 있는 역사학자였던 어빙은 유대인 대학살이 신
화에 불과하다고 주장했다. 그는 립스탯과 펭귄 출판사를 런던의 고등법원
에 고소했다. 그들은 책을 변호하지 않으면 안 되었다. '내가 어빙에게 도약
의 기회를 주는 것이라고 걱정하던 유대인 사회 지도자들을 포함해 많은
사람이 나에게 싸우지 말라고 했다. 그냥 합의하라고 했다. 싸우지 말고 무
시하라고. 하지만 내가 소송에서 지면 세계 제일의 홀로코스트 부정자를
부정자라고 부르는 것이 불법이 될 터였다. 그러면 어빙은 "난 부정자가 아
니야. 내가 소송에서 이긴 것도 당연한 결과였지. 데이비드 어빙이 말하는
홀로코스트야말로 진짜라고"라고 말하지 않겠는가'(Guardian, 2017년 1월
14일). 그 민사소송은 2000년에(2001년의 항소심도) 립스탯과 펭귄의 승리로
끝났고 어빙은 모든 신뢰를 잃고 파산에 이르렀다.

　　대안적 사실과 고소, 맞고소가 판치는 세상에서 진실과의 거리가 점점
멀어진다고 느끼는 사람들이 많다. 그리고 자가출판과 이용자 제작 콘텐
츠의 성장 속에서 출판사들은 자신의 존재를 정당화해야만 한다고 느낀
다. 악셀 스프링어가 2015년에 실시한 이해관계자들과의 회담에서 독자들
은 콘텐츠에 신뢰성을 기대하는 것으로 나타났다. 그것은 출판사가 공헌
할 수 있고 마땅히 공헌해야만 하는 중요한 가치다. 선별과 품질 관리, 편

집에의 투자는 절대로 낭비가 아니며 독자와 소비자들에게도 두드러져 보여야만 한다. 콘텐츠에 대한 책임은 출판사의 정체성과 필요성에서 중요한 요소를 차지한다.

콘텐츠는 품위에 관한 기준도 지켜야 한다. 예를 들어 대부분의 출판사가 살인 사건으로 돈을 버는 것을 좋아하지 않을 것이다. 2006년에 O. J. 심프슨(O. J. Simpson)의 책 『만약 내가 범인이라면 *If I Did It*』의 출간 소식이 발표되자 대대적인 반발이 일어나 결국 출판이 취소되었다. 심프슨은 그 책에 전부인 니콜 브라운(Nicole Brown)과 로널드 골드먼(Ronald Goldman)이 어떻게 살해되었는지 추측한 이야기를 실으려고 했다. 편집자와 출판사(주디스 리건Judith Regan과 하퍼콜린스)는 '압력 탓에 출판을 포기할 수밖에 없었다. 그들은 심슨이 범인일 수도 있다는 내용의 책을 내려고 그에게 최소 88만 달러의 돈을 지급했는데 그 돈은 심슨이 받아야 할 것이 아니라 1997년의 민사소송 판결문에 따라 그가 피해자들의 유가족에게 지급해야 하는 보상금 3,350만 달러를 채우는 데 사용되는 것이 맞았기 때문이었다'(Newsweek, 2017년 1월 21일). 나중에 법원 명령에 따라 그 책은 골드먼 가족이 저작권을 소유하고 『만약 내가 범인이라면: 살인자의 고백 *If I Did It: Confessions of the Killer*』이라는 제목으로 출간되었다.

2017년 4월에 미국 클리블랜드에 사는 페이스북 이용자가 74세 노인을 살해하는 묻지마 범죄 장면을 생중계했다. 영상은 결국 내려졌지만 생중계를 막지 못해 페이스북이 영상을 삭제하기까지 몇 시간이나 걸렸다. 이 사건은 다음과 같은 질문을 제기했다. 소셜 미디어 기업들은 어떤 게시물을 허용해야 하는가, 그들도 출판사가 된 것인가? 한마디로 소셜 미디어 기업이 플랫폼에 승인하는 콘텐츠에 책임을 져야 한다는 뜻이었다. 사라 피셔(Sara Fischer)는 이렇게 질문했다. '페이스북이 미디어 기업인가 기술인가 하는 질문은 오래전부터 존재했다. 하지만 이렇게 생각하는 편이 더 쉬울지 모른다. 페이스북은 질을 화폐화하는 출판사인가, 아니면 양을 화폐화하는 유통업체인가?'(Fischer 2017). 영국의 뉴스 앵커 존 스노(Jon Snow)는 소셜 네트워크에 교황이 대선에서 도널드 트럼프를 지지했다는 가짜 뉴스가 퍼지자 이렇게 지적했다. '페이스북은 바이럴 가치(virality)보다 진실성(veracity)을 우선시할 도덕적 의무가 있다. 그것은 민주주의의 기본이다. 페이스북이 이 방면에 손놓고 있는 것은 민주주의에 큰 위협이 될 수 있다'(Telegraph, 2017년 8월 23일).

가치와 원칙을 투명하게 따르는 것은 출판의 존속에 매우 중요한 요소이다. 기술로 인해 품질이 제각각인 수많은 콘텐츠에 접근할 수 있지만 반대 관점의 뉴스를 접할 기회는 제한되므로 우리는 출판인이 수행하는 선별과 품질 작업을 중요하게 여겨야 한다. 출판인의 필요성에 관한 질문에는(출판인이 어떤 가치를 가져다주는가?) 기업의 사회적 책임이 중요한 답을 던져준다. 믿을 수 있는 출판인은 저자의 콘텐츠와 기준을 믿으며 그에 대한 책임을 진다. 바로 그런 점에서 단순한 콘텐츠 배포 중개자와 차별화된다.

참고문헌

Apple (2017). *iPad Environmental Report*, 21 March.

Axel Springer (2015). *Sustainability Report*, Berlin: Axel Springer.

Bgoya, Walter and Mary Jay (2015). 'Publishing in Africa from Independence to the Present Day', *Logos*, 26, p. 3.

BISG, Book Industry Study Group (2007). *Environmental Trends and Climate Impacts*, New York: Book Industry Study Group.

Book Chain Project (2017). *The Future of the Printed Book*, London: Carnstone.

Bullock, Adrian and Meredith Walsh (2013). *The Green Design and Print Production Handbook*, How Books.

Buncombe, Andrew (2017). 'Milo Yiannopoulos's book torn apart by Simon & Schuster editor, court documents reveal', *Independent*, 28 December.

Carroll, A. B. (1979). 'A three-dimensional conceptual model of corporate social performance', *Academy of Management Review*, 4, pp. 497 – 505.

Edwards, J. B., A. C. McKinnon, and S. L. Cullinane (2009). *Carbon Auditing the 'Last Mile': Modelling the Environmental Impacts of Conventional and Online Non-food Shopping*, Edinburgh: Heriot-Watt University, March.

The Economist (2012). 'Of Companies and Closets', 11 February.

EPN, Environmental Paper Network (2007). *The State of the Paper Industry: Monitoring the indicators of environmental performance*, Lochinver, Scotland: Environmental Paper Network.

Finnwatch (2014). Books from China: Working conditions at the Hung Hing Heshan Printing Factory, July.

Fischer, Sara (2017). 'Murder in Cleveland: Facebook's latest fiasco', *Axios*, 17 April.

Friedman, Milton (1970). 'The Social Responsibility of Business is to Increase its Profits', *The New York Times Magazine*, 13 September 1970.

Goodall, Chris (2011). '"Peak Stuff" Did the UK reach a maximum use of material resources in the early part of the last decade?', 13 October. www.carboncommentary.com

Hughes, Peter (2017). Director, Sustainability, Pearson, interviewed by the author, 4 August.

ILO, International Labour Organization (2014). *Employment relationships in the media and culture industries*, Geneva: International Labour Organization.

Kennedy, Maev, and Phillips, Tom (2017). 'Cambridge University Press backs down over China censorship', *Guardian*, 21 August.

Klein, Naomi (2010). *No Logo*, 10th anniversary edition, London: Fourth Estate.

Lee and Low Books (2015). *Diversity in Publishing*. www.blog.leeandlow.com

Meyer, Christopher, and Kirby, Julia (2010). 'The Big Idea: Leadership in the Age of Transparency', *Harvard Business Review*, April.

Noked, N. (2013). 'The Corporate Social Responsibility Report and Effective Stakeholder Engagement'. https://corpgov.law.harvard.edu/2013/12/28/the-corporate-social-responsibilityreport-and-effective-stakeholder-engagement/ [2017. 9. 30 검색].

PA, Publishers Association (2015). *Statistics Yearbook*, London: Publishers Association.

Page, Benedicte (2018). 'Elsevier reports 40% gender pay gap', *The Bookseller*, 29 March.

Sammons, Nick (2018). Book Chain Project, Carnstone Partners, interviewed by the author, 1 March.

Shukla, Nikesh (2016). *The Good Immigrant*, Unbound.

Solomon, Nicola (2018). 'The Profits from Publishing: Authors' perspective', *The Bookseller*, 2 March.

World Wildlife Fund (2012). *Living Forests Report*, World Wildlife Fund.

출판의
역학

2부

11장

출판의 경제학

앨버트 N. 그레코(Albert N. Greco)

구텐베르크가 1450년에 활자로 첫번째 책을 인쇄한 날 이후로* 출판인과 편집인은 끊임없이 변화하는 비즈니스 환경에서 위기의 치명적 충격과 복잡성에 대처해 그것들을 줄이고 최소화해주는 비즈니스 전략과 모델을 찾고 이해하고 만들어야 했다. 물론 출판인들이 15세기 이후로 채택한 전략은 검증된 비즈니스 전략과 정책, 경제 이론은 물론이고 농업이나 섬유, 국제 무역 같은 다른 산업의 프로세스를 토대로 하기도 했다. 하지만 대학의 성장 및 책과 학술 저널 논문 인쇄의 발달로 경제 이론의 접근성이 커짐에 따라** 다양한 경제 이론이 일관적으로 이해되고 활용되어 여러 출

---

* Eisenstein (1980: 22 – 182). Eisenstein (2012: 78 – 115); Dittmar (2011: 1133 – 172)도 참고.

** 대학의 경우, 옥스퍼드에서 1478년에, 케임브리지에서 1584년에 책의 인쇄 생산을 시작했다. 최초의 학술지 〈Journal des Savants〉는 1665년 1월에 창간되었다. 1665년 3월에는 최초의 영어 학술지 〈Philosophical Transactions〉가 왕립협회(Royal Society)에 의해 출간되었다. 1665 – 1944년에 발행된 〈Journal des Savants〉는 http://gallica.bnf.fr/

판사의 경영 방식에도 변화가 일어났다.

이 장에서는 책이 활판인쇄에서 디지털 전자책, 스트리밍 옵션으로 변화한 시장에서 출판인들에게 지적 틀을 제공한 주요 경제학자들의 이론에 대해 살펴보기로 한다. 그다음에는 이론을 책 산업에 좀더 직접적으로 적용해보자.

주요 경제 이론

스미스와 마셜

애덤 스미스(1723-90)는 『국부론』에서 규모의 경제와 대량생산의 장점을 스코틀랜드의 핀 제조업으로 분석한다. '이 업종이 지금 운영되고 있는 방식을 보면, 작업 전체가 하나의 특수한 작업일 뿐만 아니라, 그 작업이 다수 부문으로 분할된다. 첫번째 사람은 철사를 잡아 늘이고 두번째 사람

---

ark:12148/cb343488023/date에서, 1909-2010년에 발행된 것은 http://www.persee.fr/collection/jds에서 참고할 수 있다. 현대 버전의 〈Journal des Savants〉는 http://www.persee.fr/web/revues/home/presscript/revue/jds 참고. McCutcheon (1924: 626); Vittu (2005: 527-45); Banks (2015: 1-17)도 참고. 왕립협회 웹사이트 https://royalsociety.org/about-us/history에서 역사 정보를 확인할 수 있다. Isaac Newton (1672); Charles Darwin (1837); Michael Faraday (1857); James Clerk Maxwell (1865); Alan Turing (1952); Stephen Hawking (1983) 등의 저자가 글을 실었으며 현재까지도 발행된다. 왕립협회 웹사이트에서 1665년 3월호로 거슬러올라가는 모든 호를 참고할 수 있다. 〈Philosophical Transactions A〉와 〈Philosophical Transactions B〉 관련 정보는 http://rsta.royalsocietypublishing.org/about 참고. 왕립협회 웹사이트 https://collections.royalsociety.org/?dsqIni=Dserve.ini&dsqApp=Library&dsqDb=Catalog&dsqCmd=Overview.tcl&dsqSearch=((text) per cent3d per cent27first+issue per cent27) 참고; 왕립협회 http://rstb.royalsocietypublishing.org/citation-metrics

은 철사를 곧게 펴며, 세번째 사람은 철사를 끊고, 네번째 사람은 끝을 뾰족하게 하며, 다섯번째 사람은 대가리를 붙이기 위해 끝을 문지른다. 핀의 머리 부분을 만드는 데도 두세 가지 특수한 과정의 작업이 필요하다.'* 스미스는 가격과 자유무역, 국가 경제 활동에서 정부의 역할에 대해서도 논한다. 또한, 국내총생산과 시장의 '보이지 않는 손' 같은 기본 개념을 다루는 중요한 저술들을 남겼다.**

앨프리드 마셜(1842-1924)은 『경제학 원리 *Principles of Economics*』에서 경제학을 좀더 엄격하게 만드는 수학적 방법을 개척했다. 마셜은 가치, 생산비용, 부, 소비자 과잉, 수요에 관해 적었다.*** 하지만 그의 가장 큰 공헌은 가격 변화와 수요량의 백분율 관계를 보여주는 수요의 가격탄력성이다. 그는 상품에 대한 소비자의 수요 변화도 자세히 다루었으며**** 수요와 공급의 중요성에 관한 상세한 설명으로 영국과 여러 국가의 수많은 경제학자에게 영향을 끼쳤다.*****

20세기 대표적인 경제학자 3인: 케인스, 프리드먼, 새뮤얼슨

존 메이너드 케인스(1883-1946)가 고안한 사상은 수십 년 동안 경제학자들에게 영향을 끼쳤다. 그는 기념비적인 저서 『고용, 이자 및 화폐의 일반

---

* Smith (2003: Book 1, ch. 1, 8 – 9).

** Smith (2003: Book 1, ch. VII, 69; Book 1, ch. X, 136; Book IV, Introduction, 459; Book IV, ch. II, 488 – 9; Book IV, ch. VII, Part Third, 667; Book IV, ch. 1, Part II, 775). Chandler (1962: 78, 81 – 112)도 참고.

*** Marshall (2013: 54 – 60, 63 – 6).

**** Marshall (2013: 86 – 91, 92 – 100).

***** Marshall (2013: 124 – 30, 153 – 69).

이론*The General Theory of Employment, Interest, and Money*』에서 여러 중대한 사안을 다루었다. 고전주의 경제 이론과 위험, 산출, 고용에 관한 그의 관점은 오늘날에도 여전히 열띤 토론의 대상이다. 케인스는 경제 이론이 잘못된 이유는 '전제의 명확성과 일반성의 부재' 때문이라고 했다.* 그는 '화폐 이론의 경계를 넓히기 시작해 전체적인 산출 이론'으로 만들었다.** 그의 '기본 방정식은 주어진 산출량의 가정에 대고 찍은 즉석사진이었다.'*** 그러나 '미래의 변화하는 사상에 영향받는 현재의 경제활동을 분석하는 그의 방식은 공급과 수요의 상호작용에 의존하고 다른 기본적인 가치 이론과도 연결된다.'**** 마지막으로 케인스는 '고전주의 이론을 포함하는' 일반 이론을 고안했다.***** 케인스의 유산은 경제학과 공공정책(특히 2차대전 당시 브레턴우즈협정)에 매우 중대한 영향을 끼쳤다.******

밀턴 프리드먼(1912-2006)은 케인스를 거부한 '시카고학파'의 지지자였다. 그는 자유시장을 적극적으로 옹호했고 정부 개입 최소화가 희소자원을 할당하고 경제를 성장시키는 최고의 방법이라고 보았다. 프리드먼은 시장이 효율적이라고 주장했다. 주가가 이용 가능한 모든 정보를 포함하고 경제 '행위자'들이 합리적인 비즈니스 결정을 내리며 '완전한 정보'에 접근할 수 있고 '완전한 정보'를 이용해 '효용 기능'(즉 자기 이익)을 최대화한다는 뜻이었다.*******

---

* Keynes (2008: 4).

** Keynes (2008: 4).

*** Keynes (2008: 4).

**** Keynes (2008: 5).

***** Keynes (2008: 5).

****** Steil (2014: 61-98, 125-64).

******* Friedman (1993: 1-18). Friedman & Schwartz (1993: 15,47-9, 52-61,

프리드먼은 돈의 공급과 이율을 포함해 모든 유형의 위험에도 관심을 기울였다. 『자본주의와 자유』에서는 국제무역, 화폐 정책, 인플레이션의 중요성을 다루었다.* 그와 케인스는 경제적 사안에 관해서는 거의 의견 일치를 보이지 않았지만 경제학 분야에 똑같이 중대한 영향을 끼쳤다.

폴 새뮤얼슨(1915-2009)도 화폐 이론, 그것과 수요와 공급 역학과의 내재적 관계, 서서히 퍼지는 인플레이션의 중요성을 강조했다. 하지만 그는 소비자가 상품 구매 결정을 내릴 때의 제한적 합리성에도 큰 관심을 기울였다.** 또한, 새뮤얼슨은 수학을 이용해 경제적 사안을 최적화하는 혁신적인 연구를 했다. 특히 효율적 시장 가설(EMH)***과 옵션 가격 결정에 대한 초기 연구가 그러했다. 그는 오랫동안 잊힌 루이스 배츨러(Louis Bachelor 1870-1946)의 박사 논문 「투기 이론 The Theory of Speculation」에도 영향을 받았다.**** 역시나 그는 옵션 가격 결정이 더 많은 연구가 필요한 주제임을 동시대 경제학자들보다 앞서 알아보았다.*****

또다른 20세기의 대표적인 경제학자로 해리 마코위츠(Harry Markowitz 1927-)가 있다. 마코위츠가 제시한 분산투자에 관한 현대 프로폴리오 이론

301-11, 475)도 참고.

* Friedman (2002: 1-6, 37-50, 108-18, 177-96). Hicks (1982: 6, 28, 340)도 참고.

** Samuelson & Crowley (1986: 5). Samuelson, 'Maximum Principles in Analytical Economics', 62-9도 참고; http://www.nobelprize.org/nobel_prizes/ecpnomic-sciences/laureates/1970/samuelson-lecture.pdf에서 확인 가능. Samuelson (1983: 22, 26-33, 39-44, 55-64, 92-9, 148-52)도 참고.

*** Samuelson (1965, 1973a: 1-42, 1973b). Cassidy, 'Postscript: Paul Samuelson', 〈The New Yorker〉 2009년 12월 14일자 기사도 참고; http://www.newyorker.com/news/john/cassidy/postscript-paul-samuelson에서 확인. Samuelson (1966a: Vol. 1, chs 13, 14, 1966b: Vol. 2, ch. 7); Fama (1963, 1965, 1970, 1991, 1998).

**** Bachelier 외 (2006: 1-14 '수학과 금융', 15-79 '투기 이론').

***** Merton (2006). Scholes (1972); Black and Scholes (1973); Black (1986)도 참고.

(MPT)은 금융과 출판을 비롯한 여러 산업에 큰 영향을 끼쳤다.*

행동경제학의 부상

심리학 연구의 영향으로** 경제 '행위자'가 항상 합리적이고 시장이 항상 효율적이라는 사상에 의문을 제기하는 '행동경제학'이 등장했다. '행동경제학자'들은 개인이 제품이나 서비스를 구매하거나 구매하지 않기로 결정할 때는 지극히 이성적이다가도 매우 감정적이 되므로 경제, 심리, 사회, 감정적 요소를 고려해 개인의 선택을 분석해야 한다고 주장했다. 그들은 기존의 여러 경제 및 금융 이론에 의문을 던졌다.

대표적인 '행동경제학자'로는 리처드 H. 세일러(Richard H. Thaler 1945-)와 로버트 J. 실러(Robert J. Shiller 1946-)가 있다. 세일러는 저서 『넛지』에서 제한적 혹은 불완전한 정보를 지닌 경제 '행위자'의 문제를 다루었고 편향, 실수, 집단 동조 같은 주제를 설명했다.*** 『똑똑한 사람들의 멍청한 선택』에서는 '경제학 이론에서 핵심적인 가정은 사람들이 최적화 작업을 거쳐 선택을 한다는 것'이라고 했다.**** 그는 전통적인 경제 이론도 장점이 있지만 '경제학 이론에 인간이라는 요소를 추가해야 하는 중요한 이유는 이런 이론을 기반으로 내놓는 예측의 정확성을 높이기 위해서'라고 주장했다.***** 세일러는 '심적 회계', 흥정, 금융, 효율적 시장 가설에 대해서도 논

---

* Markowitz (1952: 77, 79).

** Kahneman (1991). Kahneman (2003: 1449-75); Kahneman & Tversky (1979, 1984)도 참고.

*** Thaler (2009: 17-36, 53-73).

**** Thaler (2015: 5).

***** Thaler (2015: 9).

했다.*

실러는 저서 『비이성적 과열』에서 이렇게 경고했다. '경제학자들은 미래의 가격 변화에 대한 기대를 바탕으로 최적의 투자 결정을 계산하는 모델을 만드는 것을 좋아한다. 실제로 주식시장과 다른 자산군에 얼마나 할당할지에 대한 일반적인 투자 결정은 신중한 계산을 토대로 하지 않는 경향이 있다.'** 또 그는 다음과 같이 주장했다. '투자의 심리학에 관한 대중적인 이론은 대체로 신빙성이 없다. 심리학자들은 모호한 상황에서 이루어지는 의사 결정이 쉽게 사용 가능한 심리적 앵커의 영향을 받는다는 사실을 보여주었다.'*** 그는 세일러와 마찬가지로 집단 동조와 전염병에 대해서도 다루었다.****

응용 경제 이론

2차대전 후

1939년 이전에 미국의 출판사들은 대부분 몇몇 동업자가 소유한 작은 규모의 비공개 기업이었다. 흥미로운 사례는 랜덤하우스이다. 랜덤하우스는 1925년에 베넷 서프(Bennett Cerf)와 도널드 클로퍼(Donald Klopfer)가 재판본(reprint)을 출판하는 모던 라이브러리(Modern Library)를 인수하면

---

* Thaler (2015: 55, 58 – 63, 202 – 15). Thaler (1990, 1999); Thaler & Johnson (1990); Sendhil Mullainathan & Thaler (2000)도 참고.

** Shiller (2000: 55).

*** Shiller (2000: 135, 137).

**** Shiller (2000: 148 – 68).

서 출범했다. 1934년에 그들은 제임스 조이스의 『율리시스』 출판과 관련해 재정적, 법적 위험을 감수하고 도박을 했다.*

2차대전은 대부분의 국가에 영향을 주었다. 미국은 1945년 9월 2일 이후에 군대 동원을 해제하고 비록 느리게나마 책의 출판을 재개할 수 있었지만** 대부분의 유럽 국가들은 인구와 도시, 사회기반기설, 출판사에 심각한 피해를 입은 상태였다.*** 출판을 회복시켜 충분한 수익을 창출해 인재를 채용하고 작가를 찾아 양성하고 복잡한 인쇄와 종이, 제본, 배포 작업을 처리할 인쇄공장과 계약을 맺으려면 미국과 유럽 모두 효율적인 경제 전략과 구조를 개발할 필요가 있었다. 출판사들은 다시 번영이 찾아오면 새로운 서점이 문을 열고 파괴된 서점도 다시 재고를 채우리라고 생각했다.

이처럼 1945년 말기의 책 출판은 주로 인문학과 사회학을 전공한 대학 졸업자들로 이루어진 작은 기업들이 장악하고 있었다. 경제학이나 경영학을 전공한 사람은 소수에 불과했다. 하지만 출판인들은 모두 교육을 많이 받은 사람들로 1939년 이전의 주요 경제 이론이나 과거에 성공적이었던 관행에 대해 읽거나 배웠다. 그들은 국내외에서 출판을 구축 혹은 재구축하는 데 따르는 내재적 위험에 적용할 수 있는 다른 산업 부문의 최신 이론도 익히게 되었다.

---

* Cerf (1977: 53 – 89).
** Tebbel (1980: 98 – 104).
*** Judt (2006: 13 – 40).

1945년 이후 규모, 수요 및 공급의 중요성

1945년 이전의 경제적 사상과 신념은 대부분 이론적인 특징을 띠었던 데 반해, 2차대전 후에는 새로운 출판 사업체의 부활이나 설립을 위해 응용경제학 이론이 주목받게 되었다. 전쟁이 끝난 후 몇십 년 동안 다수의 출판사가 활용한 핵심적인 응용경제학 이론은 무엇이었을까?

우선 출판사들은 책의 하드커버와 페이퍼백의 규모와 대량생산(스미스), 수요와 공급(케인스, 마셜, 새뮤얼슨), 책 가격의 민감성(스미스), 책의 할인율(마셜), 가치(케인스), 책을 구매하는 소비자의 '효용 기능'(프리드먼), 책의 대용(하드커버에서 페이퍼백, 페이퍼백에서 전자책) 같은 주제에 큰 관심을 기울였다.

신간 하드커버는 수요와 공급, 수요탄력성의 예외적인 사례를 보여준다. 시리즈 전체를 통틀어 미국에서 1억 6,000만 부가 넘게 팔린 『해리 포터』 시리즈를 예로 들어보자. 첫 네 권의 출판사 권장소비자가격(SRP)은 25달러로 권마다 미국에서 930~975만 부씩 팔렸다. 하지만 엄청난 인기가 가져온 폭발적인 소비자 수요 때문에 출판사는 시리즈 제5권은 하드커버 1쇄로 1,000만 부를 찍고 SRP도 인상했다. 그리하여 제5권의 SRP는 30달러가 되었다. 새로운 하드커버 버전의 인상된 가격은 판매량에 큰 영향을 끼치지 않았고 1,000만 부가 모두 팔렸다. 출판사는 소비자의 수요를 맞추기 위해 20만 부를 추가로 찍었다.

이 사례는 탄력성의 기본적인 개념을 잘 보여준다. 탄력성은 상품(새 책)의 SRP 인상에 대한 소비자(독자) 수요의 백분율 변화를 나타낸다. 탄력성은 소비자 수요의 양적인 백분율 변화를 가격의 백분율 변화로 나누어 계산한다. 이론적으로 가격이 인상되면 수요가 줄어야 한다. 하지만 『해리 포터』 시리즈 5권은 그렇지 않았다. 강의실 칠판에서 통하던 이론이 『해리 포터』 시리즈 출판의 소란스러운 세상에서는 통하지 않을 수도 있음을 보여주는 보기 드문 사례일 것이다.

출판사는 작가의 사인이 들어간 『해리 포터』 책에 웃돈을 붙여 권당 SRP 200달러로 2,500부만 내놓을 수도 있다. 이것은 완전가격차별이라고도 불리는 1급 가격차별의 보기이며 출판사가 소비자 잉여를 전적으로 이용할 수 있다. 또한, (일반적으로 미국에서는 책이 할인가격으로 유통되어 팔리는데) 출판사는 도매업자와 유통업자에게 할인율을 다르게 적용할 수도 있고(이를테면 각각 SRP의 30%와 50% 할인) 이것은 2급 가격차별의 보기가 된다. 출판사가 책을 구매하는 소비자에게 나이와 고용 등에 따라 할인을 제공한다면(경로우대 10% 할인, 군인 15% 할인 등) 그것은 3급 가격차별이다.*

그러나 『해리 포터』 시리즈 5권은 매우 예외적인 경우이다. 필자는 1985년부터 수많은 저자와 편집자, 출판업자, 기업 관리자, 책 연구자, 주요 신문과 잡지, 뉴스 기관의 책 담당 기자, (대형 체인과 독립 서점을 포함한) 책 소매업과 유통업 관계자들과 인터뷰를 했다. 책 출판에 커다란 위험이 따른다는 것은 의심할 여지가 없는 명백한 사실이다. 인터뷰에 따르면 일반적으로 미국에서 출판되는 성인서 하드커버 10권 중 7권이 적자이고 2권이 본전을 건지고 1권이 흑자를 거둔다. 책 출판의 경제학이 가혹하기만 한데 왜 사람들은 출판사에 투자하거나 출판사에서 일하고 싶어하는가? 대답은 간단하다. 책 출판은 세계 최고의 비즈니스이기 때문이다. 책 출판은 아리스토텔레스의 윤리학부터 개발도상국 빈민가에 사는 사람들의 꿈까지, 온갖 생각과 이론의 전파에 관여한다. 책은 사람을 자극해서 생각하고 현상에 도전하고 공직자 선거에 출마하고 더 나은 세상을 만드

---

* Greco (2015: 168–72, 211–21).

는 노력을 하게 한다.

손익계산서 표본

하드커버의 손익(P&L)계산서(표 11.1)는 중요한 재정적 문제를 보여준다. 이 예시는 매우 큰 성공을 거둔 책의 P&L로 일반 성인서에서 흔하게 볼 수 없다.

출판사가 어떤 성인용 소설이 큰 관심을 끌고 엄청나게 팔려나가 베스트셀러 1위에 오를 것이라고 확신한다고 해보자. 1쇄 인쇄 부수 30만 부가 모두 팔렸다. 2쇄, 3쇄, 4쇄에 걸쳐 총 50만 부가 더 인쇄된다. 일반적으로 출판사는 1쇄 인쇄 부수의 약 1%를 비판매분으로 할당한다(이 경우 3,000부). 작가와 직원들에게 증정하거나 출판사에 진열해두거나 각종 문학상 협회에 보내거나 하는 분량이다. 또한, 이 표본에서 출판사는 반품률을 2018년 업계 평균인 20%보다 훨씬 낮은 약 5%(25,000부) 정도로 예측한다. 순매출은 47만 2천 단위(unit)다. 이 책은 SRP 28.95달러에 다양한 유통경로로 팔려나갔고(온라인 책 소매 사이트, 서점 체인, 독립 서점, 대형할인점, 회원제 할인점 등) 할인율은 평균 47%였으며(2018년 미국 출판업계 평균 수준) 1권당 출판사 순수익은 15.34달러였다. 그러나 할인율에는 출판사가 소매업체에 치러야 하는 판매 장려금('포인트'라고 함)이 포함되지 않는다. 장려금에는 책이 창가나 테이블, 선반, 통로 맨 끝 진열대 등 잘 보이는 곳에 진열되도록 하는 '배치 수수료(placement fee)'가 포함된다. '포인트'에는 책꽂이에 책등이 아닌 표지가 앞에 보이도록 놓거나 광고 또는 소매업체 웹사이트 등에 배치하는 비용도 들어간다.

작가와의 계약은 작가의 에이전트와 협상되었고 에이전트가 작가 수익의 15%를 받았다(2018년 미국의 에이전트가 받는 평균 수수료). 이 계약에 따르면 작가는 선인세 50만 달러를 받았다. 출판사와 에이전트는 총 판매 부수에 따라 10~15%에 이르는 '계단식' 인세 구조에 협의했다. 이 책은 베스트셀러이므로 계약서에 영화 판권과 부가 출판권(재판본, 북클럽, 책이 정기간행물에 팔릴 경우의 연재권 등)이 기재되어 있다. 이 작가는 '스타' 작가다. 에이전트는 모든 저작권 소득(250만 달러)을 출판사가 아닌 작가가 가지도록 했다.

표 11.1에는 다양한 수익(순매출 724만 480달러; 총매출에서 반품률을 빼면 순매출이고 모든 숫자는 반올림했으므로 100%가 아닐 수도 있다)은 물론 이 책과 관련된 여러 지출(매출원가COGS 327만 6,549달러)이 요약되어 있다. 마케팅 비용(75만 달러; 작가 투어, 판매와 마케팅 인력, 광고 등)과 간접비(217만 2,144달러; 출판사 사무실, 편집, 세일즈와 마케팅, 법률, 창고와 유통, 정보 기술 등)를 계산하고 나면 이 책의 순이익은 104만 1,787달러이고 396만 3,931달러가 출판사의 매출 총이익이다. 작가는 인세 152만 7,973달러, 기타 저작권 사용료 250만 달러로 총 402만 7,973달러를 벌었다. 에이전트의 몫은 15%이므로 에이전트는 이 책 한 권으로 60만 4,196달러를 벌었다.

표 11.1 미국 유명 출판사가 출간한 성인소설 P&L 표본

모델 사양: 320쪽, 컬러 표지, 책등, 뒤표지, 사진이나 일러스트 없음			
인쇄 부수			
1쇄	300,000권		
총판매량	297,000권	[-3,000권; 1쇄 부수의 -1%]	
2쇄	100,000권		
3쇄	50,000권		
4쇄	50,000권		

총 인쇄 부수	500,000권		
총판매량	497,000권	[-3,000권]	
반품	25,000권	[반품률 5%; 팔리지 않은 창고 재고; 2016년 업계 반품률 평균 20.34%; 팔리지 않은 창고 재고]	
순수판매량	472,000권		
권장소비자가격	28.95달러	[2017년 동종 제품 업계 평균 가격은 27.95달러; 인기 작가의 작품이라 출판사가 웃돈 붙임]	
평균 할인율	47%	[1권당 출판사 순이익 15.34달러; 업계 평균]	
선인세	500,000달러	[저작권 사용료 선지급]	
저작권 사용료		[권장소비자가 28.95달러의 백분율, 10%: 300,000권까지 301,000 − 400,000권 12%; 400,001권 이상 15%]	
부차권			
기타 소득	총금액	작가 몫*	출판사 몫
영화 부차권	1,000,000달러	100%	0%
재판	1,000,000달러	100%	0%
북클럽	500,000달러	100%	0%
1차 연재	0	100%	0%
2차 연재	0	100%	0%
총액	2,500,000달러	100%	0%

* 보통 유명 작가일 경우에는 작가 지분이 100%이다. 이 작가의 에이전트는 북아메리카에서의 기타 소득권(혹은 미국 기타 소득권)을 출판사에 팔았고 해외와 부차권은 모두 남겼다(에이전트에 의해 직접 판매). 일반적으로 에이전트는 모든 수익과 국내와 해외, 부차권의 15%를 가진다.

수익과 경비		
1. 총매출	7,623,980달러	[497,000권 × 각 15.34달러]
2. 반품	383,500달러	[25,000권 × 각 15.34달러]
3. 순매출	7,240,480달러	[#1 – #2 = 순매출]
4. 장치비	289,619달러	[순매출의 4%; 편집, 미술, 디자인, 레이아웃, 페이지 메이크업 비용 포함]
5. PPB	1,375,691달러	[순매출의 19%; 업계 평균; 인쇄, 종이, 제본 비용]
6. 인세 소득	1,527,973달러	[인세: 권장소비자가의 백분율] 10% [2,895달러] 300,000권까지 = 868,500달러; 12% [3,470달러] 300,001 – 400,000권 = 346,997달러; 15% [4,340달러] + 400,001권 이상 = 312,476달러;
7. 재고 비용 처리	83,266달러	[#4 장치비 + #5 PPB = 1,665,310달러 나누기 500,000권 = 3.33달러 × 반품 25,000권]
8. 인세 감액	0달러	
9. 총매출원가	3,276,549	[COGS: #4 + #5 + #6 + #7 + #8 = #9]
10. 매출이익	3,963,931달러	[#3 – #9 = #10]
11. 기타 출판 소득	0달러	
12. 최종매출총이익	3,963,931달러	[#10 + #11 = #12]
13. 마케팅	750,000달러	[1.50달러 × 500,000권; 1.50달러, 업계 평균]
14. 간접비	2,172,144달러	[순매출의 30%]
15. 순이익	1,041,787달러	[#12 – #13 – #14 = #15]
16. 공헌이익	3,963,931달러	[#13 + #14 + #15 = #16; 이 책이 출판사에 공헌한 이익]

참고: 모든 숫자는 반올림한 것이다. 작가가 지급한 에이전트 수수료와 세금은 출판사의 P&L 에서 제외되었다. 운송과 취급 비용도 제외되었다. 일부 출판사는 운송을 무료로 제공한다. 운송과 취급 비용은 여러 변수(지형적 위치, 긴급 배송 등)에 따라 달라진다.
출처: 앨버트 N. 그레코(Albert N. Greco)가 실시한 업계 종사자 인터뷰.

기술의 성장과 기계의 부상

1945년 이후, 특히 1990년 이후로 무엇보다 기술과 기술적 변화의 중요성이 커졌다. 구텐베르크 이후 책은 인쇄 생산되었다(처음에는 활판인쇄, 이제는 리소그래피 방식). 하지만 읽기와 책에 대한 접근 방식을 바꿔놓은 일련의 사건들이 있었다. 인터넷의 등장과 보편화는 독자들이 책의 콘텐츠에 접근하는 방식을 크게 바꿔놓았다.

커다란 사건 하나는 컬러 화면과 '적당한' 저장 공간, 매력적인 가격을 갖춘 가벼운 노트북의 발달이었다. 두번째 사건은 책 다운로드를 포함해 다양한 기능이 있는 유용한 스마트폰의 탄생이다. 그리고 믿을 만한 전자책 단말기의 발달이 세번째다. 아마존은 2007년에 최초의 효율적이고 보편적인 전자책 단말기 킨들(Kindle)을 출시했고, 2009년에는 반스 앤드 노블이 전자책 단말기 누크(Nook)를 선보였다. 네번째로 주목할 만한 사건은 2010년에 애플이 아이패드를 출시한 것이다. 그 태블릿은 이메일 전송과 수신, 구글 검색, 음악 감상, 전자책 접근과 읽기가 가능했다. 노트북과 스마트폰, 태블릿이 널리 보급되면서 독자들이 책에 직접 접근하기도 쉬워졌다. 클레이턴 크리스텐센(Clayton Christensen)은 저서 『파괴적 기업의 혁신』에서 전자책 단말기, 노트북, 태블릿을 '파괴적이고 지속가능한 기술'의 본보기라고 칭했다.*

수많은 사람이 스마트폰과 전자책 단말기, 태블릿, 노트북을 구입하고 전자책의 가용성도 커지면서 종이책보다 기기로 즉각 다운로드할 수 있는 전자책을 선호하는 이들도 늘어났다. 이에 많은 출판사가 신간 도서를 종

---

* Christensen (2011: xi – xxxi, 33 – 55).

이책과 전자책으로 모두 내놓는 혼합적인 출판 전략을 수립했다.

자가출판 운동

디지털기기의 발달과 함께 지난 몇 년 동안 작가가 책을 직접 출판하는 사례가 늘어났다. 미국의 ISBN 발급 기관 보커(Bowker)의 보고서에 따르면* 2016년에 미국에서 자가출판된 책은 78만 6,935권으로 2015년에 비해 8.2%가 증가했다. 2011년(24만 7,210권)에 비해서는 무려 218%가 늘어난 것이다.**

자가출판 도서에는 ISBN이 없는 경우도 있으므로 실제로는 보커의 통계보다 더 많을 것이다.

표 11.2(표 11.1에서 살펴본 소설)는 작가가 직접 전자책으로 출판한 책의 경제학을 보여준다. 표 11.1에서 다룬 하드커버의 작가가 책을 자가출판하기로 하고 전자책 출판에 드는 모든 경비를 부담한다고 해보자. 따라서 인쇄 부수는 없다. (표 11.1에서 보듯) 시장수요는 47만 2천 권이었다. 전자책은 종이책보다 SRP가 낮으므로 전자책의 SRP는 14.99달러였다(2018년 '스타' 작가의 전자책 평균). 전자책의 평균 할인율(70%)은 종이책보다 높다. 작가는 에이전트를 고용하지 않았으므로 인세와 권리 소득의 15%를 지급하지 않아도 된다.

---

* Bowker, 'Self-Publishing ISBNs Climbed 8 per cent Between 1015-2016'. http://www.bowker.com/news/2017/Self-Publishing-ISBNs-Climbed-8-Between-2015-2016.html에서 참고.

** Bowker, 'Self-Publishing ISBNs'. Milliot (2017c) : https://www.publishersweekly.com/pw/by-topic/industry-news/manufacturing/article/75139-self-published-isbns-hit-786-935-in-2016.html도 참고.

전자책의 총매출과 순매출은 707만 5,280달러다(반품이나 감가상각이 없다). 작가는 장치비(편집, 미술, 디자인, 페이지 메이크업 등)로 7만 752달러를, 마케팅(작가 투어, 우편 광고와 소셜 미디어, 인터넷/웹 관련 기타 비용)에 20만 달러를 사용했다. 작가의 인세 소득은 종이책이 152만 7,973달러였지만 전자책 판매로 거둔 인세는 212만 4,000달러이고 권리 소득은 250만 달러로 똑같다. 종이책의 총소득은 402만 7,973달러였지만 자가출판한 전자책의 총소득은 435만 3,248달러다.

작가는 직접 사업가가 되어 전자책 생산과 유통, 마케팅에 따르는 모든 비용과 위험, 우려를 감당했고 32만 5,275달러를 더 벌었다. 종이책의 경우 작가는 에이전트 수수료로 60만 4,196달러를 지급해 총이익이 402만 7,973달러에서 342만 3,77달러로 줄어들었다(전자책 출판에는 에이전트를 고용하지 않았다). 즉 작가는 전통적인 출판사와 에이전트 없이 자가출판을 통해 상당히 더 많은 수익을 올릴 수 있었다. 자가출판 사례와 그런 작가들을 도와주는 기업이 급증하는 것도 그 때문이다.

표 11.2 자가출판한 성인소설 P&L 표본 (표 11.1과 동일한 도서)

모델 사양: 320쪽; 컬러 표지, 책등, 표지; 사진이나 일러스트 없음			
인쇄 부수	0권		
전자책 총매출	472,000권		
반품	0권		
순매출	472,000권		
권장소비자가격	14.99달러	[동종의 전자책에 대한 2017년 업계 평균 가격은 9.64달러, 가격대는 99센트~14.99달러까지 다양; 저자는 자신의 인기를 반영해 프리미엄 가격을 책정]	

평균 할인율	70%	[1권당 저자의 순이익은 4.50달러; 업계 평균; 온라인 소매업체 수수료 70%]	
인세 선금	0달러		
부차권			
기타 소득	총금액(Gross)	작가 %*	출판사%
영화 부차권	1,000,000달러	100%	0%
재판	1,000,000달러	100%	0%
북클럽	500,000달러	100%	0%
1차 연재	0	100%	0%
2차 연재	0	100%	0%
총액	2,500,000달러	100%	0%

* 인기 작가의 경우 (에이전트에 의해 직접 판매되는) 해외 및 부차권을 작가가 모두 가진다. '보통' 에이전트는 국내외 총수익과 부차권 수익의 15%를 가진다.

수익과 경비			
1. 총매출	7,075,280달러	[472,000권 × 각 14.99달러]	
2. 반품	0달러		
3. 순매출	7,075,280달러	[#1 − #2 = #3]	
4. 장치비	70,752달러	[순매출의 1%; 디지털 페이지 메이크업; 작가 부담 비용; 프리랜서 고용]	
5. PPB	0달러		
6. 인쇄 소득	2,124,000달러	[인세율: 권장소비자가격의 30%; 14.99달러 × 30% = $4.50 × 472,000]	
수익과 경비			
7. 재고 비용 처리	0달러		
8. 인세 감액	0달러		

9. 총매출원가	70,752달러	[순매출의 1%; 디지털 페이지 메이크업; 작가 부담 비용; 프리랜서 고용; 작가의 COGS: #4]	
10. 매출 이익	2,053,248달러	작가 #6 − #7 − #8 − #9 = #10]	
11. 기타 출판 소득	2,500,000달러		
12. 매출총이익	4,553,248달러	[작가 #10 + #11 = #12]	
13. 마케팅	200,000달러	[저자의 20 시티 투어, 1일 경비, 우편 광고, 소셜 미디어, 인터넷/웹 비용 등]	
14. 간접비	0달러		
15. 순이익	4,353,248달러	[#12 − #13 − #14 = #15]	

참고: 모든 숫자는 반올림.
출처: 앨버트 N. 그레코가 실시한 업계 종사자 인터뷰.

전통의 위기: 서점과 국제무역

또다른 기술 발달은 온라인 서점의 점유율 증가와 오프라인 서점의 하락이었다. 1994년 7월 5일에 설립된 아마존 닷컴(Amazon.com)의 1995년 (창업 1주년) 미국 내 도서 점유율은 0.003%밖에 되지 않았다. 그러나 2010년에는 약 26%가 되었고 2018년에는 일부 카테고리의 점유율이 50~70%에 이르렀다.*

출판사들은 1960년대와 그후 몇십 년 동안 체인 서점(반스 앤드 노블 등)의 극적인 성장과 비서점 소매업체(대형 할인점, 회원제 할인점, 슈퍼마켓, 편의점 등)를 통한 판매에 집중했다. 일반 소매업체로 인해 서점이 대폭 줄어들

* Greco et al. (2015: 46, 221, 259).

어, 1990년에 2만 2,926개였던 서점이 2018년에는 약 1만 4,000개로 39%가 줄었다.* 책 판매를 위한 오프라인 공간이 크게 줄어든 것은 책이 독자들의 눈에 띌 가능성에도 영향을 끼쳤다. 서점은 작가와 출판사에게 대단히 중요하다. 책이 독자의 눈에 띄어야만 하기 때문이다. 출판사가 서점을 지원하는 이유도 그래서다. 출판사는 탈중개화(소비자의 온라인 책 구매)와 재중개화(서점의 온라인 구매, 배송, 매장 픽업, 반품 서비스 제공)도 면밀하게 관찰했다. 결국 그 '더 나은' 자료는 출판사가 미국 책 구매자들의 변덕스러운 습관을 좀더 사실적으로 이해하도록 해주었다. 비록 책의 포커스 그룹을 대상으로 자료 수집이 이루어지는 경우는 매우 드물지만 말이다.

또한, 책을 위한 자유무역 시장의 중요성도 커졌고(유럽연합 등) 책 출판에 대한 정부의 규제도 최소화되었다(Friedman). 가장 대표적인 사례는 유럽연합(EU)이라는 경제(화폐동맹, 단일시장, 관세동맹) 및 정치 조직(모든 회원국을 아우르는 법률)의 탄생이다. EU가 국가 간의 도서 무역을 허용함으로써 28개 회원국의 책 산업이 성장하게 되었다.** 하지만 책의 소비자 판매가에 할인을 허용하는 미국과 달리 EU 국가는 그렇지 않을 수도 있다.

행동 이론의 수용

'행동경제학'과 소비자가 구매를 결정하는 요소(작가, 장르, 서점, 북클럽, 온라인)의 중요성에 대한 인식도 더욱 커졌다(Thaler; Shiller). 다소 '제한적'이지만 책 판매 수집 시스템(한 예로 NPD BookScan Data는 미국 내 전체 책

---

* Bogart (2003a: 535, 2003b: 476-77).
** Pinder & Underwood (2013: 56-69).

판매량의 약 85%에 이르는 판매 데이터를 수집한다)은 구매 이유가 아닌 구매자에 관한 정보를 출판사에 제공해주었다.* 흥미로운 보기로 미국로맨스작가협회(RWA, 로맨스 작가와 출판인들로 이루어진 단체)가 시행한 마케팅 연구가 있다. RWA는 NPD BookScan 통계와 다른 출처의 자료를 이용해 누가 로맨스 소설을 사고 그들이 어떤 장르를, 언제, 어디에서, 어떻게(신용카드, 현금카드, 서점 할인쿠폰, 서점, 온라인) 구매하는지, 왜 로맨스 소설을 구매하는지에 관한 놀라운 자료를 만들었다.**

믿을 수 있는 자료의 필요성

미국의 책 산업은 그동안 총매출에 관한 시기적절한 경제통계 자료를 얻을 수 있었다(Marshall; Samuelson). 〈퍼블리셔스 위클리〉는 2016년에 미국 책 산업(종이책, 전자책)의 매출이 159억 달러라고 발표했다. 가장 규모가 큰 부문은 성인 하드커버와 페이퍼백 소설(44억 3,000만 달러)과 비소설(58억 7,000만 달러)이었다. 두번째는 청소년/영 어덜트 하드커버와 페이퍼백 소설(38억 2,000만 달러)과 비소설(6억 5,000만 달러) 부문이었다. 그리고 하드커버와 페이퍼백 소설, 비소설, 성경, 찬송가, 기도집(10억 1,300억 달러)으로 이루어진 종교 출판 부문은 비록 규모는 작지만 1640년에 지금의 미국(매사추세츠 케임브리지)에서 첫 책 『베이 시편*The Bay Psalm Book*』이 인쇄된 후로 지금까지도 여전히 중요하게 남아 있다.

출판사들은 책 구매자 인구통계 자료도 이용할 수 있다. 이를테면

---

* NPD BOOKSCAN Data; http://www.ecpa.org/?page=npd

** Romance Writers of America; https://www.rwa.org/p/cm/ld/fid=580

45~54세 성인 여성이 책 구매와 독서 부문에서 가장 크고 중요한 부분을 차지하고 일반 서적이 미국에서 판매되는 책의 60.59%를 차지한다.*

또다른 요인은 책의 반품과 비용, 자가출판의 장점을 측정하는 효율적인 방법(Marshall; Friedman)이 등장한 것이다.** 미국출판협회(Association of American Publishers)는 2016년에 반품 도서의 총가치가 30억 760만 달러라고 발표했다(성인서 12억 1,350만 달러, 아동/영 어덜트 3억 6,810만 달러).***

포트폴리오 이론, 다각화, 복합기업의 수용

출판산업에서 포트폴리오 이론, 책의 다각화(Markowitz), 금융 관리(Samuelson)의 중요성이 갈수록 강조되고 있다. 펭귄랜덤하우스는 여러 임프린트와 전략적사업단위(strategic business units, SBU)를 거느린 다각화된 출판사의 성공 사례이다. 펭귄은 몇십 년 동안 예술과 오락, 전기와 회고록, 고전, 요리, 판타지, 소설, 역사, 유머, 미스터리와 서스펜스, 비소설, 시, 정치, 참고서, 로맨스, 공상과학, 여행, 영 어덜트 등 다양한 부문의 책을 출판했다. 빈티지, 밴텀 북스, 크라운 퍼블리싱 그룹, 모던 라이브러리, 크노프 더블데이, 밴텀 스펙트라, 랜덤하우스 오디오, 랜덤하우스 칠드런스, DK 등 여러 다양한 임프린트를 통해서였다.**** 이처럼 기업 포트폴리오의 분

---

* Milliot (2017a).
** Bogart (2003a: 535, 2003b: 476 – 7).
*** Association of American Publishers. 'Monthly Stat Shot December 2016', 2017년 5월 24일, p. 3; sales from 1,207 publishers; http://newsroom.publishers.org/aap-statshot-book-publisher-tradesales-flat-for-2016에서 확인.
**** Penguin Random House; http://www.penguinrandomhouse.com. Milliot (2017b: 57)도 참고.

산화 덕분에 YA(영 어덜트) 부문의 판매량이 증가하고 정치 부문의 판매량은 하락하는 것 같은 시장의 여러 변수에 대한 보호책이 마련될 수 있었다.

기업과 월스트리트의 투자를 받는 스콜라스틱

여러 출판사의 다각화 전략은 수십 년 동안 성공을 거두었고 출판사를 (적어도 소매업을 비롯한 다른 업종과 비교할 때) 하나의 흥미로운 투자 대상으로 보는 금융 서비스 기업들의 관심을 끌었다. 스콜라스틱 코퍼레이션(Scholastic Corporation)이 바로 그런 출판사 가운데 하나인데, 이 유명하고 튼튼하고 전체적으로 성공한 출판사에 많은 금융 서비스 기업의 투자가 이루어졌다. 스콜라스틱은 세계 최대 규모의 아동서와 YA 도서 출판사이자 유통업체이며 문해력 교육과정 및 직업 서비스 제공업체이자 아동교육 및 오락 미디어 제작업체이기도 하다. 스콜라스틱의 2016년 수익은 16억 7,300만 달러였다(2015년의 16억 3,500만 달러에서 증가).* 수익은 해마다 변할 수 있고 힘든 시기도 있었지만 스콜라스틱은 신간과 구간 판매량 모두 탄탄하고 크게 성공하는 책을 계속 내놓았으며(『해리 포터』 시리즈, 『크고 빨간 개 클리퍼드Clifford the Big Red Dog』 등) 그중에는 영화로 만들어진 책들도 있다. 스콜라스틱은 북클럽도 있는데 미국의 9만 8,271개 공립 초중고 가운데 90%에서 해마다 북클럽 도서전을 연다(다수의 사립과 종교계 학교에서도).

표 11.3은 스콜라스틱의 지분을 소유한 주요 기관과 뮤추얼 펀드 기업들이다. 기관 투자자 중에는 블랙록, 뱅가드 그룹, 얼라이언스, 번스타인 LP,

---

* Scholastic; https://finance.yahoo.com/quote/SCHL/holders?p=SCHL

T. 로 프라이스 등 월스트리트의 엘리트 기업들이 포함된다. 총 9개 기업이 6억 6,676만 2,000달러 가치가 넘는 1,776만 7,000주를 보유했다. 뱅가드와 T. 로 프라이스를 포함한 9개 뮤추얼 펀드가 소유한 804만 8,000주의 가치는 3억 3,658만 5,000달러에 이른다. 이 투자자들이 보유한 주식을 다 합치면 2,581만 6,000주이고 그 가치는 무려 10억 달러가 약간 넘는다. 어떻게 된 일일까?

스콜라스틱의 재무 성과를 검토해보면 금융 서비스 기업들이 스콜라스틱에 왜 그렇게 막대한 투자를 했는지 알 수 있다. 표 11.4는 스콜라스틱의 저베타(low Beta; 베타β는 변동성과 시스템적 리스크, 안정성, 포트폴리오를 시장 전체와 비교하는 척도다)를 포함해 여러 재무 가치 평가 기준에 관한 2016년 자료를 보여준다. 금융 애널리스트들에게 베타 1.0은 주가가 시장과 함께 움직인다는 뜻이고 베타 1.0 이하는 안전성이 시장보다 덜 변덕스럽다는 뜻이다. 예를 들어 이론적으로 베타 1.2는 시장보다 변동성이 20% 더 크다. 따라서 스콜라스틱의 베타 0.8은 이론적으로 시장보다 변동성이 20% 더 적다는 뜻이다. 그리고 스콜라스틱의 EBITDA(이자 비용, 세금, 감가상각비를 차감하기 전의 이익)는 1억 670만 달러, 총 현금액은 3억 1,190만 달러였고, 1,200만 달러로 채무는 매우 적었다.

표 11.5는 스콜라스틱의 2013-2017년 회계연도 재무 자료이다. 스콜라스틱에 투자한 주주들이 이익을 거두었음을 알 수 있다. 2013-2017년에 총수익이 12.39% 늘어났다. 같은 기간에 순수익은 62.5% 증가했다. 2015년에는 스콜라스틱의 순이익, 순이익률, 자기자본이익률이 급증했는데, 2015년의 수치가 왜 비정상적으로 치솟았는지 스콜라스틱의 2015년 연례보고서에서 그 이유가 드러났다. '5월에 스콜라스틱의 교육 테크놀로지 앤드 서비스(Educational Technology and Services, EdTech)를 호턴 미플

린 하코트(Houghton Mifflin Harcourt, HMH)에 세전 5억 7,500만 달러에 매각했다. 이 중요한 사건은 2015년 회계연도 보고서에 중단 사업으로 기록되었다.'*

2013-2017년에 스콜라스틱의 매출총이익은 약간 감소했다. 하지만 영업이익률은 같은 기간 동안 불안하게 움직이다가 2017년에 크게 상승했다. 주당 자본수익(무려 666.7%), 주당 배당금수익(+20%), 주당 도서 가치(+33.88%), 주당 현금 가치(놀랍게도 360% 상승), 투하자본수익률, 자산이익률 등 여러 측정법으로도 수익이 발표되었다. 금융 서비스 기업들은 기업의 가치 평가를 이해하고자 큰 노력을 쏟지만** 전통적인 가치 평가 방법에는 지식재산의 가치라든가 책이 자본자산이라는 사실이 반영되지 않는다.***

---

* The Scholastic Corporation. 2014–2015 연례 보고서; http://files.shareholder.com/downloads/ABEA-28S6DN/5588957146x0x847824/8B6E17B7-BF08-4472-A71C-75DDF43AD84D/web_enabled_final_2015_annual_report.pdf

** Barclay Hedge; https://www.barclayhedge.com/products/best-hedge-funds-database.html. Hill & Zeller (2008); Goebel (2015)도 참고.

*** Soloveichik (2014).

표 11.3 스콜라스틱 코퍼레이션의 주요 기관 및 뮤추얼 펀드 투자자들

기관 주주	보유주수	평가액
블랙록(Blackrock, Inc.)	3,504,513	130,052,479.00달러
디멘셔널 펀드 어드바이저스 (Dimensional Fund Advisors LP)	2,606,160	104,136,599.00달러
뱅가드 그룹(The Vanguard Group, Inc.)	2,354,763	87,385,256.00달러
로이스 앤드 어소시에이츠(Royce & Associates LP)	2,218,324	82,322,004.00달러
얼라이언스 번스타인(Alliance Bernstein LP)	1,946,771	72,244,672.00달러
T. 로 프라이스 어소시에이츠(T. Rowe Price Associates Inc.)	1,586,637	58,880,160.00달러
페어포인트 캐피털(Fairpoint Capital LLC)	1,478,614	54,871,366.00달러
노던 트러스트 코퍼레이션(Northern Trust Corporation)	1,199,847	44,526,322.00달러
뱅크 오브 뉴욕 멜론 코퍼레이션(Bank of New York Mellon Corporation)	871,565	32,343,777.00달러
뮤추얼 펀드	보유주수	평가액
로이스 스페셜 에퀴티 펀드(Royce Special Equity Fund)	1,620,000	67,878,002달러
AMG 매니저스 페어포인트 미드캡 펀드 (AMG Managers Fairpoint Mid-Cap Fund)	1,281,026	53,674,991달러
DFA U.S. 스몰 캡 밸류 시리즈(DFA U.S.Small Cap Value Series)	1,237,437	54,905,078달러
i쉐어스 코어 S 앤드 P 스몰캡 ETF(iShares Core S & P Smallcap ETF)	1,192,772	49,416,544달러
T. 로 프라이스 미드캡 밸류 펀드(T. Rowe Price Mid-Cap Value Fund)	633,420	23,506,216달러
뱅가드 토털 스톡 마켓 인덱스 펀드 (Vanguard Total Stock Market Index Fund)	548,733	24,160,713달러

Ab 디스커버리 밸류 펀드(Ab Discovery Value Fund)	526,020	22,182,262달러
i쉐어스 러셀 2000 ETF(iShares Russell 2000 ETF)	520,685	21,571,979달러
T. 로 프라이스 스몰캡 밸류 펀드 뱅가드 스몰캡 인덱스 펀드(T. Rowe Price Small-Cap Value Fund Vanguard Small-Cap Index Fund)	488,641	19,289,778달러

출처: https://finance.Yahoo.com/quote/SCHL/holders?p=schl; 2017년 11월 18일 기준

표 11.4 스콜라스틱 코퍼레이션: 2017년 4월 30일에 마감한 회계연도의 재무 분석(미국 달러)

가치 평가 기준		
수익성	시장 자본 기업 가치 베타 주가 범위	13억 1,000만 달러 10억 달러 0.80 33.51달러 — 49.38달러 [52주간]
경영효율성	이익률 영업이익률	1.71% 4.86%
손익계산	자산수익률 자기자본수익률	2.83% 2.30%
대차대조	수익 주당 수익 매출총이익 총현금 주당 총현금 총 채무	16억 5,000만 달러 47.22달러 9억 2,710만 달러 1억 670만 달러 3억 1,190만 달러 8.91달러 1,200만 달러

출처: 스콜라스틱 코퍼레이션. 2016-2017 연례 보고서; http://files.shareholder.com/downloads/ABEA-28S6DN/5588957146x0x904587/0420F02A-5288-400E-8169-0D57F0233A85/2016_Annual_Report.pdf; http://files.shareholder.com/downloads/ABEA-28S6DN/5588957146x0x953550/5E26BBB0-391B-4380-B619-52C3D4640D95/final_2017_annual_report.pdf에서 확인 가능.

표 11.5 스콜라스틱 코퍼레이션 2013 – 2017 회계연도 자료

		수익	순수익
성과	2013	5억 5,000만 달러	3,200만 달러
	2014	15억 6,200만 달러	4,400만 달러
	2015	16억 3,600만 달러	2억 9,500만 달러
	2016	16억 7,300만 달러	4,100만 달러
	2017	17억 4,200만 달러	5,200만 달러
		매출총이익률	영업이익률
수익률	2013	53.84%	1.36%
	2014	53.57%	0.67%
	2015	53.63%	2.01%
	2016	54.43%	4.04%
	2017	53.23%	5.10%
		순이익률	자기자본수익률
자기자본비율	2013	2.01%	3.60%
	2014	2.84%	4.85%
	2015	18.01%	24.45%
	2016	2.42%	3.22 %
	2017	3.0%	4.0 %
자본 비율		주당 순이익	주당 배당 수익
	2013	0.15달러	0.50달러
	2014	0.41달러	0.55달러
	2015	0.46달러	0.60달러
	2016	1.26달러	0.60달러
	2017	1.15달러	0.60달러
		주당 책 가치	주당 현금 가치
주주지분 비율	2013	27.22달러	2.75달러
	2014	28.34달러	0.65달러
	2015	36.29달러	15.27달러
	2016	36.56달러	11.62달러
	2017	37.26달러	12.65달러
		자본수익률	총자산 수익률

	2013	2.07%	2.16%
	2014	0.95%	2.90%
수익률	2015	2.58%	16.17%
	2016	5.06%	2.36%
	2017	6.47%	2.97%

출처: 스콜라스틱 코퍼레이션. 2012 – 2013 연례 보고서; http://files.shareholder.com/downloads/
ABEA-28S6DN/5588957146x0x709522/0E586EC3-7852-43FA-8EFA-ABD50FCE84E9/73994_
Annual_Report_Web_0731123616.pdf; 스콜라스틱 코퍼레이션. 2013-2014 연례보고서; http://
files.shareholder.com/downloads/ABEA-28S6DN/5588957146x0x775130/F1778701-
3A0C-4E64-A4E8-7AD0BC90140D/SCHL_ANNUAL_REPORT_-_2014.pdf; 스콜라스
틱 코퍼레이션. 2014 – 2015 연례 보고서; http://files.shareholder.com/downloads/ABEA-
28S6DN/5588957146x0x847824/8B6E17B7-BF08-4472-A71C-75DDF43AD84D/web_
enabled_final_2015_annual_report.pdf; 스콜라스틱 코퍼레이션. 2015 – 2016 연례 보고서; http://
files.shareholder.com/downloads/ABEA-28S6DN/5588957146x0x904587/0420F02A-5288-
400E-8169-0D57F0233A85/2016_Annual_Report.pdf; 스콜라스틱 코퍼레이션. 2016 – 2017 연례
보고서; http://files.shareholder.com/downloads/ABEA-28S6DN/5588957146x0x904587/042
0F02A-5288-400E-8169-0D57F0233A85/2016_Annual_Report.pdf; http://files.shareholder.
com/downloads/ABEA-28S6DN/5588957146x0x953550/5E26BBB0-391B-4380-B619-
52C3D4640D95/final_2017_annual_report.pdf

결론

출판의 역사에 익숙한 사람이라면* 출판이 문화와 비즈니스, 경제 조
건의 변화에 따라 새로운 작가와 장르(그리고 하위 장르)와 함께 끊임없이
스스로 쇄신하는 역동적인 산업임을 알 것이다. 시어도어 레빗(Theodore
Levitt)이 뛰어난 통찰력이 돋보이는 논문 「마케팅 근시안Marketing Myopia」
에서 다룬 주제도 상품 지향적인 특징이 있지만** 업계 지도자들은 누가,
언제, 어디에서, 무엇을, 어떻게, 왜로 이루어진 독자의 구매 패턴을 이루는

---

* 추천: Coser et al. (1983); Davis (1984); Tebbel (1987); Silverman (2008); Hall (2012);
Kachka (2013); Bernstein (2016); Claridge (2016).
** Levitt (1975).

'행동경제학'을 이해하려 애쓰면서 좀더 시장 지향적인 비즈니스로 바꾸고자 노력했다. 그뿐만 아니라 출판인과 편집인들은(그리고 일부 작가들은) 경제적인 측정법을 이용해 책의 경제적 성공을 분석하고자 했다.

하지만 1450년 이후로 책 출판은 가장 창조적인 저작권 산업 중 하나였고 앞으로도 그러할 것이다. 어떤 경제적 개념은 통하고 다른 개념은 통하지 않는다는 뜻이다. 책 출판은 소비자에게 제품과 서비스를 파는 (스포츠 의류, 자동차, 컴퓨터 등) 다른 사업들과 같지 않기 때문이다.

한 예로 보커의 자료에 따르면 미국에서는 2009년 이후로 해마다 100만 권 넘는 책이 새로 출판되며 연간 신간 서적 수가 급증했다(2010년에는 410만 권으로 최고치).* 미국출판협회가 내놓은 미국 시장 자료도 비슷하다. 2016년에 출판사들의 순수익은 262억 4,000만 달러(2015년보다 1.5% 증가), 순 판매 부수는 27억 권(2015년보다 2.8% 증가)이다. 일반 도서는 24억 8,000만 권이 넘게 팔렸으며(2015년에는 24억 1,500만 권) 순이익은 159억 달러(2016년에는 156억 7,000만 달러)에 이른다.**

출판처럼 해마다 신제품이 홍수처럼 쏟아지는 산업 부문은 드물다. 손으로 꼽을 정도에 불과한 소수의 베스트셀러 작가(예: 메리 히긴스 클라크 Mary Higgins Clark, 댄 브라운Dan Brown 등)를 제외하고는 책의 성공 여부

---

* Bowker, 'ISBN Output Report, 2002–2013'. http://media.bowker.com/documents/isbn_output_2002_2013.pdf. Bowker, 'Self-Publishing in the United States, 2011–2016', http://media.bowker.com/documents/bowker-selfpublishing-report2016.pdf도 참고.

** Association of American Publishers. 'Book Publishing Annual StatShot Survey Reveals Religious Crossover and Inspirational Books Supported Trade Book Growth in 2016'. http://newsroom.publishers.org/book-publishing-annual-statshot-survey-reveals-religious-crossover-and-inspirational-bookssupported-tradebook-growth-in-2016

를 장담할 수 없으므로 작가와 편집자 모두 불확실함을 경험한다는 뜻이기도 하다.* 신간 도서가 마구 쏟아져나오는 현상은 커다란 경제적 난제를 안겨주기도 한다. 책의 출판과 구매, 읽기의 생태계가 매우 복잡한 본질을 지닌 탓이다. 시장의 복잡성을 분석한 괵체 사르구트(Gokce Sargut)와 리타 건서 맥그레이스(Rita Gunther McGrath)는 이렇게 적었다. '복잡한 조직은 별로 복잡하지 않은 조직보다 경영에 훨씬 더 큰 어려움이 따른다. 무슨 일이 일어날지 예측하기가 훨씬 더 힘들다. 복잡한 시스템의 상호작용은 예상치 못한 방식으로 이루어지기 때문이다. 복잡한 시스템은 과거 행동이 미래 행동을 예측해주지 않으므로 도박을 하기가 더 어려워진다.'**

따라서 모든 출판사가 여러 응용 경제 이론으로 이득을 볼 수 있었던 것은 아니다. 하지만 대부분은 책 출판의 경제학이 매우 가혹하다는 사실을 깨달았다. 책 출판이 복잡하고 순응적이며 약간 혼란스럽기도 하고 환경에 따라 끊임없이 변화하는 오늘날의 시장 환경에 놓인 까다로운 국내 및 국제 사업이라는 것을 이해하지 않는다면 말이다. 이 장에서 소개한 경제 이론을 이해하고 적용하고 수정하기도 한 출판사들은 이익을 거두었다. 그러지 못한 출판사들은 문을 닫거나 더 큰 기업에 인수되었다. 몇십 년 이상 그래왔고 예측 가능한 미래에도 그러할 것이다.

---

* Cramton (1984).
** Sargut & McGrath (2011). Axelrod & Cohen (2000: 11 – 20)도 참고.

참고문헌

Association of American Publishers (2017). 'Monthly Stat Shot December 2016', 24 May, p. 3; sales from 1,207 publishers. http://newsroom.publishers.org/aap-statshot-bookpublisher-trade-sales-flat-for-2016

Axelrod, Robert and Michael D. Cohen (2000). *Harnessing Complexity: Organizational Implications of a Scientific Frontier*, New York: Basic Books.

Bachelier, Louis (2006). *Louis Bachelier's Theory of Speculation: The Origins of Modern Finance*, Mark Davis & Alison Etheridge 번역, Princeton, NJ: Princeton University Press.

Banks, David (2015). 'Approaching the Journal des Savants, 1665 – 1695: A Manual Analysis of Thematic Structure', *Journal of World Languages*, 2(1), pp. 1 – 17.

Bernstein, Robert L. (2016). *Speaking Freely: My Life in Publishing and Human Rights*, New York: New Press.

Black, Fischer (1986). 'Noise', *The Journal of Finance*, 41(3), pp. 529 – 543.

Black, Fischer and Myron Scholes (1973). 'The Pricing of Options and Corporate Liabilities', *Journal of Political Economy*, 81(3), pp. 637 – 59.

Bogart, Dave, ed. (2003a). *The Bowker Annual: Library and Book Trade Almanac 2003*, 48th ed. Medford, NJ: Information Today.

Bogart, Dave, ed. (2003b). *The Library and Book Trade Almanac 2015*, 60th edition, Medford, NJ: Information Today.

Bowker, R. R. 'Self-Publishing ISBNs Climbed 8 per cent Between 2015 – 2016'. http://www.bowker.com/news/2017/Self-Publishing-ISBNs-Climbed-8-Between-2015-2016.html

Cassidy, John (2009). 'Postscript: Paul Samuelson', *The New Yorker*, 14 December. http://www.newyorker.com/news/john/cassidy/postscript-paul-samuelson.

Cerf, Bennett (1977). *At Random*, New York: Random House.

Chandler, Alfred D. (1962). *Strategy and Structure: Chapters in the History of the American Industrial Enterprise*, Cambridge, MA: MIT Press.

Christensen, Clayton M. (2011). *The Innovator's Dilemma*, New York: HarperCollins.

Claridge, Laura (2016). *The Lady With the Borzoi: Blanche Knopf, Literary Tastemaker Extraordinaire*, New York: Farrar, Straus and Giroux.

Coser, Lewis A., Charles Kadushin, and Walter W. Powell (1983). *Books: The Culture and Commerce of Publishing*, Chicago: University of Chicago Press.

Cramton, Peter C. (1984). 'Bargaining with Incomplete Information: An Infinite-Horizon Model With Two-Sided Uncertainty', *The Review of Economic Studies*, 51(4), pp. 579-93.

Davis, Kenneth C. (1984). *Two-Bit Culture: The Paperbacking of America*, Boston, MA: Houghton Mifflin.

Dittmar, Jeremiah E. (2011). 'Information Technology and Economic Change: The Impact of the Printing Press', *Quarterly Journal of Economics*, 126, pp. 1133-72.

Eisenstein, Elizabeth L. (1980). *The Printing Press as an Agent of Change* (Volumes 1 and 2 in one volume), Cambridge: Cambridge University Press.

Eisenstein, Elizabeth L. (2012). *The Printing Revolution in Early Modern Europe*, Cambridge: Cambridge University Press.

Fama, Eugene F. (1963). 'Mandelbrot and the Stable Paretian Hypothesis', *The Journal of Business*, 36(4), pp. 420-9.

Fama, Eugene F. (1965). 'Random Walks in Stock Market Prices', *Financial Analysts Journal* 21(5), pp. 55-9.

Fama, Eugene F. (1970). 'Efficient Capital Markets: A Review of Theory and Empirical Work', *The Journal of Finance*, 25(2), pp. 383-417.

Fama, Eugene F. (1991). 'Efficient Capital Markets: II', *The Journal of Finance*, 46(5), pp. 1575-617.

Fama, Eugene F. (1998). 'Market Efficiency, Long-Term Returns, and Behavioral Finance', *Journal of Financial Economics*, 49(3), pp. 283-306.

Friedman, Milton (1993). *Why Government Is the Problem*, Stanford, CA: Hoover Institution Press.

Friedman, Milton (2002). *Capitalism and Freedom: 40th Anniversary Issue*, Chicago: University of Chicago Press.

Friedman, Milton and Anna Schwartz (1993). *A Monetary History of the United States, 1867–1960*, Princeton, NJ: Princeton University Press.

Goebel, Viktoria (2015). 'Estimating a Measure of Intellectual Capital Value to Test its Determinants', *Journal of Intellectual Capital*, 16(1), pp. 101 – 20.

Greco, Albert N. (2015). *The Economics of the Publishing and Information Industries: The Search for Yield in a Disintermediated World*, New York and London: Routledge.

Greco, Albert N., Jim Milliot, and Robert M. Wharton (2015). *The Book Publishing Industry*, 3rd edition, New York and London: Routledge.

Hall, James W. (2012). *Hit Lit: Cracking the Code of the Twentieth Century's Biggest Bestsellers*, New York: Random House.

Hicks, John R. (1982). *Money, Interest, and Wages* (Collected Essays on Economic Theory Vol. 2), Cambridge, MA: Harvard University Press.

Hill, John W. and Thomas L. Zeller (2008). 'The New Value Imperative for Privately Held Companies: The Why, What, and How of Value Management Strategy', *Business Horizons*, 51(6), pp. 541 – 53.

Judt, Tony (2006). *Postwar: A History of Europe Since 1945*, New York: Penguin Books.

Kachka, Boris (2013). *Hot House: The Art of Survival and the Survival of Art at America's Most Celebrated Publishing House, Farrar, Straus & Giroux*, New York: Simon & Schuster.

Kahneman, Daniel (1991). 'Judgment and Decision Making: A Personal View', *Psychological Science*, 2(3), pp. 142 – 5.

Kahneman, Daniel (2003). 'Maps of Bounded Rationality: Psychology for Behavioral Economics', *The American Economic Review*, 93(5), pp. 1449 – 75.

Kahneman, Daniel and Amos Tversky (1979). 'Prospect Theory: An Analysis of Decision Under Risk', *Econometrica*, 47(2), pp. 267 – 91.

Kahneman, Daniel and Amos Tversky (1984). 'Choices, Values, and Frames', *American Psychologist*, 39(4), pp. 341 – 50.

Keynes, John Maynard (2008). *The General Theory of Employment, Interest, and Mon-*

ey, New York: BN Publishing.

Levitt, Theodore (1975). 'Marketing Myopia', *Harvard Business Review*, 53(5), pp. 26 – 9.

McCutcheon, Roger Philip (1924). 'The Journal des Savants and the Philosophical Transactions of the Royal Society', *Studies in Philology*, 21(4), p. 626.

Markowitz, Harry (1952). 'Portfolio Selection', *The Journal of Finance*, 7(1), pp. 77, 79.

Marshall, Alfred (2013). *Principles of Economics*, New York: Palgrave Macmillan.

Merton, Robert C. (2006). 'Paul Samuelson and Financial Economics', *American Economist*, 50(2), pp. 18 – 21.

Milliot, Jim (2017a). 'AAP's First Report on 2016 Shows Sales Down', *Publishers Weekly*, 15 June; https://www.publishersweekly.com/pw/by-topic/industry-news/financialreporting/article/73991-industry-sales-dropped-6-6-in-2016.html

Milliot, Jim (2017b). 'Pearson Rises Above', *Publishers Weekly*, 28 August, p. 57.

Milliot, Jim (2017c). 'Self-Published ISBNs Hit 786,935 in 2016', *Publishers Weekly*, d; https://www.publishersweekly.com/pw/by-topic/industry-news/manufacturing/article/75139-self-published-isbns-hit-786-935-in-2016.html

Mullainathan, Sendhil and Richard H. Thaler (2000). 'Behavioral Economics', NBER Working Paper No. 7948; October; http://www.nber.org/papers/w7948

Pinder, John and Simon Underwood (2013). *The European Union: A Short History*, 3rd edition, Oxford: Oxford University Press.

Samuelson, Paul (1965). 'Proof That Properly Anticipated Prices Fluctuate Randomly', *Industrial Management Review*, 6(2), pp. 41 – 9.

Samuelson, Paul (1966a). *The Collected Scientific Papers of Paul Samuelson*, Vol. 1, ed. Joseph E. Stiglitz, Cambridge, MA: MIT Press.

Samuelson, Paul (1966b). *The Collected Scientific Papers of Paul Samuelson*, Vol. 2, ed. Joseph E. Stiglitz, Cambridge, MA: MIT Press.

Samuelson, Paul (1973a). 'Mathematics of Speculative Price', *SIAM Review*, 15(1), pp. 1 – 42.

Samuelson, Paul (1973b). 'Proof that Properly Discounted Present Values of Assets Vibrate Randomly', *The Bell Journal of Economics and Management Science*, 4(2), pp. 369 – 74.

Samuelson, Paul (1983). *Foundations of Economic Analysis*, Cambridge, MA: Harvard University Press.

Samuelson, Paul and Kate Crowley (1986). *The Collected Scientific Papers of Paul Samuelson*, Vol. 5, Cambridge, MA: MIT Press.

Sargut, Gokce and Rita Gunther McGrath (2011). 'Learning to Live with Complexity: How to Make Sense of the Unpredictable in Today's Hyperconnected Business World', *Harvard Business Review*, 89(9), pp. 69 – 76.

Scholes, Myron (1972). 'The Market for Securities: Substitution Versus Price Pressure and the Effects of Information on Share Prices', *The Journal of Business*, 45(2), pp. 179 – 211.

Shiller, Robert J. (2000). *Irrational Exuberance*, Princeton, NJ: Princeton University Press.

Silverman, Al (2008). *The Time of Their Lives: The Golden Age of Great American Publishers, Their Editors, and Authors*, New York: St. Martin's Press.

Smith, Adam (2003). *The Wealth of Nations*, New York: Bantam Books.

Soloveichik, Rachel (2014). 'Books As Capital Assets', *Journal of Scholarly Publishing*, 45(2), pp. 101 – 27.

Steil, Benn (2014). *The Battle of Bretton Woods: John Maynard Keynes, Harry Dexter White, and the Making of a New World Order*, Princeton, NJ: Council on Foreign Relations—Princeton University Press.

Tebbel, John (1980). *A History of Book Publishing in the United States Vol. IV The Great Change*, New York: R. R. Bowker.

Tebbel, John (1987). *Between Covers: The Rise and Transformation of American Book Publishing*, New York: Oxford University Press.

Thaler, Richard H. (1990). 'Anomalies: Saving, Fungibility, and Mental Accounts', *Journal of Economic Perspectives*, 4(1), pp. 193 – 205.

Thaler, Richard H. (1999). 'Mental Accounting Matters', *Journal of Behavioral Deci-*

sion Making, 12(3), pp. 183 – 206.

Thaler, Richard H. (2009). *Nudge: Improving Decisions About Health, Wealth, and Happiness*, New York: Penguin Books.

Thaler, Richard H. (2015). *Misbehaving: The Making of Behavioral Economics*, New York: W. W. Norton & Company.

Thaler, Richard H. and Eric J. Johnson (1990). 'Gambling with the House Money and Trying to Break Even: The Effects of Prior Outcomes on Risky Choice', *Management Science*, 36(6), pp. 643 – 60.

Vittu, Jean-Pierre (2005). 'Du *Journal des Savants aux Memoires Pour L'Historie des Sciences et des Beaux-Arts*: L'Esquisse d'un Systeme European des Periodiques Savants', *Dix-Septieme Siecle*, 3, pp. 527 – 45.

12장

출판의 전략

앨버트 N. 그레코(Albert N. Greco)

사람이 하는 일에는 밀물질 때와 썰물질 때가 있다.
밀물을 타면 행운의 항구로 운반해준다.
썰물을 타게 되면, 인생이라는 항해는
반드시 비참한 모래톱에 올라앉게 된다.
_윌리엄 셰익스피어, 『줄리어스 시저』(4막 3장)

시어도어 레빗, 피터 드러커, 마이클 E. 포터를 비롯해 마케팅과 마케팅 전략을 연구한 사람들 대부분은 비즈니스의 목적이 소비자의 필요와 요구를 충족해주는 것이라고 본다. 여기에는 현재 소비자뿐 아니라 과거 소비자와 잠재적 소비자도 포함된다. 반드시 보장되지는 않지만 기업이 그 목적을 이루면 수익을 올릴 수 있다. 한마디로 출판사는 책을 구매해 읽을 소비자를 계속 찾아 유지해야만 한다.

파리에서 (연간 수익 20만 유로의) 작은 출판사를 운영하는 사업가든 펭권랜덤하우스(2016년 수익 36억 9,700만 달러) 사장이든* 일관된 전략과 그 전략을 달성할 현실적인 구조가 필요하다. 전략의 기본 구성 요소는 잘 알려져 있다(분석, 수립, 실행 등). 하지만 다음과 같은 복잡한 연구 활동이 필요하므로 결코 쉬운 과제가 아니다. 비즈니스의 전체 환경을 살피고(이율, 실업률, GDP, 국내 소비자지출 등) 업계 환경을 연구하고(직접 경쟁자, 유통경로, 기업의 기술, 인적 및 자본 자원, 총매출, 순매출, 매출원가, 채무 등) 현재와 미래의 전략을 수립하고 분석해야 한다. 그동안 수많은 전략 이론이 등장했는데 시간을 두고 효과가 검증된 몇몇은 편집자와 마케팅 및 판매 관계자, 출판인들에게 큰 영향을 끼쳤다.

전략 이론의 발달

이 장에서는 여러 다양한 전략을 대략적으로 살펴볼 예정이다. 몇 세기 동안 책 출판을 비롯한 여러 산업의 관리자들에게 영향을 끼친 중요한 전략 이론의 발달에 대해 알아보는 것이다. 흔히 마케터와 전략 연구자들은 '4P'(제품product, 가격price, 유통placement, 판촉promotion)와 시장(소비자, 비즈니스, 정부)을 거론한다. 앞으로 소개하는 저자들 가운데에는 마케터가 아닌 이들도 있다. 구체적으로 상품이나 시장을 다루지도 않는다. 하지만 그들의 이론은 구텐베르크가 1450년에 활자와 포도즙 짜는 기구로 임시 변통해 만든 인쇄기로 성경을 처음 찍은 날 이후로 출판산업에 활용된 전략 및 구조와 직간접적으로 연관되어 있다. 마르틴 루터가 종교개혁을 일

---

* Milliot (2017b). 이 장에 수록된 수익 자료는 모두 〈퍼블리셔스 위클리〉에 실린 Milliot의 여러 기사를 인용했다.

으킨 것도 그 새로운 인쇄기 덕분이었다. 그것은 새롭게 발돋움하는 출판의 세계에 '책 출판 전략'이 활용된 최초의 사례일 것이다.

고대

끊임없는 변화에 관한 생각으로 잘 알려진 헤라클레이토스(535BCE-475BCE)는 '사람은 같은 강에 두 번 들어갈 수 없다'라고 말했다.* 그는 사업에는 관심이 없었지만, 변화에 관한 그의 사상은 책의 인쇄와 생산에 영향을 끼친 전기, 전국 체인 서점, 인터넷, 전자책 발달이 보여주듯 비즈니스 환경이 끊임없이 변화한다는 사실과 연관이 있다.

가이우스 율리우스 카이사르(100BCE-44BCE)는 군사전략에 관한 글을 썼다. 그가 남긴 'veni, vidi, vici(왔노라, 보았노라, 이겼노라)'라는 유명한 말이 있다.** 많은 기업가가 비즈니스는 전쟁이라는 생각을 받아들였다. 한때 디지털 출판에 몸담았던 기업가 케빈 올리리(Kevin O'Leary)는 미국 TV 프로그램 〈샤크 탱크Shark Tank〉에 출연해서 말했다. "나는 비즈니스가 전쟁이라고 생각합니다. 상대의 시장 점유율을 빼앗아야죠. 상대를 무너뜨려 소비자를 빼앗아야 합니다."***

---

* Heraclitus. *Cratylus The Comedy of Language*, ed. Shane Montgomery Ewegen (Bloomington, IN: Indiana University Press, 2013), paragraph 402A.
** Gaius Julius Caesar. Suetonius, *Vol. 1 The Lives of the Caesars—Julius, Augustus,Tiberius, Gaius, and Caligula*. Trans J. C. Rolfe (Cambridge, MA: Harvard University Press, 1914), 177.
*** Kevin O'Leary. http://www.businessinsider.com/shark-tank-investor-kevin-oleary-2015-2

리카도와 비교우위

데이비드 리카도(1772-1823)는 애덤 스미스의 『국부론』에 영향을 받았다. 그는 『정치 경제와 과세의 원리The Principles of Political Economy and Taxation』에서 화폐가치, 지대 이론, 가격, 상업 같은 중요한 경제 개념을 다루었다.* 그의 비교우위 사상은 특히 마이클 E. 포터와 다수의 출판인에게 큰 영향을 끼쳤다. '완벽하게 자유로운 상업 시스템 아래에서 모든 국가는 자연스럽게 자본과 노동을 모두에게 가장 이로운 고용에 쏟는다.'** 리카도는 포르투갈은 포도주를 만들고 영국은 밀을 생산하는 것처럼 자연적인 비교우위가 있는 활동에 집중해야 한다고 주장했다. 로맨스 소설 장르의 전자책에 집중하는 출판사는 성인 하드커버 소설 분야에서 일반적으로 치르는 거액의 선인세를 피함으로써 리스크를 줄이고 인쇄와 종이 제작비용, 종이책 재고, 반품을 피함으로써 규모의 경제를 창조할 수 있을 것이다 (2015년에 미국에서 하드커버와 매스 마켓 페이퍼백, 대형 페이퍼백의 반품률은 각각 26%, 46%, 20%였다).*** 그렇게 줄인 비용으로 소비자는 디지털 제품을 좀더 저렴한 가격으로 살 수 있다.

20세기 전략가: 테일러, 바너드

프레더릭 W. 테일러(Frederick W. Taylor 1856-1915)는 산업공학과 제조과정의 과학적 방식을 그가 과학적 관리법이라고 부른 것에 대입시킨 경

---

* Ricardo (2004: Preface 1; ch, I, 11, 32; ch. II, 41; ch. XXIV, 220; ch. XXXII, 276).

** Ricardo (2004: ch, VII, 81). Costinot & Donaldson (2012)도 참고.

*** Rosen & Milliot (2016).

영 컨설턴트였다. 테일러는 관리자들이 효율적인 작업 전략을 수립해 노동자들을 훈련해야 하며, 노동자들은 기존의 '일하면서 배우는' 방법을 피함으로써 그 전략을 실행해야 한다고 주장했다. '표준 방식 강화, 가장 효율적인 실행과 작업 조건 도입, 협동을 통해서만이 작업 속도가 빨라질 수 있다. 표준화를 도입하고 협동을 강화하는 것은 관리자의 임무이다.'* 미국의 '빅 5' 출판사(펭귄랜덤하우스, 하퍼콜린스, 사이먼 앤드 슈스터, 아셰트/리틀 브라운, 홀츠브링크/맥밀런)가 그 보기라고 할 수 있다. 책 계약이 이루어지기 전에 편집과 판매, 마케팅, 홍보 분야의 숙련된 인재들이 출판 기획서와 예상 손익을 검토, 분석한다. 그다음에 작가와 계약할지 결정한다. 판매 담당자가 상업성이 없다고 판단하거나 홍보 담당자가 홍보 가능성에 의구심을 보이는 책은 기획안이 수정되거나 아예 취소된다.

체스터 바너드(Chester Barnard 1886–1961)는 테일러와 비슷한 조직 경영 전략을 고안한 기업인이었다. '조직은 (1) 서로 소통 가능한 사람들이 (2) 기꺼이 헌신해 (3) 공동의 목표를 이룰 때 태어난다.'**

드러커: '경영학을 발명한 남자'

피터 드러커(1909–2005)는 방대한 저술과 컨설팅, 대학 강연으로 수많은 관리자와 학자들에게 영향을 끼쳤다. 그는 앨런 캔트로(Alan Kantrow)가 〈하버드 비즈니스 리뷰〉에 '왜 피터 드러커를 읽는가?'라는 글을 실었을 정도로 중요한 인물이다.*** 드러커는 저서 『경영의 실제The Practice of

---

* Taylor (1911: 83).
** Barnard (1938: 82).
*** Kantrow (1980: 74, 76).

Management』에서 경영과 마케팅, 기업에 관한 중대한 이론을 제시한다. 그의 대표적인 견해로 '기업의 목적은 딱 하나로 정의된다. 단순히 이윤을 추구하는 것이 아니라 소비자를 만드는 것이다'*, '관리자는 목표를 수립하고 조직을 하고 동기를 부여하고 소통하며 기준과 척도를 설정하고 인재를 계발한다'** 등이 있다. 이러한 이론은 테일러와 바너드의 저작에서 영향을 받았다.

『경영: 과제, 책임, 실제*Management: Tasks, Responsibilities, Practices*』는 드러커의 가장 중대한 저서라고 할 수 있다. '거창한 미래를 위해 지금 재앙의 위험을 감수하는 것은 무책임한 결정이다'*** '결함은 인간이 아니라 시스템에 있다'**** '조직의 목적은 평범한 인간이 비범한 일을 할 수 있도록 해주는 것이다'***** '특정한 한도 이상의 복잡함은 관리가 불가능하다'******

드러커는 『자기경영노트*What Makes an Effective Executive*』에서 잭 웰치(Jack Welch)의 전략을 분석했다. '잭 웰치는 제너럴 일렉트릭의 CEO가 되었을 때 기업에 필요한 것은 자신이 원하는 해외 사업 확장이 아님을 깨달았다. 아무리 수익성이 좋아도 업계의 1, 2인자가 될 수 없는 사업을 없앨 필요가 있었다'******* 드러커는 효율적인 관리자는 두 가지 중요한 전략적 질문을 던진다고 주장했다. '무엇을 해야만 하는가?' '기업을 위해 올바

---

* Drucker (1954: 37, 344).
** Drucker (1954: 344).
*** Drucker (1974: 43).
**** Drucker (1974: 140).
***** Drucker (1974: 455).
****** Drucker (1974: 681).
******* Drucker (2004: 59).

른 일(전략)인가?'*

전략적 사고를 개선한 중요한 전략가: 앤드루스와 챈들러

케네스 R. 앤드루스(Kenneth R. Andrews 1916-2005)는 비즈니스 전략의
발달에 중요한 역할을 했다. 그는 『기업 전략의 개념*The Concept of Corporate
Strategy*』에서 '기업 전략은 주요 목표 및 목적의 패턴이다. 또한, 그것은 기
업의 사업을 정의해주는 식으로 기술된 목표 달성 방침과 계획이다. 변화
하는 세상에서 전략은 새로운 행동을 배제하고 다른 것으로의 진입을 제
안하기 위해 기업의 일관된 개념을 표현하는 방법이다'라고 주장했다.** 역
시나 이 전략은 '빅 5' 일반 출판사의 대부분이 복잡한 초중고 영어, 수학,
미술 등의 교과서 부문으로 진출하지 않은 이유를 설명해준다.

앨프리드 D. 챈들러(Alfred D. Chandler 1918-2007)는 기업이 경제와 조
직, 산업 요소를 고려해 현실적인 전략을 먼저 세운 후 전략 실행에 필요한
구조를 마련해야 한다고 생각했다. 그는 '새로운 다각화 전략을 수립하고
실행하려면 기존처럼 단일 산업 안에서의 합병과 확장보다 더 복잡하고
많은 전략적 결정이 필요하다'라고 했다.*** 미국의 비즈니스 역사를(뒤퐁,
뉴 저지의 스탠더드 오일, 제너럴 모터스 등) 광범위하게 분석한 챈들러의 저서
는 비즈니스 전략의 지적 토대를 쌓았고 미래의 경영 및 마케팅 저자들에
게 튼튼한 기반이 되어주었다. 한 예로 어떤 출판사가 동화 시리즈를 출판
하겠다는 새로운 전략을 세운다고 해보자. 출판사가 그 전략을 강화하고

---

* Drucker (2004: 59, 60).
** Andrews (1987: 28).
*** Chandler (1962: 78).

실행하려면 조직적 구조를 갖추어야만 한다(8살 어린이의 관심사를 잘 이해하는 작가와 일러스트레이터 찾기, 서점 체인이나 대형 할인점, 편의점, 슈퍼마켓 등의 유통경로 확보).

레빗과 '마케팅 근시'

시어도어 레빗(Theodore Levitt 1925-2006)은 기업이 제품이 아닌 소비자 지향적이어야 한다고 생각했다. 이것은 그의 대표 논문 「마케팅 근시」의 토대를 이루는 생각이기도 하다.* 레빗은 '기업이 몸담은 사업은 무엇인가?' '세계적인 기업인가?' 같은 여러 질문과 견해로 전략에 접근했다. 그는 '세계화(globalization)'라는 단어도 처음 사용했다.

레빗은 뒤퐁에 관한 글에서 '소비자에 대해 매우 정교한 관점이 없었다면 신상품이 대부분 실패로 돌아가고 판매 방식도 무용지물이었을 것이다'라고 했다.** 그가 근시안적 사고를 보여준다고 생각한 기업의 실패 사례에는 소비자의 선호도를 연구하지 않은 디트로이트의 자동차 기업들이 포함되었다.*** 또한, 레빗은 너무 많은 산업이 특정 제품에만 초점을 맞춘다고 주장했다. 그런 기업들은 자사의 제품이 없어서는 안 되는 제품이라고 생각하고(예: 종이 백과사전) 제품이 (온라인 콘텐츠 스트리밍의 등장 때문에) 쓸모없어지고 있다는 사실을 깨닫지 못했다.**** 조사에 근거해서 레빗은 판

---

* Levitt (1975: 26).

** Levitt (1975: 27).

*** Levitt (1975: 38).

**** Levitt (1975: 28, 33, 44). https://www.britannica.com에서 The Encyclopedia Britannica도 참고.

매 담당자들이 제품에 대해서는 알지만 소비자가 원하는 것은 알지 못한 다는 결론을 내놓았다. 그들은 유통경로에 대해서는 알아도 궁극적인 소 비자에 대해서는 잘 모르는 경우가 많았다(소비자의 선호도에 관한 마케팅 연 구를 실시하는 출판사도 소수에 불과했다). 예를 들어 2015년에 일부 출판사들 은 다음과 같은 사실에 깜짝 놀랐다. 로맨스 소설 구매자들이 로맨스 소설 구매에 쓰는 돈이 10억 8,000만 달러이고 그것이 미국 전체 소설 시장의 3%를 차지하며 로맨스 소설 구매자와 독자는 평균 30~44세의 여성이고 그 중 61%가 전자책을 선호하는 반면 매스 마켓 페이퍼백을 선호하는 경 우는 26%밖에 되지 않았다.*

버핏: '오마하의 현자'

워런 버핏은 지난 50년 동안 가장 영향력 있는 투자자 중 한 명이다. 버 핏의 버크셔 해서웨이는 2016년에 2,328억 달러의 수익을 올렸고 순이익 은 1,798억 5,000만 달러였다.** 전략에 대한 그의 생각은 투자자와 학자 들의 관심을 사로잡았다. '비즈니스의 본질과 미래를 완벽하게 이해한다면 안전마진(margin of safety)이 별로 필요하지 않을 것이다. 비즈니스가 취약 할수록 더 큰 안전마진이 필요하다.'***

버핏은 안전성을 추구하려면 '성과 해자'가 필요하다고 강력하게 주장

---

* www.rwa.org/p/cm/id/fid=580에서 Romance Writers of America 통계도 참고: Hayes & Abernathy (1980: 68)도 참고.
** Berkshire Hathaway, Inc., 2016년 연례 보고서: http://www.berkshirehathaway. com/2016ar/2016ar.pdf
*** Kirkpatrick (2000: 1615).

했다. '성'은 브랜드이다. 1,300종이 넘는 책을 보유한 펭귄클래식 같은 브랜드가 그 예이다.* '성'은 최대한 넓은 '해자'로 보호되어야 한다. '해자'는 기업의 경쟁 우위(저작권, 등록상표, 특허)를 말한다. 버핏은 해자를 갖춘 기업일수록 재무 성과에서 경쟁업체를 앞서간다고 주장한다. 다수의 금융 서비스 기업과 연구학자, 출판사가 '넓은 해자'의 개념을 차용했다.**

마이클 E. 포터와 전략

지금까지 소개한 저자들 모두 전략의 이론과 실제에 큰 공헌을 했다. 그러나 마이클 E. 포터의 논문과 저서가 연구자와 관리자들에게 끼친 영향은 실로 막대하다.

포터는 리카도의 비교우위 개념을 빌려 기업이 경쟁업체와 다르거나 더 매력적인 제품과 서비스를 만들어 시장에서 차별화를 추구해야 한다고 주장했다. '전략에서 가장 중요한 것은 선택과 상충관계이다. 의도적으로 남들과 다른 선택을 해야 한다.'*** 포터는 전략의 구조적 요소에 다음의 몇 가지가 포함될 수 있다고 했다. 첫째, 기업은 수익 잠재성을 갖춘 틈새시장을 찾아야 한다(영 어덜트 장르 등). 둘째, 그 부문 소비자의 필요를 충족하는 제품을 개발해야 한다. 셋째, 틈새시장에는 다른 기업들도 활동하고 있으며 시장 점유와 수익을 두고 서로 경쟁하므로 치열한 경쟁에서 살아남기 위한 방어적인 계획을 세워야 한다(버핏에게 빌린 생각). 넷째, 회계와 재무 문제를 반드시 분석해야 한다. 규모와 상관없이 기존의 규모 경제

---

* Penguin Classics; www.penguinclassics.com

** Boyd (2005).

*** Porter (1996: 70).

와 자본 요건, 가격 약점을 평가해야 한다는 뜻이다. 다섯째, 철저한 마케팅 분석으로 상품을 차별화해야 한다(이를테면 영 어덜트 미스터리 소설). 판매 및 마케팅 전략 사업 단위가 차별화된 상품의 장점을 계속 전달해야 한다. 기존이나 새로운 유통경로도 고려해야 한다. 여섯째, 현재 시행되고 있는 규제 관련법을 전부 검토해야 한다. 일곱째, 모든 기업에 해당하는 것은 아니지만 연구개발팀을 마련하고 지원하면 경쟁자보다 앞서 시장의 변화에 따른 고품질 제품과 서비스를 계속 내놓을 수 있다. 여덟째, 성공하는 기업은 항상 시장에서 민첩하게 움직인다(불가피한 시장의 변화에 따라 영 어덜트 미스터리에서 손을 떼고 영 어덜트 로맨스 장르를 추가할 수 있다).*

전략적 우위를 달성하기 위한 포터의 이론은 그의 혁신적인 '다섯 가지 경쟁 요인(Five Forces)' 모델이었다. 이 모델은 (1) 공급자 (2) 진입 경쟁자 (3) 대체재의 위협 (4) 구매자의 교섭력 (5) 기존 경쟁자로 이루어지는데, 그 요인들을 이해하고 대처해야 한다는 것이다.** 거의 모든 기업에는 일종의 '원자재'가 필요하다(출판에는 검토 후 출간할 원고가 필요하고 인쇄에는 잉크와 종이, 제본이 필요하다). 따라서 규모에 상관없이 모든 출판사는 잠재적 작가와 인쇄업자, 창고 유통업자, 서점, 대형 할인점, 회원제 할인점 등과 '구매자-공급자'의 관계를 형성한다. 그리고 책 출판에서 '공급자'는 출판사에 막대한 영향을 끼칠 수 있으며 실제로 끼치고 있다. 포터에 따르면 공급자는 전방 통합을 달성할 때(예: 작가가 자가출판 옵션 활용) 또는 소비자가 특정 작가의 책을 출판한다는 이유로 어떤 출판사를 보이콧할 때 매우 '강력'하다.

---

* Porter (1998b: 5 – 32, 34 – 44, 47 – 71). Porter (1998a: 4 – 10, 14 – 25)도 참고.

** Porter (2008b: 80).

그 밖에 포터의 중요한 사상으로 기업이 주요 역량과 경쟁적 포지셔닝에 집중해야 한다는 것이 있다. 성공한 기업은 운영 효과성과 전략의 기본 차이를 이해한다. 운영 효과성은 효과적인 시장경쟁을 위해 필수적이지만 그것만으로는 항상 변화하는 복잡한 시장에서 성공하기에 역부족이다. 기본적으로 운영 효과성은 기업이 경쟁업체보다 일을 더 잘한다는 뜻이고 전략적 포지셔닝은 경쟁자와 다른 일을 한다는 뜻이다.*

마지막으로 포터는 (주로 드러커와 레빗의 사상을 토대로) 기업을 위한 추가적 제안도 내놓았다. '전략의 본질은 하지 말아야 할 것을 선택하는 것이다.'** 비즈니스는 전쟁이 아니다. 경제의 '파이'가 더 커지기만 한다면 어떤 업종에서든 모든 기업이 이윤을 창출할 수 있다. 전략은 '가치사슬'을 포함한 올바른 지표를 활용한다는 뜻이다. 전략 수립의 본질은 기업을 환경과 연결하는 것이다.*** '경쟁자보다 낮은 가격은 모든 전략을 관통하는 주제가 되지만 질이나 서비스 등 다른 영역도 무시할 수 없다.'****

분명 포터는 전략 연구와 관리자, 출판인에게 지대한 영향을 끼쳤다. 하지만 전략 이론의 기본 원리 자체에 의문을 제기한 연구자들도 있다.

민츠버그와 포트폴리오 이론

헨리 민츠버그(Henry Mintzberg 1939-)는 전략의 실행에 한계가 있다는 주장을 자주 했다. '1960년대 중반에 전략적 계획이 등장했을 때 기업 리

---

* Porter (1998a: 14 - 25, 120 - 49; 2008a: 117 - 54).

** Porter (1996: 70).

*** Porter (1998a: 3).

**** Porter (1998a: 35).

더들은 그것을 전략을 고안하고 실행하는 "최고의 방법"으로 받아들였다. 계획 시스템이 최고의 전략을 제공할 뿐만 아니라 기업 관리자들이 전략을 실수 없이 올바로 실행하게 해주는 단계적 설명까지 제공하리라고 기대했다. 하지만 알다시피 계획은 그런 식으로 실행되지 못했다.*

민츠버그는 연구를 통해 관리자는 '전략을 찾는 계획자'로서 비즈니스 문제를 다루어야 한다고 설명했다. '가장 중요한 전략은 의도하지 않았을 때 등장하며 종종 최고 관리자들이 인식하지 못할 때 나타난다. 전략을 온전히 활용하려면 인식을 거쳐 영향력을 확장해야만 한다. 세일즈맨이 어떤 상품(또는 사건)의 새로운 용도를 우연히 발견해 중요한 사업으로 변신시키듯 말이다.'** 기업과 직원들은 공동체이다. 사람들은 그 공동체에서 함께 일하고 이론은 교과서에 나온 생각일 뿐이며 관리는 예술인 동시에 과학이다(민츠버그에게는 과학보다 예술이다). 민츠버그가 믿은 이러한 사실을 많은 연구자들이 간과했다.

민츠버그는 포스트잇의 탄생과 발달을 예로 들었다. 소비자들은 어디에서나 흔히 볼 수 있는, 뒷면에 접착제가 붙은 이 사각형의 작은 종이를 책의 페이지를 표시할 때 많이 사용한다. 포스트잇 아이디어는 3M의 화학자 스펜서 실버(Spencer Silver)가 1968년에 떠올렸다. 어느 날 교회에서 합창단 연습을 하던 그는 작은 종잇조각으로 중요한 찬송가를 표시해둔 찬송가집을 바닥에 떨어뜨렸다. 그는 짜증나는 그 문제를 해결하고자 종이를 망가뜨리지 않고 다른 종이에 붙일 수 있는 접착제를 개발했다. 1974년에 이르러 초기 버전의 포스트잇이 만들어졌다. 그가 몸담은 기업 3M은

---

* Mintzberg (1994: 107).
** Mintzberg (1994: 113).

테스트를 거쳐 1980년에 일반 소비자와 기업용 포스트잇을 처음 출시했다. 결과적으로 그 제품은 새로운 전략적 사업 단위 포스트잇을 탄생시켰다. 전략적 계획을 활용하지 않고 만들어진 제품이었는데 '아무도 존재 자체조차 몰랐던 문제의 해결책이었다.'* 책 편집자들은 좀더 효율적인 온라인 편집 시스템이 나오기 전까지 수십 년 동안 원고에 노란 포스트잇을 붙여 표시했다.

민츠버그는 매우 중요한 사안을 제시했다. 예상하지 못한 일이 일어나 성공한 출판사의 토대를 흔들어놓을 수도 있다는 것이다. 가족경영 기업들은 재정적 어려움 때문에 일부는 더 큰 출판사에 매각되고(예: 사이먼 앤드 슈스터에 인수된 스크리브너스) 일부는 아예 문을 닫았다(예: 듀케인대출판부). 민츠버그 이외에 다른 저자들도 알지 못하고 알 수 없는 요인들의 영향력을 다루었다.

그 밖의 대표적인 전략 사상가

나심 니콜라스 탈레브(Nassim Nicholas Taleb 1960-)는 『블랙 스완』에서 유럽인들은 신대륙에서 검은 백조가 발견되기 전까지 모든 백조가 희다고 생각했다고 적었다. '이 책의 중심 주제는 무작위성 특히 그 큰 편차에 대해 우리 인간이 가지고 있는 맹목성을 살펴보는 것이다. 검은 백조 원리에서는 우리가 아는 것보다 모르는 것이 더욱 중요해진다.'**

데이비드 레비(David Levy 1957-)는 이렇게 적었다. '어떤 업종에서 새로

---

* CNN, 'The 'Hallelujah Moment' Behind the Invention of the Post-It Note', http://www.cnn.com/2013/04/04/tech/post-it-note-history/index.html
** Taleb (2007: xix).

운 경쟁자나 기술의 등장이 가져올 영향을 예측하는 것은 거의 불가능하다. 근본적인 문제는 산업이 복잡한 상호작용으로 인해 시간이 지날수록 역동적으로 진화한다는 점이다. 실제로 많은 전략 이론이 기업과 산업을 따로 분류하고 각각의 적절한 전략을 설명하려고 한다. 보스턴 컨설팅 그룹의 자원할당 매트리스가 한 예이다. 이런 모델은 우리가 현실에서 알아볼 수 있는 반복 패턴을 토대로 하지만 예외가 너무 많아서 별다른 예측 가치를 가지지 못한다.[*]

아서 드 배니(Arthur De Vany 1937-)와 W. 데이비드 월스(W. David Walls 1957-)는 책 출판을 비롯한 여러 창작물 산업에 공통점이 있다고 주장했다. 그들은 책 출판이 '어느 정도의 혼돈 상태(semi-chaotic)'라고 했다. 소비자가 책을 왜 구매하고 구매하지 않는지에 대한 정확한 정보가 놀라울 정도로 적은 상태에서 종이책과 전자책, 장르에 관한 소비자의 변화하는 관심사와 필요를 파악해야 하는 산업이기 때문이다. 현실적으로 책 출판은 확실한 것이 거의 존재하지 않는 산업이다.[**]

로저 L. 마틴(Roger L. Martin 1956-)과 토니 골스비스미스(Tony Golsby-Smith 1956-)는 저서 『경영은 과학 그 이상이다Management Is Much More Than A Science』에서 이렇게 적었다. '소비자의 습관과 경험을 바꾸는 것은 훌륭한 경영 혁신이다. 물론 혁신가는 자신들의 창작물에 과학적 발견을 통합시키는 경우가 많지만 그들의 진정한 천재성은 과거에 존재하지 않았던 제품이나 과정을 상상하는 능력에 있다. 현실세계는 단순히 필연적인 과학 법칙으로 결정되는 결과물이 아니다. 비즈니스에서 과학적인 의사결정은

---

[*] Levy (1994: 167).

[**] De Vany & Walls (1996: 1513).

한계가 있으며 관리자는 그 한계가 어디인지 알아내야 한다.'*

전략 이론의 영향

여기에서는 전략 이론이 책 출판에 끼친 영향에 대해 살펴보기로 한
다. 전략경영과 마케팅 이론과 실제는 다수의 중요한 동향과 발달을 통해
미국은 물론 전 세계의 관리자들에게 영향을 끼쳤다. 우선 1945년 이후,
특히 1950년대와 1960년대에 이르러 여러 경제·사회적 요인이 작용했다.
제품 마케팅뿐만 아니라 시장 고려의 필요성, 세계화와 글로벌시장의 등장,
유럽연합을 포함한 지역 경제 및 정치 조직의 발족 등이다. 이러한 발달은
경영학과의 교과과정에 영향을 주었다. 1970년대에 이르러 경영학과는 학
부와 대학원 과정에서 모두 전략경영과 마케팅 이론을 강조하기 시작했다.
경영교육에 변화가 일어났고 그에 따라 전략에 관한 논문과 저서가 폭발
하면서 19세기 이후 출판에 활용되어온 전략도 더욱 탄탄해졌다. 그런 책
과 논문을 읽거나 경영학을 전공하거나 (법률 같은) 다른 산업에서 출판으
로 건너온 기업 리더들도 몇 세대 동안 영향을 받게 되었다.

펭귄랜덤하우스

다수의 출판 기업이 기존의 전략을 강화해준 경영과 마케팅 전략을 활

---

* Martin & Golsby-Smith (2017: 30). Library of Congress, United States Copyright
Office. 'Circular 15T'; at: https://www.copyright.gov/circs/circ15t.pdf. 저작권에 관해서
는 17 U.S.C. (the Copyright Law of the United States)도 참고. https://www.copyright.
gov/title17/92chap1.html

용하기 시작했다. 그중에는 성공도 있고 실패도 있었다. 미국의 출판산업에서 가장 대표적인 두 가지 전략 트렌드는 신설합병(consolidation)과 기업소유권(corporate ownership)이었다. 펭귄랜덤하우스의 탄생은 신설합병의 사례 연구로 매우 흥미롭다.

밴텀 북스는 1945년에 절판 도서를 발행하는 작은 페이퍼백 재판 출판사였다. 느리게 성장하던 밴텀은 2차대전 때 미군에게 공급되는 페이퍼백 도서가 급증하면서 그리고 전쟁이 끝난 후에는 구하기 어려운 책에 대한 관심이 커지면서 급속한 성장을 기록했다.* 하지만 25센트밖에 하지 않는 페이퍼백의 과잉 공급으로 심각한 적자가 이어졌다. 경영진을 교체하기도 했지만 결국 여러 기업에 매각되었다. 하지만 그 기업들도 밴텀의 상황을 호전시키지 못했다. 밴텀을 인수했던 기업은 다음과 같다. (a) 1968년 : 저작권 콘텐츠 때문에 출판사에 관심을 가지게 된 영화 엔터테인먼트 기업 내셔널 제너럴 시네마(National General Cinema). (b) 1973년 : 역시나 콘텐츠와 저작권, 수익 흐름 때문에 오래전부터 출판사에 관심을 두고 있던 금융 서비스 기업 아메리칸 파이낸셜 코퍼레이션(American Financial Corporation). (c) 1974년 : 이탈리아 기업 Istituto Finanzario Industriale(IFI).**

그러다 수익성 좋은 미국 출판 시장에 진출하기로 결정한 독일 기업 베르텔스만 AG(Bertelsmann AG)가 1981년에 인수하면서 밴텀 북스는 안정성을 얻었다. 밴텀 북스는 탄탄한 목록을 자랑하는 구간 도서들로 연간 상당한 수익을 올렸다. 카를 베르텔스만(Carl Bertelsmann)이 1835년 독일에서 설립한 베르텔스만 AG는 원래 종교 서적 출판에 주력하는 회사였다가

---

* Hench (2010: 19 - 131). Davis (1984: 1 - 55); Manning (2014: 41 - 92)도 참고.
** Greco 외 (2014: 109 - 15).

나중에는 소설과 비소설, 다른 미디어 제품까지 출판하게 되었다. 베르텔스만은 기업을 세계적으로 확장하기로 하고 먼저 스페인의 출판사를 인수했고, 밴텀 북스 인수에 성공하면서 다른 여러 기업도 인수하게 되었다. 1986년에는 더블데이 델(Doubleday Dell)을 인수해 밴텀 더블데이 델을 출범시켜 하드커버와 페이퍼백 시장에서 존재감이 커졌다. 이어 북아메리카와 남아메리카, 유럽, 아시아에서의 사업으로 세계적인 입지를 넓혀나갔다.* 1998년에는 오랫동안 미국의 가장 명망 높은 출판사로 자리매김해온 랜덤하우스를 사들였다. 그리고 2013년에 밴텀은 (영국 피어슨 소유의) 펭귄 북스를 사들여 새로운 출판사 펭귄랜덤하우스와 파트너십을 맺었다 (2016년 수익 36억 9,700만 달러, 베르텔스만 지분 53%, 피어슨 지분 47%). 2017년 10월에는 기업 구조에 변화를 주기로 합의가 이루어졌다. 베르텔스만이 피어슨 지분의 22%를 약 10억 달러에 사들여 총 지분이 75%로 커졌다.** 펭귄랜덤하우스의 임프린트에는 펭귄, 랜덤하우스, 크노프, DK, 더튼, 바이킹, 밸런틴 북스, 다이얼 프레스 등이 있다. 해마다 종이책 1만 5,000종, 디지털북 7만 종의 신간을 출판한다.***

베르텔스만은 RTL 그룹(RTL Group), 그루너+야(Gruner+Jahr), BMG, 아르바토(Arvato), 베르텔스만 프린팅 그룹(Bertelsmann Printing Group), 베르텔스만 인베스트먼트(Bertelsmann Investments) 등 다수의 전략적 사업 단위를 거느리고 있다.**** 베르텔스만의 기업 전략은 다음과 같다. '베르텔스만

---

* Bertelsmann SE & Co. KGaA; https://www.bertelsmann.com/company/company-profile.

** Milliot (2017a).

*** Penguin Random House; http://www.penguinrandomhouse.com/imprints; http://www.penguinrandomhouse.com/about-us도 참고.

**** Bertelsmann SE & Co. KGaA; https://www.bertelsmann.com/company/

은 앞으로 더욱더 빠른 성장과 디지털화와 세계화, 다양화를 추구하면서 5~10년 단위로 기업을 쇄신할 것이다. 핵심 사업 강화, 디지털 전환, 성장 플랫폼 구축, 성장 영역에서의 사업 확대 등이다.*

　다른 '빅 5' 출판사들도 기업 소유와 해외시장 진출을 활용했고 역시나 국내외 시장에서 100만 부 이상을 팔 수 있는 '거물' 작가들과 계약하는 똑같은 전략적 계획을 활용했다.**

교육 출판사

　유치원부터 고등교육까지 교육 부문의 5대 출판사(프렌티스 홀/피어슨 Prentice Hall/Pearson, 맥그로힐McGraw-Hill, 존 와일리John Wiley, 센게이지 Cengage, 호턴 미플린Houghton Mifflin)는 원래 주로 국내 시장에서 종이책 교과서(읽기, 언어, 미술, 수학, 과학, 사회 등)와 참고서, 교사용 지도서를 출판했다. 1990년대 후반과 2000년대에는 기본 전략과 구조를 수정해 디지털 상품으로 점차 이동했다. 디지털 상품 중 다수는 세계시장에서도 통했다. 특히 대학교나 대학원 교과서(마케팅, 통계, 전략 등), 참고서, 온라인 테스트, 챕터 요약, 학생들이 온라인으로 시험을 보고 교사나 교수가 컴퓨터 시스템으로 즉각 점수를 채점하도록 해주는 학습관리시스템(learning management systems, LMS)이 그러했다. 이 출판사들은 영어를 공부하고자 하는 중국과

---

company-profile

* Bertelsmann SE & Co. KGaA; https://bertelsmann.com/strategy

** HarperCollins Publishers; https://www.harpercollins.com.Simon & Schuster; https://www.simonandschuster.com; Hachette Book Group; https://www. hachettebookgroup.com; Macmillan Science and Education and Macmillan Publishers; https://www.macmillan.com

아르헨티나, 독일 학생 등 세계시장을 대상으로 하는 언어 프로그램(예: 영어 LMS)도 개발했다.*

옥스퍼드대출판부와 케임브리지대출판부

세계에서 가장 큰 대학출판부는 옥스퍼드대출판부(2016년 수익 9억 3,900만 달러)와 케임브리지대출판부(3억 3,200만 달러)이다.** 둘 다 다각화 전략 이론을 활용하고 핵심 역량에 집중하며 막대한 브랜드 인지도(2017년 세계 대학 순위 옥스퍼드 1위, 케임브리지 4위로 세계 최고의 명문대)로 전 세계의 관객들에게 접근하는 방법을 성공적으로 활용했다.***

옥스퍼드대출판부는 옥스퍼드대학교의 한 부서로서 '광범위한 학문과 교육 분야의 책과 학술지를 출판하고 이용자들에게 가장 적합한 형식의 콘텐츠를 제공하고자 한다. 유치원에서 초중고 학생, 학자, 일반 독자와 연구자, 개인과 기관 등 모든 독자를 위해 출판한다.'**** 15세기에 (1478년)***** 시작된 이 출판사는 '해마다 전 세계에서 다양한 형식으로

* Pearson PLC. 'About Pearson'; https://www.pearson.com/corporate/about-pearson. html; John Wiley & Sons; www.wiley.com; Cengage Learning Holdings; www. cengage.com; McGraw-Hill Education (공기업 아님); www.mheducation.com; Houghton Mifflin Harcourt; hmhco.com. Milliot (2017c)도 참고.

** Milliot (2017b).

*** *The Times Higher Education.* 'World University Rankings 2016–2017'; https:// www.timeshighreducation.com/world-university-rankings/2017/world-rankings#1/ page/O/length/25/sort_by/rank/order_order/asc/cols/stats

**** Oxford University Press, 'About Us'; https://global.oup.com/about/ introduction?cc=us

***** Oxford University Press, 'History'; https://global.oup.com/about/oup_ history/?cc=us

된 6,000종 이상의 책을 출판한다. 사전, 영어 수업 자료, 아동서, 학술지, 학술 논문, 악보 자료, 대학 교재 등 다양한 상품을 취급한다. 해마다 1억 1,000만 단위의 상품이 판매되며 대부분 영국 이외 지역에서 판매가 이루어진다.*

그런가 하면 케임브리지대출판부의 사명은 다음과 같다. '최선의 학습 및 연구 해결책으로 사람들의 잠재력을 일깨워주고자 한다. 우리의 목적은 사람들에게 최선의 학습과 연구 해결책을 제공해 학습과 연구에 영감을 주는 것이다. 우리는 목적을 위해 수익을 활용함으로써 우리 대학의 사명을 진전시키고 사회에 공헌한다.'**

케임브리지대출판부의 뿌리는 16세기로(1584년) 거슬러올라간다. '케임브리지는 세계에서 가장 오래된 출판사이다. 4세기 동안 학술서와 시, 교과서, 기도서, 성경 출판에서 보여준 탁월함으로 그 명성이 유럽 전역으로 퍼졌다. 뉴턴의 『수학 원리Principia Mathematica』를 포함해 지금까지 매우 혁신적인 책을 출판했다.'*** 케임브리지는 수 세기 동안 확장을 거듭해왔다. '전 세계 50개가 넘는 지사에서 약 100개국 작가들이 쓴 책 5만 종을 출판한다.'****

그러한 전통 덕분에 케임브리지는 계속 변화하고 비용이 많이 드는 학문 출판의 생태계에 적응할 수 있었다. 라틴아메리카와 중국, 환태평양 지

---

* Oxford University Press, 'Publishing'; https://global.oup.com/about/publishing?cc=us

** Cambridge University Press; http://www.cambridge.org

*** Cambridge University Press, 'About Us'; http://www.cambridge.org/about-us/what-we-do

**** Cambridge University Press, 'History'; http://www.cambridge.org/about-us/who-we-are/history

역 교육 기관과의 튼튼한 파트너십을 더욱 확장하면서 케임브리지 코어(디지털 플랫폼)와 솔루션, 서비스에 막대한 투자를 했다.

케임브리지는 그들의 출판 사명을 완수하기 위해 옥스퍼드와 함께 학술서와 학술지 출판에서 오픈 액세스의 중요성을 강조했다. 이 둘은 저자에게 골드 오픈 액세스(오픈 액세스 저널이 동료 검토를 거친 논문을 독자에게 무료로 제공하는 옵션-역주)와 그린 오픈 액세스(저자가 직접 오픈 액세스 저널에 출판하는 옵션-역주)를 제공하는 대표적인 출판사들이다.* 또한, 이들은 2~3만 단어의 '짧은' 학술서에 대한 커지는 관심을 잘 활용했다(옥스퍼드의 『첫단추*Very Short Introductions*』 시리즈, 케임브리지의 『케임브리지 엘리먼트 *Cambridge Elements*』 시리즈).**

주요 출판 기업의 규모

주요 기업(베르텔스만, 하퍼콜린스, 사이먼 앤드 슈스터, 아셰트, 맥밀런, 피어슨, 맥그로힐, 와일리, 센게이지, 호턴 미플린, 옥스퍼드, 케임브리지)의 재무 지표(예: 수익)와 인터넷 사용으로 접근성을 높이는 사업 계획을 살펴보면 출판산업이 일반적인 관리 및 마케팅 전략을 따랐고 큰 성공을 거두었음을 알 수

---

* Cambridge University Press, 'Annual Report for the Year Ended April 30, 2017'; http://www.cambridge.org/about-us/annual-report-2017. Oxford University Press, 'Open Access Journals'; https://academic.oup.com/journals/pages/open_access?도 참고.

** Oxford University Press, 'Very Short Introduction Book Series'; https://global.oup.com/academic/content/series/v/very-short-introductions-vsi/?cc=us&lang=en&; Cambridge University Press, 'Individual Elements'; https://www.repository.cam.ac.uk/bitstream/handle/1810/268209/PRE_ChrisHarrisonCUPSTM_V1_20171101.pdf?sequence=1

있다. 2016년에는 218억 3,000만 달러라는 엄청난 수익을 올리기도 했다. 표 12.1은 출판사들의 연간 수익, 기업 소유권, 임프린트를 보여준다.

표 12.1 미국 주요 일반 출판사 및 교육 출판사의 2016년 수익

출판사	2016년 수익	소유 기업	주요 임프린트
프렌티스홀/ 피어슨	56억 1,700만 달러*	피어슨 PLC	프렌티스홀; 피어슨
펭귄랜덤하우스	36억 9,700만 달러	베르텔스만 AG, 피어슨 PLC	펭귄; 다이얼 프레스; 랜덤하우스; 크노프; DK; 더튼; 바이킹
아셰트 북 그룹	23억 9,000만 달러	아셰트 리브레	리틀, 브라운; 그랜드 센트럴
맥그로힐	17억 5,700만 달러	아폴로 글로벌 매니지먼트	맥그로힐
존 와일리	17억 2,700만 달러**	존 와일리 앤드 선스	와일리
하퍼콜린스	16억 4,600만 달러	뉴스 코프	하퍼콜린스; 윌리엄 모로우; 에이본 북스; 하퍼 아카데믹
센게이지	16억 3,100만 달러	센게이지	센게이지 러닝 홀딩스
호턴 미플린	13억 7,300만 달러***	호턴 미플린 하코트	호턴 미플린
맥밀런 퍼블리셔스	12억 2,600만 달러	게오르그 폰 홀츠브링크 출판 그룹	포지; 파라 스트라우스 & 지로
사이먼 앤드 슈스터	7억 6,700만 달러	CBS 텔레비전 네트워크	프리 프레스; 포켓 북스; 사이먼 앤드 슈스터
총액	218억 3,000만 달러		

* 피어슨 PLC 총액은 일반 서적과 교육서 포함.
** 와일리 총액은 일반 서적, 교육서, 학술지 포함.
*** 호턴 미플린 하코트 총액은 일반 서적, 교육서 출판 포함.
출처: Corporate Annual Reports; Publishers Weekly.

결론

세계는 1920년대부터 1945년 9월 2일(미해군 전함 미주리에서 2차대전을 종결하는 평화 서약에 서명이 이루어진 날)까지 쓰디쓴 교훈을 깨쳤다. 책은 과거에도 그러했고 앞으로도 언제나 중요하리라는 것이다. 책은 생각과 문화, 역사가 전달되는 주요 형식이다. 독재자들이 책을 불태우는 이유는 책이 사람들에게 정보를 제공하고 사람들을 교육하고 때로는 즐거움을 주기 때문이다. 출판인과 편집인, 작가 들이 1450년 이후로 지금도 똑같이 마주하는 난제는 독자들이 무엇을 원하는가다. 이 근본적인 질문의 답을 찾으려 한다는 사실이 책 출판을 대단히 흥미진진한 산업으로 만든다.

2차대전 이후 책 출판인과 편집인은 본업으로 돌아가 출판사를 다시 세웠다. 역사와 통계 자료를 살펴보면 수많은 출판사가 불확실하고 변덕스러운 산업에 대처하는 데 다수의 전략 모델이 도움을 주었다는 사실이 드러난다. 한 예로 1947년에 미국의 신간 종수는 9,182종이었고, 소설 하드커버의 평균 소비자권장가격은 2.66달러였다.* 통계 데이터베이스에 따라 차이는 있지만 2015년에 출판된 신간 도서는 140만 종, 소설 하드커버의 평균 소비자권장가격은 24.84달러였고 종이책 6억 6,270만 권이 팔렸다.**

---

* Greco (2015: 183, 185).

** Nielsen. '2015 U.S. Book Industry Year-End Review'; http://www.nielsen.com/us/en/insights/reports/2016/2015-us-book-industry-year-end-review.html. 다음도 참고. Jonathan Segura. 'Print Book Sales Rose Again in 2016'; https://www.publishersweekly.com/pw/by-topic/industry-news/bookselling/article/72450-print-book-sales-rose-again-in-2016.html; GBO New York: German Book office. 'The U.S. Book Market'; https://www.publishersweekly.com/pw/by-topic/industry-news/bookselling/article/72450-print-book-sales-rose-again-in-2016.html, http://www.buchmesse.de/images/fbm/dokumenteua-pdfs/2013/buchmarkt_usa_market_updated_november_15_2013.pdf_40487.pdf

이 통계는 출판산업이 2차대전 이후의 잿더미에서 출발해 부흥을 이루었음을 보여준다.

그러나 객관적으로 분석해보면 가치사슬, SWOT(강점, 약점, 기회, 위기) 분석, 보스턴 컨설팅 그룹의 매트릭스 기법(별, 고수익 상품, 물음표, 개), 웹사이트, 소셜 미디어, 콘퍼런스, 무역박람회, 북 엑스포 아메리카, 프랑크푸르트 도서전을 비롯한 전략적 모델이나 공식에 전적으로 의존하는 현상이 엿보인다. 사람과 시장, 정부를 항상 예측하는 것은 불가능하므로 전적으로 의존하는 것에선 벗어나야 한다. 예상하지 못한 법적 장애물이 나타날 수도 있다. 『위대한 개츠비』는 저작권 보호 기간 연장법(Copyright Term Extension Act, 1996)*에 따라 2021년 1월 1일부터 저작권 보호가 사라지고 자유로운 공유가 가능해진다. 사이먼 앤드 슈스터(혹은 모회사 CBS 코퍼레이션)가 이 중대한 작품의 저작권 보호 기간을 연장해달라고 미국 의회를 설득하지 못한다면 말이다. 그리고 월트 디즈니 컴퍼니의 중요한 상징인 미키 마우스도 2023년 1월 1일에 저작권 보호 기간이 종료된다.

수학적 공식과 모델의 활용을 주장한 훌륭한 경제학자 폴 새뮤얼슨은 이렇게 말한 적이 있다. '수학에는 유혹적이고 치명적인 매력이 있다. 알베르트 아인슈타인도 수학을 맹신하지 말라고 경고했다. 우아함을 추구하는 것은 재단사의 몫이므로 어떤 공식이 훌륭하다는 이유로 믿어서는 안 된다. 개인이 판단할 여지가 항상 있는 법이다.'** 새뮤얼슨의 말이 옳다. 전략

---

* Library of Congress, United States Copyright Office. 'Circular 15T'; https://www.copyright.gov/circs/circ15t.pdf. 저작권 관련 참고. 17 U.S.C. (the Copyright Law of the United States); https://www.copyright.gov/title17/92chap1.html

** Greco (2015: 33). Paul Samuelson, 'The Trillion Dollar Bet' PBS 인터뷰 전문 참고; http://www.pbs.org/wgbh/transcripts/2704stockmarket.html

이론은 매우 가치 있으며 미국의 10대 일반 및 교육 출판사가 2016년에 218억 3,000만 달러의 매출을 올린 것도 그 덕분이다. 하지만 끊임없이 변화하는 흥미진진한 출판 시장에서 편집인과 출판인, 판매 및 마케팅 담당자가 무작위성과 혼돈, 불확실성을 마주했을 때 자신의 판단을 활용할 여지는 언제나 있다.

참고문헌

Andrews, Kenneth R. (1987). *The Concept of Corporate Strategy*, Homewood, IL: Richard D. Irwin.

Barnard, Chester (1938). *The Functions of the Executive*, Cambridge, MA: Harvard University Press.

Boyd, David P. (2005). 'Financial Performance of Wide-Moat Companies', *Journal of Business & Finance Research*, 3(3), pp. 49 - 56.

Chandler, Alfred D. (1962). *Strategy and Structure: Chapters in the History of the American Industrial Enterprise*, Cambridge, MA: MIT Press.

Costinot, Arnaud and Dave Donaldson (2012). 'Ricardo's Theory of Comparative Advantage: Old Idea, New Evidence', *American Economic Review Papers and Proceedings*, 102(3), pp. 453 - 8.

Davis, Kenneth C. (1984). *Two-Bit Culture: The Paperbacking of America*, Boston, MA: Houghton Mifflin Company.

De Vany, Arthur and W. David Walls (1996). 'Bose - Einstein Dynamics and Adaptive Contracting in the Motion Picture Industry', *The Economic Journal*, 106(439), p. 1513.

Drucker, Peter (1954). *The Practice of Management*, New York: Harper & Row.

Drucker, Peter (1974). *Management: Tasks, Responsibilities, Practices*, New York: Harper & Row.

Drucker, Peter (2004). 'What Makes an Effective Executive', *Harvard Business Review*, 82(6), p. 59.

Greco, Albert N. (2015). *The Economics of the Publishing and Information Industries: The Quest for Yield in a Disintermediated World*, New York and London: Routledge.

Greco, Albert N., Jim Milliot, and Robert M. Wharton (2014). *The Book Publishing Industry*, 3rd edition, New York and London: Routledge.

Hayes, Robert H. and William J. Abernathy (1980). 'Managing Our Way to Economic Decline', *Harvard Business Review*, 58(4), p. 68.

Hench, John B. (2010). *Books As Weapons: Propaganda, Publishing, and the Battle for Global Markets in the Era of World War II*, Ithaca, NY: Cornell University Press.

Kantrow, Alan (1980). 'Why Read Peter Drucker?', Harvard Business Review, 58(1), pp. 74, 76.

Kirkpatrick, Andrew (2000). *Of Permanent Value: The Story of Warren Buffett*, Vol. 2, New York: McGraw-Hill.

Levitt, Theodore (1975). 'Marketing Myopia', *Harvard Business Review*, 53(5), p. 26.

Levy, David (1994). 'Chaos Theory and Strategy: Theory, Application, and Managerial Implications', *Strategic Management Journal*, 15, p. S2167.

Manning, Molly Guptill (2014). *When Books Went to War: The Stories That Helped Us Win World War II*, Boston, MA: Houghton Mifflin Harcourt.

Martin, Roger L. and Tony Golsby-Smith (2017). 'Management Is Much More Than A Science: The Limits of Data-Driven Decision Making', *Harvard Business Review*, 95(5), p. 30.

Milliot, Jim (2017a). 'Pearson to Sell Stake in Penguin Random House', Publishers Weekly, 18 January. https://www.publishersweekly.com/pw/by-topic/industry-news/industrydeals/article/72524-pearson-to-sell-stake-in-penguin-ramdom-house.html

Milliot, Jim (2017b). 'The World's 50 Largest Publishers, 2017', Publishers Weekly, 25 August. https://www.publishersweekly.com/paper-copy/by-topic/internat5ional/internationalbook-news/article/74505=the-world-s-50-largest-publishers-2017.html

Milliot, Jim (2017c). 'Tough Year for Educational Publishers', Publishers Weekly, 25 August. https://www.publishersweekly.com/paper-copy/by-topic/international/internationalbook-news/article/74505-the-world-s-largest-publishers-2017. html

Mintzberg, Henry (1994). 'The Fall and Rise of Strategic Planning', *Harvard Business Review*, 72(1), p. 107.

Porter, Michael E. (1996). 'What is Strategy?', *Harvard Business Review*, 74(6), p. 70.

Porter, Michael E. (1998a). *Competitive Advantage: Creating and Sustaining Superior Performance*, New York: The Free Press.

Porter, Michael E. (1998b). *Competitive Strategy: Techniques for Analyzing Industries and Competitors*, New York: The Free Press.

Porter, Michael E. (2008a). *On Competition, Updated and Expanded,* Cambridge, MA: Harvard Business School Press.

Porter, Michael E. (2008b). 'The Five Competitive Forces That Shape Strategy', *Harvard Business Review*, 86(1), p. 80.

Ricardo, David. (2004). *The Principles of Political Economy and Taxation*, Mineola, NY: Dover Publications.

Rosen, Judith and Jim Milliot (2016). 'With Print Book Sales Stabilized, Return Rate Lowers', Publishers Weekly, 6 May. https://www.publishersweekly.com/pw/by-topic/industrynews/bookselling/article/70298-with-print-book-sales-stabilized-return-rate-lowers.html

Taleb, Nassim Nicholas (2007). *The Black Swan: The Impact of the Highly Improbable*, New York: Random House.

Taylor, Frederick W. (1911). *The Principles of Scientific Management*, New York: Harper & Brothers.

13장

세계화와 출판

미하 코바치(Miha Kovač), 뤼디거 비셴바르트(Rüdiger Wischenbart)

세계적, 지역적 가치

이번에는 만프레드 스테거(Manfred Steger)가 내놓은 세계화(globaliza-
tion)의 정의, 곧 '세계의 경제와 정치, 문화, 환경이 서로 밀접하게 연결되어
현재의 국경과 경계가 거의 상관없어진 상태'(Steger 2013: 9)를 출발점으로
활용할 것이다. 이렇게 연결된 세상에서 사람들은 같은 제품을 구입하고
비슷한 TV 프로그램과 영화를 보고 비슷한 스타일로 옷을 입고 똑같은
패스트푸드를 먹고 비슷한 여가 활동을 즐긴다. 하지만 이런 측면의 유사
성이 전부라고 생각하면 오산이다. 호프스테더(Hofstede 2010: 347) 등의 주
장처럼 세계화의 표면은 '관습의 의미를 결정해주는' 근본적으로 다른 가
치를 숨기고 있다. 의미는 국가마다 다르다. 사람들이 같은 활동을 하거나
비슷한 제품과 서비스를 사용하더라도 마찬가지다.

이러한 '근본적 가치의 측면'에 관한 연구는 네덜란드 심리학자 헤이르

트 호프스테더가 전 세계 70개가 넘는 IBM 자회사의 직원들을 대상으로 가치 설문조사를 시행한 1960년대 후반부터 계속 이루어졌다. 호프스테더는 1980년대에 초기 연구 결과를 발표한 후 국가 간의 가치 차이를 설명하는 여섯 가지 지표를 고안했다(권력 간 거리, 개인주의, 불확실성 회피, 남성성, 장기지향성, 방종-절제). 그의 연구는 널리 토론되었고 1981년부터 시행된 세계가치조사(Global Value Surveys) 덕분에 상당한 업그레이드가 이루어졌다(2000년 이후 약 100개국에서 5년마다 대대적으로 시행).

그러나 이러한 연구 프로젝트들은 엄청난 규모와 탁월한 통계에도 불구하고 인간의 행동에 관한 새로운 기초적 발견을 내놓지 못했다. 비슷한 선진국이라도 권위와 경제, 이민자, 성, 절약 등 여러 사안에 관한 사람들의 태도가 크게 다르다는 정도의 사실만 알려주었을 뿐이다. 세계 곳곳을 여행하고 교육과 문화에 깨어 있는 사람이라면 평소에 누구나 알 만한 것을 공식화하고 체계적으로 통계를 낸 것에 불과하다. 예를 들어 2010년대 중반에 독일 이민자의 상황은 벨기에나 헝가리의 이민자와 똑같지 않고 스웨덴에서는 폴란드보다 동성애자의 상황이 더 낫다. 그 국가들에 사는 사람들은 한국산 자동차를 사고 인도나 방글라데시에서 만들어진 속옷을 입으며 피자를 먹고 E. L. 제임스의 소설을 읽고 콜라를 마시며 HBO TV에서 방영되는 드라마 〈왕좌의 게임〉을 본다.

21세기로 접어들어 세계시장을 경험해본 문학 에이전트나 출판사들은 소수의 엄청난 베스트셀러를 제외하고 비슷한 경제 수준이라도 국가마다 사람들이 읽는 책이 다르고 책에 접근하는 방법도 다르다는 사실을 알고 있었다. 특히 다음의 사실이 두드러졌다.

• 자국어로 된 책보다 번역서를 선호하는 국가가 있는 반면 그와 반대

인 국가도 있다.

- 책을 구매하는 것보다 도서관에서 빌려 보는 경우가 많은 국가도 있지만 공공도서관이 시대적 흐름에 뒤떨어지고 서점이 독서 트렌드를 결정하는 국가도 있다.
- 어떤 국가에서는 로맨스나 SF 장르의 자가출판이 많지만 그런 현상이 거의 두드러지지 않는 국가도 있다.
- 특히 규모가 작은 시장일수록 서점이 출판사의 소유인 경우가 많고 더 큰 시장에서 그러한 수직적 통합은 아마존이 등장하기 전까지 상상도 할 수 없었다.
- 미국과 영국의 여러 출판사에서 중요해진 온라인 판매가 나머지 유럽 국가에서는 덜 두드러졌다.

따라서 이런 무라카미 하루키 식의 질문을 해보아야만 한다. 책 시장의 세계화를 말할 때 우리는 무엇을 이야기하는가? 훌륭한 이야기가 그러하듯 답은 디테일에 들어 있다.

출판사, 독자, 글로벌 책 시장

출판산업은 유럽 근대 초기부터 국내 트렌드와 세계 트렌드의 기이한 교차점에 자리잡았다. 베네딕트 앤더슨(Benedict Anderson)이 약 40년 전에 보여주었듯 인쇄 기술과 시장 요인의 결합은 초기 인쇄업자와 출판업자들이 포화 상태에 놓인 라틴어 책 시장의 대안을 찾아 결국 각 국가의 언어로 된 책을 출판하도록 만들었다. 그후로 지역 언어는 표준화된 국가 언어로 발전해 근대의 국가와 민족 정체성을 이루는 중요한 기둥이 되었다. 인쇄기라는 보편적인 기술이 문화의 '지역화'라는 결과를 생산했다. 인쇄술의 보편성은 여러 언어권의 초기 도서가 그 언어를 사용하지 않는 지역에서 생산되었거나 인쇄업자가 해당 언어를 사용하지 않았다는 사실에서 가장 두드러진다. 예를 들어 최초의 세르비아어 책은 베네치아에서, 최초의 영어 책은 브루게에서, 최초의 슬로베니아어 책은 튀빙겐에서, 최초의 리투아니아어 책은 쾨니히스베르크에서 인쇄되었다. 그뿐만 아니라 충분한 지식과 인맥을 갖춘 숙련된 인쇄업자는 인쇄기를 가지고 유럽 전역을 돌아다니며 여러 지역에서 다양한 언어로 된 책을 팔았다. 예를 들어 폴란드의 첫 인쇄업자는 카스파르 스트라우베(Caspar Straube)라는 독일인이었다. 17세기와 18세기 덴마크와 슬로베니아의 대표적인 서적상들은 네덜란드 혈통이었고 19세기 노르웨이 출판업은 덴마크 기업 귈덴달 노르스크(Gyldendal Norsk)가 주름잡았다(더 자세한 내용은 Appel & Skovkgaard-Petersen 2013: 398; Dular 2002 참조). 독일어권 국가의 경우, 전통적으로 독일 출판 기업들이 오스트리아 시장을 지배한 반면(Flood 2013) 영국과 프랑스는 독립 이후까지도 각 식민지의 출판 시장을 지배했다(Squires 2013; Stevenson 2010).

책 산업의 보편성과 지역화 상품의 결합은 21세기 초에도 여전하다. 펭귄랜덤하우스, 아셰트, 맥밀런처럼 중앙집권화된 구조와 지역 자회사를 통한 다양성 있는 도서 목록을 갖춘 새로운 출판 복합기업이 산업을 장악하고 있기 때문이다. 이렇게 볼 때 1998년에 독일의 미디어 그룹 베르텔스만이 북아메리카의 최대 일반 서적 출판사 랜덤하우스를 인수해 뉴욕에서 세계 출판 활동을 조직화함으로써 소비자 출판 역사의 새로운 막이 열렸다고 할 수 있다. 하지만 그러한 움직임은 같은 대기업에 속하더라도 개별 출판사마다 다른 독자를 겨냥하고 운영에 상당한 자율성이 따른다는 사실을 조직 내부는 물론이고 일반 대중에게도 분명하게 알려주었다(더 자세한 내용은 Dohle 2013 참조). 이러한 기본 공식은 랜덤하우스가 그후에 인수한 펭귄과 여러 스페인어권 출판사에만 적용된 것이 아니었다. 미국과 영국 시장에서 강력한 지분을 보유한 프랑스의 아셰트, 독일 홀츠브링크의 자국 시장은 물론 맥밀런 브랜드를 통한 영어권 활동, 미디어 대기업 뉴스코프의 출판 부문인 미국 하퍼콜린스에도 적용되었다. 흥미롭게도 뉴욕의 하퍼콜린스는 모회사의 힘을 이용해 세계시장을 넓히는 방법을 쓰지 않았다. 대신 독일, 러시아, 일본 같은 국가에서 특정 독자층을 끌어들인 캐나다의 로맨스 전문 출판사 할리퀸을 인수했다.

인쇄와 출판 기술뿐만 아니라 콘텐츠도 번역의 형태로 오래전부터 전 세계로 흘러들어갔다. 괴테의 『젊은 베르테르의 슬픔』은 최초로 대륙을 초월한 베스트셀러 중 하나였다. 그뿐만 아니라 프랑스어(1775), 영어(1779), 이탈리아어(1781), 러시아어(1788)로 번역되어 역사상 최초로 전 세계에 독서의 대중화가 초래하는 위험에 관한 도덕적 공황을 일으킨 책이 되었다. 이것은 텔레비전과 디지털 대중매체의 위험에 관한 토론보다 한 세기 반이나 앞서 일어난 일이었다(Furedi 2016). 18세기와 19세기에 일어난 책 콘텐츠의 세계적 전파는 주로 '해적판' 형태로 일어났기 때문에 작가나 초판 출판업자들에게 경제적 보상을 주지 못했고 세계적으로 저작권 보호의 필요성을 촉구하는 결과를 가져왔다. 오랜 토론을 거쳐 1886년에 베른조약을 통해 저작물 보호에 관한 최초의 국제 규정이 마련되었다. 그 내용은 오늘날까지도 출판의 세계화에서 지표가 되는 원칙으로 남아 있다(베른조약에 관한 더 자세한 내용은 5장 참고).

한마디로 적어도 출판 분야에서는 태양 아래 새로운 것이 없다. 베스트셀러의 세계 이동, 국제무역, 보편적 생산 기술과 출판 기술, 해외 인쇄, 다국적기업의 출판사 소유 등은 책 산업 초기부터 있어온 현상이다. 이제 그러한 특징이 20세기부터 21세기 초반까지 세계의 책 생산을 가속화했다는 사실에 대해 살펴보자. 특히 어떤 특징이 책 산업을 전반적으로 확장하고 어떤 힘이 지역과 문화, 국가의 경계에 따른 차이를 만들었는지에 초점을 맞추기로 한다.

책 생산의 급증

세계 도서 출판량 통계에 토대를 제공하는 것은 국제표준도서번호(International Standard Book Number, ISBN)이다. 1960년대 후반 ISBN이 처음 등장한 후로 출판사들은 책의 모든 판본마다 고유한 ISBN을 부여했다. 따라서 같은 책이라도 페이퍼백과 하드커버 형식은 서로 ISBN이 다르다. 어떤 책이 페이퍼백과 하드커버, 북클럽판, 전자책 EPUB 파일과 킨들용 MOBI 파일, PDF 형식으로 출판된다면 그 책의 ISBN은 6개가 된다. ISBN의 숫자를 실제 책의 종수와 혼동하면 안 된다. 책의 종수는 ISBN의 숫자보다 적게 늘어난다. 하지만 사람들이 똑같은 책을 여섯 가지 형식으로 전부 다 읽을 일은 적으니 똑같은 책의 여러 형식이 하나씩 팔릴 때마다 서로 다른 이용자가 구매하거나 빌리는 것이라고 볼 수 있다. 따라서 ISBN 부여 건수 증가는 책 생산의 다양화에 따른 것이며 책 소비의 증가를 나타내는 지표가 된다.

현재 나와 있는 통계 자료에 따르면 출판 도서의 숫자는 인쇄 초기부터 계속 증가했다. 특히 20세기 후반에 극적인 증가세가 나타났다. 1911년에 B. 이빈스키(B. Iwinski)는 1450년부터 1910년까지 서양에서 출판된 책이 1,000만 권이 넘는다고 계산했다. 1940년에 이르러 거기에 350만 권이 추가되었다. 1986년에 P. J. 커원(P. J. Curwen)은 1955년부터 1981년까지 세계의 책 생산이 2.71배 증가했고 북아메리카에서 가장 큰 증가세가 나타났다고 밝혔다(8.3배; Krummel 2013: 200). 2009년 8월 28일에 구글은 전 세계의 책이 1억 6,800만 종이고(Krummel 2013: 195) 2013년에만 국제출판협회(International Publishers Association) 회원 출판사를 둔 33개국에서 180만 종 이상이 출간되었다고 발표했다(IPA 2014: 16). 한마디로 출판 도서는 1911년부터 2009년까지, 1450년부터 1911년까지의 출판량에 해당하는 1,000만 권에서 2009년에는 1억 6,800만 권으로 1,580% 증가했다. 1451년부터 1911년까지는 1년에 평균 2만 1,000종이 출판된 반면, 1912년부터 2009년까지는 평균 160만 종이 출판되어 연간 생산이 7,600% 늘어났다. 그뿐만 아니라 1940년부터 2009년까지 연간 생산된 책의 종류는 1,026% 증가했다. 나중에 살펴보겠지만 인쇄 기술의 발달과 새로운 마케팅 및 판매 기법 외에도 유통 판매 경로의 증가가 추가적인 요인으로 작용했다.

앞으로 책의 생산과 소비가 더욱 늘어나리라고 예측할 수 있는데, 그 수치는 세계의 인구 증가와 비교해서 생각해야 한다. 세계 인구는 1804년에 10억에 이르렀고 1923년에는 20억으로 두 배가 되었으며 1959년에서 1987년 사이에 30억에서 50억으로 건너뛰었고 2011년에는 70억에 이르렀다.* 따라서 1804년부터 2011년까지 세계 인구는 500% 증가했다. 1923년부터 2011년까지는 250%, 1959년부터 2011년까지는 133% 증가했다. 즉 세계적으로 출판 도서가 인구보다 더 빠르게 증가했음을 알 수 있다. 2차 대전(1940)부터 2010년까지 70년 동안 세계 인구는 180% 늘어났지만 책

---

* http://www.census.gov/popclock/; http://en.wikipedia.org/wiki/World_population#cite_note-USCBcite-68

생산량은 그보다 6배 많은 1,144% 증가했다.

2007년에 킨들이 출시된 후 전자책 판매가 증가해 자가출판 작가들이 크게 늘어나면서 특히 영어권 시장에서 책 생산량이 또 증가했다. 예를 들어 2013년에 미국 출판사가 발행한 신간 또는 재판은 30만 4,912종이었다. 그것만으로도 굉장한 숫자지만 자가출판된 책에 비하면 아무것도 아니다. 미국의 ISBN 발행기관 보커가 2015년에 등록한 신간은 2010년에 비해 375%나 증가한 72만 5,125종이었는데 그중에서 자가출판된 도서에 부여된 ISBN이 15만 2,978건이었다(Bowker.com 2016).

신간 종수가 늘어난 이유는 국내 시장의 영향력 때문만이 아니다. 영국에서는 2015년에 17만 3,000종의 신간이 나왔다. 이는 인구 100만 명당 2,621권으로 인구 100만 명당 935권이 출간된 미국을 훨씬 압도한다. 그리고 영국은 도서 수출 1위 국가다(다른 창조산업 부문의 수출도 마찬가지다). 여기에는 식민지 제국의 전통이 이로운 역사적 요인으로 작용한다. 스페인도 2008년에 세계 금융 위기로 큰 타격을 받았지만 오랫동안 라틴아메리카에서 해온 역할에 힘입어 2015년 신간 발행 종수의 비율이 인구 100만 명당 1,686권으로 비교적 높았다.

신간 종수의 증가는 책 생산의 다양성(콘텐츠와 형식 모두)이 커지고 있음을 보여주지만 책의 전체 소비량에 대해서는 말해주지 못한다. 즉 특정 국가 또는 세계적으로 인쇄되는 책의 숫자나 서점에서 팔리고 공공도서관에서 대출되는 책의 숫자를 알려주지는 못한다. 이를 위해서는 모든 형식의 인쇄량과 판매량, 도서관 대출 통계 자료가 필요하다.

하지만 도서관 대출과 책 판매, 인쇄 부수에 관한 장기적인 세계 통계 자료는 거의 찾아볼 수 없다.

도서관: 성장 부문인가 사양 부문인가

2012년에 미국의 공공도서관에서 대여된 책은 22억 권이었다(종이책, 오디오북, DVD, 전자책 포함). 2002년보다 16.8%(Swan et al. 2014: 6), 1990년보다는 57% 증가한 것이다(앞의 책). 미국 공공도서관 대출에 관한 그 이전의 통계 자료는 존재하지 않는다. 하지만 1990~2012년에 대출량이 57% 증가했으므로 1975~2013년에는 60% 이상이라고 추측해도 무방할 것이다.

안타깝게도 유럽 공공도서관 대출의 장기적인 변화를 보여주는 표본 자료는 매우 적다. 슬로베니아에서는 미국과 비슷하게 1990년부터 2013년까지 도서 대출이 거의 100% 증가했다(800만 권에서 1,600만 권. 기한 연장을 포함하면 2,400만 권).* 아이슬란드에서는 1998년부터 2012년까지 50%, 스페인은 2000년부터 2012년까지 10% 증가했고 유럽에서 가장 뛰어난 도서관 통계 자료를 갖춘 노르웨이의 경우 1970년부터 2012년까지 도서관 대출이 100% 증가했다.** 네덜란드와 핀란드를 비롯한 일부 국가에서는 2010년 이후 도서관 대출이 감소하기 시작했는데, 이러한 추세가 다른 국가에서도 나타나 1970년대부터 2010년대까지 일어난 세계적인 도서관 대출 증가 현상을 뒤집을 만큼 오랫동안 지속될지는 아직 알 수 없다. 영국에서는 나머지 유럽 국가들과는 반대로 1997~2013년에 도서 대출이 절반으로 줄어들었다. 1997년에는 4억 1,100만 권, 2013/2014년에는 2억 900만 권이었다(Farrington 2014). 그러나 같은 시기에 영국에서 일반 독자의 책 구매는 약 25% 증가했으며 서점 환경의 개선과 온라인 및 오프라인

---

* http://bibsist.nuk.uni-lj.si/statistika/index.php, Slovene Book Reading Research
** https://plinius.wordpress.com/data-bank/nordic-countries/norway/

의 경쟁 심화 현상도 함께 일어났다(Macdonald 2012).

더 나은 자료는 없지만 영국의 정체 현상을 제외하고 전반적인 도서 대출은 증가 추세였고 그것이 책 소비 증가에 긍정적인 영향을 끼쳤다고 볼 수 있다. 적어도 일부 국가에서는 대출 도서의 증가가 판매 도서의 증가보다 더 높았는데, 해당 국가의 책 산업에서 공공 부문의 역할이 커지고 있다는 뜻이다.

그러나 개발도상국의 도서관 대출 통계 자료는 거의 없는 것이나 마찬가지이므로(https://librarymap.ifla.org/map 참고) 도서 대출 증가가 개발도상국의 정보격차와 출판 모델에 끼치는 영향은 무관하다고 보기로 한다.

인쇄 부수의 감소와 매출

영국 같은 일부 국가를 제외하고(Phillips 2017) 20세기 하반기와 21세기 초의 책 인쇄량과 판매량 자료는 둘 다 불완전하다. 대부분은 일화적인 자료이거나 통계 추정, 정황 증거, 경험적 추측에 근거한 것이다. 따라서 앞으로 소개하는 수치는 근사치 동향으로만 신중하게 받아들여야 한다.

1954년에 R. E. 바커(R. E. Barker)는 해마다 세계적으로 인쇄되는 책이 50억 권에 이른다고 추정했다. 그로부터 8년 후인 1962년에야 프랑스의 사회학자 로베르 에스카르피(Robert Escarpit)는 출판사들에 판매되는 종이량과 유네스코의 출판 도서 자료를 토대로 세계의 책 생산량이 45억 권에 이르렀다고 보았다(Escarpit 1966: 64-5). 클라크와 필립스(2008)는 『도서 출판 속으로Inside Book Publishing』 4판 서론에서 영국 출판사들의 2006년 책 판매량은 수출을 포함해 7억 8,700만 권이고 그 가운데 4억 7,200만 권(영국 출판협회 2016년 보고서에 따르면 10년 후 3억 6,000만 권으로 감소)이 국내시장에서 팔렸다고 설명했다. 〈퍼블리셔스 위클리〉는 2006년에 미국 시장에서 팔린 책이 6억 5,930만 권이라고 추정했다. 시장연구 기업 닐슨 북스캔(Nielsen BookScan 2016)은 2015년 판매량이 6억 5,300만 권이라고 발표했다. 영국과 미국 시장 모두 종이책 판매량이 아마도 전자책의 등장으로 처음에는 감소하다가 2013년경에 다시 약간 늘어났다.

아프리카와 대다수의 중동, 아시아 국가에서 출판 통계는 미개척 영역이다. 아프리카의 책 생산량은 세계 책 생산량의 2~3% 정도로 예상되지만 이를 확인해줄 자료는 없다(Zell 2014). 아시아 국가들도 마찬가지다. 책 관련 통계 자료의 부재는 책 산업이 제대로 발달하지 못한 탓이 크다. 정확한 자료가 없으므로 오스트레일리아와 아프리카, 아시아 지역에서 팔리는 책이 총 10억 권을 초과하지 않는다고 경험치로 가정하기로 하자.

이 대략적인 숫자를 가지고 21세기 초 세계의 책 소비량은 연간 약 70억 권이었다고 추측해볼 수 있다. 그 숫자가 정확하다면 1960년대부터 21세기 첫 10년까지 책 판매량은 35%밖에 늘어나지 않았다.

따라서 전 세계의 책 소비는 세계적인 인구 증가와 비교해 실제로는 줄어들었다. 1960년대에는 세계적으로 해마다 1인당 1.6권이 팔렸지만 2000년 이후 0.9권으로 감소했다. 20세기 동안 책의 생산과 판매, 소비는 대부분 선진국에서 이루어졌지만 인구 증가는 개발도상국에서 더욱 빠르게 일어났다. 세계적으로 1인당 책 소비가 감소한 가장 큰 이유는 개발이 덜 이루어진 라틴아메리카와 아시아, 아프리카 국가에서 빠른 인구 성장에 반해 책 생산과 유통의 전문적인 구조가 거의 부재하기 때문이라고 추측해볼 수 있다.* 다시 말해서 세계의 책 통계 자료는 선진국과 개발도상국

---

* http://en.wikipedia.org/wiki/World_population

사이의 커져가는 정보격차를 확인해주며 독서 습관이 인구의 교육 수준과 연관 있음을 보여준다(Kovač 2015).

그러나 정보격차가 세계의 책 생산이 감소한 유일한 이유라고 말하는 것은 잘못된 추측일 것이다. 이용 가능한 자료에 따르면 적어도 지난 10년 동안 대부분의 선진국 시장에서 감소 현상이 일어났다.

6대 시장의 판매량

세계의 책 판매량을 측정하고 비교하는 표준 방식은 마련되어 있지 않다. 똑같은 시장에서도 측정 방식이 계속 변해 연혁적 비교에 불확실함이 따른다. 하지만 무작위로 잠깐 살펴보아도 세계시장에서 책의 범위와 시장 진출에 큰 차이가 있다는 사실을 알 수 있다. 6대 책 시장이 좋은 보기이다.

책을 비롯한 출판물에 대한 소비자의 지출 기록에 따르면 6대 시장은 전 세계 시장의 3분의 2를 차지한다. 그중에서도 미국과 중국이 각각 30%와 17%로 절반에 해당하고 나머지는 독일(8%), 일본(5%), 영국(4%), 프랑스(3%) 순이다. 러시아처럼 탄탄한 독서 전통을 갖춘 큰 국가들과 브라질과 멕시코처럼 인구가 많은 신흥 경제국가 그리고 출판의 전통이 길지 않은 인도네시아와 파키스탄 같은 국가들은 그보다 한참 낮은 수준이다. 출판시장을 선도하는 국가들 가운데 중국만이 책을 비롯한 출판물에 대한 지출이 계속 증가하는 현상을 보였고 지난 10년 동안 대표적인 영어권 시장은 이전의 손실을 최근에야 회복하는 수준이었다. 가장 큰 비영어권 시장에서는 대체로 판매량이 감소했다(표 13.1).

중국에서는 2015년에 47만 5,800종이 새로 출판되었고 전체 판매량은

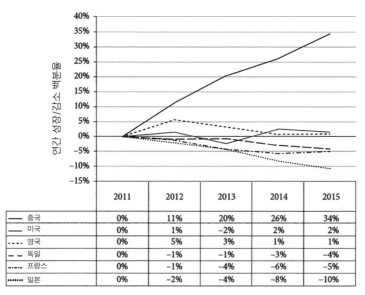

	2011	2012	2013	2014	2015
—— 중국	0%	11%	20%	26%	34%
—— 미국	0%	1%	-2%	2%	2%
···· 영국	0%	5%	3%	1%	1%
– – 독일	0%	-1%	-1%	-3%	-4%
–·–· 프랑스	0%	-1%	-4%	-6%	-5%
······ 일본	0%	-2%	-4%	-8%	-10%

표 13.1 세계 6대 도서 시장의 플러스성장과 마이너스성장

8억 6,600만 권으로 단연 1위를 차지한다. 하지만 중국의 인구가 14억 명에 가깝다는 점을 생각할 때 신간 발행 종수는 100만 명당 344권, 1인당 0.6권이다. 가까운 일본은 신간 7만 6,465종, 전체 판매량 6억 4,400만 권인데 인구가 1억 2,700만 명이니 100만 명당 613권이다(비록 여기에는 매우 인기 있고 빠른 소비 장르인 만화도 포함되며 소비자 한 명당 평균 5권을 구매한다). 유럽에서 가장 큰 도서 시장인 독일의 신간 발행 종수는 9만 종 가까운 숫자로 인구 100만 명당 1,078권이었다. 프랑스도 100만 명당 1,001권, 1인당 6.5권으로 비슷한 수준이고 중국보다 10배 많다.

요약하자면 중국을 제외한 세계의 주요 책 시장은 인쇄 부수와 소비자 도서 지출 비용 감소 현상을 겪고 있다. 만약 나머지 BRIC 국가(브라질, 러시아, 인도)에서 중국처럼 책 생산이 증가한다면 이러한 추세가 뒤집힐 수도 있다(그리고 세계적인 '책의 격차'가 좁혀질 것이다).

유럽연합의 책 판매량

유럽연합에서도 신간 발행 종수는 증가하고 출판사들의 총매출은 감소하는 유사한 현상이 나타났다. 1997년에 수집된 자료(Groenlund et al. 2000: 26)에 따르면 15개(당시 기준) 회원국에서 책에 지출한 금액은 230억 유로이고 신간 발행 종수는 40만 종이었다. 20년 후인 2015년에 유럽연합 회원국은 28개국으로 늘어났고 유럽출판인연맹(Federation of European Publishers, FEP)에 따르면* 유럽 출판사들의 총 순수익은 2006년의 232억 5,000만 유로에서 줄어든 225억 유로였다.

그로엔룬드(2000) 등이 선택한 기준인 소비자의 도서 지출 비용과 출판사 순수익(FEP의 자료)의 차이는 소매가 인상분이 포함된 최종소비자가의 약 60% 정도로 추정할 수 있다. 사용된 기준의 차이와 물가상승률을 고려할 때 유럽 출판 시장은 1997년부터 2006년까지 10년 동안 꾸준한 성장세를 보이다가 2007년 이후와 2008년 금융위기에 성장세가 멈추었다. 역시 FEP의 통계에 따르면 2006년부터 2015년까지 10년 동안 출판산업은 실제 가치의 약 15%를 잃었다. 같은 기간 유로존(Eurozone, 유럽연합의 단일 통화인 유로화를 사용하는 국가들-역주)에 누적된 물가상승률 15%에 해당한다(2004년부터 2013년까지 유럽연합 회원국이 15개국에서 28개국으로 늘어남에 따라 여러 작은 출판 시장과 중간 규모의 시장 하나—폴란드—가 유럽연합에 추가된 사실은 고려하지 않는다). 같은 시기에 신간 발행 종수는 꾸준히 증가해

---

* https://fep-fee.eu/-Annual-Publishers-Statistics-

2006년 47만 5,000종에서 2015년 57만 5,000종으로 44% 늘어났다. 이것은 세계적으로 1인당 책 판매량이 감소했음을 보여주는 계산 결과와 평균 인쇄 부수가 크게 줄어들었다는 출판 관계자들의 일화적인 증거를 모두 확인해준다.

2007년에 출시된 아마존의 전자책 단말기 킨들은 이러한 추세에 커다란 추진력을 더했다. 책과 읽기의 조합은 폐쇄적인 용기(closed container) 형식의 전자책에 긴 텍스트를 복제하는 것 말고도 소비자들에게 다가가는 더 많은 방법을 찾았다. 결과적으로 새로운 출판 모델이 등장했다. 지리적으로나 시간의 흐름에서나 여러 측면에서 차이는 많지만 이렇게 시장 발달의 다양한 패턴들은 이 장의 시작 부분에서 말한 것처럼 세계화가 매우 중요한 과정이라는 주장에도 부합한다. 그 과정을 제대로 이해하려면 전통적인 출판 모델을 살펴봐야만 한다.

전통적 출판 모델의 변화

수많은 연구 논문과 책에서는 출판의 가치사슬과 함축적인 비즈니스 모델에 관해 기본적으로 똑같이 설명한다(Darnton 1982; Greco et al. 2007; Phillips 2010, 2014; Thompson 2010 참고). 간단하게 말하자면 출판사가 재정과 지적 자본을 경영, 마케팅, 편집 기술과 합쳐 활용함으로써 원고를 책으로 만들어 유통업자와 판매업자 같은 여러 중개자를 거쳐서 최종소비자(독자, 민간 및 공공 기관, 도서관)에게 판매하는 것이다. 책의 거래로 올리는 소득은 판매 부수에 소매가격을 곱한 것이며 가치사슬 안 모든 참가자의 비용과 수익(예: 서점 할인, 인쇄와 소프트웨어 비용, 작가 소득, 출판사 수익과 간접비 등)을 충당한다. 적어도 이론상으로 이 모델의 수학적인 원리는 간단하다. 책이 많이 팔리고 비용이 적게 들수록, 팔린 책의 숫자와 소매가가 높을수록, 작가와 출판사, 판매자의 소득이 늘어난다.

인쇄 시대의 대부분 기간 동안 비교적 높은 고정비 때문에 어떤 책을 몇백 권이나 몇천 권 이하로 인쇄하는 것은 경제적으로 매우 현명하지 못한 일이었다. 1부 인쇄 비용이 너무 커서 출판사가 경쟁력 있는 적당한 가격에 팔 수 없었기 때문이다. 그것은 시장 요인에 의한 강제적인 검열이나 마찬가지였다. 출판사들은 출판의 수문장이 되어 출판물을 취사선택했다. 소비자들에게 적절한 가격으로 팔았을 때 생산비와 간접비를 회수할 수 있는 책이 주로 출판되었다.

20세기 중반 이후로 그런 비즈니스 모델에 압박을 가하는 중대한 방아쇠가 등장했는데 바로 생산 기술의 변화와 그에 따른 오프라인과 온라인 소매업의 발달이었다. 2000년 초에 전자책의 도입으로 근본적인 물류 혁신도 강화되었다. 그런 상태에서 아마존이라는 새로운 경쟁자가 등장했다. 아마존은 주식시장 자본을 받침대 삼아 급격한 확장을 추구하고 디지털 기술이 제공하는 이익을 적극적으로 활용했다. 디지털 기술 도입이 가져온 가장 큰 변화는 고정 생산비 감소였다. 온라인과 온디맨드 서비스로 종이책과 전자책의 생산 융통성과 가격 효율성이 모두 커져서 어디에서나 어떤 고객에게나 적은 권수를 낮은 소매가로 제공할 수 있게 되었다.

앞에서 살펴본 것처럼 그 첫 단계로 유럽과 영어권 국가에서 모두 신간 발행 종수가 크게 증가하는 결과가 일어났다. 영국에서는 그 과정이 도서정가제 폐지로 강화되었다. 출판사들이 중간에 낀 채로 온라인 소매업체 아마존과 전통 소매업체들이 맞서며 종이책의 가격과 전자책의 경우는 할인 경쟁이 더욱 치열해졌다.

그 과정은 두번째 단계로 이어져 선진국 도서 시장에서 출판사 가치사슬의 탈중개화가 일어났다. 전통적으로 출판사가 텍스트 편집과 유통 계획을 통하여 책에 더했던 가치를 갑자기 새로 등장한 전문가들이 대신하게 되었다. 그들은 디지털 기술을 이용해 출판 전체 과정을 온라인에 통합하고 최적화함으로써 작가들을 대상으로 하는 거대한 규모의 서비스를 제공했다. 그에 따라 많은 작가가 출판에 따르는 비용과 위험을 직접 감당하고 전통적으로 출판사의 역할이었던 편집과 출판, 마케팅을 통제하기 시작했다(더 자세한 정보는 Gaughran 2014 참고). 그 결과로 새로운 책 생태계가 탄생했다.

새로운 책 생태계

아마존의 온라인 판매 자료에 따르면 2015년에 처음으로 독립 출판(혹은 자가출판) 도서가 미국 '빅 5' 출판사 도서를 넘어섰다. 영국에서 자가출판 도서는 국내 도서 시장의 약 22%를 차지한다. 독일에서는 2016년에 아마존에서 판매된 전자책의 약 40%가 자가출판된 것이었다. 범죄, 로맨스, 판타지 장르가 이 새로운 책 생태계로 가장 많이 이동했고 자가출판은 전통적인 수단으로는 어려웠던 대규모의 관객에게 다가가는 기회를 제공해 주기 시작했다. 예를 들어 미국에서는 2016년에 흑인 소설의 71%가 자가출판된 것이었다. 탄탄한 도서 판매 인프라가 갖춰지지 않은 필리핀에서는 자가출판 서비스 왓패드가 로맨스 소설의 급격한 성장에 중요한 역할을 했다. 사하라사막 이남 아프리카 지역에서는 현지의 자가출판 서비스가 전통적인 출판과 유통 기업을 대신하는 경우가 많았다.*

---

* 미국 시장의 자가출판 서비스 발달은 2016년 2월 AuthorEarnings 보고서 참고, www.

중국에서는 스크린을 이용한 새로운 읽기 방식이 성공적으로 개척되었다. 읽은 양 만큼 값을 지불하는 페이 퍼 뷰(pay-per-view) 과금 방식 플랫폼이 2000년대 중반부터 수많은 작가와 독자들을 끌어모았다. 그리고 10년 후에는 메시지와 디지털 서비스 복합기업 텐센트(Tencent)와 이동통신 대기업 차이나 모바일(China Mobile)을 선두로 중국의 대표적인 인터넷 기업들이 그 혁신적인 방식을 거대한 산업으로 확장했다. 스마트폰과 저렴한 모바일 데이터 접속의 보편화도 거기에 한몫했다. 그 기업들은 디지털로 통합된 새로운 가치사슬을 독서 너머로 빠르게 확장해나갔다. 성공한 작가들에게는 그들의 지식재산이 게임이나 영화 같은 다른 형식을 통해 이차적으로 활용될 계약이 체계적으로 주어졌다.

저멀리 스칸디나비아반도에서 전자책은 처음에 거의 전적으로 도서관 대출용 형식이었지만 구독 혹은 고정요금제가 합쳐진 모델과 스트리밍이 등장하고 디지털 오디오북이 보편화되면서 변화가 일어났다. 러시아에서는 전자책이 크게 대중화되었다. 비록 주로 불법 해적판이었지만 자국에서 생산된 단말기로 저렴하게 전자책을 이용할 수 있었다.

이러한 변화가 일어나는 가운데 슬로베니아, 크로아티아, 리투아니아, 라트비아, 에스토니아, 세르비아 같은 작은 동유럽 도서 시장은 전통적인 출판 모델의 최후 보루가 되었다. 이들 국가에는 자가출판과 전자책의 역할이 거의 존재하지 않았다. 게다가 일부 국가에서는 여전히 하드커버가 가장 흔한 형식이었다. 하지만 신간 발행 종수 증가와 평균 인쇄 부수 감

authorearnings.com; 영국은 2016년 3월 23일 자 〈The Bookseller〉에 인용된 Nielsen 자료 참고; 독일은 Matthias Matting의 Self-Publisher Bibel 참고, www.selfpublisherbibel.de; 전 세계 자가출판 서비스 발달 현황 요약은 Global Ebook Report 2017 참고, www.globalebook.com; 기본 분석은 Shatzkin 2017 참고; AuthorEarnings.com 2017.

소, 소득 감소는 모든 동유럽 국가에서 나타났다. 이에 동유럽 정부들은 국가의 문화적 정체성을 장려할 목적으로 공적 자금을 들여 국내 도서 생산을 지원하게 되었다.

하지만 그것이 전부는 아니다. 비영어권 국가에서 영어 사용자가 급격히 증가함에 따라 21세기 초에 영어는 중세 유럽의 라틴어처럼 국제공용어가 되었다(McCrum 2010; Montgomery 2013; Kovač 2014 참고). 국제적으로 믿을 만한 자료는 없지만 일화적인 증거에 따르면 영어 도서의 수입 증가는 유럽과 아시아, 아프리카 일부 지역에서 전체 도서 판매량이 증가한 이유이기도 하다. 예를 들어 2012년에 슬로베니아에서 영어 도서 판매량은 교과서와 함께 도서 시장의 최대 20%를 차지했고(Gregorin et al. 2013) 독일을 비롯한 더 큰 시장에서는 영어권 베스트셀러가 역시 베스트셀러 목록에 올랐다(더 자세한 내용은 Bowen 2010; Global Ebook Reports 2013–2017, Diversity Report 2016 참고). 노르웨이에서는 연간 전체 인구 1인당 판매된 책 14권 가운데 3권이 영어권 도서였다(Norwegian Book Reading Survey 2014* 참고).

요약하자면 영어를 모국어나 제2외국어로 사용하는 사람들이 전 세계에서 가장 큰 인구 집단이 되었다. 따라서 새로운 전자책 생태계에 영향을 받지 않는 듯했던 유럽의 작은 도서 시장들도 공식 통계에서 보이지 않는 아마존 같은 판매 채널을 통해 이루어지는 영어 도서(전자책 포함) 수입의 증가로 고통받고 있다.

이러한 과정은 베스트셀러가 세계로 퍼져나가 판매되는 추세로 더욱 심화되었다.

---

* http://www.bokhandlerforeningen.no/leserundersokelsen-2014

베스트셀러가 출판 모델의 변화에 끼치는 영향

지난 20년 동안 베스트셀러 작가들의 중요한 특징 세 가지가 나타났다. 첫째, 20세기 중반에 출판의 주변부라고 여겨지던 지역에서 세계적으로 성공한 작가들이 등장하기 시작했다. 둘째, 베스트셀러 목록에 들려면 적어도 세 권으로 이루어진 시리즈를 쓰는 것이 필수가 되었다. 셋째, 업계의 유력한 에이전트가 맡는 소수의 작품과 작가들이 베스트셀러 상위 목록을 점령한다.

한 예로 1997년에 런던과 뉴욕, 프랑크푸르트 도서전 같은 국제 출판의 활동 중심지에서 머나먼 곳에 사는 무명작가의 데뷔 소설이 이미 단단하게 구축된 전문 네트워크를 따라 이동함으로써 1년도 채 되지 않아 여러 대륙에서 베스트셀러의 길을 구축할 수 있었다. 인도 남부 케랄라주의 벽지에서 태어난 작가 아룬다티 로이는 1996년에 자전적 이야기가 담긴 소설 『작은 것들의 신』을 뉴델리에서 탈고했다. 로이는 그 원고를 신중하게 선택한 중개자에게 넘겼다. 바로 하퍼콜린스의 편집자 판카지 미슈라(Pankaj Mishra)와 런던에서 활동하는 에이전트 데이비드 고윈(David Gowin)이었다. 로이의 책은 1997년에 영어로 출간되어 번역 출판권이 21개 언어로 팔렸고 50만 파운드라는 기록적인 선인세가 지급되었으며 맨부커상도 거머쥐었다.* 그보다 규모는 훨씬 작지만 같은 해에 역시 무명작가의 소설이 런던에서 세계 무대로 데뷔했다. 처음에는 단 500부가 인쇄되어 그중 300부가 도서관에 배포되었다. 2017년을 기준으로 J. K. 롤링의 『해리 포터』 시리즈 전 7권은 79개 언어로 총 4억 5,000만 부가 판매

---

* https://de.wikipedia.org/wiki/Arundhati_Roy

되었다.*

『해리 포터』시리즈가 구축한 새롭고 세계적인 침투 패턴은 개별적인 것이 아니었다. 베스트셀러 목록을 장악한 개별 도서는 3~7권으로 이루어진 시리즈인 경우가 많았다. 흥미진진한 이야기로 이어지는 그 책들은 오랫동안 함께할 핵심 독자들을 겨냥한다. 이러한 특징은 J. K. 롤링의『해리 포터』시리즈와 스티그 라르손의 스릴러『밀레니엄』시리즈(출판의 주변부에서 나온 작품이라는 점에서 아룬다티 로이의 경우와 비슷하다), E. L. 제임스의 에로틱 판타지『그레이의 50가지 그림자』시리즈, 켄 폴릿(Ken Follett)의 역사소설『거인들의 몰락』시리즈 등에 다양하게 적용된다. 2006년 이후의 베스트셀러 소설을 분석해보면 그 모델이 이미 탄탄하게 자리잡혔던 2000년대 중반부터 시작해 10년 동안 유럽 시장 7곳(프랑스, 독일, 이탈리아, 네덜란드, 스페인, 스웨덴, 영국)과 미국에 널리 퍼져 있었음을 알 수 있다(Kovač & Wischenbart 2018).

표 13.2에서 보듯 2006년부터 2015년까지 10년 동안 주요 도서 시장 8곳의 베스트셀러 차트 10위권에 든 소설들에 '임팩트 포인트'를 부여했다. 차트에 몇 달 동안 머물렀는지가 기준이고 순위로 가중치를 주었다. 연간 베스트셀러 중에서도 나머지보다 월등한 작품들이 소수 있었다. 연간 최고 베스트셀러 5권이 그해 임팩트 포인트의 평균 22%를 차지했다. 역시나 그중에서도 몇몇이 두드러진다. 스웨덴의 범죄소설 작가 스티그 라르손과 영국의 성인소설 작가 E. L. 제임스는 각각 임팩트 포인트가 7,937과 6,830으로 할레드 호세이니(Khaled Hosseini『연을 쫓는 아이』『그리고 산이 울렸다』)나 파올로 조르다노(Paolo Giordano 『소수의 고독』), 뮈리엘 바르베리

---

* https://harrypotter.bloomsbury.com/uk/harrypotter20/

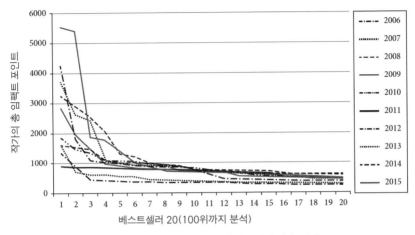

표 13.2 유럽의 베스트셀러 목록에서 베스트셀러 순위와 지속 기간

(Muriel Barbery 『고슴도치의 우아함』) 같은 더 전통적이며 비시리즈인 작품의
작가들보다 5~10배나 더 월등한 결과를 내놓았다(표 13.2).

신구 책 엘리트

이러한 분석을 바탕으로 21세기 첫 20년 동안 세계의 책 산업에서 네
가지 동향이 두드러짐을 알 수 있다. 첫째, 신간 발행 종수가 급격히 늘어
났다. 둘째, 대형 베스트셀러의 숫자가 줄어들었고 전반적인 인쇄 부수도
감소했다. 셋째, 자가출판과 새로운 시장 행위자들의 등장으로 새로운 도
서 생태계가 만들어졌다. 넷째, 이 세 가지 추세로 인해 출판사가 도서 1종
당 올리는 수익이 줄어들었고 출판산업 전체의 베스트셀러에 대한 의존도
가 높아졌다. 선진국 도서 시장에서 이 모든 요인은 규모를 활용할 수 있는

대기업들에 유리하게 작용했다. 이 패턴은 강력한 작가 브랜드, 지배적인 출판 기업들, 해당 기간 세계시장에서 가장 큰 성공을 거둔 아마존의 확장에 유리하게 작용한다. 이 요인들은 중간 규모의 지역 기업들이 오랫동안 장악해온 산업을 크게 뒤흔들었다.

국가마다 규모가 다르므로 도서 생산과 소비, 1인당 부의 규모를 고려해 살펴본다면 책 산업이 적어도 전통적인 관행에서는 아직도 19세기 후반과 20세기의 세계질서에 뿌리를 두고 있다는 사실이 분명하게 드러날 것이다. 서유럽과 북아메리카의 일부 국가 그리고 일본과 한국 같은 소수의 예외적인 국가들이 책이 중요한 요소와 형식으로 자리하는 세계의 지식과 교육, 엔터테인먼트 산업을 장악하고 있다.

표 13.3은 작거나 중간인 규모의 일부 국가들이 규제와 보조금을 통해 성공적으로 책 산업과 문화를 발전시켜 '책 엘리트' 상위권에 오를 수 있었다는 것을 보여준다. 작지만 부유한 산유국 노르웨이는 오래전부터 국내 문화를 장려하고 투자한 덕분에 두드러진다. 하지만 독일과 스위스, 오스트리아에서도 책과 읽기는 불안정한 시장의 잔혹한 요인들에 영향받지 않아야 하는 특수한 영역을 상징한다고 여겨진다. 이 표에서는 앞에서 언급한 것처럼 영국과 스페인이 중요한 수출국 역할을 한다는 점도 두드러진다.

표 13.3의 왼쪽 아래 끝을 보면 브라질과 러시아, 인도, 중국이 폴란드, 튀르키예, 멕시코와 함께 약간 느슨한 집단을 형성하고 있다. 이 국가들에서는 지난 20년 동안 새로운 중산층이 형성되어 책의 국내 소비와 생산 증가로 이어졌다. 멕시코와 브라질에서는 정부가 해외 수입 의존도를 줄이고자 교육 출판에 공적 자금을 투입하기 시작했다. 중국은 출판을 포함한 미디어 부문의 장기 전략을 수립했다. 가장 유망한 사업을 선정해서 규모 있는 기업으로 키워 세계시장에 '진출'시켜 경쟁하는 것이다. 마찬가지로 브

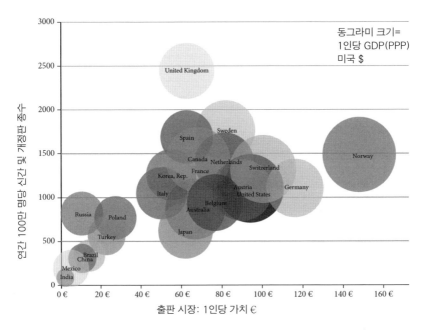

표 13.3 100만 명당 생산 도서 종수, 1인당 도서 시장 가치, GDP.

라질에서도 혼란스러운 경제 속에서 안정성을 키우고 세계의 선도기업들과 효과적으로 협업하기 위해 대표적인 두 교육 출판사의 합병이 이루어졌다. 러시아에서는 일반 도서 부문과 교육 출판 부문이 정부의 적극적인 지원까지는 아니더라도 정부의 승인에 따라 두 개의 출판 복합기업으로 신설 통합되었다. 그리고 멕시코는 전통적으로 국가가 국영기업 역할을 하는 개발도상국들과 마찬가지로 오랫동안 중앙 통제-육성 전략으로 도서 시장을 지원했다.

앞에서 언급한 여러 전략은 디지털 전환으로 초점이 향하게 되었다. 출판사와 소매업 인프라가 분권화되어 학생들이나 개인 애독자들이 책을 한 번에 한 권씩 접하는 전통적인 구조를 구축하는 것은 공공정책의 관점에서 비용이 너무 많이 든다. 중국과 필리핀의 사례에서 보듯 디지털 북과 디지털 학습 도구가 적절한 대안을 제시하는 듯하다.

새로운 모델, 새로운 충돌

전통적인 책 산업과 디지털의 전망은 여러 측면에서 서로 충돌한다. 창업자와 소유자가 주도적인 역할을 하는 작은 독립 출판사는 커다란 자율성을 필요로 한다. 그들은 다양한 시대를 거치는 동안 다양한 국가에서 표현의 자유를 위한 수단이자 국가와 정부에 반대하는 수단으로 책을 자리매김시켰다. 사소하게 보이는 문학작품이라도 여러 시대와 국가, 문화에 걸쳐 새로운 사상과 개념으로 기득권에 대항하는 정치적 역할을 했고, 『해리 포터』 시리즈 같은 대형 베스트셀러도 중소기업에서 출간되어 최고 자리로 올라갔다. 그뿐만 아니라 스티그 라르손과 노르딕 누아르 유행이 거둔 성공이 증명했듯이 새로운 자극은 책에서 다른 스토리텔링 매체로, 다시 책으로 이동할 수 있다.

반면 디지털 형식은 서비스를 집중화해주고 제안된 콘텐츠의 독창성과 다양성, 풍성함이라는 강점은 지니지 못한 새로운 출판 대기업들의 다른 강점을 활용할 수 있는 잠재력이 내재되어 있다. 집중화 추세와 함께 도서 산업 전체가 소수의 베스트셀러에 의존하는 경향이 점점 커지는 것은 실험적이고 혁신적인 서사를 탐험할 기회를 제한한다.

커다란 변화와 균열 속에서 아직 확실한 결론에 도달하는 것은 시기상조인 듯하다. 하지만 인터넷을 지배하는 기업들은 콘텐츠를 상업화하면서 이용자들의 커뮤니티를 장려하고 그다음에는 담을 두르고 소유하는 능력이 탁월하다. 따라서 앞으로 세계 출판의 최전방에서는 집중화되지 않은 지역 출판 행위자와 새로운 슈퍼스타 선수의 충돌이 예상된다.

이 글이 작성된 2017년 가을을 기준으로 이러한 변화는 계속 진행중이며 승자와 패자는 아직 정해지지 않았다.

참고문헌

Appel, C. and K. Skovgaard-Petersen (2013). 'The History of the Book in Nordic Countries', In *The Book: A Global History*, M. F. Suarez, H. R. Woudhuysen 편집, Oxford: Oxford University Press.

AuthorEarnings.com (2017). Print vs. Digital, Traditional vs. Non-Traditional, Bookstores vs. Online: 2016 Trade Publishing by Numbers. http://authorearnings.com/report/dbw2017/ [2017. 2. 5 검색].

Bowen, K. (2010). International bestsellers get Germans reading in English. http://www.dw-world.de/dw/article/0,,4199574,00.html [2017. 9. 11 검색].

Bowker.com (2016). Report from Bowker Shows Continuing Growth in Self-Publishing. http://www.bowker.com/news/2016/Report-from-Bowker-Shows-Continuing-Growth-in-Self-Publishing.html [2017. 9. 11 검색].

Clark, G. and A. Phillips (2008). *Inside Book Publishing*, 3rd edition, London: Routledge.

Curwen, P. J. (1986). *The World Book Industry*, New York: Facts on File.

Darnton, R. (1982). What is the History of the Book? https://dash.harvard.edu/bitstream/handle/1/3403038/darnton_historybooks.pdf?sequence=2 [2017. 2. 1 검색].

Diversity Report (2016). Ruediger Wischenbart Content & Consulting. https://www.mecd.gob.es/dam/jcr:4313636f-998d-4c71-99cb-ea877ebb2c89/diversity-report-2016.pdf [2017. 1. 16 검색].

Dohle, M. (2013). Talk at Frankfurt Book Fair CEO panel. https://www.youtube.

com/watch?v=RyYp082Laqo&t=89s [2017. 7. 13 검색].

Dular, A. (2002). *Živeti od knjig*, Ljubljana: Zveza zgodovinskih društev Slovenije.

Escarpit, R. (1966). *The Book Revolution*, Paris and London: Harrap and UNESCO.

Farrington, J. (2014). 'CIPFA Stats Show Drops in Library Numbers and Usage', *The Bookseller*, 8 December.

Flood, J. (2013). 'Austria', In *The Book: A Global History*, M. F. Suarez & H. R. Woudhuysen 편집, Oxford: Oxford University Press.

Furedi, F. (2016). *The Power of Reading. From Socrates to Twitter*, London: Bloomsbury Continuum.

Gaughran, D. (2014). *Let's Get Digital: How to Self-Publish and Why You Should*, 2nd edition, Kindle Books.

Global Ebook Report (2013 – 2017). Ruediger Wischenbart Content & Consulting. Wischenbart.com [2017. 7. 13 검색].

Greco, A., C. E. Rodriguez, and R. M. Wharton (2007). *The Culture and Commerce of Publishing in 21st Century*, Stanford, CA: Stanford University Press.

Gregorin, R., M. Kovač, and A. Blatnik (2013). 'The Curious Case of Bestsellers in Slovenia', *Logos*, 24(4), pp. 12 – 23.

Groenlundd, M., R. Piccard, and V. Ponni (2000). *Competitiveness of the European Union Publishing Industries*, Bruxelles: European Commission, Enterprise Directorate-General.

Hofstede, G., G. J. Hofstede, and M. Minkov (2010). *Cultures and Organizations: Software of the Mind*, Columbus, OH: McGraw Hill.

International Publishers Association (IPA) (2014). Annual Report. https://www.internationalpublishers.org/images/reports/2014/IPA-annual-report-2014.pdf [2017. 8. 15 검색].

Kovač, M. (2014). 'Global English and Publishing Trends at the Turn of the 20th Century', *Knygotyra*, 62, pp. 7 – 17.

Kovač, M. (2015). '"Bokes be not set by, there times is past, I gesse": reflections on the end of the book', Logos, 26(4), pp. 7 – 21.

Kovač, M. and R. Wischenbart (2018). 'Bestsellers 2008 to 2014: the last king of analogue and the first dame of the digital pleasure house', Logos, 29(1), pp. 18 – 27.

Krummel, D. W. (2013). 'The Heritage of Boleslas Iwinski', *Library Trends*, 62(2), pp. 456 – 64.

Macdonald, L. (2012). *A New Chapter: Public Libraries in 21st Century*, Dunfermline: Carnegie Trust.

McCrum, R. (2010). *Globish: How the English Language Became the World's Language*, London: Viking.

Matting, M. Self-Publisher Bibel—www.selfpublisherbibel.de [2017. 9. 16 검색].

Montgomery, S. L. (2013). *Does Science Need a Global Language?*, Chicago: University of Chicago Press.

Nielsen BookScan (2016). Year in Books, Review 2015, PowerPoint Presentation.

Phillips, A. (2010). 'Where is the Value in Publishing? The Internet and the Publishing Value Chain', In *The Future of the Book in The Digital Age*, B. Cope, A. Phillips 편집, Oxford: Chandos.

Phillips, A. (2014). *Turning the Page: The Evolution of the Book*, Abingdon on Thames: Routledge.

Phillips, A. (2017). 'Have we Passed Peak Book? The Uncoupling of book Sales from Economic Growth', *Publishing Research Quarterly*, 32(3), pp. 310 – 27.

Shatzkin, M. (2017). 'Agency pricing didn't restrain Amazon; it strengthened it', Shatzkin Files, 1 February. http://www.idealog.com/blog/agency-pricing-didnt-restrain-amazonstrengthened/ [2017. 2. 4 검색].

Squires, C. (2013). 'Britain from 2014', In *The Book: A Global History*, M. F. Suarez & H. R. Woudhuysen 편집, Oxford: Oxford University Press.

Steger, M. (2013). *Globalization. A Very Short Introduction*, 3rd edition, Oxford: Oxford University Press.

Stevenson, I. (2010). *Book Makers. British Publishing in 20th Century*, London: British Library Publishing Division.

Swan, D. W., J. Grimes, T. Owens, K. Miller, J. Arroyo, T. Craig, S. Dorinski, M. Freeman, N. Isaac, P. O'Shea, R. Padgett, and P. Schilling (2014). *Public Librar-*

ies in the United States Survey. Fiscal Year 2012, IMLS-2015_PLS-01, Washington: Institute of Museum and Library Services.

Thompson, J. (2010). *Merchants of Culture*, Cambridge: Polity Press.

UK Publishers Association (2016). The UK Book Industry in Statistics 2016. https://www.publishers.org.uk/resources/uk-market/ [2017. 9. 11 검색].

Zell, H. (2014). 'How Many Books are Published in Africa? The need for more reliable statistics', *African Book Publishing Record*, 40(1), pp. 1-14.

14장

출판의 큐레이션
큐레이션의 패러다임, 필터링, 편집의 선택 구조

마이클 바스카(Michael Bhaskar)

필터링 너머로

출판은 무엇을 하는가? 보기보다 훨씬 어려운 질문이다. 출판사는 시대와 지역, 부문에 따라 큰 차이를 보인다. 출판 텍스트와 비출판 텍스트의 경계는 구분이 확실하지 않다. 출판의 구성 요소는 기본적인 기술과 시장 조건, 출판물의 '공개적' 전시에 대한 지배적인 태도에 따라 변한다.

필자는 다른 글에서 필터링과 증폭이라는 쌍둥이 개념을 살펴보았다. 두 개념 사이에는 넓은 맥락에 걸쳐 출판에 관한 생각들이 자리한다(Bhaskar 2013). 증폭은 간단명료하게 정의될 수 있지만 필터링이라는 용어는 좀더 자세한 설명이 필요하다. 필터링은 출판사가 아무것이나 출판하면 안 된다는 뜻이다. 그렇지 않으면 단순히 하나의 매체로 전락할 것이다. 규모에 상관없이 모든 출판사는 취사선택을 해야만 한다. 특정한 기준에 따라 어떤 원고는 거부해야 한다. 다시 말하자면 걸러내야 한다. 하지만 필터링은 출판의 최대 한계이자 극단적 사례이다. 필터링은 거의 소극적인 선별을 암시한다. 실제로 출판은 거의 그런 식으로 이루어지지 않는다. 여과 메커니즘을 발생시키는 선별 과정은 대부분 암묵적이고 복잡한 모델에 따라 빈번하고 적극적으로 벌어진다. 선별 과정에는 경쟁과 변화가 일어나는데 바로 차별화와 경쟁우위의 임계점이다.

필터링 기능을 좀더 잘 표현해주는 말은 큐레이션이다. 출판사의 큐레이션은 대체로 기획과 편집 부서와 관련있지만 출판사가 하는 모든 일에 포함된다. 출판사의 큐레이션은 출판사가 무엇을 왜 출판할지 선택하는 것을 말한다. 필자가 '가치를 더하기 위한 선별과 처리 방식'(Bhaskar 2016)이라고 정의하는 큐레이션은 주도적이고 광범위한 과정이다. 외부인이나 다른 부서 사람들에게는 편집 과정이 불가사의하게 느껴질 수 있다. 편집 회의는 많은 직원을 배제하고 이루어진다. 전통적으로 편집자들은 지위와 권력을 휘두르며 비즈니스와 창작에 관련된 의사결정의 중심에 자리한다. 재무와 취향에 관한 책임이 겹친다는 점에서 편집자는 명망 높은 자리이다. 하지만 출판을 이해하려면 편집을 파고들어 큐레이션의 구조적 역할을 이해하는 것이 필수적이다. 출판 큐레이션의 중심에는 이 질문이 자리한다. 왜 어떤 것은 출판되고 어떤 것은 출판되지 못하는가? 그것이 어떤 영향을 끼치는가? 큐레이션은 출판산업에 어떤 역할을 하는가? 질문에 답하기 위해 먼저 큐레이션 패러다임의 개념을 소개할 것이다.

이 질문들은 여러 세기 동안 텍스트 부족에서 과잉으로 바뀌면서 더욱 중요해졌다. 까마득한 과거에도 읽을거리가 너무 많다고 여겨진 것은 마찬가지였다. 플라톤과 세네카, 히포크라테스는 모두 문서가 넘쳐난다고 한탄했다. 나중에는 라이프니츠와 보즈웰이 그런 불평을 했다. 인쇄기와 대량 생산 기법, 디지털 복제가 등장하기 이전에도 인류는 풍요의 문제에 직면했다(적어도 스스로 그렇게 인식했다).

오늘날에는 그 어느 때보다 방대한 텍스트가 존재한다. 1800년에 영국에서는 일주일에 약 12종의 책이 출판되었다(St Clair 2004). 2011년에는 주당 2,800종이 넘었고 비공식적으로 출판되는 책은 더 많았다. 1800년에 영국의 출판 도서는 인구 1만 7,500명당 1권이었고 2011년에는 348명당 1권이었다(Flood 2014). 인구는 6배 늘어났지만 출판 도서는 250배나 증가했다. 문해율과 가처분소득의 증가를 고려하더라도 엄청난 성장률이다. 서지 정보 업체 보커의 보고서에 따르면 미국에서 출판 도서의 유용한 대용물인 ISBN은 2010년부터 2015년까지 375% 증가했다(Bowker 2016). 오랫동안 이어진 추세지만 자가출판의 인기가 엄청난 화력을 더했다. 자가출판 도서에 발급된 ISBN은 2010년 15만 2,978개에서 2015년 72만 7,125개로 늘어났다. 보커는 한 종의 책이 여러 개의 ISBN을 발급받는 경우를 참작해도 2015년에 자가출판 도서가 62만 5,327종에 이른다고 추정한다(Anderson 2016a). 이것은 인터넷과 디지털 기술이 가져온 전례 없는 미디어와 데이터의 폭발로 생기는 일이다. 이렇게 출판처럼 엄청난 숫자의 신제품이 쏟아지는 산업은 거의 없다. 책을 내는 것은 여전히 많은 사람의 꿈이다(저자성은 3장 참고). 출판에서 공급과잉 현상은 절대로 부정할 수 없는 사실이다.

따라서 모든 출판사는 포화 상태의 시장에서 운영된다. 저작권은 넘쳐나는 원자재의 바다에서 독점이라는 작은 섬을 조각하게 해준다. 하지만 출판사가 무엇을 선택하는지, 그것이 공급과잉 속에서 어떻게 출판의 큐레이션 패러다임을 이루는지의 문제는 단순히 정체성이나 전략의 문제가 아니다. 그야말로 생존의 문제다.

모델과 큐레이션 패러다임

출판사가 출판을 하는 이유는 다양하다. 돈을 벌기 위해, 혁명에 불을 붙이기 위해, 신을 찬양하기 위해, 과학의 진보를 위해. 출판사는 내가 모델이라고 부르는 것에 따라 출판을 한다. 그 모델은 그들이 책이나 프로젝트로 달성하고자 하는 목표를 돕고 출판에 지침을 제공한다. 사람들이 흔히 저지르는 실수는 출판사의 모델을 지나치게 단순하게 바라보고 어떤 책이든 목적이 단 하나라고 생각하는 것이다. 그런 경우는 실제로 매우 드물다. 출판사는 책에 대한 여러 대조적이고 일치하지 않는 기대와 모델을 합쳐서 매우 중요한 모델을 하나 만든다. 예를 들어 급진적인 성향의 출판사는 반자본주의라는 정치적 안건을 제시하는 책뿐만 아니라 생산비를 만회하고 심지어 흑자를 내서 생존을 보장해주는 책도 출판할 것이다(생존도 정치적 프로젝트의 일부분이다). 그렇다면 모든 출판은 혼합된 여러 복잡한 모델에 따라 이루어진다고 할 수 있다.

기업의 측면에서는 여러 혼합 모델을 하나로 종합할 수 있다. 그 일련의 모델을 필자는 큐레이션 패러다임이라고 부른다. 출판사가 무엇을 출판할지 이끌어주고 제한하기도 하는 구조물인 것이다. 모든 출판사와 임프린트, 내부 조직, 도서 목록에는 고유한 편집 특징, 즉 출판의 범위를 정해주는 큐레이션 패러다임이 있다. 출판사가 말하는 '우리에게 맞는 책' 혹은 '우리와 전혀 맞지 않는 책'이 완곡하게 표현된 큐레이션 패러다임이다. 이 개념의 깊이는 분석의 규모에 따라 조절될 수 있다. 예를 들어 대기업의 임프린트에는 큐레이션 패러다임이 따로 있으며 모회사의 전체적인 큐레이션 패러다임의 일부를 수행한다. 이 개념은 산업 부문 혹은 사회적인 측면으로 확대할 수도 있다. 큐레이션 패러다임이 출판사가 활용하는 혼합 모델의 총계인 것처럼, 사회에도 일종의 원(原)큐레이션 패러다임, 그 사회에서 작동하는 전체적인 큐레이션 패러다임 세트가 있다. 그 패러다임은 공공영역을 구성하고 한계를 설정한다. 나중에 이것은 중요한 연구 분야가 되겠지만 이 장에서는 다루지 않는다.

큐레이션 패러다임을 정적이고 추상적인 새로운 개요 정도로 여겨서는 안 된다. 출판사의 모든 직원은 어느 정도로, 특히 출판 기획(acquiring) 역할을 맡은 사람은 큐레이션 패러다임을 일부분이라도 인식하고 있다. 그 인식은 출판에 관한 의사결정에 큰 영향을 미친다. 따라서 큐레이션 패러다임은 능동적이고 활동적이면서 끊임없이 변화하며 압력을 행사한다. 그것은 로드맵이고 전략과 전술, 행동 수칙, 부족 정체성, 비즈니스 계획과 재무예측의 일부분이다.

사회학자 월터 W. 파월(Walter W. Powell)이 제시한 '기업의 전제(premises of the firm)'(Powell 1985)는 여러모로 큐레이션 패러다임과 비슷한 개념이다. 편집(editorial)은 출판의 중심을 차지하는데도 출판 연구에서 등한시되었는데 파월은 최초로 가장 포괄적인 연구를 진행한 연구자 가운데 한 명이었다(Coser & Powell 1982). '기업의 전제'가 어떻게 고유한 큐레이션 DNA를 소개하는지 이해하려면 그것이 어떤 원리로 움직이고 어떤 영향을 받아 만들어지는지 알아야 한다. 그 영향력은 주로 두 가지 차원에서 일어난다. 기업 안에서와(내생적 요인) 기업 밖에서(외생적 요인)이다. 다시 말해서 개인의 미시적인 전략부터 사회적인 차원의 광범위한 경계 조건까지 다양한 요인이 존재한다. 우선 큐레이션 패러다임을 기업의 차원에서 바라보면서 출판 연구와 조직 이론, 사회학을 이용해 내생적 요인을 살펴보겠다. 그다음에는 외생적인 차원으로 넘어가 사회적 맥락과 큐레이션 패러다임의 복잡하고도 상호 강화적인 연결을 따져보자.

외생적이고 내생적인 영향력은 동시에 작용하는 힘으로 이해되어야만 한다. 출판에는 개인 편집자와 편집부, 임프린트, 대기업의 측면에서 매우 중복이 심한 의사결정이 이루어진다. 미디어 사회학자 리즈와 슈메이커의 연구를 따라 개인적 측면, 미디어 관행과 팀 문화의 측면, 조직적 측면, 번외 매체(extramedia)의 측면, 이데올로기의 측면 등 여러 측면에서 이루어지는 의사결정을 살펴보면 그 매듭을 풀 수 있다(Shoemaker & Reese 1996). 처음 세 가지는 큐레이션 패러다임의 내생적 맥락에 해당하고 나머지는 외생적 맥락이다. 하지만 실제로는 항상 모든 요인이 존재한다. 외생적 요인인지 내생적 요인인지의 구분은 출판 큐레이션의 본질에 대한 주장이라기보다 큐레이션 패러다임을 이해하는 데 유용한 경험적 기법이다.

내생적 요인

출판 기획(commissioning)은 개인에서 시작된다. 출판 관련 의사결정은 팀이 맡는 경우가 많지만(편집부) 일반적으로 프로젝트의 대변자와 옹호자는 한 명의 개인이다. 그 결정은 대개 개인적으로 이루어진다. 일반적으로 기획 회의에는 편집자들만 참여해서 프로젝트에 관한 대화를 나눈다. 출판 큐레이션 회의는 비즈니스상의 이유에서도 그렇고 전투적인 토론을 위해서도 주로 비공개로 이루어진다.

클레어 스콰이어스는 편집자의 취사선택 역할과 편집 '취향'에 관한 심층 연구를 실시했다(Squires 2017). 그녀는 기업의 의사결정이 데이터 지향적으로 이루어지는 시대에 편집 관련 선택은 왜 여전히 '직감'이나 주관적 선택에 따르는지 묻는다. 다시 말해서 출판사의 큐레이션은 출판산업에서 생각보다 지배적이지 않은 오래된 비즈니스 형태의 보루라고 할 수 있다.

큐레이션은 여전히 개인의 주관적인 취향 또는 견해의 영역이다. 스콰이어 스는 수많은 일반 출판사의 편집자들을 인터뷰했는데, 그들 다수가 체화 된 언어를 사용해 출판에 관한 의사결정을 설명한다는 사실을 발견했다. 즉 그들의 출판은 개인적인 관점과 취향을 반영했다. 출판에 대한 합리적 이고 비용 중심적인 것처럼 보이는 주장이 사실은 경제적인 고려사항보다 상징적이거나 감정적인 논리에 따르는 것일 수 있다. 일반인과 마찬가지로 편집자들에게 취향과 비즈니스의 경계는 명확하지 않다.

파월이 강조한 것처럼 광범위한 요인이 개인 편집자들을 좌우한다. 예 를 들어 자신의 직업에 대한 대중의 인식, 출판이 커리어에 어떤 도움이나 방해가 되는지에 대한 생각 등이 그들의 선택에 막대한 영향을 끼친다. 파 월은 편집자 네트워크가 의사결정의 장을 형성한다고도 강조한다.

> 작가와 출판인의 개인적인 우정과 인맥은 강력하게 규정된 행동 기준을 만든다. 연대가 접근과 발견 과정을 만든다. 개인적 인맥 네트워크는 경 제적 성공에도 필수적이다. (Powell 1985: 193)

모든 편집자는 매우 밀착된 입장에서 출판 관련 의사결정에 접근한다. 조직 체계 안에서 편집자의 경험과 위치가 큐레이션 패러다임에 접근하는 방식에 영향을 줄 수도 있다. 경험 많은 선임 편집자일수록 패러다임을 밀 어붙이는 권한을 더 크게 느낄 수도 있고, 젊고 열정적인 편집자가 보상은 크나 위험이 따르는 기획 전략을 추구하기도 한다. 성별, 인종, 계급 같은 요인도 전부 개인의 취향과 편집부 조직 내 위치에 영향을 준다. 교육 수 준, 개인적 신념(종교, 정치, 미학적 선호), 기질도 마찬가지다. 스콰이어스는 연구 과정에서 만난 일반 출판사 편집자들이 대부분 대학교를 졸업한 백인 중산층 여성이라고 언급했다. 그러한 요인들이 출판 관련 의사결정과 어떤 인과관계를 맺고 있는가는 결코 단순하지 않지만 아무런 영향도 끼치지 않을 가능성은 없다.

상호 존중과 신뢰, 장기적 관계로 구축되는 개인적 요인도 있다. 파월은 이것을 작가들과의 '짝짓기 과정'에 비유한다(Powell 1985: xii). 그는 출판에서 뜻밖의 행운이 커다란 역할을 한다는 사실을 인정한다. 우연한 만남, 우정 혹은 의사결정이 연쇄적인 효과를 일으킬 수 있다. 기회(운)가 다른 식으로 작용하기도 한다. 예를 들어 어떤 편집자가 난해하거나 '진지한' 책을 이미 많이 기획했다면 비슷한 책은 '자리'가 없다는 이유만으로 퇴짜 놓을 것이다.

파월과 스콰이어스는 모두 '기업의 전제' 혹은 필자의 표현대로 큐레이션 패러다임이 편집자들에게 강력한 영향을 끼친다는 점을 강조한다. '편집자들이 편집 기획 과정에 따르는 선택을 기업 환경에 맞춰야만 한다는 사실이 인터뷰에서 분명하게 드러났다. 그들의 본능적인 반응은 사실 환경과 끊임없이 타협하는 후천적인 비즈니스 결정이었다'(Squires 2017).

사람과 조직 체계, 고유한 문화가 만드는 분위기 같은 출판사의 환경은 편집 기획의 선택에 강력하면서도 겉으로 잘 드러나지 않는 영향을 끼친다. 부서 간 갈등이 고유한 역학을 만든다. 편집자들에게 주어진 '직무 자율성'과 큐레이션 패러다임의 힘 사이에 갈등이 존재한다. 대개 이것은 명시적인 형태의 통제가 아니다. 분명하게 명시되지 않을 수도 있고 설명서도 없다. 파월의 설명에 따르면 '편집 의사결정은 다수의 비공식적인 통제 과정에 따른다'(Powell 1985: 145). 그리고 '그것은 조직의 가치와 선호도의 내재화에 의존하는 과정이다'(1985: 146).

그렇다면 큐레이션 패러다임은 어떻게 통제력을 발휘할까? 부분적으로는 출판사의 명시적인 편집 전략 때문이다. 예를 들어 어떤 출판사는 로맨스 소설이나 경제서, 5세 이하 아동을 대상으로 한 그림책 등에 주력할 것이다. 이렇게 출판사의 의식적인 편집 전략은 모든 편집자에게 분명한 경계와 지침을 설정해주며 출판사의 핵심적인 차별점 역할을 한다. 집중적인 편집 전략은 출판사가 전문화를 통해 개선점을 찾고 특정 부문에서 인지도를 쌓도록 해준다. 집중적이고 고유한 편집 전략일수록 혼잡한 분야에서 경쟁우위를 제공해줄 수 있다. 이것은 대중의 관점에서는 아닐지라도 기업 간의 측면에서는 포지셔닝의 문제다. 편집 정체성은 문학 에이전트와 책 판매업자, 공급업자, 모든 유형의 소비자에게 유용한 지표가 된다. 공급사슬에 포함된 사람들이 서로에게 이로운 쪽으로 출판사를 자동으로 인식하게 해준다. 출판 대기업들은 자동차 기업이 브랜드 포트폴리오를 구축하듯(포르셰와 슈코다 등을 거느린 폭스바겐) 편집 활동을 확장해나간다. 펭귄랜덤하우스 같은 기업은 명망 높은 문학 전략에 어울리는 위엄 있는 임프린트뿐만 아니라 대중오락과 대규모 판매량에 집중하는 의식적으로 '상업적인' 임프린트를 거느리고 있다. 훨씬 규모가 작은 출판사들에도 비슷한 목적을 수행하는 임프린트 혹은 도서 목록이 있다. 비록 상호보완성이 두드러지지는 않더라도 전체적인 큐레이션 패러다임을 다양화하고 편집 전략을 확장하기 위함이다. 한 패러다임 안에서 움직이는 사람들은 전체적인 차별화된 방침에서 편집 전략이 어떤 역할을 하는지 알고 있을 것이다.

하지만 통제의 측면에서 전략과 그것을 뒷받침하는 큐레이션 패러다임은 보통 '지휘 통제' 구조가 아니라 내재화 혹은 수용의 과정을 통해 운영된다. 편집자들은 대부분 어떤 책을 기획하라고 구체적으로 지시받지 않는다. 대신 그들은 큐레이션 패러다임과 유기적으로 연결되어 있으므로 구간목록의 성격부터 창업자의 철학, 기업의 사명 등 수많은 것에 영향을 받는다. 따라서 패러다임의 명시적인 부분과 팀원들이 암시적으로 이해하는 부분에 관해 모호함이 많다. 일상적인 의사결정에서 큐레이션 패러다임이 명확하게 드러나는 주요 접점은 바로 사회적 대본 또는 루틴이라는 개념이다.

이것은 공식적이면서도 암묵적이고 양쪽을 모두 아우른다. 공식적인 루틴은 (편집 전략을 넘어) 눈에 잘 보인다. 편집 또는 기획 같은 회의 구조 (보통 편집 회의는 편집자들만 참여하고 기획 회의는 모든 부서의 선임들과 경영진이 참여한다), 도서의 수익과 비용 예측 과정(감정), 책을 설명하는 다양한 문서 작성, 아이디어를 홍보하고 내부 및 외부의 유사 도서를 찾아 회의에서 책에 호의적인 사람들을 모으는 것 등이 포함된다.

하지만 사회적 대본(혹은 대본 이론)의 개념은 암묵적인 차원이 강하다 (St Clair 2008 & Meng 2008). 예를 들어 거리에서 아는 사람을 마주칠 때의 상호작용은 특정한 사회적 대본의 통제를 받는다. 마주친 두 사람 모두 그 상황에서의 대화 형태와 대화에서 자신의 역할을 잘 안다. 따라서 그들은 날씨에 대한 것 같은 의례적인 대화를 나눈다. 결혼식이나 비즈니스 콘퍼런스를 진행할 때처럼 훨씬 더 정교한 대본도 있다. 인간의 모든 상호작용은 어느 정도 사회적 대본에 좌우되는데 편집 관련 의사결정 과정은 특히 그렇다.

본질적으로 그 대본은 기존 구간 목록의 성격부터 경영진의 운영상 장악력, 시장의 상태에 이르는 모든 정보가 기업 내의 구체적인 토론과 의사결정으로 암호화된 것이다. 그것은 큐레이션 패러다임의 상호적 내면화이자 큐레이션 패러다임이 편집 계획에 걸쳐 나타나는 모습을 상징한다. 복잡성과 불확실성이 암묵적인 프로토콜로 관리되는 방식인 것이다. 편집자들은 편집 선택 과정에서 자신이 속한 기업의 사회적 대본을 배우고 실행해야 한다. 하지만 그 대본은 고정적이지 않다. 첫째, 의학이나 공학 같은 직종과 달리 출판에는 주관적인 요인이 차지하는 비중이 크다(전문 지식을 활용하지 않는다는 뜻은 아니다). 편집자에게 중요한 것은 전문 지식을 이해하는 것뿐만이 아니다. 인맥, 글에 대한 이해, 시장 판단력도 중요하다. 둘째, 사회적 대본에 포함된 행위자들은 그 대본을 바꿀 수 있다. 편집자들은 저마다 정도는 다르지만 패러다임에 의문을 던지고 바꿀 수 있는 권한이 있다. 선임 편집자일수록 명시적, 암묵적으로 사회적 대본을 무시하거나 바꾸고 패러다임의 경계를 밀어붙일 재량권을 가질 것이다. 경험이 적은 편집자라도 베스트셀러를 냈다면 비슷한 자유를 얻을 것이다. 사회적 대본은 안정적이지도, 획일적이지도 않다. 특이하고 역동적이다. 하지만 항상 강렬하게 드러나는 것은 아니다.

출판은 어수선하다. 우연이 너무 큰 비중을 차지한다. 출간 목록 구축의 모든 측면에서 관련 요인들의 과잉 결정이 나타난다. 기업의 조직 체계, 개인적 취향, 구간 목록, 기업의 궤도, 개인의 포부, 전통, 재정 등 모든 것이 엮여 풀 수 없는 복잡한 매듭을 이룬다. 단순해 보이는 결정일지라도 그 이면에는 다양한 요인이 넘쳐날 가능성이 크다.

하지만 존 톰프슨(John Thompson 2010)의 주장처럼 특히 일반 출판사의 큐레이션에 대해서는 여전히 잘못된 고정관념과 오해가 많다. 톰프슨은 실제로 매우 복잡한 과정을 거치지 않는 출판 의사결정에 대한 잘못된 관점을 분석했다. 내생적 요인의 단순 모델은 출판사의 큐레이션에 관한 잘못된 생각들로 이어진다. 예를 들어, 출판사가 큐레이션을 제대로 하지 않고 오로지 돈이 되는 선택을 하며 기업 오너가 개인의 목적을 위해 편집에 과도한 압박을 가하고(루퍼트 머독이 중국 시장에 해를 끼칠 수 있는 책의 출간을 철회시킨 전형적 사례가 있다) 출판사가 데뷔 작가가 아닌 기성 작가만을 선호하며 편집부가 모든 힘을 잃고 의사결정이 판매와 마케팅, 경영의 지배적인 삼위일체로 양도되었다는 잘못된 생각이 만연하다(Thompson 2010).

톰프슨은 그러한 고정관념이 잘못되었음을 하나씩 짚어준다. 출판사들의 기존 출간 목록을 살펴보면 '어렵고' 다양한 책들이 많이 있다. 어떤 책들이 출판되는지 살펴보면, 아니, 베스트셀러 목록만 대충 봐도 다양한 책들이 나오고 잘 팔린다는 것을 알 수 있다. 서점들이 증명해주겠지만 실제로 수많은 큐레이션 패러다임이 만개해 있다. 톰프슨이 발견한 것은 전적인 통제가 아닌 '심하지 않은 파벌주의'와 '미묘한 자기검열'뿐이었다(Thompson 2010: 141). 통제 요소는 존재하지만 명시적이 아니라 암묵적인 '전제'의 틀에 맞춰진다. 톰프슨의 주장 중 상당수는 데뷔 작품들이, 꺼려지는 것과는 반대로, 인기가 많다는 사실을 토대로 한다. 기존의 상업적인 기록이 전혀 없는 데뷔작들은 순수한 잠재력으로 가득하다. 베스트셀러가 될 수 있을지도 모른다. 또한, 편집자들은 그런 새로운 돌파구를 찾으려는 동기가 강하다. 데뷔 작가의 작품을 손에 넣으려는 치열한 경쟁에서 입찰가가 눈이 휘둥그레지는 액수까지 치솟는다(Bosman 2013).

마지막으로 편집자들이 모든 권한을 잃었다는 잘못된 인식도 현실적으로는 그렇게 간단한 문제가 아니다. 편집자들이 최고의 권한을 행사한다는 개념은 톰프슨이 '대화적' 모델이라고 부르는 것으로 교체되었다. 편집자들이 판매, 마케팅, 홍보 담당자들과 광범위한 상의를 거쳐 집단적 의사결정에 이른다는 뜻이다. 그만큼 다른 부서들의 관점과 지원이 중요해졌다. 하지만 편집자가 아무런 힘도 없다는 뜻은 아니다. 실제로 그들은 여전히 도서를 기획하고 옹호하며 출간 목록을 구축하는 중요한 사람들이다. 톰프슨은 이것이 출판사의 지배적인 사회적 대본에 큐레이션 패러다임의 변화가 더해져서 일어난 변화의 일부분이라고 설명한다. '점점 삼두정치 체제로 나아가는 판매와 마케팅, 재무 책임자들이 저항하는 편집자들에게 판매와 시장의 중요성을 강요한 것이 아니다. 편집자들이 스스로 내면화를 통해 자신들의 관습에 통합한 것이다'(Thompson 2010: 143).

그렇다면 '왜 그래야 하는가'라는 질문이 나온다. 판매 정신의 통합을 상징하는 큐레이션 패러다임의 변동이 수많은 출판사에서 일어난 이유는 무엇인가? 그 이유를 알려면 출판사 너머의 외생적 요인들을 살펴봐야 한다.

외생적 요인

물론 출판사는 내부와 외부의 경계가 분명하지 않을 수 있다. 모든 기관에서 그러하듯 그 둘은 분명하게 정의되지 않은 끝없는 대화 상태에 있다. 하지만 경제나 사회 동향처럼 출판사 바깥에 존재하는 것들이 큐레이션 패러다임에 강압적인 영향을 준다. 예를 들어 극단적인 신권정치 체제의 국가에서는 대부분의 출판사가 신성모독이라고 여겨질 만한 패러다임을 보유하지 않을 것이다. 패러다임은 훨씬 더 미묘하다. 사회학과 미디어 연구, 문화 이론으로 출판의 사회 이론적 틀을 설명하고 출판사와 큐레이션 패러다임을 넓은 사회적 맥락에 놓아보자.

그러자면 영향력의 동심원이라는 개념으로 돌아가야 한다. 개인과 기업 문화로 이루어진 '안쪽 동그라미'는 이미 살펴보았으니 이제 도서 소매 시장부터 좀더 바깥쪽에 있는 거시적 이데올로기와 경제 요인에 이르는 바깥쪽 동그라미를 살펴봐야 한다. 하지만 이들 영향력의 동심원이 양방향으로 작용한다는 사실에 주목해야 한다. 조직은 시장이나 이데올로기를 그냥 소극적으로 받아들이는 것이 아니라 그 힘의 일부로서 시장과 이데올로기 형성에 영향을 끼친다. 시장은 패러다임에 명백한 영향을 끼치는 경우가 많다. 예를 들어 뱀파이어 소설이 잘 팔리면 더 많이 눈에 띈다. 대중 과학이 인기를 끌면 출판사들이 대중 과학 도서를 더 많이 출간한다. 큐레이션 패러다임은 비교적 변화가 없으며 쉽게 영향을 받지 않을 수 있다. 하지만 일반적으로 역동성과 반응성이 더 강해서 참여자들이 인식하는 대로 시장의 상황을 반영해 계속 재조정이 이루어지는 상태에 있다. 이러한 반응은 결국 시장의 일부가 되고 그 자체로 다른 출판사의 큐레이션 패러다임을 재조정하는 요인이 된다. 동심원은 피드백 고리, 흐름과 역류, 반복적인 영향의 라인으로 이루어진 시스템이 된다.

마르크스주의 문화 이론은 문화 분야가 경제적인 토대에서 형성되고 굳건히 지탱되는 상부 구조의 일부분이라는 사상을 옹호한다. 죄르지 루카치(György Lukács) 같은 학자들이 이를 일반화했다. 그후로 미묘한 뉘앙스를 더해주는 많은 연구가 이루어져 문화적 생산이 물질적 관심사와 별개의 것이라는 생각에 균형을 맞춰주는 중요한 역할을 했다. 레이먼드 윌리엄스(Raymond Williams)를 포함한 문화유물론자들이 유용한 연구를 내놓았다. 문화유물론은 출판을 포함한 문화 분야의 상품과 관습을 뒷받침하는 힘과 정치, 경제의 기저에 흐르고 있다(Milner 2002). 구체적인 형태의 문화를 여러 측면에서 물질적 관습과 그것을 만들어내는 생산수단과 연결한다는 뜻이다. 문화와 기술경제의 형성은 겹쳐졌다. 이것은 단순명료하게 인과적이거나 헤게모니적 시스템이 아니라 일련의 중재와 변천 같은 것이었고 미셸 푸코와 같은 후기구조주의 사상가들이나 피에르 부르디외의 사회학 연구에서도 비슷한 점이 나타난다.

여기에서 핵심적인 주장은 출판사가 하는 일인 정보와 문화 생산이 더 넓은 맥락을 절대 단순하지 않게 중재한다는 것이다. 그 일의 가장 기본적인 버팀대는 의사결정 과정이다. 그렇다면 한 걸음 더 나아가 이런 질문이 제기된다. 출판사는 이러한 맥락에서 어느 정도의 자율성을 가지는가? 중재가 일상적으로 출판에 얼마나 많은 영향을 끼치는가? 커뮤니케이션 이론가 데니스 매퀘일(Denis McQuail)은 '미디어 자율성의 연속체'에 대해 이야기한다. '미디어의 한쪽 극단은 국가나 다른 외부의 관심사에 완전히 침투되거나 동화되고 다른 쪽 극단은 외부의 관심사를 자유롭게 배제하거나 인정한다'(McQuail 2010: 319). 하지만 이러한 분석을 확장해 출판의 전체적인 위치를 살펴본 다음에 특정 출판사를 자세히 살펴볼 필요가 있다.

혼합 모델이라는 흥미로운 본질은 출판의 특징이다. 모든 출판 모델에는 일종의 경제적 요소가 있을 수밖에 없다. 출판에 자원 동원이 필요하기 때문이다. 비용 구조의 커다란 변화 가능성을 제시하는 디지털 세계에서 기존의 공식이 바뀌기 시작했지만 출판사의 자원 투입은 교열 담당자의 노동이건 인쇄 종이건 대부분 공짜가 아니다.

예술가는, 어쩌면 과학자도, 자율성이 주어졌다고 착각할 수 있다. 특정 상황에서는 어느 정도 최대한의 자율성이 주어지기도 할 것이다. 본질적으로 출판사의 행위는 자원 집중적이라서 절대로 자율성을 가질 수가 없다. 한 독립체로서 출판사는 언제나 시장을 직접 대면해야만 한다. 시장 요인에 영향받지 않는 척할 때도 마찬가지다. 거리가 조금 떨어져 있을 뿐이지 작가도 결국은 시장의 요구에 영향받는다. 언제나 시장 사슬의 중앙에 위치하는 출판사는 시장에 직접적으로 개입된다. 만약 비시장 시스템이라면 조직의 지배적 이데올로기/수단이 그렇다. 그런 시스템이라도 자원이 필요하고 어디에서든 나와야 하기 때문이다.

콘텐츠가 등장하는 이데올로기적 관점에서 어떤 내용이 사실이라면 그 콘텐츠를 필터링 혹은 선별하는 출판에서는 더더욱 사실이다. 우리는 자율성을 차등제(연속체)로 바라보아야 한다. (항상 그런 것은 아니지만) 일반적으로 출판은 소재보다 자율성에서 더 멀리 떨어져 있다. 무엇보다 큐레이션 분야, 즉 출판사가 내리는 선택에서 느낄 수 있다. 출판 내에, 심지어 출판사와 개별 임프린트와 부서 내에, 그리고 편집자 사이에 사회적 자율성의 차등이 있음을 알아야 한다. 출판에는 맥락적 개입이나 통제의 디폴트 모드가 없다. 각각의 기업과 임프린트, 부서, 의사결정자를 위한 특정한 영향 요인만 존재할 뿐이다. 그렇다면 큐레이션 패러다임에 걸쳐 고르지 않게 적용되는 여러 층의 자율성과 조건이 있다는 뜻이다.

동심원 바깥쪽의 층은 (개별적인 출판 모델 안에서) 출판사에 가능한 큐레이션 패러다임의 총계를 나타낸다. 그렇다면 패러다임은 일련의 무수히 많은 구체적이고 부수적인 요소로 구성된다고 할 수 있다. 하지만 그 요소들을 전부 아우르는 더 큰 맥락이 있다. 그 요소들이 과연 무엇일까? 일부는 지역적 특징을 띤다. 예를 들어 언론의 자유나 문화 및 정보 분야의 규제 수준은 영향력을 가지며 그 규제의 본질도 마찬가지다. 그리고 사회구조가 있다. 자유적 혹은 보수적인가, 권위적 혹은 개방적인가, 자본주의 혹은 반자본주의인가? 교육, 과학 지원, 문화상품의 전파 등과 관련된 정부 정책이나 제도적 구조도 패러다임에 영향을 끼친다. 경제구조 또한 매우 중요하다. 단순히 경제 상황이 좋은지뿐만 아니라 경제의 구성도 중요하다. 공적 소유와 사적 소유 중에 어느 쪽이 지배적이며 서로 어떻게 상호작용을 하는가? 어떤 측면의 경쟁이 존재하는가? 소매업은 어떻게 이루어지는가? 기술 상태는 어떠한가?

영국과 미국 출판사에서 편집 의사결정 과정에 판매와 마케팅을 수용하게 된 변화로 다시 돌아가보자. 그것은 신자유주의라고 불리는 좀더 공격적인 주주자본주의에 일어난 더욱더 커다란 변화의 일부분으로 볼 수 있다.

일련의 외생적 요인들은 영미권 큐레이션 패러다임과 관련있다. 이에 다국적기업들의 출판사 소유, 주가를 뒷받침하는 성장과 수익 수요가 포함된다. 콘텐츠 가격에 대한 디플레이션 압박은 점점 경쟁이 치열해지고 부분적으로 규제가 완화된 시장에서 나온다(영국의 도서정가제 폐지가 대표적인 예이다). 이것이 큐레이션 패러다임의 투자수익(ROI) 요소에 가치를 더해준다고 보는 가설도 있다. 다시 말하자면 그런 시장 환경에서는 높은 ROI가 출판 결정에 더욱 중요해진다. 톰프슨(2010)의 연구 결과와도 일맥상통하듯, 이것은 출판사의 큐레이션을 명백하게 바꾸지는 않지만 분명히 영향을 줄 것이다. 이 분야에 더 많은 연구가 이루어진다면 매우 유익할 것이다.

실제

페이버 앤드 페이버(Faber & Faber)는 20세기에 다양한 시집과 알베르투스(Albertus) 서체를 이용한 세련된 표지로 영국의 대표적인 출판사가 되었다. 그들의 출판은 독특한 조합을 이루었지만 현대적인 작품에 집중하는 경향이 있었다. 문학의 모더니즘 운동은 그 어느 출판사보다 페이버의 출판에 포함되어 구체화되었다. 그 과정에 질문을 던져보면 큐레이션 패러다임이 모든 측면에서 작용했음을 알 수 있다. 필자는 비평가 존 뮬런(John Mullan)이 분석한 페이버 앤드 페이버의 역사에 큰 도움을 받았다(Mullan 2004, 2016). 페이버 앤드 페이버의 역사는 단순히 출판사의 이야기가 아니라 T. S. 엘리엇이라는 편집자의 이야기다.

엘리엇은 영어권의 위대한 모더니즘 시인일 뿐만 아니라 40년 이상 페이버의 편집자 겸 발행인이었다. 문학 세계에 삼중으로 영향을 끼친 셈이다. 그는 시인, 비평가, 편집자로서 당시 중요한 작품들의 선택과 출판에 적극적으로 참여했다. 또한, 엘리엇은 출판사의 이사로서 경영에도 많이 개입했다. 뮬런의 설명에 따르면, '이 작은 독립 출판사가 문학의 모더니즘을 구현한 것은 대부분 엘리엇 덕분이었다'(Mullan 2004).

페이버는 옥스퍼드의 올 소울스 칼리지(All Souls College) 이사이자 옥스퍼드대출판부의 편집자를 지낸 제프리 페이버(Geoffrey Faber)가 세운 페이버 앤드 귀여(Faber and Gwyer)로 출발했다. 주로 의학 교과서를 출판했지만 페이버가 아방가르드 시에 관심이 있던 탓에 엘리엇이 초기 단계부터 개입하게 되었다. 몇 년 후에는 이사로 출판사에 합류했다. 엘리엇은 1922년부터 계간지 〈크라이티리언The Criterion〉을 편집했는데, 페이버에서 일하면서도 1939년 폐간 때까지 계속했다. 엘리엇은 시인 활동과 〈크라이티리언〉으로 쌓인 인맥으로 페이버에 수많은 작가를 소개했다. 그중에서도 대표적인 인물은 에즈라 파운드(Ezra Pound)였다. 파운드의 『시선집』은 1928년에 페이버 앤드 귀여에서 출판되었다. 시인 시그프리드 서순(Siegfried Sassoon)이 쓴 소설 「여우 사냥꾼의 회상」이 성공을 거두면서 제프리 페이버는 출판사의 단독 소유주가 되어 이름을 페이버 앤드 페이버로 바꾸었다.

페이버는 1930년 첫번째 카탈로그에서 페이버 앤드 페이버를 모더니즘 출판사로 규정했고 그해에 『율리시스』 해설집을 출판하여 그 사실을 다시 확인시켰다. 몇 년 후 엘리엇은 제임스 조이스와 주고받은 서신에서 '가능할 때' 책을 출판해주겠다고 제안했다. 결국 조이스는 보들리 헤드(Bodley Head)에서 『율리시스』를 출판했지만, 오랜 인맥과 엘리엇의 인내심 덕분에 『피네건의 경야Finnegan's Wake』는 후에 여러 위대한 작가들의 작품과 함께 페이버에서 출판되었다. 처음에는 거절당했지만 엘리엇이 추천한 W. H. 오든(W. H. Auden), 루이스 맥니스(Louis MacNeice), 스티븐 스펜더(Stephen Spender), 메리앤 무어(Marianne Moore), 윌리엄 엠프슨(William Empson), 월리스 스티븐스(Wallace Stevens), 톰 건(Thom Gunn), 유명한 『페이버 현대 시선집Faber Book of Modern Verse』, 파운드의 『칸토스Cantos』와 엘리엇의 『재의 수요일Ash-Wednesday』 등이 포함된다. 『페이버 현대 시선집』은 모더니스트 시학의 전체적인 어조와 의제를 결정했다. 아직 문화의 최전방에 자리하는 가장 훌륭한 작품들을 엄선한 매우 대담하고 논란의 여지가 있는 시선집이었다.

1950년대에 사뮈엘 베케트는 페이버에서 출간한 또다른 대표적인 모더니스트 작가가 되었다. 시인들 외에도 화가 에릭 길(Eric Gill), 건축가 발터 그로피우스(Walter Gropius), 비평가 허버트 리드(Herbert Read), 앙드레 브르통(André Breton) 같은 다른 모더니스트들도 추가되었다. G. K. 체스터턴(G. K. Chesterton), 존 베처먼(John Betjeman) 같은 이들의 글도 나란히 출판되었다. 나중에 실비아 플라스(Sylvia Plath), 테드 휴스(Ted Hughes), 셰이머스 히니(Seamus Heaney), 데릭 월컷(Derek Walcott) 등이 추가된 페이버의 출판 목록은 20세기 후반 시인 인명사전이나 다름없다.

엘리엇은 월터 데라메어(Walter de la Mare)와 같은 편집자들과 함께 그 시대를 상기시켜주는 분위기 속에서 작업했다. 새롭고 매우 난해한 글에 헌신하는 박식하고 약간 괴짜 같은 학자 분위기였다. 남성적이고 부유하고 교육을 많이 받은 엘리트적인 분위기이기도 했다. 편집자에게는 자신의 본능과 취향을 따르는 권한이 주어졌다(그래서 추상적인 시부터 범죄나 공상과학 같은 대중소설에 이르는 특이한 출간 목록이 만들어질 수 있었다). 엘리엇은 항상 모든 작업에 깊이 관여했다. 거의 매일 사무실에 출근했고 주간 편집 기획

회의(당시에는 '도서위원회'라는 이름이었고 점심식사와 술이 제공되었다)에도 꼭 참석했다. 출판이 제안된 책을 모두가 읽고 서로의 평가에 답하는 것이 회의 방식이었다. 책을 읽고 나서 노란색 종이에 평가를 기록해 돌려보았다. 위원회 회원들은 회의실의 커다란 팔각형 테이블에 둘러앉아 오후 내내 체계적으로 그 일을 했다. 모두가 의무적으로 청탁 없이 투고된 원고를 읽고 그에 대한 의견을 주고받았다.

여기서부터 우리는 큐레이션 패러다임을 구성하는 다양한 요소들이 어떻게 교차하는지 실마리를 풀어볼 수 있으며 이야기의 반전도 발견할 수 있다. 첫째, 페이버의 작가들과 선집, 미학의 일관성에서 패러다임이 작동하는 것을 볼 수 있다. 하지만 다른 많은 출판사의 경우 패러다임이 훨씬 분산적이고 표면상으로는 모순적인 산출 결과를 보인다. 페이버는 큐레이션 패러다임이 확연하다. 지속적이고 강화된 큐레이션이다. 개인의 존재, 특히 엘리엇의 중요성도 알 수 있다. 보스턴 브라흐미즘과 최첨단 미학, 학문, 트위드 양복과 문학적 급진주의가 합쳐진 감성을 가진 페이버의 출판에는 엘리엇(그리고 데라메어와 같은 다른 편집자들)의 독특한 습관이 가득 침투해 있다. 게다가 페이버가 시인들을 잔뜩 영입할 수 있었던 것은 엘리엇이 『황무지』의 작가이자 〈크라이티리언〉의 편집자로서 작가 사회에서 가진 영향력 덕분이었다. 재능 있는 작가들이 너도나도 페이버에 투고해 오든 같은 작가가 발굴된 것도 역시나 엘리엇의 인맥 덕분에 가능했다. 여기에서 계급과 인종, 성별의 특권이 강하게 작용한다. 이것이 바로 20세기 초를 지배한 백인, 남성, '신사'의 출판 모델이다.

그 모델이 출판사 밖의 더 넓은 기류와 어떻게 연결되는지도 볼 수 있다. 모더니즘은 빨라진 이동과 영화 같은 새로운 기술부터 자본주의와 동시대에 대한 권태나 분노까지 현대성의 혼란에서 생겨나고 또 영감을 얻은 독특한 형태였다. 그것은 하나의 생물체였다. 대도시적인 서구의 복잡하고 종종 모순되는 생물체. 마찬가지로 페이버 앤드 페이버는 독립 서점의 세계에서 학식과 통찰력을 갖춘 작은 규모의 관객을 대상으로 운영되었다. 페이버는 구식의 도서 출판과도 연결되고 떠오르는 문학적 모더니즘의 새로운 세계로도 연결될 수 있다. 그리고 경쟁이 치열한 도서 산업 자본주의의 세계가 그 모든 것의 밑바탕을 이루었다.

페이버의 우아한 시집 뒤에는 출판의 또다른 가닥이 있었다. 처음부터 있었지만 오늘날에는 대부분 잊힌 것, 바로 의학 출판이다. 그것은 페이버를 시작할 수 있게 했고 오랫동안 문학계의 스타들을 배출하는 동안에도 계속되었다. 오랫동안 이어온 간호학 교과서를 포함해 1947년까지도 페이버의 의학 카탈로그는 약 60페이지나 되었다. 간호학 분야의 저자 에벌린 피어스(Evelyn Pearce)는 엘리엇보다 훨씬 더 많은 돈을 벌었다. 이것은 미학을 뒷받침하는 패러다임의 요소를 드러낸다. 의학 서적이 경제적 보상이 따르지 않는 시집을 뒷받침해줄 수 있다는 것이다. 즉 페이버 앤드 페이버의 모델에는 20세기에 더해진 두 가지 맥락에 자리하는 더욱더 넓은 차원이 있다. 의학의 성장과 전문화, 그리고 자본주의 시장을 의도적으로 역행하면서도 치열한 그 시장에 따라 사업을 운영해야 하는 재정적 긴박함이다. 여기에서는 제프리 페이버가 중심이다. 다양한 투입을 아우르면서 고유한 결과물을 내놓은 매우 독특하게 균형잡힌 큐레이션 패러다임을 가능하게 한 것은 그의 인맥과 학문 교과서 출판과 새로운 스타일의 시에 대한 관심이었다. 명백한 반대 요소들의 결합 때문에(예술에 집중하되 의학 서적으로 돈을 버는) 겉으로는 모순되어 보이지만 페이버 앤드 페이버를 호기심 많은 아웃라이어로 생각하면 안 된다. 사실은 표준의 극단적인 사례일 뿐이다. 세상이 복잡하면 큐레이션 패러다임도 복잡하다. 그 패러다임은 많은 주체에게 복종하고 동시에 여러 요소를 제한하면서 각 요소가 제 기능을 발휘하고 의미도 있되 여전히 부조화를 이루는 전체로 합쳐지도록 한다.

출판사 밖

여기에서는 출판사의 큐레이션 패러다임에 초점을 맞추지만 그것이 더 넓은 사슬의 일부분임을 잊어서는 안 된다. 넘쳐나는 읽을거리 사이에서 책이 독자를 만나려면 반드시 통과해야만 하는 순차적 메커니즘 시스템이 존재한다. 출판사만 취사선택을 하는 것이 아니다. 출판사는 수많은 수문장 중 하나일 뿐이다. 따라서 출판사의 큐레이션 패러다임은 방대한 텍스트를 걸러내고 선별하는, 필자가 '큐레이션 생태계'라고 부르는 더 넓은 과정의 일부이다(Bhaskar 2016).

이 생태계는 글의 경우 프리랜서 독자 보고서와 문학 에이전트부터 도서관 사서와 도서 구매자와 판매업자까지 모두 포함한다. 문학 편집자와 동료 검토자도 물론 포함된다. 이것은 공식적인 생태계다. 출판사와 마찬가지로 최소한 부분적으로는 효과적인 선별 능력이 생계를 좌우하는 전문 행위자들로 구성된 생태계이다. 문학 에이전트, 신문 서평란, 책 판매업자는 모두 저마다 다른 방식으로 필터링을 한다. 그들이 궁극적으로 의존하는 독자들에게 그들의 가치는 큐레이션의 성패와 직접적으로 연관 있다. 특히 문학 에이전트의 커리어는 미시적 또는 개인적 큐레이션 패러다임이라고 할 수 있는 것으로 정의된다. 본질적으로 에이전트는 출판사 큐레이션 패러다임이 최대한 압축된 버전이라고 할 수 있다. 따라서 에이전트는 출판 과잉 문제를 해결하는 데 중요한 역할을 한다. 에이전트에게 선택은 매우 중요하다. 그들이 매우 복잡하고 경쟁 치열한 시장에서 일하기 때문에 더욱더 그렇다. 역사적으로 보자면 책 큐레이션이라는 공식 생태계는 단순히 출판산업과 그 가치사슬의 또다른 묘사일 뿐이다.

그러나 여기에는 항상 그림자 같은 면이 있었다. 바로 입소문이라고 불리는 비공식 생태계다. 학회의 주변부에서든, 북클럽의 친밀함 속에서든 사람들이 무엇을 읽느냐는 비공식적인 필터에 영향을 받는다. 이 시대에는 디지털 소셜 네트워크의 보편성과 잠재력 때문에 더욱더 그러하다 (Thompson 2017). 그래서 비공식 생태계는 그 어느 때보다 가시화되고 강조되었다. 그와 동시에 공식 생태계는 문예지 폐간(Wasserman 2007), 서점들의 지속적인 경영난(하지만 큐레이션으로 새롭게 초점을 바꾼 것이 효과를 거두고 있다는 증거도 있다) 같은 다양한 시련을 경험했다(Kean 2017).

출판사는 공식 생태계의 일부지만 비공식 생태계에도 개입해야만 하므로 결국 큐레이션 패러다임의 일부가 된다. 엘리엇의 인맥과 친구 관계는 페이버의 출판을 특색 있게 만든 중요한 요인이었다. 오늘날 상업적 소설의 편집자가 블로거 커뮤니티에 주의를 기울이지 않는다면 태만한 것이다. 출판사의 큐레이션 패러다임은 더 넓은 생태계의 중심에 있을 수도 있지만 그 너머에 일련의 큐레이션이 자리해 출판사의 패러다임에 영향을 주고 또 일부가 된다는 사실을 항상 기억해야 한다.

결론

책의 숫자는 물론이고 더 넓게는 미디어와 정보 선택권의 숫자도 계속 늘어남에 따라 큐레이션 패러다임의 중요성도 더욱 커진다. 출판사들은 언제나 큐레이션 때문에 번영하거나 쇠퇴했다. 하지만 출판 분야가 더욱 활성화되고 물류와 생산 과정이 능률화됨에 따라 큐레이션은 점점 더 핵심적인 요소가 되고 있다. 현대 일반 서적 출판의 대표적 형태라고 할 수 있는 임프린트의 점점 커지는 역할과 변화하는 성격에서도 그것을 느낄 수 있다. 출판사들의 규모와 범위가 커짐에 따라 내부적으로 더욱 다양화되어 다수의 임프린트가 생겨난다. 예를 들어, 지난 몇 년간 영국의 아셰트 출판사는 투 로즈(Two Roads), 트래피즈(Trapeze), 와일드파이어(Wildfire), 리버런(riverrun), 스프링(Spring), 플리트(Fleet), 다이얼로그(Dialogue), 북쿠튀르(Bookouture), 니컬러스 브릴리(Nicholas Brealey) 등의 임프린트를 인수하거나 출범시켰다. 펭귄랜덤하우스만 해도 약 250개에 달하는 임프린트가 있다(Penguin Random House 2017).

임프린트의 확장은 왜 일어나는가? 모든 임프린트는 출판 기획의 독립성을 가지므로 전체 큐레이션 패러다임에서 저마다 고유한 부분을 차지하면서 패러다임을 확장하고 형성한다. 따라서 임프린트의 성장은 하나의 필수적인 전략이다. 첫째는 사업 성장과 출간 범위 확대, 둘째는 하나의 대비책으로서 말이다. 한 임프린트의 큐레이션 패러다임(예: 편집 선택)이 실패해도 다른 임프린트가 메울 수 있다. 큐레이션 패러다임이 넓을수록 그 출판사는 뜻밖의 행운을 만날 가능성도 커진다. 출판사의 운영 방식은 투자자들이 신중한 투자 분산화를 통해 수익을 극대화하고 위험을 최소화하는 포트폴리오 이론과 비슷하다. 게다가 결국 제 살을 갉아먹는 꼴이 되므로 큰 집단은 작은 숫자의 작은 틈새에 집중할 수 없다.

임프린트가 빠르게 확장함에 따라, 큐레이션의 정치도 성장한다. 한 가지 예는 펭귄북스의 임프린트 펭귄클래식(Penguin Classics)이 가수 모리시(Morrissey)의 자서전을 작가의 고집에 따라 명망 높은 블랙 클래식 시리즈로 출판해 논란을 일으킨 사건이다. 그것이 흔치 않은 결정이었던 이유는 모리시가 아무리 재능 있는 가수라도 오리지널 출판물을 고전 시리즈에 포함하는 것이 다소 뻔뻔한 일이기 때문만은 아니었다. 블랙 클래식은 플라톤, 밀턴, 오스틴 등 이미 세상을 떠난 작가들의 작품이 들어간 시리즈인데 모리시의 자서전이 포함된 것이다. 임프린트의 큐레이션 패러다임은 출판사의 패러다임보다 더욱 명백하므로 독자와 작가, 출판 관계자들은 모두 그 패러다임에 이해관계가 있고 편집 필터가 '실패'할 경우 어느 정도 보호자 역할을 해야 한다고 느낄 가능성이 크다.

큐레이션 패러다임을 이해하는 한 가지 방법은 이탈리아의 작가 겸 출판업자 로베르토 칼라소(Roberto Calasso)가 내놓은 출판사의 '양식(form)' 개념을 빌려 큐레이션 패러다임을 그 양식의 생산에 포함되는 핵심 요인으로 보는 것이다(Calasso 2015). 창, 거울, 필터, 문지기, 포털, 표지판, 가이드 또는 통역자, 포럼 또는 플랫폼, 보급자, 대화자 등 그동안 문화적 매개 행위를 가리키는 은유가 많이 있었지만(McQuail 2010: 84-5) 칼라소의 개념은 출판사의 일상적인 의미뿐만 아니라 미디어 이론의 세계에도 기반을 둔다. 출판사의 양식은 출판사를 정의하고 차별화하는 고유한 것, 그들의 출판을 구성하는 전략과 판단 방식의 혼합으로 여겨졌다.

칼라소는 이렇게 말한다. '무엇보다 양식은 출판할 도서의 선택과 순서에 있어 중요하다'(Calasso 2015: 5). 그는 계속해서 다음과 같은 사실을 인정한다. '특정 출판사에서 출판되는 모든 책은 한 사슬의 연결고리 혹은 책의 구불구불한 연속체의 일부, 혹은 그 출판사가 출판하는 모든 책이 만드는 단일 책의 일부라고 할 수 있다'(Calasso 2015: 6). 이것은 특히 큐레이션 패러다임을 시적으로 환기시킨다. 그리고 패러다임을 어떤 명백한 상태, 즉 '단일 책'으로 격상시킨다. 이는 사랑스러운 이미지이기는 하지만 실제로는 출판사의 모든 아웃풋 이면에 자리하는 근본적이고 암묵적인 메타북 (meta-book)이라는 말로 더 잘 이해할 수 있다. 칼라소는 이렇게 적었다.

'출판사를 이런 식으로 바라보면 출판이라는 업종의 불가사의한 측면 하나가 좀더 명확해질 것이다. 출판사는 왜, 어떤 책을 퇴짜놓는가? 그 책을 출판하는 것이 마치 전체적인 균형을 흐트리는 엉뚱한 인물을 소설에 집어넣는 것과 같으리라는 것을 알기 때문이다'(Calasso 2015: 6). 따라서 칼라소에게 출판은 서정시처럼 일종의 문학 장르 또는 양식이다. 그 양식에는 알두스 마누티우스, 가스통 갈리마르(Gaston Gallimard), 새뮤얼 피셔(Samuel Fischer), 에른스트 로볼트(Ernst Rowohlt), 레너드 & 버지니아 울프, 앨프리드 크노프, 줄리오 에이나우디(Giulio Einaudi) 등 고유한 '고전' 목록이 가득하다.

하지만 굳이 칼라소까지 살펴보지 않아도 우리는 출판사의 출판물에 고유한 특징이 있으며 그것이 큐레이션 패러다임에서 비롯된다는 사실을 이해할 수 있다. 큐레이션은 모든 출판사의 토대가 되는 순간이므로 매우 중요하다. 출판사의 양식을 만드는 다른 측면들은 모두 큐레이션에 의존한다. 필터링과 큐레이션은 출판 토론의 중심에 있어야 한다. 이유는 간단하다. 그것들이 출판의 중심에 있기 때문이다. 무엇을 출판할 것인가에 대한 선택이 출발점이다.

이것이 의미하는 바는 거대하며 더 많은 연구가 이루어져야 한다. 만약 책 출판의 핵심 질문인 누가 무엇을 왜 읽는지가 과거에도 그렇고 지금도 큐레이션의 하나라면, 공공의 영역, 지식의 기초, 공통문화가 모두 글자의 세계에 수반되는 큐레이션의 집합에 의존한다는 뜻이다. 구조적으로 매우 중요한 이 모든 요인의 건전성은 그것을 뒷받침하는 큐레이션 패러다임의 구성과 비중에 좌우되는 경우가 많다.

그리고 다른 질문도 제기된다. 만약 자가출판이 계속 늘어나고 언젠가 지배적인 출판 방식이 된다면 큐레이션 패러다임은 어떻게 되는가? 다른 출판 기능과 마찬가지로 아웃소싱이 가능하지만 그러면 심하게 분열되어 존재한다고 할 수 없게 된다. 마케팅과 생산은 뚜렷한 조직으로서의 출판사가 사라져도 계속 살아남을 것이다. 큐레이션, 편집 선택도 생존할지는 그다지 명확하지 않다. 필터는 여전히 존재할 것이다. 작가를 비롯한 사람들은 여전히 출판 혹은 전시할 작품을 선택할 것이다. 그러나 큐레이션의 중심점으로서 큐레이션 패러다임은 불필요해질 가능성이 크다. 하지만 다른 시나리오가 있다. 이론상으로 다른 기능들이 분리될 수 있는 콘텐츠 과잉의 시대에 큐레이션 기능은 전문 출판인들의 방어벽이 되어 존재 이유를 부여할 것이다. 이 사안에 대한 더 많은 연구가 시급하다.

읽을 책을 직접 선별하는 독자, 어떤 책을 돋보이게 할지 소비자에게 선보일 책을 선택하는 서점, 웹페이지와 토론 주제를 선별하는 미디어, 출판 목록을 신중하게 선별하는 출판사. 이처럼 큐레이션은 출판에 꼭 필요한 부분이다. 책과 텍스트의 세상을 정의하는 선택과 선별의 중심이자 경쟁 치열하고 혼란스러운 시장의 가치 저장고이자 출판의 심장박동이다.

참고문헌

Anderson, Porter (2016a). 'Bowker Now Cites at Least 625,327 US Indie Books Published in 2015', *Publishing Perspectives*. http://publishingperspectives. com/2016/10/bowker-indie-titles-2015-isbn/#.WGaOf_krKUk [2017.6. 3 검색].

Anderson, Porter (2016b). 'Bowker: 727,000 US Self-Published ISBNs Registered in 2015', *Publishing Perspectives*. http://publishingperspectives.com/2016/09/ bowker-isbnself-published-us/ [2017. 6. 3 검색].

Bhaskar, Michael (2013). *The Content Machine: Towards a Theory of Publishing from the Printing Press to the Digital Network*, London: Anthem Press.

Bhaskar, Michael (2016). Curation: *The Power of Selection in a World of Excess*, London: Piatkus.

Bosman, Julie (2013). '"City on Fire", a Debut Novel, Fetches Nearly $2 million', *New York Times*. http://www.nytimes.com/2013/11/11/business/media/city-on-fire-a-debutnovel-fetches-nearly-2-million.html [2017. 7. 8 검색].

Bourdieu, Pierre (1993). *The Field of Cultural Production: Essays on Art and Literature*, Cambridge: Polity Press.

Bourdieu, Pierre (1996). *The Rules of Art: Genesis and Structure of the Literary Field*, Cambridge: Polity Press.

Bowker (2016). 'Self Publishing in the United States 2010 – 2015', *Bowker*. http://media.bowker.com/documents/bowker-selfpublishing-report2015.pdf [2017. 6. 3 검색].

Calasso, Roberto (2015). *The Art of the Publisher*, New York: Farrar, Straus and Giroux.

Coser, Lewis A. and Walter W. Powell (1982). *Books: The Culture and Commerce of Publishing*, New York: Basic Books.

Flood, Alison (2014). 'UK publishes more books per capita than any other country, report shows', *The Guardian*. https://www.theguardian.com/books/2014/oct/22/ukpublishes-more-books-per-capita-million-report [2017. 6. 3 검색].

Kean, Danuta (2017). 'Waterstones boss attacks "godawful uniformity" of chains such as WH Smith', *The Guardian*. https://www.theguardian.com/books/2017/mar/06/waterstones-boss-attacks-godawful-uniformity-of-chains-such-as-wh-smith [2017. 8. 2 검색].

McQuail, Denis (2010). *McQuail's Mass Communication Theory*, 6th Edition, London: SAGE.

Meng, Hangdong (2008). 'Social Script Theory and Cross-Cultural Communication', *Intercultural Communication Studies* (online) XVII(4), pp. 132 – 8. http://web.uri.edu/iaics/files/14-Hongdang-Meng.pdf [2017. 5. 7 검색].

Milner, Andrew (2002). *Re-Imagining Cultural Studies: The Promise of Cultural Materialism*, London: SAGE Publications.

Mullan, John (2004). 'Style Council', *The Guardian*. https://www.theguardian.com/books/2004/sep/25/classics.thomasstearnseliot [2017. 6. 8 검색].

Mullan, John (2016). 'The History of Faber', *Faber Blog*. https://www.faber.co.uk/blog/about/faber-1940s/ [2017. 6. 8 검색].

Penguin Random House (2017). 'Imprints', Penguinrandomhouse.com. https://www.penguinrandomhouse.com/imprints [2017. 8. 6 검색].

Powell, Walter W. (1985). *Getting Into Print: The Decision-Making Process in Scholarly Publishing*, Chicago IL: University of Chicago Press.

Schiffrin, André (2001). *The Business of Books*, London: Verso.

Schiffrin, André (2010). *Words and Money*, London: Verso.

Shoemaker, Pamela J. and Stephen D. Reese (1996). *Mediating the Message: Theories of Influences on Mass Media Content*, New York: Longman.

Squires, Claire (2017). 'Taste and/or big data?: Post-digital editorial selection', *Critical Quarterly*, 59(3), pp. 1 – 15.

St Clair, Robert N. (2008). 'Social Scripts and Three Theoretical Approaches to Culture', *Intercultural Communication Studies* (online) XVII(4), pp 173 – 83. http://web.uri.edu/iaics/files/13-Robert-StClair.pdf [2017. 5. 7 검색].

St Clair, William (2004). *The Reading Nation in the Romantic Period*, Cambridge: Cambridge University Press.

Thompson, Derek (2017). *Hit Makers: How Things Become Popular*, London: Allen Lane.

Thompson, John B. (2010). *Merchants of Culture: The Publishing Business in the Twenty-First Century*, Cambridge: Polity.

Wasserman, Steve (2007). 'Goodbye to All That', *Columbia Journalism Review*. http://archives.cjr.org/cover_story/goodbye_to_all_that_1.php [2017. 8. 12 검색].

15장

일반 출판

존 B. 톰프슨(John B. Thompson)

    출판의 세계는 하나가 아닌 다수의 영역으로 이루어지며 영역마다 출판사 운영 방식도 크게 달라진다. 일반 출판(trade publishing)은 출판의 한 영역이다. 미국의 반스 앤드 노블이나 영국의 워터스톤 같은 소매 체인과 독립 서점 및 아마존 같은 온라인 소매업체 등 일반 소매업체를 통해 판매되는, 비전문 독자층을 위해 쓰이고 대다수를 대상으로 하는 소설과 논픽션을 모두 포함한 책의 세계이다. 이것은 보통 사람들이 책과 출판 하면 가장 먼저 떠올리는 영역이기도 하다. 출판의 대중적인 얼굴이고 베스트셀러와 스타 작가들의 세계이며 문학상 및 각종 찬사가 따르고 TV와 영화로 각색되는 책, 소설, 회고록, 전기, 역사 등 대중적 담론과 대중문화의 필수적인 부분을 형성하는 책들이 있는 세계이다. 일반 출판은 사람들의 눈에 가장 잘 띄는 부문이지만, 출판의 여러 영역 중 하나일 뿐이며 수익 규모도 비교적 작다. 교육 및 전문서 출판처럼 대중성이 떨어지는 출판 부문을 합한 것보다 총매출이 적다. 또한, 일반 출판은 위험성이 더 높고 수익성은 더 낮은 부문이다. 가격이 낮고 소매업자들에게 제공되는 할인율이 교육이나 전문서 출판보다 더 높기 때문이다(일반 출판의 할인율은 보통 약 50%이고 60% 이상일 수도 있지만 교육·전문서 출판의 할인율은 보통 20~30%이다). 그래도 일반 출판은 출판산업의 중심이며 출판에 몸담고자 하는 사람 대부분이 일하고 싶어하는 분야이다.

출판의 다른 부문들과 마찬가지로 일반 출판도 특정한 장으로 개념화할 수 있다. 여기에서 말하는 '장(field)'은 프랑스 사회학자 피에르 부르디외가 내놓은 개념인데 대리인과 조직이 점유할 수 있는 사회적 지위가 구조화된 공간이다. 그곳에서 대리인이나 조직의 위치는 그들이 소유한 자원 또는 '자본'의 유형과 양에 따라 달라진다.* 출판의 장은 출판사들이 작가와 에이전트와 계약하거나 소매 유통경로를 통해 책의 판매를 극대화하려고 서로 경쟁하는 권력과 경쟁의 공간이다. 출판의 장은 저마다 고유의 특성과 특징이 있다. 서로 다른 장이라도 공통적인 출판 관행이 있으며 경계가 흐린 경우도 많다. 출판 관행은 각 장마다 고유한 특징을 띤다. 출판산업에 종사하는 사람들은 대부분 특정한 장에서 일하는 경향이 있다. 그들은 그 분야의 전문가가 되며 높은 지위까지 올라가기도 하지만 다른 장에서 일어나는 일은 거의 혹은 전혀 알지 못하기도 한다.

출판에는 언어와 공간의 경계가 있다. 영어권과 비영어권 지역은 출판의 장이 운용되는 방식에 중요한 차이가 나타나는데 이는 부분적으로 영어가 세계의 지배적 언어라는 사실과 관련있다. 바로 그 사실이 영어권 출판사들, 특히 세계시장에서 운영될 수 있는 출판사들에게 비영어권 출판사들과 비교해 엄청난 경쟁우위를 부여한다. 미국과 영국은 세계 최고의

---

* Bourdieu (1993a, 1993b: 72-7).

책 생산국이며 번역시장도 영어권 도서와 작가들에 의해 지배되는 경향이 있다. 영어권 번역서는 유럽과 라틴아메리카 같은 지역의 베스트셀러 목록에 자주 오른다. 그러나 비영어권 번역서가 영국과 미국의 베스트셀러에 오르는 경우는 드물다. 세계 도서 시장에서 번역과 베스트셀러의 흐름은 영어권 책과 작가들에게 크게 치우쳐 있다.*

이 장의 내용은 미국과 영국, 즉 영미권 일반 출판에 집중될 것이다. 우선 이 분야가 1960년 이후 지난 50여 년간 어떻게 바뀌었는지 살펴보는 것으로 시작한다. 일반 출판에는 특히 다음의 네 가지 측면이 중요하다. 작가 브랜드의 가치, 구간 목록과 신간 목록의 관계, 마케팅과 홍보의 역할 그리고 디지털혁명에 따른 난제와 기회이다.

일반 출판의 변화

20세기 전반과 그 이전의 일반 출판은 지금 우리가 아는 것과 크게 달랐다. 뉴욕과 런던 등에 강한 신념과 카리스마를 가진 창업자 겸 소유주에 의해 운영되는 독립 출판사가 많았다. 그들은 무엇을 출판하고 싶은지 잘 알았고 자신의 취향과 판단에 따라 출판 목록을 구축해나갔다. 편집자들은 오랫동안 혹은 은퇴할 때까지 한 출판사에서 일하는 경향이 있었으며 작가들도 출판사에 충성했다. 이 출판사들은 저마다 다양한 수준의 효율성과 재무 법칙에 따라 운영되었다. 영국의 펭귄이나 미국의 랜덤하우스 같은 일부 출판사들은 번성하여 출판 대기업으로 성장했고 다른 출판사들은 고군분투했다. 경영난으로 다른 기업에 인수되거나 아예 폐업한 예

---

* Wischenbart (2008).

도 있다.

　1960년대 초에 미국과 영국의 일반 출판에 커다란 변화가 나타나기 시작했다. 특히 세 가지 발달이 중요했다.* 첫번째는 시장의 본질과 판매 방식의 변화, 한마디로 소매 체인의 등장이었다. 20세기 전반 미국과 영국에서 책은 다수의 소규모 독립 서점과 비도서 소매업체인 신문 가판대, 약국, 백화점에서 판매되었다.** 그러던 것이 1960년대에 B. 돌턴(B. Dalton)과 월든 북스(Waldenbooks) 같은 쇼핑몰 상점 등이 생기면서 바뀌기 시작했다. 쇼핑몰 서점은 1970년대에 전성기를 누렸지만 1980년대에 미국의 반스 앤드 노블과 보더스, 영국의 워터스톤 같은 '대형 서점'의 등장으로 곧 사라지게 되었다. 소매 체인의 부상은 일반 출판에 몇 가지 결과를 초래했다. 첫째, 독립 서점의 극심한 몰락을 가져왔다. 도무지 경쟁이 되지 않아 수많은 독립 서점이 파산에 이르렀다. 둘째, 소매 체인의 등장은 책의 입고와 판매 방식을 바꿨다. 다른 소매업 분야에서 개발된 판매 및 재고 관리 방법이 도서에도 적용되었다. 상품 진열 테이블과 진열장을 활용해 충동구매와 다중구매를 자극한 것이다. 또한, 전산화된 재고 관리법으로 재고량과 회전율을 감시함으로써 빠르게 판매되는 도서를 재주문하고 느리게 판매되는 도서는 반품할 수 있었다(도서 판매업은 팔리지 않은 재고 반품시 전액 차감 공제가 가능한 얼마 되지 않는 소매 업종이다. 1930년대 대공황 때 도서 판매업자들의 보유 주식을 늘리게 해주는 방법으로 자리잡은 후로 도서 판매업의 주요 특징이 되었다).

　소매 체인의 등장이 가져온 세번째 결과는 '하드커버 혁명'이었다.

---

* 그 변화와 결과에 관한 더 자세한 분석은 Thompson (2012) 참고.
** 미국의 도서 판매 방식에 관한 설명은 Miller (2006) 참고.

1930년대에 영국의 앨런 레인(Allen Lane)이 펭귄 임프린트를 출범한 것을 시작으로 2차대전 이후 미국에 포켓 북스, 밴텀, 델, 포셋, 뉴 아메리칸 라이브러리 같은 페이퍼백 출판사들이 등장하게 된 페이퍼백 혁명을 다루는 수많은 저작이 나왔다. 매스 마켓 페이퍼백의 판매는 출판산업의 재정적 원동력이 되었고, 페이퍼백 출판권 판매는 하드커버 출판사의 주요 수입원이 되었다. 1960년대에 이르러 출판산업 자체가 하드커버 출판과 페이퍼백 출판이라는 두 개의 사업으로 갈라졌다. 하지만 1970년대에 변화가 일어나기 시작했다. 페이퍼백 출판사들이 공급망 통제를 강화하고자 하드커버판을 직접 만들기 시작한 것이다. 그들은 매스 마켓 페이퍼백 출판을 통해 연마한 기법도 적용했는데, 예를 들어 하드커버판에 대담하고 매력적인 표지를 입혔다. 출판사들은 대형 서점 체인의 등장과 함께 하드커버로 역대 최대의 판매량에 도달할 수 있었다. 1970년대나 그 이전에는 하드커버가 50만 부 팔리면 엄청난 성공이었다. 하지만 2000년대 초에 이르러 하드커버 판매량이 수백만 부에 이르는 경우가 흔했다. 2003년에 출간된 댄 브라운의 『다빈치 코드』는 미국에서만 하드커버로 1,800만 부 이상 팔렸다. 이것은 하드커버의 혁명이었다. 하드커버 판매량이 증가함에 따라 하드커버와 페이퍼백 출판의 관계가 점차 반전되었다. 1950년대와 1960년대에는 페이퍼백 출판이 일반 출판의 재정적 원동력이었지만, 1980년대와 1990년대에는 하드커버 출판이 일반 출판의 재정적인 토대를 이루게 되었다.

지난 10년 동안 소매업은 아마존 같은 업체가 등장하고 영국의 테스코 같은 대형 상점과 슈퍼마켓들의 역할이 커지며 더욱 변화했다. 이 부분에 대해서는 나중에 다시 살펴보기로 한다.

영미 일반 출판에 나타난 두번째 주요 발달 모습은 문학 에이전트의 성장이었다. 이것은 영미 일반 출판 분야에 특정한 것이다. 프랑스, 독일,

이탈리아 등에도 문학 에이전트가 있지만 그 숫자와 영향력 면에서 영국과 미국에 비교되지 않는다. 문학 에이전트의 역사는 19세기 후반으로 거슬러올라간다. 보통 스코틀랜드인 A. P. 와트(A. P. Watt)가 최초의 전문 문학 에이전트로 평가받는다. 그는 1870년대 후반부터 런던에서 작가들의 대리인을 맡기 시작했다.* 와트는 20년 동안 업계를 거의 독식했지만 19세기 말에는 다른 사람들도 그 분야의 잠재력을 깨달아 경쟁자가 생겼다. 에이전트의 역할은 약 한 세기 동안 거의 변화가 없었다. 그들은 출판사와 작가 사이를 중재해 공정하고 합리적인 계약을 끌어냄으로써 스스로를 작가들에게 봉사하는 문화 중개자로 보았다. 그러나 1970년대 후반과 1980년대 초반에 변화가 일어나기 시작했다. 필자가 '슈퍼에이전트'라고 부르는 새로운 유형의 문학 에이전트가 등장하기 시작한 것이다. 그들은 외부인이었다. 다른 업종에서 출판계로 진출한 그들은 출판사와 에이전트의 전통적인 관행에 얽매이지 않았다. 그들이 보기에 기존의 에이전트들은 출판계의 기풍이 너무 깊이 배어 있었다. 즉 기존의 에이전트들은 출판사와 너무 가까웠고 일종의 신사적인 관계를 유지했다. 괜히 소란을 일으키고 싶지 않아 강하게 밀어붙이는 일이 없었다. 새로운 슈퍼에이전트들에게 그런 전통적인 개념은 혐오스러운 것이었다. 그들은 스스로를 중개자가 아닌 고객, 즉 작가의 이익 옹호자로 여겼다. 그들의 태도는 좀더 호전적이었다. 싸우고 적을 만들 준비가 되어 있었다. 새로운 슈퍼에이전트의 완벽한 보기는 뉴욕의 유명 에이전트 모턴 얀클로(Morton Janklow)와 앤드루 와일리(Andrew Wylie)였다. 두 사람 모두 출판업계 출신이 아니었다. 얀클로는 변호사였고 와일리는 대학을 졸업하자마자 에이전트로 활동하기 시작했다.

---

* 문학 에이전트의 초기 역사 참고. Hepburn (1968); Gillies (2007).

앤드루 와일리는 업계에서 다소 악명이 높다. 작가들을 가로채고(일반적으로 다른 에이전트들이 비열하다고 여긴 관행) 높은 선인세를 밀어붙여 종종 '자칼'이라는 별명으로 불린다. 영미 일반 출판업계에서 앤드루 와일리는 존경받는 인물인 만큼 공포와 혐오의 대상이기도 하지만 그가 에이전트의 업무 방식에 큰 영향을 끼친 것만큼은 절대로 의심할 수 없는 사실이다.

세번째 주요 발달 사항은 통합으로 인한 출판 대기업의 등장이다. 1960년대 이후 다수의 독립 출판사들이 그 자체가 대형 멀티미디어 기업의 소유이자 그 일부분인 다른 출판사들에 매각되어 출판 대기업을 이루었다.* 오늘날 미국과 영국에는 대형 출판사가 5개뿐인데 대부분 양국에서 운영되는 같은 회사들이다. 현재 세계 최대의 일반 출판사는 펭귄랜덤하우스다. 이곳은 2013년에 독일 대기업 베르텔스만 소유의 랜덤하우스와 영국의 미디어 대기업 피어슨 소유의 펭귄 그룹이 합병되어 탄생했다. 영국의 대표적인 일반 출판사 아셰트와 미국의 대표적인 일반 출판사 타임 워너 북 그룹(2006년 아셰트가 인수)은 현재 프랑스 대기업 라가르데르(Lagardère) 소유다. 하퍼콜린스는 루퍼트 머독의 뉴스 코퍼레이션이, 사이먼 앤드 슈스터는 CBS가 소유하고 있다. 독일계 홀츠브링크 그룹은 맥밀런, 팬, 피카도르, 파라 스트라우스 앤드 지로 등 다수의 임프린트를 거느리고 있다. 크노프, 더블데이, 바이킹, 스크라이브너, 허친슨, 하이네만, 해미시 해밀턴, 조너선 케이프 등 한때 독립 출판사였던 다수의 출판사가 현재 대기업 출판사 소유로 운영되고 있다. '빅 5'는 영미 일반 출판을 지배하는 주요 출판사를 말하는데 미국과 영국의 일반 도서 총매출의 절반 가량을

---

* 이 현상이 가져온 결과는 다수의 저작에서 논의되었다. Schiffrin (2000); Epstein (2001); de Bellaigue (2004).

차지한다.

이 세 가지 발달 현상은 영미 일반 출판계에 지대한 영향을 끼쳤다. 우선 출판의 양극화가 일어났다. 현재 출판계에는 소수의 대형 출판사와 규모가 매우 작은 다수의 출판사가 존재하며 그 중간은 극히 드물다. 일반 출판 부문에서 중간 규모를 유지하기는 매우 어렵다. 중간 규모의 출판사는 가능성 있는 작가와 작품을 손에 넣는 문제에 있어 대기업과 경쟁할 만큼 크지 않다. 에이전트가 새로운 콘텐츠의 접근을 통제하므로 출판사가 인기 있는 작가의 책을 손에 넣으려면 종종 십만 달러 혹은 백만 달러 단위에 이르는 높은 선인세를 낼 수 있어야 한다. 따라서 중간 규모의 출판사는 인기 있는 작가를 대기업 임프린트에게 놓치는 경우가 많다. 게다가 중간 규모 출판사는 업계의 주변부에 자리하는 소규모 출판사보다 간접비가 훨씬 많이 든다. 작은 규모의 출판사들이 불규칙하고 적은 수익으로도 버틸 수 있는 반면, 중형 출판사들은 비용을 충당하고 수익을 창출하려면 베스트셀러 도서가 꾸준히 나와야만 한다. 가장 잘 팔리는 작가들을 대형 출판사에 잃어서 수익성을 유지해줄 베스트셀러를 내지 못할 위험을 안고 있으므로 입지가 매우 취약하다. 결국 대부분은 대기업에 인수된다.

영미 일반 출판을 지배한 이 발달 모습들은 '기대작(big book)'에 몰두하는 현상을 만들기도 했다. 이 현상은 모든 대형 출판사가 직면한 단순한 비즈니스상의 문제에서 나왔다. 대기업들은 보유한 대형 출판사들이 매년 성장세를 기록해 높은 수준, 이상적으로 10% 이상의 이익을 창출하기를 요구한다. 하지만 문제는 출판 시장이 대체로 정적이라는 것이다. 미국과 영국의 책 시장은 실질적인 확장이 이루어지지 않는 성숙 시장이었다. 성장이 조금이라도 이루어진다면 오로지 물가상승률 때문이었다. 그래서 모든 출판사가 똑같은 근본적인 문제에 직면하게 되었다. 정적인 시장에서 어떻게 성장을 이룰 수 있는가? 이것은 출판 도서 종수를 늘린다고 해결되는 문제가 아니었다. 이미 판매력을 늘릴 대로 늘려 도서 종수가 너무 많은 상태라 과부하 문제가 악화될 뿐이었다. 따라서 이른바 '미드-리스트'라고 불리는 판매량이 저조한 책들을 잘라내고 잘 팔리는 소수의 기대작에 집중해야 한다는 압박감이 엄청나게 커졌다. 한마디로 적은 종수의 판매량을 극대화하는 것이 황금률이었다.

기대작은 꼭 베스트셀러는 아니다. 좀더 정확하게 설명하자면 '베스트셀러 희망 도서'라고 할 수 있다. 기대작은 출판보다 훨씬 앞서 존재한다. 실제로 베스트셀러가 될지를 알기 전부터 존재하는 것이다. 에이전트의 제안으로 편집자와 출판사가 계약하는 신간 대부분은 판매 실적을 예측할 수 없다. 출판사는 일부라도 베스트셀러가 되기를 희망하며 도박을 한다. 따라서 일반 출판의 중심부에는 '집단적 믿음의 거미줄'이라고 불리는 넓은 공간이 만들어진다. 에이전트들은 어떤 작품이 기대작이라고 엄청난 시간과 노력을 들여 출판사를 설득한다. 특히 실적이 좋아 믿음이 가는 에이전트들이 기대작이라고 하는 말에는 큰 무게가 실릴 수밖에 없다. 새 기대작을 둘러싼 입소문과 기대감이 전염되어 에이전트가 진행하는 판권 경매 경쟁이 더욱 치열해진다.

출판사가 높은 비용을 지불할수록 그 책은 더 큰 기대작이 된다. 출판사가 백만 달러를 지불하고 사들인 책은 5만 달러를 지불한 책보다 훨씬 더 큰 기대감을 형성한다. 출판사의 기대와 우선순위, 투자도 따라간다. 아이러니하게도, 이것은 대형 출판사들이 더 많은 돈을 지불하게 하는 삐뚤어진 동인을 제공한다. 돈을 많이 낼수록 더 큰 기대작이 되고, 마케팅 예산부터 영업부의 우선순위에 걸쳐 전반적으로 기대작 취급을 받기 때문이다. 하지만 한 가지 문제점이 있다. 기대작은 베스트셀러가 아니라 그저 베스트셀러가 되기를 희망하는 책일 뿐이다. 한마디로 어느 정도 믿을 수 있는 여러 가지 고려사항에서 도출된 출판사의 추측인 것이다. 작가의 과거 성적과 유사 도서들의 성적부터 타인의 관점이나 견해까지 한마디로 집단적 믿음의 거미줄에서 나온 추측이다. 하지만 추측은 틀릴 수도 있고 실제로 틀린 경우가 많다. 실패를 만회할 수 있을 만큼 추측이 들어맞는 경우가 많아야 한다는 것이 출판사가 직면한 난제이다. 추측이 적중해 정말로 기대작이 성공한다면 다른 책들의 실패를 만회할 수 있을 만한 규모의 성공이라야만 한다. 일반 출판은 위험과 희망의 사업이다. 기꺼이 위험을 감수해야 하며 투자보다 엄청나게 큰 보상을 가져다줄 대성공을 거두기를 희망해야 한다. 이러한 도박의 속성 때문에 넉넉한 주머니로 고액의 내기를 더 많이 할 수 있고 도박이 대부분 실패해도 살아남을 재정적인 여력이 되는 대형 출판사가 작은 출판사보다 유리하다.

신간 출판에는 위험성이 내재하지만 출판사가 더 믿을 만한 수입원을 기대할 수 있는 두 가지 영역이 있다. 바로 브랜드 작가와 구간 목록이다. 이 두 가지 형태의 출판은 신간의 내재적 위험을 상쇄하는 평행추 역할을 하므로 일반 출판사들에게 매우 중요하다.

브랜드 작가의 가치

이름 있는 작가들은 책 판매량을 예측할 수 있어서 출판사에 매우 중요하다. 그런 작가들에게는 충성도 높은 독자층이 있다. 독자들은 특정 작가의 '팬'이 되거나 작가가 쓴 시리즈의 '팬'이 되어 더 읽고 싶어한다. 따라서 출판사는 그런 작가의 팬층이 형성하는 시장에 어느 정도 의존할 수 있으며 작가의 기존 판매량은 신간 판매량을 가늠하는 좋은 지침이 된다.

신간 출판이 대부분 도박인 세상에서 이러한 예측 가능성은 선물과도 같다. 독자의 충성도는 논픽션보다 소설에서 더 흔하게 나타나며 문학 소설보다 상업 소설에서 보편적이다. 스릴러, 공포, 미스터리, 로맨스, 공상과학, 판타지 같은 장르에서 스티븐 킹, 제임스 패터슨, 존 그리섬, 노라 로버츠, 딘 쿤츠, 퍼트리샤 콘웰, 리 차일드, 톰 클랜시 등 브랜드 작가를 향한 충성도가 특히 강력하다.

브랜드 작가가 출판사에 중요한 이유는 또 있다. 그들은 책을 계속 쓴다. 1년에 한 권, 혹은 2년에 한 권을 쓰기도 한다. 따라서 신간을 계속 발표하는 브랜드 작가들을 거느린 출판사는 신간 도서의 성적을 예측하기 어려운 출판사보다 좀더 정확하고 확실한 미래 계획을 세울 수 있다. 작가가 언제 새 책을 낼지 알고 있으므로 작품마다 출판 전략을 계획하여 판매 가능성을 극대화할 수 있다. 이를테면 먼저 매년 하드커버로 출간하고 나중에 매스 마켓 페이퍼백으로 내는 등의 전략이다. 작가의 규칙적이고 예측 가능한 아웃풋은 출판사가 작가의 브랜드를 구축할 수 있게 해주기도 한다. 정기적으로 새로운 책을 시장에 공급해 기존 팬들의 관심과 충성도를 유지하고 새로운 독자도 끌어들일 수 있기 때문이다.

처음으로 브랜드 작가의 가치를 높이 평가한 출판사 중 하나가 퍼트넘(Putnam)이다. 19세기 중반으로 거슬러올라가는 미국의 오래된 출판사 퍼트넘은 1975년에 멀티미디어 엔터테인먼트 대기업 MCA에 인수되었다. MCA는 꾸준한 성장과 안정적인 현금 흐름을 원했고 퍼트넘은 엔터테인먼트 제국 MCA가 다른 엔터테인먼트 사업 부문에서 활용하는 모델을 출판에 도입하여 그 기대에 부응했다. MCA는 다른 출판사들과 일하는 상업 소설 작가들을 후한 선인세와 지대한 개인적 관심을 제공하는 방법으로 퍼트넘에 영입했고 작가들과의 긴밀한 작업으로 브랜드를 구축하고 판매량을 올렸다. 그 작가들은 1년에 한 권씩 책을 썼고 퍼트넘은 브랜드 작가들의 신간이 서로 경쟁하지 않도록 간격을 두어 출간했다. 영업팀과 회계팀이 신간 도서를 베스트셀러에 올리고자 긴밀한 협업으로 최선을 다했고 책뿐만 아니라 작가도 사람들의 눈에 잘 띄도록 만들었다. 동시에 퍼트넘은 작가의 구간도 계속 대중에게 선보였다. 이 모델은 매우 성공적이었고 이내 다른 출판사들도 모방했다. 퍼트넘은 1996년에 펭귄 그룹에 인수되었고 브랜드 작가 모델은 펭귄이 미국에서 거둔 성장과 성공의 초석을 제공했다.

브랜드 작가의 작품을 출판하는 것은 일반 출판의 매우 효과적인 전략이지만 심각한 단점도 있다. 작가 브랜드의 중요성 때문에 협상 조건과 선인세 문제에서 작가와 에이전트가 매우 유리한 위치에 놓인다는 것이다. 에이전트는 유명 브랜드 작가가 출판사에 얼마나 가치 있는지 잘 알기에 그 점을 이용해 더 높은 선인세를 확보할 수 있다. 이것이 실제로 의미하는 바는 이러하다. 높은 선인세는 추후의 저작권 수익을 보장하지 못하며 출판사가 브랜드 작가를 보유하기 위해 작가에게 지불하는 프리미엄이 된다. 이로 인해 책의 수익성이 낮아지고 출판사의 마진을 압박한다. 수익 면에서 브랜드 작가가 출판사보다 더 큰 몫을 가져가기 때문이다. 베스트셀러 작가가 오랜 기간 함께 일했어도 언제든 더 많은 프리미엄을 제시하는 다른 출판사로 떠날 위험이 있다는 뜻이기도 하다. 세간의 이목을 끄는 이러한 움직임은 일반 출판에서 드문 일이 아니다. 또한, 정적인 시장에서 대형 출판사가 브랜드 작가를 이용해 수익과 시장점유율을 높이려는 가로채기 게임이 벌어지고 있다는 증거이기도 하다.

신간 vs 구간

일반 출판사들이 안정적인 수익 창출을 기대할 수 있는 두번째 영역은 바로 구간 목록이다. 구간 도서의 장점은 매우 많다. 연간 수익을 비교적 예측할 수 있고 안정적이다. 그리고 책의 주요 투자 비용이 이미 발생했으며 구간 도서 목록에 포함될 때쯤에는 회수되지 못한 선인세도 대부분 손실 처리된 이후이다. 마케팅과 홍보 비용도 최소한이고 반품률도 대부분 낮다. 출판사는 그저 인쇄만 해서 현재의 수요를 충족하면 된다. 인쇄, 창고 보관 및 유통, 인세 비용만 발생한다(저작권 보호 기간이 끝난 도서는 인세도 들지 않는다). 따라서 구간은 신간보다 수익성이 훨씬 좋다. 출판사의 전체 매출에도 비교적 안정적으로 기여하고 순익에는 매우 크게 기여한다.

그렇다면 일반 출판사들은 왜 구간 출판에 더 집중하지 않을까? 간단히 설명하자면 구간 도서의 구축은 매우 느리고 힘든 과정이기 때문이다. 훌륭한 구간 목록을 만들기까지는 시간이 오래 걸린다. 훌륭한 구간 목록은 업계의 상황이 지금과 사뭇 달랐던 몇 세기 전 혹은 20세기 전반에 설립된 출판사들에 의해 구축되었다. 그런 구간 도서 목록들은 이제 대부분 대형 출판사들에 인수되었다. 대형 출판사들이 애초에 그런 목록을 보유한 출판사를 인수한 이유부터가 요즘은 무(無)에서 구축하기가 매우 어려운 구간 목록을 손에 넣기 위해서였다. 오늘날 대형 출판사들이 인수를 통해 구간 목록을 키울 기회는 거의 없다.

또한, 소매 체인, 할인점 및 슈퍼마켓 같은 기타 대량 판매 시장의 중요성이 커짐에 따라 출판사들은 대량의 새 하드커버를 소매 거래처에 배송할 수 있게 되었다. 따라서 출판사들은 신간 베스트셀러의 규칙적 흐름에 의존성이 높은 전략 모델을 지향하게 되었다. 다수의 출판사가 점점 더 베스트셀러 증후군에 휩쓸렸다. 그들은 모기업의 재정적 기대에 부응하기 위해 신간 베스트셀러를 획득해 성공시키는 방법에 더욱더 의존하게 되었다. 결과적으로 기대작, 즉 잠재적 베스트셀러 도서에 거는 내깃돈이 커지고 유명 브랜드 작가들의 가치도 올라갔다. 이러한 역학 관계에 가장 많이 노출된 것은 구간 목록이 빈약한 출판사들이었다. 사이먼 앤드 슈스터처럼 구간 목록이 차지하는 비중이 총매출의 20~30%밖에 되지 않는 출판사는 매년 신간 수익으로 나머지 70~75%를 채워야 한다. 반면 펭귄랜덤하우스처럼 구간 도서가 엄청나게 많은 출판사는 구간이 총수익에서 차지하는 비율이 더 높으므로 신간에 대한 압박을 다소 완화해준다. 그래도 매년 수익의 약 60%가 신간에서 나와야만 한다. 이처럼 주요 출판사들은 신간 출판에 대한 의존성이 커서 기대작에 높은 선인세를 지불하고 반드시 베스트셀러로 만들려는 동인이 강해진다.

마케팅과 홍보의 역할

정기적으로 신간 베스트셀러가 확보되려면 기대작과 브랜드 작가에게 높은 선인세를 지급하는 능력만 필요한 것이 아니다. 마케팅과 홍보에도 상당한 투자가 필요하다. 마케팅과 홍보는 특히 일반 출판에서 중요한 역할을 한다. 출판사가 독자와 소비자에게 책을 인식시키고 구매해 읽고 싶은 욕구를 심어주는 행위이기 때문이다. 출판사들이 맞닥뜨린 진정한 난제이기도 하다. 개인의 시간과 관심, 자원을 요구하는 일인데다 해마다 엄청나게 많은 신간이 쏟아져나오기 때문이다. 책 시장은 매우 북적거리는 곳이다. 디지털혁명으로 진입 비용이 낮아진 지금은 더욱더 그렇다. 경쟁 치열하고 북적거리는 시장에서 어떻게 책이 돋보이고 주목받게 할 수 있는가?

전통적으로 일반 출판에는 관심 끌기 전쟁이 펼쳐지는 무대가 두 군데 있다. 첫번째는 서점 같은 소매점에서의 시선 뺏기 싸움이다. 서점, 특히 큰 소매 체인의 앞쪽 공간은 소비자들의 관심을 끌기 위한 주요 전장이 된다. 대다수 사람들은 서점에서 앞쪽에 있는 테이블과 선반을 둘러보며 관심을 끄는 책을 집어든다. 충동구매가 많이 일어나므로 책이 매장 앞쪽의 테이블에 놓이거나 표지가 보이도록 책꽂이에 진열되는 것이 매우 중요하다. 책이 사람들에게 잘 보이는 서점 앞쪽에 진열되도록 하려면 출판사는 어떻게 해야 할까? 기본적으로 돈을 내야 한다. 완곡하게 'co-op'(또는 협동 광고)라고 알려진 시스템을 통해서이다. Co-op는 출판사와 소매업체의 비용 분담 계약이다. 즉 출판사가 소매업체의 홍보 비용을 일부 부담하는 것이다. 대부분의 일반 출판사는 소매업체에 할당할 수 있는 금액을 전년도 순매출의 백분율로 계산하는데, 출판사에 따라 2~4% 정도다. 그 금액이 해당 서점의 오프라인이나 온라인 매장의 홍보비로 사용 가능한 공동 자금으로 들어간다. 반스 앤드 노블 같은 주요 소매 체인의 앞쪽에 책이 진열되는 것은 출판사가 전적으로 제어할 수 있는 일은 아니다. 일반적으로 출판사의 판매 담당자가 소매 체인 관계자들에게 신간을 보여주고 그 책에 대한 출판사의 기대를 전달한다. 얼마나 기대작이고 소매업체에 얼마나 팔고자 하는지 등이다. 소매업체는 작가의 전작 판매량 등 여러 요인을 고려해 어떤 도서를 얼마나 구매할지 결정한다. 그다음에는 출판사와 co-op 매장 홍보에 대해 협상하고 co-op 금액을 주문금액과 합친다. 근래에 대형 출판사들이 co-op로 지출한 총금액이 엄청나게 증가했다. 현재 co-op는 많은 출판사의 마케팅 예산에서 매우 큰 부분을 차지한다.

서점에서 눈에 잘 띄게 진열하는 것과 소비자에게 책을 사라고 설득하는 것은 전혀 다른 일이다. 소매업체의 재고와 소비자 구매의 격차를 줄이는 것을 '셀스루(sell-through)'라고 한다. 셀스루가 이루어지지 않는 책을 소매업체가 반품하면 출판사의 순매출이 줄어들고 결국 팔리지 않고 팔 수도 없는 재고가 되어 폐기해야 할 가능성이 커진다. 따라서 출판사는 셀스루를 촉진하는 것이 필수적이다. 이것이 관심 끌기 경쟁이 이루어지는 두번째 무대이다. 전통적으로 출판사들은 소비자의 관심을 끌고 구매를 장려하는 방법으로 주류 매체 광고와 홍보에 의존했다. 출판사의 홍보 담당자들은 신간 작가들을 라디오와 TV에 출연시키고 〈뉴욕 타임스〉와 〈워싱턴 포스트〉 같은 주요 신문사로부터 좋은 서평을 받고자 최선을 다한다. 주류 매체에서 홍보가 잘 되면 판매량에 실질적인 변화가 일어날 수 있으며 다른 매체들도 저자를 인터뷰하고 서평을 싣는 미디어 폭풍이 일어난다. 하지만 전통적인 경로들은 홍보 목적으로서의 신뢰성이 점점 떨어지고 있다. 책을 끼워넣기가 예전보다 힘들고 효과도 덜하기 때문이다. 다수의 신문과 잡지 같은 종이 매체는 부분적으로는 구글 같은 온라인 매체에 광고 수익을 빼앗겨 재정적 압박이 점점 더 심해짐에 따라 서평에 할애된 지면을 줄이거나 많은 신문들은 서평란을 아예 없앴고 게다가 일부 신문과 잡지는 폐간되었다.* 주류 TV에서 책의 중요성도 줄어들었다. 미국의 오프라 북클럽, 영국의 리처드 앤드 주디 북클럽처럼 TV로 방송되는 북클럽은 한때 책 판매의 매우 강력한 원동력이었지만 이제는 주류 TV 방송에서 자리를 잃었다. 책을 마케팅하고 홍보하는 경로로서 전통 미디어의 중요성이 감소함에 따라 출판사들은 이메일, 웹사이트, 블로그, 소셜 미디어, 온라인 광고 등 보다 특수화된 '마이크로 미디어(micro media)'를 이용한 마케팅에

---

* Wasserman (2007).

집중하게 되었다. 이 새로운 미디어 덕분에 마케팅과 홍보 담당자들은 더욱 구체적인 표적마케팅을 할 수 있게 되었다. 일반적으로 유통되는 신문에 값비싼 광고를 싣는 대신 출판사가 홍보하고자 하는 특정 콘텐츠에 관심을 보일 가능성이 큰 틈새고객을 겨냥할 수 있기 때문이다. 또한, 출판사는 소셜 미디어 활용과 작가의 활발한 소셜 미디어 활동으로 온라인 대화와 입소문을 만들어 판매를 촉진할 수 있다.

디지털혁명의 기회와 위험

온라인 마케팅 활용의 증가는 일반 출판이 디지털혁명에 의해 맞이했고 또 맞이하고 있는 변화의 하나에 불과하다. 디지털혁명의 영향은 1990년대 후반부터 일반 출판사들이 우려한 문제 중 하나였다. 그 우려의 상당 부분은 도서 출판산업의 전통적인 형식인 종이책이 과연 전자책으로 대체될 것인지, 대체된다면 어느 정도일지, 수익과 저작권 침해, 비즈니스 모델에는 어떤 영향을 끼칠 것인지에 집중되었다. 출판사 임원들은 2000년대 초기에 불법 파일 공유나 아이튠즈와 같은 합법적인 경로를 통해 다운로드되는 콘텐츠의 너무 낮은 가격 때문에 음반업계의 수익이 붕괴하는 모습을 점점 커지는 불안감으로 지켜보았다. 그들은 책 판매도 비슷한 운명을 겪을지도 모른다고 걱정했다. 전자책의 판매량은 처음 등장한 2000년대 초반에는 매우 낮았지만 2007년 11월에 아마존 킨들이 출시된 후로 2008년부터 상승하기 시작했다. 일반 도서의 전자책 판매는 여러 해 동안 급격하게 증가했고 2012년에 이르러 미국 전체 일반 도서 매출의 약 20%를 차지했다. 이는 불과 5년 만에 일어난 극적인 변화였다. 특정 카테고리에서는 그 비율이 더 높았다. 미국의 몇몇 대형 출판사의 경우 로맨스 장르는 2013년에 전자책이 전체 매출의 거의 60%를 차지했고 미스터리, 공상과학, 판타지 같은 다른 장르소설들도 로맨스에 크게 뒤처지지 않았다. 전자책은 2008년부터 2012년까지 급격한 성장을 보였지만 그 이후로 대부분 출판사의 전자책 성장률에는 큰 변동이 일어나지 않았다. 일부 카테고리에서는 전자책의 증가가 계속되었지만 다른 카테고리에서는 감소했고 미국 전체 일반 도서 판매량의 평균 약 20% 수준을 유지했다. 영국에서도 비슷한 패턴이 나타나 전자책 판매는 전체 판매량의 약 15%를 차지했다. 그렇게 대부분의 출판사에서 전자책 혁명은 정체된 듯했다. 적어도 당시는 그러했다.

그러나 출판계의 디지털혁명은 결코 전자책에만 국한된 것이 아니었다. 1980년대부터 디지털혁명은 이미 출판 과정의 본질과 책 생산 방식에 큰 영향을 끼치고 있었다. 일반 출판뿐만 아니라 업계의 모든 부문에서 그러했다. 작가가 디지털 파일에 단어와 문장을 입력하는 순간부터 책이 인쇄되는 순간까지 출판 과정 전체가 하나씩 '디지털 작업 흐름'으로 바뀌었다. 책은 보이지 않는 곳에서 다양한 사람들에 의해 다양한 방법으로 작업되고 조정되어 마침내 인쇄되는 디지털 파일이자 데이터베이스가 되었다. 오늘날에는 인쇄도 디지털로 이루어질 수 있다. 이 '숨겨진 혁명'은 외부인에게는 보이지 않을 수 있다. 최종 상품인 종이책은 똑같아 보일지 몰라도 책이 만들어지는 과정 자체가 이 혁명으로 근본적으로 바뀌었다.

일반 출판에서 디지털혁명으로 인해 근본적인 변화가 일어나고 있는 부분은 또 있다. 디지털혁명이 아마존을 부상시킴으로써 소매업에 변화가 일어났다. 아마존은 1995년에 시애틀의 한 차고에서 기술 기업으로 창업된 후 빠른 속도로 출판 역사상 가장 큰 서적 소매업체이자 세계에서 가장 큰 소매업체로 성장했다.* 2014년에 이르러 아마존은 미국의 종이책과 전자책을 합친 전체 신간 도서 판매량의 40% 이상, 전체 전자책 판매량의 70%를 차지했다.** 현재 미국과 영국에서 아마존의 시장점유율과 비슷한 업체는 없으며 과거에도 없었다. 아마존은 수많은 출판사들에게 종이책과 전자책 모두 상당한 수익을 올려주는 단 하나의 가장 중요한 소매업체가 되었다. 따라서 아마존은 출판사들과의 협상에서 매우 유리한 위치에 놓인다. 판매량에서 그렇게 큰 비중을 차지하는 소매업체를 출판사가 무시할 수 없기 때문이다.

또한, 디지털혁명은 자가출판의 엄청난 성장을 촉진했다. 자가출판은 새로운 것이 아니다. 그것은 20세기 초중반에 등장한 이른바 자가출판 전문 출판사(vanity press)로 시작되었다. 그러나 디지털혁명은 완전히 새로운 자가출판 모델을 가능케 했다. 2000년대 초반에 새로운 자가출판 플랫폼이 다수 등장해 작가들이 매우 적은 비용이나 무료로 책을 쉽게 출판할 수 있게 되었다. 자가출판은 모든 선택권이 불가능할 때 작가가 의존하는 마지막 수단인 자비출판이라는 인식도 사라졌다. 전통적 출판사를 통하지 않고 자신이 직접 책을 출판하는 것을 긍정적인 선택으로 여기는 작가들이 생겨났다. 새로운 디지털플랫폼의 부상으로 자비출판은 '독립 출판'으로서 많은 작가에게 적극적으로 수용되었다. 작가들은 디지털플랫폼에서 직접 자신의 책을 출판함으로써 출판 과정을 제어할 수 있고 팔린 책에 대해 더 높은 인세를 받았다. 예를 들어 전자책의 경우 작가는 플랫폼에 따라 순매출의 70~85%를 받을 수 있었다. 반면 출판사가 제공하는 인세는 일반적으로 순매출의 25%였다. 특히 로맨스, 스릴러, 공상과학, 판타지

---

* 아마존의 부흥에 대한 훌륭한 설명은 Stone (2013) 참고.
** Codex Group의 연구 결과로 Milliot (2014)에 보고.

처럼 킨들 사용자의 전자책 구매가 전체 판매량에서 큰 부분을 차지하는 장르의 경우, 아마존의 킨들 다이렉트 퍼블리싱(Kindle Direct Publishing, KDP)을 통한 자가출판이 많은 작가에게 점점 더 매력적인 선택으로 여겨졌다. 직접 출판된 책은 대부분 판매량이 매우 적지만 그것이 전부는 아니다. J. A. 콘래스(J. A. Konrath)나 휴 하위(Hugh Howey)처럼 자가출판으로 큰 성공을 거둔 작가들도 있다. 그리고 2016년에 이르러 아마존의 전자책 베스트셀러 목록에 올라 있는 도서의 약 4분의 1이 자가출판된 것임을 시사하는 자료가 있다.* 자가출판 규모의 정확한 수치를 알려주는 자료는 없지만 자가출판의 종수나 판매 부수 모두 그 수치가 높은 듯하다. 자가출판은 출판업계의 숨은 대륙 같은 존재가 되었다. 저 너머에 넓게 펼쳐 있지만 출판업계의 전통적인 구조와 회계 관행은 그것을 보지 못한다.

디지털혁명은 출판사가 책의 궁극적인 소비자인 독자와 더욱 직접적인 관계를 발전시킬 수 있는 가능성도 열어주었다. 도서 출판의 500년 역사 동안 출판사의 주요 고객은 소매업체 같은 중개업자였다. 출판사는 책을 소매업자에게 팔았고 소비자에게 판매하는 일은 소매업자에게 맡겼다. 독자와 직접적인 의사소통을 거의 하지 않았다. 비즈니스 연구 부문 전문 용어로 말하자면 출판사는 B2C 비즈니스가 아니라 B2B 비즈니스였다. 이것은 출판사가 독자와 그들의 구매 관행에 대해 거의 알지 못한다는 뜻이기도 했다. 그러나 디지털혁명과 인터넷으로 가능해진 새로운 커뮤니케이션 방식은 출판사가 그들의 최종소비자인 독자에 대해 더 많이 알며 중개자를 통한 판매에만 기대지 않고 표적마케팅으로 직접 접근해 책을 팔 수 있

---

* 'February 2016 Author Earnings Report: Amazon's Ebook, Print and Audio Sales', http://authorearnings.com/report/february-2016-author-earnings-report/

는 새로운 기회를 주었다. 이렇게 디지털혁명이 열어준 새로운 기회야말로 무엇보다 중요하고 출판사가 그 기회를 얼마나 잘 활용하느냐가 앞으로 일반 출판 부문의 판도 변화를 좌우하는 중요한 요인이 될 것이다.

참고문헌

Bourdieu, Pierre (1993a). *The Field of Cultural Production: Essays on Art and Literature*, Cambridge: Polity Press.

Bourdieu, Pierre (1993b). 'Some Properties of Fields', in *Sociology in Question*, by Pierre Bourdieu, trans. Richard Nice, London: Sage.

de Bellaigue, Eric (2004). *British Book Publishing as a Business since the 1960s: Selected Essays*, London: British Library.

Epstein, Jason (2001). *Book Business: Publishing Past Present and Future*, New York: W.W. Norton.

Gillies, Mary Ann (2007). *The Professional Literary Agent in Britain, 1880 – 1920*, Toronto: University of Toronto Press.

Hepburn, James (1968). *The Author's Empty Purse and the Rise of the Literary Agent*, London: Oxford University Press.

Miller, Laura J. (2006). *Reluctant Capitalists: Bookselling and the Culture of Consumption*, Chicago: University of Chicago Press.

Milliot, Jim (2014). 'BEA 2014: Can Anyone Compete with Amazon?', *Publishers Weekly*, 28 May 28. http://www.publishersweekly.com/pw/by-topic/industry-news/bea/article/62520-bea-2014-can-anyone-compete-with-amazon.html

Schiffrin, André (2000). *The Business of Books: How International Conglomerates Took Over Publishing and Changed the Way We Read*, London: Verso.

Stone, Brad (2013). *The Everything Store: Jeff Bezos and the Age of Amazon*, New York: Little, Brown and Company.

Thompson, John B. (2012). *Merchants of Culture: The Publishing Business in the Twenty-First Century*, 2nd Edition, New York: Penguin.

Wasserman, Steve (2007). 'Goodbye to All That', *Columbia Journalism Review*, Sept. – Oct. https://archives.cjr.org/cover_story/goodbye_to_all_that_1.php

Wischenbart, Rüdiger (2008). *Diversity Report 2008: An Overview and Analysis of Translation Statistics Across Europe* (21 November 2008). http://www.wischenbart.com/diversity/report/Diversity%20Report_prel-final_02.pdf

16장

학술 출판

———

서맨사 J. 레이너(Samantha J. Rayner)

학술 출판사는 학자들에게 중요한 서비스를 제공한다. 학술 출판사의 전문 지식과 조정, 접근성이 없으면 연구 의뢰와 동료 검토, 편집, 생산, 배포가 불가능하다. 이러한 과정은 학문적 엄격함을 보장하고 믿을 만한 아웃풋을 내놓아 지적 자본을 이루어 학문적 명성을 쌓아준다. 학습과 사상에 대한 집단적 접근도 학술 출판에 의존한다. 학문 혹은 학술 출판은 전통적이고 새로운 세계, 즉 끊임없이 변화하는 주제와 형식, 관행을 아우르는 영역이다. 그러므로 학술 출판을 정의하려는 시도가 모호하고 드문 것은 놀라운 일이 아니다. '학술 출판'이라는 용어는 논문, 학술지, 텍스트판, 고등교육 교과서, 총론 등을 포함하며 모두가 일종의 동료 검토 과정을 거친다. 간단히 말해서 지식과 연구의 생산 및 배포를 다루는 분야지만 교육의 정치적 문제나 지식경제, 접근성, 지위의 가치 같은 사안에 개입하는 복잡하고 혁신적이며 사색적인 산업이다. 지금도 그렇고 앞으로도 그러할 것이다. 영국의 한 주요 학술 출판사는 이렇게 설명한다.

독창적인 최첨단 연구는 지식과 교육의 불꽃을 왕성하게 해주는 연료이다. 새로운 생각과 새로운 사상, 현재 사고에의 도전이 전파되지 않으면 교과서는 진보하지 않는다. 우리가 오늘 출판하는 것은 아이들이 내일 공부하는 것과 사회정책, 비즈니스의 경영에 영향을 끼칠 것이다. (Burridge 2013)

이것은 세계 모든 곳의 학술 출판이 가진 잠재적 영향력을 강조해주는 말이다. 출판 모델은 워낙 다양해서 전 세계 학술 출판의 통계 자료를 보여줄 수 없었다. 세계적 산업으로서 출판의 그 어떤 분야에도 포괄적인 자료가 없었다. 하지만 국제출판협회가 2018년에 최초로 세계 출판 통계에 관한 보고서를 발표하기 위해 2017년 현재 자료를 수집하고 있다. 어쨌든 2016년에 영국의 출판협회는 학술 및 전문서 출판이 10% 상승한 24억 파운드를 기록했고 저널 구독 소득은 79%로 떨어졌지만 오픈 액세스 논문 프로세싱 수수료 소득은 46% 상승한 8,100만 파운드를 기록했다고 보고했다(Publishers Association 2017). 이 통계는 적어도 영국에서는 학술 출판이 확장되고 있으며 변화가 일어나고 있음을 보여준다. '동료 검토를 거친 학문 연구를 온라인에서 무료로 읽을 수 있고 누구나 약간의 제한에 따라 재배포와 재사용이 가능한'(Eve 2014: 1) 오픈 액세스 콘텐츠를 만들려는 동인은 21세기 초부터 학술 출판의 변혁 요인 중 하나였다. 그러나 연구와 지식을 널리 전파하는 추진력은 중세 말기에 시작되었을 때부터 학술 출판을 받쳐온 토대이다.

학술 출판의 기원

인쇄는 15세기 후반 서양에서 필사본 문화를 앞지르기 시작했을 때(완전한 교체는 이루어지기 전) '모든 형태의 학습에 혁명을 일으켰다'(Eisenstein 2005: 3). 그전까지 학습은 수도원 기록실에서 생산되어 대체로 유럽의 수도원이나 대학가에 보관된 제한된 필사본 텍스트를 통해 이루어졌다. 사본의 지리적 위치, 접근을 위한 이동의 어려움, 대다수 인구의 읽기 능력 부재가 학술 출판에 큰 제약으로 작용했다. 하지만 인쇄기의 등장으로 더 많은 사람에게 더 빨리 접근할 수 있게 되었고 휴대하기 쉬운 작은 책과 팸플릿, 소책자가 인쇄됨으로써 독자층이 더욱 넓어졌다. 1480년에 이르러 서유럽에서 인쇄기가 있는 도시는 110개가 넘었다. 1638년에는 미국 최초의 인쇄소가 하버드대학과 가까운 매사추세츠만(Massachusetts Bay)에 문을 열었다. 러시아에서는 1563년에, 콘스탄티노플과 그리스에서는 각각 1727년과 1821년에 처음 책이 인쇄되었다. 현재의 에티오피아에 속하는 아비시니아에서는 1515년, 인도의 고아에서는 1557년, 마카오에서는 1588년, 나가사키에서는 1590년에 처음 인쇄기가 사용되었다. 이미 인쇄술이 크게 발달한 중국에는 유럽의 인쇄술이 도입되어 나폴리 출신 루기에리 신부의 지도 아래 서양의 훌륭한 과학서와 철학서를 모아 중국어로 번역하는 작업이 시행되었다(Febvre & Martin 2010: 182-215). 인쇄는 학습의 전파를 변화시켰다. 20세기 후반에는 월드와이드웹과 인터넷의 등장으로 또다른 커다란 변화가 일어나 전 세계의 자원에 거의 즉각적인 접근이 가능해졌다. 이것은 저작권과 지식재산권에 관한 새로운 문제와 질문도 가져왔으며 이 글을 쓰는 바로 지금 매우 중요한 토론 분야이다. 예를 들어, 2004년에 구글 북스는 세계에서 가장 큰 연구 도서관들과 파트너십을 발표했다. 도서관이 소장한 텍스트의 스캔과 디지털화, 이용에 관한 계획이었다. 구글이 작가나 출판사에 보상을 지급하지 않고 저작권이 있는 저작물을 복제하는 것에 반대하는 출판사들이 법적 소송을 걸었다.

오픈 액세스

대규모 디지털화 프로젝트는 온라인 발달의 보편성을 강조하는 한편 다양한 자가출판 방식(블로그나 웹사이트를 통해 온라인에서, 또는 전자책과 전자책 공급자를 통해)의 폭발적인 증가와 더불어 출판인의 역할에 의문을 제기했다. 학술 출판의 경우에는 그 정도가 특히 점점 더 심해지고 있다. 출판사가 저자에게 제공하는 서비스의 가치에 대한 논의가 활발하게 이루어졌다(예: Meadows & Wulf 2016). 출판사의 역할이 콘텐츠 공급자에서 벗어나 사용자의 접근성 및 소비 관행을 강화하고 바꾸는 서비스 제공자로 옮겨가고 콘텐츠가 점점 더 개방되고 있는데, 주요 출판사의 브랜드와 전체의 핵심 자산은 계속 그 가치가 유지될 수 있을까?

이러한 논쟁은 과학 분야에서 가장 뚜렷하게 나타나고 있는데, 주로 저널 접근 비용에 초점이 맞춰진다. 이 영역에서 오픈 액세스(OA) 운동이 가장 성공적인 견인력을 얻었다는 것도 놀라운 일이 아니다. 오픈 액세스는 20세기 후반의 자유 문화 운동에서 시작되어 기술 혁신의 성장과 함께 발달했다. 그 운동은 소프트웨어의 사용을 특허의 맥락으로 제한하는 상업적인 기업의 경계로부터 자유로워지려는 것이었다. 그래서 저작권 관행과 정면으로 부딪쳤고 과학 분야의 지식과 지식 배포에도 적용되었다. 부다페스트(2002년), 베데스다(2003년), 베를린 선언(2003년)에서 처음으로 원칙이 종합되었다. 학술 출판과 달리 신속하고 광범위하게 출판할 필요가 없고 자금 조달도 용이하지 않은 인문학에서는 오픈 액세스 운동이 느리게 진행되었지만, 지금 오픈 액세스는 학술 출판의 핵심 사안이며 영국과 유럽에서 정부의 강력한 지원을 받고 미국에서는 많은 대학출판부들이 OA 모델을 탐구하고 있다(Crossick 2015; Jisc 2016; Maxwell et al. 2017 참고). 일찍부터 OA를 옹호한 피터 수버(Peter Suber)는 학술 저자들이 OA를 받아들여야 한다고 주장한다. '고용주에게 급여를 받고 저작을 자유롭게 발표할 수 있으며 글을 쓰는 목적이 돈보다 영향력이고 원했던 그것을 발휘했을 때 커리어에 도움이 된다는 사실만으로 학술 저자들이 OA를 받아들여야 할 이유는 충분하다'(Suber 2012: 2).

설득력 있는 관점이다. 그런가 하면 특히 창의적인 일부 인문학 분야의 저자들은 자신들의 아웃풋이 예술적이고 종종 근무시간 이외에 생산되며 어디에서 출판할지 선택할 권리를 저자가 가져야 한다는 주장도 있다. 이 영역에서는 OA에 관한 불안과 오해가 가득하다. OA 출판에도 비용은 발생하기에 누가 언제 어떻게 비용을 지불하느냐는 다양한 비즈니스 모델과 접근 방식 때문에 여전히 난해한 문제이다(Jubb 2017: 189-95 참고).

OA에는 두 가지 주요 모델이 있는데 '그린'과 '골드' OA이다. 그린 오픈 액세스는 논문이 기관 리포지터리(repository)에 저장되고 골드 오픈 액세스는 출판사의 웹사이트에 저장된다. '다이아몬드'(저자와 독자 모두 무료) 같은 다른 유형이 추가로 생겨나고 있지만 OA가 결국 어떤 식으로 자리잡게 될지는 아직 두고 봐야 한다.

OA로의 이동은 정부의 정책이 뒷받침하고 있다. 영국의 경우는 연구우수성 프레임워크(Research Excellence Framework) 정책으로 제출된 모든 저널 기사가 OA여야 한다고 규정한다. 또한, 연구 자금 제공자는 지원받은 프로젝트의 결과와 아웃풋에 대해 OA를 요구한다. 다른 국가에는 비교

가능한 대규모 검토 시스템이 없지만 유럽과 미국의 경우 미국국립인문재단(National Endowment for the Humanities)이 후원하는 미국 디지털 공공도서관(Digital Public Library of America), 네덜란드가 주도하는 OAPEN 프로젝트 등을 비롯한 다른 경로를 통해 OA가 견인력을 얻고 있다(Eve 2014: 82-3). 일본과 중국에서도 OA의 중요성이 점점 커져가며, 인도의 국립지식위원회(National Knowledge Commission)는 2007년에 학자들을 위한 OA 정책을 권유했다(Eve 2014: 80). 오스트레일리아는 현재 모든 대학에 기관 리포지터리가 있으며, 주요 연구 위원회 두 곳은 최대 12개월의 엠바고 기간으로 논문의 그린 오픈 액세스를 요구한다(Eve 2014: 81).

OA는 세계적으로 출판에 나타나는 변화이며 학술 출판의 다른 문제들을 살펴볼 수 있는 출발점이기도 하다. OA는 연구의 목적과 배포 방식에 관한 질문을 던질 뿐만 아니라 학술 출판에 관여하는 여러 집단이 그들의 역할 가치를 다시 생각해보도록 자극한다. 학술 출판을 통해 연결되는 여러 다양한 공동체는 복잡한 업무 관계 구조를 만든다. 그 공동체는 학자, 교사, 학생, 출판사, 서점, 사서, 중개자, 정책 입안자 그리고 학문 단체 및 조직이다. 이 모든 행위자가 협력해서 글을 쓰고 학술 저작을 생산, 배포, 보전한다. 21세기에는 이러한 협력이 더욱 중요해졌는데 '유전자가 변형된 새로운 디지털 포맷이 학술서란 무엇인지에 대해 다시 생각해볼 수밖에 없도록 만들기 때문이다'(Mole 2016: 11).

학술서란 무엇인가?

존 톰프슨은 '지난 몇십 년 동안 학술 출판에서 가장 두드러지는 중요한 발전은 학술단행본(monograph)의 쇠퇴'(Thompson 2005: 93)라고 주장한다. 대학 도서관 예산이 줄어들면서 책 판매 시장도 작아졌다. 하지만 학술 단행본의 위기가 전체 그림을 대표하지는 않는다. 제프리 크로식(Geoffrey Crossick)이 '학술단행본과 오픈 액세스에 관한 보고서' 연구 결과를 통해 밝힌 바와 같이 케임브리지대출판부, 옥스퍼드대출판부, 루틀리지, 폴그레이브 모두 새롭게 출판된 학술서의 숫자가 '엄청난 성장세'를 보였다 (Crossick 2015: 21). 판매량은 하락했을지 모르지만, 현재 새로운 유형의 출판 물과 생산 방식이 존재한다. 이것은 책이 소비되고 발견되는 방식이 급격히 증가하고 있다는 것을 의미한다. 앞에서 논의한 바와 같이 OA는 이러한 동 인 중 하나일 뿐이다. 마이클 주브(Michael Jubb)는 다음과 같이 말한다.

> 책 수요는 반드시 판매량으로 표현되는 것은 아니다. 다수의 학술 서적 의 경우 독자와 읽기가 대부분 도서관을 통해 발생하는데 도서관의 수 요는 매우 탄력적이다. 그리고 OA 도서의 수요는 거의 전적으로 조회수 와 다운로드로 표현된다. 하지만 전통적인 모델로 출판된 책의 경우, 판 매수익이 출판 과정을 뒷받침한다. 이 보고서에서는 예술과 인문학 분 야의 학술 서적 판매량의 감소를 몇 차례 언급했다. 특히 종별 판매량 감소, 종별 가격 상승, 도서 구입에 관한 도서관 예산의 제약, 소비자 노 출 감소를 이야기했다. 그러나 그러한 추세를 전체적으로 검토할 수 있 는 종합적이고 탄탄한 자료는 부재한다. (Jubb 2017: 48)

자료가 부족하다는 언급은 학술단행본이 정확히 어느 정도 감소했는 지 파악하려는 의도에 왜 문제가 많았는지 보여준다. 그는 현재의 판매량 수치가 해마다 회원들로부터 자료를 수집하는 출판협회의 통계 연보 (Statistics Yearbook)와 소매업체들의 전자 판매시점관리 시스템에서 자료를 수집하는 닐슨 북스캔 같은 출처에서 나오는데, 그 출처들이 사용하는 학술서의 정의 자체가 명확하지 않으며 도서 산업 커뮤니케이션(Book Industry Communications, BIC)의 주제 분류 코드도 학계에 사용되는 코드를 분명하게 명시하지 않는다고 지적한다. 또한, 학술단행본이 다루는 주제가 종합적일 때가 많으며 마지막으로 북스캔의 판매 자료는 도서관 판매, 기관 대량 판매, 맞춤형 패키지에 포함된 개별 도서에 대한 자료는 다루지 않는다. 이 모두가 학술서 시장의 '대단히 중요한' 부분인데 말이다 (Jubb 2017: 48).

이처럼 '학술서란 무엇인가?'라는 질문은 대답하기가 쉽지 않다. 어떤 맥락에 추가되었는지에 따라 주제 분류 코드가 다를 뿐만 아니라 학술 출판사에서 출판했다고 무조건 학술서로 정의하는 방법도 딜레마를 가져온다.

대학출판부

학술 서적은 매우 다양한 출판사에 의해 생산된다. 대학출판부가 가장 전통적이지만 상업적 학술 출판사들도 그동안 매우 큰 신임을 받으며 성장했다. 따라서 학자들을 위한 혼합적이고 역동적인 출판 생태계가 만들어졌다.

영국에서는 옥스퍼드와 케임브리지의 출판부(각각 1586년과 1534년에 설립)가 가장 오래되고 가장 권위 있는 대학출판부이다. 학술 출판에서 그들의 유산은 타의 추종을 불허하며 전 세계에 그 명성이 자자해서 모든 주제마다 최고 학자들의 연구를 끌어당기는 브랜드로 작용한다. 미국에서는 대학출판부가 학술서 시장을 지배하고 있다. 하버드대출판부(1913년 설립), 시카고대출판부(1890년 설립), 예일대출판부(1908년 설립) 같은 출판사들의 출간 목록에는 학술지와 주요 참고 문헌 등이 포함된다. 시카고대출판부의 업무 관리자 도널드 빈(Donald Bean)은 1938년에 미국대학교출판협회(American Association of University Presses, AAUP) 회장으로 임명되었다. 오늘날 AAUP는 자메이카, 중국, 뉴질랜드, 남아프리카 및 이집트 등 14개국에 142명의 회원을 두고 있다(AAUP, About AAUP). 2016년에 영국에서 '돌아온 대학출판부(University Press Redux)' 콘퍼런스가 열렸다. 예술인문위원회(Arts and Humanities Research Council), 영국 도서관 미래의 학술서 프로젝트(British Library Academic Book of the Future Project), 40개가 넘는 대학출판부 대표단이 함께한 행사였다(Liverpool University Press, Redux). 영국에서 새로 출범하는 대학출판부의 숫자는 상당하다. UCL출판부와 화이트로즈대출판부(White Rose University Press)를 비롯한 몇몇은 OA 전문 출판사다. 하지만 골드스미스(Goldsmiths Press)처럼 다른 비즈니스 모델을 시도하는 대학출판부들도 있다.

이러한 현상은 학술 출판이 상업적인 학술 출판사에서 멀어지고 학문 기관, 특히 학술 출판사들의 도서관에 연구 출판물의 제공자로 돌아가는 변화라는 데 의미가 있다. 대학출판부는 수백 년 전부터 존재했지만 근래에 연구자와 사서, 정책 입안자의 요구가 변하면서 대학교 도서관을 통해 르네상스를 일으켰다. 이러한 현상이 발생하는 이유를 살펴보기 위해 시행된 연구에서는 앞으로 더 큰 성장이 이루어지리라는 결론이 나왔다(Keene et al. 2016). 새로 출범한 두 대학출판부의 관리자인 로켓(Lockett)과 스페이처(Speicher)는 그 이유를 다음과 같이 추측한다.

도서관은 연쇄 비용의 상승에 큰 영향을 받으므로 대학출판부 지원에 따르는 커다란 잠재성을 알아본다. 실제적으로 비용 절감 효과가 있으며 이론적으로도 부당 이익 취득에 반대하는 대응이기 때문이다. 도서관의 한 부서이자 이미 중요한 비용 중심지인 대학출판부에 대한 지원은 여러 방법으로 이루어질 수 있다. 사무실 공간, 일반적으로 도서관에서 관리하는 기관 리포지터리 사용, 대부분 도서관이 관리하는 OA 예산 조달, 배포 관련 전문 지식, 기술 인프라 등이다. 물론 도서관은 대학 직원과 학생 지원에도 중요한 역할을 하며 그런 내용이 해당 대학 전략에 내재되어 상당한 기여를 한다. 이러한 관계에서 나오는 상호 이익은 대학출판부가 기관의 사명을 수행하도록 도와준다. (Lockett & Speicher 2016: 325)

하지만 학계와 학술 도서관의 성공적인 파트너십은 육성이 필요하다. 주브가 미래 학술서 프로젝트를 위해 작성한 보고서는 도서관의 역할이 크게 변화하고 있으며 '많은 학자가 도서관의 역할을 의식하지 못하거나 오해하고 있어 탈중개화의 위험이 남아 있다'라고 결론지었다. 이 위험은 '도서관이 최대한 다양한 범위에서 학계와 개방적인 의사소통 체계 및 적극적인 협의 관계를 구축하려는 노력을 두 배로 늘려야 한다는 뜻이다' (Jubb 2017: 82).

캘리포니아대출판부의 디렉터 앨리슨 머딧(Alison Mudditt)은 대학출판부들이 직면한 어려움을 다음과 같이 요약한다.

현재의 학문적 의사소통 시스템은 전부 너무 구식이고 비효율적이며 느리다. 정보의 양과 접근성이 커진 만큼 우리가 축적한 지식을 사용자가 좀더 효율적이고 '전문적'으로 활용할 수 있게 해주는 도구를 개발해야 한다. 단순히 출판을 더 많이 해야 하는 것이 아니다. 점점 넓어지는 정보의 바다에서 필요한 정보를 쉽게 찾고 이미 아는 지식과 연결하도록 만들어야 한다. (Mudditt 2016: 333)

이처럼 해결해야 할 과제가 있다는 사실은 분명하며, 현재 문제를 해결하기 위한 노력이 이루어지고 있다는 증거도 많다. 앞으로 감당하기 벅찬 많은 변화와 적응이 기다리고 있겠지만 그래도 미래는 긍정적이다. '대학 출판부들은 21세기 디지털 환경과 학계 커뮤니케이션의 프레임워크 개선을 통해 다시 불사조처럼 일어날 수 있다'(Steele 2008: 요약). 인터넷의 디지털 기능으로 가능해진 정교한 도구와 서비스는 학술 출판이 강력한 검색 도구를 활용하거나 텍스트의 사용과 범위를 추적하고 매핑하여 콘텐츠를 판매해 저자들을 지원할 수 있는 가장 혁신적인 출판 분야임을 뜻한다.

상업 학술 출판사

상업 출판사들이 놓인 환경은 서로 비슷하면서도 매우 다르다. 이 출판사들의 사명은 단순히 지식의 진보가 아니다. 수익성이 있는 지식의 전파가 그들의 소관이다. OA와의 연관성이 점점 커지는 분야에서 상업 출판사들과 학계의 관계는 '더욱 긴장감이 팽배해진다. 업계의 이동 궤도가 학계의 목표 및 우선순위와 일치하지 않고 때로는 직접 충돌하는 방향으로 출판사들을 몰고 가기 때문이다'(Thompson 2005: 166).

규모는 중요하다. 일부 학술 출판사는 거대한 국제기업이다. 예를 들어 1880년에 설립된 엘스비어는 서양 고전학을 주로 취급하는 네덜란드의 작은 출판사였지만 지금은 교육 및 전문 과학, 의료 분야의 2만 개가 넘는 상품을 거느린 글로벌 멀티미디어 출판 기업이다. 엘스비어의 비즈니스 모델은 종종 비난의 대상이 되지만 막대한 이익을 창출해준다. 엘스비어의 과학출판 사업은 2010년에 약 20억 파운드의 매출 가운데 7억 2,400만 파운드의 순수익을 올렸다. 순이익률이 그해 애플과 구글, 아마존보다도 높은 36%였다는 뜻이다(Buranyi 2017). 이것은 엄청난 수치다. 엘스비어를 옹호하는 이들은 그렇게 높은 수익의 많은 부분이 건강 정보 혁신과 개발도상국의 연구, 과학과 기술의 다양성 발달에 자금을 지원하는 엘스비어 재단 활동 등을 통해 학계에 환원된다고 강조한다. 하지만 다른 연구자들은 그렇게 막대한 이익을 취하는 기업에 무료로 콘텐츠를 제공하는 윤리 문제에 대해 걱정한다. 엘스비어의 주력 분야는 과학, 기술, 의학(STM) 출판인데 모두가 신속하게 돌아가는 연구 부문이라 출판 속도가 생명이다. 엘스비어의 가장 큰 성공 비결은 이용자들이 기꺼이 돈을 지불하는 필수적인 콘텐츠를 보유하고 있다는 것이며(Science Direct 사이트) 현재 엘스비어의 핵심 사업은 예측을 거슬러 위협을 이겨내고 살아남았다.

도서관들은 엘스비어 같은 회사들이 만든 저널 패키지를 구독한다. 그 비용이 도서관의 예산을 크게 축내므로 다른 콘텐츠에 관해서는 힘든 결정이 이루어질 수밖에 없다. 부라니는 '본질적으로는 강력하게 규제되는 정부 지원 사업 안에서 이루어지는 영리 목적의 소수 독점이 장기적으로 소멸을 피할 수 있다니 믿을 수 없는 일이다'라고 말한다(Buranyi 2017).

블룸즈버리 아카데미(독립 출판사), 맥밀런(홀츠브링크 퍼블리싱 그룹 소유), 루틀리지(테일러 앤드 프랜시스 그룹 소유) 같은 다른 상업 출판사들은 STM, 전문 서적, 인문학, 사회과학 분야 등 광범위한 분야의 책을 출판하지만 그보다 규모가 더 작은 보이델 앤드 브루어(Boydell & Brewer) 같은 출판사는 중세 학술 출판, 음악, 아프리카학 등 틈새 분야에 집중한다. 보이델을 비롯해 작은 출판사들은 접근 범위를 최대화하기 위해 케임브리지대출판부의 케임브리지 코어(Cambridge Core) 같은 이니셔티브와 파트너십을 맺었다. 케임브리지대출판부의 저널과 서적 콘텐츠를 다른 출판 파트너들의 콘텐츠와 함께 하나의 플랫폼에 모아놓는 것이다. 상업 학술 출판사들은 연구자들의 변화하는 필요에 대응해 다운로드와 인용 횟수를 조회할 수 있는 저자 대시보드 같은 서비스나 폴그레이브 피벗(Palgrave Pivot)이 성공적으로 시작한 짧은 논문 포맷 같은 새로운 출판 방식을 제공하고 있다.

동료 검토

상업 출판사와 대학출판부는 모두 학술 출판 시스템의 핵심인 동료 검토 과정에 충실하게 임한다. 그러나 동료 검토는 '학문 연구와 보급의 역설적인 요소 중 하나이다. 가장 최근의 동료 검토에서 나온 피드백이 전혀 도움되지 않았다는 불평은 학계의 공통점이지만 동료 검토는 연구 품질을 보증하는 토대의 하나로 여겨진다'(Butchard et al. 2017). 동료 검토는 다양한 형태로 이루어진다. 저자와 검토자 모두가 서로의 신분을 알지 못하는 더블 블라인드 방식(double blind peer review), 검토자가 저자의 이름을 아는 싱글 블라인드 방식(single blind peer review), 검토자의 이름이 공개되는 오픈 방식(open peer review), 논문이나 책이 출판된 후에 검토가 이루어지는 게재 후 방식(post-publication peer review)이 있다. 동료 검토 행위는 학계에서 승진 신청 요인으로 여겨지는 일이 드물고 많은 시간과 노력을 요구하므로 업무량이 늘어나는데다 심사 과정의 진실성에 관한 의문도 제기되므로 열띤 논쟁의 대상이 되었다. 최근 보고서에서는 다음과 같이 강조한다. '기존 동료 검토 모델을 비판하는 학자들이 제안하듯 의사소통과 일관성, 효율성 및 신용도의 문제를 해결해야 하는 필요성이 긴급하다'(Butchard et al. 2017).

크로스오버 서적

상업 출판사는 어떤 책을 출판할지 선택할 때 경제적 요소를 고려해야 한다. 그러나 톰프슨에 따르면 대학출판부도 마찬가지이고 '주로 동료의 인정과 찬사라는 상징적 논리에 지배되는' 학계와 갈등을 이루므로 대조적이다(Thompson 2005: 46). 찬사는 주로 평론이나 인용에서 나오는데 일반 비(非)학술 출판사에서 출판하는 것이 매력적인 이유도 그 때문이다. 일반 출판사의 경로를 통해 출판되는 책(크로스오버 서적)은 대형 출판사의 마케팅이 뒷받침해주어 잘 홍보된다면 훨씬 폭넓은 독자층에 다가갈 수 있다.

(꼭 그런 것은 아니지만) 주로 일반 출판사에서 출간하는 크로스오버 도서는 학술서도 더 많은 일반 독자층에게 읽힐 수 있음을 증명한다. 예를 들어 프로파일 북스(Profile Books)에서 출간한 고전학자 메리 비어드(Mary Beard)의 『로마는 왜 위대해졌는가』는 꽤 많은 부수가 팔려 2016년에 〈선데이 타임스〉가 선정한 베스트셀러 10에 들었다. 프로파일 북스는 스스로를 '유머가 간간이 섞인 역사와 비즈니스, 경제, 과학, 전기 등 다양한 분야의 흥미로운 논픽션 도서를 펴내는 출판사'라고 소개한다(http://www.profilebooks.com). 세간의 이목을 끄는 매력적인 크로스오버 서적으로 명성을 얻은 독립 출판사의 좋은 예이다. 프로파일 북스는 웰컴 컬렉션(Wellcome Collection) 같은 파트너들과의 협업으로 사업을 확장했고 써드 밀레니엄 퍼블리싱(Third Millennium Publishing), 서펜트 테일(Serpent's Tail) 같은 임프린트를 인수해 성장시켰다.

프로파일 북스 같은 독립 출판사들은 역시 크로스오버 학술서 시장에 참가하는 펭귄 같은 큰 기업들과 경쟁한다. 펭귄의 경우 역사와 전기, 문학 비평 장르를 다루며 『1417년, 근대의 탄생』으로 2012년에 퓰리처상 논픽션 부문을 수상한 스티븐 그린블랫(Stephen Greenblatt) 같은 세계적인 석학들의 저서를 출간했다. 미국에서는 대학출판부들이 크로스오버 출판에 특히 두각을 드러낸다.

그들은 좁은 전문가 집단과 특정 학문 분야를 벗어나 학술논문의 경우 보다 더 넓은 범위의 학자와 학생들에게 책을 판다. 아예 학계를 벗어나 광범위한 비학계 독자들을 겨냥한 책을 팔기도 한다. (Thompson 2005, 150)

그렇다면 학술서 저자의 눈앞에는 혼란스러운 선택의 길이 놓여 있다고 할 수 있다. 일반 출판사 혹은 학술 출판사를 선호하는 이유는 복잡하다. 톰프슨에 따르면 학계에는 '공식적이거나 비공식적인 다양한 학문적 메커니즘이 존재하고 어떤 출판사에서 책을 출판하느냐에 따라 학자에게 저마다 다른 상징적 보상이 주어지므로 출판사의 상징적 자본이 더 중요해진다'(Thompson 2005: 32). 학자는 자신의 연구에 가장 적합한 출판사를 선택해야 한다. 이를테면 승진 위원회가 선망하는 출판사인지, 영국 연구 탁월성 프레임워크(Research Excellence Framework)에서 더 높은 평가를 얻게 해줄 방법인지 등을 고려해야 할 것이다. 특정 학문 분야에서 최고라는 평판이 쌓인 학술 편집자와 작업하는 것만으로 저자의 위신이 높아지는 경우도 많다. 학술 출판에서는 편집자 역할의 중요성이 간과되어서는 안 된다. 어떤 고전 텍스트가 지금의 형식으로 존재하는 것 혹은 어떤 논문이나 총론이 출판된 것 자체도 오로지 편집자의 개입 덕분일 때가 많다. 이러한 잘 알려지지 않은 이야기들은 학문 진보에 활용되고 그 자체로 생산적인 연구 토대를 제공하는 텍스트의 완성도에 학술 출판사들이 얼마나 큰 가치와 영향력을 차지하는지 보여준다(예: Rayner 2015 참고).

저널 출판

책은 학술 출판의 한 부분에 불과하다. 저널 출판의 규모는 영국에서만 18억 파운드에 이르고 전 세계에서는 STM 분야만 수십억 파운드에 달한다(Clark & Phillips 2014: 101-2). 일반적으로 학술 저널 콘텐츠는 의뢰로 이루어지지 않는다(특정 학문의 특정 사안은 제외). 학자들이 저널에 논문을 제출하면 동료 검토를 거쳐 게재가 결정된다. 저널은 학문 단체나 전문가 집단, 학회 등에 의해 운영된다. 그것은 비영리단체일 수도 있고 엘스비어 같은 큰 출판 기업이 저널을 출판해 큰 이익을 얻을 수도 있다. 저널 판매는 거의 전적으로 학술 도서관 시장을 겨냥하며 저널 플랫폼과 여러 저널 묶음 덕분에 판매 관리의 통합이 더욱 용이해졌다. 학회들은 회원에게 회비 패키지의 일부로 저널을 제공하기도 한다. 저널 출판에서 OA 모델의 급속한 성장은 저널을 참조해야 하는 학자들에게 더욱 역동적이고 접근성 높은 경로를 만드는 데 기여했다. '영국의 고등교육 부문에서 학술 연구와 교육 및 학습을 지원하기 위한 기관들의 요건을 충족하는 고품질 디지털 콘텐츠를 협상하고 라이선스를 부여하는'(Jisc Collections 웹사이트) JISC 컬렉션 같은 기업들은 학자와 저널의 작업 방식을 바꿔놓았다. 저널은 STM 분야가 가장 많으며 출판사들에게 중요한 사업이다. 이러한 분야에서는 연구가 빠르게 진행되므로 저널이 연구 결과를 배포하는 주된 방법이다. 출판사들이 연락처 정보를 이용한 이메일 마케팅으로 연구자 개인에게 새로운 콘텐츠를 알림으로써 페이 퍼 뷰 방식 혹은 과월호 디지털화 같은 전략이 활성화될 수 있었다. 저널 출판 사슬에서 중개자의 역할도 간과되어서는 안 된다. 저널의 경우 서지 데이터 수집업체가 제공하는 작업이 매우 중요하다. 정보가 정확해야만 논문을 빨리 찾을 수 있고 이것이 그 논문이 얼마나 인용되는가에 큰 영향을 끼치기 때문이다.

저널은 책과 달리 학술 브랜드를 만드는 데 시간이 걸린다. 그러나 클라크와 필립스는 '저널은 일단 자리가 잡힌 후에는 책보다 판매 패턴의 예측이 쉽고 자본 수요가 낮으며(인력 간접비도 마찬가지이다) 직원 1인당 판매 가치는 더 높아진다'고 강조한다(Clark & Phillips 2014: 103).

디지털 출판이 계속해서 연구 배포의 새로운 길을 열어줌에 따라 저널 출판은 계속 진화하고 있다. 최초의 메가 저널 〈플로스 원PLOS One〉은 2006년에 퍼블릭 라이브러리 오브 사이언스(Public Library of Science)에 의해 창간되었다. 과학과 의학 분야의 주요 연구를 다루는 이 저널은 다른 식으로는 가능하지 않았을 연구 사이의 연결을 가능하게 해주었다. 논란의 여지가 없었던 것은 아니지만 2009년에 비영리단체 학술 및 전문 출판사 협회(Association of Learned and Professional Society Publishers)가 수여하는 혁신상을 받은 그 모델은 또다른 메가 저널들을 등장시켰으며 앞으로도 그 영향력이 이어질 듯하다. 메가 저널 모델은 동료 검토 과정의 효율성을 높이고 논문 처리 비용(Article Processing Costs, APCs)을 줄이고자 한다. 한 출판사에서 퇴짜 맞은 논문을 같은 분야의 다른 출판사로 전달해주는 캐스케이드 저널(cascade journal)도 저널 출판의 주요 문제를 해결하려는 결과로 나타났다.

저널 출판은 학술 출판의 가장 혁신적인 분야이다. 새로운 모델의 등장으로 OA가 다른 출판에 큰 변화를 일으킴에 따라 동료 검토 과정, 출판사가 제공할 수 있는 가치, 저자 대상 지표와 대안 지표 관련 서비스, 사용과 재사용에 관한 질문들이 모든 분야의 모든 측면에서 학자들의 소통에 반성과 변화를 자극하고 있다. 하지만 긍정적인 변화만 있는 것은 아니다. 순수 저널만 성장한 것이 아니라 적극적인 동료 검토 및 편집 서비스를 제공하지 않고 원고와 출판 비용을 청구한다는 점에서 '약탈자'라고 할 수 있는 온라인 저널도 성장했다. 제대로 된 편집진이 갖춰진 것처럼 동료 검토와 편집 서비스를 약속하면서 학자들을 끌어들이지만 사실과 다르다. 특히 출판을 열망하는 신진 연구자(early career researcher, ECR)는 공격적인 이메일 마케팅 기법을 활용하는 그런 온라인 저널의 표적이 된다. 하지만 덫에 걸리는 것은 그들만이 아니므로 이 관행을 폭로하고 연구자들에게 사기를 알아차리는 방법을 교육하는 연구가 이루어졌다.

> 이미 자리잡은 연구자들도 약탈적 저널을 조심해야 한다. 원치 않는데도 저널의 편집진에 이름이 올라가고 이름을 빼고 싶어도 그럴 수가 없는 연구자들(심지어 고인이 된 연구자들까지)의 사례는 수없이 많다. 그들과 약탈적 저널의 연계성은 연구자 개인의 명성에도 해를 끼치지만 저널에 합당하지 않은 정통성을 부여해 신진 독자나 저자에게 혼란을 줄 수도 있다. 우리의 연구 결과에서 알 수 있듯이 이 현상은 약탈적 저널의 분명한 특징으로 보인다. (Shamseer et al. 2017: 12)

켈리 코비(Kelly Cobey), 라리사 샴시어(Larissa Shamseer)는 방금 인용한 연구 저자들과의 인터뷰에서 다음과 같이 강조했다.

약탈적 저널이 주로 저소득 국가에 영향을 미친다는 것이 주된 인식이었다. 하지만 그것은 사실이 아니며 문제의 보편성을 제대로 보여주지 못한다. 전 세계적으로 연구자들이 연구를 게재하는 적절한(그리고 합법적인) 장을 선택하는 교육과 지식이 부족하다. (Meadows 2017)

이것은 학술 출판의 주요 관심사이다. 어떻게 출판물의 완성도를 보호해 그 안에 담긴 지적 자본을 신뢰할 수 있고 학자들의 의사소통 회로가 오염되지 않도록 할 것인가? 인터넷으로 연구자들에게 직접 접촉하고 가짜 정보를 빠르게 유포할 수 있게 된 세계화 환경에서 학자들이 진짜 저널을 알아볼 수 있는 훈련이 그 어느 때보다 중요하다.

교과서 출판

고등교육 교과서 출판 분야의 완성도는 그 시장에 책을 공급하는 출판사들에 의해 적극적으로 보호된다. 가장 큰 이유는 매출이 높은 시장이기 때문이다. 미국과 영국의 고등교육 교재 분야에 대한 존 톰프슨의 연구는 두 국가의 차이점과 유사점을 매우 상세하게 분석하고 수익성 높은 이 출판의 위험도 분명하게 지적한다(Thompson 2005: 195-306). 우선, 교과서는 '학술서 단행본(monograph)만큼이나 확실하게 정의하기가 힘들지만' '가르치고 배울 목적으로 교사와 학생을 위해 쓰이고 그들이 사용하는 책'이라는 설명이 좋은 출발점이 된다(Thompson 2005: 196). 톰프슨은 이것이 매우 광범위한 묘사라는 점을 인정하면서 초등과 중등 교육은 전국적으로 매우 비슷한 학습 시스템에 따르지만 고등교육의 교과과정은 훨씬 다양하다고 지적한다. 그와 대조적으로 고등교육 교과서 시장은 무수히 많은 수업과 교과과정을 다루어야 한다. 그러나 많은 학생이 똑같은 입문 과정 수업을 받는 미국에서는 만약 출판사가 모든 학교에 공통 교과서를 제공할 수 있다면 그 보상이 엄청날 것이다. 그 경우 수업 지도자나 읽기 교재를 정하는 교육자가 마케팅 대상이 된다. 따라서 교과서 출판에는 판매 담당자가 가장 중요한 역할을 한다. 그들은 교육자들과 연결되어 신간을 소개하고 선택하도록 설득해야 한다. 다른 말로 하자면 '교과서 사업은 교재 선택 과정에서 어떤 책을 추천하는 사람이 돈을 내는 사람은 아니라는 점에서 특이하다'(Green & Cookson 2012: 118). 톰프슨은 미국과 대조적인 영국 시장을 예로 들면서 수업의 모듈화로 학생들이 한 과목에 전념하는 시간을 훨씬 덜 사용하므로 대학의 교과서 판매가 감소했다고 주장한다. '책을 오랫동안 사용할 수 있는가는 학생의 책 구매 결정에 영향을 끼치는 가장 중요한 요인이다'(Thompson 2005: 273).

교과서 판매는 세계적일 수도 있다. 교과서 콘텐츠를 다른 문화 시장에 맞춤화한다면 인도나 아랍 국가들처럼 급성장하는 학술 시장에서의 판매 경쟁으로 높은 매출을 올릴 수 있다. 세계적인 고등교육의 폭발적 성장에 힘입어 잠재력이 거대하다(전 세계의 고등교육 기관 입학생은 2025년에 2억 6,200만 명에 이를 것이고 그 성장세의 대부분이 개발도상국에서 나타나며 중국과 인도가 절반 이상을 차지할 것으로 예측된다). 이러한 긍정적인 측면과 달리 출판사들은 저작권을 보호하고 저작권 침해를 효과적으로 감시하는 시스템을 마련해야 하는 난관에 직면하고 있다. 이제는 전 세계라는 너무 넓은 지리적 영역을 상대해야 하는데다 불법으로 교과서를 복제하기가 쉬워졌기 때문이다. 복제로 인한 수익 감소는 점점 더 큰 우려를 낳고 해적판 교과서를 잡아내는 것도 더 어려워졌다. 이베이나 아마존 등 온라인에서 흔히 볼 수 있는 소매 사이트에서 학생과 교육자들은 정품으로 믿고 책을 쉽게 구매할 수 있는데, 사실 그 책들은 해적판 교과서 공급자들에 의해 불법으로 제공되고 있다.

교과서 시장이 직면하고 있는 문제들, 빠르게 변화하는 고등교육 환경과 계속 오르는 등록금 등이 책 판매 자체를 더 어렵게 만든다. 출판사는 대단히 유연해진 학습 자료에 대응하고 교수들이 점점 감시와 평가가 심해지는 수업 목표를 충족하도록 도와주어야 한다. 영국 시장에서는 2016년에 시작된 교육 탁월성 프레임워크(Teaching Excellence Framework, TEF)로 희망적인 잔물결이 일고 있다. 대학에서 교육의 질을 높이고자 도입된 평가제인데 출판사와 서점들은 교과서와 출판물의 부흥을 예고할 것이라고 낙관한다. 영국 최대 학술 서점 블랙웰(Blackwell)의 소매 부문 대표이자 서점협회(Bookseller Association)의 학술서점인그룹(Academic Booksellers Group) 회장을 맡고 있는 스콧 해밀턴(Scott Hamilton)은 'TEF로 인해 교수들이 특정 도서를 추천하고 교육과 학습에 가장 효율적인 책을 최고로 여기기를 바란다'고 밝혔다(Hamilton 2017). 정말로 그렇게 될지는 두고 봐야겠지만 흥분감을 자아내고 있는 만큼(주로 학술서 판매업자들이 기대감을 보이고 있다는 점이 의미심장하다) 앞으로 주의깊게 지켜봐야 할 것이다.

결론

학술 출판은 지식 형성과 독자의 지식 접근성에 관한 중요한 질문에 항상 연관되어 있었고 지금도 마찬가지다. 첫 필사본이 유통되기 시작한 이후로 줄곧 진위성과 영향, 전파에 관한 토론이 존재했다. 매일 가짜 뉴스(#fakenews)가 퍼지고 학계의 성과물이 명확히 정의할 수 없을 만큼 빠르게 형태적 진화를 이루며 급증하는 지금, 그 토론은 어느 때보다도 중요하다. 현재 학문 연구에 개입하는 수많은 집단에 의해 기사와 블로그 게시물 그리고 콘퍼런스와 심포지엄 같은 행사가 너무 많이 만들어져서 그것들을 일관성 있게 연결하는 일이 불가능해지고 있다. 이것은 학술 출판의 진보를 막는 커다란 장애물이다. 하지만 모든 관련 집단이 학술 출판과 똑같은 문제에 직면했음을 보여주는 증거가 많다. 캐슬린 피츠패트릭(Kathleen Fitzpatrick)은 이렇게 경고한다.

> 변화가 성큼 다가왔다. 우리는 현재의 출판 시스템이 질식하는 것을 지켜보며 학계가 시대에 뒤처지게 놔둘 수 있다. 하지만 그러한 상황을 막을 수 있는 소통 환경을 만들어 미래까지 풍성한 학술적 토론이 이루어지게 할 수도 있다. (Fitzpatrick 2011 : 196)

참고문헌

American Association of University Presses (AAUP) (2017). About AAUP. http://www.aaupnet.org/about-aaup/about-university-presses/snapshot [2017. 12. 7 검색].

Berlin Declaration on Open Access (2003). https://openaccess.mpg.de/Berlin-Declaration [2017. 11. 10 검색].

Bethesda Statement on Open Access (2003). http://legacy.earlham.edu/~peters/fos/bethesda.htm [2017. 11. 10 검색].

Budapest Open Access Initiative (2002). http://www.budapestopenaccessinitiative.org/ [2017. 11. 10 검색].

Buranyi, Stephen (2017). 'Is the staggeringly profitable business of scientific publishing bad for science?', *The Guardian*, 27 June 2017. https://www.theguardian.com/science/2017/jun/27/ profitable-business-scientific-publishing-bad-for-science [2017. 12. 7 검색].

Burridge, Samantha (2013). '5 Minutes with Sam Burridge: "Palgrave Pivot is Liberating Scholarship from the Straitjacket of Traditional Print-Based Formats and Business Models"', LSE Review of Books. http://blogs.lse.ac.uk/lsereviewofbooks/2013/10/28/palgrave-pivot-100-hours/ [2017. 10. 8 검색].

Butchard, Dorothy, Simon Rowberry, Claire Squires, and Gill Tasker (2017). 'Peer Review in Practice', in *BOOC: Academic Book of the Future*, Rebecca E. Lyons, Samantha J. Rayner 편집, London: UCL Press.

Clark, Giles, Angus Phillips (2014). *Inside Book Publishing*, 5th Edition, London: Routledge.

Crossick, Geoffrey (2015). *Monographs and Open Access: A Report to HEFCE*. http://www.hefce.ac.uk/media/hefce/content/pubs/indirreports/2015/Monographs,and,open,access/2014_monographs.pdf [2017. 11. 10 검색].

Eisenstein, Elizabeth L. (2005). *The Printing Revolution in Early Modern Europe*, 2nd Edition, Cambridge: Cambridge University Press.

Eve, Martin (2014). *Open Access and the Humanities: Contexts, Controversies and the Future*, Oxford: Oxford University Press.

Febvre, Lucien and Henri-Jean Martin (2010). *The Coming of the Book: The Impact of Printing, 1450-1800*, London: Verso.

Fitzpatrick, Kathleen (2011). *Planned Obsolescence*, New York: New York University Press.

Green, David, Rod Cookson (2012). 'Publishing and communication strategies', in *Academic and Professional Publishing*, Robert Campbell, Ed Pentz, Ian Borthwick 편집, Oxford: Chandos Publishing, pp. 99 – 145.

Hamilton, Scott (2017). 'The opportunity of TEF', in *The Bookseller*, 23 January 2017. https://www.thebookseller.com/blogs/opportunity-tef-473871 [2017. 12. 7 검색].

Jisc (2016). *Investigating OA Monograph Services: Final Report*. https://www.oapen.

org/content/sites/default/files/u6/Jisc-OAPEN per cent20pilot per cent20Final per cent20report.pdf [2017. 11. 10 검색].

Jisc Collections website: https://www.jisc.ac.uk/jisc-collections [2017. 12. 8 검색].

Jubb, Michael (2017). *Academic Books and Their Futures: A Report to the AHRC and the British Library*. https://academicbookfuture.files.wordpress.com/2017/06/academic-books-andtheir-futures_jubb1.pdf [2017. 11. 10 검색].

Keene, C., C. Milloy, V. Weigert, and G. Stone (2016). 'The rise of the new university press: The current landscape and future directions', Paper presented at the LIBER (Ligue des Bibliothèques Européennes de Recherche—Association of European Research Libraries) Annual Conference, 29 June 2016. Retrieved from http://eprints.hud.ac.uk/28989.

Liverpool University Press (2016). University Press Redux Conference Slides. https://liverpooluniversitypress.co.uk/pages/university-press-redux-slides [2017. 12. 7 검색].

Lockett, Andrew and Lara Speicher (2016). 'New university presses in the UK: Accessing a mission', *Learned Publishing*, 29, pp. 320–9.

Maxwell, John, Alessandra Bordini, and Katie Shamash (2017). 'Reassembling Scholarly Communications: An Evaluation of the Andrew W. Mellon Foundation's Monograph Initiative', *Journal of Electronic Publishing*, 20(1).

Meadows, Alice (2017). 'Illegitimate Journals and How to Stop Them: An Interview with Kelly Cobey and Larissa Shamseer', *Scholarly Kitchen*, 5 December 2017.

Meadows, Alice and Karin Wulf (2016). 'Seven Things Every Researcher Should Know About Scholarly Publishing', *Scholarly Kitchen*, 21 March 2016. https://scholarlykitchen.sspnet.org/2016/03/21/seven-things-every-researcher-should-know-about-scholarly-publishing/[2017. 11. 10 검색].

Mole, Tom (2016). 'The Academic Book as Socially-Embedded Media Artefact', in *The Academic Book of the Future*, Rebecca E. Lyons, Samantha J. Rayner 편집, Basingstoke: Palgrave Pivot.

Mudditt, Alison (2016). 'The past, present, and future of American university presses: A view from the left coast', *Learned Publishing*, 29, pp. 330–4.

Profile website, (n.d.). About Us. https://profilebooks.com/about-profile-books. [2017. 12. 8 검색].

Publishers Association (2017). *The Publishers Association Publishing Yearbook 2016*, London: Publishers Association.

Rayner, Samantha J. (2015). 'The Case of the "Curious Document": Malory, William Matthews, and Eugène Vinaver', *Journal of the International Arthurian Society* (JIAS), 3, pp. 120 – 39.

Shamseer, Larissa, David Moher, Onyi Maduekwe, Lucy Turner, Virginia Barbour, Rebecca Burch, Jocalyn Clark, James Galipeau, Jason Roberts, and Beverley J. Shea (2017). 'Potential predatory and legitimate biomedical journals: can you tell the difference? A cross-sectional comparison', *BMC Medicine*, 15, p. 28 DOI 10.1186/s12916-017-0785-9

Steele, Colin (2008). 'Scholarly Monograph Publishing in the 21st Century: The Future More Than Ever Should Be an Open Book', *The Journal of Electronic Publishing*, 11(2).

Suber, Peter (2012). *Open Access*, Boston, MA: MIT Press.

Thompson, John (2005). *Books in the Digital Age*, Cambridge: Polity.

17장

교육 출판
초중고 교육 출판은 어떻게 운영되는가?*

미하 코바치(Miha Kovač), 모이차 K. 세바르트(Mojca K. Šebart)

서론

전자책이 일반 출판과 읽기 관습에 끼치는 영향을 둘러싼 격렬한 토론과 함께 또다른 전자책 혁명이 일어났다. 지난 20년 동안 전 세계 교육 시스템에서는 정보 기술(IT) 장비 제공자와 교육 자료 오픈 액세스 지지자들이 한편이 되어 종이책이나 디지털 형식의 교육 콘텐츠를 유료로 제공하는 출판사들과 치열한 경쟁을 벌였다. 그러나 그 경쟁은 교육 출판사가 생산한 인쇄물과 소프트웨어 기업이 생산한 학습 도구의 경쟁이라는 형태를 띤 적이 간혹 있었을 뿐이다. 월드와이드웹 초기 이후로 다수의 교육 출판사는 학생과 교사들을 위한 웹사이트로 종이 교과서를 보충했다. 좀더 근래에는 종이책과 함께 혹은 종이책 대신 사용할 수 있는 디지털 교과서와

✱ 이 장은 The Quality of Slovene Textbooks 프로젝트의 한 부분으로 쓰였다.

워크북을 만들기 시작했다. 마찬가지로 교사와 열렬한 교육 옹호자, 소프트웨어 기업 등은 종이 교재를 보충하거나 대신하는 웹사이트와 앱을 만들었다. 교육 출판사나 소프트웨어 기업이 쌍방향성, 증강현실, 기계 학습 같은 기능을 활용해 만든 그런 대용품 중에는 종이 교재의 교육적 잠재성을 크게 앞지르는 것들도 있었다. 선진국과 개발도상국에 스마트폰이 널리 퍼지면서 IT 기기를 가진 사람과 가지지 못한 사람의 디지털 경계는 거의 사라졌다. 적어도 언뜻 보기에 이러한 모든 현상은 디지털콘텐츠를 향해 교실의 문을 활짝 열어주었다.

요컨대, 교육 출판사와 소프트웨어 기업, 오픈 액세스 지지자 사이의 경쟁 덕분에 교육시장에는 쉽게 접근할 수 있는 디지털콘텐츠가 넘쳐난다. 그런데 왜 학교에서 디지털콘텐츠가 종이책 콘텐츠를 완전히 장악하지 못했을까? 웹 덕분에 종이책과 달리 디지털 학습 도구를 무료로 이용할 수 있는 문이 열렸는데도 말이다. 이 장에서 살펴보겠지만 거기에는 세 가지 이유가 있는 듯하다. 첫째, 디지털 기술의 가능성은 교실의 논리와 항상 밀접하게 연관되는 것이 아니다. 둘째, 읽기의 기질(基質)은 인지 과정에 영향을 준다. 셋째, 초중고 교육에서 오픈 액세스를 지지하는 지속가능한 비즈니스 모델이 발명된 것은 불과 몇 년 전이다. 이러한 요인들은 종이의 영속성이, 특히 학습과 긴 형식 읽기와의 관계에 있어서, 단순한 과도기적 문제가 아님을 시사하는 듯하다. 하지만 그 요인들도 최근 몇 년 동안 교육 출판의 전 분야가 거의 알아볼 수 없을 정도로 변모하는 것을 막지 못했다. 이러한 변화를 이해하려면 우선 교육 출판의 기본을 살펴봐야 한다.

기본

이 장에서 교육 출판은 지침과 권장 사항이 포함되고 초중고 교육에서 지식 전달에 사용되는 모든 인쇄물과 디지털 객체의 생산을 가리킨다.

교육 출판사들은 의무교육 덕분에 모든 출판사를 통틀어 가장 폭넓은 독자층을 거느리고 있다. 그들은 전 연령 집단에 책을 제공한다. 적어도 일부 사람들에게는 교과서가 사실상 평생 접하는 유일한 책이기도 하다. 그러나 넓은 독자층과 상관없이 교육 출판은 여전히 도서 업계에서 거의 눈에 띄지 않는 분야로 남아 있다. 실제로 교과서는 베스트셀러 차트가 없고 교과서 저자는 베스트셀러 소설과 논픽션 작가들처럼 언론의 관심도 끌지 못한다. 주류 미디어에 교과서 서평이 실리는 일은 결코 없다. 만약 〈뉴욕 교과서 리뷰〉라는 출판물이 창간된다면 만우절의 시시한 장난쯤으로 받아들여질 것이다.

왜 그럴까? 당연하게도 교과서에는 언론의 관심을 끌 만한 혁신적이거나 충격적인 내용이 수록되어 있지 않다. 교과서 내용은 국가나 지역의 커리큘럼, 승인 절차, 시험 표준에 따라 결정된다. 즉 교과서는 공식적인 지식을 대표한다. 교과서에는 새로운 '알려진 미지(known unknowns)'가 없다. 교과서의 주된 목적은 '알려진 지식(known knowns)'을 커리큘럼/시험 표준에 따라 특정 발달 단계에 놓인 아이들에게 적합한 방식으로 설명하는 것이기 때문이다. 결과적으로 교과서 저자와 출판사는 콘텐츠 제작 과정에서 혁신을 추구하지 않는다. 대신 그들이 추구하는 혁신은 학생들의 발달 능력과 커리큘럼, 정보 기술 발달에 따라 콘텐츠를 문자화, 시각화하는 방식으로 나타날 수 있다. 알다시피 20세기 내내 교육 출판사와 기술 제공자들은 학교 교육을 위한 지식의 전송과 새로운 학습 도구의 생산을 위한 신기술 발명과 관련하여 치열한 경쟁을 벌였다.

대부분 국가는 교과서 제공에 관하여 학부모와 학교의 재정적 부담을 낮추고자 일련의 재무 및 규제 메커니즘을 도입했다. 대여 제도부터 학생들에게 필요한 모든 학습 도구를 국가가 구매해주는 것에 이르기까지 국가에 따라 조치가 다양하다. 최악의 경우, 예를 들어, 대여 제도에서 너무 많은 대여가 발생한다면, 자원 부족 현상이 일어나 교과서 제작 혁신에 부정적 영향을 끼칠 것이다(Pingel 2010: 36 참고). 또한, 다수의 교육 시스템에서 교사들은 공정한 사용의 개념을 거의 초월하는 수준으로 복사 혹은 디지털 복제 된 자료를 사용한다. 특히 선진국 정부들은 이러한 저작권 침해에 대해 저자와 출판사를 위한 보상 방안을 마련하고자 했다. 교육 기관과 저작권 사용료를 협상하고 징수해 저작권자에게 전달하는 단체를 설립하는 법안을 도입하고자 한 것이다. 지난 10년 동안 지속적으로 교육 분야에서 무료 접근의 자유화가 이루어져 많은 교육 출판사들이 재정적인 문제를 겪었다.

이러한 좌절에도 불구하고 국가 개입은 교육 출판의 총매출과 운영 모델, 콘텐츠에 여전히 중대한 영향을 미친다. 정부 개입의 영향력과 규모는 시대에 따라 다르지만 언제나 존재한다. 그 결과 교육 출판에는 국가 규제에서 비롯된 두 가지 공통점이 나타난다. 첫째, 교과서 내용은 국가 또는 지역의 커리큘럼과 시험 기준에 포함된 교육의 목적과 목표에 따라 어느 정도 미리 정해진다. 둘째, 교육 출판의 매출은 국가의 학습 도구 구매 지원, 교과서 제공 규제, 집단 권리 규제에 의존한다.

이러한 공통점 때문에 교육 출판은 일반 출판과는 다른 편집 및 마케팅 기술이 필요한 별개의 분야로 알려졌다. 예를 들어 일반 출판에 꼭 필요한 핵심 기술 중 하나는 베스트셀러 작가를 찾아내고 홍보하는 능력이다. 가능한 한 많은 미디어에 노출하고 소셜 미디어 활동으로 지원하고 검색엔진 최적화를 위해 책이 최대한 눈에 띄도록 해야 한다. 그러나 교과서 저자는 한 명인 경우가 지극히 드물다. 일반적으로 교사와 전문가, 미술 편집자, 디자이너, 일러스트레이터로 이루어진 저자 팀이 존재한다. 그들의 성공은 대중 매체 노출과 소셜 미디어 활동이 아니라 동료(즉 다른 교사들)의 인정에 달려 있다. 따라서 교육 출판의 핵심적인 편집 역량은 커리큘럼 및 시험 표준에 규정된 대로 지식을 전달하게 해주는 학습 도구를 교사와 학생들의 요구사항에 부합하여 만들도록 저자 팀을 관리하는 능력이다.

게다가 교과서는 독립적인 제품인 경우가 드물다. 워크북, 교사 지침서, 시청각 자료, 테스트, 수업 설명용 추가 연습 문제지 등이 따라온다. 이러한 학습 도구들은 두 가지 역할을 한다. 교사들에게는 작업량을 줄여주고 출판사의 관점에서 보면 교사들을 자사의 생태계에 가두도록 하는 마케팅 수단이다. 이러한 도구의 생산은 교과서와 워크북 판매로 충당되어야 하는 숨은 비용을 나타낸다. 결과적으로 교과서는 인쇄 부수가 비슷한 단독 일반 도서보다 소매가격은 더 높고 출판사의 이윤은 더 낮아진다.

일반적으로 교과서와 관련 제품들의 상품화에 걸리는 시간은 약 5년이고 수명은 보통 10년이다(Pingel 2010: 35-6 참고). 일반 서적의 기획과 판매 시간 범위를 훨씬 초과한다. 다시 말하지만, 교육 출판사들은 일반 출판사와 달리 국가와 지역 커리큘럼의 차이로 인해 저작권 판매나 수출로 수익을 창출하는 경우가 거의 없다. 물론 외국어 교과서는 이 법칙의 중요한 예외이다.

국가 개입 결과에 따라 교과서에 지불하는 돈은 교과서 구매 결정을 내리는 사람들(대부분 교사, 학교, 교육구)의 주머니에서 나오지 않는다. 따라서 그들은 결정에 따르는 재정적 부담도 지지 않는다. 대신 학교 당국 또는 학부모들이 부담을 진다. 그렇기에 교과서 시장은 다른 상품 시장에 비해 다소 불완전하며 국가 규제를 정당화하며 교육 출판사들의 마케팅은 일반 출판처럼 독자층을 겨냥하지 않고 대신 책을 고르는 교사와 학교 예산을 결정하는 공무원에게로 향한다. 그렇다 보니 교사를 겨냥하는 직접 마케팅 말고도 공무원과 규제 담당자에 대한 로비가 교육 출판사들이 갖추어야 하는 핵심 역량의 하나가 되었다. 교과서 제공 모델에 관한 공개 자료의 부재는 대다수 국가에서 그러한 로비가 은밀하게 행해진다는 사실을 말해 준다. 더욱 심각한 것은 각국의 학생 1인당 교과서 지출을 비교할 수 있는 통계 자료도 없다는 점이다. 그래서 국제학업성취도평가(Programme for International Student Assessment, PISA) 같은 설문조사는 교과서의 사용과 학생들의 기술 및 지식의 상관관계를 살펴보지 않는다.

반면 교과서 승인 절차 자료는 기록도 잘 되어 있고 눈에 잘 띈다. 교육 당국은 교과서와 기타 학습 도구들이 학교에서 사용하기에 적절하도록 준비되었는지 판단하고자 이 자료를 직접 도입한다. 여기에서 교육 출판산업의 국가별 차이가 드러난다.

교과서 승인 절차

리푸시(Repussi)와 투티오기용(Tutiaux-Guillon 2010)이 보여주듯 21세기 초 선진국과 개발도상국에는 다음과 같은 다섯 가지 교과서 승인 절차 모델이 존재했다.

- 일부 국가에서는 사용 교재에 대한 교사의 결정에 정부가 간섭하지 않는다. (A 모델)

472

- 반대로 일부 국가에서는 국가가 한 수업당 한 교과서만 허용하며 수업 시간에 어떤 교과서를 사용할지에 대한 선택권이 교사에게 없다. (B 모델)
- 일부 국가는 수업당 여러 교과서의 사용을 승인한다. 단 교사는 승인된 교과서 중에서만 선택할 수 있다. (C 모델)
- 일부 국가는 특정 교과서를 승인하지만 권유 정도로 여겨지며 교사는 승인되지 않은 교과서도 자유롭게 선택할 수 있다. (D 모델)
- 국가 면적이 넓은 경우는 지역별로 차이가 있으며 지역에 따라 C 모델이나 D 모델을 사용한다.

B 모델은 1989년 전까지 공산주의 국가에서 널리 사용되었다(자세한 내용은 Kovač, Kovač-Šebart 2003 참조). 공산주의 국가에서는 국가가 수업 내용을 규정하고 시장경쟁은 공산주의 사상과 동떨어진 개념이므로 과목마다 한 가지 이상의 교과서를 사용할 필요가 없었다. 하지만 이 모델은 베를린장벽이 무너진 후에도 완전히 사라지지 않았고 공산주의 국가에서만 존재한 것도 아니었다. 예를 들어 (한 번도 사회주의 국가였던 적이 없는) 그리스는 전통적으로 과목당 한 종의 교과서만 허용했고 모든 교과서가 국영 출판사에서 출판되었다. 헝가리에서는 15년 동안 교육시장이 개방되었다가 2010년대에 과목당 한 종의 교과서만 사용하는 모델로 돌아가기로 했고 민간 교과서 출판사를 인수해 국영 교육 출판사처럼 운영했다. 이 방식은 다른 여러 중앙유럽 및 동유럽 국가들에도 존재했다. 정권이 빠르게 바뀌는 바람에 자유시장 체제가 주류 방식으로 굳어질 시간이 충분히 없었기 때문이다. 한 예외로 헝가리에서는 교육시장 개방에 대한 지지가 지배적이었다.

따라서, 20세기의 첫 10년 동안 대부분의 선진국에서는 C 모델과 A 모델이 일반화되었다(Wilkens 2011). 정부가 교과서를 승인하는 국가도 있고 그렇지 않은 국가도 있었지만 대부분 한 과목에서 교과서의 경쟁을 허용했다.

공식적인 교과서 승인 시스템이 없는 국가들은 교사가 '교과서 선택 및 사용을 포함해 학생들에게 최적의 결정을 내리기에' 가장 좋은 위치에 있다는 주장으로 그 시스템의 부재를 정당화한다(Wilkens 2011: 67). 하지만 '학생들을 위한 최선책을 결정하는' 교사들의 능력을 살펴봄으로써 최고의 교과서를 고르는 능력을 측정하는 연구나 국제적인 조사가 시행된 적은 없다. 게다가 승인 절차가 교과서의 품질에 미치는 영향에 관한 증거도 없다. 이를테면 그리스, 덴마크, 슬로베니아 등의 교과서를 비교할 수 있는 국제적으로 보증된 교과서 품질 지표가 존재하지 않는다. 그러한 지표를 찾으려는 연구가 터무니없는 시도라는 것을 쉽게 알 수 있으므로 증거가 존재하지 않는 것도 당연하다. 교과서 품질과 승인 절차의 영향을 보여주는 명확한 증거는 평행 현실이 존재해야만 나올 수 있다. 예를 들어, 승인 절차가 있는 덴마크와 승인 절차가 없는 덴마크가 동시에 존재해 두 곳을 비교해야만 교과서의 품질과 교육과정에의 역할에 영향을 미치는 변수들의 상관관계와 인과관계를 밝혀낼 수 있다는 뜻이다.

윌킨스(2011)는 교과서 품질 지표에 가장 근접한 대용물로 교과서 승인 절차가 있는 국가와 없는 국가의 2009년 PISA 결과를 비교했다. 그녀는 연구 기간에 승인 절차가 없는 국가들의 PISA 결과가 승인 절차가 있는 국가들보다 더 우수하게 나타난 사실을 발견했다(Wilkens 2011: 70). 일부 저자들은 교과서 승인 절차가 출판의 혁신을 지연시킨다고 경고한다(예: Pingel 2010: 30-40 참고). 하지만 승인 절차가 없어야 학업성취도가 높고 교과서의 품질도 높아진다고 속단할 수는 없다. 매큐언(McEwan)과 마셜

(Marshall 2004)이 강조했듯 교과서와 교과서 승인 절차는 교육의 질을 결정하는 훨씬 더 광범위한 변수 중 하나일 뿐이다. 교사의 자격 수준과 학생 한 명당 지출 비용이 가장 중요한 변수인 듯하다.

결국, 교과서 승인 절차는 교육에 끼치는 긍정적인 영향에 대한 명백한 증거를 근거로 도입된 것이 아니라는 결론으로 이어진다. 오히려 정반대로 그것은 지역적 관습, 즉 교육 출판사와 교사의 자율적인 직무 수행 능력에 대한 각 사회의 신뢰와 믿음의 산물이라고 가정할 수 있다. 따라서 교과서 승인 절차는 입법자들이 교과서 내용에서 결함을 발견하고 퇴짜 놓는 교사들의 능력을 불신할 때 도입되는 듯하다. 그들은 승인 절차를 도입함으로써 교과서 제작과 선정 과정의 불확실성을 최소화하고자 한다.

모델 A와 C의 지리적 분포는 그러한 가설을 강조하는 듯하다. 예를 들어, C 모델은 중앙유럽과 동유럽 그리고 아시아 국가들(오스트리아, 슬로베니아, 슬로바키아, 크로아티아, 체코, 라트비아, 리투아니아, 프랑스, 독일, 싱가포르, 일본, 중국)에서 가장 흔하지만, A 모델(국가가 교과서 채택에 개입하지 않음)은 노르웨이, 스웨덴, 덴마크, 오스트레일리아, 이탈리아, 핀란드, 아일랜드, 잉글랜드, 네덜란드, 에스토니아 같은 국가에 널리 퍼져 있다. B와 D 모델은 소수의 국가에만 존재한다(Wilkens 2011 참고). 이탈리아, 에스토니아 일부, 네덜란드 등 몇몇 예외가 있지만, 모델의 분포에서 지리적 패턴이 확연하게 나타난다. 앵글로색슨 국가와 북유럽 국가들은 A 모델을 고수하는 반면, 영국을 제외한 유럽 대륙과 아시아 대륙에서는 C 모델이 지배적이다.

13장에서 살펴본 세계화와 마찬가지로 교과서 승인 절차 모델의 지리적 분포는 홉스테드 등(2010)이 시행한 세계의 가치 연구로 이어진다. 문화 또는 조직에 관한 그 연구에서 저자들은 특정 문화의 구성원이 모호하거나 알려지지 않은 상황에 어떻게 위협을 느끼는지 보여주는 불확실성 회피 지수를 고안했다(Hofstede et al. 2010: 191). 불안의 정도가 높은 사회는 '기관과 관계의 해석 및 예측이 보다 쉬워지는' 규칙을 만들어 직업적 관계와 공적 생활에서 나타나는 모호성을 줄이고자 한다(Hofstede et al. 2010: 198). 따라서 불확실성 회피 지수가 높을수록 법과 규정을 만들려는 동인이 강하다. 그러한 국가들은 '불확실성 회피가 약한 국가보다 더 많은 명확한 법을 갖춘 경향이 있다'(Hofstede et al. 2010: 216).

표 17.1에서 보듯 불확실성 회피 지수(UA 지수)가 교과서 승인 절차의 존재 여부와 밀접한 관련이 있다는 것은 놀라운 일이 아니다. 적어도 서양 문명에서는 UA 지수가 높은 국가일수록 교과서 승인 절차를 도입할 확률이 높다. 게다가 UA 지수가 높은 유럽 국가에서는 교육시장의 경쟁이 완전히 폐지되었거나(그리스와 헝가리) 그러한 선택권에 대해 진지한 논의가 이루어졌다(슬로베니아와 폴란드).

이 법칙의 두드러진 예외는 중국과 싱가포르에서 나타난다. 그러나 여러 아시아 국가처럼 중국과 싱가포르도 집단주의 지수에서 높은 점수를 기록했다(자세한 내용은 Hofstede et al. 2010: 89-133 참조). 아시아 사회에서 불확실성을 최소화하기 위해 만들어진 규칙들은 종종 절대적이고 전통에 뿌리를 둔다는 뜻이다. 간단히 말하자면 아시아 문화권에서 교과서 인증 절차를 도입하는 이유는 불안감보다는 집단주의에서 비롯되었을 가능성이 크다.

교과서 승인 절차는 출판 과정에 어떤 영향을 주는가? 승인 절차가 존재하는 국가에서 교육 출판사들은 승인을 받으려면 당연히 교과서 내용을 설계하는 방법을 알아야 할뿐더러 문서를 제대로 준비해 승인위원회에 제출해야 한다. 추가적인 업무가 필요한 일이고 편집과 행정 및 로비 기술도 필요하다. 반면 승인 절차가 없는 국가의 교사들은 교재를 자유롭게 선

표 17.1 불확실성 회피 지수와 교과서 승인 절차

모델 A	UA 지수	C 모델	UA 지수	B 모델	UA 지수
오스트레일리아	51	오스트리아	70	그리스	112
영국	35	체코	74	헝가리	82
덴마크	23	중국	30		
네덜란드	53	크로아티아	80		
에스토니아	60	프랑스	86		
핀란드	59	독일	67		
아일랜드	35	일본	92		
이탈리아	76	라트비아	63		
노르웨이	50	리투아니아	65		
스웨덴	29	폴란드	93		
		싱가포르	8		
		슬로베니아	90		
		슬로바키아	51		
평균	47.1		57.9(63.9)*		97
중앙값	50.5		70		

택할 수 있다. 따라서 일반 출판사에게도 시장기회가 추가로 열린다. 미래에 이루어질 연구를 위해, 교과서 승인 절차가 없는 국가일수록 일반 도서 출판이 더 발달했다는 가설을 세워볼 수 있을 것이다. 세계화를 다루는 13장에 수록된 표 13.3은 그 가설에 상당한 무게를 실어준다.

엄격한 구조가 갖춰진 시스템이 으레 그렇듯이 뒷문으로 슬그머니 디지털화가 들어온 것이다.

디지털 파괴: 실제인가?

여러 국가의 학교들이 어떻게, 언제, 왜 디지털 학습 도구 도입을 결정했는지에 대한 조사는 아직 이루어지지 않았다. 그 결정이 학교측에 의해 하향식으로 이루어졌는지, 아니면 소프트웨어 생산자와 교육 출판사의 마케팅 노력 덕분에 교사들 쪽에서 상향식 계획으로 시작해 자발적으로 일어났는지 알 수 없다. 관련 연구의 개요에 따르면 디지털화와 평가, 연구 논문이 가져온 학문의 현저한 향상은 처음에 만족감을 가져다주었지만 논란의 여지가 있는 결과가 보고되기 시작했다(예: Spitzer 2008; OECD Report, 2015; Selwyn 2016; Wolf 2016 참조).

디지털의 발달 현상을 깊이 알아보기 위해 20세기에 영화와 라디오, 텔레비전이 교육 시스템에 도입된 역사를 간단히 살펴보자.

일찍이 토머스 에디슨(Thomas Edison)은 1913년에 '영화로 인간의 모든 지식 분야를 가르칠 수 있으므로' '학교에서 책은 곧 쓸모없어질 것'이라고 선언했다. 그는 그것이 '10년 이내에' 초중등 교육을 완전히 바꿀 것이라고 믿었다(Smith 1913). 32년 후인 1945년에 윌리엄 레븐슨(William Levenson)은 '교실에서 휴대용 라디오 수신기가 칠판처럼 흔해지는 시대가 올지도 모른다'고 했다(Cuban 1986: 19). 1950년대에는 '교실 텔레비전의 장점이 단점보다 훨씬 크다고 강조하는 신문, 잡지, 저널 기사가 쏟아졌다'(Cuban 1986: 28). 미국의 학교들은 텔레비전의 발달을 크게 환영했고 교사 부족에 시달리던 미국령 사모아 교육구에서는 전적으로 텔레비전에 의존하기로 했다. 1966년에 이르러 사모아 학생 5명 중 4명이 수업 3분의 1에서 4분의 1에 해당하는 시간에 텔레비전을 시청하고 있었고 1968년에 존슨 대통령은 실험이 성공적이라고 발표했다. 그러나 1970년 이후로 실험에 반대하는 목소리가 점점 커졌고 사모아 학생과 교사 모두 교실에서 텔레비전이 너무 많이 사용된다고 불평했다. 1973년에 이르러 사모아는 텔레비전에서 교사에게로 수업 권한을 이동하기로 결정했다(Cuban 1986: 32-3).

이 결과는 영화와 라디오가 곧 교과서를 대체하리라는 예언이 1930년 대와 1940년대 이후로 더이상 나오지 않게 된 것과 비슷했다. 요컨대 20세기 전반에 학교들은 여러 새로운 기술을 시도했지만 1980년대에도 여전히 종이책과 분필, 칠판이 주요 교육 도구로 교실을 지배했다. 어떻게 그럴 수 있었을까?

래리 큐번은 1920년대 이후 교실에서의 기술 활용에 관한 연구(Larry Cuban 1986)에서 지금도 여전히 훌륭함이 돋보이는 답을 내놓았다. 그에 따르면 엔지니어와 정책 입안자들은 교수법을 분해한 후 개선하고 다시 합쳐서 유능한 교사들이 교실에서 수행하는 것과 똑같이 기계로 복제할 수 있다고 착각했다(Cuban 1986: 88-9). 그러나 당시 기술 옹호자들은 교수법에 기계로 복제 불가능한 '비이성적이고 정서적인 요소가 있다는 사실을 알지 못했다(Cuban 1986: 88-9). 큐번은 '교수법의 관행을 바꾸려는 정책 입안자들은 학생 30명과 교사 1명의 정서적인 부분이 교실 학습의 단단한 토대를 이루고 있다는 사실을 너무 자주 잊어버린다'라고 강조했다. 또한, 그는 '무엇보다 정서 분석의 인지 기술은 이해의 동인을 제공하고 계산의 거친 가장자리를 부드럽게 해준다'라고 주장했다(Cuban 1986: 88-9).

거의 비슷한 시기에 프랑스 언어학자이자 철학자인 장클로드 밀네르(Jean-Claude Milner 1984)도 비슷한 주장을 했다. 시각적 매체와 새로운 정보 저장 및 검색의 발달로 교육과정이 크게 변화한 것과 상관없이 진지한 지식의 이전은 계속 구전으로 남아야 한다는 주장이었다. 또다른 프랑스 학자에 따르면 '수도원 필경사에서 사진 복사에 이르기까지 의사소통 수단과 복제 과정에 영향을 미치는 기술과 혁신(Rémond 2003, Moeglin 2005, 17에서 인용)'의 발달은 교육에 지대한 영향을 미쳤지만 교육과정 자체에 의문을 던질 정도의 영향력은 되지 못했다.

학습 도구로서의 영화, 라디오, 텔레비전은 교육 시스템을 정복해 교사와 종이책을 대체하는 데 성공하지 못했다. 교실의 현실적인 역학을 충족하지 못하기 때문이었다. 엔지니어와 기술 애호가들은 기술에 대해서는 잘 알아도 교육과정에서 일어나는 지식의 이전이 어떤 성격을 띠는지에 대해서는 잘 알지 못한다. 그들은 교실에 기술을 활용하는 문제에서 가장 중요한 것은 '기술로 무엇이 가능한지가 아니라 기술이 무엇을 무효로 만드는가'라는 사실을 놓쳤다(Selwyn 2016: 142).

기술이 교실의 현실과 자주 충돌했다는 사실은 학교의 기술 도입이 교육 주도적이 아니라 상업 주도적이었음을 보여준다. 따라서 이 장의 시작 부분에서 이야기한 내용으로 돌아간다. 변화의 원동력이 교육 출판사가 아니라 영화, 텔레비전, 라디오 기업이었기 때문에 20세기 교육의 역사는 곧 기술 제공자와 미디어 기업, 교육 출판사 간의 싸움의 역사라고 할 수 있다. 1990년대까지만 해도 그 싸움의 승자는 교육 출판사였다.

컴퓨터는 적어도 학교에서 사용되기 시작한 초기에는 역시나 희망 없는 운명을 맞이하게 될 것처럼 보였다. 1980년대와 1990년대에 처음 행복을 맛본 후 학교에서 컴퓨터의 존재감은 미미해졌다. 큐번은 라디오와 영화, 텔레비전에 대해서 주장한 것과 마찬가지로 1992년에는 '컴퓨터와 교실이 만나면 교실이 이긴다'라고 주장했다. 하지만 이번에는 그가 틀렸다. 이 글을 쓰는 시점에 분필과 칠판, 인쇄물은 여전히 건재하지만 디지털 기술의 빠른 발달과 보편화로 학교에서 사용하는 학습 도구도 돌이킬 수 없을 정도로 발달하기 시작했다. 예를 들어 2017년 봄에 〈뉴욕 타임스〉에 실린 두 편의 기사는 구글과 페이스북이 미국 공립학교에 교육 도구와 플랫폼을 제공하는 주요 업체가 되고 있음을 시사했다(Singer 2017a, 2017b 참조). 그 결과에 따른 것은 아니지만 동시에 미국의 가장 큰 교육 출판사 세 곳이 파산법 11조에 따른 파산보호 신청서를 제출하거나(센게이지, 호턴 미플린 하코트) 대규모 구조조정을 위해 비상장 기업으로 전환(맥그로힐)되었다(더 자세한 내용은 Wischenbart 2017).

이 비가역적인 변화의 가장 큰 이유는 모든 것을 포함하는 매체라는 컴퓨터의 본질 때문이다. 아드리안 판데르베일(2011)이 강조했듯이 컴퓨터는 '책처럼 단순히 텍스트 전송을 위한 매체가 아니라 기호를 조작할 수 있는 기술로서 모든 작업에 사용되어 알고리즘을 프로그래밍할 수 있는' 보편적 기계이다(2011: 143). 태블릿, 스마트폰, PC는 모든 매체 양식을 하나의 생태계로 통합할 수 있게 해준다. 그 생태계에서 개인은 텍스트와 오디오, 비디오를 소비, 제작, 저장, 재전시할 수 있을 뿐만 아니라 그것들을 게재, 배포하고 정보도 검색할 수 있다. 따라서 21세기로 접어들어 첫 20년 동안 기술 발달은 책, 도서관, 사서, 텔레비전, 라디오, 영화 화면, 인쇄기, 카메라, 마이크, 악기, 그리고 다양한 유통경로를 학생들의 책가방은 물론 주머니에도 들어갈 기기 안에 집어넣었고 그것도 거의 모든 사람이 감당할 수 있는 가격으로 가능했다. 마찬가지로 수업 설명 도구 분야에서도 개인용 컴퓨터와 LCD 프로젝터/스마트보드의 혼합물이 분필과 칠판, 라디오, 텔레비전, 영화를 교사와 학생이 기기로 접근할 수 있는 하나의 매체 환경으로 합쳐주었다.

따라서 2010년대와 1980년대의 차이는 모든 교육 기술이 하나의 미디어 생태계로 통합되고 그 생태계에 접근할 수 있게 해주는 기기들이 교사와 학생들의 일상 복장의 일부가 되었다는 것이다. 그렇게 볼 때 종이책, 칠판, 공책, 연필이 아직 건재한다는 것은 디지털화가 교사와 학생 사이에서 일어나는 지식 이전에 관해 아직 적절한 타협안을 찾지 못했다는 기괴한 추인 의식처럼 여겨진다.

이 장의 시작 부분에서 강조했듯이 전통적인 교육 도구가 끈질기게 존속한다는 것은 매체 지원성(media affordance)이 그것의 사용에 중요한 역할을 한다는 사실을 뜻하는지도 모른다. 예를 들어 학생들을 대상으로 실시된 일련의 설문조사(McNeish et al. 2012; Feldstein & Martin 2013)에 따르면 학생들은 길고 복잡한 텍스트를 읽을 때 여전히 종이책을 사용하는 한편, 교사들은 학교가 하향식으로 전자 교과서를 도입한 것에 우려를 드러냈다 (Chiu 2017).

학생들과 마찬가지로 대다수 연구자도 논문을 철저하게 읽어야 할 때는 종이로 인쇄해서 읽는다(Tenopir et al. 2015). 읽기에 관한 실험 연구도 그 사실을 확인해준다. 예를 들어 망엔(Mangen 2013) 등은 컴퓨터나 태블릿으로 읽을 때보다 종이로 읽을 때 기억에 더 많이 남는다는 견해를 내놓았다. '종이 인쇄 텍스트의 고정성이 텍스트 기억과 회상을 위한 명백하고 고정적인 공간 단서를 제공함으로써 독자의 텍스트 공간 표상 구성을 뒷받침해주기 때문이다'(Mangen et al. 2013). 마찬가지로 아커만과 골드스미스(2011)는 '화면이 얕은 메시지를 전달하는 매체라는 생각이 인지 능력 활용을 저해할 수 있다'고 경고했다. 싱어와 알렉산더(2017)가 보여주듯이 35개 연구 논문에서도 비슷한 결과가 보고되었다. 반면에 디지털 교육 환경은 아이들에게 문제 해결과 팀워크를 가르칠 때 적합하며 가상현실과 게임화는 반복 연습과 정보 검색, 콘텐츠 시각화에 적합하다(Merchant et al. 2014).

2010년대에는 설문조사와 실험연구에서 모두 학습 목표마다 다른 교육 매체가 필요하다는 사실이 나타났다. 심오하고 긴 형태의 읽기와 암기 학습이 필요한 고전적인 학문 지식의 이전은 여전히 종이책 지향적인 반면 팀워크와 문제 해결은 디지털로 향하는 경향이 있다. 이러한 브리콜라주식 학습 접근법은 전통적인 수업 방식과 지도 기술이 쌍방향성과 게임화의 특징을 갖춘 학습 도구 및 온라인 교육과 합쳐진 혼합 학습을 탄생시켰다.

학생 1인당 교과서 지출의 경우와 마찬가지로 각국의 학교에서 매일 사용되는 종이와 디지털 학습 도구에 관한 자료는 존재하지 않는다. 결과적으로 교육의 디지털화와 교과서 승인 절차, 불확실성 회피 지수의 상관관계를 알아보는 것은 불가능하다.

결론

요약하자면 2010년대에 사회 전반에서 교실의 논리와 신기술의 충돌이 일어났다. 만약 디지털 학습 도구가 절대적으로 보편화된다면 기술 훈련이 학문적 교육보다 우세해야 하는 교실의 법칙으로 급격한 변화가 일어났다는 뜻일 것이다. 미래의 학교는 20세기에 교육받은 사람이 전혀 알아볼 수 없는 모습으로 변하게 될 가능성이 크다. 예언은 신빙성이 떨어지므로 그 투쟁에서 승자를 예측하는 것은 삼가기로 하자. 그러나 분명한 것은 이 장에서 설명한 바와 같이 기술 변화가 교육 출판은 물론이고 현대 사회에서 책의 역할에 적어도 세 가지 측면에서 영향을 끼쳤다는 사실이다.

첫째, 디지털화는 교육 출판사들이 교사를 위한 보충 학습 자료 외에도 인쇄물을 보충하거나 대체하는 디지털 학습 자원도 제작하지 않으면 안 되도록 만들었다. 클레이턴 크리스텐슨(Clayton Christensen)에 따르면 2010년대의 교육 출판은 신구의 교육 기술이 합쳐져 전통적인 기술과 방식을 파괴하지 않는 쪽으로 혁신이 이루어지는 혼합적인 발달 단계에 놓여 있었다(더 자세한 내용은 Christensen et al. 2013 참고). 2016년에 대형 교육 출판사들이 겪은 재정적 문제는 그들이 새로운 매체와 오래된 매체의 지속가능한 균형을 찾지 못했고 실행 가능한 비즈니스 모델도 고안하지 못했음을 뜻한다. 오픈 엑세스 교육 자원이 발달하고 캐나다(IIPA 2017)와 독일 같은 일부 선진국이 좀더 자유로운 저작권 보호 방식을 채택하면서 출판사의 수익성에 끼치는 부정적인 영향이 커졌다. 독일과 캐나다에서는 법원의 판결에 따라 출판사들이 저작권협회로부터 저작권 수익을 분배받을 권리에 의문이 제기되었다(Anderson 2016). 또한, 대다수 국가에서는 일부 교육 도구(워크북, 교과서, 문구류 등)가 오프라인 서점에서 판매되고 있는데 교육의 디지털화가 그 기업들의 매출에 부정적인 영향을 미쳤다. 전통적으로 서점의 붕괴는 온라인 판매와 일반 전자책의 성장에 따른 결과로 여겨졌다. 하지만 교육 출판의 파괴가 일반 출판의 파괴를 어느 정도나 증폭시켰는지에 관한 연구가 이루어져야 한다.

둘째, 디지털의 발달은 교육 출판에 필수적인 기술과 역량을 변화시켰다. 교과서의 편집자, 저자, 마케팅 담당자는 이제 책만 만드는 사람이 아니다. 그들은 온갖 다양한 분야의 전문가가 되어가고 있다. 디지털 학습 도구와 종이책을 개발하는 방법을 알아야 하고 그것을 교사와 학생들에게 마케팅하는 방법도 알아야 한다. 또한 여러 다양한 인지 과정을 이해함으로써 종이와 스크린 사용에 적합한 기질을 선택할 줄도 알아야 한다. 이 모든 것이 일반 출판과 학술 출판, 교육 출판의 격차를 넓힌다. 이러한 추세가 계속된다면 학습 도구 생산은 전통적인 출판과 무관한 새로운 분야가 될 수도 있다. 변화의 흐름을 반영하듯 선도적인 교육 출판사 피어슨은 2017년에 웹사이트의 메인 화면에 교과서라는 단어를 사용하지 않고 스스로를 학습 기업이라고 칭하기 시작했다.

셋째, 디지털화는 종이책이 교육 시스템에서 누려온 특권과 지위를 잃게 했다. 종이책은 디지털 학습 도구의 오페어(au pair, 가정에 입주하여 숙식을 제공받고 집안일과 아이 돌보는 일을 도와주는 사람-역주)가 되었고 그 반대도 마찬가지다. 이것은 판데르베일(2011: 90)이 책의 질서라고 부른 것에 의

문을 제기하는 폭넓은 사회 및 문화적 변화와 연관 있다. 나중에 샤르티에 (Chartier)는 그것을 '책의 세계를 지배하는 질서, 책과 도서관이 상징하거나 상징하는 데 실패하는 전반적인 세계'라고 설명한 바 있다. 그러나 샤르티에는 주로 책의 세계 자체에 대해 논의한 반면, 판데르베일(2011: 91)은 '(서구) 사회에 존재하는 대부분의 질서를 결정지은 책의 세계의 특징을 띠는 질서가 존재하지만 거꾸로 뒤집어진 관계'라고도 했다. 따라서 이제 학교가 책의 수호자에서 멀어지고 있다는 사실은 물질세계 전체의 '가독성'이 바뀌는 복잡한 사회, 문화 과정의 결과라고 볼 수 있다. 게다가 종이책에 의존하는 긴 형식의 읽기가 자연과학보다 예술, 문학, 역사에서 더 보편적이라는 사실로 볼 때 학교에서 종이와 스크린의 경쟁은 초중등 교육의 학문 분야에 존재하는 권력관계를 보여주는 하나의 지표라고도 볼 수 있을 것이다.

정말로 그렇다면 교육 출판은 교육 분야에서 일어나는 심오한 변화를 보여주는 리트머스종이와도 같은 셈이다. 따라서 현대사회의 문화와 인류학의 변화를 이해하고자 하는 사람들이 꼭 주시해야 할 중요한 영역이 되고 있다.

참고문헌

Ackerman, R. and Goldsmith, M. (2011). 'Metacognitive regulation of text learning: On screen versus on paper', *Journal of Experimental Psychology: Applied*, 17(1), pp. 18 – 32.

Anderson, P. (2016). 'No Agreement Yet. Germany's Publishing Copyright Controversy', Publishing Perspectives, 15 September. http://publishingperspectives. com/2016/09/no-agreement-copyright-controversy-germany-vg-wort/ [2017. 6. 14 검색].

Chiu, T. K. F. (2017). 'Introducing electronic textbooks as daily-use technology in schools: A top-down adoption process', *British Journal of Educational Technology*, 48(2), pp. 524 – 37.

Christensen, C., M. Horn, and H. Steaker (2013). Is K-12 Blended Learning Disruptive?

Clayton Christensen Institute for Disruptive Innovation. www.christenseninstitute. org [2017. 6. 14 검색].

Cuban, L. (1986*). Teachers and Machines. The Classroom Use of Technology since 1920*, New York: Teachers' College, Columbia University.

Cuban, L. (1992). 'Computer Meets Classroom, Classroom Wins', *Education Week*, 13 February. http://www.edweek.org/ew/articles/1992/11/11/10cuban.h12. html [2017. 6. 14 검색].

Feldstein, A. P. and M. M. Maruri (2013). 'Understanding Slow Growth in the Adoption of E-Textbooks', *International Research on Education*, 1(1).

Hofstede, G., G. J. Hofstede, and M. Minkov (2010). *Cultures and Organisations: Software of the Mind*, New York: McGraw Hill.

International Intellectual Property Alliance (IIPA). (2017). Special 301 Report on Copyright Protection and Enforcement. http://www.iipawebsite.com/ rbc/2017/2017SPEC301CANADA.PDF [2017. 6. 14 검색].

Kovač, M. and M. Kovač-Šebart (2003). *Textbooks at War: A Few Notes on Textbook Publishing in Former Yugoslavia and Other Communist Countries*, Ljubljana: Paradigm, Journal of Textbook Colloquium.

McEwan, P. J., and J. H. Marshall (2004). 'Why does academic achievement vary across countries? Evidence from Cuba and Mexico', *Education Economics*, 12(3), pp. 205 – 17.

McNeish, J., M. Foster, A. Francescucci, and B. West (2012). 'Why students won't give up paper textbooks', *Journal for Advancement of Marketing Education*, 20(3), pp. 37 – 48.

Mangen, A., B. R. Walgermo, and B. Kolbjørn (2013). 'Reading linear texts on paper versus computer screen: Effects on reading comprehension', *International Journal on Education Research*, 58, pp. 61 – 8.

Merchant, Z., E. T. Goetz, L. Cifuentes, W. Keeney-Kennicutt, and T. J. Davis (2014). 'Effectiveness of virtual reality-based instruction on students' learning. Outcomes in K-12 and higher education: A meta-analysis', *Computers & Education*, 70, pp. 29 – 40.

Milner, J.-C. (1984). *De l'Ecole*, Paris: Le Seuil.

Moeglin, P. (2005). The Textbook and After. Caught in the Web or Lost in the Textbook? Eighth International Conference on Learning and Educational Media. IARTEM. https://iartemblog.wordpress.com/ [2017. 6. 14 검색].

OECD (2015). *Students, Computers and Learning: Making the Connection*, PISA, OECD Publishing. http://dx.doi.org/10.1787/9789264239555-en

Pingel, F. (2010). *UNESCO Guidebook on Textbook Research and Textbook Revision*, 2nd Edition. Paris/Braunschweig: George Eckert Institute for International Textbook Research and UNESCO Education Sector.

Rémond, R. (2003). Préface (서문). In *Histoire de l'enseignement et de l'éducation I. Ve siècle av.J.-C.–XVe siècle*. Michel Rouche 편집(History of Teaching and Education I), Paris: Perrin.

Repoussi, M. and N. Tutiaux-Guillon (2010). 'New trends in history textbook research: Issues and methodologies toward a school historiography', *Journal of Educational Media, Memory and Society*, 2(1), pp. 154 – 70.

Selwyn, N. (2016). *Is Technology Good for Education?*, Cambridge: Polity Press.

Singer, L. M. and P.A. Alexander (2017). 'Reading on paper and Digitally: What the Past Decades of Empirical Research Reveal', *Review of Educational Research*, DOI: 10.3102/0034654317722961. http://ver.aera.net [2017. 11. 1 검색].

Singer, N. (2017a). 'The Silicon Valley Billionaires Remaking American Schools', *New York Times*, 6 June. https://www.nytimes.com/2017/06/06/technology/tech-billionaires-education-zuckerberg-facebook-hastings.html?_r=0 [2017. 6. 14 검색].

Singer, N. (2017b). 'How Google Took Over the Classroom', *New York Times*, 13 May. https://www.nytimes.com/2017/05/13/technology/google-education-chromebooks-schools.html [2017. 6. 14 검색].

Smith, F. J. (1913). 'The Evolution of the Motion Picture: V—Looking into the Future with Thomas A. Edison', *The New York Dramatic Mirror*, 9 July. http://fultonhistory.com/my%20photo%20albums/All%20Newspapers/New%20York%20NY%20Dramatic%20Mirror/index.html [2017. 6. 14 검색].

Spitzer, M. (2008). *Digitale Demenz*, Munich: Droemer Knaur.

Tenopir, C., D. W. King, L. Christian, and R. Volentine (2015). 'Scholarly article seeking, reading, and use: A continuing evolution from print to electronic in the sciences and social sciences', *Learned Publishing*, 28(2), pp. 93 – 105.

van der Weel, A. (2011). *Changing Our Textual Minds*, Manchester: Manchester University Press.

Wilkens, H. J. (2011). 'Textbook approval systems and the Program for International Assessment(PISA) results: A preliminary analysis', *IARTEM e-journal*, 4(2), pp. 63 – 74.

Wischenbart, R. (2017). The Business of Books 2017. It's All About the Consumers. Frankfurt Book Fair white paper. http://www.buchmesse.de/en/whitepaper/ [2017. 6. 14 검색]

Wolf, M. (2016). *Tales of Literacy for the 21st Century*, Oxford: Oxford University Press.

출판의
실제

3부

18장

출판산업의 조직구조

프래니아 홀(Frania Hall)

서론

이 장에서는 출판이 현대 산업으로 발전해 들어온 방식과 지금 산업
에 충격을 주고 있는 디지털로 인해 어려움에 직면하면서 어떻게 기존 구
조에서 벗어나 혁신과 확장에 대해 더욱 유연하고 민첩한 접근법을 개발
해야 하는지를 탐구한다.

대기업의 여러 사업 부문의 하나로 새롭게 생겨나는 출판사보다는 여
러 분야의 전통적인 출판사 위주로 살펴볼 것이다. 펭귄랜덤하우스와 피어
슨 같은 기업들은 19세기 대량판매 시장의 성장에 뿌리를 둔 경영 구조를
구축했다. 그들의 조직 계층제는 경영과 생산 이론에서 발전한 것으로
20세기 내내 다양한 기업들에 의해 모방되었다. 일반적으로 규모가 작은
출판사들도 이러한 기능적인 접근법을 출판에 활용하고 있다. 그러나 이러
한 구조는 빠르게 변화하는 환경에 기업이 효과적으로 대응하기 어렵게

만든다. 끊임없이 변화하는 디지털 환경에 효과적으로 대처하려면 기업의 조직 설계에 새로운 접근법이 필요하다는 인식이 최근 들어 커지고 있다.

역사적 배경과 새로운 구조

인쇄기의 발명으로 출판산업이 발달하자마자 기업가 정신도 함께 등장했다. 특정한 이론과 신학을 널리 알리려는 목적과 함께 사업 기회도 발달하게 되었다. 초기의 출판사에는 수도원과 대학도 있었는데 그들의 목적은 자신들의 연구와 학습을 전파하는 것이었다. 일반적으로 출판업자는 인쇄업자였고 돈을 벌 기회를 찾는 위험 감수자였으며 판매 가능성을 바탕으로 출판물을 선택했다. 인쇄 비용을 전적으로 인쇄업자가 부담하였으므로 인쇄 부수를 전부 다 팔 수 있어야만 했다. 인쇄기 덕분에 인쇄가 훨씬 쉬워졌지만 여전히 상당한 비용이 들었으므로 고객이 무엇을 사고 싶어하는지를 결정할 때는 초기 기업가들에게 위험 감수가 따를 수밖에 없었다. 영국에서는 세인트폴성당 부지에서 인쇄업자들이 영업을 했는데 이곳은 매우 중요하고 널리 인정받는 시장이 되었다. 인쇄업자들은 남보다 두드러지려면 혁신적인 인쇄 목록을 만들거나 특정 장르에서 명성을 쌓아야 했다. 특정한 종교적 견해의 보급에 주력하는 인쇄업자들도 있었는데 홍보 목적을 가진 후원자들이 돈을 냈다. 해외에서 중요한 서적을 수입하는 일로 사업을 키우는 경우도 있었다.

책을 제작하는 능력은 초기 인쇄업 발달의 일면일 뿐이다. 초기 출판업자들에게 중요한 것은 빠르게 성장하는 시장이었다. 인쇄기 발명 후 두 세기 동안의 사회경제적 풍조는 무역 증가, 상인 계급 성장, 지속적인 기술 발달, 교육과 문해력의 보편화로 이어졌다. 도시 간, 국가 간의 교통과 인프라 개선, 세계의 연결성 증가, 학습과 사상의 확산에 초점을 맞추는 르네상스 운동의 진화, 자연 세계를 탐구하고 새로운 장소로 여행하려는 열망까지 합쳐져서 새로운 시장이 확장되었다. 생산 수단과 준비된 시장, 소비자들에게 다가가는 능력이 출판산업의 성장을 촉진했다(Manguel 1997; Feather 2005).

출판 시장은 발전을 계속했다. 새로운 유형의 참가자들과 새로운 시장 기회가 모두 늘어나게 되었다. 이 시점에서도 인쇄업자들은 여전히 출판업자였고 대부분 책 판매를 겸했다. 종이 제조업자로부터 인쇄업자까지 출판업에 종사하는 다양한 사람들은 길드를 중심으로 단결했고 그 구성원들은 신흥 출판산업을 구성하는 다양한 역할과 기능을 반영했다. 인쇄업자들은 사업을 보호하고 유지해야 했으므로 다른 여러 산업과 마찬가지로 길드를 통한 권리 부여로 보호무역주의가 발달하게 되었다. 아직 출판산업이 초기에 놓여 있을 때는 몇 가지 경우를 제외하고는 작가의 위치가 인정되지 않았다. 인쇄업자들은 원고를 직접 사들여 자기 재산으로 만들어서 원하는 대로 출판하고 판매했다. 일반적으로 인쇄업자는 콘텐츠의 구입과 생산, 마케팅 등 오늘날 출판사의 역할을 전부 다 했다.

그후 출판산업은 계속 발전했다. 인쇄업자가 단순히 성공적인 마케터가 아니라는 의식이 점점 커지고 있음을 반영하는 특별한 기술을 개발한 개인 기업가들이 두드러졌다. 이제 인쇄업자는 특정한 방향으로 출판을 계획해야 하는 사람이었다. 특별한 문구를 선택하고 신중하게 편집하고 새로운 레이아웃과 서체를 디자인하고 형식을 혁신하고 작가와 작업하며 초기 작가 브랜드를 개발하고 새로운 유통경로를 창조해야만 했다. 마누티우스, 플랜틴, 리고, 톤슨 등이 바로 그런 출판업자들이었다(Manguel 1997; Darnton 2010; Bhaskar 2013).

도시화, 중산층의 성장, 부의 증가에 따른 지속적인 사회경제적 변화는 여가뿐만 아니라 교육 기회의 확장으로 이어져 책 시장도 커지게 되었다. 그리고 19세기에 발달하기 시작한 대량판매 시장(mass market)은 출판산업의 지속적인 발전을 가져왔다. 그 시기에 책의 판매 기능이 출판업자로부터 분리되었다. 성장하는 시장은 기존의 인쇄업자-출판업자 구조에 압력을 가했다. 공연 기획을 겸하는 서적 판매상들은 성장하는 시장을 중심으로 사업체를 발전시켰고 출판업자들은 저자와의 작업, 출판 목록 선택, 생산 과정 개선, 여러 시장 부문에 따른 형식과 판본의 차별화에 집중했다. 19세기 내내 독자층이 계속 성장했고 기업적인 출판사들이 시장의 특정 영역을 전문적으로 다루기 시작하면서 전문성이 커졌다. 급증하는 시장의 수요에 따른 확장 기회로 19세기에 새로운 진입자들이 크게 늘어났다. 오프셋 인쇄와 모노타이프 같은 기술의 발달 덕분에 출판업자들은 성장하는 시장에 더욱 저렴해진 생산 방식으로 대응할 수 있었다. 그리고 진화하는 금융 부문이 기업에 자본을 조달하는 한편 사업 조직에 보다 체계적인 접근법을 지원했다. 페더(Feather)는 '영국 서적업이 모든 면에서 현대 산업이 되었다'고 말한다(2005: 95).

20세기 초까지 독자 시장은 계속 성장했고 점점 경쟁이 치열해지는 시장에서 출판업자들도 재정을 지원해줄 베스트셀러를 찾고자 매우 적극적이었다. 그러나 출판업자들이 기존의 성공 도서로 최대한 수익을 올리고자 함으로써 새로운 콘텐츠의 침체가 나타나기도 했다(Feather 2005). 새로운 콘텐츠가 더 많이 필요해짐에 따라 문학 에이전트의 역할도 발달했다. 그들은 작가의 공식적인 대변자로서 출판업자들이 콘텐츠를 찾도록 도와주었다. 이 시기 출판업자의 역할은 콘텐츠의 관리와 생산에 집중되었다. 그래도 타우흐니츠(Tauchnitz)와 펭귄 같은 출판사는 도서 형식과 비즈니스 모델의 혁신을 이루었다. 수직적 통합도 영향을 끼쳐서 출판사들이 전통적인 방식대로 저작권을 판매하기보다 직접 보유함으로써 이익을 취하고자 했다. 그래서 규모가 큰 출판사들은 전문 분야가 다른 작은 출판사들을 사들여 저마다 다른 도서 포맷을 담당하는 다수의 임프린트를 거느린 출판 대기업을 이루었다.

출판 과정을 개선해준 기술 외에 20세기의 가장 중요한 발달 사항은 산업의 세계화일 것이다. 특히 전문 부문의 세계화뿐만 아니라 대형 상업 출판사의 세계화와 관련있다. 1980년대 후반부터 효과적인 성장과 주주들을 만족시켜주는 더 큰 수익을 가져다줄 시장 '점유율'을 높이기 위해, 합병과 인수 경향이 두드러지게 나타났다. 합병한 기업들이 국제적인 조직으로 발전하려면 전반적인 관리 구조가 필요했다. 그 구조는 20세기에 출판산업이 발전하고 점점 전문화되는 현상과 동시에 나타났다.

조직구조와 가치사슬의 등장

20세기 후반에 이르렀을 때 출판사의 구조는 대체로 지금과 비슷했다. 전통적인 관리 계층제를 중심으로 이루어진 구조였다. 편집, 생산, 마케팅, 판매, 운영, 재무 등 대부분 사업체에서 찾아볼 수 있는 부서로 이루어진 기능 영역이 존재한다. 이 구조는 19세기 경제학과 20세기 초 생산라인과 작업 흐름에 관한 이론들에서 나온 경영 이론의 발달을 반영했으며 파욜, 테일러, 베버 같은 사상가들의 관리 원칙에서 발달했다. 포드의 대량생산 라인 조직을 통한 생산 과정의 가속화는 기업의 초점을 공급망에 맞추었다. 업무 분담 중심의 관리와 조직을 다루는 파욜의 사상은 특히 오늘날 전통적인 출판사에서 볼 수 있듯이 기능 형태에 따라 조직을 구성한다. 산업 효율성과 조직적 업무의 성격에 초점을 맞추는 테일러의 사상도 조직에서 흔히 볼 수 있는 정교한 경영 구조에 영향을 끼쳤고 베버의 시장 주도 자본주의 이론은 효과적인 관리를 가능하게 해주는 관료적인 비즈니스 모델을 개발하는 데 초점을 맞추었다.

20세기 후반에 지식노동자와 생산성에 초점을 맞춘 드러커의 사상은 기능적 라인과 조직 계층제를 따르는 산업의 발달에 영향을 끼쳤다. 산업은 가치사슬을 중심으로 광범위하게 조직되는데 포터에 의해 대중화된 이 개념에는 생산 과정의 단계에서 각 기능의 역할을 면밀하게 이해하는 것이 중요했다. 이러한 분석은 가치사슬을 이동하면서 제품의 가치가 어떻게 더해지는지 이해하도록 해주었다(Porter 1985). 따라서 출판사의 경영 구조는 여러 제조업체와 비슷한 노선을 따라 발달했다. 톰프슨과 클라크, 필립스는 출판산업 내 가치사슬의 개념을 구체적으로 살펴보았다(Clark & Phillips 2008; Thompson 2012). 커뮤니케이션 회로(Darnton 2010), 디지털통신 회로(Murray & Squires 2013) 같은 더욱 진보한 개념은 출판의 흐름을 다양한 역할과 시장을 통하여 이해하는 방식을 대략 채택함으로써 각 역할이 출판 전체에 어떤 영향을 끼치는지 좀더 면밀하게 반영한다. 몇몇 개념은 다시 살펴볼 필요가 있다.

현재의 출판 구조

20세기 말에 이르러 전통적인 주류 출판사들은 전문이든 일반 출판 분야든, 규모가 크건 작건 상관없이 유사한 노선을 따랐으므로 가치사슬 기반의 기능을 따르는 전형적인 조직의 계층제를 쉽게 설명할 수 있다.

제조업의 연구개발 부서와 마찬가지인 출판사의 제품 개발 영역은 편집부에 자리한다. 편집부는 원고 의뢰(commissioning) 혹은 획득(acquisition) 과정에 관여하는 팀이다. 일부 산업과 달리 출판의 핵심 제품은 조직 외부의 비전문 공급업자 또는 직접 산업으로부터 제공된다. 제품 개발은 내부적으로 이루어지지만 내용물 자체는 거의 외부 작가들에게서 나온다. 조판 작업처럼 출판을 알고 출판산업 내에 존재하고 운영되는 전문 공급업자와 달리 작가들은 대부분 출판산업의 바깥에 존재한다. 따라서 출판은 음악이나 미술 같은 인재 발견의 전통이 있는 산업과 비슷하게(작가가 대리인을 통하거나 출판사와 직접 접촉하는 식으로) 운영된다. 이것은 매우 전통적인 산업 구조를 돋보이게 해주는 효과가 있다. 일부 부문의 콘텐츠는 원료의 형태이고(예: 법률 정보) 공공영역에서 이용 가능하더라도 출판사가 다듬고 구조화한다. 그래도 편집부는 창작에 호된 시련의 장을 제공하고 작가의 작품을 출판에 이르게 하는 콘텐츠 기술과 시장 지식, 생산 전문성을 갖추고 있다(Clark & Phillips 2008; Bhaskar 2013). 바스카가 언급한 출판사의 필터링과 증폭 역할은 출판 과정의 모든 단계에 통합되는 핵심 활동을 보여준다.

편집부는 프로젝트 관리에 주력하고 작가를 상대하는 역할을 한다. 커미셔닝 에디터(commissioning editor)는 콘텐츠 획득에 좀더 전략적이고 재정 지향적인 태도를 보인다. 데스크 에디터(desk editor)가 수행하는 편집 작업은 계속 원고 자체에서 이루어진다(일부 출판사는 데스크 에디토리얼이라고 부르고 생산 부서를 통해 프리랜서들이 관리하는 출판사도 있다). 전체적인 생산공정에는 그림 연구에서부터 디자인까지 여러 다른 역할이 포함되기도 한다. 출판사가 함께 일하는 공급업자에는 (개별적인 독립체지만 그래도 작가와 달리 출판산업 내부에 존재한다고 말할 수 있는) 식자 조판 전문가, 인쇄업자, 종이 공급업자, 디지털 컴파일러, 창고 및 유통 서비스업자 등이 포함된다.

생산 부서들은 제품 관리 과정이 원활하게 진행되도록 편집부와 협업한다.

판매와 마케팅 기능은 다른 산업 부문과 유사하다. 판매팀은 고객 판매에 초점을 맞춘다. 도매나 소매, 내수나 수출, 소규모 고객이나 대규모 기업 고객(대규모 고객과는 관계의 세부적 조율이 필요하다)이 모두 포함된다. 마케팅 부서는 책을 잠재고객이나 사용자에게 홍보하고 인지도를 높여 구매를 유도하는 일에 주력한다. 여기에는 홍보뿐만 아니라 전통적인 유료 미디어도 포함된다. 출판사들은 유료(paid, 돈을 내고 사야 하는 광고 미디어-역주)와 무료(earned, 자발적인 공유나 리뷰가 이루어진 미디어-역주), 자사 혹은 공유(owned, 웹사이트나 공식 소셜 미디어 계정 등 기업이 소유한 미디어-역주) 미디어로 이루어진 마케팅 모델에 점점 큰 관심을 보이고 있다. 이것은 이론적 모델이 아니라 산업 전반에 걸쳐 발달하고 마케팅 컨설턴트와 함께 진화하는 모델이다.

그다음에는 종종 운영 부서에 의해 관리되는 유통의 측면이 있다. 오프라인 혹은 디지털 창고를 통해 최종 사용자에게 인쇄 및 디지털 제품을 전달하는 일과 포장, 국내외 개인과 소매업자, 도매업자에게로의 배송을 관리한다. (오프라인이건 온라인이건) 실제 창고 업무는 아웃소싱하는 경우가 많다.

출판 구조에 존재하는 용어나 역할 중에는 좀더 모호한 것도 있다. 출판업자는 작은 출판사의 사장이거나 대기업 사업 부문의 대표일 수도 있다. 그런가 하면 대학출판부처럼 비영리 구조로 이루어진 사업 조직도 있다.

출판에만 특정한 기능도 존재한다. 예를 들어 출판사에는 권리 판매, 계약, 승인 업무를 관리하는 팀이 꼭 필요할 수도 있다. 일반적으로 이런 기능들은 출판 신제품의 수용을 관리하는 위원회 회의에서 어떤 방식으로든 수행될 것이다. 그들은 회사의 손익계정도 조사한다. 각 기능의 비용은 책 한 권의 원가 계산에서 회사의 계획과 재무 계정까지 세세한 측면으로 분명하게 표현된다. 따라서 출판은 재무 관리를 통해 감시되는 상업적 기회에 주력하는 모든 유형의 사업에 해당하는 전통적인 경제구조를 따른다. 기존 제품이 거둔 성공을 미래 제품의 개발에 투자하는 것이 사업의 목적인 것이다.

넓은 창조산업의 맥락에서 보는 출판의 구조적 특징

지금까지 설명한 전형적이고 일반적인 구조를 염두에 두고 생각해보면 출판에서 문화상품의 창조(혹은 제조)에 따른 위험 관리 방식은 다른 창조산업과 비슷하다(Hirsch 1972). 제품 개발은 재능 있는 개인이 만든 새로운 콘텐츠를 입수하는 데 달려 있다. 비용을 충당하려면 콘텐츠의 특정 개수가 판매되어야 한다. 그다음에는 책이 성공하여 조직을 지원하고 이익을 가져다주기를 바라야 한다. 그러나 책의 성공을 좌우하는 것은 취향과 소비자 행동이 계속 변화하는 시장이다. 따라서 성공할 제품을 포착하는 것은 출판사에 무척 힘든 도전 과제다. 시대정신에 부합하거나 특정 트렌드(뱀파이어 로맨스, 성인 로맨스, 성인용 컬러링 북 등)에 편승하는 것이 출판사의 목적이기 때문이다. 파레토 법칙도 종종 부분적인 역할을 한다. 즉 20%의 책이 출판사 전체 소득의 80%를 책임진다. 그래서 대다수의 출판사는 적어도 베스트셀러 몇 권이 반드시 나오도록 충분히 많은 책을 계약한다. 일부 특수 시장에서는 기회 예측이 좀더 쉽지만 계속 성공을 이어갈 구간도서 목록을 장기적으로 구축하는 것은 여전히 힘든 일이다. 톰프슨(2012년)은 베스트셀러 찾기에 집중하는 현상에 대한 신화를 분석했다. 그의 연구에 따르면 베스트셀러를 찾으려거나 유행을 모방하려는 동인이 극단적인 수준으로 행해진다고 해서 꼭 산업의 균질화가 초래되지는 않는다. 그러나 그가 지적한 바와 같이 베스트셀러 확보는 여전히 전통적인 출판사의 운영에서 핵심을 차지한다(Thompson 2012).

이 구조 안에는 위험관리의 특정한 측면이 내재되어 있다. 만약 성공이 새로운 도서의 연속적인 흐름에 달려 있다면 책을 신속하게 찾아 계약하는 것이 핵심이고 사업 구조 또한 그 목적을 확실하게 달성해주는 쪽으로 설계된다. 허시(1972)가 말하듯 출판산업은 원료 과잉을 전제로 한다. 허시는 출판산업에서 위험이 나타나는 양상을 살펴보면서 그 위험이 창조산업의 전반적인 구조에 내재되어 있다는 것도 보여준다. 그는 위험관리를 위해 '다양한 적응과 "대처" 전략'(1972: 641)이 발달했다고 말한다. 이를테면 최대한 고정비용을 줄이는 것(예를 들어 인세는 성공과 실패를 반영해 분배, 지급하는 비용이다)이 포함된다. 그리고 재능 있는 작가의 영입은 출판사의 네트워크를 확장해준다. 작가들은 큰 비용이 들어가는 내부 자원이 아니며 성공 정도에 따라 보상을 받는다. 따라서 문학 에이전트는 작가 영입에 중요한 역할을 수행하며 출판 구조의 외부 부문을 이룬다. 허시도 '적은 자본 투자와 수요의 불확실성이라는 환경에서 과잉생산은 조직의 합리적인 대응이다'라고 했다(1972: 652). 이것은 출판 조직의 행동에서 가장 중요한 부분을 차지하는데 그래서 디지털 환경에서는 변화가 필요할 수 있다.

출판산업은 창조적 노동의 측면에서 여러 창조산업과 유사한 구조가 나타난다(Hesmondhalgh & Baker 2011; Davies & Sigthorsson 2013; McRobbie 2016). 앞에서 설명한 기능들이 존재하지만 편집을 맡는 개인 프리랜서부터 미디어 구매를 맡는 마케팅 회사까지 외부 대리인에 위임되는 요소도 상당히 많다. 이것은 허시가 요약한 문화상품 생산의 위험관리 방식을 참고한 것이다. 프로젝트 기반 작업은 문화산업 전반에서 보편적으로 나타난다. 단순히 수익성을 관리하기 위한 것이 아니라 창의성과 변화를 보장하기 위함이다(Grabher 2004). 따라서 출판사를 둘러싸고 유동성이 존재한다.

이것은 조직의 핵심부와 주변부의 관계를 보여주는 핸디의 삼엽 조직(shamrock organization) 개념과 비슷하다. 삼엽 조직은 핵심 집단과 특수 계약직, 임시직의 세 가지 형태로 나뉜 근로자들에 의해 노동이 이루어지는 유연한 노동 방식을 취한다(Handy 2012). 나중에 논할 이 모델은 프로젝트 기반의 작업 방식에는 흥미롭지만 출판의 운영을 TV나 음악 산업과 완전하게 비교해주지는 못한다. TV와 음악산업에 영입되는 인재들은 여전히 창조 부문 안에 자리하는 전문가들이다. 음악산업은 매우 독창적이어야만 하는 각각의 프로젝트마다 필요한 만큼 프리랜서를 영입한다. 핸디에 따르면 핵심 집단을 차지하는 커미셔너들은 매우 집중적이며 기업 규모도 작다(전략적으로는 강력하지만). 출판은 어느 정도 제품의 대량 생산에 주력하므로 다양한 기술을 가진 핵심 직원 집단이 크다(물론 무조건 프리랜서를 활용하는 소규모 기업들도 많지만). 창의성은 조직 외부에 존재하는 작가들에게 귀속되지만, 이미 언급했듯이 그들은 잠재적 조직으로 기능하는 전문 창작 특수 인력이라기보다는 비전문가이다(Negus 2002).

조직, 기술, 그리고 변화

21세기에 일어난 디지털 세계로의 기술 변화는 출판산업에 매우 중요했다. 실제로 2012년에 공개된 EU 보고서에 따르면 '미디어와 콘텐츠 산업은 디지털 전환에 가장 처음이자 가장 크게 타격을 받은 산업 중 하나이다(Simon & Bogdanowicz 2012). 민츠버그(Mintzberg)는 변화 관리가 기업의 전략적 활동에서 필수적인 부분이며 주기적으로 수행하는 일이 아니라고 했다. 회사는 지속적인 변화에 대처하기 위한 메커니즘과 구조를 마련할 필요가 있을 것이다(Mintzberg 1989). 급부상하는 디지털 환경은 빠르게 변화하고 적응해야 하는 필요성을 가속한다.

기술 변화의 많은 측면이 출판산업의 구조에 통합되어 식자 과정이 자동화된 생산 부서 혹은 웹 전문지식을 개발하는 마케팅 부서 같은 것으로 존재한다. 새로운 관계가 발달하고 몇 가지 새로운 역할도 나타난다(예: 디지털 마케터, 디지털콘텐츠 제작자). 이러한 변화는 출판사의 가치사슬을 압축하기도 했다. 기술이 조직구조의 전통적인 역할을 일부분 장악했고(예: 사내에서 이루어지는 식자 작업) 탈중개화와 낮은 진입장벽으로 새로운 시장 진입자들이 그러한 역할을 맡을 수도 있게 되었다(예: 문학 에이전트가 전자책을 직접 출판).

그러나 디지털 제품이 출판 구조로 통합되는 과정은 더욱 복잡했다. 디지털 제품 디자인은 한동안 출판의 일부였지만(초기 디지털 활동은 1990년대 중반에 CD-Rom과 대규모 전문 데이터베이스를 중심으로 발달했다) 출판사들은 다양한 접근법을 채택했고 성공률도 제각각이었다. 일부 디지털 발달(예: 기본 전자책)은 기존의 작업 흐름과 성공적으로 공존할 수 있다. 전문 출판 분야의 대형 출판사에는 새로운 프로젝트 관리 방식을 갖춘 대규모 디지털 부서들이 빠르게 발달했다. 하지만 그 중간에는 출판사들의 지속적인 난제가 존재한다. 디지털 활동을 인쇄 부서에 넣을지 아니면 분리할지 같은 것이다(대개 최소한의 직원으로 외부 소프트웨어 개발자를 상대하는 전달자 역할만 수행한다). 그 밖에도 디지털 제품 개발의 필요성에 대한 이해 부재, 특히 점점 경쟁이 치열해지는 시장에서 새로운 카테고리의 위험을 관리하는 최고의 방법에 대한 우려, 기존 출판사의 전통적 구조에 들어맞아야 한다는 무의식적인 가정이 있을 수 있다.

전통적 구조와 가치사슬에 대한 재고

한 가지 중요한 측면은 출판사들이 전통적인 유산에 해당하는 인프라와 분투를 벌여왔다는 것이다. 예를 들어 일부 시장에서는 책의 디지털화와 효율적인 주문형 인쇄 시스템 증가로 재고관리, 즉 창고가 출판사의 활동에서 중요성이 줄어들었다. 출판사들은 사업 운영 방식에서 더이상 필요 없어진 활동을 포기해야만 했다. 예를 들어 인쇄 작업이나 창고 같은 것이다. 글로벌기업이라면 디지털 활동을 지원하는 새로운 인프라(디지털 자산 관리 데이터베이스, 콘텐츠 관리 시스템, XML 작업 흐름 등)를 동시에 구축해야 하므로 결코 쉽지 않은 일이다. 연구(Hall 2013)에 따르면 전통적인 인프라는 주로 출판사들에 의해 다루어졌다. 하지만 특별한 유산인 비즈니스 모델 하나만큼은 난제로 남아 있다. 중견 출판사가 조직개편을 하려면 시간과 투자가 필요했지만 새로운 시장 진입자들은 디지털에 따르는 난관에 신속 대응할 수 있는 자원을 갖추고 등장했다(예: 아마존과 아마존의 자가출판 프로그램).

디지털 변화가 영향을 미치는 범위는 매우 넓다. 신제품의 유형과 형식 개발에 관여할 뿐만 아니라 새로운 매개자, 새로운 유형의 소비자, 서로 유형이 다른 제품들의 흐려진 경계, 새로운 가격 책정법, 비즈니스 모델과 선구자의 확산을 가져왔다(Jenkins 2008, Leadbeater 2009, Gauntlett 2011). 따라서 처음으로 출판의 가치사슬에 큰 변혁이 일어났다. 다운스트림(downstream, 산업 흐름의 하류, 즉 유통과 판매 등 최종소비자와의 접점이 가장 가까운 산업 부문을 말한다-역주)이나 출판사를 완전히 건너뛰는 자가출판자들이 시장을 통제한다.

전통적인 가치사슬은 제품에 초점을 맞추므로 최종 제품이 중심점이 되는 구조 안에서 기업이 단단히 자리잡을 수 있다. 하지만 이제 그 구조는 탈중개화를 통해 해체되고 있다(디지털 기술이 가져온 결과). 탈중개화에는 가치사슬에 대한 새로운 접근법이 필요하다. 부가가치의 중심이었던 가치사슬의 측면은 이제 아예 쓸모없어지거나 조직의 업스트림(upstream, 다운스트림의 반대로 산업 흐름의 상류, 즉 생산 부문을 말함-역주)이나 다운스트림에 장악되었다. 앞으로 고객 중심의 새로운 가치사슬이 발달해야 한다는 인식이 커지고 있다. 가치와 의미는 고객과 함께 존재한다. 따라서 고객의 소비 방식을 아는 것이 중요하다(뒤에 나오는 소제목 '제품에서 서비스로' 참고). 평론가들은 20세기가 제품과 공급망의 개선이 이루어진 시대라면 21세기는 수요에 초점을 맞춰 이해할 필요가 있다고 말한다(Nash 2010). 초점이 콘텐츠 창조에서 벗어나 콘텐츠의 필터링과 포장, 소비 방식으로 향한다는 주장이다(Bilton 2006; Bhaskar 2013).

따라서 가치사슬에 대한 재고가 점점 더 중요해지고 있다(Healy 2011; Tian & Martin 2011; Nash 2010; Bhaskar 2013; Hetherington 2014). 일부 평론가들은 출판의 역할에 대한 생각도 바뀌어야 한다고 주장한다. 그동안 용기에 초점이 맞추어져서(O'Leary 2011) 내용물이 아닌 제한된 형식이나 용기에 집중하는 구조가 발달했다. 제품의 외관은 내용이 결정해야 하는데 말이다. 하드백/페이퍼백 형식으로 이루어지는 작업의 유산은 작업 흐름을 중심으로 이루어지는 출판사의 구조에 깊이 새겨져 있다. 이것이 미래의 혁신에 한계로 작용할지도 모른다.

전통적인 관리구조와 유연한 조직

다른 '전통적인' 경영 이론가들의 사상도 철저한 검토가 이루어지고 있다. 포터의 접근법은 기업의 차별화(기업에 경쟁우위를 제공하는 것)가 전략을 주도해야 한다는 것이다(Porter 2008). 그 전략은 비즈니스 전체에 새겨지고 구조에 의해 강화되어야 한다. 일부 평론가들은 그것도 변화와 창조 능력을 제한한다고 말한다. 조직이 잘하는 일을 계속해나가는 동시에 경쟁우위를 개선해야 한다는 피터스의 관점은 어느 정도 사실이지만 기업의 효과적인 적응을 요구하는 점점 빨라지는 변화 속도를 고려하지 않을 수도 있다(Peters & Waterman 1982). 이것들은 하향식의 전략 접근이다. 민츠버그 (1989)는 창의성이 집단행동에서 나오므로 개방적이고 동등한 행동을 허용하는 조직구조가 중요하다고 주장한다. 기업은 그저 이사회가 강요하는 대로 따르면 안 된다(Bilton 2006). 따라서 새롭게 부상하는 창조경제에는 기능적인 접근법에서 멀어지는 매트릭스 기반의 유연한 조직이 더 적합하다. 빠르게 움직이는 단편화된 시장에 더 효과적으로 대처할 수 있을 것이다.

출판사들은 현재의 조직구조가 변화하는 출판 환경에 효과적으로 적응하고 변화하고 대응해야 할 필요성을 점점 깨닫고 있다. 22명의 최고경영자와 관리 및 디지털 부문 책임자를 대상으로 시행한 연구에서는 그들 모두가 디지털 환경으로 직면하는 문제에 더 효과적으로 대응하도록 구조의 변화를 고려하고 있음이 드러났다. 그들이 고려하는 변화는 다음과 같다.

- 기업 구조 검토

- 다양한 인력과 기술 집합 검토
- 자체 기술 역량 강화
- 더 많은 협업과 파트너십 추진
- 콘텐츠 개발을 위한 새로운 전략 수립
- 다양한 비즈니스 모델 실험 (Hall 2016)

이것은 출판산업 내부에서도 몇 가지 사업 조직의 요소가 조정되어야 할 필요성을 인정한다는 뜻이다.

다양성, 기술, 새로운 역할 기반의 구조 개편

이처럼 업계 리더들은 21세기의 출판이 직면한 난제에 효과적으로 대응하려면 기업 구조가 정말로 바뀌어야 한다고 생각했다. 그 깨달음은 가치사슬의 변화에 대한 이해를 어느 정도 반영한다. 새로운 생산 과정을 중심으로 어떤 구조 개편이 이루어져야 하는지, 혹은 새로운 중개자와 어떻게 협업해야 하는지에 대한 이해도 보여준다. 하지만 이 목록에는 조직 개편의 필요성 이상으로 출판 조직의 중요한 급선무가 자리한다. 변화의 다른 측면에서 이익을 얻을 수 있는 위치에 서야 하는 필요성은 조직 변화를 이끄는 원동력이다. 효과적인 협업과 다양한 형태의 전문지식을 기업에 도입할 수 있는 능력이 매우 중요하다고 인식되었다. 이러한 기술들이 전통적인 출판 구조에 영향을 미치도록 효과적으로 흡수되고 통합되어야 한다.

소프트웨어 개발 같은 일부 작업은 아웃소싱할 수 있지만(다음에 나오는 소제목 '인하우스에서 프로젝트 기반으로' 참조) 앞에서 소개한 연구에서는 출판인들이 제품 개발 단계의 통제력과 유연성을 높이기 위해 사내로 더 많은 전문성과 자원을 가져와야 한다고 생각하는 특정 분야가 있는 것으로 나타났다. 협업이 신제품 개발의 중요한 부분일 경우에는 협업을 제대로 관리하고 파트너들과 효과적으로, 동등하게 참여할 수 있도록 사내 전문성이 중요해진다.

출판업 종사자들이 좀더 다양한 기술을 갖추어야 할 필요성에 대한 깨달음도 점점 커지고 있다(이것은 인종과 사회-경제 노선의 다양성이 아니다. 물론 그런 것도 중요하지만 구조에는 영향을 미치지 않는다). 이 경우에는 다양한 산업에서 다양한 기술(예: 소프트웨어, 디자인, 프로젝트 관리, 창의성 관리, 혁신 전략가, 브랜드 관리자, 커뮤니티 관리자)을 도입하고 여러 기능과 기술에 걸친 새로운 업무방식을 수용하기 위해 부서를 개편하는 것으로 초점이 향한다. 일반적으로 조직 내 새로운 역할은 기존 부서 안에서 발달해왔다. 전통적인 사업 구조에는 변화를 어느 정도 흡수할 수 있는 능력이 있다. 예를 들어 학술서 출판사에서 관계 관리자와 정보 컨설턴트는 판매와 마케팅 부서 내에 속하면서 사업 개발 업무를 담당하며 주요 고객들과 긴밀하게 협력하여 제품을 맞춤화한다. 디지털 프로젝트 관리 능력도 비즈니스 모델 만들기와 계획을 이해하고 자원 할당을 평가하고 반복적인 개발 과정을 도입하는 데 유용하다. 다른 창조산업의 창의적인 관리 접근 방식도 구조가 어떻게 창의성과 혁신을 촉진하는지 이해하는 데 유용하며(Bilton 2006; Kung 2008) 조직 계층제에 대한 재고는 이러한 접근 방식으로 중요한 정보를 얻을 수 있다.

제품에서 서비스로

출판 조직의 표준 계층제는 고정된 형식으로 제품을 선보이는 것에 집중하므로 조직의 유연성을 떨어뜨린다. 특히 전문 도서 시장에는 구조가 변하고 있음을 의미하는 새로운 작업 방식들이 존재한다. 고객에 대한 이해가 커질수록 그들에게 책뿐만 아니라 더 넓은 서비스를 제공할 수 있다는 인식이 특정 분야의 출판사 사이에서 점점 커지고 있다. 예를 들어 법률 출판사들은 많은 시간을 들여 신중하게 고객의 작업 방식에 초점을 맞춰왔다. 그것은 그들이 개발하는 법률 상품에도 영향을 끼쳤다. 법률 사건 보고서 같은 동일 정보는 법조계에서 저마다 다른 역할을 맡은 사람들이 저마다 다른 시간대에 다른 방식으로 사용할 수 있다. 그동안 법률 출판사들은 그렇게 다른 방식으로 전달될 수 있도록 콘텐츠를 구조화하는 것에 관심을 쏟아왔다. 제품에만 집중하지 않고 출판사는 고객의 작업 흐름을 이해함으로써 다른 서비스를 얼마나 발전시킬 수 있는지 생각할 수 있다. 법률 정보 관리 서비스를 통해 변호사가 고객을 상대하며 전달할 자원을 제공할 수도 있을 것이다.

마찬가지로 스프링어 네이처(Springer Nature), BMJ, 와일리(Wiley) 같은 STM 시장 출판사들은 연구실 정보 관리 시스템, 진단 도구 또는 직업 교육 서비스 및 교육 기술 솔루션 같은 서비스를 고객들에게 제공하는 방법을 찾고 있다. 이 방법이 전문 출판 분야에서 통하는 이유는 출판사와 고객의 긴밀하고도 장기적인 관계 덕분이다. 결국, 전통적인 공급망에서 고객 부문에 따라 특정 유형 콘텐츠에 집중하는 구조로 변화가 이루어진다. 이러한 유연성 덕분에 출판사는 고객을 위해 더 많은 일을 할 수 있으며 고객과의 관계도 한 단계 더 발전할 수 있다. 출판사가 파트너라고 할 수 있을 정도로 고객들과 매우 긴밀하게 협력해 고도로 맞춤화된 서비스를 제공할 수 있는 것이다(예: 법률 도서관을 상대로). 부서들의 협업과 정렬이 중요해서 기존의 콘텐츠 생산 라인을 유지하는 내부 메타 조직이 존재하는 기업이라도 고객 부문과 고객 관계에 따라 외부를 향한다.

인하우스에서 프로젝트 기반으로

그러한 변화가 가져온 추가적인 결과는 유연한 프로젝트 기반 조직의 발달이다. 새롭고 복잡한 서비스는 외부에 의뢰하므로 출판사는 프로젝트의 효과적인 진행을 위해 확장이 필요하다. 새로운 서비스는 일단 자리잡히면 지속적인 관리가 여전히 중요하지만 처음 발달 단계와 똑같은 수준의 전문 인력이 필요하지 않고 힘도 덜 든다. 일부 부문에서는 프로젝트 기반 작업으로 크게 발달한 다양한 프리랜서 인력에 대한 의존도가 커졌다. 원래 프리랜서 명단에는 콘텐츠의 편집 단계를 도와주는 교열 담당자와 이미지와 표지 작업을 의뢰하는 일러스트레이터와 디자이너 등이 주로 포함되었다(조직에 고용되지 않으며 제품에 신선한 시각적 영향을 주는 사람들). 출판사들이 복잡한 작업을 수행하거나 작업량과 위기의 순간을 관리하기 위해 외부에서 도서 프로젝트 관리자와 포장 관리자에게 작업을 의뢰하면서 이 명단은 더욱 확장된다.

그러나 이제 프리랜서 고용의 원칙은 특정 유형의 프로젝트에서, 특히 디지털 영역에서 더 넓은 범위의 창의적이고 기술적인 전문 인력을 프로젝트의 개발에 활용하는 것으로까지 확대되었다. 조직이 좀더 단순화되고 필요할 때 더 많은 프리랜서 노동력을 활용하는 경우도 있다. 대체로 그 모델은 대규모 기술 프로젝트가 많은 회사에 효과적이다(역시나 법률 출판사 같은 전문 출판사들이 이 모델에 따라 극적으로 변화했다). 그러나 흥미롭게도 이런 추세는 또 변화할지도 모른다. 앞에서 언급한 업계 리더들을 대상으로 시행한 연구에서 응답자들에게 앞으로 프리랜서 노동자의 활용이 증가할지 물었는데, 일반적으로 그들은 앞으로 크게 달라지리라고 생각하지 않았다. 이미 살펴본 것처럼 이 모델은 프리랜서 노동력에 의존하는 창조 산업, 일명 '긱' 경제(gig economy)에 흔히 퍼져 있다. 가치사슬의 변화에 대한 인식은 물론 인하우스 직원에 너무 의존하지 않음으로써 위험과 비용을 관리하는 방법을 보여준다.

프로젝트성 작업 트렌드는 세계 경제에서 여러 방식으로 나타난다. 세계 어디에서든 창작 팀과 생산 팀이 연결될 수 있다. 따라서 조직은 여러 국가에 여러 다른 팀을 보유할 수 있다. 예를 들어 미국에서 대규모 데이터베이스를 관리하고 호스팅했던 법률 출판사가 전문 법률 지식 부문은 미국에서, 생산 부문은 인도에서 운영할 수 있다. 학술지 출판사는 아시아에 편집과 데이터 센터를 두고 정보의 처리와 편집, 포맷 작업을 실시한 후 데이터 창고에 보관한다. 이 경우에는 모든 팀이 인하우스이다. 글로벌 프로젝트 팀들은 함께 프로젝트를 개발할 수 있지만 그러려면 의사소통이 중요한 설계와 구축 단계가 효율적으로 진행되도록 세심한 관리가 필수적이다.

아웃소싱 방식을 채택하여 과거에 인하우스로 행해졌던 일들을 외부 기업에 맡기는 조직들도 있다. 오프쇼링(offshoring, 사업을 한 나라에서 다른 나라로 옮기는 과정으로, 인건비가 상대적으로 낮은 해외에서 작업이 이루어지도록 함으로써 조직 내 직무를 폐지하는 과정-역주)도 그중 하나인데 해외의 외부 공급업체를 이용하는 것이다. 아시아 같은 지역에서는 사업 성장으로 인쇄, 창고 입고, 데이터 관리 같은 전통적인 아웃소싱 영역을 넘어 더 많은 서비스를 공급할 수 있게 되었다. 전문 편집이나 샘플 배송 관리 등에도 아웃소싱이 활용된다. 여러 가지 요인이 아웃소싱화에 영향을 끼쳤다. 예를 들어 아웃소싱은 일부 시장의 침체나 변화의 경우 사내 직원을 고용한 것보다 덜 위험하다. 기업이 대규모 프로젝트를 중심으로 확장, 축소해야 하므로 한가한 시간에 활용도가 낮은 직원을 고용할 수가 없다. 예측할 수 없는 새로운 시장으로 진출하는 기업은 사내 직원을 지나치게 많이 고용하고 싶지 않을 것이다. 기업들은 비용 절감과 능률화를 통해 수익을 올리는 최선의 방법을 찾고자 특정 업무를 해외의 더 저렴한 공급업자들에게 맡기는 방법으로 옮겨갈 수 있다. 피어슨 같은 기업의 구조조정에서도 저렴한 공급업자들을 이용한 오프쇼링과 인원 감축이 중요한 부분을 차지했다. 이 방법은 필요에 따라 특정 출판 영역에 집중적이고 상세한 지식을 갖춘 전문가를 고용해 업무 과정을 능률화하고 가치를 더하는 데도 도움이 된다. 대기업은 이런 전문성 개발이 어려울 수 있다. 새롭거나 빠르게 변화하는 시장에서 기업들이 효과적인 혁신 방법을 찾는 지금, 아웃소싱이 더욱 중요해지고 있다.

프리랜서 노동자들과 함께 그때그때 유연하게 이루어지는 창작은 규모가 작은 조직의 속도와 편의성에 도움이 된다. 그러나 반대로 경우에 따라 기업이 예전에는 외부 자원(예: 소프트웨어 개발)을 활용했지만 (단순 유지가 아니라) 서비스를 계속 발달시켜야 하는 필요성 때문에 인재를 다시 사내로 데려오는 추세도 생겼다. 이를 통해 기업은 제품을 보다 효과적으로 제어할 수 있고 반복적인 작업 과정도 빠르게 진행된다. 이런 기업들은 여러 다양한 사내 기술을 필요로 한다.

혁신과 린 조직

앞부분에서 언급한 연구에서 업계 리더들은 새로운 콘텐츠 구조의 실험과 개발의 필요성도 언급했다. 효과적인 혁신을 위해서는 조직구조의 변화가 필수라는 깨달음이 점점 커지고 있다. 지금까지 살펴본 것처럼 기존의 출판 구조는 특정한 유형의 제품 개발과 위험 감수를 허용한다. 기존의 혁신은 주로 콘텐츠 중심으로 존재한다. 그러나 디지털 제품 개발의 경우에는 기존의 제품 개발비 조달 방식과 잘 맞지 않는 비용 구조와 형식을 혁신하는 작업이 개입된다. 출판사들은 도서 출판의 재무구조를 바꾸는 것이 매우 어렵다는 사실에 봉착한다. 예를 들어 디지털 제품의 가격은 여전히 어떤 식으로든 인쇄와의 관계를, 적어도 (이를테면 앱 가격이 아닌) 책 가격의 개념을 반영해 결정되는 경향이 있다. 전문 서적 분야는 성공적으로 구독 모델로 이동했지만 아무리 고도로 디지털화된 제품이라도 기존 가격 모델의 흔적은 여전히 남아 있다. 좀더 근본적으로 이것은 출판사들이 제품 개발의 착수 비용, 즉 고정비용을 충당해야 하는 딜레마를 반영한다. 디지털 제품은 고정비용이 많이 들어서 기존의 도서 위험관리 방식으로 손익분기점을 넘기기가 더욱더 어렵다. 출판사들은 그 비용을 지원할 방법을 아직 마련하지 못했으므로 출판의 구조에 대한 근본적인 재검토가 필요할 것이다. (전자책 판매량이 정체된) 주류 시장에서는 여전히 종이책 매출이 강세를 보이겠지만, 디지털 신제품 개발을 추진하려면(소비자 행동이 변화하므로 불가피한 일이다) 선행 투자를 허용하는 새로운 비즈니스 모델이 필요하며 그것을 수용하는 새로운 구조도 마련되어야 한다.

따라서 전통적인 사업 구조는 업계에 필요한 혁신을 위한 실험을 방해한다. 디지털 신제품 출시가 힘든 환경을 반영하는 새로운 실패 접근법이 필요하다. 출판사는 완제품 생산에 익숙하다. 제품이 반짝거리는 최종 상태로 갖춰져 팔리기를 기다린다. 하지만 디지털 상품 개발에는 반복적인 구축, 지속적인 시장 테스트, 품질 보증 과정, 버그 수정, 현재진행형 마케팅과 고객 관계 및 지원이 필요하다. 콘텐츠가 아닌 형식 중심의 혁신을 추구할 때는 더 많은 테스트가 이루어져야 한다. 단순히 제품이 제대로 작동하는지에 대한 테스트 혹은 사용자 이동에 대한 심층 분석이 이루어질 수도 있다. 출판의 초기 발달에서 매우 중요했던 창조적인 기업가 정신은 개방적이고 유연한 혁신 구조에 적합한 반면, 디지털 기업의 혁신 방식은 군더더기를 뺀 린 방법론(lean methodology)일 때가 많다(Ries 2011). 출판사가 혁신적인 디지털 제품을 구축하는 방법을 효과적으로 이해하려면 그 방법을 직접 채택해야 할 것이다. 최소 기능 제품(minimum viable product, 가장 초기 버전의 제품으로 피드백을 받아 개선이 이루어진다-역주), 지속적인 시장 테스트, 사업 방향 전환 능력, 자원의 대응적 방향 수정, 실패를 평가하고 효과적인 방법에서 배우는 것 모두 신제품 개발의 열쇠가 된다. 책의 생산이 가치사슬의 끝에서 이루어지도록 설계된 전통적인 구조에서는 갖추지 못한 기능들이다.

일부 신규 창업 출판사들은 처음부터 새로운 비즈니스 모델(예: 크라우드펀딩 출판 사이트, 전자책 출판사, 앱 개발업체, 작가 서비스 업체, 게임/책 기업)에 따라 기업을 구축함으로써 그런 기능들이 가능하다. 그들은 반복적인 기업가적 방식을 활용하고 발전시켜주는 구조를 구축할 수 있다. 이 방법에도 난관은 따르지만 다른 유형의 유연한 비즈니스 구조를 반영한다. 물론 이런 스타트업에는 여전히 자금 조달이 어려운 문제로 남아 있다.

협업 구조

앞에서 언급한 것처럼 협업은 출판사가 점점 더 경쟁이 치열해지는 디지털 시장에서 발전할 수 있는 중대한 기회를 제공한다. 출판사들은 종이책 사업에서는 서로 직접 경쟁을 하지만 디지털 시장에서는 함께 임계량을 쌓아야 한다는 사실을 잘 알고 있다. 일부 출판사의 경우는 그 필요성이 인수합병으로 반영된다(예: 펭귄랜덤하우스). 여러 창작 파트너와 함께 일함으로써 독창성과 신선함을 추구하는 출판사들도 있다. 그런가 하면 서로 힘을 합쳐서 콘텐츠를 집산해야 한다고 생각하는 이들도 있다. 융합형 미디어가 표준이 되어가고 있는 시장에서 고객은 콘텐츠의 제작자가 누구인지 혹은 콘텐츠가 어떻게 정의되는지에는(예: 책인가 게임인가) 신경쓰지 않는다(Jenkins 2008). 고객은 콘텐츠 간의 연결성과 상호운용성을 원한다. 출판사들이 분열되어 있으면 불가능한 일이므로 만약 출판사들이 힘을 합쳐 기술적 문제를 해결하지 않으면 고객들은 떠날 것이다.

협업과 파트너십 이론가 카츠와 오페지(Kaats & Opheij 2013)는 탐구적이고 기업가적인 파트너십이 시장 행동의 변화 속에서 정보를 공유하고 새로운 시장을 구축하는 능력을 나타내므로 중요하다고 말한다. 기업들이 새로운 시장 진입자들의 도전을 받는다면 효과적인 경쟁을 위해 힘을 합치는 것이 매우 중요할 수 있다. 카스텔스(Castells 2000)의 예상처럼 네트워크 행동의 중요성은 넓은 네트워크 사회의 구조를 따른다. 실험의 작업 방식을 이해하고 성공과 실패를 다르게 측정하는 것은 이러한 협업에 매우 중요하다.

협업 연구는 혁신과 효과적인 경쟁을 위해 외부 파트너 그룹들이 서로 연결되어 함께 아이디어를 개발해야 하는 필요성을 분명히 보여준다(Kaats & Opheij 2013). 하지만 특히 흥미로운 점은 협업이 기업 간의 경계를 모호하게 만드는 방식이다(프로젝트의 형성과 구조, 운영에 관하여). 이것은 비록 속도는 빠르지 않아도 새로운 조직구조가 등장하고 있음을 시사한다. 아직은 사업 구조에서 전통적인 접근 방식이 지배적이다. 하지만 특정 유형의 제품 개발마다 서로 다른 이해관계자들이 새로운 방식으로 연결되고 출판사들이 실험을 통해 더욱 효율적으로 혁신할 수 있게 해주는 사업 구조를 개발하는 것이 중요하다. 반복적인 프로젝트 구축 방식을 따르면 실패 확률이 큰 프로젝트도 있을 것이고 완제품이 마지막에 나오는 기존의 가치사슬을 중요시하지 않는 새로운 모델이 있을 수 있다. 구조는 다양한 프로젝트 파트너들의 연결과 가상 조직의 구성을 촉진해주어야 한다. 새로운 유형의 제품에는 고정된 구조가 효과적이지 않을 것이다. 기동성과 유연성을 높여주는 조직구조를 구축하는 것이 중요하다. (앞에서 언급한 바와 같이) 예전에 출판사들은 단순히 고객을 대하기 위해 조직을 개편했지만 이제는 파트너십 구축과 파트너들로부터의 학습, 네트워크 관리에도 반응해야만 한다는 것을 인식하고 있다.

따라서 출판 조직은 아이디어를 공유하고 창의성을 불어넣고 조직적 학습이 내재된 구조를 고려해야 한다. 몇몇 기업들은 이를 촉진해주는 작업 방식을 개발중이다. 런던에 본거지를 둔 영국의 4대 일반 출판사 중 세 곳은 협업과 지식 공유를 장려해 창의력을 촉진해주는 디자인을 적용한 새로운 사무실 공간으로 이사했다. 다수의 STM 출판사들은 핵심 사업 부문을 넘어서 전문 시장에 제공할 수 있는 서비스를 반영한 사업에도 투자하는 한편, 서로에게 배움을 얻고 융합 제품을 개발하는 방법을 연구하고 있다.

네트워킹은 협업 활동에 매우 중요하다. 네트워크 이론의 한 측면은 어떤 네트워크 구조가 더 기업가적인가를 반영하며 어떤 네크워크가 창의성과 기업가 정신을 촉진해줄 수 있는지에 초점을 맞추는데(Granovetter 1973; Burt 2004) 히벨스(Heebels 2013) 외 연구진은 네트워크 이론을 약한 연결 관계와 강한 연결 관계에 직접 적용함으로써 조직구조가 효과적으로 운영되려면 출판의 역할마다 서로 다른 네트워크 연결이 필요하다는 사실을 알려준다. 네트워크 사회성은 언제나 출판 조직(그리고 기타 창조산업)의 핵심이었다. 출판사의 구조 또한 언제나 네트워크 행동의 한 형태이자 종종 기능상의 선을 넘는 준네트워크(para-network)를 반영했다. 따라서 출판은 새로운 도전에 대비하여 스스로 재구성할 수 있는 잠재적인 능력이 있다고 할 수 있다. 비교적 평평한 조직 내부 인력의 연결 관계, 그리고 출판사를 통해 작가에서 독자에게로 이어지는 뚜렷한 콘텐츠의 맥락으로 볼 때 출판산업에 필요한 조직 개편은 다른 전통적인 산업보다 관리하기가 쉬울지도 모른다. 다른 산업들은 계층제가 더 확고하고 기능별 부서가 더 분리되어 있으며 조직 질서가 더 수직적이다.

계속되는 변화

오늘날 출판사들은 앞에서 설명한 20세기의 구조와 매우 비슷하다. 편집과 생산을 맡는 부서가 여전히 존재한다. 마케팅과 판매 부서도 핵심 활동은 변했지만 여전히 중요하다. 프리랜서 기반은 계속 다양화되고 있다. 애니메이터를 고용해 콘텐츠를 공급하거나 게릴라 마케팅 전문가를 고용해 어떤 도서에 폭발적인 관심이 쏟아지도록 한다. 새 부서들도 생겼다. 가장 대표적으로 출판사들이 사내에 소프트웨어 전문성을 갖춰야 할 필요성을 더욱 인식하면서 생긴 디지털 개발 부서가 있다. 사용자 경험 디자이너 같은 새로운 역할과 소비자 이해 같은 새로운 부서들도 급증하고 있다. 이것들은 앞으로 계속 진화할 것이다. 예를 들어, 현재 소비자 이해 부서의 업무는 데이터 분석, 시장조사, 신제품 아이디어 시장 식별을 위한 고객 모델링, 고객 참여, 마케팅 기회 등 마케팅의 측면에 집중된다. 현재 이 부서는 디지털 신제품 개발을 위해 고객 행동을 이해하는 데 활용할 수 있는 이용 사례나 이용자 이동에는 별 관심을 두지 않고 있다.

그러나 더욱 중요한 것은 출판사들이 혁신과 실험을 위해 다양한 비즈니스 투자 모델을 따르면서 보다 유연한 작업 방식으로 진화하는 방안을 모색하고 있다는 것이다. 따라서 그들은 더욱 민첩한 협업자가 되어 협업에서 배움을 얻을 필요가 있다. 연구 결과 업계 선두주자들은 디지털 환경이 지속적인 변화 상태임을 인식하고 있다. 따라서 조직구조도 거기에 발맞추어 적응할 필요가 있다. 앞으로 일부 기능이 그대로 남더라도(현재 새롭게 등장하고 있는 활동에 맞춰서 이름이 바뀔 수도 있지만) 몇몇 기능은 변화할 것이다. 그러나 새로운 스타일의 혁신을 수용하려면 보다 근본적인 변화가 필요할 것이다. 디지털 제품 개발은 기존의 사업에 곧바로 통합되지 않는다. 제품 개발에 대한 보다 창의적인 관점으로 이어질 수 있는 접근법을 이해하려면 협업과 네트워킹 이론이 중요하다. 제품의 형태가 바뀌고 있으므로 비슷한 종류의 제품에 초점을 맞추고 그런 제품들의 효율적이고 가치 창조적 생산을 최적화하는 것에 주력하는 전통적인 가치사슬도 바뀌어야 한다.

따라서 미래의 조직은 프로젝트에 따라 유연하게 단기적 필요와 더 넓은 장기적 시야의 균형을 맞춰야 한다. 이때 네트워크가 중요한 부분을 차지하고 프로젝트와 기업의 측면에서 모두 비전을 유지하려면 협업/협력 활동이 필요할 것이다.

한편으로는 다수의 기능이 제거된 소규모의 창조적 기업이 여러 부문과 고객에게 필요한 서비스를 제공하는 데 주력할 것이다. 더 큰 기업들의 미래 조직구조는 다음처럼 다양한 요소가 섞일 것이다.

1. 광범위한 창조산업과 비슷한 네트워크 접근 방식을 채택한다. 폭넓은 전문 프리랜서들을 활용하고 조직의 형태는 프로젝트마다 새롭

게 재구성된다.

2. 새로운 기업가적 조직을 반영해 반복적 개발이 가능한 시스템을 고안한다.

3. 필요한 기능을 수행할 다른 부서들과 빠르고 효율적으로 프로젝트를 조합할 수 있는 구조, 즉 가상의 조직을 만든다.

4. 강력한 비전을 갖춘 탄력적인 중심부는 여전히 중요하다. 핵심 역량을 해체하지 않으면서 유연한 구조를 갖춘 조직 내부에 지식과 학습을 구축한다.

이렇듯 유연한 구조를 갖추는 것이 중요하다는 것을 알 수 있다. 다른 기업과 연결될 수 있고 필요에 따라 재구성이 가능하며 새로운 협업을 위해 개조될 수 있는 목적 위주의 위성 구조가 등장해 혁신을 도와줄 것이다. 보다 전문적이고 폭넓은 인재를 신속하게 배치할 수 있도록 일련의 가상 조직과 강력한 네트워크가 등장할 수도 있다. 전반적으로 새로운 구조들은 지속적인 진화가 필요할 것이므로 유연성과 민첩성, 네트워킹, 학습에 관한 전제조건이 마련되어야 한다. 결국, 출판산업은 수십 년 동안 변하지 않았던 지금까지의 구조와 달리 그 어떤 구조도 오래 지속되지 않는 무대로 진입하고 있다는 사실을 받아들이고 있다.

참고문헌

Bhaskar, M. (2013). The *Content Machine: Towards a Theory of Publishing from the Printing Press to the Digital Network*, London: Anthem Press.

Bilton, A. (2006). *Management and Creativity: From Creative Industries to Creative Management*, Malden, MA: John Wiley & Sons.

Burt, R. S. (2004). 'Structural Holes and Good Ideas', *American Journal of Sociology*, 110, pp. 349 – 99. https://doi.org/10.1086/421787

Castells, M. (2000). *The Rise of the Network Society*, Oxford: Blackwell Publishers.

Clark, G. N. and A. Phillips (2008). *Inside Book Publishing*, 4th edition, London: Routledge.

Darnton, R. (2010). *The Case for Books: Past, Present, and Future: 256*, Reprint edition, New York: PublicAffairs.

Davies, R. and G. Sigthorsson (2013). *Introducing the Creative Industries: From Theory to Practice*, London: SAGE Publications Ltd.

Feather, J. (2005). *A History of British Publishing*, 2nd edition, London; New York: Routledge.

Gauntlett, D. (2011). *Making is Connecting: The Social Meaning of Creativity, from DIY and Knitting to YouTube and Web 2.0*, Cambridge, UK; Malden, MA: Polity Press.

Grabher, G. (2004). 'Learning in Projects, Remembering in Networks? Communality, Sociality, and Connectivity in Project Ecologies', *European Urban and Regional Studies*, 11, pp. 103 – 23. https://doi.org/10.1177/0969776404041417

Granovetter, M. S. (1973). 'The Strength of Weak Ties', *American Journal of Sociology*, 78, pp. 1360 – 80.

Hall, F. (2013). *The Business of Digital Publishing: An Introduction to the Digital Book and Journal Industries*, London; New York: Routledge.

Hall, F. (2016). 'Digital Change and Industry Responses: Exploring organizational and strategic issues in the book-publishing industry', *Logos*, 27, pp. 19 – 31. https://doi.org/10.1163/1878-4712-11112102

Handy, C. (2012). *The Age of Unreason*, London: Random House.

Healy, Michael (2011). 'Seeking permanence in a time of turbulence', *Logos*, 22, pp. 7 – 15. https://doi.org/10.1163/095796511x580275

Heebels, B., A. Oedzge, and I. van Aalst (2013). 'Social Networks and Cultural Mediators: The Multiplexity of Personal Ties in Publishing', *Industry and Innovation*, 20(8), pp. 701 – 18. https://doi.org/10.1080/13662716.2013.856621

Hesmondhalgh, D. and S. Baker (2011). *Creative Labour: Media Work in Three Cultural Industries*, London: Routledge.

Hetherington, D. (2014). 'Book Publishing: New Environments Call for New Operating Models', *Pub Res Q*, 30, pp. 382 – 7. https://doi.org/10.1007/s12109-014-9379-y

Hirsch, P. M. (1972). 'Processing Fads and Fashions: An Organization-Set Analysis of Cultural Industry Systems', *American Journal of Sociology*, 77, pp. 639 – 59.

Jenkins, H. (2008). *Convergence Culture: Where Old and New Media Collide*, 2nd Revised edition, New York: NYU Press.

Kaats, E. and W. Opheij (2013). *Creating Conditions for Promising Collaboration: Alliances, Networks, Chains, Strategic Partnerships*, New York: Springer.

Kung, L. (2008). *Strategic Management in the Media*, London: SAGE Publications Ltd.

Leadbeater, C. (2009). *We-Think: Mass Innovation, Not Mass Production*, 2nd edition, London: Profile Books.

McRobbie, A. (2016). *Be Creative: Making a Living in the New Culture Industries*, Oxford: John Wiley & Sons.

Manguel, A. (1997). *A History of Reading*, London: Flamingo—HarperCollins.

Mintzberg, H. (1989). *Mintzberg on Management: Inside Our Strange World of Organizations*, New York: Simon and Schuster.

Murray, P. R. and C. Squires (2013). 'The digital publishing communications circuit', *Book 2.0*, 3, pp. 3 – 23. https://doi.org/10.1386/btwo.3.1.3_1

Nash, R. (2010). 'Publishing 2020', *Publishing Research Quarterly*, 26, pp. 114 – 18. https://doi.org/10.1007/s12109-010-9155-6

Negus, K. R. (2002). 'The Work of Cultural Intermediaries and the Enduring Distance between Production and Consumption', *Cultural Studies*, 16(4), pp. 501 – 15. https://doi.org/10.1080/09502380210139089

O'Leary, B. F. (2011). 'Context First: A Unified Field Theory of Publishing', Pub Res Q, 27, 211 – 219. https://doi.org/10.1007/s12109-011-9221-8

Peters, T. and F. H. Waterman (1982). *In Search of Excellence: Lessons from America's best-run companies*, New York: Harper & Row.

Porter, M. E. (1985). Competitive Advantage, New York: Free Press.

Porter, M. E. (2008). *Competitive Advantage: Creating and Sustaining Superior Performance*, London: Simon and Schuster.

Ries, E. (2011). *The Lean Startup: How Today's Entrepreneurs Use Continuous Innovation to Create Radically Successful Businesses*, London: Crown Business.

Simon, J. P. and M. Bogdanowicz (2012). The Digital Shift in the Media and Content Industries: Policy Brief (Policy Document No. 1/2013), EUR Scientific and Research Series, Luxembourg: European Commission, Joint Research Centre, Institute for Prospective Technological Studies.

Thompson, J. B. (2012). *Merchants of Culture: The Publishing Business in the Twenty-first Century*, 2nd edition, Cambridge: Polity Press.

Tian, X. and B. Martin (2011). 'Impacting Forces on eBook Business Models Development', *Pub Res Q*, 27, pp. 230 – 46. https://doi.org/10.1007/s12109-011-9229-0

19장

책 디자인

———

폴 루나(Paul Luna)

누가 책을 디자인하는가? 언뜻 간단해 보이는 이 질문은 중요한 진실과 관련있다. 타자로 친 원고나 전자파일 혹은 표지 선전 문구가 '디자이너'의 책상에 도착하기도 훨씬 전에 책은 작가와 출판사에 의해 '디자인'된다는 사실 말이다. 작가의 초기 텍스트 구성, 출판사가 생각하는 목표시장, 책이 팔리게 될 유통 채널이 책 디자인 작업의 물리적, 시각적인 측면을 대부분 결정한다.

오늘날 출판의 디자인 기능은 독자들에게 내보이는 책의 모습에 관해 내려야 하는 수많은 시각적 결정을 전부 포함한다. 이것은 브랜딩, 표지 디자인, 내부 또는 텍스트 디자인의 세 가지 핵심 영역으로 분류할 수 있다. 디자인 결정은 기업 또는 출판 목록의 측면에서 이루어지기도 하고 해당 도서의 개별적인 필요에 대한 대응으로 이루어지기도 한다. 출판사에 따라 디자이너는 외부 대행업체에서 일하는 프리랜서이거나 사내 직원일 수 있다. 종이책이 어떤 디자인 장르에 속하는지 살펴보면 전반적인 관점이 마런되어 특정 출판 분야의 디자인을 분석하는 데 도움이 될 수 있다. 출판에서 디자이너의 역할은 어떤 장르의 관습과 기대를 처리하고 효율적이며 혁신적인 디자인 솔루션을 내놓는 것이다. 책 디자인은 관습에의 충실함과 새로움이 모두 존재하는 영역이다.

500년 넘는 세월 동안 모든 출판의 목표는 물리적인 제품을 생산하는 것이었다. 그래서 디자인은 물체로서 책의 특징에 관심을 두었고 텍스트와 일러스트, 제본 같은 시각적 특징뿐만 아니라 촉각적 특성과 내구성도 고려했다. 종이책은 물론 전자출판 유통경로의 발달은 그것을 근본적으로 바꿔놓았다. 출판사는 실물 도서 디자인의 모든 측면을 통제할 수도 있지만, 전자 배포 콘텐츠 제공자로서 출판사가 전자책의 외관이나 독자들이 전자책과 상호작용하는 방법에 끼칠 수 있는 영향력은 기기와 플랫폼에 따라 제한된다. 따라서 실물 도서와 가상 도서의 디자인을 모두 고려해야 한다. 출판 디자인은 매력적인 개개의 인공물은 물론이고 복잡한 디자인 시스템을 만드는 것과 모두 관련있기 때문이다.

브랜딩: 하향식 디자인

인쇄 초창기부터 인쇄업자는 대중이 자신의 책을 알아보게 하려고 했다. 알두스 마누티우스(1449?-1515), 에스티엔 가문(1502년부터 활동), 크리스토퍼 플랑탱(1589년 사망)과 후계자들, 엘제비르 가문(1580년부터 활동) 등이 만든 책에는 인쇄업자를 식별하는 장치들이 생겼다. 그들이 고안한 최초의 식별 장치는 주로 끝장(colophon) 옆에 등장했고 그 중요성이 점점 커지면서 타이틀 페이지로 옮겨갔다. 제본은 인쇄술의 처음 4세기 동안 인쇄와 별개의 행위였다. 제본 디자인은 책 구매자가 별도로 의뢰했으므로 초기의 출판업자들은 책을 벗어난 브랜딩이 사실상 불가능했다는 뜻이다. 따라서 타이틀 페이지는 출판업자의 광고 매체가 되었고 서적 판매상의 상점에 진열하기 위해 디자인되었다. 타이틀 페이지에 들어가는 문구는 상품의 셀링 포인트로 채워지게 되었고 인쇄업자 혹은 출판업자의 이름이 들어간 볼록판 혹은 오목판 장치는 책의 출처를 식별하고 그 지위와 신뢰도를 확인시켜주었다.

출판사의 식별 장치는 제목 타이틀 페이지에 계속 사용되었고 20세기 초부터 덧싸개(jacket)가 판매 시점에 책 홍보에 중요한 역할을 차지하게 됨에 따라 문구가 점점 간단해졌다. 그러나 출판사의 장치 사용은 절대로 일관적이 아니었다. 출판사들은 디자인의 가치가 눈에 띄게 하는 데에 있다고 믿었지만 특정한 책 시리즈를 넘어서까지 단일한 브랜드 이미지에 순응할 필요성을 느끼지는 못했다. 출판사의 스타일을 강요하는 방법으로 출판물 사이에 다른 유형의 통일성이 적용되었다. 금속활자의 시대에 그것은 식자 조판과 레이아웃 관행의 체계화를 의미했다. 미국에서는 시어도어 로드 빈(Theodore Low De Vinne, 1828–1914)의 작품, 영국에서는 『옥스퍼드대 출판부의 식자공과 독자를 위한 하트의 법칙*Hart's Rules for Compositors and Readers*』에서 보듯 출판사 고유의 스타일은 실용성의 문제였다. 원고가 식자공들 사이에서, 교정쇄가 교정자들 사이에서, 쪼개어 작업되므로 식자 작업의 효율성을 위하여 철자법과 구두법, 대문자 사용에 관한 공동의 표준을 따르게 되었다. 출판사 고유의 스타일을 인쇄업자에게 맡기지 않고 출판사의 교열 담당자(copy editor)에게 맡겨야 할 필요성은 기술 발달로 식자가 산업화한 수공예 작업에서 반자동화 과정으로 바뀜으로써 더욱 커졌다. 1980년대부터 타자 원고를 다시 입력해 활자로 조판할 필요가 없어졌다. 그와 동시에 한때 인쇄업자들에 의해 조용하게 행해졌던 텍스트 구성의 레이아웃 결정을 디자이너들이 맡게 되었다.

오늘날 출판사들의 전체적인 출간 도서 목록에서 브랜드 통일성으로 인정할 수 있는 시각적 체계성을 처음 선보인 것은 1930년대의 앨버트로스(Albatross)였다. 앨버트로스는 페이퍼백 재판본을 출판하는 특성상 오리지널 작품을 출판하는 출판사보다 스타일의 통일성이 훨씬 커질 수 있었다. 실용적인 요소뿐만 아니라 미학적 균형을 고려해 선택한 통일된 판형으로 책이 만들어졌고 전체 출간 도서 목록에 포함된 서로 다른 주제의 책을 구별 짓는 요소는 오직 색깔뿐이었다(그전에 타우흐니츠Tauchnitz 출판사의 재판 도서 목록이 발달시킨 장치). 조반니 마르더스타이그(Giovanni Mardersteig, 1892-1977)가 '신전통주의' 스타일로 디자인한 표지와 텍스트의 순수한 타이포그래피적 디자인 시스템이 새로운 기준점을 세웠다. 표지에 새로운 산세리프 활자 유로파(Europa)가, 텍스트에는 가독성이 뛰어난 새로운 모노타이프 세리프 활자가 사용되었다(McCleery 2006). 펭귄북스도 1935년에 창간된 이래 이러한 특징들의 영향을 받았다. 펭귄의 표지 디자인은 손으로 쓴 글자와 삽화를 삼가고 소박한 스타일을 사용했다.

펭귄은 전후에 '종합 브랜드'의 길을 택해 펭귄, 펠리컨(Pelican), 퍼핀(Puffin), 페레그린(Peregrine)의 책에 서로 연관 있는 디자인 시스템을 발전시켰다. 1947년부터 얀 치홀트(Jan Tschichold)에 의해 개선되고 개발된 표지 디자인은 타이포그래피적이었고 서체와 크기, 로고, 레이아웃을 정밀하게 통제했다. 텍스트 구성에 필요한 타이포그래피의 표준을 통제하는 규칙을 해결하기 위함이었다. 하지만 그런 표지 디자인은 북적거리는 페이퍼백 시장에서 일러스트를 넣어야 하는 필요성이 커짐에 따라 나쁜 쪽으로 진화했다. 1960년대에 게르마노 파세티(Germano Facetti, 1926-2006)와 로멕 마버(Romek Marber, 1925-2020)는 다르면서도 균일한 접근법을 선택했다. 그들은 이미지를 사방으로 번지게 하고 타이포그래피를 최소한의 중립적인 스타일로 제한함으로써 표지 이미지를 강조하는 모더니즘 격자 구조를 활용했다. 이러한 변화를 거치는 동안에도 펭귄의 로고는 얀 치홀트가 미묘하게 다듬은 이후로 거의 변하지 않고 그대로 유지되었다(Baines 2005). 마찬가지로 존 매코널(John McConnell)도 1980년대에 페이버 앤드 페이버의 책표지에 고도로 통제된 로고와 연관 있는 격자 기반 표지의 표준화를 시도했다. 작가의 이름과 제목(표준화된 서체)을 출판사명과 함께 직사각형 안에 넣어 일러스트 위에 띄웠다. 이러한 접근 방식이 효과적이었던 이유는 그 디자인이 기획된 시점에 출판사들이 내놓은 출간 목록에 상대적인 동질성이 있었기 때문이다. 출판사들이 점차 대기업화하면서 기업 디자인 전략이 출판사의 사업 정체성을 특정 목록의 시각적인 표현에서 분리하기 시작했다. 예를 들어, 이제 펭귄은 포켓 페이퍼백뿐만 아니라 광범위한 판형의 책을 출간하는 출판사이고 펭귄 로고와 오렌지색도 이제는 펭귄이 출판하는 모든 책을 식별해주는 장치가 아니다.

1990년대부터 발달한 출판사들의 기업 디자인 시스템도 그 점을 받아들였다. 옥스퍼드대출판부(OUP)는 1996년에 기업 정체성 프로그램을 도입하면서 그 시스템이 개별 목록이나 도서의 시장에 어울리는 디자인을 침범하지 않을 것이라고 명시했다. 이것은 OUP가 수많은 시장에서 운영되고 있다는 사실을 고려할 때 특히 중요한 사실이었다. 도서 디자인 시스템을 표준화한 스프링어 같은 학술 출판사의 방식과 대조적으로 OUP의 프로그램은 학술, 일반, 학교, 영어 교육 분야의 모든 출판물에 적용되는 표준 식별 요소만 제공했다. 궁극적으로 로고 마크와 간결한 사명 선언, 그 요소들의 색상과 크기 및 배치 규칙으로 구성되었다(Luna 2017b). 출판에는 특히 기업 브랜딩의 한계를 인식하는 것이 중요하다. 책이 어느 출판사에서 출간되는지보다 작가와 목록, 시리즈, 심지어 개별 도서 자체가 구매자의 마음속에서 더 큰 비중을 차지하기 때문이다. 그러한 요소들의 어떤 측면에나 소비자 브랜딩의 기회가 존재할 수 있다. 출판사는 소비자에게 상품을 전달하는 역할을 한다. 출판사는 대중에게 상품으로 여겨지지 않으며 그 사실은 출판사의 브랜딩 요소 활용에도 반영된다. 다수의 출판 목록이 공존하는 (OUP 같은) 대형 출판사에서는 그렇다. 물론 상품의 범위가 덜 분산된 출판사들은 여전히 표준적인 디자인 요소를 책에 적용한다. 예를 들어 학술 출판사 브릴(Brill)은 텍스트 구성에 표준 서체를 사용한다 (Brill 2011). 그러나 대다수 출판사와 대기업들은 OUP의 경우와 똑같은 정체성 지침을 따르고 있다. 즉 식별 로고나 로고 마크를 제외하고는 개별 도서의 디자인에 제약이 따르지 않으며 기업 커뮤니케이션만 기업 디자인 시스템의 완전한 제약을 받는다.

제본, 덧싸개, 표지

19세기에 책 제본의 기계화가 이루어져서야 출판사들은 전체 시리즈에 천이나 종이로 표준 제본을 적용해 책을 발행하기 시작했다. 따라서 제본의 디자인 작업이 이루어져야 했다. 페이지에 서체를 배치하는 것은 전통적으로 인쇄업자의 영역이었고, 사내 소속 혹은 외부 컨설턴트로 출판사를 위해 일하는 타이포그래퍼나 책 디자이너는 19세기에 등장했다. 초창기 사례는 본인도 출판인으로서 다른 출판사들의 책과 제본 디자이너로 활동한 조지프 컨들(Joseph Cundall, 1818–95)이다(McLean 1976; Smith 2004).

장식무늬든 내용을 그림으로 나타낸 것이든 19세기의 제본 디자인은 천에 하나 이상의 색깔로 눌러 찍거나 종이에 인쇄해서 앞판과 뒤판에 붙였다. 제본의 글자는 손으로 써서 금속활자의 딱딱함을 피할 수 있었고 석판인쇄에 쓴 글자처럼 풍성한 장식 스타일에 패턴이나 일러스트를 합쳤다. 책의 덧싸개는 1832년에 처음 등장했지만 홍보 매체로 보편화된 것은 천에 그림을 그린 제본이 쇠퇴한 1900년 이후였다. 덧표지는 식자 조판한 광고문, 상품 홍보, 다른 출판물 목록을 쉽게 통합할 수 있다는 점에서 천에 눌러 찍는 제본법보다 유리했다. 일러스트를 넣은 덧싸개는 처음에는 책 제본에 이용된 단조로운 색깔의 눌러 찍기 기법을 계속 이어나갔고 제본 디자인과 똑같을 때도 있었다. 1920년경부터 덧싸개는 책의 나머지 부분과 별도로 디자인하는 것이 흔해졌다(Roberts 1956; Powers 2001). 서체 크기는 금속활자와 같았지만 글자는 손글씨인 경우가 더 많았다. 그 덕에 특히 책등에 긴 제목이 들어갈 수 있을 만큼 크기 조절이나 압축이 더 용이해졌고 글자와 그림을 통합하기도 더 쉬워졌다.

윌리엄 모리스(William Morris 1834-96)의 영향과 1890년대 이후 '인쇄의 부활'은 출판업자들이 책 디자인을 단순히 인쇄업자에게 맡겨서는 안 된다고 생각하도록 장려했다. 미국에서는 시어도어 로 드 빈, 대니얼 버클리 업다이크(Daniel Berkeley Updike 1860-1941) 같은 인쇄업자들과 디자이너 브루스 로저스(Bruce Rogers 1870-1957)가 책 구성의 표준을 개선했고 본질적으로 20세기 영미 도서 디자인의 본보기를 세웠다. 그들의 작품은 밋밋하고 기능적이라고 할 수 있었지만 로저스의 디자인은 장난스럽고 시각적으로 암시적이기도 했다. 로저스는 영국의 케임브리지와 옥스퍼드의 출판부에서도 잠시 일했다. 그후로 미국에서 윌리엄 애디슨 드위긴스(William Addison Dwiggins 1880-1956)를 포함해 성공적인 책 디자이너들이 계속 등장해 상업 그래픽 디자인의 한 부분을 이루었다. 드위긴스가

1930년대에 디자인한 크노프와 랜덤하우스의 책에는 덧싸개와 제본, 텍스트에 장난스러운 아르데코 스타일이 들어갔다(Kennett 2018). 반면 독일의 타이포그래퍼 얀 치홀트와 체코의 디자이너 라디슬라프 수트나르(Ladislav Sutnar 1897-1976)와 카렐 타이게(Karel Teige 1900-51)는 모더니즘의 형식적 요소(단순 기하학적 모양, 동적 구성, 포토몽타주와 굵은 활자)를 활용한 덧싸개 디자인으로 활자와 사진을 새롭고 놀라운 방식으로 결합하는 데 성공했다(Burke 2007). 1945년 이후 미국에서는 미국의 위트와 장식이 유럽의 모더니즘과 순수성과 합쳐진 상업 그래픽 디자인이 발달해 출판사들에 새로운 스타일을 제공했다. 앨빈 러스티그(Alvin Lustig 1915-55)가 디자인한 뉴 디렉션스와 그 외 출판사들의 책은 '노골적인 상업성'을 피하고 암시적인 그래픽 스타일을 활용한 것으로 유명하다. 전형적인 일러스트 대신 신중하게 선택한 크기의 활자와 추상적인 이미지나 포토몽타주를 암시적으로 배치하는 방식이 사용되었다(Heller 2013).

　순수하게 타이포그래피가 들어간 표지는 20세기 중반에 영국에서 크게 유행했다. 베르톨트 볼페(Berthold Wolpe 1905-89)와 마이클 하비(Michael Harvey 1931-2013)의 디자인이 대표적이다. 타이포그래피적 표지는 사식문자(Letraset)와 컴퓨터 활자 조판이 손글씨를 앞지르면서 감소했지만 손글씨 레터링과 일러스트의 통합은 1990년대에 제프 피셔(Jeff Fisher)의 디자인이 성공하면서 부활했다. 특히 『코렐리의 만돌린Captain Corelli's Mandolin』(1998년 Vintage 발간)이 대표적이다. 디자이너들은 레터링과 활자, 이미지, 기타 요소의 결합과 맞춤화를 위해 점점 더 정교한 데스크톱 애플리케이션으로 눈을 돌렸다. 표지에 일러스트 아니면 타이포그래피를 넣는 전통적인 두 가지 선택권에서 벗어난 새로운 스타일의 표지 디자인도 생겨났다. 그러나 책표지 디자인에 대한 또다른 중대한 영향은 다른 기술 변화에서 비롯되었다. 그중 하나는 1990년대에 등장한 온라인 서점이다. 이제 대다수의 잠재적 구매자들은 책표지를 실제 크기의 실물 도서로 서점에서 보는 것이 아니라 온라인 서점 웹사이트에서 섬네일로 보게 되었다. 전자책은 또다른 파괴도 일으켰다. 온라인 소매업체의 웹사이트에서 인쇄판 이미지를 보여주더라도 관련 권리가 협상되지 않은 경우 독자가 다운로드한 파일에는 표지 이미지가 포함되지 않을 수 있다. 역설적으로 책표지의 비물질화는 2010년대에 책 포장의 물리적인 측면에 새로운 흥미를 불러일으켰다. 출판사들이 종이책을 스크린에서 이루어지는 '2차원적인' 독서와 차별화하고자 물리적으로 특색 있는 제본과 눌러 찍기, 종이를 사용해 전통적인 종이책 제품에 촉각적 가치를 더해 독특한 셀링 포인트로 만들었기 때문이다. 컬러 인쇄에 무광택지 사용 증가, 맞춤화된 면지와 제본 재료 사용, 페이퍼백 표지의 플랩 등 환영할 만한 변화도 있었다. 그런가 하면 페이지의 가장자리가 우둘투둘한 데클 에지(deckle edge)처럼 오래전부터 평판이 좋지 않았던 특징들도 매스 마켓 페이퍼백에 나타났다. 1930년대에 페이퍼백의 매력이 확고해졌는데 그 이유는 그것이 '최소한의 책'이었기 때문이다. 2010년대에 이르러 출판사들은 물리적 특징을 이용해 종이책의 매력을 최대화할 필요성을 느꼈다.

기술: 제약과 기회

모든 책 디자인은 독자를 위한 시각적 세계를 창조하고 텍스트와 독서 경험에 형태를 부여하는 것을 목표로 한다. 이용 가능한 기술이 무엇인지가 그 목표의 달성에 영향을 끼친다.

수 세기 동안 책 디자인의 가장 큰 제약은 활판인쇄법(letterpress)의 한계로 텍스트와 일러스트가 분리되는 점이었다. 볼록판, 나중에는 오목판을 활자판에 통합할 수 있었지만 판화 기법(나중에는 석판인쇄)으로 인쇄된 일러스트는 예술가와 장인이 따로 제작해 종종 종류가 다른 종이에 각자 인쇄하여 제본 단계에서 본문 텍스트와 합쳐졌다. 텍스트와 이미지의 분리는 19세기로 접어들어 석판인쇄(lithography)가 발명되면서 이론상으로는 사라졌다. 하지만 20세기 중반에 상업적으로 실현 가능한 사진식자(phototypesetting)가 등장하기 전까지는 석판인쇄에 직접 사용할 수 있도록 텍스트를 구성하는 실질적인 방법이 없었다. 그 시점까지 모든 텍스트는 금속활자로 구성되어야 했으므로 텍스트를 따로 활판인쇄하는 것이 더 쉬웠다. 19세기 중반에 디킨스의 소설 일러스트 판화는 별도의 종이에 인쇄되었지만 오언 존스(Owen Jones)의 『장식의 원리Grammar of Ornament』(1856)처럼 일러스트가 주를 이루는 책에는 석판인쇄가 사용되었다. 1882년에 나온 『임페리얼 딕셔너리Imperial Dictionary』 같은 사전들은 텍스트 안에 작은 오목판화 일러스트가 포함되었지만 별도의 전면 페이지 컬러 그림에는 석판인쇄가 사용되었다. 처음에는 기존의 인쇄 과정으로 사진을 직접 복제하는 것이 불가능했다. 1880년대에 〈더 그래픽The Graphic〉 같은 일러스트 잡지들은 사진 복제를 위해 목판화로 다시 그려야 했다. 19세기 말엽에 망판법(half-tone process)의 발명으로 연속색조화상, 즉 사진을 활판인쇄를 이용해 기계적으로 복제할 수 있게 되었다. J. E. 밀레이(J. E. Millais) 같은 19세기 중반 책 일러스트레이터들은 판화 업체 브라더스 달지엘(Brothers Dalziel)을 통해 작품을 목판화로 제작했다(Twyman 1998: 85-110). 그후에 등장한 오브리 비어즐리(Aubrey Beardsley) 같은 화가들은 정교한 선으로 이루어진 작품을 〈옐로 북The Yellow Book〉(1894-97) 같은 잡지에 활판인쇄로 인쇄하고자 숙련된 판화가들과 작업했다.

20세기 전반기에 그라비어인쇄와 그 뒤를 이은 오프셋 석판인쇄의 발달은 책의 텍스트와 일러스트를 같은 인쇄 종이에 배치해 사진과 선화, 텍스트를 자유롭게 합치는 통합의 가능성을 제시했다. 처음에는 〈라이프Life〉와 〈픽처 포스트Picture Post〉 같은 사진 잡지에 이 기법들이 이용되는 동시에 사진을 가장 긴급하고 현대적인 시각적 커뮤니케이션 형태라고 보는 모던디자인 운동이 일어났다. 사진 이미지와 텍스트를 통합하는 것은 얀 치홀트와 라슬로 모호이너지(László Moholy-Nagy) 같은 모더니스트 책 디자이너들의 주요 관심사였고 그들은 독자에게 텍스트와 이미지의 동시 체험을 제공하고자 했다. 책의 통합은 1945년 이후에 확립되었다. 대중적인 비즈니스와 경제학 분야에서 영국의 초기 사례는 선구적인 도서 포장 업체 애드프린트(Adprint)가 미국 경제지 〈포춘Fortune〉(1930년 창간)에서 힌트를 얻어 만든 『퓨처 북스Future Books』(1945-47) 시리즈다. 그 네 권의 책은 전면 컬러 그라비어인쇄와 석판인쇄를 사용해 사진 통계와 지도, 다이어그램, 그 밖의 그래픽 정보를 텍스트와 함께 실었고 일러스트 옆에 글을 넣었다. 이 책 시리즈는 나중에 잡지로도 제작되었다(Kindel 2017). 『예술 이야기The Story of Art』(Phaidon 1950) 같은 책에는 저자 에른스트 곰브리치(Ernst Gombrich)가 그 자신과 출판사와의 '치열한 협업'으로 묘사한 작업이 매우 긴요하게 활용되었다. 텍스트를 다시 쓰고 새로운 이미지를 제시해 '독자들이 되도록 페이지를 넘기지 않고 텍스트에서 설명된 일러스트를 바로 볼 수 있도록' 하는 작업이었다(Hollis 2009).

예술과 대중 과학 도서에는 통합이 자연스럽게 채택되었다. 하지만 다큐멘터리 영화와 밀접한 관계가 있고 때로는 직접 이어진 이른바 다큐멘터리 책에서 텍스트와 이미지의 통합은 1970년대에 발달했다. 디자이너 리처드 홀리스(Richard Hollis 1934-)는 작가 존 버거(John Berger 1926-2017)와 긴밀한 협업을 통해 『다른 방식으로 보기Ways of Seeing』(BBC/펭귄 1972)와 『제7의 인간』(펭귄 1975)에 담긴 복잡한 시각적 관계를 창조해, 서로를 강화해주는 연속적인 텍스트와 일러스트로 독자를 안내한다. 다양한 크기의 일러스트를 수용할 수 있는 유연한 격자 디자인을 통해 크기를 역동적으로 사용한 것이 주요 특징이었다. 홀리스가 『다른 방식으로 보기』에 굵은 활자를 사용한 것은 의미 있는 일이었다. 인테리어 용도에 불과한 커피테이블 북의 회색 텍스트판을 피함으로써 텍스트도 이미지와 마찬가지로 시각적인 비중이 커졌다(Hollis 2009).

홀리스는 타자 원고에 교정 표시를 하여 식자 조판에 필요한 사항을 명시한 후 교정쇄를 일러스트 복사본이나 스케치와 함께 레이아웃 시트에 붙이는 전통적인 방식으로 작업했다. 그리고 나서 식자공과 인쇄업자가 그 도안으로 필름을 만들고 필름으로 인쇄용 판을 만들어 책을 인쇄했다. 1980년대 중반부터 데스크톱 출판(DTP)으로 알려진 컴퓨터 기술이 등장하고 작가가 재입력이 필요 없는 전자 원고로 제출할 수 있는 용이성까지 더해져서 변화가 일어났다. 디자이너가 컴퓨터로 작업한 파일로 인쇄업자가 직접 필름 출력물을 생산할 수 있었다. 하룻밤 만에 지정자에서 시행자로 디자이너의 역할이 바뀌었다. 따라서 디자이너와 편집자, 작가와의 관계가 바뀌고 더욱 긴밀한 작업이 가능해졌다. 타자한 원고가 편집자에서 디자이너로, 식자공으로, 교정자로 전달되는 연쇄적인 과정은 디자이너와 편집자가 함께 텍스트를 작업해 반복적인 편집과 디자인을 통해 책의 내용에 더욱 맞춤화된 디자인에 도달할 수 있는 평행한 과정에 의해 더욱 강화될 수 있었다. 이것은 아동 논픽션 출판(1991년에 출간된 『옥스퍼드 어린이 백과사전Oxford Children's Encyclopedia』이 흥미로운 초기 사례)에 가장 유용했고 돌링 킨더슬리(Dorling Kindersley) 출판사가 고유한 작업 방식으로 개선했다.

디지털혁명도 책 디자이너에게 주어지는 타이포그래피 선택권에 변화를 일으켰다. 표지에 사용하는 새로운 디스플레이 활자체(손글씨처럼 보이도록 만들어진 다수 포함)뿐만 아니라 새로운 텍스트 디자인이 등장했다. 1960년대와 1970년대에 금속에서 사진식자로 바뀐 식자 시스템은 책 디자이너의 서체 선택 범위를 급격하게 바꿔주지는 않았다. 새로운 디자인에 드는 비용은 낮아졌지만, 활자체는 여전히 식자기 제조업체 소유물이었고 여전히 값비싼 물리적인 장비가 필요했다. 1984년에 페이지 기술 언어 포스트스크립트(Postscript)가 개발되면서 디지털 활자는 기기로부터 독립적이 되었다. 포스트스크립트 디지털폰트를 데스크톱 프린터, 디지털 식자기, 디지털 인쇄 시스템 등 포스트스크립트가 가능한 어떤 기계로도 전부 출력할 수 있었다. 새로운 활자체를 만드는 데 드는 비용은 제조가 아니라 디자인과 마케팅 비용이었다. 또한, 디지털 출판 환경은 화면에 중저 해상도로 표시하거나 인쇄하기 위하여 무게감 있고 선명한 활자체 디자인을 장려했다. 새로운 활자들은 책 디자인에도 매우 성공적이어서 사진식자를 위해 다시 그려야 하는 금속활자 기반의 디자인을 대체했다. 예를 들어 스위프트(Swift) 서체(Gerard Unger 1987)는 참고 서적에 작은 크기로 사용하는 것이 매우 효과적이었다. 가라몬드(Garamond) 같은 기존 서체들에도 재작업이 이루어졌다. 어도비의 가라몬드 프리미어(Adobe Garamond Premier, Robert Slimbach 2004)는 특정 크기로 디자인된 다양한 서체를 제공했는데 디스플레이용 서체의 크기는 더 가볍고 우아하며 텍스트와 각주용 서체의 크기는 더 개방적이고 선명했다. 게다가 한 출판물에 여러 활자를 조합하는 데 드는 상당한 비용을 더이상 지출하지 않아도 되어 원하는 출판사들은 기업 또는 일반 용도로 전용 서체를 개발할 수 있게 되었다.

디자인 장르

역사의 모든 시점에서 책의 판형(기본적으로 페이지 규격을 말하지만 종종 페이지의 크기와 제본 유형을 함께 포함한다)은 예상 독자층 및 책의 사용 가능성과 관련있다(Febvre & Martin 1976: 88-90). 예를 들어 학자들과 학생들은 16세기 초에 인쇄업자 알두스 마누티우스에 의해 처음 포켓판이 만들어진 이후로 줄곧 작은 포켓판을 읽어왔다. 일러스트가 들어간 책은 텍스트만 들어간 책보다 당연히 더 크고 더 정사각형에 가깝다(페이지 모양과 제본 스타일도). 참고 서적은 밋밋하더라도 견고한 도서관용 제본이 필요하고 대중 소설은 눈에 띄는 표지만 있으면 제본은 저렴해도 된다. 이러한 기대치는 저마다 눈에 띄는 특징을 갖춘 책 장르를 등장시켰다.

종이책의 디자인은 대부분 그것이 의도하는 디자인 장르에 따라 결정된다. 디자인 장르는 텍스트의 특정한 의도와 내용(주제 구조), 물리적 형식의 제약과 그것이 표현에 끼치는 영향(인공물 구조), 책의 외형이 독자들에게 주는 정보 접근 기회(접근 구조)의 상호작용으로 정의될 수 있다(Waller 1987: 139-43). 개별 도서가 디자인 장르를 준수해야 한다는 기대는 출판사와 출판산업, 독자들 사이에서 매우 강하다. 일단 확립된 기대는 쉽게 변하지 않는다. 하지만 새로운 디자인 방식을 제공하는(또는 요구하는) 기술 개발을 통해 결국 변화가 일어날 수도 있다.

서로 다른 장르는 표지와 내부 디자인의 관계를 비롯해 전반적인 디자인 접근법도 다르다. 또한, 장르는 아트 디렉터와 디자이너, 일러스트레이터 또는 그림 연구자, 식자 작업자의 노동 분담은 물론 디자인팀이 편집팀과 상호작용하는 방식도 좌우한다. 오늘날의 도서 출판에서 흔하게 나타나는 여러 디자인 장르를 식별하고 각각의 디자인 접근법을 간단히 분석해보자.

학술서와 저널은 텍스트 페이지에 타이포그래피적인 디자인을 강조한다는 공통점이 있지만 저널 원고는 지정된 편집 형식으로 투고된다는 점에서 다르다. 저널은 저자들에게 제목 체계, 참고문헌 스타일, 가능 삽화 등을 정확하게 규정하는 지침을 발행한다. 학술서 단행본(monograph)은 그러한 명시적인 제약 없이 의뢰될 수도 있다. 일반적으로 저널 텍스트에는 선과 중간 밝기의 일러스트가 나타난다. 일러스트는 기본 격자 구조(종종 2열)에 기계적으로 단순하게 증가하는 크기로 사전 결정된 페이지에 배치된다(일반적으로 페이지의 맨 위나 맨 아래). 크기 및 위치는 텍스트의 참고문헌 관련 요건 이외에는 시각적 효과의 미묘함이나 위치를 고려하지 않고 결정된다. 이러한 자동화는 페이지에 따라 나뉘기도 하는 비교 또는 순차적 일러스트 같은 시각적 주장의 효과를 약화할 수 있다. 단행본과 학술판(scholarly edition)에서는 일러스트(있는 경우)를 별도의 공간에 모아놓기도 한다. 이렇게 하면 복제의 질이 향상될 수 있지만 텍스트와 이미지의 직접적인 연결성은 끊어진다. 종류를 막론하고 모든 학술 출판에서 타이포그래피 선택(서체 스타일, 정렬 방식, 제목과 페이지 번호 배치)은 종종 전통적이고 보수적일 것이다. 따라서 저널 디자인에서 타이포그래퍼는 세로단 격자 시스템과 일러스트, 텍스트 크기 증감, 구성과 페이지 나눔 법칙의 유연하고 모듈적인 시스템에 세심한 주의를 기울여 개별 논문 디자인의 거의 모든 측면에서 자동화가 이루어지도록 해야 한다. 학술서 단행본은 저널 논문보다 제목의 체계가 간단할 수 있지만 주석 요건이 다를 수 있다. 예를 들어 원고의 맨 마지막에 참조 목록을 넣기보다 페이지 내에 각주와 참고문헌을 넣는다. 반면에 저자가 여러 명인 연구 논문은 저널 논문의 참조 스타일을 활용할 수 있다. 이처럼 단행본은 콘텐츠의 상대적 예측 가능성 덕분에 저널과 거의 동일한 수준의 타이포그래피 규범이 적용될 수 있다.

학술판의 타이포그래피는 오래전부터 가장 복잡한 책 디자인 중 하나였다. 텍스트 변형의 상세한 표현이 개입되고 본래의 주석과 편집된 주석이 모두 포함되기도 하며 찾기를 도와주는 선과 섹션 번호 지정 시스템이 있고 여러 언어로 된 텍스트가 나란히 병기될 수도 있다. 초기 근대 텍스트의 경우, 여백에 쓰거나 끼워넣은 주석 등 오래된 타이포그래피는 디자인과 조판에 주의가 필요했다. 이러한 이유로 학술판은 『옥스퍼드 셰익스피어*Oxford Shakespeare*』처럼 중요한 편집 지침이 모든 텍스트의 외형을 결정하는 미리 규정된 시리즈의 일부분이 아닌 한, 책별로 다른 디자인을 사용하는 것이 가장 현명하다.

대학 교과서, 읽기 교재, 안내서는 학술서 단행본보다 큰 특유의 판형을 공유한다. 이 책들은 분량이 길 수밖에 없으므로 각 범위를 적당히 끊거나 부차적인 콘텐츠를 차별화하기 위해 일부 페이지는 통이단(double-column)으로 설정할 수도 있다. 교과서의 타이포그래피는 단행본이나 저널보다 덜 보수적인데, 부분적으로 그 이유는 독자가 분명히 알 수 있도록 각 챕터의 구성 요소를 명확하게 구별하는 것에 교육학적인 가치가 있기 때문이다. 또한 주요 교과서에 요구되는 전반적인 투자로 볼 때 디자인 지출이 더 쉽게 용인되기 때문이기도 하다. 교과서는 페이지 레이아웃이 좀 더 신중하게 이루어질 여지가 많지만 디자이너가 다양한 교육학적인 요소를 위해 여러 템플릿을 미리 계획하고 필요에 따라 여러 조합으로 사용할 수 있기 때문에 기본적으로 규칙 기반의 페이지 구성 시스템이 적절하다. 콜아웃(call-out, 본문에서 인용 또는 발췌한 부분으로 본문보다 큰 글자로 인쇄된다-역주)과 패널은 정보 그래픽(차트와 표)과 함께 이 책들의 공통적인 특징이며 독자들에게 다양한 텍스트 접근점을 제공한다. 읽기 과정이 단순히 각 장에 걸쳐 선형적으로 이루어지는 것에서 해방되도록 하려는 목적이다.

독자들이 쉽게 무언가를 기대하고 참여할 주제를 선택하고 복습을 위해 되돌아가도록 디자인이 지원해줄 수 있다.

초중고 교과서, 언어 학습서, 성인 교육서는 일반적으로 디자이너가 페이지별로 계획해야 한다. 이런 점에서 일러스트 없는 책이라기보다 잡지를 닮았다. 일반적으로 교과서의 구조는 챕터로 이루어지지만 챕터의 길이는 콘텐츠에 따라 다를 수 있다. 이런 책들은 대개 학습 단원이 수업용 학습 단원이고 두 페이지 크기의 지면 혹은 그러한 순서에 맞게 디자인되며 페이지에 다양한 텍스트와 일러스트가 합쳐질 수 있도록 계획된다. 대규모 부수가 발행되고 생산경제의 필요성을 고려해야 하므로 일러스트 분량과 유형이 효과적으로 조직되도록 책의 전체 페이지 수가 처음부터 정해질 가능성이 크다. 정보 제공뿐 아니라 독자를 끌어들이는 일러스트의 역할이 대학교 교과서의 경우보다 훨씬 크므로 아트 디렉터가 편집 및 디자인 팀과 작업할 일러스트레이터를 선정하여 작업을 의뢰해야 한다. 우선 몇 개의 섹션을 샘플로 준비해 교실에서 테스트하고 피드백을 이후의 디자인 개선 작업에 활용한다. 학생들을 위한 교과서의 디자인이 교사용 책과 워크북을 위해 새로 작업이 되려면 체계적인 접근이 필요하다. 학술서에는 대부분 타이포그래피가 적게 이용되는데 학생용 교과서에는 아예 없을 수도 있다. 텍스트의 구조적 체계가 명확하게 구별되는 한, 디자이너에게는 펼침면과 섹션을 서로 다르게 디자인할 수 있는 상대적인 자유가 주어진다. 흥미롭고 암시적인 디자인이 학습 과정을 강화해준다면 말이다. 이런 책들은 결코 지루해서는 안 되기 때문이다.

사전과 참고 서적은 주어진 범위 안에서 최대량의 정보가 전달되도록 타이포그래피를 필요한 만큼만 사용하는 것이 중요하다. 종이 사전은 암호 같은 항목이 반복되는 구조로 언어를 극도로 압축한다는 특징이 있다.

따라서 복잡한 구조를 쉽게 탐색하도록 해주는 것이 타이포그래피의 과제다. 이것은 각 항목의 구성 요소(표제어, 발음, 전문어 표시, 의미, 변이형, 합성어)를 항목 구조가 일목요연하도록 가능한 범위의 서체 변형을 전부 사용하며 명확하게 구분된 스타일의 타이포그래피로 보여줌으로써 가능하다. 1990년대부터 학교와 학습자의 사전 접근성을 높이기 위해 고도로 압축된 페이지 디자인에서 벗어나려는 시도가 있었다. 기존에 한 문단으로 설정했던 항목을 하위 문단으로 세분화하여 구조를 더욱 분명히 했는데 이는 새로운 디지털 서체들의 가용성 덕분에 가능한 시도였다. 서체 크기 설정이 금속이나 사진식자보다 더 유연해져서 각 구성 요소의 중요성을 다르게 표현할 수 있었다(Luna 2004). 사전 일러스트도 볼록판화 스타일의 작은 삽입 일러스트에서 컬러 일러스트가 좀더 혁신적으로 사용되는 쪽으로 발달했다(Luna 2013). 그러나 종이 사전은 공간적 제약이 따르고 출판되자마자 구식이 되어버리므로 전자 배포로 인해 가장 큰 난관에 부딪히는 장르다. 그 시련은 1980년대에 시작되었는데 이제 출판사의 데이터가 전용 장치와 온라인 사전에 통합되고 운영 시스템과 앱에 사전이 기본으로 포함되는 것이 보통이다.

가정용 참고 설명서(Home reference manuals)는 일반 독자가 어떤 주제의 작동 원리를 이해하거나 기술이나 취미를 배우고자 구매하는 인포테인먼트(infortainment) 성격의 책을 말한다. 학교 교과서와 마찬가지로 명확한 구조와 설명이 필요하지만 독자를 즐겁게도 해주어야 한다. 따라서 이런 책은 일러스트와 높은 생산 가치에 더욱 중점을 두며 교육과정에 제약을 받지도 않으므로 보통은 판형과 크기가 훨씬 더 크다. 잡지 레이아웃 스타일에서 영향을 받았음을 알 수 있지만 장기적인 독자 개입을 장려해야 하므로 페이지 디자인에 비교적 통제가 따르는 편이다. 독자가 시각적 방해물이 적은 규칙적인 레이아웃을 인식할수록 신뢰성과 좋은 품질로 받아들이기 때문이다(Moys 2017). 일러스트는 정보 전달을 위해 복잡한 방법으로 사용된다. 단일 이미지가 주요 주제나 특징을 나타낼 수 있고 이미지 그룹은 다른 시각적 특성을 통해 식별을 가능하게 하는 한편 나열된 일러스트가 과정과 행동을 설명한다(Gillieson 2005). 흑백의 선만으로 이루어진 그림의 초기 사례는 1972년에 나온 『리더스 다이제스트 수리 설명서Reader's Digest Repair Manual』다. 대표적으로 1980년대에 이 접근법을 더욱 개선한 돌링 킨더슬리 출판사는 고품질 전면 컬러사진과 극사실 이미지 개발로 전략을 뒷받침했다. 그 이미지들은 사용과 재사용을 위해 의뢰한 것이었고 책은 두 페이지 펼침면 단위로 계획되었는데 그 구성은 눈에 확 띄는 이미지에 의존했다. 핵심적인 커다란 '주인공' 이미지가 좀더 작은 여러 들러리 이미지에 둘러싸인 경우가 많았다. 돌링 킨더슬리가 개발한 작업환경도 중요한 부분이었다. 같은 주제 영역을 다루는 디자이너와 편집자가 같은 책상에서 나란히 작업하는 환경이라 최대한의 협업을 통해 디자인을 개발하고 텍스트의 편집과 재작성이 제대로 이루어질 수 있었다. 아이디어의 반복 작업이 쉬워졌고 일류 작가들의 책이라도 책의 초점이 작가가 아닌 출판사명과 판형으로 향한 덕분에 매우 혁신적이고 시각적으로 돋보이는 책이 나올 수 있었지만 때로는 반복적이고 정형화된 디자인도 있었다. 돌링 킨더슬리는 수십 년 동안 타이포그래피와 그래픽의 스타일에 더 큰 다양성을 시도해 획일적인 스타일에서 벗어났다.

소설과 회고록 장르는 보통 학술서와 마찬가지로 타이포그래피 디자인이 평범하고 전통적이다. 문학의 타이포그래피 역사는 오랫동안 암시적이고 동조적인 특징을 띠었다. 대표적인 예로 시각적 장치가 있다. 이를테면 『트리스트럼 섄디Tristram Shandy』(1759~67) 시리즈에는 검은색 페이지가 들어갔고『율리시스』(1922)는 각각 학술서와 신문 타이포그래피를 환기하는 난외주와 크로스헤드를 사용했다. 1990년대에 텍스트 구성 시스템의 유연성이 더 커져서 조너선 코(Jonathan Coe)의『왓 어 카브 업!*What a Carve Up!*』(Viking, 1994) 같은 소설에서 보듯 종이책에 인쇄물의 타이포그래피를 복사한 것을 넣기 쉬워졌다. 에드먼드 드발(Edmund de Waal)의『호박색 눈을 가진 토끼*The Hare with Amber Eyes*』(Chatto & Windus 2010) 같은 현대 회고록은 일러스트를 거의 하찮을 정도로 무심하게 텍스트에 통합하여 최대한 정보 효과를 높였다. 하지만 버거의『다른 방식으로 보기』만큼 텍스트와 일러스트의 완전한 통합이 혁신적으로 사용된 사례는 드물다.

　미술서나 예술가가 쓴 책은 예술작품이나 건축 이미지를 그대로 보여주는 것일 수도 있고, 예술가가 예술을 행하는 방법으로 출판을 선택하는 경우라면 그 책은 예술의 복제가 아니고 책 자체가 예술작품이 될 수 있다. 갤러리와 미술 출판사들은 미술을 다루는 책에 정사각형 판형과 묵직한 정사각형 제본으로 이루어진 과시적인 스타일을 선호한다. 어떤 책들은 책에 복제된 미술을 담는 중립적인 용기 역할을 하고 또 어떤 책들은 책에서 다뤄지는 예술가의 스타일을 디자인에 반영한다. 한 예로 파이돈(Phaidon) 출판사가 2003년에 출간한 고든 마타클라크(Gordon Matta-Clark)의 작품 세계를 다룬 책은 건물을 잘라 내부 구조를 보여주는 그의 작품 스타일을 반영해 책등이 대부분 잘려나간 스타일로 디자인되었다. '디자이너가 고든 마타클라크와 경쟁을 벌였다'라는 평가를 얻은 그 책은 디자이너 역할의 경계가 콘텐츠 전달자와 콘텐츠 창조자 사이의 어디에 존재하느냐는 질문을 제기한다(Goggin 2009). 예술작품을 진지하게 복제한 책을 디자인할 때 디자이너에게 따르는 책임에는 또다른 측면도 있다. 바로 책이라는 인공물과 그 물리적 차원에 충실해야 하는 필요성이다. 그러다보니 작품 이미지를 자르거나 크기를 결정할 때 스스로 제약을 두는 경우가 많다. 이상적으로는 관련 이미지를 일정한 비율로 전체 복제하고 디테일만 잘라서 클로즈업으로 보여주어야 한다(Birdsall 2004). 현대 매체인 영화나 비디오의 경우에는 원본 비율 그대로 잘리지 않은 전체 프레임으로 실어야 한다는 뜻이다.

전자책: 퇴보, 혹은 전진

출판 디자인은 장르에 상관없이 전자출판의 등장으로 더욱더 복잡해졌다. 종이책 출판사들은 책의 물리적인 외형의 모든 측면과 출판물이 독자에게 제시되는 방식을 직접 책임졌다. 하지만 전자출판물의 경우는 그렇지 못하다. 전자책의 경우는 (하드웨어와 소프트웨어로 이루어지는) 전달 플랫폼이 자체적으로 디자인을 제약한다. 그 제약은 물리적(장치의 취급 품질), 시스템 기반(인터페이스의 기본 측면, 화면해상도, 텍스트 구성 엔진), 또는 리소스 기반(텍스트를 렌더링하는 글꼴 가용성)일 수 있다. 2000년대 초반부터 전자책 전용 단말기가 출판사의 디자인 결정권을 대부분 가져갔다. 전자책 단말기는 책을 단순히 최대한 기본적인 방법으로 만들어야 하는 단어의 흐름으로 취급했다. 소설의 단순하고 지속적인 산문체에 적합하도록 글꼴과 자간, 행 정렬, 단어 분철 등 텍스트 표현의 모든 측면에 기본값을 정했다. 2011년에 발표된 EPUB 3 파일(2017년에 3.1로 업데이트)은 전자책 전용 단말기에서 타이포그래피를 적당히 제어하도록 해주므로 출판사가 글꼴과 행 정렬, 자간을 정의할 수 있고 EPUB 단말기 앱이 다목적 모바일기기에서 소프트웨어로 실행될 수 있다(국제 디지털 출판 포럼 2017). 그러나 제목을 해당 텍스트에 고정하는 것을 비롯해 EPUB에서 정의된 기능은 EPUB

소프트웨어에서는 거의 실행되지 않는다. 이것은 종이책에 확립된 타이포그래피 표준이 퇴보한 것이다. 그런 기능들은 단순히 타이포그래피와 관련된 세부사항이 아니라 시각적인 표현이 텍스트의 의미 구조를 반영하도록 언어를 논리적인 방법으로 표현하는 것에서 필수적인 부분을 차지한다. 아이러니하게도 텍스트 구성의 시각적 규칙을 무시하는 것은 텍스트가 세심하게 구조화된 의미 표시 언어인 XML에 저장될 때 최악이 된다.

책의 전자판은 독자가 검색이나 주석 달기 같은 과제를 수행할 때 유용하다. 독자가 하이퍼링크를 통해 참조 전문에 즉시 접속하고자 할 때는 더없이 편리하다. 하지만 뒤돌아가기, 앞으로 넘기기, 심지어 건너뛰기처럼 지원하기 어려운 비선형적 읽기 전략이 많다. 일러스트의 통합은 데스크톱과 모바일기기에서 모두 취약하다. XML 텍스트는 단일의 선형적 흐름이고 거기에 삽입된 일러스트는 인쇄 레이아웃의 그 어떤 세부 요소와도 함께 배치될 수 없다. 일러스트가 내용이나 텍스트와의 중요성을 고려해 크기가 설정될 가능성은 작다. 레이아웃은 독자를 안내하고 의미를 강화하도록 텍스트와 일러스트 요소를 배치하는 것을 말한다(Waller 2017). 레이아웃은 전용 웹사이트(예: 2016년에 출간된 『뉴 옥스퍼드 셰익스피어』 웹사이트)로 분명하게 프로그래밍되거나 (2011년에 나온 페이버의 혁신적인 『황무지』 앱처럼) 모바일기기의 단독 앱으로 표현되거나 하지 않으면 다수의 화면 표현 형식에서 사실상 사라진다.

고정 전자책과 이동적인 전자책은 구분이 가능하다. 독자가 이동적인 레이아웃판에서 텍스트를 확대하고 싶으면 텍스트가 화면 가장자리에서 사라질 위험 없이 더 크게 재구성된다. 그러나 제목과 텍스트 사이 또는 텍스트와 이미지 사이의 시각적 관계가 파괴된다. 고정 레이아웃 전자책은 이름에서 알 수 있듯이 디자이너가 고정한 페이지 레이아웃을 복제하므로 텍스트-이미지, 그 밖의 다른 관계를 존중한다. 그러나 기본적으로 인쇄한 종이를 모바일 장치 화면에 복제하려면 (동화책처럼) 디자인 개념이 단순해야 한다. 그렇지 않으면 텍스트가 너무 작아져 가장 큰 화면을 제외하고는 읽기가 어렵다. EPUB은 두 가지를 모두 지원하므로 고정 레이아웃 전자책은 출판사의 레이아웃 결정을 준수한다. 두 가지 옵션 모두 검색 가능하다. 전자책의 접근 용이성은 좋은 디자인이 가져오는 텍스트의 시각적 향상을 해칠 수 있다는 역설적인 문제는 다루어질 필요가 있다.

미래의 디자인 기술

디자인은 모든 측면에서 가치를 더해주므로 디자인의 전문성은 출판 산업의 기본 요건이다. 브랜드 측면에서는 가치와 품질을 기획하고 목록과 시리즈 측면에서는 인지도와 발견 가능성을 지원해주고 개별 도서 측면에서는 독자의 경험을 강화해준다. 책 디자이너들은 작업하는 책의 내용과 관련 장르의 관례를 이해하는 것부터 전자 텍스트의 다양한 취급 방법과 현재 사용되는 레이아웃 앱과 작업 흐름을 아는 것까지 광범위한 기술이 필요하다. 예를 들어 디자이너는 활자를 선택할 때 타이포그래피와 가독성의 기본을 알아야 할 뿐만 아니라 교차 플랫폼 디자인이 미치는 영향도 이해해야 한다. 인쇄, 온라인, 전자책에 똑같은 서체를 사용할 것인가? 서체가 종이에서나 여러 다른 화면에서도 똑같아 보일 것인가, 아니면 사용 환경에 따라 글자의 굵기나 테두리의 굵기가 다르게 지정되어야 하는 가?(Luna 2017a) 디자이너가 앱에 삽입하는 글꼴의 디지털 권리에 관한 내용을 이해하고 글꼴 제조업체의 최종사용자 라이선스 계약을 준수했는가? 글꼴에 비영어 텍스트의 표현을 위해 올바른 범위의 유니코드가 포함되었는가? 텍스트에 문화적으로 적합한 비라틴어 활자가 있는가? 이러한 질문들에서 보듯 출판 디자이너에게는 필요한 기술 지식에의 개입은 물론이고 시각적 감수성, 출판 디자인이 기술 수단을 통해 언어를 반영하고 제시한다는 사실에 대한 이해도 요구된다. 지금 우리는 휴 윌리엄슨(Hugh Williamson)이 1956년에 기술한 금속활자와 활판인쇄의 세상과 멀어졌지만 그의 말대로 출판 디자인은 여전히 '산업 공예의 관행'이다(Williamson 1956).

참고문헌

Baines, Phil (2005). *Penguin by Design: A Cover Story 1935–2005*, London: Allen Lane.

Birdsall, Derek (2004). *Notes on Book Design*, New Haven, CT: Yale University Press.

Brill (2011). 'Introducing the "Brill" Typeface to Scholarship'. http://www.brill.com/sites/default/files/brill_typeface_2011_for_author_use.pdf

Burke, Christopher (2007). *Active Literature: Jan Tschichold and the New Typography*, London: Hyphen Press.

Febvre, Lucien and Henri-Jean Martin (1976). *The Coming of the Book*, London: New Left Books.

Gillieson, Katherine (2005). 'Genetics of the "Open" Text', *Eye*, 57, pp. 26 – 35. http://www.eyemagazine.com/feature/article/genetics-of-the-open-text

Goggin, James (2009). 'The Matta-Clark Complex', in *The Form of the Book Book*, Sara De Bondt & Fraser Muggeridge 편집, London: Occasional Papers, pp. 23 – 31.

Heller, Steven (2013). 'Born Modern', *Eye*, 10, pp. 26 – 37.

Hollis, Richard (2009). 'Ways of Seeing Books', in *The Form of the Book Book*, Sara

De Bondt & Fraser Muggeridge 편집, London: Occasional Papers, pp. 49 – 60.

International Digital Publishing Forum (2017). 'EPUB'. http://idpf.org/epub

Kennett, Bruce (2018). *W. A. Dwiggins: A Life in Design*, San Francisco, CA: Letterform Archive.

Kindel, Eric (2017). '*Future, Fortune*, and the Graphic Design of Information', in *Information Design: Research and Practice*, Alison Black, Paul Luna, Ole Lund, Sue Walker 편집, Abingdon: Routledge, pp. 127 – 46.

Luna, Paul (2004). 'Not Just a Pretty Face: The Contribution of Typography to Lexicography', in *Proceedings of the Eleventh Euralex International Congress*, Geoffrey Williams, Sandra Vessier 편집, Lorient: Universite de Bretagne Sud, pp. 847 – 58. http://centaur.reading.ac.uk/21116/3/Luna_Euralex_final_Text_Pix.pdf

Luna, Paul (2013). 'Picture This: How Illustrations Define Dictionaries', in *Typography Papers 9*, Eric Kindel, Paul Luna 편집, London: Hyphen Press, pp. 153 – 72.

Luna, Paul (2017a). 'Choosing Type for Information Design', in *Information Design: Research and Practice*, Alison Black, Paul Luna, Ole Lund, Sue Walker 편집, Abingdon: Routledge, pp. 479 – 86.

Luna, Paul (2017b). 'Design', in *A History of Oxford University Press*, Volume IV, Keith Robbins 편집, Oxford: Oxford University Press, pp. 205 – 17.

McCleery, Alistair (2006). 'Tauchnitz and Albatross: A "Community of Interests" in English-Language Paperback Publishing, 1934 – 51', *The Library* 7(3), pp. 297 – 316. https://doi.org/10.1093/library/7.3.297

McLean, Ruari (1976). *Joseph Cundall: A Victorian Publisher*, Pinner: Private Libraries Association.

Moys, Jeanne-Louise (2017). 'Visual Rhetoric in Information Design: Designing for Credibility and Engagement', in *Information Design: Research and Practice*, Alison Black, Paul Luna, Ole Lund, Sue Walker 편집, Abingdon: Routledge, pp. 205 – 20.

Powers, Alan (2001). *Front Cover: Great Book Jackets and Cover Design*, London: Mitchell Beazley.

Roberts, S. C. (1956). *The Evolution of Cambridge Printing*, Cambridge: Cambridge

University Press.

Smith, Margaret M. (2004). 'Joseph Cundall and the Binding Design for the *Illustrated Biographies of the Great Artists*', The Library 5(1), pp. 39 – 63. https://doi. org/10.1093/library/5.1.39

Twyman, Michael (1998). *Printing 1770–1970*, 2nd edition, London: British Library.

Waller, Rob (1987). 'The Typographic Contribution to Language: Towards a Model of Typographic Genres and their Underlying Structures'. PhD thesis, University of Reading. https://www.academia.edu/5507107/The_typographic_contribution_ to_language

Waller, Rob (2017). 'Graphic Literacies for a Digital Age: The Survival of Layout', in *Information Design: Research and Practice*, Alison Black, Paul Luna, Ole Luna & Sue Walker 편집, Abingdon: Routledge, pp. 177 – 203.

Williamson, Hugh (1956). *Methods of Book Design: The Practice of an Industrial Craft*, Oxford: Oxford University Press.

20장

출판과 기술

존 W. 맥스웰(John W. Maxwell)

출판이 첨단기술?

출판은 처음부터 기본적으로 기술에 관한 것이었고 정말로 '첨단기술'이었다. 하지만 그것이 무슨 뜻일까? 겉으로 보자면 거의 무의미할 정도로 일반적인 말이다. 그럼 반대로 접근해보자. 출판은 근대 기술의 이해에 필수적이다. 오늘날 종이책이 첨단기술의 세계와 떨어져 있다고 말하는 사람들도 많지만 책과 출판의 역사와 현재, 미래는 기술의 혁신, 그 혁신과 근대성, 후기 근대성과의 본질적 관계와 복잡하게 얽혀 있다.

'첨단기술'은 대다수가 이해하지 못하는 지식이나 전문지식이 필요한 기술을 의미한다. 따라서 첨단기술은 누구나 쓸 수 있는 망치나 숟가락 같은 기술과 달리 소프트웨어 개발, 전자제품 제조, 인쇄술처럼 오직 전문적인 지식과 기량, 자본과 자원의 축적과 통제, 그리고 종종 매우 특별한 노동의 배치를 통해서만 가능하다. 출판의 역사는 곧 첨단기술 발달의 역사이자 그에 따라 조직된 지식과 노동, 자본의 역사이다. 사실 출판은 매우 전형적인 사례다. 조직적인 형태의 가장 오래되고도 지속적인 본보기를 제공한다. 따라서 출판은 기술에 의존하면서도 근대사회의 기술을 정의해준 활동이라고 할 수 있다.

1973년에 미국의 공상과학 소설가 아서 C. 클라크(Arthur C. Clarke)는 '충분히 진보한 기술은 마법과 구별되지 않는다'는 유명한 주장을 했다. 이 말은 인류의 기술, 혁신과의 야심 찬 관계를 확인해준다. 우리는 첨단기술을 예측 가능한 규칙과 모델에 의해 지배되는 합리적인 것으로 보면서도 또 한편으로는 기술이 부여하는 묘한 힘에 유혹되는 듯하다. 아마도 최신 스마트폰의 기능은 이러한 이중성을 보여주는 가장 편리한 예일 것이다. 하지만 1440년대와 1450년대에 독일 마인츠에서 요하네스 구텐베르크의 채권자이자 동업자였던 요하네스 푸스트(Johannes Fust)의 이야기를 한번 살펴보자.

알다시피 요하네스 푸스트는 구텐베르크에게 많은 돈을 빌려주어 그가 혁신적인 인쇄 체계를 발명해 그 유명한 성경을 인쇄하도록 해주었다(White 2018: 24). 그러나 푸스트는 구텐베르크가 성경책 인쇄를 완성하자마자 그에게 소송을 걸었다. 푸스트와 나중에 그의 사위가 된 페터 쇼퍼(Peter Schoffer)가 성경책을 포함한 모든 것을 가져가버려 구텐베르크에게는 아무것도 남지 않았다. 푸스트는 인쇄된 성경책을 파리로 가져가서 팔기 시작했다. 그는 인쇄술을 엄격히 비밀에 부쳤고 필경사가 손으로 쓴 필사본이라며 성경책을 팔았다. 하지만 파리 당국은 곧 모든 책이 완전히 똑같다는 사실을 발견했다. 마법이 아니고 뭐란 말인가! 실제로 요하네스 푸스트는 사악한 마법을 부린다는 혐의를 받았다. 결국, 그는 완벽하게 똑같은 성경책 복사본에 숨겨진 기술의 비밀을 밝힐 수밖에 없었다. 이 이야기가 더욱 흥미로운 이유는 푸스트의 철자가 간혹 Faust(파우스트)로 쓰이기도 해서 그가 '무한한 지식'을 얻기 위해 악마에게 영혼을 판 파우스투스 박사의 전설에 영감을 준 인물이라고 생각하는 사람들도 있기 때문이다 (Schafer 1926; Meggs & Purvis 2004: 73 참고).

푸스트와 불운의 구텐베르크는 수공예가 일반적이던 시대에 산업화 공정으로 제조된 물건을 거래하려고 했다. 그런 물건을 경험하지 못한 사람들에게 의심을 산 것도 전혀 놀라운 일은 아니었다(Eisenstein 2011). 오늘날 우리는 구텐베르크의 혁신이 세상의 구조에 일어난 중대한 변화의 시작이자 산업자본의 시작(정작 구텐베르크 자신은 파산에 이르렀지만)이며 교환 가능한 부품과 대량생산, 규모의 경제의 시작임을 알 수 있다. 기술 이론가인 루이스 멈포드(Lewis Mumford)는 출판, 적어도 인쇄가 산업 생산과 산업혁명의 원형적 모델이라고 말했다(Mumford 2010 [1934]). 마셜 매클루언은 이렇게 적었다. '루이스 멈퍼드는 사회의 기계화에 끼친 영향의 순서에서 시계가 인쇄기보다 앞섰다고 시사했다. 그러나 멈퍼드는 시간의 시각적이고 균일한 단편화를 가능하게 한 기술인 음성문자를 고려하지 않았다' (McLuhan 1965: 147).

기술은 종종 결과물의 측면에서 평가되지만 그것이 가져오는 변혁에도 주의를 기울여야 한다. 제조업은 노동과 노동조직을 변화시켰다. 사람들이 자연자원과 산업 제조에 동원되는 원자재에 대해 생각하는 방식을 변화시켰다. 텍스트의 대량생산은 사상의 유통과 문해력 보급에 일련의 영향을 미친다. 그리고 종이와 잉크의 제조와 공급, 지식과 기술의 훈련과 조직, 자본과 금융 자원의 투자와 수익, 장비 소유와 노하우, 궁극적으로는 지식재산에 관한 생각에도 또다른 영향을 미친다. 기술은 무언가를 다른 것으로 바꾼다(Callon & Latour 1981). 넝마는 종이로, 종이는 책으로, 인간은 견습공과 장인, 길드 조합원으로, 인구는 시장으로, 생각은 재산으로 변모한다.

발명과 혁신

출판의 역사는 보통 1450년대에 나온 구텐베르크의 활자 체계에서 시작된다. 이 장에서도 그 보편적인 이정표를 따를 것이다. 하지만 구텐베르크의 혁신은 이미 존재했던 몇 가지 다른 기술에 의존했다. 키스 휴스턴 (Keith Houston)의 저서 『책의 책』(2016)은 인쇄의 다양한 기술을 전반적으로 소개한다.

싸고 쉽게 구할 수 있는 종이의 역사는 매우 오래되었다. 수천 년 전에 이집트의 파피루스에서 시작해 (이후의 기원전 세기에) 특수하게 처리한 동물 가죽으로 만든 양피지와 피지를 거쳐 마침내 서기 1세기에 중국 한나라의 관리가 종이를 만들었다(Brokaw & Kornicki 2013). 유럽에서 종이의 대량생산은 12세기가 되어서야 일어났고 15세기에 이르러 유럽의 1세대 인쇄업자들이 대량생산에 의존할 수 있게 되었다. 고대에 중국과 이집트에서 따로 발명된 것으로 보이는 잉크는 숯에 아라비아고무나 아교 같은 안정제와 물을 더한 혼합물이었다(Houston 2016: 85). 구텐베르크 시대에 이르러 잉크는 오래된 '저기술(low tech)'이었다.

종이 모음을 접어 한쪽 가장자리를 꿰매어 여러 페이지를 한 권으로 묶은 '고문서'로서의 책도 구텐베르크보다 훨씬 앞서 존재했다. 아마도 서기 1세기에 나왔을 것이다. 책은 비록 힘든 수공예의 산물이었지만 중세 말기에 이르러서는 수도원이나 궁정 환경에서 매우 흔히 볼 수 있었다.

인쇄기는 그 자체로 중요한 혁신이 아니었다. 이미 포도주용 포도를 짜는 데 사용되고 있는 기술을 응용한 것이나 마찬가지였다. 그리고 인쇄기를 이용해서 이미지를 찍어내는 것도 구텐베르크에게는 새로운 것이 아니었다. 돌을새김으로 새긴 이미지에 잉크를 묻혀 종이에 찍는 목판인쇄는 훨씬 더 오래되었다. 중국 목판인쇄는 적어도 서기 7세기로 거슬러올라가고(Brokaw & Kornicki 2013: xvi) 유럽에서도 구텐베르크 시대에 그 사례를 흔히 찾아볼 수 있었다.

심지어 우리가 구텐베르크와 1450년대 하면 가장 먼저 떠올리는 '활자'도 아시아에서는 그보다 훨씬 먼저 등장했다. 개별 문자를 만들어 조립해 인쇄기에서 텍스트를 만든다는 아이디어는 동아시아에서 다수의 선례를 찾아볼 수 있다. 중국에서는 일찍이 11세기에 필승이 활자를 자기로 주조했고 한국에서는 12세기 또는 13세기에 금속으로 주조했다(Brokaw & Kornicki 2013: xviii-xxx).

글의 대량생산

책, 인쇄, 심지어 활자 자체가 구텐베르크보다 수 세기 앞선다면 그가 1450년대에 마인츠에서 만들어낸 발명품은 무엇이 그렇게 특별한가? 일반적으로 사람들은 구텐베르크가 텍스트의 대량생산(인쇄) 혹은 교환 가능한 인쇄기의 부품(이동식 활자)을 처음으로 가능하게 했다고 생각한다. 그러나 좀더 정확하게 말하자면 구텐베르크의 발명품은 활자의 대량 생산이었다. 즉 금속의 글자형 그 자체였다. 인쇄업자가 한 번에 한 페이지 이상의 활자를 조판하려면 알파벳의 개별 금속 조각인 매우 많은 수의 '글꼴'이 필요하다. 'e'자가 영어에서 가장 흔한 문자라면 책 한 권을 인쇄하는 데 금속활자 'e'가 얼마나 많이 필요할지 생각해보라. 요하네스 구텐베르크는 개별 활자를 필요에 따라 매우 저렴하고 쉽게 만드는 시스템을 고안했다. 그래서 인쇄 작업의 규모가 책 한 권에 필요한 양까지 확장될 수 있었으며 심지어 여러 권을 동시에 만들 수도 있었다. 구텐베르크의 인쇄 체계가 인쇄 활자를 필요에 따라 거의 무제한으로 대량생산할 수 있게 해주었기 때문이다.

구텐베르크의 방식은 이러했다. 우선 연강(soft steel)으로 각각의 글자를 만들 원판 펀치를 깎아내 경화시켰다. 그러고 나서 그 펀치에 새긴 글자를 구리처럼 좀더 부드러운 금속에 찍었다. 그리고 그 형틀에 주조기를 덧씌워 완벽하고 일정한 크기로 만들어 납합금을 부어 주조했다. 그렇게 하여 돋을새김된 활자 조각이 만들어져 표면에 잉크만 묻히면 되었고 언제든 서로 모양과 크기가 맞는 활자 옆에 나란히 정렬시킬 수 있었다. 교체 가능한 활자의 대량생산으로 인쇄 작업의 확장이 이루어져 책 한 권을 다 인쇄할 수 있었다.

구텐베르크는 그 방식을 발전시키고 완성하는 과정에서 여러 다른 중요한 하위 구성 요소들의 혁신도 이루었다. 금속활자에 들러붙는 유성잉크(전통적으로 잉크는 수성이었고 지금도 여전히 수성잉크가 많이 사용된다), 개별 활자의 주조에 사용되는 특정 금속 합금(납, 주석 및 안티몬) 같은 것이었다. 이렇게 볼 때 구텐베르크의 발명과 공헌은 하나의 사건이 아니라 공들인 공학 프로젝트라는 말이 더 맞을 것이다.

그러나 더욱더 광범위하게 본다면 구텐베르크의 혁신은 책이나 그보다 수 세기 앞선 페이지의 대량생산을 가능하게 했다기보다는 활자 주조의 대량생산을 가능하게 했다는 점에서 약간 모호하다. 사실, 글쓰기(writing)의 대량생산이라 말할 수 있다. 이것은 책과 글쓰기를 이전에는 볼 수 없었던 규모의 사회적, 문화적 화폐로 만든 혁신인 듯하다.

알두스 마누티우스: 인쇄에서 출판으로

구텐베르크는 인쇄업자였다. 하지만 오늘날의 출판사와는 달랐다. 오히려 그의 동료였던 푸스트와 쇼퍼가 출판사라는 이름에 더 어울릴 것이다. 그들이 1457년에 최초로 생산자를 알리는 인쇄업자 표시가 들어간 『마인츠 시편집_Mainz Psalter_』을 인쇄했기 때문이다. 그러나 출판사의 현대적인 모델을 훨씬 분명하게 보여주는 인물은 알두스 마누티우스다. 그는 1490년대와 1500년대 초에 베네치아에서 상당한 규모로 출판업을 운영하면서 타이포그래피와 편집, 책 자체의 형태에 다수의 혁신을 추구해 시장 주도적이고 기술 진보적인 출판사를 개척했고 그 모델은 5세기 후에도 출판업자들에게 계속 영감을 주고 있다.

알두스는 원래 학자이자 개인지도 교사였다. 15세기 후반에 이탈리아에서는 특히 1453년 콘스탄티노플 함락 후 그곳에서 탈출한 학자와 귀족들에 의해 베네치아를 비롯한 항구도시들에 고전 필사본 수집품이 유입됨으로써 고전학과 인문학이 번성했다. 학문적으로 풍요로웠던 그 시기에 알두스는 이탈리아 귀족의 아들들에게 라틴어와 특히 그리스어를 가르치면서 성장했다. 그가 인쇄업에 종사하게 된 정확한 이유는 분명하지 않지만 1490년대 초에 베네치아로 갔고 인쇄업자 안드레아 토레사니(Andrea Torresani)와 함께 일하기 시작했다. 1494년부터 그가 사망한 1515년까지 알딘 출판사는 그리스어 책 최소 39권, 라틴어 50권 이상, 다수의 당대 이탈리아 작품을 발행했다. 그의 출간 목록은 고전 문헌, 철학, 신학, 문법 교본 등 다양했으며 아리스토텔레스, 소포클레스, 헤로도토스 등 오늘날 고전이라고 할 만한 다수 작품의 초기 판본 혹은 최초판이 포함되었다. 학자와 학생을 위해 특별히 만들어진 그 판본들은 일반적으로 난외주나 해설

없이 연구용으로 세심하게 편집되었다. 알두스의 책들은 대개 1,000부 이상 발행되었다(Lowry 1979).

알두스가 이룬 기술 혁신은 편집과 디자인(그는 세미콜론의 초기 발달에 공헌했다), 타이포그래피(알딘 출판사는 4종의 그리스 활자와 오늘날까지도 모방되는 영향력 있는 로마 활자체 다수를 제작했고 그가 인쇄한 판본은 동시대 인문주의자들의 필체를 흉내낸 이탤릭체의 사용을 선도했다)까지 다양하다. 하지만 그의 가장 유명한 업적은 8절판(octavo)을 대중화한 것이다. 8절판은 작은 포켓 사이즈 형식으로 휴대가 간편해서 독서와 공부 관습이 도서관과 필경실을 나와 공공 및 가정의 영역까지 들어가게 해주었다. 포켓 사이즈 책의 광범위한 유통이 시사하는 바는 오늘날 모바일 인터넷으로 연결된 기기의 보편화로 '데스크톱 패러다임'이 종식된 변화와 다르지 않다. 알두스가 일으킨 혁신은 새로운 출판업자의 자화상을 보여준다. 그는 독자와 시장의 필요와 욕구를 충족시키기 위해 사업과 상품의 다양한 측면을 맞춤화했고 무엇보다 책을 통해 독자와 시장을 직접 개척했다.

알딘 출판사를 통해 기술과 기술혁신을 활용하여 그전까지는 불가능했던 규모로 관객과 대중에게 서비스를 제공하는 출판업자의 모델이 나타나기 시작했다. 글쓰기 규모의 확장과 함께 현대적이고 산업화된 출판 경영의 여러 사안도 등장하게 되었다. 자본 접근, 재고관리, 노동관계, 유통과 마케팅이다.

기계화와 규모의 경제

몇십 년 만에 유럽 전역으로 퍼져나간 구텐베르크의 활자는 페이지에 담긴 글자를 대량생산하는 글쓰기의 기계화 수단을 제공했다. 하지만 그것은 다른 많은 것을 기계화해주지는 않았다. 당시의 단순한 인쇄기로 페이지의 대량생산이 가능했기에 책과 소책자의 생산이 다량으로 이루어질 수 있었지만 여전히 그것은 노동집약적인 과정이었다. 그러나 아무리 느리고 힘들었다고 해도 초기의 인쇄는 당시 여전히 지배적이었던 전통적인 수공예 생산과는 질적으로 다른 생산 방식을 보여주었다. 인쇄기를 통한 대량생산으로 인쇄업자와 출판업자는 개별 제품이 아닌 대규모의 측면에서 생산비용을 생각하게 되었다.

산업혁명은 '규모의 경제'라는 사상에 바탕을 두었다. 예를 들어 가구 제작 같은 순수한 수공예 공정은 몇 개를 만들든 시간과 노동 측면에서 하나하나에 똑같은 비용이 들어간다. 똑같은 가구 열번째의 제작비는 백번째와 똑같다. 규모에 경제적 우위나 효율성이 없다. 하지만 초기의 인쇄가 증명하듯 기계화된 산업 생산에는 규모가 클수록 효율성이 따른다. 한 페이지를 조판하고 잉크를 묻히고 종이를 넣는 데는 시간, 노동, 재료의 측면에서 상당한 비용이 들어간다. 그렇지만 똑같은 페이지를 다시 인쇄하는 데 드는 비용은 훨씬 적을 것이다. 제품 한 단위를 추가로 생산하는 데 드는 총비용의 증가분 또는 한계비용은 급격히 감소한다. 그뿐만 아니라 인쇄 부수가 늘어날수록 단위원가, 즉 한 페이지에 드는 평균 비용이 실질적으로 감소한다. 1,000부의 단위원가는 100부의 단위원가보다 훨씬 낮다. 첫 페이지를 준비하는 데 드는 매몰 비용이 전체 인쇄 단위에 걸쳐 상각되기 때문이다. 따라서 인쇄업자가 인쇄한 1,000부를 전부 판다면 이윤을 얻을 수 있다.

오늘날 우리는 규모의 경제법칙이 거의 모든 것을 지배하는 세상에 살고 있다. 예를 들어 휴대전화와 가전제품은 단위원가를 줄여 이윤을 높이기 위해 수천만 대가 한꺼번에 생산된다. 아이폰 같은 제품을 한 번에

1,000개 정도만 생산한다면 단위원가가 매우 높아 시장 출시가 불가능할 것이다. 하지만 이 모델의 기본 논리는 구텐베르크와 그의 후계자들에 의해 고안된 것이다. 그리스어와 라틴어 작품 시장을 개척하기 위한 알두스의 노력은 한 번에 1,000부씩 인쇄하는 것뿐만이 아니었다. 독자(즉 구매자)와 책을 대량으로 유통하고 판매할 수 있는 중간자와의 네트워크를 구축하는 일도 필요했다. 당시 베네치아가 주요 무역항이었다는 사실도 도움이 되었다. 독자가 누구이고 그들이 어떤 책에 매력을 느끼는지 세심하게 고려한 것이 알두스의 성공 열쇠였다. 소포클레스의 『7대 비극』을 1,000부 인쇄하고서도 때맞춰 전부까지는 아니라도 대부분을 유통하고 판매하지 않는다면 파산으로 가는 지름길일 것이다. 대량생산에는 일반 대중과 그들에게 제품을 제공하는 수단도 필요하다.

구텐베르크 또는 알두스의 방식에서 순수하게 기술적인 요소들은 소수에 불과하다. 금속공학을 이용한 활자 생산, 활자를 행과 페이지에 배치하는 목제와 금속 틀의 단순한 시스템, 유성잉크와 표준규격 종이 제작법(또는 구매), 페이지에 잉크를 바르는 압축기 등이 거기에 포함된다. 물론 이것은 책의 일부분에 불과하다. 책은 취합해서 제본해야 하고 재고 목록을 작성해야 하며 유통과 판매 체계를 조직하고 재고를 유통하고(또다시 정리하고) 좋은 책이 출판되었다는 것을 독자들에게 전달해야 할 필요도 있다. 이러한 조각 중 하나라도 실패하면 출판사는 급격히 손해를 보기 시작할 것이다. 전체 시스템의 구성과 제어는 눈에 잘 띄지 않아도 성공에 매우 중요한 역할을 한다.

실제로 초기 출판 시스템에는 기술 측면에서 적어도 세 개의 층이 있다. 우선 대부분 인쇄실 자체에서 발견되는 산업 제조업의 드러나는 '기술'이 있다. 둘째, 편집과 조판부터 취합, 제본뿐만 아니라 완성된 책의 운송,

입고, 판매까지 매우 많이 드러나는 수공예의 측면이다. 셋째, 책을 대규모로 시장에 내놓기 위해 필요한 노동과 돈, 사회적 자본의 네트워크 조직이다.

따라서 기술은 잉크, 종이, 페이지 같은 물리적인 것을 만드는 효율적인 방법에서 지극히 일부분을 차지할 뿐이다. 물건이나 사람을 조직하는 방법도 큰 부분을 차지한다. 표준화는 그 작업의 중요한 측면이다. 구텐베르크의 가장 큰 업적은 압축기에 완벽한 행으로 깔끔하게 들어맞는 개별 활자를 생산한 몰딩 장치를 만든 것이다. 구텐베르크의 활자는 아마도 '교체 가능한 부품'의 가장 초기 사례라고 할 수 있을 것이다. 교체 가능한 부품은 나중에 공장제 생산의 특징 중 하나가 되었다. 표준화된 부품들은 보편적이고 정규화된 생산공정에서 함께 조립된다. 기계화는 표준화를 요구하지만 산업 생산에는 노동과 역할의 표준화 역시 필요하다. 실제로, 일각의 주장처럼 산업 생산은 표준화된 노동, 즉 인력의 표준화를 필요로 하므로 인간을 기계화 과정의 일부로 만든다. 그것이 노동과 노동관계에 끼치는 영향은 엄청나다.

산업화: 더 낫게 더 빠르게 더 싸게

요하네스 구텐베르크와 알두스 마누티우스 같은 초기 인쇄업자-출판업자들이 활용한 인쇄 과정은 기계화라는 핵심을 다수의 수공예와 노동이 둘러싼 구조였다. 출판 기술은 뒤이은 네 세기에 걸쳐 더 빠르고, 더 저렴하고, 더 일관된 생산을 위하여 노동집약적인 부분에 하나씩 기계화가 이루어진 과정이었다.

제지 공정은 집중적인 수공예 작업에서 점차 기계화된 거대한 종이 공장으로 바뀌었다. 19세기에 완전히 기계화된 롤러 기반의 푸어드리니어 (Fourdrinier) 기계가 개발되었고 종이 '망(web)'의 연속 생산으로 전체적인 생산 속도와 효율성이 크게 향상되었다. 이 종이 생산 모델은 오늘날에도 수공예 제품 틈새시장에서 여전히 활용된다.

개선된 압축 인쇄기는 종이가 압축기에서 이동하는 더욱 효율적인 방식과 종이에 잉크를 옮기는 더 나은 방법이 합쳐져 이루어졌다. 처음에는 수직으로 작동하는 포도즙 압착기 대신 증기로 움직이는 철제 압착기를 사용했고 나중에는 롤러로 연속적인 종이 '망'을 잉크 묻은 표면과 접촉하도록 움직이는 방법이 사용되었다. 19세기 초에 석판인쇄가 등장해 '돌을 새김'한 금속활자 기법을 대체했다. 잉크가 건조한 특수 표면에 달라붙는 석판인쇄는 그 표면이 처음에는 돌, 즉 '석판'이었고 나중에는 얇은 알루미늄 인쇄판으로 바뀌었으며* 삽화를 텍스트와 함께 인쇄할 수 있었다. 이후 19세기에 개발된 '오프셋' 인쇄는 잉크를 인쇄판에서 고무 롤러로 옮기고 거기에서 종이로 옮기는 덕분에 잉크 작업의 제어력과 정확성이 현저히 향상되었다. 오늘날의 상업용 인쇄는 '오프셋 석판인쇄'가 지배적이며 초기 인쇄업자들은 상상도 할 수 없던 속도와 생산 규모로 확장되었다.

그러나 금속활자는 계속 인쇄 과정의 토대였고 20세기 중반에 이르러서야 조판과 제판(platemaking, 인쇄용 판을 만드는 것-역주)이 사진 방식에 자리를 내주었다. 사진 방식은 활자 이미지를 필름에 누출시키고 네거티브

---

* 가장 초기의 금속 인쇄판은 인쇄판 틀을 이용해 구리로 전체를 주조해서 만들었다. 그렇게 만든 구리판은 몇 번이고 다시 사용할 수 있었고 작업마다 반복적으로 사용되는 인쇄물에 특히 유용했다. 이 '정형화(stereotyping)' 기법은 아무 고민 없이 반복되는 생각을 뜻하는 단어가 되었다. 같은 의미의 프랑스어 '클리셰(cliché)'는 주조 과정에서 나는 소리에서 유래한다!

필름을 이용해 광화학적으로 인쇄판을 만들었다. 사진 공정은 수많은 암실 기법으로 인쇄 과정의 유연성을 크게 향상시켰다. 1970년대에는 레이저 빔이 감수 표면(receptive surface)에 이미지를 그리는 레이저 기반(복사기) 기술이 사진 과정에 결합되었다. 그 결과로 나온 '필름 출력기(imagesetter)'가 네거티브 필름에 고품질의 컴퓨터 생성 이미지를 만들었고 그것으로 인쇄판을 만들 수 있었다.

수 세기 동안 수공예 집약적 맞춤 공정이었던 바느질 제본 방식은 그 자체가 19세기에 혁명을 겪게 되었다. 특수 설계된 압축기의 판 위에 마름질한 천을 쭉 펼쳐놓음으로써 공정의 기계화가 이루어졌을 뿐만 아니라 제본과 표지도 인쇄 가능한 표면으로 바뀌어 텍스트와 삽화를 넣을 수 있었으므로 책의 식별과 광고가 가능해졌고(Lundblad 2015) 제본이 단순히 인쇄 이후의 작업이 아니라 출판 과정의 핵심 부분으로 자리잡았다.

이러한 다양한 공정의 기계화는 출판업자와 인쇄업자에게 지대한 영향을 미쳤다. 효율성이 크게 향상되었는데 특히 규모의 효율성이 크게 개선되었고(인쇄 발행 부수의 증가로 단위원가 급감) 이제는 출판산업 자체가 숙련된 장인이 아닌 산업 노동에 의존하게 되었다. 이러한 규모의 확장 덕분에 인쇄가 저렴해졌고 책과 잡지, 신문, 그리고 다른 인쇄물의 종류와 접근 범위도 커졌다.

활자의 기계화에서 단어의 디지털화로

19세기 말에도 여전히 힘든 수공예와 결합되어 있던 인쇄 기술의 마지막 주요한 조각은 조판이었다. 구텐베르크가 1450년대에 사용한 공정과 마찬가지로 활자 통(문자 그대로 윗칸UPPER CASE과 아래칸lower case)에서 개별 활자를 수작업으로 직접 골라내 식자용 스틱에 하나씩 짜넣은 다음에 갤리로 옮겼다. 몇백 년 동안 그렇게 기계화를 거스르는 느리고 힘든 작업이 이루어졌다.

1890년대에 두 가지 시스템이 거의 동시에 등장하면서 마침내 변화가 일어났다. 한 번에 활자 한 줄을 주조하는 라이노타이프(Linotype) 기계와 개별 활자를 순서대로 주조하는 모노타이프(Monotype) 기계였다. 두 기계 모두 식자 조판공이 금속활자를 직접 다루지 않고 키보드에서 작업하는 것이었다. 두 기계 모두 활자를 '때맞춰' 주조하므로 '핫 메탈(hot metal)' 조판의 보기라고 한다. 두 시스템 모두 조판 속도를 크게 향상하고 인쇄산업을 변화시켰다(Brewer 1971: ch. 7). 그러므로 둘의 차이를 한번 살펴보는 것이 좋겠다.

독일계 미국인 오트마르 머건탈러(Ottmar Mergenthaler)가 개발한 라이노타이프는 공학적으로 매우 놀라운 기계였다. 토머스 에디슨이 그것을 '세계 8대 불가사의'라고 한 것은 유명하다. 스팀펑크 시대의 교회 오르간처럼 생긴 라이노타이프는 키보드와 금속 주조 시스템, 건반 같은 청동 '매트릭스' 시계 조립품으로 구성된 훌륭한 기계였다. 키보드의 건반을 누르면 커다란 칸에 들어 있는 청동 매트릭스가 나왔다. 식자공이 활자를 입력하면 한 줄 전체가 준비될 때까지 매트릭스가 제자리로 미끄러져 들어간다. 단어 사이의 공간은 금속 쐐기가 조정해 행끝 맞춤이 완벽하게 이루어질 수 있었다. 한 줄 전체를 몰드에 찍고 뜨거운 금속활자를 투입했다. 몇 분 후에 기계에서 식어가는 '슬러그(slug, 텍스트의 각 행을 말한다-역주)'가 나와 갤리 인쇄 준비가 갖추어졌다. 여러 매트릭스는 각자 원래 들어 있던 칸으로 돌아갔다. 전기 모터로 움직이는 라이노타이프는 수백 개의 건반이 짤랑거리며 거의 음악처럼 리드미컬한 박자를 맞춘다. 수십 대의 라이노타이프 기계가 동시에 가동되는 대형 신문사의 조판실에서는 불협화음의 오케스트라 연주 같은 소리가 났다.

톨버트 랜스턴(Tolbert Lanston)이 개발한 모노타이프 기계는 디자인이 달랐다. 그것 역시 키보드로 움직이는 식자 조판기와 필요에 따라 활자를 만드는 주조기 부분으로 나뉜다. 두 기계는 천공 테이프 기반의 시스템을 통해 연결되었다. 테이프에 뚫린 구멍의 패턴은 키보드에 입력되는 글자의 순서를 나타낼 뿐 아니라 글자의 총 너비, 즉 한 행에서 단어 사이에 필요한 공간도 계산해주었다. 그다음에 종이테이프가 주조 기계로 들어가고 때맞춰 뜨거운 금속활자가 적당한 간격을 두고 만들어졌다. 기계가 개별 문자를 주조할 때 단순히 활자를 교체함으로써 오자를 고칠 수 있었다. 그 장점 덕분에 모노타이프 방식은 특정 인쇄(예: 책)에 유리했고 속도가 장점인 라이노타이프는 다른 부문을 장악했다(예: 신문). 두 시스템은 수십 년에 걸쳐 서로 영향을 미쳤다. 라이노타이프는 곧 종이테이프 출력에 응용되어 주로 여성으로 구성된 식자 조판공들은 인쇄 인력과 별도로 관리될 수 있었다(Cockburn 1991 참조). 노동관계의 역학은 물론이고 책의 종류와 작업 요건에 따라 식자 조판공과 주조 인원이 똑같이 필요하지 않았다.

모노타이프와 라이노타이프 방식은 1960년대와 1970년대에 컴퓨터 주도적인 사진식자 시스템이 개발되기 전까지 인쇄에 매우 활발하게 사용되었다. 핫 메탈 조판의 몇 가지 요소는 그 이후 컴퓨터 방식의 패러다임에 큰 영향을 미쳤다. 첫째는 천공 테이프, 즉 코드를 통해 시스템을 구동한다는 개념이었다. 전선을 통해 메시지를 보낸 전보와 마찬가지로 종이테이프에 새겨진 코드는 사실상 알파벳을 일련의 숫자로 만든다. 그 숫자 또는 코드는 (전선이나 테이프, 자기매체를 통해) 시간과 거리를 가로질러 전달될 수 있으며 그 형태가 키보드와 주조기 사이에서 조작, 편집될 수도 있다. 둘째,

행 너비를 계산하는 알고리즘과 측정 기준, 즉 올바른 행끝 맞춤에 필요한 공간은 그 행이 텍스트를 설명하는 숫자의 집합으로 만들어진다는 뜻이다. 첫번째는 글자 자체의 추상적 표현이고 두번째는 글자 순서에 대한 정보인 이 두 가지 시스템의 표준화는 현대 컴퓨팅의 토대였다. 스마트폰이 등장하기 전까지 거의 모든 컴퓨터 앞에 키보드가 있었다는 것은 우연이 아니다. 식자 조판 기계는 컴퓨팅 역사의 큰 부분을 차지한다.

컴퓨터 조판

식자공의 텍스트를 종이테이프에 추상적인 코드로 변환하고 나중에 종이테이프를 주조기의 인풋으로 사용할 수 있다면 컴퓨터는 텍스트의 수신인이자 주조기를 위한 원천으로 그 작업의 중간에 놓일 수 있다. 이것을 편집과 수정에 간단히 적용할 수 있을 것이다. 텍스트가 컴퓨터에 입력되면 인쇄 전에 수정, 편집, 색인화, 저장 같은 작업을 수행할 수 있다. 더욱더 광범위하게, 컴퓨터는 전체적인 조판과 구성 작업을 관리할 수 있다. 특히 1970년대에 컴퓨터 주도적인 사진식자기가 등장했을 때 그랬던 것처럼 말이다. 사진식자는 금속보다 훨씬 빠르고 융통성 있는 매개체인 빛을 이용해 사진필름에 노출한 글자의 이미지를 사용하는데, 컴퓨터로 처리하고 가속화되기에 훨씬 더 적합하다.

1970년대에 이르러 컴퓨터 주도적인 사진식자는 인쇄업에서 금속 조판을 앞지르기 시작했다. 그 결과 1960년대에 정점에 달했던(그리고 1980년대에 해산한) 미국인쇄노조(International Typographical Union)와 자본의 붕괴(머건탈러 라이노타이프 코퍼레이션Mergenthaler Linotype Corporation을 포함해 지금까지 명맥을 이어온 당시 대표적인 식자기 제조업체들은 디지털폰트를 판매하고 있다)를 가져왔다. 1980년대에 이르러 컴퓨터 주도적인 레이저 인쇄 장치가 고급 인쇄소와 사무실용 데스크톱컴퓨터를 장악했다. 어도비의 포스트스크립트 기술로 조판은 전적으로 소프트웨어에 의해 처리되고 표준화되는 작업이 되었다. 사실상 데스크톱컴퓨터와 레이저프린터는 종단 간 (end-to-end) 조판과 페이지 이미징 시스템의 일부분이 되었다. 포스트스크립트는 페이지 기반 파일 전송 및 읽기의 표준이나 마찬가지인 어도비 PDF 소프트웨어의 토대를 형성한다.

디지털 패러다임

디지털 기술의 중요성을 고려할 때는 알파벳 자체를 생각하면 유용하다. 마셜 매클루언 등이 지적했듯이 알파벳과 알파벳 문해력은 산업적인 현대성의 발달에 기본이다. 마셜 매클루언은 『구텐베르크 은하계』에서 다음과 같이 적었다. '좀더 빠른 행동과 형식의 변화(응용 지식)를 위해 모든 종류의 경험을 균일한 단위로 해체한 것은 서구 사회가 인간과 자연 모두에 힘을 발휘할 수 있던 비결이었다'(McLuhan 1962: 93). 약 3,000년 전에 페니키아인들이 발명한 이후로 계속 진화해온 음성문자가 그러한 변형에 적합한 이유는 표상의 소재(material)를 무한히 많은 방법으로 조립하고 재조립할 수 있는 단 12개의 상형문자로 줄였기 때문이다(영어는 26자 사용). 나아가 디지털 컴퓨팅은 표상의 소재를 단 두 개로 제한한다.* 숫자와 텍

---

* 어원적으로 보자면 '디지털 컴퓨팅(digital computing)'은 거의 문자 그대로 손가락으로 셈하는 것을 뜻한다. 컴퓨터는 손가락이 하나뿐이다. 수학자 앨런 튜링(Alan Turing)과 조지 불(George Boole)의 초기 이론을 합쳐 디지털컴퓨터 발달의 전환점이 마련된 계기는 1930년대에 클로드 섀넌(Claude Shannon)이 전자회로에서 2진 논리를 나타내는 명확한 방

스트뿐만 아니라 이미지, 오디오, 비디오 등 다양한 매체를 2진수 이상의 디지털 코드로 바꿀 수 있는 능력으로 우리는 사실상 거의 모든 표상을 나타낼 수 있는 마스터 코드를 만들어냈다.

1960년대 초에 영어권 국가에서 알파벳을 나타내는 표준이 된 ASCII 는 초기의 전보 코드와 모노타이프와 라이노타이프 기계에 통합된 천공 테이프 시스템의 전통에서 나온 것이다. 표준화에 힘입어 디지털컴퓨터는 계산 기계를 넘어 텍스트 처리장치가 되었다. 실제로 컴퓨터가 통신매체였던 것은 초창기로 거슬러올라간다. 1960년대 중반에 이르러 컴퓨터네트워크의 연구와 개발, 표준화 시도가 활발하게 이루어졌고 1969년에 오늘날 인터넷의 전신인 ARPAnet이 미국의 몇몇 대학 사이트들을 연결했다. 이메일이 즉각 전송되었다.

물론 표준화는 그 목적이 실현되어야만 좋은 것이다. 글로벌 컴퓨터네트워크가 진화하면서 영어 사용 세계관에 기초한 ASCII 표준(ASCII 문자 집합은 대략 미국제 타자기로 입력할 수 있는 것을 포함한다)은 다국어의 과제를 수행하지 못했다. 수십 년 동안 '대안' 및 '확장' 문자 집합이 사용되다 1990년대 후반에 알파벳뿐만 아니라 세계 각국의 문자 체계도 표현하는 새로운 표준인 유니코드(Unicode)가 확립되었다. 비록 특정 글꼴 내의 문자 지원 같은 개별적 실행에는 좀더 제한이 따르지만 유니코드는 적어도 이론적으로 12만 8,000자를 표현할 수 있으며(ASCII는 127자) 국제적인 텍스트 처리와 출판 시스템 구축을 가능하게 해주는 보다 강력한 표준이다.

법을 발견함으로써 컴퓨터에 숫자를 셀 수 있는 손가락이 생긴 것이라고 할 수 있다.

상향식과 하향식 디지털

컴퓨터는 일찍이 1960년대 중반부터 인쇄와 출판 작업에 사용되었지만 효과적인 표준이 나온 것은 훨씬 나중의 일이었다. 전자 텍스트를 입력하고 저장하고 출력 이전에 편집, 수정할 수 있는 기능은 분명히 초기의 기능들이었다. 컴퓨터시스템이 점점 더 복잡해지면서 컴퓨터의 기능은 자체적인 문서화 필요성에 주도되었다. 초기의 대표적인 예는 유닉스(Unix)였다. 유닉스는 1970년대 초에 AT&T 벨 연구소에서 개발된 다사용자 운영체제로 그후 10년 동안 사실상 전 세계 컴퓨터 과학 부서로 '유출'되었다.* 고도로 모듈화된 디자인을 자랑하는 유닉스는 구성 요소를 업그레이드하거나 추가할 수 있었다. 초기의 디자인은 시스템 자체 내에 시스템 문서를 내장하는 것이었다. 그 결과로 유닉스 운영체제는 내부 시스템 문서를 지원하는 도구('문서 작성자 워크벤치Documentor's Workbench')를 포함하게 되었다. 거기에는 텍스트 편집기, 단어 계수기, 맞춤법 검사기, 화면 읽기 도구가 있었는데 1970년대 중반에 이르러 조판 응용 시스템이 생겨 시스템 문서를 사진식자기로, 나중에는 레이저프린터로 출력할 수 있었다.

이러한 컴퓨터 주도적인 조판의 기본 전략은 텍스트 문서 내에 서식 설정 코드를 내장하는 것이었다. 이 코드는 텍스트 자체와 구별되는 특수문자 순서에 의해 식별되거나 범위가 정해졌다. 초기에는 행의 시작 부분에 마침표를 넣어 그 행의 나머지 부분에 텍스트 자체가 아닌 서식 설정 설명이 들어 있음을 나타냈다. 실제로 그런 시스템은 읽기도 편집도 상당히 거

---

* 유닉스 또는 유닉스에서 파생된 시스템은 오늘날 사용되는 대부분 운영체제의 기반으로 대다수 인터넷 호스트, 아이폰, 안드로이드, 모바일기기, 다수의 내장형 시스템 기기를 작동시킨다.

추장스러웠다. 시간이 지남에 따라 내장형 코드의 시스템과 관행은 더욱 간결해졌다. 기계 조판 코드의 복잡한 디테일이 간단한 속기로 압축된 것이다(예를 들어 BQ는 다음 인용어구가 하나의 단락으로 나타나야 한다는 들여쓰기 인용block quotation을 뜻했다). 이처럼 가능한 한 중립적이고 기기 독립적인 코딩법은 '일반 마크업(generic markup)'이라고 불리게 되었다.

1970년대에 IBM은 문서 제작 전략으로 일반 마크업을 본격적으로 채택했고 그 작업은 결국 디지털출판의 가장 중요한 표준 가운데 하나인 표준범용표시언어(Standard Generalized Markup Language, SGML)가 되었다 (Goldfarb & Rubinsky 1991). SGML은 문서 내의 문서에 관한 내장 정보 방식을 지정했다. 일반적으로 〈and〉를 구분문자로 사용했다. 이러한 구분문자로 둘러싸인 텍스트에 대한 '메타데이터'는 텍스트를 설명하는 '태그 (tag)'로 불리게 되었다. 들여쓰기 인용은 한 쌍의 〈blockquotation〉 태그로 구분할 수 있었다. 태그는 프로세싱 소프트웨어가 구분문자로 둘러싸인 텍스트의 서식을 만들도록 설명 역할을 했다. 또한 SGML은 여러 쌍의 태그가 깔끔하게 끼워넣어지도록 명시했다. 그 결과 표시된 문서를 프로세싱 소프트웨어로 분석하면 계층적 그래프, 즉 나무 구조가 생성되어 추가적인 처리 작업에 융통성이 커졌다.

SGML은 산업 문서화에 매우 유용했지만(예: 군사 및 항공우주 기업) 전통적인 출판사들에는 그렇지 않았다. 그러나 1990년대 초반에 팀 버너스리가 인터넷에서 문서에 상호 참조 표시를 할 수 있는 간단한 시스템을 개발했다. 문서에 상호 참조 데이터를 내장하는 그 시스템은 SGML을 토대로 한 것이었다. 그는 그것을 월드와이드웹(The World-Wide Web)이라고 불렀고 그의 임베딩 언어는 HTML(HyperText Markup Language, 하이퍼텍스트 마크업 언어)이라고 불리게 되었다.

처음에 조판, 인쇄에 관하여 기기 독립적으로 설계된 일반 마크업은 그 개념적 단순성 덕분에 월드와이드웹 같은 전 세계적이고 다원적인 문서 네트워크를 성장시키는 강력한 기술이 될 수 있었다. SGML 표준 자체는 1997년에 인터넷을 염두에 두고 업데이트되어 XML로 이름이 바뀌었지만 HTML 자체는 웹 언어로 남아 있으며 오늘날 가장 우세한 출판 기술이다. 말 그대로 셀 수도 없을 정도로 많은 페이지에 달하는 정보가 이 서식으로 출판된다.

위지윅(What You See Is What You Get)

거의 동시에 컴퓨터 주도적인 출판에 완전히 다른 진화가 일어나고 있었다. 1970년대에 제록스의 팔로알토연구센터(PARC)에서 앨런 C. 케이(Alan C. Kay)가 이끄는 연구팀은 '개인용' 컴퓨터 개발에 관심을 가졌다. 그들은 널리 접근 가능한 컴퓨팅 기기를 토대로 21세기의 새로운 디지털 문해력을 꿈꾸었다. 그러한 비전은 개인과 컴퓨팅 기술과의 관계가 달라진다는 것을 의미했다. '개인적이고 동적인 미디어' 역할로 인쇄 기반 미디어와 활자 문해력을 대신하는 무선 네트워크로 연결된 휴대용 컴퓨터가 필요할 터였다. 제록스 PARC는 10년에 걸쳐 수많은 신기술을 개발했다. 데스크톱 컴퓨터, 피어 투 피어 네트워킹, 객체 지향 프로그래밍, 멀티미디어 '저작 소프트웨어' 등이다. PARC가 만든 시제품 중에는 완성된 페이지를 화면에 직접 표시해주고 디자이너가 마우스와 키보드를 통해 실시간으로 조작할 수 있는 워드프로세서도 있었다.

잘 알려진 것처럼 제록스는 이러한 혁신을 시장에 도입하는 데는 실패했지만((Smith & Alexander 1988), 1980년대 초에 이르러 다른 기업들이 제록스의 기술을 활용하거나 거기에서 파생한 새로운 응용프로그램을 개발했다. 애플 컴퓨터의 스티브 잡스(Steve Jobs)는 1979년에 제록스 PARC를 방문하고 매킨토시 아이디어를 떠올렸다. PARC의 워드프로세싱 응용프로그램 개발자들은 마이크로소프트로 넘어갔다. 제록스 엔지니어였던 존 워녹(John Warnock)과 척 게스케(Chuck Geschke)는 어도비 시스템즈를 창업했다. 그 기업의 토대가 된, 화면의 페이지를 고품질 레이저프린터로 복사해주는 이미지 설명 언어 포스트스크립트는 제록스의 기술에서 파생된 것이다.

1980년대 중반에 애플의 매킨토시 컴퓨터가 출시된 후 '데스크톱 출판' 패러다임이 급물살을 탔다. 알두스 페이지메이커(Aldus PageMaker)라는 소프트웨어가 책, 잡지, 신문 제작을 위한 강력한 화면 디자인 도구를 제공했다. 1985년에 애플의 레이저라이터(LaserWriter) 프린터는 어도비의 포스트스크립트 기술을 이용해 레이저 이미징을 소비자 시장으로 가져갔다. 이 소프트웨어와 하드웨어는 1990년대 초에 이르러 충분히 발달한 상태였고 마이크로소프트 워드의 등장과 함께 출판의 지배적인 패러다임으로 자리잡았다. 인쇄업체, 특히 식자 조판소들은 변화에 적응하지 않으면 폐업할 수밖에 없는 상황에 놓였다. 실제로 출판 패러다임의 변화가 식자 조판업에 미친 영향은 대재앙과도 같았다. 매킨토시만 있으면 누구나 직접 식자와 조판을 해서 책, 잡지, 신문, 포스터 등을 만들 수 있었다. 이러한 산업 도구의 민주화를 유용한 변화로 환영하는 사람도 많았지만 타이포그래피 역사상 최악의 사건이라고 매도하는 이들도 있었다. 어도비는 서체 판매로 전향해 다양한 디지털 서체를 제공했다. 오랜 전통의 활자 주조공장들이(정말로 공장이었다!) 그런 환경에서 살아남아 경쟁할 수 있다면 운이 좋은 것이었다.

데스크톱 퍼블리싱 패러다임은 성공을 거두었음에도 불구하고 핵심적인 한계가 명확하다. 바로 인쇄 페이지다. 데스크톱 출판 소프트웨어는 종이에 잉크를 배치하는 작업에 적합하도록 맞춰져 있다. 즉 고정된 영역의 고정된 이미지인 것이다. 출판과 관객에게 다가가는 수단으로 인터넷과 월드와이드웹이 급부상했고 전통적인 페이지에는 한계가 생겼다. 온라인 영역에서는 웹 브라우저의 HTML이 지배하는 세계가 훨씬 영향력이 컸다. 어도비의 PDF 소프트웨어는 그 자체로 매우 성공적이지만 스크린 기반 세계에서 생존한 페이지 기반 미디어의 기묘한 사례다. 미디어학자 리사 기텔만(Lisa Gitelman)의 저서 『종이 지식*Paper Knowledge*』(2014)은 온라인 시대에 살아남은 PDF의 생존을 훌륭하게 추적하고 있다.

어도비의 구성 소프트웨어, 특히 인디자인(InDesign)과 일러스트레이터(Illustrator) 도구에는 웹 지향적인 기능이 점차 추가되었지만 디자이너/조판자의 손에 페이지 레이아웃이 맡겨지는 기본 전제는 계속 남았는데 온라인출판의 지배적인 경향과 다소 대립했다. 온갖 다양한 데스크톱컴퓨터와 노트북, 태블릿, 휴대폰이 자리하는 다원적 읽기 환경에서 온라인출판은 맞춤형 페이지 디자인보다 동적이고 개인적이고 템플릿 중심적인 콘텐츠 관리 시스템과의 연관성이 더 커졌다.

전자책?

디지털 텍스트와 문서가 제작되는 방식과 상관없이 디지털출판은 규모의 경제라는 산업 논리를 근본적으로 변화시킨다. 디지털 복제와 배포에는 '증분 원가'가 없다. 두번째든 천번째든 십억번째든 제품의 생산비가 사실상 0이다. 물론 정확히 0인 것은 아니다. 서버, 광대역, 전기에 비용이

들어가기 때문이다. 하지만 어쨌든 제작비가 산업 제조 환경보다 엄청나게 적다. 디지털컴퓨터와 디지털네트워크는 기술을 탁월하게 모방하고 있다. 그것들이 작동하려면 복사가 필수적이다. 물론 이것은 저작권법에 어려운 문제를 안겨주지만 구텐베르크의 혁명에 뿌리를 둔 출판산업 모델에는 더욱 곤란한 문제를 초래한다.

그럼에도 불구하고 전자책은 적어도 1990년대부터 대중의 상상력을 사로잡았고 일종의 개념적 필연성으로 존재한다. 디지털음악, 디지털비디오가 등장한 것처럼 디지털 책과 잡지도 당연히 나와야 했다. 2007년에 아마존이 킨들을 출시하면서 정말로 전자책이 시장에 나왔다. 전자책은 미래의 독자들이 종이 대신 전자제품을 사용하게 되리라는 기대를 어느 정도 충족시켰다.

하지만 전자책은 종이책과 거의 똑같은 방식으로 마케팅과 판매가 이루어진다. 가격은 더 낮게 책정되지만 그렇다고 엄청나게 저렴하지는 않으며 종별로 판매된다. 전자책의 시장 성과는 여전히 판매 단위로 계산되며 작가들에게 지급되는 저작권료의 기준도 종이책과 거의 비슷하다. 중량이 없다는 것을 제외하고 21세기 초의 전자책에는 디지털제품이라고 할 만한 표시는 거의 없다. 오히려 전자책은 종이책과 가능한 한 비슷하게 디자인되는 듯하며 특히 판매 경로를 이동하는 방식이 그러하다(Rowberry 2015). 우리는 출판의 경제모델을 완전히 바꾸는 기술이 출판에 엄청난 파괴를 일으키리라고 생각했지만 지금까지 디지털도서에 일어난 일들은 커다란 디지털 흐름에서 일종의 '작은 회오리'이자 인쇄 시대 양식의 흥미로운 유물로 보인다. 전자책의 생태계는 아마존 킨들(전자책 단말기, 앱, 서점, 출판 경로)이 지배하지만 규모가 훨씬 작은 다수의 경쟁자들(예: 코보)에 의해 일반적인 형태로 반복되며 주변부에는 애플(아이패드와 아이북스가 상위의 미학을 정의하는 듯하다)과 2011년 기준으로 광범위한 도서 스캔 프로젝트가 무산된 구글 같은 기업들이 있다(Somers 2017). 개방적인 월드와이드웹은 마치 거대한 트럭처럼 저널리즘부터 온라인 만남까지 서양 문화를 휩쓸고 나아갔지만 그에 비하면 전자책은 출판사에 되도록 교란을 일으키지 않도록 고안된 듯하다(Bjarnason 2013).

그러나 디지털 기술은 책 판매에는 급격한 파괴를 일으켰다. 특히 아마존은 거의 혼자서 책 판매에 혁명을 일으켰다. 한편으로 아마존은 종이책과 전자책을 모두 포함해 전 세계 책 판매량의 과반수를 차지했고 또 한편으로는 서점의 개념 자체를 바꿔 서점을 수십억 달러 규모의 인터넷 서비스 기업의 최전방으로 만들었다. 아마존은 전자상거래, 메타데이터, 재고 관리, 특히 고객 관계 관리(CRM) 분야를 거의 독식하고 있으며, 어디에나 있고 쉽게 확장 가능한 디지털 기술과 관련해 현대 자본주의의 거의 모든 측면을 개편함으로써 비즈니스의 법칙을 새로 쓴 혁신적인 기업이다. 아마존의 성장률과 시장 지배력은 온라인 소매업 경쟁자들뿐만 아니라 그 공급자, 즉 출판산업에 대한 전통적인 사고방식을 대부분 거부할 정도로 앞질렀다. 전자책은 아마존의 사업 전체에서 일부분처럼 보일 정도다. 전자책은 재고 비용을 줄이는 방법이자 고객의 충동 구매 욕구를 충족시키는 방법이지만 아마존을 수억 명의 미디어(그리고 물리적 상품) 소비 생활 한가운데에 놓아주는 장기적인 고객 관계 전략의 한 접점이기도 하다. 아마존에게 디지털 기술은 책이 만들어지거나 읽는 방법을 바꾸는 수단이 아니었다. 오히려 디지털은 제품과 상관없이 고객과의 관계를 근본적으로 변화시키는 수단이다.

2017년 현재, 전자책은 전통적인 종이책 시장을 크게 위협하지 않는 것으로 보인다. 종이책의 판매 수치는 확연하게 증가하지 않지만 전자책의 등장에도 고유한 판매량을 유지하는 듯하다. 가격의 경우, 출판사들은 전자책이 초래할 수 있는 가격 하락의 압박을 오랫동안 걱정했지만 출판사들의 전략적이고 구조적인 다양한 움직임 덕분에 탄력성의 신호가 나타났다. 하지만 전통적인 출판과 시장을 벗어난 (아마존이 지배하는) 전자책 부문에서 거대한 시장이 새롭게 등장하고 있다는 증거가 있다.* 현재 주로 장르소설(로맨스, 미스터리, 공상과학소설) 부문에서 아마존을 통한 자가(독립) 출판으로 책을 독자에게 직접 판매하는 작가들이 급증한 것으로 보인다. 구체적인 자료가 없어 이 '그림자 시장'의 규모와 형태를 확실히 파악할 수 없지만 실행 가능한 대안적 도서 시장이 전자책 생태계에 나타난 것으로 보인다. 책 시장이 한쪽은 전통적인 출판사로, 다른 쪽은 독립 출판 작가로 갈라질 가능성은 산업 관찰자들과 이론가들에게 매혹적인 질문을 던진다!

자기 조직적인 책 시장의 동향이 어떠하든, 작가가 직접 킨들 스토어에 텍스트를 업로드하는 편리한 자가출판 메커니즘을 제공하는 것이 이 시장이 발전하고 지속할 수 있는 핵심 열쇠라는 사실은 자명하다. 책이 어떻게 만들어지고 누구에게 팔리는지에 대해 아마존이 불가지론적 태도를 보인다는 사실은 아마존이 무엇보다 플랫폼 기업이며 온라인 서점은 부차적일 뿐이라는 것을 증명한다. 아마존은 디지털 읽기 시스템보다 물리적 제품(식료품 포함)을 배송하는 자동 드론 개발에 훨씬 더 관심이 많은 듯하

---

* 전자책 판매 데이터는 찾아보기 어려운 것으로 악명 높은데, 부분적으로 아마존 같은 주요 업체들이 종이책 출판사들이 그래온 것처럼 데이터를 널리 공유하려는 동인이 없는 탓이다. 따라서 전자책의 동향을 확실하게 판단하기는 어렵지만, 자가출판 개인 작가들로부터 판매 데이터를 수집할 목적에서 크라우드펀딩으로 만들어진 웹사이트 authorearnings.com은 전자책의 상당한 시장점유율과 가격, 판매 추세를 집계한 통계를 제공한다. http://authorearnings.com

다. 사실상, 아마존은 여전히 우선적으로 인터넷 서비스 기업이다. 2017년까지 아마존은 전 세계의 광범위한 고객과 기업, 정부에 웹 기반 인프라를 판매하는 세계 최대 클라우드 컴퓨팅 서비스 기업이었다.

이러한 견해에 따르면 전자책은 책을 위한 혁명도 아니고 기존의 문해력에 위협이 되지도 않는다. 오히려 아마존 같은 기업들에게 종이책과 전자책은 단지 수억 소비자를 위한 일반적인 서비스 플랫폼이 되려는 훨씬 커다란 시도의 일부분일 뿐이다.

출판은 단순히 책 사업으로 축소할 수 없고 출판 기술도 단순히 전자책으로 축소할 수 없다. 이 시대에 출판 기술을 바라보는 훨씬 넓은 관점은 바로 디지털미디어가 관련 공동체의 집합과 유지를 어디에서 가능하게 하는지 살펴보는 것이다. 그것도 불과 한 세대 전에는 상상조차 할 수 없었던 규모와 속도로 말이다. 네트워크 이론가 요하이 벤클러(Yochai Benkler 2002)는 디지털매체의 경우 사회조직의 많은 '거래 비용'이 거의 0에 가깝게 떨어진다고 지적했다. 미디어 이론가 클레이 셔키(Clay Shirky 2008)는 한 단계 더 나아가 온라인에서 새로운 공동체, 즉 관객과 대중이 발달한 것이 그 결과라고 설명한다. 따라서 디지털미디어는 산업 기술과는 다른 방식으로 '규모의 경제'를 촉진한다. 확장을 가능하게 하지만 소규모의 자기 조직화 형태도 허용한다.

이러한 면에서 월드와이드웹은 이 시대의 출판에서 가장 흥미로운 측면이다. 대규모의 글로벌 활동과 소규모의 자기 조직화 행동을 촉진한다는 점에서 인터넷은 틀림없이 이 시대의 중요한 출판 기술이다. 비록 대부분은 책, 잡지, 산업 출판 형식과 큰 관련이 없다 하더라도 그렇다. 오늘날 보편적인 웹 기반 기술은 거의 모든 산업과 사회 영역에 인쇄보다 더 구석구석 침투해 있다. 그 모든 활동을 어떤 의미에서 '출판'이라고 할 수 있다.

디지털미디어 기술이 전통과의 단절이라고 생각한다면 출판이 항상 기술적인 행위였다는 사실을 기억해야 한다. 기술적인 수단을 통해 관객, 즉 대중을 확장하는 것이야말로 항상 출판의 '가장 우월한 기능'이었다. 오늘날 출판산업은 대단한 혁명보다는 여러 가능성이 꽃피우는 모습을 보여주고 있다. 종이책은 수 세기 동안 그랬던 것처럼 계속 대중에게 다가간다. 정기간행물은 여전히 매일, 매달 수백만 명의 관심사를 반영하고 정의하는 반면 인터넷과 월드와이드웹에는 무수히 많은 새로운 채널과 형식, 장르가 가득하다. 전자책과 온라인뉴스 출처처럼 우리가 아는 기존의 인쇄양식과 흡사한 것도 있고 '출판'의 의미에 도전하는 낯선 것들도 있다. 출판을 현대 자유주의 문화의 인프라라고 매우 광범위하게 정의한다면 출판과 '첨단기술'과의 오랜 관계는 매우 견고해 보인다.

참고문헌

Benkler, Yochai (2002). 'Coase's Penguin, or, Linux and "The Nature of the Firm"', *Yale Law Journal*, 112(3). pp. 369 – 446. http://www.jstor.org/stable/1562247

Bjarnason, Baldur (2013). 'Which Kind of Innovation?', *Baldur Bjarnason's Notes* (blog), 3 May 2013. https://www.baldurbjarnason.com/notes/the-ebook-innovation/

Brewer, Roy (1971). *An Approach to Print: A Basic Guide to the Printing Processes*, London: Blandford Press.

Brokaw, Cynthia and Peter Kornicki, eds (2013). *The History of the Book in East Asia*, Farnham: Ashgate.

Callon, Michel and Bruno Latour (1981). 'Unscrewing the Big Leviathan: How Actors Macro-Structure Reality and How Sociologists Help Them to Do So', in *Advances in Social Theory and Methodology: Toward an Integration of Micro- and Macro-Sociologies*, Karin Knorr-Cetina, Aaron V. Cicourel 편집, Boston: Routledge & Kegan Paul.

Cockburn, Cynthia (1991). *Brothers: Male Dominance and Technological Change*, London: Pluto Press.

Eisenstein, Elizabeth (2011). *Divine Arts, Infernal Machine: The Reception of Printing in the West from First Impressions to the Sense of an Ending*, Philadelphia: University of Pennsylvania Press.

Gitelman, Lisa (2014). *Paper Knowledge: Toward a Media History of Documents*, Durham, NC: Duke University Press.

Goldfarb, Charles and Yuri Rubinsky (1991). *The SGML Handbook*, Oxford: Oxford University Press.

Houston, Keith (2016). *The Book: A Cover-to-Cover Exploration of the Most Powerful Object of Our Time*, New York: WW Norton.

Lowry, Martin (1979). *The World of Aldus Manutius: Business and Scholarship in Renaissance Venice*, Ithaca, NY: Cornell University Press.

Lundblad, Kristina (2015). *Bound to Be Modern: Publisher's Cloth Bindings and the*

Material Culture of the Book 1840-1914, New Castle, DE: Oak Knoll Press.

McLuhan, Marshall (1962). *The Gutenberg Galaxy*, Toronto: University of Toronto Press.

McLuhan, Marshall (1965). *Understanding Media: The Extensions of Man*, New York: McGraw-Hill.

Meggs, Philip B. and Alston W. Purvis (2004). *Meggs' History of Graphic Design*, 4th edition, Hoboken, NJ: John Wiley and Sons.

Mumford, Lewis (2010 [1934]). *Technics & Civilization*, Chicago: University of Chicago Press.

Rowberry, Simon Peter (2015). 'Ebookness', *Convergence*, July 2015. https://doi.org/10.1177/ 1354856515592509

Schafer, Joseph (1926). 'Treasures in Print and Script', *Wisconsin Magazine of History*, September 1926.

Shirky, Clay (2008). *Here Comes Everybody: The Power of Organizing Without Organizations*, Harmondsworth: Penguin.

Smith, Douglas K. and Robert C. Alexander (1988). *Fumbling the Future: How Xerox Invented, Then Ignored, the First Personal Computer*, New York: Morrow.

Somers, James (2017). 'Torching the Modern-Day Library of Alexandria', *The Atlantic*, 20 April 2017. https://www.theatlantic.com/technology/archive/2017/04/the-tragedy-of-googlebooks/523320/

White, Eric Marshall (2018). *Editio Princeps: A History of the Gutenberg Bible*, London/Turnhout: Harvey Miller Publishers.

21장

출판 마케팅

앨리슨 베이버스톡(Alison Baverstock)

서론

출판 경영에서 마케팅과 홍보는 오랫동안 부차적인 역할을 했다. 편집자들이 최고의 자리에서 출판사와 출판 도서의 비전을 모두 이끌었다. 하지만 이제는 아니다. 마케팅과 대중적인 포지셔닝이 책의 성공에 매우 중요해졌고 조직의 방향이나 출판 관련 의사결정에서 마케팅 담당자들의 영향력이 커지고 있다. 마케팅 범위도 넓어졌다. 이제 마케팅은 기존 고객들에게 새로운 출판 상품과 서비스를 알리는 것뿐만 아니라 습관 때문이건 낮은 문해력 때문이건 책을 읽지 않는 이들까지 포함해 책과 독서 시장을 넓히고자 한다.

그러나 마케팅을 추구하는 방식에는 변화가 생기고 있다. 예전부터 출판사들은 마케팅과 홍보(publicity)의 균형을 맞춰야만 했다. 비공식적으로 전자는 유료이고 후자는 무료라는 차이로 정의하지만 디지털마케팅과 소셜 미디어 같은 새로운 도구의 등장으로 그 경계가 점점 모호해졌다. 전통적인 작가와 독자 사이의 매개적 메커니즘(유력 언론매체의 서평과 발췌 연재)이 시장에 정보를 제공하는 새로운 방식의 등장으로 바뀌고 있다. 신문 판매량 감소와 책 블로거 및 소셜 미디어 '친구들'이 부상함에 따라 새로운 정보 제공 방식의 중요성은 더욱 커지고 있다. 이 장에서는 클레어 스콰이어스의 말처럼 정말로 마케팅이 '현대 문헌을 탄생시켰는지' 살펴볼 것이다. 그 과정에서 중요한 추세를 살펴보고 세계적으로 가동되는 연구와 실행의 원칙을 파악하고 마지막으로 출판산업의 상품과 서비스 마케팅의 미래를 예측한다.

출판산업 내 마케팅의 공식화

발달 척도로서의 산업 프로세스를 중심으로 출판에 따르는 활동을 계획하는 마케팅은 비교적 느리게 등장했다. 일관적인 참고점인 스탠리 언원의 『출판의 진실』(1926년 초판 발행)에는 오늘날 '마케팅'이라고 이름 붙일 수 있는 다양한 측면이 설명되지만 정보가 챕터마다 나뉘어져 있다. 조직 간 개입이 강조되나 일반적으로 확립된 마케팅 부서 구조는 강조하지 않는다. 『작은 출판사들을 위한 마케팅*Marketing for Small Publishers*』은 '책의 출판을 다루는 책이 너무 적다는 것은 이상한 모순'이라는 논리에서 출발했다(Smith 1980: 1).

출판 마케팅의 광범위한 이해를 돕기 위해 전문 서적이 아닌 일반 서적들이 사용되었다(예: 마케팅은 Kotler 1967, Baker 1985, 조직 행동은 Mullins 1985, Buchanan & Huczynski 1985). 제품, 가격, 프로모션, 장소로 이루어진 마케팅 믹스의 개념, 비슷한 필요를 가진 고객 집단으로 시장을 세분화하는 과정, 장기적으로 긍정적인 결과로 이어질 가능성이 가장 큰 고객층 겨냥, 유의미하고 매혹적인 포지셔닝 전략 수립 등은 모두 출판에서 이루어지는 작업에 관한 생각을 명확히 해주었다. 마케팅과 그 하위 분야에 대한 코틀러(Kotler)의 설명은 주로 관리자들이 고객의 지지를 확보하기 위해 무엇을 해야 하는지, 즉 밀기 접근법(push approach)에 초점을 맞추었다. 베이커(Baker)는 6년간(1958-64) 철강 제품을 판매한 경험으로 고객에게 무엇을 해주느냐가 성공을 좌우한다는 확신을 얻었고(당기기 접근법pull approach) 그것은 1970년대 '관계 마케팅'의 기초가 되었다. 코틀러는 경쟁적 교환(competitive exchange)의 확보에 관심을 가졌는데 그것은 패자가 존재한다는 것을 암시했다. 하지만 베이커가 해석한 개념은 마케팅이 '상호간에 만족스러운 교환 관계', 혹은 '윈윈' 결과와 관련있다는 것이었다(Baker 1976). 특히 이것은 책 시장에 적합했다. 일반적으로 책은 제품 구매가가 낮으므로 개별 상품에 대한 즉각적인 구매자를 확보하고 그들을 관련 제품의 장기 구매자로 전환하는 것이 마케팅의 목표이기 때문이다.

이처럼 일반 마케팅 문헌이 출판 마케팅에 대한 인식을 발달시키고 구매자의 공통점 탐구를 돕는 한편, 대학에서는 출판 교육이 발달함에 따라 구체적인 책 산업 연구가 급증했다. 책 마케팅 분야에 종사하거나 지원하는 사람들을 위해 『도서 출판 속으로*Inside Book Publishing*』(Clark 1988)와 『책을 마케팅하는 방법*How to Market Books*』(Baverstock 1990)이 차례로 출간되었는데 대학 교재로의 판매 가능성이 커지자 용도가 바뀌었다. 리넷 오언의 『권리 판매*Selling Rights*』(Owen 1991) 초판이 출간된 후 1997년에 클라크의 『출판 계약: 선례집 *Publishing Agreements: A Book of Precedents*』(Clark 외 2007)이 나왔다. 1994년에 출간된 길 데이비스(Gill Davies)의 『출판 의뢰와 획득*Book Commissioning and Acquisition*』(Davies 2004)과 캐럴 블레이크

(Carole Blake)의 『피칭에서 출판까지 From Pitch to Publication』(Blake 1999)에 이어 토머스 울(Thomas Woll)의 『영리를 위한 출판 Publishing for Profit』(Woll 1999)도 나왔다. 클레어 스콰이어스의 『마케팅 문헌: 영국 현대문학의 역사 Marketing Literature: The Making of Contemporary Writing in Britain』(Squires 2007) 는 일련의 사례 연구를 토대로 출판에서 마케팅의 의미를 심사숙고했다. 폴 리처드슨(Paul Richardson)과 그레이엄 테일러(Graham Taylor)의 『영국 출판산업 안내서 A Guide to the UK Publishing Industry』(Richardson & Taylor 2008), 존 B. 톰프슨의 『디지털 시대의 책: 영국과 미국의 학술 출판 및 고등교육 출판의 변천사 Books in the Digital Age: The Transformation of Academic and Higher Education Publishing in Britain and the United States』(2005)는 마케팅 의 역할을 출판 프로세스의 중심으로 강조했다. 『문화 상인 Merchants of Culture』(Thompson 2010)은 '판매와 마케팅'을 출판산업의 6가지 핵심 프로세스 중 하나로 규정했고 『도서 출판 속으로』의 개정판에서 저자들은 가장 개정이 필요한 것은 바로 마케팅을 다루는 챕터라고 주장했다(Clark & Phillips 2015)*. 스미스(Smith)가 식별한 '회고록의 작지만 꾸준한 흐름'에는 책이 든 여행용 가방을 들고 서점을 순회하는 것(Hill 1988), 새로운 장소가 판매에 끼치는 영향(Morpurgo 1979; Lewis 2005) 등 판매 과정에 대한 개별적인 회상이 포함되었지만 전반적으로 출판산업의 고유한 마케팅 접근법을 확인해주었다. 그러나 출판에서 마케팅이 성장함에 따라 심리학, 사회학, 창조경제학 등 다른 분야의 사상이 침투했다. 대니얼 보즈웰(Daniel Boswell 2017)과 스티비 마스덴(Stevie Marsden 2017)은 여러 분야가 합쳐진 방식의 장단점을 분석했다.

---

* 저자와의 개인적 대화, 2016.

출판 마케팅의 정의

초기에 출판 마케팅의 정의(특히 스미스, 클라크, 베이버스톡)는 산업 관행의 증거, 웬들 R. 스미스(1956)가 주창한 자연적 힘(natural forces)의 식별, 그리고 매우 일반적인 마케팅 문헌에 의존했다. 『마케팅 문헌: 영국 현대문학의 역사』(Squires 2007)에 나오는 마케팅의 정의는 좀더 광범위하다.

> 마케팅은 이러한 활동을 넘어 책이 시장에서 소개되고 표현되는 다양한 방법인 미디어 반응, 문학상 수상, 베스트셀러 목록 진입 등의 마케팅은 작가와 독자 사이에 자리하는 표상과 해석의 형태로 구상된다. 하지만 작가와 독자도 마케팅에 참여하며 텍스트의 생산, 배포, 수신을 둘러싸고 있다. 『마케팅 문헌』에서 마케팅은 시장 내에서 행동하는 여러 대리인의 총체로 그것에 의해 현대의 글쓰기가 능동적으로 구성된다. (Squires 2007: 2-3)

이러한 포괄적인 정의는 시민 저널리즘과 자가출판의 성장, 출판사나 에이전트가 새로운 시장을 개척하고자 원고는 다른 곳에서 조달하고 연관성 있고 시기적절한 브랜딩으로 출판 경험 없는 유명인사를 작가로 등장시키는 현상을 겪으면서도 계속 살아남았다.

출판산업과 마케팅에 대한 저항

아서 바그널(Arthur Bagnall)은 1962년에 책이 다른 소매품 구매와 다르게 취급되어야 한다는 주장으로 영국의 순도서협정(Net Book Agreement)

을 법적으로 옹호했다. 도서 판매업자들이 다양한 도서 재고를 갖추려면 다른 소매점들, 주로 큰 소매점들이 더 싼 가격으로 책을 공급해서는 안 된다고 주장했다. 그의 주장이 널리 퍼져서 소매가격 유지(retail price maintenance)가 책과 제약품의 두 카테고리에서만 인정되었다(Dearnley & Feather 2002). 이러한 상황이 계속 유지되다가 1995년에 영국서점협회(UK Booksellers Association)는 순도서협정을 더이상 옹호하지 않기로 결정했지만* 다른 국가에서는 소매가격 유지가 계속 지켜졌다.**

이처럼 출판이 나머지 산업들과 오랫동안 분리된 것이 과연 유익했는지의 여부에 상관없이 출판을 다른 산업과 차별화하는 조건들은 정말로 존재했다. 그 차이점은 선천적인 것과 후천적인 것으로 나눌 수 있다. 출판이 다른 산업과 선천적으로 다른 점은 책이 여전히 생각의 전달 수단이고 저작권 소유자가 저마다 다른 별개의 상품이라는 것이다. 또한 책 마케터들이 다른 상품/서비스 마케터들과 구분되는 특정 조건은 후천적 요인이다. 일반적으로 구매자들은 어떤 책을 딱 하나만 사며, 책 시장이 워낙 다양해서 하나의 상품 아이디어를 모든 부문에 시도하는 것은 비실용적이고 돈이 너무 많이 들며, 소비자의 지출(컴퓨터게임, 외식)이나 개인의 문화자본(미술 전시, 연극, 콘서트 티켓)에 포함되는 다른 제품들과 비교했을 때 책의 가격이 낮다는 것 등이 여기에 포함된다. 또한, 출판산업의 판매 방식이 전용 소매점(서점)을 통해 확립되었다는 사실과 정부 보호에 대한 찬반 논쟁도 출판의 차별성에 대한 의식을 굳혀준다(Baverstock 1993). 시몬 머리(2007)는 2006년 세계책콘퍼런스(International Conference of the Book)에서

---

* 이 부분이 잘못 이해되는 경우가 많다. 재판매 가격 유지를 가능하게 하는 법이 폐지된 것이 아니라 그 법을 더는 옹호하지 않기로 한 결정이었다.
** 독일, 프랑스, 이탈리아, 스페인 등 대부분의 유럽 국가가 포함된다.

처음 발표한 논문에서 출판 마케팅 관련 문헌을 다섯 개 학문 영역으로 나누었다. 출판 마케팅과 가장 연관 있는 학문 분야인 '커뮤니케이션, 미디어, 문화학, 사회학'은 지금도 여전히 출판 마케팅을 별로 다루지 않는다. 머리는 존 커튼(John Curtain)을 인용했다.

> 책 부문은 미디어 산업 사이에서 수수께끼다. 텔레비전과 라디오, 신문의 특징과 정치가 부재하는 책 부문은 현대 미디어의 비교 비평에서 무시되는 경우가 많지만 책은 우리 사회에서 문화 아이콘으로서 고유의 위신을 갖추었다. (Curtain 1993 : 102)

출판계에 마케팅 구조가 끼워넣어지기까지는 오랜 시간이 걸렸다. 언원 이후로 오랜 시간이 지나 소수의 출판사가 마케팅 부서를 마련했고 홍보 역할은 경영 지원이라든가 비서직 같은 다른 업무의 일부분일 때가 많았다. 출간 도서를 결정하는 일은 주로 편집 회의에서 이루어졌는데, 판매/마케팅 담당자가 회의에 참석하기도 했지만 동등한 투표권은 없었고 단순히 정보 습득이 목적이었다.

1980년대에는 마침내 출판산업에서 마케팅은 고등교육을 받은 전문 인력이 꾸준히 투입되는 실질적인 과정으로 자리매김하고 성장하기 시작했다. 의사결정을 지원하는 정보의 가용성도 크게 증가했다. 1987년에 북데이터(BookData)가 설립되었고(2003년에 휘태커스Whitakers에 인수) 업계지도 정보은행의 성장에 보탬이 되었다(예: 베스트셀러 목록, 출판사/서점의 마케팅 자료, 닐슨Nielsen* 같은 산업분석 업체와 출판업 전문 시장 조사업체 북 마

---

* http://www.nielsenbookdata.co.uk

케팅 Ltd[Book Marketing Ltd]의 도서와 소비자 설문조사[Books and the Consumer Survey]* 보고서 등).

다양한 출처의 베스트셀러 목록이 점점 더 중요해졌다. 수많은 책이 벌이는 치열한 경쟁 속에서 베스트셀러 목록은 책을 입고하는 사람이나 구매하는 사람에게나 정당한 근거를 제공했다. 일반 미디어(예: 인쇄, 온라인, 방송)에서는 책을 흥미롭거나 시대착오적이라고 여겼고 고유한 무대를 갖춘 흥미로운 들러리로 취급하는 경향이 있었다(Noorda 2018).

> 닐슨은 출판사들이 동향을 파악하고 비교 집단을 분석하고 소매업의 주기적 변화를 추적하고 마케팅 활동이 판매에 끼치는 영향을 살펴봄으로써 시장점유율과 유통경로의 성과를 계산하고 작가를 비교·분석하고 시장 경쟁자들에 대항하여 베스트셀러를 예측하도록 해주었다. 그 과정이 너무 지나치다는 시각도 있었다. 베키 스위프트(Becky Swift)는 1980년대 후반을 다음과 같이 평가했다. '마거릿 대처의 사업 원칙을 출판에 적용하려는 시도가 이루어졌다. 책 구매를 합리화하려는 시도가 거둔 순효과는 마케터가 출판업자가 되고 편집자 대부분이 직업을 잃었다는 것이다. 비라고(Virago) 출판사에서 일어난 일은 편집자가 아니라 판매 사원이 어떤 책이 팔릴지 안전하게 예측할 수 있다는 생각의 변화가 이루어진 출판산업 전체의 축소판이라고 할 수 있었다.' (Swift 2012)

스위프트는 출판의 성공을 알고리즘으로 예측할 수 있다는 개념을 거부하면서 작가가 원고를 출판사에 제출하기 전에 개선할 수 있는 획기적인

---

* BML은 2010년에 보커에 인수되었다.

편집 서비스를 제공하는 업체를 설립했다.

오늘날에는 처음부터 마케팅을 출판 프로세스에 포함하고 특히 작가와 도서 목록의 브랜딩에 신경써서 인지도를 높이고 장기적인 판매를 가능하게 하는 광범위한 전략적 관점이 널리 퍼져 있다. 표지 디자이너는 구매자에게 책의 카테고리에 대한 단서를 빠르게 제공하고자 한다. 표지 레이아웃과 과거에 재미있게 읽었던 유형의 책이라는 인용문을 통해 신호를 전달한다. 일관성 있는 장기적 트렌드 분석을 통해 단기적인 마케팅 기회를 포착할 수 있게 되었다. 한 예로 계절성이 마케팅의 중요한 동인으로 분리되었다. 밸런타인데이와 어머니날, 핼러윈이 전통적으로 출판사가 연간 매출의 40%를 한 달 안에 올리던 크리스마스 성수기와 맞서게 되었다. 일부 시장에서는 단기 마케팅 기회가 매우 구체적이다. 예를 들어 스칸디나비아 국가에서는 부활절과 신간 범죄소설 판매량의 연관성이 나타난다.

출판 마케팅 부서의 확산

출판사의 발달과 함께 마케팅 부서가 제도적으로 출판사의 조직 구조 안에 끼워넣어지면서 생겨난 다수의 주요 사안이 있다. 그 사안들의 분석은 업계와 학계의 조사를 통해 종종 협업으로 이루어진다. 여기에는 마케팅의 확산을 뒷받침하는 기술의 발달에 따라 주요 활동 동인으로 자리잡은 데이터의 등장, 새로운 시장 진출 경로의 발달, 새로운 온라인 마케팅 솔루션/협업의 등장, 업계 전반에서 마케팅 기술에 대한 인식이 커지면서 일어난 노동 풀(labour pool)의 다양화, 자가출판을 통해 출판 과정을 직접 관리할 수 있는 선택권을 포함한 작가의 마케팅 참여 증가 등이 포함된다.

주요 활동 동인으로 자리잡은 데이터

전문 소매점을 통해 상품을 판매해온 출판사들은 오랫동안 소비자와 떨어져 있었으므로 고객 정보에 대한 수요가 출판사의 마케팅에 더욱더 중요해졌다. 시장 세분화와 표적시장 설정, 소비자 인식을 위해 소비자와 광범위한 시장 데이터가 꼭 필요해짐에 따라 출판사들은 내부에 시장 동향을 모니터링하고 예측하는 부서를 마련했다. 시장과 미디어가 세분화되고 인터넷의 발달로 선택권이 증가함에 따라 소비자의 여가 패턴이 예측 불가능해졌고 소비자가 동시에 여러 화면을 이용하느라 주의 집중력이 떨어졌기 때문에 소비자와 제품의 '발견가능성(discoverrability)' 연구가 매우 중요해졌다. 잠재적 유료 고객들 그리고 그들을 대신하여 구매하는 사람들에게 어떻게 다가갈 것인가는 마케팅과 관련된 새로운 직업(예: 시장분석가, 커뮤니티 관계 관리자, 브랜드 관리자)을 가진 사람들의 주요 관심사가 되었다. 어떤 집단을 표적 삼아 출판사를 대신해 메시지를 대개 무료로 어떻게 효율적으로 전파하느냐에 지대한 관심이 쏠렸다.

새로운 시장 진출 경로의 발달

출판 제품의 전통적인 마케팅 경로에 점점 더 큰 압박이 쏟아지면서 콘텐츠 배포의 새로운 수익화 방법이 모색되었다. 예를 들어, 일부 서점 체인은 눈에 잘 띄는 (점포 앞) 쇼윈도 진열, 받침대 프로모션, '추천 도서' 강조처럼 이전에 서점이 수행했던 표준 역할에 요금을 부과하는 방법을 도입했다. '공유 마케팅 비용(shared marketing expenditure)'이라고 불렸던 것이 (추가 할인을 통한) 출판사의 보조금 또는 비용 청구 지원으로 바뀌었다.

출판사들은 인수합병으로 비용을 절감하고 협상력을 키우고자 했다. 그 결과 19세기와 20세기의 명성 있는 출판사들이 합쳐진 대규모 출판 복합기업이 등장했고 펭귄과 랜덤하우스의 결합으로 정점을 이루었다(2012).

일반 도서는 주로 서점을 통해 판매되었지만 특정 시장에 접근하는 출판사들은 고객과 직접 접촉하는 방안을 모색했다. 예를 들어, 서점들이 들여놓기 꺼리는 고가의 전문서적과 참고서적을 학회/전문가 회의를 통해 직접 공급하고 캠퍼스에 접촉해 대학에 학술 교재를 직접 마케팅한다.

소비자에게 직접 공급이 가능해지고 더욱 편리해진 것은 특히 시장 규제 완화와 프리랜서 경제의 성장 덕분이었다. 직접 공급은 (종종 수익률이 더 높은) 다른 소비자 구매와도 비슷해 출판사가 빠르게 제품을 공급해야 하는 압박감이 커졌다. 데이터 수집을 위해 기꺼이 특가품을 판매하려는 주요 온라인 소매업체가 등장함에 따라(1994년에 설립된 아마존) 서비스 수준에 대한 소비자의 기대도 높아졌다.

책이 판매되는 장소가 새롭게 생겨남에 따라 새로운 협업에도 불이 붙었다. 예를 들어, 오스트레일리아에서는 할인 백화점이 인기 도서의 대량 판매를 위한 주요 경로가 되었다.* 미국과 유럽에서는 도시 외곽의 대형마트와 원예용품점에서 책을 판매하는 옵션이 생겼고 이는 선물 시장을 목표로 하는 통합 패키징으로 이어졌다(책을 장난감, 액세서리, 의류와 함께 판매). 일부 시장 접근은 경제적 타당성이 아니라 여전히 사회적 타당성에 기반을 두고 있다. 한 예로 로젠(2016)은 미국 서점이 수행하는 지역사회의 중심지 역할에 관한 보고서에서 한 서점업자의 말을 인용한다.

---

* 센게이지 오스트레일리아 지사의 마케팅 책임자 수재나 보언(Susannah Bowen)과의 대화.

"우리는 지역 주민들이 자신을 볼 수 있도록 해주기 위해 매장을 계속 키우고 있다." 그래서 그녀는 온라인과 학교 도서 박람회에서 다양한 책을 선보이고 1년 내내 '도서 천사' 프로그램으로 아프리카계 미국인 어린이와 가족의 긍정적인 모습이 담긴 아동서를 학교와 비영리단체에 기증한다. 서점에 마련된 강의실에서 중학생들을 대상으로 하는 흑인 의대생들의 STEM 과목 강의를 비롯해 앞으로 다양한 이벤트도 열 계획이다. (Rosen 2016)

마찬가지로 〈파이낸셜 타임스〉는 서점이 없는 미국 도심 지역에서 자가출판된 저가 소설이 네일아트 가게와 미용실에서 독서를 하려는 여성들에게 접근할 수 있다고 보도했다(Financial Times 2015).

시장에 영향을 미치는 전통적인 수단(예: 서평, 제삼자의 추천, 서점 입고 등)은 대부분 작가/출판사와 소비자의 거리에 의존했는데, 저자/독자, 독자/독자, 독자/출판사 등 새로운 관계를 가능하게 해준 새로운 프로세스(예: 소셜 미디어, 문학 축제, 북 그룹) 덕분에 더욱더 강화되었다(Hartley 2001; Driscoll 2014). 축제 출품과 북 투어도 전통적인 시장 진출 경로를 우회했다. 작가의 서명이 담겨 가치가 더해진 시간 제한적인 공유 기념물을 팝업 스토어에서 최대 가격으로 판매할 수 있다. 마케팅에 능한 사람은 거기에 이윤을 붙여 온라인에서 되팔 기회도 주어졌다. 제라르 주네트(Gerard Genette 1993)는 책표지의 역할에 대해 '안으로 들어가거나 뒤돌아서는 가능성을 제시하는 문턱 또는 연결 통로'라고 했다. 디자인과 관련된 TV 프로그램(예: 영국에서 1996-2004년까지 방영되고 미국, 오스트레일리아, 뉴질랜드에서도 방영된 〈체인징 룸스Changing Rooms〉)이 엄청난 인기를 끌면서 제품의 매력, 특히 표지가 고객의 구매 결정에 매우 중요해졌고 출판사의 생산과 마케팅 과정에도 마찬가지가 되었다(Matthews & Moody 2008). 레이철 누어다(Rachel Noorda)는 책이 국가 정체성을 형성하는 문화 보강자 역할을 하므로 스코틀랜드인의 정체성을 수용하는 '해외 거주자들'에게 접근하는 타탄리(tatanry, 스코틀랜드의 전통 체크무늬인 타탄에서 나온 말로 스코틀랜드의 전통문화적 요소를 지나치게 사용하는 표현 방식을 뜻함-역주)의 역할과도 같다는 흥미로운 시각을 내놓았다(Noorda 2017).

도서관은 제 역할을 지키기 위해 새로운 방법을 모색했다. 특히 지역사회의 접근성 낮은 집단에 정보 접근과 엔터테인먼트 장소를 제공함으로써 사회적 이동성을 촉진하는 데 일조하는 도서관의 역할을 강조했다. 영국의 최초 PLR* 등록관 존 섬션(John Sumsion)은 소비자 대여와 구매의 차이를 분석했고(Sumsion et al. 2002) 영국국립독서재단(National Literacy Trust)** 과 북 트러스트(Book Trust)***, 특히 리딩 에이전시(The Reading Agency)****가 시행한 연구에서는(예: Reading Agency & BOP Consulting 2015) 폭넓은 문해력이 사회적 웰빙에 중요한 역할을 한다는 사실이 확인되었다. 과거에 도서관을 대상으로 한 판매를 당연하게 여겼던 출판사들은 서점 감소 추세에 따라 도서관이 제공하는 고객 접근성을 더욱 발전시켰다.

20세기 말에 더욱 커진 미디어의 다양화와 21세기 초부터 시작된 인터넷의 거대한 팽창은 출판사의 마케팅 메시지 전달에 새로운 기회를 만들어주었다.

---

* Public Lending Right(공대권). www.plr.uk.com. 공공도서관에서 책이 대출될 때 작가에게 보상을 지급하는 프로그램으로 영국, 캐나다, 스칸디나비아 등에서 시행되고 있다-역주.

** www.literacytrust.org.uk

*** www.booktrust.org.uk

**** www.readingagency.org.uk

오랫동안 라디오는 책의 커뮤니케이션을 위한 자연스러운 매체였다. 출판사들은 텔레비전 광고를 감당할 여유가 좀처럼 없었다. 방송 매체들은 항상 프로그램에서 대립 구도를 보여주기를 좋아하므로 어떤 주장을 펼치고 기존 출간 도서를 언급해 주장을 입증할 수 있는 이들을 출연시키려고 안달이었다. 덕분에 일부 작가들에게 추가적인 수입원이 생겼다. 작가들은 다른 '창작자/유명인'보다 미디어의 관심을 지나치게 많이 받았는데 보통 그들이 생각을 분명하게 표현하는데다 책값도 저렴하기 때문이었을 것이다. 다른 새로운 경로들도 글을 쓰고 출판하는 방법에 대한 잠재된 사회적 관심을 활용하여 새로운 기회를 창출해주었다.

텔레비전이 도서상(Bragg 1998)을 다루고 황금시간대에 미국의 오프라 윈프리와 영국의 〈리처드 앤드 주디〉 같은 북클럽을 방영한 것은 엄청난 성공을 거두었다. 〈리처드 앤드 주디〉는 2006년에 하퍼콜린스에서 도서 시장 확장상(Award for Expanding the Book Market)을 받았고(Bookseller, 2006) 〈옵저버Observer〉의 여론조사 결과에서는 방송국 MD가 영국 출판계에서 가장 중요한 인물로 뽑혔다(McCrum 2006). 업계지에는 텔레비전 프로그램이 책 판매량에 끼친 '변혁적인' 효과가 거듭 보도되었다(Bookseller 2004). 대형 슈퍼마켓 테스코(Tesco)의 서적 입고를 책임지는 카테고리 매니저 데이비드 쿡(David Cooke)도 〈리처드 앤드 주디〉의 영향력을 인정했다.

> 그 프로그램은 새로운 사람들에게 새로운 책을 선보였다. 그 프로그램에서 선택한 책의 약 50~60%는 그 프로그램이 아니었다면 우리가 판매 상품으로 내놓지도 않았을 책이었다. 테스코에서 책을 사는 전형적인 구매자들은 표지와 인기도를 토대로 1년에 한두 권만 구입한다. (Cooke, 2009)

그 결과 협찬을 통한 협업이 늘어났다(Jury 2007). 독자에게 도달하는 이런 시도들과 다른 방법에 대한 탐구와 분석도 이루어졌다(Ramone & Cousins 2011; Fuller & Rehberg 2013).

소비자에게 제공되는 자극이 점점 늘어나는 현상에 대응하여 마케팅 프로세스도 변화하기 시작했다. 시간 압박이 심한 사전 식별된 시장에 '카테고리 단서'를 제공하고자 집단적 이미지가 두드러지게 콘텐츠 패키지를 디자인하는 일이 늘어났다. 마찬가지로 마케팅 예산은 '시장 요인'에 따라 다시 방향이 정해졌다. 이제는 모든 책이 제한된 마케팅 예산을 보장받지는 못하고 세간의 이목을 끄는 유명인사가 쓴 책의 성공에 의존하는 새로운 비즈니스 모델이 등장했다. 그런 책의 성공에 예산을 투자함으로써 장기적으로는 기대가 낮은 책들을 지원할 수 있었다.

마침내 새로운 마케팅 활동 영역이 등장했다. 독서 습관이 전혀 없는 사람들에게 접근하는 마케팅 캠페인이었다. 시장 세분화와 표적시장 설정 기법은 오래전부터 독서 습관이 없거나 문해력이 낮은 사람들을 겨냥하는 데 이용되었지만 구매 수단/성향의 부재로 비용면에서 효율적이지 못했다. 20세기 들어 공적 자금으로 문해력 확장 마케팅에 전념하는 다양한 자선단체들이 생겨났다. 특히 영국의 사서 및 정보 제공자 공인 연구소(The Chartered Institute of Librarians and Information Providers)*와 리딩 포스(Reading Force)**, 미국의 퍼스트 북(First Book)***, 10대 재소자 문맹 퇴치 재단(Literacy for Incarcerated Teens)**** 등의 활동이 두드러진다. 랜덤하우스

---

* http://www.cilip.org.uk/ [http://www.cilip.org.uk/]*
** www.readingforce.org.uk [http://www.readingforce.org.uk/]*
*** https://firstbook.org/ [https://firstbook.org/]*
**** http://www.literacyforincarceratedteens.org/ [http://www.

CEO 게일 리벅(Gail Rebuck)이 주도한 출판사와 작가의 협업 퀵 리즈 (Quick Reads 2006)의 런칭은 특히 중요했다. 이 시리즈는 '유명 작가들의 짧고 읽기 쉬운 책들'*이라고 소개되었지만 결정적으로 다양한 자선단체 와 업계 지원을 통해 상업적인 매력을 마케팅했다. 마찬가지로 책과 독서 가 삶의 긍정적인 행위로 강조되었고 독서치료에 대한 관심도 커졌다.

새로운 온라인 마케팅 솔루션/협업의 등장

온라인에서 제품과 서비스를 마케팅하는 선택권의 범위가 아찔한 속 도로 확장되었다(Reed 2013). '입소문' 장려는 오랫동안 출판사들의 목적이 었다. 읽고 있는 책에 대한 정보를 공유하도록 독자들을 격려하는 것은 저 비용으로 가능한 고도의 표적시장 지원인데 특히 온라인에서는 직관적이 면서도 매우 신속한 과정이었다. 블로거와 소셜 미디어를 통해 입소문이 예상보다 훨씬 더 멀리 퍼져나갈 수 있기 때문이다. 따라서 마케팅 담당자 들은 정보를 퍼뜨려줄 전달자이자 나중에 책을 출간할 경우 넓은 독자층 이 사전 확보된 이들을 찾아 나섰다. 2016년에 아셰트 칠드런스 북스 (Hachette Children's Books)가 임프린트 렌 앤드 룩(Wren and Rook)을 출범 시킨 것은 이러한 맥락에서 중요하다. 아셰트 칠드런스 북스 CEO는 이렇 게 언급했다. '우리는 일반 논픽션 도서를 별로 출간하지 않았는데 그 부 문의 상업적인 필요가 존재했다'(Murray Hill 2016). 렌 앤드 룩이 초기에 출 간한 책에는 마케팅 접근성이 확보되어 있고 국경 없는 인터넷 덕분에 전

---

literacyforincarceratedteens.org/]*

* http://www.bbc.co.uk/skillswise/learners/quick-reads [http://www.bbc.co.uk/skillswise/learners/quick-reads]*

세계에서 판매 잠재력도 강한 블로거와 비디오 블로거들의 책이 포함되었다. 초기 사례는 유튜브 구독자 31만 5,000명, 트위터 팔로워 7만 5,000명, 인스타그램 팔로워 7만 1,000명을 거느린 20대 비디오 블로거 해나 위튼(Hannah Witton)이 젊은층을 대상으로 성에 관해 이야기하는 책이다. 그녀는 출판이 전통적으로 의존해온 영역의 바깥에서 지지를 받았다. 그녀는 코스모 인플루언서 어워드(Cosmo Influencer Awards)에서 '성과 연애 부문 최고의 인플루언서상'을 받았다. 2017년에는 '유튜버와 유튜브 팬들을 위해 비디오와 특집 기사, 앙케이트를 포함한 전문화된 콘텐츠의 세계를 창조하고자' 하는 단체*가 설립한 '서머 인 더 시티상(Summer in the City Awards)'에서 '올해의 책' 부문도 수상했다.

하지만 동시에 부정적인 입소문도 빠르게 퍼질 수 있다. 네트워크는 발달하면서 스스로 미래를 예언한다. 예를 들어, 중년의 관심을 끄는 매체는 더 젊은 고객들을 급격히 소외시킬 수 있다.

온라인 플랫폼은 유용성을 발전시킴으로써 시장 접근성을 확보한다. 출판사는 콘텐츠와 아이디어의 공급자로서 수익을 올리기 좋은 위치에 있다. 광고주들은 페이스북 같은 소셜 미디어 플랫폼을 이용해 인구통계 정보로 표적을 설정하므로 사람들의 선호와 관심 제품을 연결시킬 수 있다. 그러나 그 정보를 거스른다면 잠재고객 1인 발굴 비용이 커질 것이다. 값비싼 상품/서비스를 판매하는 기업에는 이익이 되겠지만 값싼 보급판을 파는 출판사들은 감당하기가 어렵다. 그리고 인터넷에서 다루어지면 웹 광고와 온라인 판매를 지배하는 플랫폼에는 큰 가치가 더해질 수 있지만, 전통적인 책 판매 전시장인 오프라인 서점에는 위협이 된다. 온라인 소매

---

* www.wetheunicorns.com/about-us/

업체들의 낮은 마진율이 지속적으로 보고되고 출판사들이 직접 판매로 수익을 올릴 수 없음을 고려할 때 전통적인 소매상의 종말은 출판산업에 큰 손해가 될 것이다.

제이미 크리스웰(Jamie Criswell)과 닉 캔티(Nick Canty 2014)는 두 권의 책에 관한 소셜 미디어 게시물을 상세하게 분석함으로써 출판사 소셜 미디어 마케팅의 사회적 과정과 결과를 탐구했다. 그들은 출판에서 소셜 미디어 마케팅이 어떤 가치가 있는지에 대한 이해를 돕고자 닐슨 북스캔의 판매 데이터를 비교하고 이렇게 결론 내렸다. '소셜 미디어는 기존 독자층이 없는 데뷔 작가의 책을 마케팅할 때는 효과가 약간 떨어지지만 중요한 사건에 대해 독자들이 개입할 수 있는 플랫폼을 제공하므로 여전히 마케팅 계획에서 중요한 도구다.'

마케팅 담당자들에게 가장 좋은 조언은 조직/상품 시장을 탐구하고 유료/보조성 구매자에게 접근하는 가장 효과 좋고 수익성 높은 시장 진입 경로를 조사하라는 것이다. 커뮤니케이션이 사용 수단과 일치하고 출판사와 작가, 관련 시장의 브랜드가치를 반영하는 것은 중요하다. 예를 들면 트위터는 강매보다는 대화를 통해 소비자를 참여시킨다. 유튜브는 시장과 소통하는 북튜버(book-tuber)들을 장려했다. 제품/서비스 가용성의 확보로 그러한 활동을 지원하는 것은 출판사, 소매업자, 작가, 또는 신디케이트 모두에게 열려 있다.

온라인의 지배는 마케팅 활동을 검색엔진 최적화(SEO)와 발견가능성으로 초점이 향하도록 변화시켰다. 정확한 도서 분류를 통해 온라인 검색 알고리즘을 이용하고 잠재고객에 도달하도록 해준다. 이로 인해 마케팅 담당자의 광고 문구 작성 능력이 덜 중요해졌다. 주어진 정보에 관하여 문학적인 스타일보다는 반복이 더 중요해졌기 때문이다.

여기에서 또 주목할 만한 것은 마케팅 구루들의 사상이 일정한 간격을 두고 주류 어휘 속으로 침투했다는 것이다. 예를 들어 '마티니 마케팅(Martini marketing)'(Leach 2014; 1970년대 음료 광고; '언제 어디서나')과 기타 입소문 트렌드가 있다. 출판의 경우 이것들은 마케팅 계획과 전달에 에너지를 더할 수 있지만 세심한 주의가 필요하다. 너무 많은 정보를 공개하면 팔 것이 남지 않기 때문이다.

노동 풀의 다양화 및 마케팅 기술의 인정

전통적으로 출판은 일련의 단계로 제시되었다. 마케팅은 분리할 수 있으면서도 별개의 것이었고 주로 프로세스의 끝부분에 놓였다. 그러다 출판 프로세스에 내장되어 발달하면서 마케팅 관련 기술과 역량은 점점 전체 출판산업의 중심이 되었다. 제품 판매를 예측하고 조직하는 능력의 가치가 과거에 커다란 영향력을 행사한 편집에 도전장을 던졌다. 마케터 출신이 출판사의 임원직에 오르는 경우가 점점 많아졌다.*

이 과정은 권리 관리에 관심이 커지면서 나타난 특징이다. 처음에는 작가의 재산이고 제품 개발 초기 단계에서 다양한 과정을 통해 양도가 이루어지는 권리 판매는 출판산업의 결과물이 국제적인 성공을 거두도록 해주었다. 어떤 작품의 권리 판매에 대한 관심을 예측하는 것은 그 작품에 더 신경써야 할지를 결정하는 중요한 열쇠가 되었다. 마케팅 프로세스는 전달(delivery)을 확장하고 실행했다. 잠재고객을 분리하고 일련의 제품 소

---

* 영국에서 하이네만 에듀케셔널(Heinemann Educational)의 밥 오스본(Bob Osborne)이 마케터 출신으로는 처음으로 상무이사직에 올랐고(1982) 곧바로 다른 본보기들이 등장했다.

개를 통해 계약을 따냈다. 따라서 권리도 마케팅을 돕는 활동으로 등장했다.

국제적인 의사소통에 기초하는 출판의 자원 공급 노선은 세계적으로 확장되어 있었다. 출판 프로세스의 구성 요소(예: 마케팅 서비스, 광고 문구, 교정, 고객 서비스, 생산)가 가장 비용 효율적이고 신뢰할 수 있는 서비스 제공 업체로부터 국제적으로 조달되었기 때문이다. 프로세스의 효과적인 관리가 효과적인 마케팅 기술과 효과적인 커뮤니케이션에 점점 더 의존하게 되면서 출판의 규모에 중대한 영향을 미쳤다. 시장 중심이어야 하는 것은 물론이고 국제적인 시야도 출판 조직의 필수로 떠올랐다.

넓어진 채용

전통적으로 출판의 채용은 현대적인 산업 관행의 발달을 거슬러왔다. 족벌주의 채용 관행은 산업 규모나 저비용 모델의 활용이나 상업적인 전문성보다 문학에 관심 많은 사람을 선호했다.

직원 교육 예산은 결코 출판사의 우선순위가 아니라서 직원들은 대부분 일을 하면서 배웠다. 영국출판협회(UK Publishers' Association)가 1970년대 초에 시험적으로 출판인들을 대상으로 교육을 시행했다. 비록 첫 강좌는 전적으로 편집이었지만 나중에 판매와 마케팅도 추가되어(1980) 점점 숫자가 늘어나고 있던 편집자들을 사로잡았다.*

그와 동시에 출판의 채용이 전통적으로 타인의 독서 습관과 기호에 별호기심이 없는 백인 중산층이라는 다양하지 못한 인구계층에서 이루어지

---

* MD 대그 스미스(Dag Smith)와의 개인적 대화.

고 있으며 그것이 경제적으로나 사회적으로 해롭다는 인식이 커졌다. 출판 내부의 다양성이 늘어남에 따라 사회적 콘텐츠 기반의 요구에 대한 이해도 높아져서 폭넓은 제품/서비스를 생산해 더 큰 수익을 올릴 수 있는 가능성도 커졌다.

오늘날 출판 마케팅 콘퍼런스에서는 다른 산업의 연사들을 자주 초청하며 출판 교육과 업계 전문가가 모두 활용할 수 있는 일반적인 마케팅 저작도 늘어나 마케팅 전략과 소비자 선택의 광범위한 이해를 통해 큰 도움을 얻는다. 폴 딜레이니(Paul Delaney) 박사는 마케팅 이론을 출판에 적용하는 방법을 탐구했다. 특히 제품이 넘쳐나는 출판산업에서 제품 차별화와 시장 세분화에 활용하는 방법에 중점을 두었다(Delaney 2002). '책은 특별하다'라는 인식은 이제 예전만큼 널리 받아들여지지 않는다.

작가의 마케팅 참여 증가

주목할 만한 예외는 있지만(예: 찰스 디킨스의 북미 독서 순회) 전통적으로 작가들은 독자와의 커뮤니케이션 관리와 판매 홍보를 출판사에 의존했다. 독자들은 동경하는 작가에게 쓴 편지를 출판사 앞으로 보냈고 출판사는 편지를 모아 전달하거나 직접 답장을 보내기도 했다. 작가의 홍보 형태가 계약서와 함께 정기적으로 작가에게 보내지기는 했으나 작가의 역할이 설명되는 경우는 거의 없었다. 출판사들은 출판 시점에서 작가가 홍보를 도와주면 고마워했지만 이론이나 아이디어를 공유하지는 않았고 특히 그들은 작가의 기대 관리에 효율적이지 못했다.

언윈은 『출판의 진실The Truth About Publishing』 초판(1926)에서 '경험 없는 작가들이 출판의 전문성을 이해하도록 도와주는 것'이 가장 큰 목적이라고 했지만(1926: 2) 출판사의 요청이 있기 전까지 작가가 마케팅에 거리를 두어야 했다는 사실은 분명하다. 출판인 출신의 마이클 레가트(Michael Legat)는 『작가를 위한 출판 지침A Author's Guide to Publish』에서 작가들에게 '무슨 수를 써서라도 판매량을 늘려라'(1982: 104)라고 말하지만 구체적인 조언은 거의 없다.

'나는 콘텐츠를 생산하는 것이 아니라 책을 쓴다'(Jauncey 2008)라는 말에서 보이듯 일부 작가들에게는 마케팅 용어에서 느끼는 본능적인 혐오감이 남아 있었고 '학습된 무력감'(Darwin 2008)이 따라오는 경우도 적지 않았다. 하지만 작가는 작품이 독자에게 도달하는 과정을 알아야 하고 입소문으로 작품을 홍보하는 것을 부끄러워하지 말아야 하며 크리스마스카드에 전단지를 끼워 보내고 지역 강연을 하는 것 이상으로 마케팅 참여를 확장해야 한다는 인식 또한 커졌다. 줄리엣 가디너(Juliet Gardiner 2000)는 이렇게 언급했다. '이제 소설가는 1년 걸려서 쓴 소설을 언론, 라디오, 텔레비전 인터뷰와 서점 낭독, 기타 행사로 홍보하는 데 1년이 훨씬 넘는 시간을 쓴다.' 에든버러대출판부에서 나온 『글쓰기 핸드북Handbook of Creative Writing』(Earnshaw 2007)에 수록된 '작가의 삶'이라는 장(章)은 책 마케팅에서 작가의 역할과 책임이 중요함을 확인해준다. 니컬러스 캔티(Nicholas Canty 2012)는 데뷔 소설가들의 경험을 살펴본 결과, 작가들이 매체와 인터뷰를 했고 거의 모두가 대리인을 두었으며 출판사의 마케팅 능력을 중요하게 평가했지만 결국 그들이 직접 마케팅에 긴밀하게 관여하게 되었다는 사실을 발견했다.

한 응답자는 '월급을 받아야 할 정도로 직접 이 일(책 홍보)을 많이 했다'라고 불평했고 '출판사가 나에게 홍보 담당자를 배정했지만 홍보 업무를 대부분 내가 직접 했다'라고 한 사람도 있었다. 이것은 작가들이 블로그와 소셜 미디어 플랫폼을 통해 책 홍보에 적극적으로 참여해야 한다는 기대가 커지고 있음을 반영하며 앞으로도 이러한 추세가 계속될 것으로 보인다. (Canty 2012: 218)

구체적인 기대 시장이 있는 책(예: 학술/교육/전문 서적)은 저자가 수업 교재 채택과 후원 확보에 참여하는 것이 필수적이다. 특히 기관들의 책 구입 예산이 삭감되면서 더더욱 그러하다. 일부 저자들은 기관 혹은 개인의 '바이 백(buy-back, 팔리지 않은 물건을 다시 회수해 가야 하는 것-역주)'을 출판 조건으로 제시받기도 하므로 후원 출판이라는 선택권을 시험해보는 저자들이 늘어나고 있다(예: Toksvig 2006).

작가들은 출판사의 마케팅 계획에서 점점 더 중요해졌다. 이것은 그들이 콘텐츠 생산자로서 갖춘 제품 관련 지식 때문이지만 그들의 시장접근성이 커졌기 때문이기도 하다. 미디어의 단편화로 시장의 예측과 접근이 그 어느 때보다 어려워졌다. 출판사들은 문학 축제에 점점 더 많은 작가를 배치하고 작가들에게 추천인을 모으고 연락처를 공유하고 소셜 미디어로 입소문을 만들라고 부탁하며 아이러니하게도 스스로 탈중개화를 가중시킨다. 출판사는 정기적으로 '작가-포털'을 구축해 작가/대리인이 책의 판매와 미디어 보도를 확인하도록 해주었는데 그것은 출판사가 창조한 가치를 이해관계자들에게 증명할 필요가 있음을 보여주었다. 조 로일(Jo Royle 1999) 등은 출판사와 작가 중에 어느 쪽이 브랜드를 대표하는지 조사한 결과, 출판사 이름보다 작가 이름이 훨씬 더 눈에 띄며 작가와 마케팅의 연결성이 계약의 일부분이 되었다는 사실을 발견했다. 소수의 유명 작가들은 미디어 교육과 지원을 제공받았지만 대다수 작가들은 업계 협회(예: 작가협회The Society of Authors*, 독립작가연대The Alliance of Independent Authors**)
와 업체들이 제공하는 강좌를 이용하거나 연습을 통해 직접 브랜딩을 개
선했다. 일부 대리인과 출판사는 직접 그 시장에 진출해(예: 작가와 예술가의
이어북The Writers' and Artists' Yearbook***) 작가 지망생들에게 마케팅/출판
에 관한 개인 또는 집단 조언을 제공하고 콘퍼런스도 개최한다.

그러나 작가들은 마케팅에 점점 익숙해질 무렵, 업계의 표준 조건에 대
한 재협상이 이루어지고 있다는 사실을 알게 되었다. 마진에 대한 심한 압
박감으로 출판사들이 비용을 최대한 줄이려고 한 것이다. 그들은 마케팅
예산과 작가에게 지급하는 돈을 줄이거나(예: 인세가 아닌 수수료를 지급함으
로써 성공적인 작품에서 작가의 수익 기회 차단) 편집 지원을 축소하고 작가의
더 많은 참여를 요구했다. 페이버 아카데미(Faber Academy)****, 오토노미
(Autonomy)*****, 맥밀런 뉴 라이팅(Macmillan New Writing)******처럼 새로
등장한 비즈니스 모델들은 작품에 대한 사람들의 관심을 높이는 데 있어
서 작가와의 더욱 밀접한 파트너십, 특히 작가의 더욱 주도적인 역할을 포
함했다. 작가 조디 피코(Jodi Picoult)는 '단순히 작가가 아니라 자신만의 치
어리더가 되어야 한다'라고 말했다(Picoult 2006). 그런가 하면 학자들은 출
판 제안서를 제출할 때 재정적인 부분에 관해 대학의 '제도적 지원'이 있느

---

* www.societyofauthors.org

** www.allianceofindependentauthors.org [http://www.allianceofindependentauthors.org/]

*** www.writersandartists.co.uk [http://www.writersandartists.co.uk/]*

**** www.faber.co.uk/academy [http://www.faber.co.uk/academy]*

***** www.authonomy.com [http://www.authonomy.com/]*

****** http://www.panmacmillan.com/imprints/macmillan%20new%20writing [http://www.panmacmillan.com/imprints/macmillan new writing]*

냐는 질문을 받거나 동료들의 협조로 책을 홍보하라고 장려받는 것이 일
반적인 관행으로 자리잡았다(Masikunas & Baverstock 2011).

　작가들이 마케팅과 표준 조건의 재협상에 관여하게 된 것은 장기적으
로 출판사와의 관계에 무척 중요했다. 출판업계는 오랫동안 작가들의 협력
을 끌어내기 위해 이해관계의 상호성에만 의존했고 판매에 관한 정보는 대
략적이고 불규칙했다. 하지만 작가들은 각종 행사에 참여함으로써 독자들
이 어떤 사람들이고 어떤 질문을 가지고 있는지 알게 되었다. 독자들과의
직접 소통을 위해 개인 웹사이트를 개설하는 작가들이 늘어났고 소셜 미
디어의 발달로 독자들을 매일 온라인에서 '만날' 수 있었다. 그후에 그들이
동료 작가들과 출판 서비스를 공유하기보다는 자신만의 맞춤형 팀을 꾸리
는 것이 더 낫다고 생각하게 된 것은 무모한 결정이 아니었다.

　진취적인 작가들은 한 단계 더 나아가 사실상 자가출판 기업이 되었다.
편집 서비스 제공업자를 고용하고 일시적으로 협업한 편집자들과 계약을
맺고 팀 집필(team writing)을 실험했다. 특히 팀 집필은 흥미롭다. 이것은
완전히 새로운 모델은 아니고 르네상스 시대의 예술가와 관련 파(scuola,
派)와 비슷하다. 더 빠른 제품, 더 빠른 생산, 프로젝트 직접제어 및 브랜딩
이라는 마케팅의 이점을 제공해 독자의 요구를 더욱 만족시킬 수 있었다.
몇몇 팀 집필은 대단히 성공적이었다. 2008-09년 공대권(Public Lending
Rights) 수치에서 도서 대출이 가장 높게 나타난 제임스 패터슨(James
Patterson)과 데이지 메도스(Daisy Meadows)는 둘 다 '팀 집필'을 하는 작가
이다(BBC News 2009).

　전반적으로 마케팅 참여는 작가들에게 특히 협상 분야에서의 자기계
발 기회를 제공했고 출판사, 작가, 소매업자, 기타 모든 이해 관계자에게도
큰 영향을 미치는 듯하다. 이처럼 작가의 역량 강화(empowerment)가 미래

의 출판사/작가 관계에 어떤 영향을 미칠 것인가는 중요한 사안이다. 하지만 아이디어의 소유권과 관련 수익 분배에 따른 갈등이 예상된다.

작가의 마케팅 이해가 가져온 자가출판의 성장

전통적으로 작가들은 출판 프로세스에 대해 잘 알지 못했고 담당 편집자를 제외한 업계 관계자의 개입도 거의 없었다. 하지만 마케팅 참여로 자신의 성공에 영향을 미치는 요인에 대한 이해가 커지면서 새로운 기회도 식별하게 되었다. 주목할 만한 것은 자가출판이다.

최초의 출판사가 서점이기도 했고 작가가 자비를 들여 첫 책을 '사적으로 출판'하는 것도 드문 일은 아니었다. 출판사들은 출판 비용을 선불로 처리하고 책이 팔리면 그 비용을 충당했다. 모든 책에 수수료를 청구하고 작가에게 잔금을 지급했다. 만약 어떤 소설책이 비용을 회복할 정도로 팔리지 않는다면 그것은 작가의 책임이었다(Fergus 1997; Raven 2006). 제인 오스틴의 모든 소설은(『오만과 편견』을 제외하고) 작가가 재정적 위험을 무릅쓰고 '수수료 지급 방식'으로 출간했다.

시간이 지나면서 책의 판매와 출판이라는 두 가지 기능은 서로 분리되었다. 출판사 그리고 나중에는 대리인들이 책 관리에 대한 접근권을 지배하기 시작했다. 완성된 책을 판매업자가 팔았다. 의존 문화가 만들어져 작가는 시장접근을 위해 출판사에 의존하고 서점은 출판사에 생산을 의존했다. 제조업자가 시장접근을 통제하는 모든 시장이 그렇듯, 예비 공급업자들은 출판사들이 오만에 가까운 자신감을 보인다는 고충을 자주 털어놓았다(Legat 1982: 145ff). '자비 출판'이 유일한 대안이 되었으나 출판의 질이 낮아 한눈에 표시가 났다.

1990년대에 컴퓨터 사용이 확대되면서 과거에 출판사가 지배했던 서비스(편집, 마케팅, 유통)를 작가가 필요에 따라 구매할 수 있게 됨으로써 작가가 편집과 저작권에 관한 전적인 통제권을 가지고 책을 출판할 수 있는 권한을 주는 출판 조직들이 생겨나기 시작했다. 이 새로운 서비스의 가용성과 함께 작가가 책의 마케팅에 수행할 수 있는 능력에 대한 출판사의 신뢰도 커지면서 자가출판은 전통적인 목표(예: 출판 보장, 자아실현)부터 새로운 목표(예: 어떤 프로젝트를 절반 정도 완성된 형식으로 보류해놓고 다른 프로젝트로 나아가는 것, 특정 시장에는 가치 있지만 전통적으로 투자가 이루어지지 않는 프로젝트 착수)까지 출판의 다양한 목표를 실현해주는 매력적인 선택권이 되었다. 포인터(Poynter 1979)와 베이버스톡은 이 문제를 탐구했다. 출판사가 오랫동안 의존해온 독립 편집자들이 자가출판 작가들에게 직접 고용되는 방식을 더 선호한다는 사실은(Baverstock et al. 2015) 출판산업에 장기적으로 시사하는 바가 크다.

출판과 마케팅에 대한 작가들의 이해가 커지고 다양한 출판 서비스를 저렴하게 이용할 수 있게 되었다는 사실은 새로운 유형의 작가-독자 관계를 부채질했다. 그것은 출판사가 거의 중재하지 않는 관계이다. 작가는 원하면 마케팅 기법과 프로세스에 대해 출판사보다 더 많은 정보를 얻을 수 있다. 어쩌면 미래에 출판사와 경쟁하게 될 수도 있다. 아이러니하게도 앞으로 출판사들은 작가에게 집필에 집중할 시간을 더 주기 위해 마케팅을 다시 관리하겠다고 말할지도 모른다.

결론

스탠리 언윈 경은 소셜 미디어 마케팅의 개념을 다루지 않았다. 베이커와 코틀러의 초판도 블로거나 비디오 블로거가 등장하기 훨씬 전에 나왔다. 하지만 시장접근과 커뮤니케이션, 고객 전환을 가능하게 해주는 이 새로운 수단을 뒷받침하는 기본적인 프로세스는 마케팅의 관행과 구조에 관한 그들의 연구 주제—예상 고객, 시장에 제공되는 제품/정보의 가치, 구매/행동 또는 개입을 일으키는 핵심 메시지의 추출/전달 등—에 들어맞았을 것이다.

마케팅의 새로운 잠재적 메커니즘이나 동향이 종종 열정적인 어휘와 함께 등장할 때마다 출판의 미래와 관련있는 모든 이해관계자(기존 실무자, 새로운 시장 진입자, 연구자, 이론가, 학생 등)는 반드시 그 적절성과 효율성을 모두 평가해보아야만 한다. 그뿐만 아니라 미래의 자원 할당 계획은 마케팅 문헌에서 논의된 원칙, 비슷한 상황에서의 실행을 통한 프로세스 탐구 증거, 가능성이 있거나 실제로 나온 결과에 대한 고찰을 통해 이루어져야 한다. 이것은 특히 시간의 긴급함이 커져서 마케팅 활동에 가속도가 붙어 눈앞의 기회가 의도와 달리 해석될 수 있으므로 더욱더 중요하다.

이 장에서 살펴본 일반적인 산업 및 출판의 핵심적인 마케팅 원칙과 프로세스, 기회는 앞으로도 출판산업을 비롯한 창조경제에 계속 의미가 있을 것이며 더 광범위한 서비스 기업과 개별 공급업체들이 관여할 것이다. 하지만 소비자가 구매 결정을 내리게 만들기까지 필요한 개입의 정도는 욕구의 강도와 누구의 돈이 사용되느냐에 따라 크게 달라진다. 따라서 마케팅 믹스(마케팅 효과가 최대화되도록 전략을 배합하는 것-역주)와 함께 책 커뮤니케이션 과정의 다양성은 물론이고 출판 마케터들이 수립한 창의성과 저예산, 상호 영향력 분석에 효과적인 기법들도 계속 고려되어야만 한다.

이때 소비자가 기꺼이 돈을 내게 하는 요소가 남아 있도록 하는 것이 핵심적인 고려사항이 될 것이다. 레가트(1982)는 '밴드웨건 도서(bandwagon books)'의 중요성을 따로 구분했는데, 이것은 매우 신속한 시장접근이 가능한 지금도 중요한 사안이다. 광범위한 접근을 확보하지만 비구매자가 토론에 참여할 수 있는 유형의 마케팅과 홍보는 출판사가 향후 개발을 지원하는 데 쓸 수 있는 소득을 창출해주지 않는다(제삼자의 자금으로 제공되지 않는 한은 말이다). 표적 집단에 무료로 도서를 배포하는 것은 팬층을 구축할 표본 추출과 대량 배포가 가능해 귀중한 마케팅 도구가 될 수 있지만, 소셜 미디어에서 중요한 정보가 공유되면 업계 수익에 특히 치명적일 수 있다.

기본 콘텐츠 제공자인 작가들이 마케팅에 직접 참여하면서 자신감이 커지고 전통적으로 출판사가 제공하는 것 이외의 시장접근 경로를 찾는 능력도 발달한 덕분에 어떤 책이 출판되고 누가 출판을 하느냐를 포함하는 모집(recruitment)에 관한 토론이 가속화되었다. 출판산업이 이미 이해와 접근이 이루어진 기존 시장에만 매달린다면 제품과 서비스의 전체적인 잠재력과 그에 연결된 수익 중 지극히 작은 부분만 겨냥하는 것이다.

이 계속되는 토론 속에서 출판학이 점점 더 중요해지고 있다. 학문적 사고와 실용적 기술이 합쳐진 이 학문은 출판 관계자들이 근거와 프로세스, 전달 평가에 관한 보다 광범위한 학문적 연구의 맥락 안에서 실용적인 기술을 고려하도록 해준다. 따라서 교차 부문의 관행을 평가해 새로운 아이디어를 얻고 아직 예측되지 않는 미래의 문제들도 해결할 수 있다.

참고 문헌

Baker, M. J. (1976). *Marketing Theory and Practice*, Basingstoke: Macmillan.

Baker, M. J. (1985). *Marketing Strategy and Management*, Basingstoke: Macmillan.

Baverstock, A. (1990 onwards). *How to Market Books*, London: Kogan Page.

Baverstock, A. (1993). *Are Books Different? Marketing in the Book Trade*, London: Kogan Page.

Baverstock, A. (2011). *The Naked Author*, London: Bloomsbury.

Baverstock, A., R. Blackburn, and M. Iskandarova (2015). 'How is the role of the independent editor changing in relation to traditional and self-publishing models of publication?', *Learned Publishing*, 28(2), pp. 123–31.

BBC News (2009). [온라인] : http://news.bbc.co.uk/1/hi/entertainment/arts_and_culture/7873127.stm [2010. 11. 10 검색].

Blake, C. (1999). *From Pitch to Publication*, London: Macmillan.

Bookseller (2004). 'The Richard & Judy effect', Issue 5113, 30 January 2004.

Bookseller (2006). 'Retail awards winners', Issue 5249, 22 September 2006.

Boswell, D. (2017). 'What do we write about when we write about publishing?', *Interscript*. https://www.interscriptjournal.com/online-magazine/what-we-write-aboutwhen-we-write-about-publishing

Bragg, M. (1998). 'Booker on the box', in *Booker 30: A celebration of 30 years of The Booker Prize*, London: Booker, pp. 36–8.

Buchanan, D and A. Huczynski (1985). *Organisational Behaviour*, Harlow: Pearson.

Canty, N. (2012). 'The experience of first time novelists in the UK', *Publishing Research Quarterly* 28, p. 218. https://doi.org/10.1007/s12109-012-9280-5

Clark, C., L. Owen, and R. Palmer (2007). *Clark's Publishing Agreements: A Book of Precedents*, London: Tottell.

Clark, G. (1988, 2000). *Inside Book Publishing: A Career Builder's Guide*, London: Blueprint.

Clark, G. and A. Phillips (2008, 2015). *Inside Book Publishing*, London: Routledge.

Cooke, D. (2009). http://news.bbc.co.uk/1/hi/magazine/8128436.stm [2017. 9. 5 검색].

Criswell, J. and N. Canty (2014). 'Deconstructing Social Media: An Analysis of Twitter and Facebook Use in the Publishing Industry', *Publishing Research Quarterly* 30, p. 352. https://doi.org/10.1007/s12109-014-9376-1

Curtain, J. (1993). *Book Publishing, the Media in Australia: Industries, Texts, Audiences*, ed. Stuart Cunningham and Graeme Turner, Sydney: Allen and Unwin.

Darwin, E. (2008). 'Author empowerment', Response to *Bookseller Blog*, 17 January 2008.

Davies, G. (2004 [1994]). *Book Acquisition and Commissioning*, London: Routledge.

Dearnley, J. and J. Feather (2002). 'The UK bookselling trade without resale price-maintenance—an overview of change 1995 – 2001', *Publishing Research Quarterly*, 17(4), pp. 16 – 31.

Delaney, P. (2002). *Literature, Money and the Market: From Trollope to Amis*, Basingstoke: Palgrave Macmillan.

Driscoll, B. (2014). *The New Literary Middlebrow: Tastemakers and Reading in the Twenty-First Century*, London: Palgrave Macmillan.

Earnshaw, S., ed. (2007, 2014). *The Handbook of Creative Writing*, Edinburgh: Edinburgh University Press.

Eyre, C. (2016). HCB launches two new kids' lists, The Bookseller, 22 July 2016. https://www.thebookseller.com/news/hcg-launches-two-new-kids-lists-364036

Fergus, J. (1997). 'The professional woman writer', in E. Copeland and J. McMaster (eds), *The Cambridge Companion to Jane Austen*, Cambridge: Cambridge University Press.

Financial Times (2015). Article on self-publishing; reference to nailbar story dissemination.

Fuller, D. and D. N. Rehberg Sedo (2013). *Reading beyond the Book: The Social Practices of Contemporary Literary Culture*, New York: Routledge.

Gardiner, J. (2000). 'What is an author?', *Publishing Research Quarterly*, 16(1), pp.

255 – 74.

Genette, G. (1993). *Fiction and Diction*. Trans Catherine Porter, Ithaca, NY: Cornell University Press (1991년 프랑스에서 초판 발행).

Hartley, J. (2001). *Reading Groups*, Oxford: Oxford University Press.

Hill, A. (1988). *In Pursuit of Publishing*, London: Heinemann.

Jauncey, J. (2008). Society of Authors in Scotland, Conference, February 2008, Podcast of session. [온라인] http://scotlandonsunday.scotsman.com/sos-review/Podcast-Society-of-Authors-in.3808264.jp [2011. 9. 1 검색].

Jury, L. (2007). 'Richard and Judy select Britain's next bestsellers', *The Independent*. http://www.independent.co.uk/arts-entertainment/books/news/richard-and-judy-select-britains-next-best-sellers-430856.html [2017. 9. 5 검색].

Kotler, P. (1967). *Marketing Management: Analysis, Planning and Control*, Englewood Cliffs, NJ: Prentice-Hall.

Leach, E. (2014). *Welcome to the age of Martini marketing*, The Guardian, Higher Education Network blog. https://www.theguardian.com/higher-education-network/blog/2014/mar/21/martini-marketing-higher-education [2017. 9. 3 검색].

Legat, M. (1982, 1987, 1991). *An Author's Guide to Publishing*, London: Robert Hale.

Lewis, J. (2005). *Biography of Allan Lane*, London: Penguin.

McCrum, R. (2006). 'Our top 50 players in the world of books', *The Observer*, 5 March 2006. http://www.guardian.co.uk/books/2006/mar/05/features.review [2017. 9. 1 검색].

Marsden, S. (2017). 'Positioning Publishing Studies in the Cultural Economy', *Interscript*. https://www.interscriptjournal.com/online-magazine/positioning-publishing-studiesin-the-cultural-economy

Masikunas, G. and A. Baverstock (2011). 'How well do textbook publishers understand their market?', *International Journal of the Book*, 8(4), pp. 93 – 102.

Matthews, N. and N. Moody (2008). *Judging a Book by its Cover: Fans, Publishers, Designers, and the Marketing of Fiction*, Farnham: Ashgate.

Morpurgo, J. E. (1979). *Allen Lane, King Penguin*, London: Penguin.

Mullins, L. J. (1985 and subsequent editions). *Management and Organisational Behaviour*, Harlow: Pearson.

Murray, S. E. (2007). 'Publishing Studies: Critically Mapping Research in Search of a Discipline', *Publishing Research Quarterly*, 22(4), pp. 3 – 25.

Noorda, R. (2017). 'From Waverley to Outlander: Reinforcing Scottish Diasporic Identity through Book Consumption', *National Identities*, 20, 4, pp. 361 – 77 http://www.tandfonline.com/eprint/H3H8HJ5JyxZUCtz8uC33/full

Noorda, R. (forthcoming 2019). 'Entrepreneurship and Marketing in the Publishing Industry', in *Handbook on Marketing and Entrepreneurship*, I. Fillis, N. Telford 편집, Cheltenham: Edward Elgar.

Owen, L. (1991). *Selling Rights*, London: Blueprint.

Picoult, J. (2006). Interview in: *The Telegraph Magazine*, 2 September 2006.

Poynter, D. (1979). *The Self-publishing Manual*, California: Para Publishing, 16 editions. https://www.amazon.co.uk/Dan-Poynters-Self-Publishing-Manual-Write/dp/1568601425

Ramone, J. and H. Cousins, eds (2011). *The Richard & Judy Book Club Reader: Popular Texts and the Practices of Reading*, Farnham: Ashgate Publishing.

Raven, J. (2006). 'Book production', in Jane Austen in Context, J. Todd 편집, *The Cambridge Edition of the Works of Jane Austen*, Cambridge: Cambridge University Press.

The Reading Agency and BOP Consulting (2015). *The impact of reading for pleasure and empowerment*. https://readingagency.org.uk/news/The%20Impact%20of%20Reading%20for%20Pleasure%20and%20Empowerment.pdf [2017. 12. 28 검색].

Richardson, P. and G. Taylor (2008). *A Guide to the UK Publishing Industry*, London: The Publishers Association.

Reed, J. (2013). *Get up to Speed with Online Marketing*, 2nd edition, London: Pearson.

Rosen, J. (2016). 'A glimmer of hope for black-owned bookstores', *Publishers Weekly*, New York: 263.8 (22 February 2016). https://search.proquest.com/

docview/1767981194?rfr_id=info%3Axri%2Fsid%3Aprimo

Royle, J., L. Cooper, R. Stockdale (1999). 'The use of branding by trade publishers: An investigation into marketing the book as a brand name product', *Publishing Research Quarterly*, 15(4), pp. 3 – 13.

Smith, K. (1980). *Marketing for Small Publishers*, London: Inter-Action Imprint in association with the Institute for Social Enterprise.

Smith, W. R. (1956). 'Product Differentiation and Market Segmentation as Alternative Marketing Strategies', *Journal of Marketing*, 21(1), pp. 3 – 8, Marketing Management 재인쇄, (1995), 4(3), pp. 63 – 5.

Squires, C. (2007). *Marketing Literature: The Making of Contemporary Writing in Britain*, London: Palgrave.

Sumsion, J., M. Hawkins, and A. Morris (2002). 'The economic value of book borrowing from public libraries: An optimisation model', *Journal of Documentation*, 58(6): pp. 662 – 82.

Swift, R. (2012). An interview with Rebecca Swift. https://www.freewordcentre.com/explore/the-future-of-publishing-an-interview-with-rebecca-swift

Thompson, J. B. (2005). *Books in the Digital Age: The Transformation of Academic and Higher Education Publishing in Britain and the United States*, Cambridge: Polity Press.

Thompson, J. B. (2010). *Merchants of Culture: The Publishing Business in the 21st Century*, Cambridge: Polity Press

Toksvig, S. (2006). 서문. *Courage and Strength: A book of veterans' poetry*, Combat Stress 출판 지원. https://www.cobseo.org.uk/courage-and-strength-a-book-of-veterans-poetry London: Kingston University Press.

Unwin, S. (1926 onwards). *The Truth about Publishing*, London: George, Allan & Unwin.

Woll, T. (1999). *Publishing for Profit*, London: Kogan Page.

22장

권리

리넷 오언(Lynette Owen)

저작권의 개념은 출판산업에 매우 중요하다. 오랫동안 저작권은 창작자(작가, 일러스트레이터, 사진작가 등)와 그들의 작품을 시장에 내놓으려고 투자하는 사업체(출판사)의 권리를 보호하는 지식재산 체계로 당연하게 여겨졌다. 최근에 구글 같은 기술 기업들뿐만 아니라 교육 부문과 일반 대중 등 다양한 이해관계자들이 디지털 시대에 저작권의 타당성에 관한 질문을 던졌다. 그들 다수는 콘텐츠를 즉각 자유로이 이용할 수 있어야 한다는 기대 속에서 성장한 세대였다. 그러나 저작권법은 기술 발달에 따라 계속 조정되어왔으며 여전히 창작 콘텐츠의 가치를 인정하는 필수적인 메커니즘으로 남아 있다.

출판산업에는 라이선싱 매체를 통해 지식재산권을 이용하는 커다란 영역이 자리한다. 라이선싱은 작가의 원고에서 시작해 편집, 디자인을 거쳐 생산, 마케팅, 인쇄 및 (요즘은 당연히) 전자 형식 배포에 이르는 주요 출판 과정에서 살짝 옆으로 떨어져 있는 행위이다. 창작자인 작가는 보통 자신의 작품에 대한 저작권과 기타 부수적인 권리를 가진다. 그러나 작가들은 출판 계약 조건에 따라 권리의 처리를 대리인(문학 에이전트)이나 출판사에 위임한다. 에이전트의 역할은 출판사 혹은 출판사들과 협의하는 것이다(예: 영국의 에이전트는 단일 국제 계약을 맺는 것이 아니라 영국과 미국의 출판사와 따로 계약을 체결할 수 있다). 에이전트는 계약건마다 다양한 부차권을 포함하거나 일부 범주의 권리(예: 번역권, 드라마와 다큐멘터리 제작권)에 대한 통제권을 남겨둘 수 있다.

그동안 출판산업에서 권리 판매는 더욱 중요해졌다. 특히 컬러 일러스트가 많이 들어가는 도서 같은 일부 부문에서는 권리 판매가 프로젝트의 경제적 실행 가능성을 좌우하고 출판사의 수익성에 지대한 공헌을 하기도 한다. 한 예로 돌링 킨더슬리는 여러 권리 계약의 확보를 토대로 설립된 출판사로 해외의 파트너들을 위해 코에디션(coedition, 동시 출판) 종이책을 출판했다.

왜 권리를 판매하는가?

한 작품의 지식재산의 다양한 측면을 활용함으로써 생기는 추가적인 기회에는 다양한 라이선싱 기회가 포함된다. 책에 적절한 잠재력이 있고 권리가 효과적으로 처리되면 작가와 에이전트, 출판사에 상당한 추가 수입원이 되고 책을 다양한 형태로 더 많은 사람들에게 선보일 수 있다. 경우에 따라서 라이선스 계약 확보는 출판 프로젝트가 실현될 수 있도록 재정적으로 뒷받침해주기도 한다. 특히 일반 출판 부문이 더욱더 그렇다. 출판사가 작가에게 많은 선인세를 지급했을 때 권리 판매 수익이 이 금액을 상쇄해줄 수 있고 라이선스 코에디션을 출판하면 컬러 일러스트가 많아 높아진 생산원가를 분할 상환할 수 있기 때문이다. 교육, 학술, 전문 서적 부문에서는 비록 권리 판매 기회가 출판 결정에 영향을 미치는 경우가 적지만 그래도 권리 판매 수익은 언제나 환영받으며 작가들을 끌어들이고 유지하는 데 중요할 수 있다.

권리 판매는 재정적 이익을 가져다줄 뿐만 아니라(프로젝트, 라이선스 유형, 관련 시장에 따라 크게 다를 수 있다) 라이선싱은 배포와 가격, 언어를 이유로 작품의 원본 형식으로는 접근하기 어렵거나 적합하지 않은 시장에 다가가는 수단을 제공한다. 라이선싱은 저자의 명성을 쌓아주기도 하고 지역 라이선스 사용자의 이름과 함께 등장하면 해외시장에서 출판사 브랜드의 인지도도 높아진다.

권리 사업의 역사

권리 거래는 새로운 것이 아니지만 그동안 확장이 이루어졌고 저작권의 발달뿐 아니라 기술 발달이 제공한 새로운 기회 덕분에 훨씬 체계화되었다. 미국과 영국은 1952년에 세계저작권협약(Universal Copyright Convention)이 체결되기 전까지는 보편적인 국제저작권협약에 가입하지 않았다. 그전까지 많은 영국 작가들의 책이 허가나 저작권 사용료 지급 없이 미국에서 출판되었다. 이것은 영국 소설가 찰스 디킨스가 미국 순회 낭독회에서 종종 강조한 상황이기도 했다. 마찬가지로 마크 트웨인 같은 미국 작가들의 책도 허가나 저작권 사용료 지급 없이 영국에서 출간되었다. 권리 거래에 대한 세부적인 사항은 20세기 초의 출판사 아카이브 파일에서 확인할 수 있다. 편집자나 임원 비서 등 여러 비전문가가 권리 판매 계약을 맡았다. 20세기 초에 비어트릭스 포터(Beatrix Potter)*와 플로렌스 업턴(Florence Upton, 롱맨Longman에서 출판한 일련의 책에 흑인 인형 캐릭터를 만들어 등장시킨 작가)**은 그들의 책에 등장하는 캐릭터에 대한 머천다이징 계약을 체결했다. 버지니아 울프는 서신에서 1917년에 남편 레너드 울프와 설립한 호가스 출판사가 출간한 책의 미국판을 언급했다. 그녀의 책은 미국에서 하코트 브레이스(Harcourt Brace) 출판사에 의해 출판되었다.

라디오나 텔레비전 방송 같은 기술의 등장으로 판매 가능한 권리의 범위도 늘어났다. 책이 영화(이제는 넷플릭스와 아마존 같은 기업을 통해 인터넷에서 드라마도 시청할 수 있다)와 오디오 녹음(디스크, 카세트, CD에서 디지털 다운로드로 발달했다)에 활용되었다.

이전에는 접근할 수 없었던 시장에 변화가 일어나면서 다른 기회도 열렸다. 중앙유럽과 동유럽, 소비에트연방처럼 정부가 출판산업을 통제하는 국가들은 정치적으로 위험하다고 여겨지지 않는 책들, 주로 과학서와 기술서만 라이선스가 개방되어 있었다. 국영 저작권 기관을 통해 라이선스 협상이 이루어졌고 경우에 따라(예: 폴란드) 봉쇄 통화(blocked currency, 외화 시장에서 다른 화폐로 자유롭게 바꿀 수 없는 화폐-역주)로 사용료가 지급되었다. 1990년대 초반 그 시장들에 정치 및 경제 변화가 일어나면서 이전에 금지되었던 다양한 책(예: 화려한 일러스트가 들어간 코에디션)이 허용되었고 라이선싱 계약 조건도 일반적으로 바뀌었다.

그 어떤 국제저작권협약에도 가입하지 않았던 중국은 1992년에 베른 조약과 세계저작권협약에 가입했다. 그 이전에 중국에서는 많은 서양 서적

---

* Lee (2007).
** Davis (1992).

들이 무단으로 복제되거나 번역되었다. 영국의 몇몇 교육 출판사들이 영어 교육서의 라이선싱 계약에 성공하기는 했지만 역시 봉쇄 통화 계약이었다. 비록 정치적으로 민감한 콘텐츠도 있지만 현재 중국 출판사들은 활발하게 권리를 구매하고 있다. 베트남에도 유사한 제약이 있었지만 2004년 10월 베른조약에 서명했다.

누가 권리 판매를 담당해야 하는가?

오늘날 모든 라이선싱 계약에는 작가와 출판사를 위한 최상의 결과를 얻기 위해 다양한 기술이 필요하다. 상상력과 창의성을 비롯하여 저작권 제도와 가격 정책이 다른 여러 시장에 관한 광범위한 지식, 신뢰할 수 있는 잠재적 라이선스 파트너와의 접촉, 쌍방에 유익한 협상을 끌어내고 적절한 라이선스 계약으로 묶는 능력, 여러 단계마다 광범위한 라이선스 거래를 확인하는 행정적인 기술 등이 요구된다. 누가 이 전문적인 활동을 가장 잘 처리할 수 있는지는 출판 부문, 작가의 지위, 출판사 내부의 이용 가능한 자원에 따라 달라질 수 있다. 일반 출판 부문의 경우, 영국과 미국의 유명 작가들은 대부분 문학 에이전트를 고용한다. 하지만 유럽, 아시아, 라틴아메리카에서는 출판사와의 직접 계약이 더 지배적이다. 유명 문학 에이전시는 영어권 시장에서 출판사들과 별도 계약을 통해 독점 판매 지역을 설정하고 일부 지역은 여러 판본이 서로 경쟁할 수 있는 열린 시장으로 지정할 수도 있다. 전문 인력을 갖춘 에이전시들은 외국어 번역권에 대한 통제권을 보유하고 해외시장의 복대리인(대리인이 자신의 이름으로 선임한 본인의 대리인-역주) 네트워크를 통해 홍보하기도 한다. 이런 형태는 중앙유럽과 동유럽, 러시아, 아시아 대부분 시장에 만연하다. 통상적으로 복대리인은 일반 도서를 더욱 적극적으로 다룬다. 대개 현지 시장에 대한 정보가 뛰어난 그들이 제공하는 서비스는 그곳 시장을 직접 방문하지 않아 현지 출판사와의 의사소통을 우려하는 원출판사에 매력적으로 다가갈 수 있다. 하지만 복대리인은 다른 여러 출판사에도 고용되므로 원대리인이나 원출판사보다 해당 도서에 관한 지식이 떨어진다는 단점도 있다. 또한, 그들은 계약 수수료에 의존하므로 이미 세계적으로 인지도가 있는 작가들의 작품만 맡으려는 경향이 있다.

영국과 미국의 일부 문학 에이전시들은 영화와 TV, 머천다이징 권리에 경험이 있는 담당자를 둔다. 원출판사는 그런 권리에 지분이 없어도 판매가 이루어지면 책의 매출에 긍정적인 영향을 미칠 수 있다. 에이전시들은 모든 권리 거래에 대하여 합의된 수수료를 받는다.

1960년대 이후로 권리의 판매는 전문적이고 수익성 좋은 활동으로 인식되었고 오늘날 대형 일반 출판사들은 전담 부서를 거느리고 있다. 권리의 활용에 적극적인 출판사라면 합의된 영역에서 책을 출간하고 판매하는 기본적인 권리뿐만 아니라 더욱더 넓은 범위의 권리를 추구할 것이다. 출판사가 작가의 에이전트와 여러 권리로 구성된 권리 다발에 합의한다면 해당 작품에 관한 상위의 계약 조건에 대한 합의가 반드시 개입된다. 반면 교육, 학술, 전문서 출판사가 내는 책은 대부분 출판사가 기획한 아이디어에서 비롯된다. 출판사는 특정 주제를 다루는 책의 필요성을 식별하고 알맞은 작가를 찾아 의뢰한다. 대개 그런 작가들은 전업 작가가 아니고 교육이나 비즈니스 분야 종사자들이다. 이때는 출판사와의 직접 협상으로 계약이 이루어지고 대리인은 거의 개입하지 않는다. 일반적으로 출판사가 작가로부터 주요 출판권뿐만 아니라 모든 부차적 권리를 취득한다. 즉 저작권이 출판사에 전면 양도되는 경우가 많다. 대부분의 출판사에는 권리 판매를 전담하는 인력이 있다. 대개 작가는 출판사가 출판하는 판본(종이책이건 전자책이건)의 판매에 대한 계약금과 선인세, 합의한 비율에 따른 권리 판매 수익을 받는다.

따라서 출판사의 관점에서 최적의 조건은 가능한 한 광범위한 권리를 취득하여 수익 기회를 극대화하는 것이다. 그 수익은 작가와 공유하지만 출판사가 책을 시장에 내놓기 위해 들인 투자를 상쇄해줄 것이다. 작품을 취득할 때 출판사는 필요한 권리의 범위를 분명히 알고 있어야 하며 그 권리가 계약서에 포함되어야 하는 이유를 작가에게 설명할 수 있어야 한다. 작가에게 대리인이 있는 경우에는 양쪽의 협상력이 얼마나 큰지, 여러 출판사가 경매를 통해 치열한 경쟁을 벌이고 있는지가 중요하게 작용한다.

권리 라이선싱에 대한 작가와 출판사의 이해관계는 항상 똑같을까? 작가의 명성을 넓히고 더 많은 시장에 접근해 작가와 출판사 모두에게 추가 수익을 창출하는 수단으로 라이선싱을 활용한다는 점에서는 대부분 이해관계가 일치할 것이다. 하지만 양쪽의 인식과 방침이 갈리는 영역도 있다. 예를 들어, 특정 시장의 라이선스 규모와 가치에 대한 작가의 기대가 비현실적일 수 있다(중국어나 아랍어 같은 언어권은 인구가 많은 지역이므로 대규모의 인쇄 부수가 합당하다고 추측하는 경우가 많다). 출판사가 피하거나 거절하고 싶은 라이선스 계약이 있을 수도 있다. 예를 들어 스칸디나비아나 베네룩스 3국의 학교에서 채택되는 교과서처럼 영어판의 대량판매가 가능한 시장에 번역권을 허가하는 것이 그렇다. 라이선스판으로 받는 인세보다 한 권당 수출 판매 수익이 훨씬 더 높을 테니까 말이다. 따라서 출판사가 시장의 상황과 그에 따른 방침을 작가에게 명확하게 설명하는 것이 필수적이다.

제삼자의 저작물 포함

라이선싱의 잠재력과 관련된 추가적인 사안도 짚어봐야 한다. 작가가 자신의 책에 제삼자의 저작물—다른 출처의 텍스트 인용문, 사진, 그림, 지도, 그래프, 차트 등—을 넣고자 할 수도 있다. 그럴 때는 해당 저작권자로부터 이용 허가를 받아야 한다. 대부분 이용료도 내야 할 것이다. 이용 허가의 확보는 작가에게 맡겨지거나 출판사가 처리할 수도 있다. 따라서 누가 그 작업을 수행할 것인지뿐만 아니라 누가 이용료를 부담할 것인가에 대한 합의가 이루어져야 한다. 제삼자의 저작물 이용 허가를 작가가 맡건 출판사가 맡건 이용 범위를 어느 정도나 확보해야 하는지 명확해야 한다. 출판사가 출판하는 판본에서 이용할 수 있는 권리만 확보할 것인가, 아니면 미국이나 다른 언어권 출판사들이나 디지털 라이선스 보유자처럼 다른 라이선스 에디션을 위한 권리까지 확보할 것인가? 책에 들어간 제삼자의 저작물 재이용 허가를 라이선스 이용자가 직접 받고 이용료도 내야 한다면 번거로워서 관심이 떨어질 수도 있다. 반면 작가나 원출판사가 재이용 허가를 받아준다면 라이선스 판매 가능성은 커져도 상당한 금액의 이용료를 부담해야 한다.

권리 범위

라이선싱이 가능한 권리에는 무엇이 있는가? 그 목록은 끊임없이 변화한다. 어떤 카테고리의 중요성이 커지거나 작아지고 또 어떤 카테고리는 아예 사라지는가 하면 종종 신기술의 영향으로 새로운 기회도 생기기 때문이다.

영어 권리

만약 영국 출판사가 국제적인 자회사나 유통 대리인을 갖추고 있지 않다면 미국, 캐나다, 남아프리카, 오스트랄라시아와 같은 다른 영어권 출판사에 영어 권리 라이선스를 부여하는 능력이 필수일 것이다. 다른 수많은 출판사의 책도 함께 맡는 유통업체를 통해 오리지널 판본을 파는 것보다 현지 출판사의 브랜드와 마케팅 활동을 통하면 판매량이 더 늘어날 수 있다. 지역 라이선스 계약은 선인세와 인세를 토대로 현지 재인쇄 라이선스에 따라 협상하거나 일러스트가 많은 책이라면 원출판사가 라이선스 사용자를 대신해 직접 코에디션을 인쇄할 수도 있다. 또다른 영어 라이선스에는 특수 출판사에 글자가 더 큰 판본을 출판하는 권리를 주는 것이 포함된다. 하지만 이들 시장은 사용자가 직접 글꼴을 늘릴 수 있는 전자책과 태블릿의 발달에 영향을 받았다.

영어 교과서 출판사의 핵심적인 활동 영역은 인도나 필리핀, 중국 같은 시장에 저가의 재판본 라이선스를 주는 것이다. 그런 지역의 일류 대학에서는 경영학 같은 분야의 강의가 종종 외국 교수들에 의해 영어로 이루어진다. 이 카테고리의 한 가지 단점은 분명한 경고 문구를 실었는데도 불구하고 합법적으로 허가된 판본이 동아프리카나 구소련 공화국들로 '유출'될 수 있다는 것이다. (더 걱정스럽게는) 부유한 국가의 시장으로 유출되어 원출판사의 판매량이 줄어들 수 있다. 2013년 커트생 대 존 와일리 앤드 선스 사건에 대한 미국 대법원의 판결은 그런 상황에 전혀 도움을 주지 못했다. 2008년에 미국 출판사 존 와일리는 아시아 시장에서만 판매할 목적으로 생산한 저가 재판본을 미국으로 수입해 미국 판본보다 훨씬 저렴한 가격으로 재판매한 태국인 학생 수파프 커트생(Supap Kirtsaeng)을 고소했다. 와일리가 두 하급법원에서 승소했고 항소심에서도 수입 금지 판결이 유지되었다. 그러나 대법원에서 최초 판매 이론을 근거로 판결이 뒤집혔다. 합법적으로 구매한 책은 저작권자의 허가 없이 재판매될 수 있다는 것이었다.

한때 매우 중요했지만 지금은 크게 약해진 라이선싱의 두 가지 영역이 있다. 첫번째는 원출판사가 전문 페이퍼백 출판사에 내어주던 페이퍼백 권리이다. 요즘 대부분의 일반 출판사는 두 가지 판형을 모두 출판한다. 양장본을 먼저 출판하고 1년 후에 페이퍼백 버전을 출판하는 '종적' 출판권을 취득하려는 경향이 있다. 두번째는 북클럽이다. 이것은 클럽 회원들에게 고정 소매가격에서 할인된 가격을 제공하는 것으로 한때 강력한 통신판매 사업이었다. 이것은 출판사로부터 매우 높은 할인율로 책을 구매하거나 경우에 따라서는 재판본 라이선스를 구매해 오랫동안 이용하면서 자체 판본을 대량 인쇄하는 방법으로 이루어졌다. 1997년에 영국 순도서협정이 폐지되면서 서점과 슈퍼마켓, 아마존 같은 온라인 소매업체들도 상당한 할인율을 제공할 수 있게 되자 북클럽만의 고유판매제안(unique selling point, USP, 소비자가 상품을 구매함으로써 얻을 수 있는 특출한 이점으로 제품의 고유 강점을 말한다-역주)이 사라져 사실상 영국에서 완전히 자취를 감추었다.

주로 일반 도서 부문의 책들에는 신문과 잡지 연재권 판매 기회가 있을 수 있다. 가장 중요한 카테고리는 1차 연재권(first serial rights)이다. 신문이나 잡지는 책이 시장에 출시되기 전에 발췌문을 게재 혹은 연재하기 위해 출판사에 상당한 금액을 지불하기도 한다. 협상이 매우 비밀리에 이루어지고 비밀유지 조항이 포함될 수 있다. 이런 방식이 활용되는 가장 일반적인 장르는 연예, 스포츠, 정치 분야 유명인사의 전기나 자서전이다. 연재권 시장의 절정기에 전국 신문은 선정적이거나 스캔들을 다룬 콘텐츠의 연재권에 수십만 달러 단위의 금액을 지불하기도 했다. 하지만 지금은 그렇게 비싸지 않다. 신문과 잡지는 이렇게 책의 내용을 사전에 공개함으로써 새로운 독자를 유입시키고 적어도 그중 일부를 계속 보유하고자 한다. 연재권 수익은 대부분 작가에게 돌아가지만 에이전트와 출판사도 1차 연재권 판매비에 더해서 매출 증가로 이어지기를 원한다. 하지만 어떤 자료를 어떤 맥락에서 사용할지 완전한 허가를 받기가 어렵다. 소설은 연재권이 팔리는 경우가 비교적 드물지만 요리, 원예, 인테리어 디자인, 자기계발, 경영 같은 논픽션 도서의 발췌를 게재하는 라이선스는 잡지와 전국 단위 신문의 특별 보충판에 팔릴 수 있다. 출판 후에 발췌, 연재할 수 있는 권리인 2차 연재권은 가치가 덜하지만 상당한 홍보 효과를 창출한다.

번역권

영어 시장에서 벗어나면 번역권이라는 대단히 중요한 영역이 자리한다. 문학 에이전트와 출판사의 저작권 전담 부서는 해외 출판사에 권리를 홍보하는 데 많은 시간을 할애한다. 어떤 책이 국가와 문화의 경계를 '이동해' 흥미를 일으키는지 최신 트렌드를 따라가는 것은 끝없는 도전이다. 이 글을 쓰는 현재 J. K. 롤링의 『해리 포터』 시리즈*는 라틴어와 고대 그리스어를 포함해 73개 언어로 번역되었다. 학술서는 번역권이 팔릴 가능성이 더 낮을 것이다. 권리 판매자들은 베네룩스 국가와 스칸디나비아 같은 시장에 학술서의 번역권을 허가하면 그 시장에서 영어판 판매량이 줄어들 수 있다는 사실을 명심해야 한다. 이 지역에서는 원칙의 조율이 필수적이다.

---

* https://en.wikipedia.org/wiki/Harry_Potter_in_translation

현재 전 세계에서 번역되는 모든 원서의 약 60%가 영어 도서인 것으로 추정된다. 이것은 영어가 가장 접근하기 쉬운 언어로 여겨진다는 관점뿐 아니라 미국과 영국의 출판사와 에이전트들이 오래전부터 책의 권리 홍보에 매우 적극적이었다는 사실을 뒷받침한다. 프랑스어, 독일어, 이탈리아어, 스페인어 같은 언어가 번역서에서 차지하는 비율은 훨씬 낮으며 그보다 접근성이 더 떨어지는 언어들의 번역률은 더욱더 낮다. 하지만 일본 작가 곤도 마리에의 『정리의 발견』*은 약 40개 언어로 번역되었고 무라카미 하루키**(서양 문화에 큰 영향을 받았다고 밝힌 일본 작가)의 소설은 50개 이상의 언어로 옮겨졌다.

번역권을 구매하는 이유는 상황에 따라 달라질 수 있다. 출판사들은 세계적인 베스트셀러의 저작권을 얻기 위해서나 마음 챙김 명상(혹은 번역이 거의 또는 전혀 필요하지 않은 컬러링 북) 같은 최신 출판 트렌드의 수요에 부응하고자 경쟁하기도 한다. 코에디션 출판은 고도의 디자인과 컬러 일러스트가 들어간 값비싼 책을 제작할 여유가 없는 시장의 출판사들이 그런 책에 접근할 수 있도록 해준다. 학술 서적과 전문 서적 부문에는 경영, 컴퓨터, 의학 같은 분야의 권위자가 쓴 최신 콘텐츠를 획득할 필요성이 있을 것이다. 기존 도서의 번역 출판도 현지 작가들에게 원고를 의뢰해 출판하는 것보다 더욱더 빠르게 출간 목록을 구축하는 방법이 된다. 번역가 선택 결정은 원작 작가가 매우 유명하거나 선호하는 번역가가 따로 있다거나 번역가 승인 권리가 계약서에 포함되지 않는 한 통상 라이선스 사용자에게 있다. 또한, 유명 작가의 경우 외국어 라이선스 사용자 선정이 치열한 경

---

* https://en.wikipedia.org/wiki/Marie_Kondo
** https://en.wikipedia.org/wiki/Haruki_Murakami

매로 이루어질 때 작가가 최종 선택을 승인하는 계약상의 권리를 가지기도 한다.

영어로 된 책의 해외 라이선스 판매가 활발하게 이루어지는 것과 대조적으로 미국과 영국 출판사들이 해마다 출판하는 도서에서 번역서는 5% 미만에 불과하다. 보통 인용되는 수치는 3%이다.* 프랑스나 독일 같은 시장의 번역서 출판 비율은 그보다 훨씬 높은 20~30%이며 중앙유럽과 동유럽 같은 시장은 그보다 더 많이 출판한다. 중국은 대표적인 번역권 구매 국가로 2014년에 약 1만 5,500종을 취득했고 그중 2,655종이 영국 도서였다.** 그러나 같은 해 중국어 도서 8,000종의 번역권이 전 세계로 팔렸지만 그중에서 영국에 팔린 것은 410종에 불과했다. 영국과 미국 출판사들이 번역서를 많이 출판하기 꺼리는 데는 여러 가지 이유가 있을 수 있다. 자국이나 다른 영어권 시장에서 훌륭한 작가들이 풍부하게 공급되는데다 훌륭한 번역가를 찾는 어려움과 비용에 대한 우려 때문이다.

영국 출판사들, 특히 교육과 학술 출판사들은 해외의 경쟁자들보다 훨씬 빠르게 중앙유럽과 동유럽, 구소련과 중국, 베트남을 방문하여 과도기에 놓인 그 까다로운 시장에 대처한 선구자들이었다. 그 당시 영국 출판사들은 화폐의 해외 송금이 불가능한 그런 국가에서 라이선싱 활동을 하고 통금시간과 계엄령 속에서도 도서 박람회에 참석했다. 이제 일부 국가에서는 정치적, 경제적 변화로 과거에 허용되지 않았던 콘텐츠들의 수요가 갑자기 높아졌다. 하지만 국가가 여전히 출판물을 통제하며 검열이 라이선싱 여부에 영향을 주는 실질적인 문제로 남아 있다. 안타깝게도 정치, 경제 변

---

* Literature across Frontiers 번역 통계. 2015년 5월; www.lit-across-frontiers.org/new_translation_statistics_from_laf

** 영국출판협회 2014년 중국 GPI 보고서.

화 이후 자유로워졌던 몇몇 시장에서도 다시 미디어 통제가 강화되고 있는 듯하다.

영어 라이선스와 마찬가지로 번역 라이선스는 자체적인 판본을 출간할 수 있는 독립적인 라이선스로 부여되거나 일러스트가 많은 책의 경우 코에디션 라이선스로 부여된다. 코에디션은 라이선스 사용자가 원본 레이아웃을 적용한 번역문을 제공하면 원출판사가 번역서를 직접 제작해 발송하는 것이다. 따라서 높은 초기 비용이 분할 상환되어 라이선스 사용자들의 생산 비용이 줄어든다.

비출판 라이선스

책의 라이선스를 부여하는 방법은 인쇄 영역을 벗어나서도 다양하게 존재할 수 있지만, 책의 성격과 적합성이 크게 좌우한다. 아마존의 오디블(Audible)처럼 카세트에서 CD로 그리고 디지털 다운로드 양식으로 플랫폼이 이동하면서 인기가 높아진 오디오북도 중요한 부문이다. 비출판 라이선스의 가능성이 있는 책은 소설, 인기 논픽션, 일부 경제경영 도서이다. 현재 영국의 주요 일반 출판사들은 오디오 전문 출판사에 라이선스를 부여하기보다는 직접 오디오북을 제작하지만 아마존의 오디블이 대표적인 디지털 다운로드 채널로 남아 있다. 사실상 무제한 용량을 갖춘 디지털로의 전환은 축소판이 아닌 무삭제판 오디오북으로의 중요한 변화를 촉진했다. 오디오북은 목소리가 독특할 경우 작가가 직접 녹음하거나(예: 앨런 베넷 Alan Bennett) 이러한 유형의 작업을 수행할 수 있는 능력을 갖춘 배우나 인물(예: 스티븐 프라이Stephen Fry, 마틴 자비스Martin Jarvis) 등이 수행한다.

어떤 책들은 극의 형태로 각색된다. 극화 가능성이 있는 책은 연극(예:

마이클 모퍼고Michael Morpurgo의 『워 호스』)이나 뮤지컬(예: 로알드 달Roald Dahl의 『마틸다』) 판권이 팔린다. 상업적인 제작에 대한 이용료 지급은 흥행 수익에 대한 비율에 근거한다. 책이 TV 프로그램이나 연속극(예: 존 르 카레 John Le Carre의 『나이트 매니저』) 또는 시리즈(예: 콜린 덱스터Colin Dexter의 소설을 바탕으로 한 모스 경감과 루이스 시리즈, 제럴드 더럴Gerald Durrell의 『나의 특별한 동물 친구들』 원작의 〈더럴 가족〉)로 만들어지기도 한다. 아마 가장 야심 찬 형태의 라이선스는 장편영화일 것이다. 책의 영화 판권에 관심을 보이는 이들은 영화사, 독립 제작사, 제작자, 시나리오 작가, 유명 배우 등 다양하다. 처음에는 보통 1년짜리 옵션 계약을 해서 프로젝트의 실행 가능성을 살펴볼 수도 있다. 일반적으로 먼저 옵션을 구매하고 판권의 전체 비용은 나중에 지불하므로 영화화가 실현되리라는 보장이 없는 상태로 판권 가격을 결정해야 하는 딜레마가 생긴다. 옵션이 행사되지 않는 경우가 대부분이지만 그래도 상당수의 영화가 오리지널 시나리오가 아닌 책을 원작으로 한다. 영화 판권은 작품의 완전성에 대한 작가의 저작인격권이 희생되어야만 하는 영역이기도 하다. 영화 버전에서는 등장인물이나 장소, 시간 기준이 책과 달라지는 경우가 많다. 폴라 호킨스(Paula Hawkins)의 소설 『걸 온 더 트레인』은 영화에서는 배경이 런던에서 뉴욕으로 바뀌었다. 앨리스 먼로(Alice Monro)의 단편을 영화화한 페드로 알모도바르(Pedro Almodovar) 감독의 〈줄리에타〉는 장소가 캐나다에서 스페인으로 바뀌었고 줄리언 반스(Julian Barnes)가 쓴 동명의 소설을 영화화한 〈예감은 틀리지 않는다〉는 부차적 줄거리와 좀더 깔끔한 결말이 추가되었다. 소설은 영화의 토대로서 가장 유력한 출발점이며 CGI 기술의 발달은 톨킨의 『호빗』과 『반지의 제왕』, C. S. 루이스의 『나니아 연대기』, 패트릭 네스(Patrick Ness)의 『몬스터 콜스』의 영화화를 가능하게 했다. 〈트럼보〉 〈셀마〉 〈오직 사랑뿐〉 같은 최근 영화처럼 논픽션 도서를 원작으로도 영화가 만들어진다. 퍼트리샤 하이스미스(Patricia Highsmith)의 소설 『소금의 값 *The Price of Salt*』이 원작인 〈캐롤〉처럼 민감한 주제일 경우에는 소설이 나온 지 한참 후에 영화로 만들어지기도 한다. 근래에 영화와 텔레비전 판권은 출판사의 라이선스 권리에 포함되는 경우가 매우 드물고 대부분 작가의 대리인이 취급한다. 그러나 그런 권리 판매는 출판사의 원작 도서 판매에 확실히 도움이 된다. 많은 출판사가 TV나 영화의 이미지를 표지에 넣어 새롭게 출간해 공동 프로모션을 진행한다. 디즈니와 워너 브라더스가 마블 엔터테인먼트와 DC 코믹스를 각각 인수한 것처럼 미국에서는 멀티미디어 기업들이 영화화 콘텐츠를 직접 제어하고자 다수의 인수합병을 진행했다.

영화와 TV 판권 판매는 머천다이징 권리의 판매와 연결될 수도 있다. 책에서 파생된 캐릭터가 봉제완구와 옷, 침구, 문구류, 도자기, 보드게임, 비디오게임 같은 상품, 패스트푸드나 식품 광고에 사용되는 라이선스이다. 다양한 사업 모델을 가진 다양한 산업 부문이 머천다이징에 관심을 보일 수 있는데, 책의 TV 드라마화나 영화화가 이루어져야 가능성도 커진다. 머천다이징 권리가 영화나 TV 계약의 일부분으로 요구될 수도 있다. A. A. 밀른의 『곰돌이 푸』에서 비롯된 머천다이징 제품이 그렇게 많은 이유는 초판에 실린 E. H. 셰퍼드의 그림 때문이 아니라 월트 디즈니 덕분이다. 머천다이징 권리는 원작 출판사에 귀속되지만 매우 복잡해서 출판사가 머천다이징 대리인을 고용하기도 한다(한 예로 지금도 여전히 펭귄랜덤하우스의 임프린트 원Warne에서 출판되는 비어트릭스 포터의 캐릭터들이 그러하다). 최근에 영국 아셰트는 동화 작가 이니드 블라이턴(Enid Blyton)의 작품 저작권을 사들였다.

디지털 권리

최근 몇 년 동안 다양한 형태의 디지털 라이선싱 기회가 늘어났다. 전체적으로 전자책과 고기능 전자책, 앱의 제작은 출판사가 간혹 터치 프레스(Touch Press) 같은 디지털 개발업체의 도움을 받아 직접 해왔다. 팬 맥밀런은 더글러스 애덤스(Douglas Adams)의 『은하수를 여행하는 히치하이커를 위한 안내서』 시리즈 앱을 제작했다. 스티븐 프라이가 낭독한 오디오북과 원작 라디오드라마 일부도 앱에 포함되었다. 영국의 에그몬트는 마이클 모퍼고의 『워 호스』 앱을 만들었다. 전체 텍스트, 작가가 낭독한 오디오북, 연극 버전 영상, 1차대전 당시 사건들로 이루어진 쌍방향 타임라인이 들어갔다. 페이버 앤드 페이버는 T. S. 엘리엇의 『황무지』 앱을 제작했다. 원고의 원본 사진은 물론이고 테드 휴스(Ted Hughes)와 앨릭 기니스(Alec Guinness), 비고 모텐슨(Viggo Mortensen), 엘리엇 본인의 낭독이 포함되었다.

아마존, 애플, 코보 같은 전자책 소매업체와의 계약은 유통 계약인 반면, 프로퀘스트(Proquest)나 크레도(Credo) 같은 전자책 라이브러리 통합업체와의 계약은 라이선스보다는 판매로 처리된다. 하지만 예전에 인쇄매체에 국한되었던 다수의 라이선스(예: 미국 또는 해외 출판사에 판매하는 라이선스)에는 이제 전자책 권리에 대한 요건도 포함되므로 출판사는 그러한 라이선스를 통제한다는 것을 명확히 할 필요가 있다. 또한, 라이선스 이용자가 제안하는 유통과 금융모델이 국가마다 크게 다를 수 있으므로 그 점도 분명히 한다.

상업용 웹사이트에 선별 콘텐츠에 대한 라이선스를 일정 기간 동안 허가하는 것도 디지털 라이선싱의 또다른 영역이다(은행이나 투자회사의 웹사이트와 아동용품 판매 웹사이트가 각각 경제경영 도서와 육아서의 일부 콘텐츠에 대한 이용 허가를 받는 경우). 참고 서적 출판사는 오래전부터 카시오 같은 기업이 만드는 사전, 유의어 사전, 철자법 검사기, 낱말맞추기 기기 같은 휴대용 전자제품에 사전편찬용 데이터베이스의 라이선스를 부여했다. 전자책 단말기 아마존 킨들이 참고 도구로 『옥스퍼드 영어사전』의 라이선스를 얻은 것이 좋은 예이다.

독서 장애 관련 라이선스

독서 장애 콘텐츠에 대한 접근 권한을 부여하는 것도 라이선스의 중요한 영역이다. 여기에는 시각장애인뿐만 아니라 난독증 또는 책을 들 수 없는 신체장애가 있는 사람들도 포함된다. 일반적으로 이 라이선스는 무료로 허가되는데, 영국의 왕립전국시각장애인연구소(The Royal National Institute of Blind People, RNIB) 같은 기관에 브라유(Braille) 점자판 제작권을 주는 것부터 텍스트음성변환을 통해 교과서를 이용할 수 있도록 학생들에게 파일을 제공하는 것까지 그 범위가 다양하다. 영국의 2010 평등법(Equality Act)은 장애를 가진 이들을 차별로부터 보호하고 출판사들이 이용자에게 콘텐츠 접근성을 제공하는 것을 의무화했다. 아직 영국에서는 비준되지 않았지만 국제적으로 비슷한 조항이 포함된 마라케시조약이 2016년 9월 30일에 발효되었다.

이용 허가

저작물의 부분적 이용을 허가하는 방법으로도 라이선싱 수익을 올릴 수 있다. 첫번째는 출판계에서 '이용 허가(permission)'로 알려진 범주인데,

출판사가 출판물의 텍스트, 사진, 일러스트, 그래프, 차트, 지도 등이 다른 출판물에 사용되는 것을 허가하는 것을 말한다. 물론 그러한 라이선스를 부여할 권리가 출판사에 있어야 한다. 사용료는 콘텐츠, 사용 목적 및 범위에 따라 다르다. 산문은 보통 1,000단어를 기준으로 부과되는 반면, 시는 보통 1행당 부과된다. 일러스트와 사진 이용료는 이용 맥락에 따라 달라질 수 있다. 똑같은 사진이라도 책 안에 4분의 1페이지 크기로 싣는 것보다 표지에 사용하는 비용이 더 비싸다. 이용 허가는 사후 대응적인 기능이며 대부분의 출판사에는 이 사안을 전담하는 담당자가 있다. RightsLink(미국의 집중 관리 단체 저작권료정산 센터Copyright Clearance Center 제공) 같은 서비스를 이용해 저작권 사용 허가 기능을 반자동화하는 출판사들도 있다. 2017년 7월에 영국의 출판사 라이선싱 서비스(Publishers Licensing Services)도 비슷한 서비스인 PLSclear를 시작했다.

집중 관리 라이선싱

일반 도서보다는 아마 교육, 학술 및 전문서 출판사에 유리한 두번째 소득원은 포괄적, 소위 '이차적' 라이선싱으로 발생한다. 이는 출판사와 저자가 학교, 대학, 정부 부서 및 민간 업체와 협상해 집중 관리 단체(영국의 경우 저작권 라이선싱 기관Copyright Licensing Agency, CLA)에 복사 또는 스캔으로 제한된 양의 저작물을 여러 부 복사할 수 있는 라이선스를 승인해주는 것을 말한다. 이를테면 교과서의 일부 챕터가 강의 노트(coursepack)에 들어가거나 제약기업에서 저널 논문의 복사본을 사용하거나 로펌이 법률 콘텐츠의 복사본을 사용하는 등이다. CLA는 다른 국가의 유사 조직과 쌍방 협약을 맺어 영국 저작권 자료의 해외 복제를 다룬다. 이 라이선싱 수익은 저자 라이선싱 및 징수 협회(Authors Licensing and Collecting Society, ALCS)를 통해 저자에게 지급된다. 시각 예술가는 디자인 및 아티스트 저작권 협회(Design and Artists Copyright Society, DACS)나 이미지 산업 라이선싱 징수 협회(Picture Industry Collecting Society for Effective Licensing, PICSEL)를 통해, 출판사는 출판사 라이선싱 서비스(Publishers' Licensing Services, PLS)를 통해 지급받는다. 2016-17년에 영국의 출판사에 지급된 사용료는 3,290만 파운드*였고 저자와 시각 예술가는 자기 몫의 수익을 따로 지급받으므로 이것은 순수익이 된다.

선진국은 대부분 저작권 집중 관리 시스템을 시행하지만 국가마다 모델에 차이가 있다. 영국과 미국은 순전히 자발적인 시스템이지만 독일과 스페인의 모델은 복사 기기에 추가 부담금을 징수하고 네덜란드는 정부와 교육 부문에 법정 라이선스 모델이 사용되며 북유럽의 모델은 대다수 저작권자가 동의하는 확장된 집중 관리 모델에 기초한다. 국제복제권연맹(The International Federation of Reproduction Rights Organizations, IFRRO)은 저작권 집중 관리 단체의 설립을 장려하며 현지의 상황에 맞추는 방법을 조언해준다.

결론

지금까지 살펴본 것처럼 책의 지식재산권 허가 범위는 매우 넓지만 모든 측면의 라이선스가 활용되는 책은 거의 없다. 그럼에도 라이선싱 기능은 출판업계에 매우 중요하다. 하지만 편집이나 판매 기능과 비교해 그 중

---

* PLS 2016년 4월 - 2017년 3월 연간 보고서.

요성이 과소평가되는 경우가 많다. 실제로 라이선싱 수익은 판매 수익과 종종 잘못된 비교가 이루어진다. 라이선싱 수익에 대한 출판사의 몫은 당연히 라이선스 판매에 따른 수익 요소와 비교되어야 한다. 권리의 홍보와 판매가 성공적으로 이루어지려면 에이전트든 출판사 직원이든 창의력과 숫자 감각, 협상 능력, 계약 기술, 세부사항을 살피는 꼼꼼함, 사교성 등 다양한 기술이 필요하다. 기술의 발달로 당연히 의사소통이 가속되었다. 출판사들은 웹사이트를 통해 잠재 구매자에게 효과적으로 권리를 홍보할 수 있는 것은 물론 잠재적인 라이선스 파트너가 검토하도록 전자 형식으로 저작물을 공급할 수 있다. 전화나 스카이프, 화상회의 등을 통해 서로 쉽게 연결된다. 그러나 성공적인 라이선스 판매의 비결은 여전히 탄탄하고 장기적인 개인적 관계를 구축하는 것에 달려 있다. 경험 많은 라이선스 판매자는 아이들용 그림책이든 토목 기술자들을 위한 콘크리트 기술을 다룬 전문서든 어떤 파트너가 어떤 작품에 흥미를 느낄지 본능적으로 안다. 라이선스 판매 사업은 저작권에 초점을 맞춘 각종 도서 박람회에서 대부분 서로 얼굴을 마주보고 이루어진다. 프랑크푸르트와 런던, 볼로냐 같은 국제 도서 박람회는 물론이고 베이징, 과달라하라, 아부다비, 샤르자 같은 지역 박람회도 있다. 문학 에이전트와 출판사 저작권 담당 직원들이 출장을 떠나 담당 지역의 파트너들을 방문하는 경우도 많다. PubMatch나 IPR License 같은 온라인 저작권 거래 플랫폼에서 저작권자가 라이선스가 가능한 책들을 보여주고 온라인 사이트를 통해 협상을 시작할 수도 있다. 이런 서비스는 저작권 업무 전담자가 따로 없는 소규모 출판사들에 더 유용할 것이다.

영국출판협회가 영국 출판업계의 저작권 판매 가치를 보여주는 지표로 의뢰한 연간 보고서*(영국 일반 출판 부문의 약 70%를 대표하는 출판사 참여)에 따르면 2017년에 라이선스 총수익은 2억 8,300만 파운드로 전년 대비 34% 증가했다. (영국 에이전트의 70%에 해당하는) 에이전트들이 창출한 라이선싱 수익은 총 1억 3,600만 파운드였다.

참고 문헌

Lee, Linda (2007). *Beatrix Potter: The Extraordinary Life of a Victorian Genius*, London: Allen Lane.

Davis, Norma S. (1992). *A Lark Ascends: Florence Upton, Artist and Illustrator*, Lanham, MD: Scarecrow Press Inc.

Owen, Lynette (2014). *Selling Rights*, 7th Edition, Abingdon: Routledge.

Owen, Lynette, ed. (2017). *Clark's Publishing Agreements: A Book of Precedents*, 10th Edition, London: Bloomsbury Professional.

Jones, Hugh and Christopher Benson (2016). *Publishing Law*, 5th Edition, Abingdon: Routledge.

---

* PA Statistics Yearbook 2017, 영국출판협회.

23장

도서관

———

앨릭스 홀츠먼(Alex Holzman), 세라 칼리크먼 리핀콧(Sarah Kalikman Lippincott)

 도서관은 출판사와의 관계에서 콘텐츠 소비자 혹은 큐레이터, 그리고 콘텐츠 제작자라는 이중적인 역할을 한다. 출판사가 제공하는 그 어떤 형태의 제안에도 오래전부터 도서관은 최고의 고객이었다. 도서관은 종이책과 전자 매체로 된 수백만 권의 학술 문헌과 여가용 도서에 대한 접근을 제공하고 이용자가 전문가와 상담하고 새로운 기술을 배우며 전문 장비를 이용할 수 있는 지역사회의 중심지 역할을 했다. 또한, 도서관은 17세기에 시작된 종이 도서 카탈로그부터 오늘날 전자 저널의 포트폴리오 제작까지 오리지널 콘텐츠 제작자로서도 역사가 깊다. 디지털혁명은 수집가와 창작자로서 도서관의 역할을 변화시켰다. 네트워크화된 정보의 제공으로 독특한 지역 컬렉션을 구축하는 동시에 전국 혹은 지역 협력을 통해 방대한 자원 접근성을 제공해야만 한다는 압박감이 심해졌고 전자출판의 민주화도 이루어졌다. 이렇게 급격한 변화에도 도서관은 정보 접근성 제공이라는 핵심 사명을 계속 안고 있으며 세계의 지식을 창조, 조합, 검토하고 가치를 더하는 학술 및 일반 출판사들과 공생관계를 이어가고 있다.

콘텐츠 큐레이터로서의 도서관

콘텐츠를 선택하고 획득하여 접근을 제공하는 것은 여전히 전 세계 공공 및 대학 도서관이 수행하는 서비스의 초석으로 남아 있다. 하지만 급격한 기술 변화는 도서관이 그 임무를 수행하는 방법에 많은 변화를 일으켰다. 역사적으로 도서관의 주요 역할은 이용자 커뮤니티를 위해 방대한 인쇄물과 매체 컬렉션을 마련하고 구성하며 해석하는 것이었다. 네트워크화 이전 환경에서 그것은 효율성과 규모의 경제를 창조하는 기능이었다 (Dempsey et al. 2014: 395). 따라서 도서관은 오랫동안 영리 또는 비영리 출판사가 다양한 형식으로 출판하는 콘텐츠의 최고 고객이었다. 앤더슨 (Anderson 2014)은 일반적으로 도서관이 대학출판부 총판매량의 약 4분의 1을 차지하고 역사나 문학 연구 같은 학술서 단행본 중심의 학문에서는 판매량의 대다수를 차지한다고 추정했다. 과학, 기술, 수학(STM) 구독 수익도 대부분 도서관에서 비롯되며 개인 구독자가 차지하는 비율은 일부분인데다 더욱 감소하고 있다(Ware & Mabe 2015: 19). 네트워크로 연결된 환경은 전자 자원에 대한 지출을 크게 증가시켰을 뿐만 아니라 기관 간 협업, 중복 데이터 제거 작업, 도서관의 독특한 컬렉션 재평가도 가져왔다 (Anderson 2013). 도서관은 학술 출판 시장의 커다란 부분을 차지하며 단순한 고객이 아니라 출판 사업의 형성에 중요한 영향을 미치는 능동적인 파트너이다. 출판사들은 빅딜(개별 저널 구독에 비해 크게 할인된 가격으로 판매되는 커다란 저널 콘텐츠 꾸러미)부터 이용자 주도형 취득(Demand Driven Acquisition, 도서관 이용자 요구로 이루어지는 구매)까지 도서관의 흥미를 끌고 도서관의 작업 흐름에 맞춘 비즈니스 모델을 설계한다. 도서관의 컬렉션 개발 동향은 출판사가 무엇을 어떻게 출판하는가에 엄청난 영향을 끼칠 수 있다.

컬렉션 개발 지침과 트렌드

컬렉션 관행은 각 도서관의 기관적 또는 지역사회적 맥락뿐 아니라 도서관의 자원과 역사, 사용자 기반도 반영한다. 대규모 연구 기관에 딸린 도서관들은 분야 전반의 학술 자원에 대한 종합적인 접근을 제공하고자 한다. 매년 출판의 양과 비용이 급증함에 따라 이 임무는 점점 더 많은 장애물에 직면하고 있다. 지역의 대학이나 전문대학, 인문 대학 등 좀더 작은 규모의 학문 기관에 딸린 도서관들은 일반적으로 해당 기관의 교육 및 학습, 강점 영역에 맞춘 좁은 범위의 자원을 소장한다. 그런 도서관들은 협력적인 소장 계약과 도서관 상호 대차를 통해 비교적 적지만 깊이 있는 자료를 갖추고 있다. 공공도서관은 소설과 비소설 도서, 정기간행물, 엔터테인먼트 매체를 포함해 일반 출판물에 집중하는 경향이 있다. 공공도서관의 소장 관행은 종종 지역사회를 반영하는데 많은 도서관이 외국어 자료를 탄탄하게 구축한다는 것을 의미한다. 세계 각국의 국립도서관은 저마다의 원칙과 전통에 따라 소장자료를 구축하며, 매년 국내에서 출간되는 책을 전부 한 권씩 소장하는 것을 목표로 하는 도서관들도 있다.

콘텐츠 희소성에서 정보 과부하로

학술 도서관의 현대 컬렉션 개발 관행은 매년 출간되는 엄청난 양의 학술서 자원에 따라 형성되어왔다. 웨어와 메이브(2015: 27)는 '2014년 말

동료 검토가 활발하게 이루어지는 영어권 저널이 2만 8,000종 이상이고(비영어권 저널은 6,450종) 약 250만 편의 논문을 총괄적으로 발행한다'라는 사실을 발견했다. 또한, 그들은 지난 200년 동안 발표된 논문이 예상대로 약 3% 증가했고 새로 창간된 저널은 3.5% 늘어났다고 덧붙였다(Ware & Mabe 2015: 28). 가장 큰 통합 서비스 제공업체들의 데이터에 따르면 2013년에 5만 4,273개의 인문학 단행본이 새로 출판되었다(Humanities Indicators 2015). 소장 자료가 풍부한 도서관이라도 모든 자료에 대한 접근성을 제공할 수 있는 재정과 인적자원, 공간이 부족하다. 따라서 컬렉션 개발 관행은 가능한 한 모든 자원을 소장하려는 욕구를 반영하는 것이 아니라 도서관의 이해관계자들이 가장 필요로 하고 가장 많이 이용하는 자료에 대한 전략적인 접근을 제공하려는 목표를 반영한다. 특히 산업화된 세계의 연구자들은 도서관의 인쇄 소장자료는 물론 컬렉션 공유 파트너십과 오픈 웹을 통해 처리가 불가능할 정도로 많은 정보에 접근할 수 있다. 헤이젠(Hazen 1995: 30)이 말한 것처럼 '정보의 풍요를 이해시키는 것도 도서관의 임무 중 일부'이다. 분야별 자료 지침과 정보 지도를 만들고 종합 검색 수단을 제공하는 큐레이션 활동을 통해서 말이다. 도서관 사서들은 선별적인 구매뿐 아니라 필요시 전략적인 제거 작업을 통하여 전자 및 인쇄 자료가 최신 상태로 유지되고 쉽게 탐색 가능하도록 해야 한다.

학문 기록의 꾸준한 진화는 콘텐츠의 조사와 조직, 관리의 어려움을 더욱 심화시킬 뿐이었다. 역사적으로 도서관은 단행본과 저널의 소장에 집중했지만 이제 데이터세트, 처음부터 디지털로 만들어진 자료, 멀티미디어 출판물, 시간이 지나면서 바뀔 수밖에 없는 역동적인 문서에 이르기까지 점점 늘어나는 학문 자료 목록과 씨름해야 한다(Johnson et al. 2015: 13).

소장과 지출

국립교육통계센터(National Center for Education Statistics, NCES)에 따르면 2012년에 미국 3,793개 학술 도서관이 소장한 종이책은 총 10억 권이 넘고 그중 약 9%가 그해에 대출된 책이었다(Phan et al. 2014: 8). 이 도서관들은 2014년에 '정보 자원'에 총 27억 9,003만 9,494달러를 지출했다. 여기에는 책과 연재 백업 파일 구매, 연재물 구독뿐 아니라 문서 전달, 도서관 상호 대차, 보존, 기타 컬렉션 관련 지출에 대한 자금 지원이 포함되었다(Phan et al. 2014: 10). 연구도서관협회(Association of Research Libraries, ARL 2016: 1)는 2014-15 회계연도에 회원들의 평균 자료 지출이 총지출의 약 45%를 차지한다고 보고했다.

전자 콘텐츠의 편리함과 휴대성을 선택하는 독자들이 늘어남에 따라 인쇄 자원의 대출 이용은 지난 몇십 년간 꾸준히 감소했다(Anderson 2011). 도서관의 자료 소장은 점점 늘어나는 전자 콘텐츠 수요에 보조를 맞추었다. 미국 학술 도서관의 약 90%가 일찍이 2007년부터 전자책을 소장한 것으로 보고되었다. 현재는 전자책을 제공하지 않는 도서관을 찾기가 어려울 것이다(Walters 2013). 그러나 월터스는 대부분의 도서관이 여전히 '전자책 취득을 망설이고' '인쇄 자료 취득 프로그램의 방향을 바꾸는 것을 꺼린다'고 보고했다(2013: 189). 2012년에 도서관들이 소장한 전자책은 2억 5,260만 권으로 전년 대비 5,270만 권 증가했다(Phan et al. 2014: 8). 하지만 2013년 자료 취득 총경비에서 도서관들이 전자책에 지출한 비용은 평균 6% 이하였다(Walters 2013: 189). 저널에서는 이 추세가 10배로 반영되어 나타났다. 많은 도서관이 인쇄물 저널의 구독을 줄이거나 없앴는데 특히 전자 형식으로 이용할 수 있는 저널의 경우였다(ARL 2014). ARL이 2012년에 시행한 설문조사 결과, 도서관이 구독하는 저널 묶음 서비스에서 종이책 버전이 차지하는 비율은 2%에 불과했다(Strieb & Blixrud 2013). 반면 2016년에 도서관 관장들을 대상으로 시행한 설문조사에 따르면 직관과는 다르게 응답자들은 '인쇄 자료 소장의 중요성이 점점 커지고 더욱 중요한 우선순위로 보고 있지만 그 컬렉션에 쏟는 자원은 더 줄어들고 있으며 전자 형식으로 이용 가능한 경우에는 인쇄 자료의 접근성을 제거하는 방침을 내놓고 있다'(Wolff-Eisenberg 2016).

도서관들의 2016년 자료 지출에서 온라인 저널과 데이터베이스 구독은 2010년보다 10% 넘게 증가한 60% 이상을 차지했다(Wolff-Eisenberg 2016). 도서관들의 지출에서 연재물의 비중이 증가함에 따라 비용과 자원 할당에 대한 압박감도 커졌다. 주요 상업 출판사의 마진율이 35%가 넘는 것에 대하여(Hu 2016) 사서들은 지나치게 높은 구독료와 저작권료의 근거에 의문을 제기해왔다. 상업 출판사들은 전통적인 인쇄 프로그램을 지속하는 동시에 새로운 디지털플랫폼을 구축하는 데 상당한 비용이 든다는 점과 그것이 저자와 독자 모두에게 부가가치서비스를 제공한다는 이유로 가격 상승을 정당화했다.

도서관들은 가격 상승과 관련된 예산 압박을 계속 겪고 있지만 최근 몇 년 동안 자금 조달이 어느 정도 되살아났다. 공공도서관의 자료 예산은 2015년과 2016년에 평균 3.7% 증가했으며, 이는 2014년에 보고된 1.5%에서 꽤 늘어난 것이다(Peet 2017). 학술 도서관의 소장자료 예산은 일부 지역(북아메리카 포함)에서 소폭 하락은 예상되지만 세계적으로 평균 1.2% 상승할 것으로 예상된다(Publishers Communication Group 2017).

구매와 라이선싱

한때 학술 도서관의 서지학자들은 도서관에 소장할 책과 연재물을 일일이 직접 선택했다. 지금도 여전히 많은 학술 도서관이 서지학자와 선별자, 부서 연락 담당자 또는 컬렉션 개발을 맡는 기타 전문인력을 고용하지만 그들의 역할과 기능은 크게 바뀌었다. 사서들은 필요한 콘텐츠를 취득하기 위해 서지 분류표를 뒤지기보다는 승인 계획과 묶음 구독에 의존한다.

현재 학술 도서관 컬렉션 개발의 상당 부분이 묶음 구매나 라이선싱 계약으로 이루어진다. 콕스 앤드 콕스(2008)는 대형 출판사의 95%, 중형 출판사의 4분의 3, 소형 출판사의 40%가 묶음 콘텐츠를 판매한다는 사실을 발견했다. 출판사들의 묶음 판매가 늘어남에 따라 개별 구독이 전체 판매량에서 차지하는 비율이 감소했다(Ware & Mabe 2015). 수백 종의 저널을 구독하는 대형 학술 도서관은 일반적으로 거래 처리를 쉽게 하기 위하여 구독 에이전트에 의존한다. 웨어와 메이브(2015)에 따르면 평균적으로 도서관 거래의 약 80%가 구독 에이전트를 통해 이루어진다. 구독 에이전트는 '주문 프로세스와 약관 등이 저마다 다른 수많은 저널 출판사와의 관계를 도서관이 직접 관리할 필요 없이 한두 명의 대리인만 상대하면 되도록 해준다'(Ware & Mabe 2015).

묶음 저널 구독은 널리 '빅딜'이라는 이름으로 알려지게 되었는데 높은 비용과 제한적인 약관에 대한 도서관들의 불만과도 잘 어울리는 이름이었다. 특히 STEM 분야의 저널 구독 비용은 학술 도서관들의 예산에 더 큰 압박을 가했고 대규모의 구독 철회와 단행본 구매 예산 감소로 이어졌다. ARL에 따르면 연재물 지출은 1986년과 2015년 사이에 521%의 놀라운 증가율을 보였지만 도서관의 전체적인 자료 지출 증가는 352%였다. 그에 반해 일회성 자원 지출(단행본 구매 포함)은 79%, 급여는 152%밖에 오르지 않았다(ARL 2014). 도서관의 막대한 지출은 소수의 대규모 상업 출판사들의 주머니로 들어간다(Strieb & Blixrud 2013). 몇몇 대형 학술 도서관, 스웨덴의 비브삼 컨소시엄(Bibsam Consortium)과 프랑스의 르 컨소시엄 쿠프랭(Le Consortium Couperin), 미국의 플로리다 주립대학교 같은 도서관 컨소시엄들은 최근에 빅딜 계약 또는 엘스비어나 스프링어 같은 대형 출판사들과의 구독 계약을 취소했다.

구매에서 라이선스로의 전환은 도서관에 큰 영향을 끼쳤다. 역사적으로 도서관은 종이책 컬렉션을 구매함으로써 영구적으로 소유하고 대여해 줄 수 있는 권리를 확보했다. 그러나 이제 많은 출판사가 전자 콘텐츠의 사용을 허가하는 쪽으로 이동했다. 도서관들이 소장자료를 완전히 소유하기보다는 소장자료의 접근을 중개하고 있다는 뜻이다. 또한, 라이선스 계약은 도서관들에게서 계약상의 여러 의무를 지운다. 그것은 일반적으로 저작권법보다 훨씬 더 제한적이며 자료의 진열과 다운로드, 채굴 및 사용을 제한한다(Thornton 2000). 특히 최근 몇 년 동안 도서관 사서들은 묶음 구독이 서비스에 포함할 콘텐츠를 결정하거나 개별 저널을 취소하는 권한을 거의 제공하지 않는다며 큰 불만을 드러냈다. 그리고 도서관들은 라이선스 계약의 엄격한 비공개 조항 때문에 계약 조건이나 가격을 업계에 공유하지 못한다는 점도 성토했다(Strieb & Blixrud 2013).

비용 문제는 중대한 난제가 되었다. 웨어와 메이브(2015)는 라이선스 계약의 가격 책정이 대부분 전통적인 인쇄 모델에 따른다는 연구도서관협회의 2015년 설문조사 결과를 인용하면서 이렇게 설명했다. '도서관들은 (일반적으로 계속 유지되는) 기존의 인쇄물 구독을 반영하는 가격에 비구독 저널에 대한 전자 전용 접근 요금이 추가된 가격으로 묶음 서비스에 포함된 모든 자료에 대한 전자적 접근성을 제공받는다. 그러나 지난 10년 동안 여러 다른 가격 모델이 등장했다. 그중에서 사용량 기반 가격제는 견인력을 얻는 데 실패했고 기관 규모나 유형(예: 기업 도서관 vs 학술 도서관)에 따른 차등가격제도 거론되었다. 도서관과 출판사도 한정된 도서관 자원을 최대한 활용하면서도 이용자들이 필요한 자원에 연결될 수 있도록 혁신적인 구매 모델을 실험했다. 가장 많은 관심을 받은 것은 수요 주도형 취득(Demand-Driven Acquisition, DDA) 또는 이용자 주도형 취득(Patron-Driven Acquisition, PDA) 모델이었다. 출판사나 벤더가 도서관에 자사 출판물 전체 목록을 제공하지만 이용자의 요청이 있는 자료에 대해서만 구입이 이루어진다.

데이터 중심 취득

변동이 없거나 감소하는 예산과 증가하는 비용은 도서관의 컬렉션 개발에 관한 데이터 주도적인 결정에 관심이 커지는 결과를 가져왔다. 벨터와 카스케(Belter & Kaske 2016)는 '도서관 저널 컬렉션의 가치가 예전만큼 중요성을 지니지 않음에 따라 도서관이 구독 결정을 정당화하고자 가치의 양적 증거를 제공하게 되었다는 일화적 증거가 있다'라고 주장하였다. 이에 도서관들은 현재 소장자료의 사용과 영향을 분석함으로써 미래의 자료 소장 결정에 활용하는 전략을 채택하고 개발하게 되었다. 이러한 전략에는 전자자료의 사용과 대출 통계 분석, 기관의 교직원과 학생들의 학술적 작업에 인용된 자료 식별 등이 포함될 수 있다.

협력적 컬렉션 개발

도서관들은 재정압박과 공간적 제약에도 대응했는데 특히 지역의 도서관 컨소시엄에 속하는 다른 도서관들과의 오랜 관계를 활용했다(Strieb & Blixrud 2013). 협력적인 컬렉션 개발은 다른 도서관 자료에 대한 접근을 용이하게 하려는 도서관들의 오랜 노력이 가져온 자연스러운 결과로 나타났다. 여기에는 도서관 상호 대차 프로그램, 조합 카탈로그 발행(또는 탐색 인터페이스의 현대화), 도서관 상호 대차 계약이 포함되었다(Strieb & Blixrud 2013). 협력적 컬렉션 개발 계획을 맺은 도서관들은 각자의 강점 분야에서 컬렉션을 구축하고 유지하는 데 힘쓴다. 따라서 자기 대학의 전문 학문 분야에 막강한 컬렉션을 구축하는 동시에 이용자들에게 다른 다양한 분야의 자료에 대한 접근권도 제공할 수 있다. '자주 이용되는 핵심 자료는 직접 구입해야 하지만, 고도로 전문화되고 난해한 비주류 연구 자료 컬렉션에 대한 책임은 전국 또는 지역적 연계를 통해 분담되어야 한다'(Thornton 2000). 협력적 컬렉션 개발은 종종 참여 도서관 간에 이해 각서를 작성하거나 계약을 집행하고 감시하는 독립체를 마련하는 방법으로 공식화가 이루어진다. 도서관 컨소시엄도 자원 통합으로 커진 규모를 이용해 전자자료 구독료 협상에서 유리해지기 위한 목적으로 등장했다. 마지막으로 도서관들은 이용자를 전 세계의 소장자료와 연결해주기 위해 오랜 상호 대차 관행을 계속 활용한다.

디지털혁명

디지털혁명은 곧 도서관 혁명이 되었다. 이미 살펴본 것처럼 도서관의 구매 패턴이 영향을 받았고 라이선싱 모델이 소유권 모델을 대체하게 되었다. 하지만 디지털혁명은 이용자들이 도서관 자료를 발견하고 읽고 활용하는 방법을 어떻게 변화시켰는가? 그리고 그것은 도서관이 이용자들에게 제공할 수 있는 서비스를 어떻게 바꾸었는가?

장소로서의 도서관

인쇄 시대에는 도서관이 소장한 자료에 접근하려면 직접 방문해야만 했고 집으로 가져갈 수 있는 자원도 크게 제한되어 있었다. 하지만 오늘날 공공도서관과 학술 도서관은 모두 전 세계의 허가받은 이용자에게 웹사이트를 통한 접근을 허용한다. 눈 깜짝할 사이에 당연한 것처럼 되어버렸지만 이것은 결코 사소한 일이 아니다. 접근성의 증가는 구매 계획에도 변화를 일으켰다. 예를 들어 현재 공공도서관들은 25회 대출이 가능한 전자책을 '구매'한다. 이렇게 유통기한이 정해진 것은 종이책의 수명을 대략적으로 따르고 출판사의 수익 흐름을 보존하기 위함이다(C Platt 2017, 개인적 대화, 10월 4일). 이것은 물론 복고적인 방식이고 앞으로 새로운 모델의 가교 역할을 할 것이다.

디지털혁명은 도서관 건물도 바꿔놓았다. 현재 공공도서관과 학술 도서관 모두 개인용 디지털기기를 가지고 오는 고객들을 위해 공공 단말기와 강력한 와이파이 네트워크를 제공한다. 고객들은 구직 활동, 페이스북에 손주 사진 올리기, 일반적이거나 난해한 검색 등에 그 단말기를 사용한다. 원래 인쇄매체로 창간되었던 신문과 정기간행물들은 이제 도서관의 온라인 구독을 통해 이용할 수 있다. 그리고 앞에서 살펴본 것처럼 전자책도 공공도서관 시장에 진출했다(비록 실행 문제와 독자의 선호도 때문에 규모는 비교적 작지만). 독자들이 좀더 대중적인 책을 요구하는 공공도서관은 책 한 권 당 특정 횟수의 대출이 가능한 라이선싱을 이용하는 경향이 있지만 학술 도서관은 실제로 소장하지 않은 자료의 메타데이터를 전자카드 카탈로

그에 로딩한다(디지털혁명으로 인쇄 시대의 나무로 된 위풍당당한 카탈로그 카드 수납함이 사라졌음을 뜻한다). 도서관 이용자는 전자책에 편리하게 접근할 수 있지만 도서관은 출판사와의 계약으로 정해진 특정 대출 횟수에 도달해야 '취득'으로 인정되어 사용료를 지불한다. 이것이 바로 이용자 중심의 취득 모델이다.

학술 도서관이 맞이한 물리적인 변화는 더 있다. 물리적 장치를 수용하는 공간과 이용자가 기기를 혼자 또는 공동으로 사용할 수 있는 공간이 더욱 필요해짐에 따라 책과 제본된 정기간행물을 외부 보관 시설로 이전하거나 아예 폐기하는 경우가 늘어났다. 이로 인해 도서관은 조용한 연구와 사색의 공간뿐만 아니라 사회적 만남의 장소로 변화하게 되었다.

이용자 경험

디지털혁명이 도서관 이용에 미치는 가장 극적인 영향은 원거리에서 24시간 도서관 자료에 접근할 수 있는 기능이다. 등록된 이용자들은 사무실이나 집, 기숙사 또는 해외 학회장에서 몇 분 안에 도서관의 멀티미디어 전자 자원을 이용할 수 있다. 이것은 시간과 작업 방법의 광범위한 재분배를 허용하는 진정한 혁명이다.

그러나 우리가 고려해야 할 영역은 바로 발견이다. 도서관과 출판사가 모두 막대한 노력을 쏟아온 영역이기도 하다. 디지털혁명은 정말로 모든 유형의 이용자에게 무한한 정보를 개방했지만, 통용성과 정확성, 관련성 또는 다른 종합적인 요소의 측면에서 가장 좋은 정보를 어떻게 찾을 것인가 하는 점은 골치 아픈 문제가 되었다. 도서관들은 웹사이트에 자체적인 검색 플랫폼을 만들 수 있지만 고유한 검색 옵션을 제공하는 다른 플랫폼들의 데이터베이스에도 크게 의존하고 있다. 검색 기능은 플랫폼마다 공통점이 많지만 세부적인 사항에는 저마다 차이가 나타난다. 그리고 학술 플랫폼은 구글 같은 상업적인 플랫폼과는 매우 다른 알고리즘을 사용한다. 이것은 연구자들에게 혼란을 줄 수 있다. 그리고 출판사는(저자도) 그들의 자료가 이용자들에게 발견되기를 원하므로 도서관에 '강력한' 메타데이터를 제공하고자 큰돈을 써왔다. 이것은 인쇄 시대에는 존재하지 않았던 비용이다.

데이터베이스 검색의 또다른 변수는 도서관과 플랫폼 벤더의 라이선스가 허용하는 '무료' 전시(display)와 관련있다. 다양한 플랫폼의 호스트/관리업체로 수천 개 전자 저널의 데이터베이스를 제공하는 EBSCO는 경쟁업체인 ProQuest와 약관이 다를 수 있다. 또 ProQuest는 책과 저널의 전자 데이터베이스를 제공하는 비영리 조직 Jstor나 Project Muse와 다를 것이다. 일부 데이터베이스에 포함된 최신 논문이나 책에는 엠바고가 걸려 있기도 하다. 특정 데이터베이스를 검색해 제목과 저자, 개요밖에 볼 수 없다면 연구자는 매우 좌절할 수도 있다.

간단히 말해서, 현재 연구자들은 이용 가능한 모든 발견 메커니즘의 최대 유용성 속에서 더 큰 도움을 필요로 하고 있다. 학술 도서관 사서들은 그 분야의 어떤 자원이 이용 가능하고 어떻게 해야 최대한 이용할 수 있는지 끊임없이 다시 배워야 한다. 현재 그들이 마주하는 질문은 20년 전의 것과 다르다. 플랫폼과 발견 가능성의 문제 외에도, 연구자와 사서들은 내용이나 위치 면에서 전부 인쇄물보다 안정적이지 못한 전자 출판물이 URL, DOI(디지털객체식별자), 날짜와 장소, 버전으로 인용되는 문제점을 해결하고자 노력해왔다.

디지털혁명은 도서관과 출판사에 새로운 비용을 추가하기도 하고 절감해주기도 한다. 누가 비용을 지불해야 하는지, 시스템을 통해 흘러가는 돈의 액수가 시스템 유지에 충분한지는 아직 불확실하다.

오픈 액세스

그동안 오픈 액세스(OA) 운동을 전문적으로 다룬 책들이 많이 나왔다 (Suber 2012; Scheufen 2015; Smith & Dickson 2016). 1990년대에 등장하여 2002년 부다페스트 오픈 액세스 이니셔티브(Budapest Open Access Initiative) 와 2003년 베데스다 오픈 액세스 출판 선언(Bethesda Statement on Open Access Publishing), 베를린 과학 오픈 액세스 선언(Berlin Declaration on Open Access to Knowledge in the Sciences)으로 일약 주목받게 된 오픈 액세스는 도서관과 출판사에 모두 영향을 미쳤다(Chan et al. 2002; 베를린 선언 2003). 오픈 액세스 운동에는 오픈 액세스를 지식 공유의 도덕적 의무로 보는 시선도 있고 특히 저널 취득의 비용 급증에 대한 자연스러운 대응으로 보는 시선도 있다. 어느 쪽이건 OA는 여러 가지 영향을 끼쳤고 모두가 원래 예상했던 방향인 것은 아니었다.

OA 운동이 초기에 가져온 한 가지 결과는 전 세계의 학술 도서관에 OA 기관 리포지토리(institutional repository)를 구축한 것이다. 오픈 액세스 저장소 레지스트리(Registry of Open Access Repositories)에 따르면 그 숫자는 2017년 12월 현재 4,585개에 이른다(Arlitsch & Grant 2018: 267). 기관 리포지토리는 모든 사용자가 볼 수 있는 '비전통적' 혹은 '동료 검토를 거치지 않은' 자료를 보관하는 장소가 되었다. 여기에는 캠퍼스 콘퍼런스나 데이터 세트, 가장 중요하지만 어떤 면에서는 가장 문제가 많다고 할 수 있는 최종이 아닌 버전의 논문이 포함된다. 현재 연구자들은 다른 연구자들의 자료를 인용할 때 여러 버전 중 어느 버전인지 명시하기도 한다.

디지털 리포지토리는 교수진의 참여율에서도 큰 문제에 직면했다. 회유에서 의무 부과에 이르기까지 다양한 시도에도 불구하고, 교수진의 50%가 연구 자료를 리포지토리에 보관하게 하는 것조차 어려웠다. 그 결과, 기관 리포지토리에 어떤 자료가 있거나 없는지 예측하기가 어려워 연구자들의 좌절감을 더한다. 그렇다고 기관 리포지토리가 실패한 것은 결코 아니다. 다수의 기관 리포지토리에는 매우 유용한 문서와 빅데이터, 무료 교육 자원 등이 들어 있다. 하지만 교수진의 출판된 모든 연구 자료를 저장한다는 본래의 목표를 생각한다면 지금까지는 그다지 큰 성공이라고 할 수 없을 것이다. 리포지토리에 자료를 게시하는 사람들이 받는 불이익은 없는 듯하다. 그러나 출판계의 거인 엘스비어가 인기 기관 리포지토리 플랫폼 디지털 커먼즈(Digital Commons)를 인수한 것을 비롯해 최근의 동향은 앞으로 콘텐츠 제공보다 서비스 제공이 우선시될 수 있음을 시사한다.

기관 리포지토리와 관련된 또다른 사안은 국내 대학에서 작성된 박사학위 논문의 저장이다. 현재 많은 대학이 이것을 요구하고 종이 인쇄 논문은 저장하지 않는다. 공간과 나무를 절약하는 좋은 방법처럼 보이지만 새로운 현상이 으레 그렇듯 의도하지 않은 결과가 뒤따랐다. 수정된 논문을 책으로 발행하는 가장 큰 출판사였던 대학출판부들은 기관 리포지토리에서 '원본'을 이용 가능한 경우 종종 출판을 거부했다. 이미 심하게 불안한 시장인데 같은 연구의 논문 원본을 이용 가능하면 도서관들이 책을 사려 하지 않을까봐 우려한 것이었다. 모든 대학출판부 편집자들이 그런 태도를 보인 것도 아니고 충분한 근거도 없는 우려였지만 대학가에 불안을 야기하기에는 충분했다. 다수의 대학이 박사학위 논문을 저장하지만 일반적으로 저자가 1~2년 동안 엠바고를 설정할 수 있다(Truschke 2015).

마지막으로 기관 리포지토리와 기타 오픈 액세스 포털에는 저널의 최종본과 다른 버전의 논문이 포함될 수 있다. 이것은 출판사가 최종 전 버전(이를테면 교정 전)의 논문을 리포지토리에 올릴 수 있도록 해서 생기는 일이다. 물론 최종 버전에서 연구의 결론 자체가 달라지지는 않겠지만 말의 표현이 달라지면 독자의 해석이 바뀔 수 있고 나중에 자료를 인용할 때도 혼동이 생긴다. 같은 논문의 어떤 버전은 보편적으로 접근할 수 있고 또다른 버전은 접근이 제한된다면 지식의 이상적인 전달이 불가능해진다.

학계의 가장 큰 관심사는 아마도 오픈 액세스(즉 최종사용자 무료) 포맷의 실질적인 출판 비용을 어떻게 지불하는가라는 가장 중요한 문제를 여러 이익집단이 고심하는 동안 발달한 오픈 액세스의 다양한 '유형'일 것이다. 여기에서는 최종사용자를 수익원으로 만드는 것을 포기함으로써 학자들이 출판 비용까지 포함한 자금 제공의 책임을 맡게 되었다는 설명만으로 충분할 것이다. 저자 처리 비용(author processing costs, APC)이라고 불리는 이 비용은 여러 가지 방법—저자나 저자가 속한 기관, 연구 보조금, 혹은 그 조합—으로 충당되고 있다.

출판사들이 관행보다 낮은 가격으로 도서관에 '사전 판매'해 초기 생산 비용을 회복한 후 책이 출판되면 '빗장을 풀어주는(unlatched)', 즉 오픈 액세스로 돌리는 날리지 언래치드(Knowledge Unlatched) 같은 방식도 시도되었다.

정부가 이 문제에 관여하기도 한다. 영국처럼 보조금을 지원해 오픈 액세스를 의무화하거나 정부 지원을 통해 이루어진 연구의 전체나 일부에 대해 오픈 액세스를 의무화하는 식이다. 미국 같은 나라에서는 오픈 액세스가 되기 전까지 연구 자료의 엠바고 설정을 허용한다. 미국은 이용자들이 최신 정보에 접근할 수 있도록 도서관에 저널 구독 유지를 장려하지만 도서관들은 제한된 예산으로 허덕인다.

몇몇 가난한 국가에서는 더 많은 연구에 접근할 수 있다는 장점이 자국 학자들의 작업 출판 자금 조달에 따르는 새로운 어려움보다 훨씬 큰지에 대한 문제가 특히 관심사로 작용한다.

간단히 말해서 인쇄, 시각, 오디오 정보에 대한 디지털 접근성은 엄청난 기회를 창출했지만 도서관의 반응, 실은 21세기 도서관의 형태, 그리고 출판 연구와의 관계는 아직 확실하지 않다.

콘텐츠 제작자로서의 도서관

역사적으로 도서관은 콘텐츠 수집자와 큐레이터 역할을 했지만 출판에 대한 전문지식을 갖춘 덕분에 자연히 출판사의 역할에도 진입하게 되었다. 길먼(Gilman 2015) 등은 도서관 출판의 성장을 가리켜 도서관의 역할 변화에 대한 전략적 대응이자 컬렉션의 상업적 구매라는 '도서관의 전통적인 초점이 더이상 예전처럼 뚜렷한 가치를 제공하지 못한다는 사실을 인정한 것이다'라고 했다(2015: 30). 연구 자료 접근의 물리적 장벽이 사라지면서 도서관들은 희귀 및 보관 기록 자료, 도서관 리포지토리에 게시된 오리지널 콘텐츠처럼 고유한 컬렉션을 점점 더 중요하게 여기고 있다. 웹에서 널리 이용 가능하고 세계의 다른 도서관들과 겹치는 전통적인 인쇄물 자료에 대한 접근성을 제공해야 할 중요성은 덜하다.

도서관 출판은 학술 도서관의 전통적인 강점을 활용하며 학자와 대중을 정보로 연결하려는 오랜 사명을 반영한다. 도서관들은 제한 없는 크리에이티브 커먼즈 라이선스와 플래티넘 오픈 액세스 출판 모델을 채택하는 경향이 있다. 무료로 자료를 이용할 수 있으며 저자에게 비용을 부과하지 않고 도서관이 출판 비용 전체를 지원하는 것이다. 그러나 일부 도서관들은 좀더 전통적인 비즈니스 모델을 실험하고 있으며 몇몇 경우는 임프린트나 전문 출판사를 따로 출범하기도 한다. 전통적인 학술 출판사들과는 달리 도서관은 학과나 전공 분야가 아니라 주로 지역사회에서 나오는 창조적이고 학술적인 아웃풋의 출판에 초점을 맞춘다. 실제로 도서관 기반의 출판 계획은 저자와 편집자에게 기관과의 연결 관계를 요구하는 경우가 많다.

학술 도서관은 17세기부터 어떤 형태로든 출판을 해왔는데 지난 10년 간 도서관의 출판 활동이 급증했다(Okerson & Holzman 2015). 2012년에 설립된 도서관출판연합(Library Publishing Coalition)은 수십 개의 도서관이 회원으로 있으며 전 세계에서 출판에 참여하는 도서관은 연간 100곳이 넘는다. 2008년에 시아(Xia 2009 372)는 가장 보편적인 도서관 출판 플랫폼인 디지털 커먼즈가 관리하는 동료 검토 저널이 70종이라는 사실을 확인했다. 부셔(Busher)와 카모츠키(Kamotsky)에 따르면 2015년에 이르러 그 숫자가 거의 900종까지 치솟았다(2015: 65).

도서관의 출판 활동은 다양하지만 지역마다 특징이 나타났다. 북미 기관에서 가장 보편적인 모델은 기관 리포지토리에 공식 허가 없이 오픈 액세스 저널과 단행본을 호스팅하는 것이었다. 서비스 제공 수준은 분야에 걸쳐 매우 다양하다. 이러한 추세는 화이트 애플비(Whyte Appleby) 등이 '출판-호스팅의 스펙트럼'(2018: 10)이라고 지칭한 호스팅과 출판의 차이에 관한 질문을 제기했다. 이 '강화된 리포지토리' 모델은 일반적으로 학문이나 주제 영역의 강력한 포트폴리오 구축보다 캠퍼스 아웃풋 출판에 초점을 맞춘다. 대학출판부 임프린트의 설립 혹은 부활이 특히 오스트레일리아와 유럽, 영국의 도서관 기반 출판사들 사이에서 또다른 인기 모델로 떠올랐다. 이 모델에서 도서관은 대학출판부와 매우 비슷한 공식적인 임프린트와 기능을 만들거나 회복한다. 이 출판사들은 일반적으로 전통적인 목록을 구축하고 편집, 디자인, 제작 및 마케팅 서비스를 제공하고 외부 저자와 청중에게 초점을 맞춘다. 전통적인 대학출판부와 달리 이 출판의 새로운 물결은 일반적으로 OA에 초점을 맞추고 있으며 동료 검토를 거치는 공식 학술 문헌은 물론이고 데이터세트와 회색 문헌 같은 비공식적인 대학 아웃풋을 종종 서로 다른 임프린트에서 출판한다. 이 새로운 출판사들은 시장 잠재력과 무관하게 고품질의 학술 콘텐츠를 보급하는 중요한 역할을 한다. 예를 들어 오스트레일리아에서는 '2003년부터 ANU(호주국립대학교), 시드니대학, 모나시대학, 애들레이드대학, UTS(시드니공과대학)에 설립된 도서관 기반의 대학출판부들이 전문 독자를 겨냥해 국내 연구를 출판하는 학술 출판사의 필요성을 채워주고 있다'(Mrva-Montoya 2016: 3). 로켓(Lockett)과 스피처(Speicher 2016)에 따르면 영국에서는 1년 동안 새 대학출판부가 다섯 군데 생겨났고 '한 곳을 제외하고 모두가 대학 도서관에 기반을 두거나 지원을 받는 첫번째 혹은 가장 중요한 오픈 액세스 출판사로 만들어진 것이었다'(2016: 320). 이들은 대부분의 도서관 기반 출판사들과 마찬가지로 새로운 기술과 비즈니스 모델을 적극적으로 채택하고 학술 자료 접근을 확대하기 위해 힘쓴다.

아시아, 아프리카, 남아메리카의 학술 도서관은 캠퍼스 기반 출판의 역사가 활발하며 도서관 출판의 현대적 해석이 점점 커지고 있는 변화도 겪었다. 시아(2009)는 동아시아 대학들이 오래전부터 캠퍼스 연구 저널을 발행했다는 점을 지적하면서 그것이 북아메리카 기관들에 적합한 모델이 될 수 있다고 주장했다. 개발도상국의 자원이 부족한 기관들에게 도서관 출판은 학술 문헌의 높은 비용과 접근 부재에 대항하는 한 가지 방법이 될 수 있다. 비록 '도서관 출판'이라는 용어는 라틴아메리카와 남아메리카에서는 널리 채택되지 않았지만 산틸란알다나(Santillan-Aldana 2017)는 도서관이 그 지역의 캠퍼스 기반 학술 출판 활동에 점점 더 크게 이바지하고 있다고 지적했다. 아프리카에서는 '관련된 정식 학술 콘텐츠에의 제한된 접근은 연구자들이 연구 아웃풋을 늘리지 못하는 방해물로 작용했다.' 도서관은 지식의 개방적 보급에 공헌하는 활동에 참여해야 한다는 책임감을 강하게 느낀다. 도서관 출판 운동은 남아프리카와 같은 국가들에서 견인력을 얻기 시작하고 있다. 그곳에서는 국립 학술 기관 23곳 중 4곳이 총 27개의 OA 학술 저널을 발행한다(Raju & Pietersen 2016).

역사적으로 출판을 하나의 서비스로 수용해온 공공도서관도 출판이 도서관의 현대적 사명과 잘 맞아떨어진다는 사실을 깨달았다. 미국에서 공공도서관의 출판 프로그램 사례는 19세기 후반 또는 그전으로 거슬러 올라간다. 20세기에 많은 대형 공공도서관이 활발한 출판 프로그램을 운영해왔으며 종종 일반적인 참조 서적, 전문 분야 설명서, 절판도서에 초점을 맞추었다(Conrad 2017). 근래에 공공도서관들은 새로운 자가출판 기술을 활용해 주민들에게 출판의 힘을 실어주고 공동체 지향적인 콘텐츠를 제작한다.

도서관은 전형적인 사명 중심의 출판사다. 도서관 출판은 엄격한 서비스 또는 아웃풋으로 정의된다기보다 가치와 동기의 관점에서 더 쉽게 기술된다. 대학출판부처럼 전통적인 사명 중심의 출판사는 전통적인 동료 검토 단행본과 저널을 주로 다루고 일반 도서나 지역적 관심 도서를 일부 다루며 대개는 인쇄나 고정 전자 형식이다. 도서관 출판사들은 적어도 이론적으로 내용, 형식, 학문, 비용, 플랫폼에 구애받지 않고 주로 학술적 장점, 저자나 편집자의 기관과의 연관성을 토대로 출판 결정을 내린다. 그들의 성공 측정 기준은 판매량이나 발행 부수가 아니라 학문의 접근성 개방에 끼친 눈에 보이지 않는 영향력을 지표로 삼는다.

현대 도서관 출판의 기원은 2000년대 초로 거슬러올라간다. 도서관들이 캠퍼스 연구 기록 보관을 위한 디지털 포털인 기관 리포지토리를 이용해 회색 문헌, 전자 학위논문, 새로운 연구와 교수진의 출판 전 논문을 발행하는 실험을 하기 시작한 것이다. 이 시대의 사례 연구는 현재의 출판 시스템에 대한 불만을 촉발하고 도서관을 변화의 원동력이자 개방성과 장기적 책임 의식에 입각한 새로운 학술 커뮤니케이션 채널 창조의 잠재적 파트너로 보게 한다. 비텐베르크(Wittenberg 2001: 29)는 도서관이 '새로운 출판 기술을 활용함으로써 학자의 연구와 집필 및 강의를 광범위한 독자가 유익하고 시기적절하게 이용하도록 만드는 가능성'을 인정했다. 비텐베르크는 컬럼비아 전자출판 이니셔티브(Electronic Publishing Initiative at Columbia, EPIC)에 관해 설명했다. 컬럼비아대출판부와 도서관들, 학술 기술 그룹이 '기술을 이용해 학술 콘텐츠 보급의 새로운 조직 및 비즈니스 모델을 개발하는 방안'을 협력적으로 탐구하고 다른 도서관들에도 학술 출판 시스템에 꼭 필요한 혁신을 주도할 것을 권하는 계획이다. 크로(Crow 2002)는 탄탄한 기관 리포지토리의 한 기능이 오리지널 자료 출판이라는 사실을 환기시키고 디지털 리포지토리의 세계적 네크워크에 대한 전망이 '학술 출판의 새로운 분리형 모델의 기초'라고 설명했다(2002: 6). 케이스와 존(Case & John 2007), 로이스터(Roryster 2008)는 나아가 기관 리포지토리를 활용하여 전통적인 출판 모델에 맞지 않는 오리지널 학술 및 창작물을 발행해 독자성을 가진 뚜렷한 하위 분야로서 도서관 출판의 기초를 닦는 사례도 확립했다. 그리피스(Griffiths 2007) 등이 발표한 대학 기반 출판의 확실한 미래를 살펴보는 보고서는 도서관이 출판사로서 가지는 잠재적 가치를 강조했지만 기관 리포지토리가 미심쩍은 콘텐츠가 무작위로 들어 있는(혹은 콘텐츠 자체가 별로 없는) '다락'으로 변질될 위험성도 경고했다(2007: 28).

대부분의 도서관 출판사들은 전적으로 보조금으로 운영되는 도서관의 한 사업 단위로 수익 창출 의무를 면제받는다. 이 모델은 OA 옹호자라는 도서관의 역할과도 잘 맞는다. 하보리(Harboe-Ree 2007: 17)도 '학문 분야의 의사소통 가치사슬에서 사서들은 현재 가격 결정 모델의 지속 불가능성을 가장 잘 아는 집단이므로 비용을 억제하거나 제거하는 방안을 찾으려는 동기도 가장 강하다'라고 말했다. 도서관 출판 문헌의 하위 집합은 그 연결성을 발굴해 접근을 촉진하는 선도자로 도서관을 자리매김한다 (Vandegrift & Bolick 2014; Chadwell & Sutton 2014). 도서관이 발행하는 저널은 거의 모두가 플래티넘 OA(다이아몬드 또는 비非APC 골드 OA라고도 함) 사업 모델을 활용한다. 즉 모든 저널을 무료로 볼 수 있고 저자 처리 비용도 부과되지 않는다(Busher & Kamotsky 2015: 64). 다수의 OA 출판사처럼 도서관 출판사들도 OA 하면 낮은 품질이나 느슨한 표준을 내포한다는 잘못된 인식을 바로잡고자 노력했다. 특히 한(Hahn 2008)과 시아(2009)는 도서관 출판사들이 전통적인 학문 출판사와 똑같은 엄격한 수준을 따르고 동료 검토 방식도 활용한다는 사실을 강조한다. OA 저널은 여러 도서관 출판 이니셔티브의 소득원이다(Georgiou & Tsakonas 2010; Perry et al. 2011; De Groote & Case 2014; Sondervan & Stigter 2017). 하지만 도서관이 중요한 출판 프로그램도 개발했고 학술서 단행본의 미래를 탐구하고 확보하는 데 있어서도 역할이 중요하다는 것이 최근의 출판물을 통해 증명되었다 (Adema & Schmidt 2010; Elliott 2015). 도서관의 교육 및 학습 사명과 연계되는 공개 교과서 출판도 중요한 영역으로 등장했다(Billings et al. 2012; Lyons 2014; Sutton & Chadwell 2014).

도서관 출판은 학술 출판 시스템의 불공정성에 관한 토론과도 얽혀 있다. 도서관 출판과 사회 정의의 의미를 탐구한 최근의 몇몇 논문에서는 고르지 못한 학문 접근성이나 출판 문헌에서 유색인종과 여성 저자가 적은 현실 같은 시스템적 불평등을 해소하는 데 있어서 OA 출판의 역할이 중요하다고 강조했다(Inefuku & Roh 2016; Roh 2016).

도서관과 대학출판부의 협업

오래전부터 학술 도서관들은 가끔 대학출판부와 공동 프로젝트를 통해 협력해왔다. 그 협력은 지역적일 때도 있고 다른 기관 출판부와 이루어지기도 했다. 하지만 새롭게 변화하는 21세기의 학술 커뮤니케이션 생태계는 도서관과 출판부의 협업을 증가시켰을 뿐만 아니라 모기관의 도서관에 직속된 출판부의 숫자도 증가시켰다. 2016년에 미국 대학출판부의 30%가 모기관 도서관 소속이었고(Watkinson 2016) 같은 해에 독일에서는 25개 대학출판부 중 15군데가 그렇거나 대학 도서관의 한 사업 단위였다(Muccie et al. 2017).

도서관-출판부의 협업이 확대된 데에는 몇 가지 이유가 있다. 무엇보다 출판부와 도서관이 모두 더욱 커진 재정압박에 직면했다는 점이 작용했다. 출판부의 수익 적자를 채워줘야 할 중앙 행정부의 지원이 줄어들고 대학의 총예산에서 도서관이 차지하는 비율은 수십 년 동안 점점 감소했다. 그와 동시에 출판부들의 적자도 증가했다. 단행본 판매가 줄어들고 도서관이 저널 라이선싱과 구독에 더 많은 자원을 투입할 수밖에 없다는 이유가 크게 작용했다.

도서관과 출판부는 디지털 시대에 접어들어 학자와 학생, 행정가로 이루어진 공동체의 기대도 변하고 있다는 사실을 알아차렸다. 두 기관 모두 학자와 학생이 필요한 학술 콘텐츠를 찾고 이용하게 해주어야 한다는 사명을 중심으로 운영되는데 구성원들의 필요가 바뀐 것이다. 교수진은 저널과 (어느 정도는) 책, 대규모의 데이터세트, 종이책과 저널 기사는 물론이고 기타 전자자료에도 접근하고자 한다. 또한, 그들은 자신의 자료가 광범위하게 배포되기를 바란다. 그리고 학생과 부모들은 상업 교과서 출판사가 제공하는 것보다 낮은 가격으로 교과서를 이용하고자 한다. 대학 행정가들은 도서관과 출판부가 지역의 요구를 충족하고 가장 유익한 방법으로 대학의 '브랜드'를 끌어올려주기를 원한다. 이것은 도서관보다는 출판부에 더 어려운 문제였다.

그래서 도서관과 출판부는 여러 유형의 프로젝트로 협력하기 시작했다. 오픈 액세스 방식으로 온라인에서 사용할 수 있도록 자료를 디지털화하는 협업이 자주 이루어졌다. 그들은 함께 팀을 이루어 디지털화 같은 프로젝트의 외부 보조금 지원을 신청하기도 한다. 여기에는 배포와 발견을 도와주는 오픈소스 소프트웨어 개발과 플랫폼 개발은 물론 아이디어 콘퍼런스가 포함된다.

잘 보이지 않는 곳에서 도서관과 출판부는 시간과 돈을 절약하기 위해 플랫폼에서의 중복된 시도를 통합하고자 기금 모금과 인적자원, IT 같은 활동으로도 협업했다. 때로는 커뮤니티를 위한 공동 후원 프로그램을 진행하기도 한다. 최근에 일부 도서관과 출판부는 학부생들과 커리큘럼 활동을 진행하기도 했다. 출판 수단을 제공하고 연구와 출판 과정에 대한 교육을 실시한 것이다. 오픈 액세스 수업 자료 개발을 통해서도 학생들을 지원했다. 이러한 오픈 교육 콘텐츠(open educational resources, OERs)는 전통적으로 도서관이나 출판부에서 찾을 수 있던 각자의 전문지식을 통합함으로써 여전히 발전하고 있는 공생관계에 내재된 가능성의 예를 보여준다.

마지막으로 도서관과 출판부는 저널 관리에서도 협업했다. 한 예로 출판부와 저널 편집자들이 기사를 준비해 도서관이 관리하는 오픈소스 소프트웨어에 싣는 방법이 있다.

대학출판부를 도서관의 궤도에 진입시키려면 양쪽의 조정이 필요하다. 하지만 협의 빈도가 증가함에 따라 아이디어와 프로젝트를 공유하려는 교차 기관 시도도 늘어나게 되었다. 실제로 다수의 도서관-출판부 파트너들은 복잡한 협업 프로젝트를 시작하기 전에 담당자들이 정기적으로 회의를 하는 것이 가장 우선순위라고 지적한다. 2016년에 열린 최초의 P2L(press to library, 출판부에서 도서관으로) 대표급 회의에 23쌍의 출판부 책임자와 도서관장(Muccie et al. 2017)이 참여했다. 일련의 회의에서 그들은 디지털 학문의 개발과 육성, 보급을 위한 협력에 따르는 앞으로의 어려움으로 넘어가기 전에 둘의 발전하는 관계에 따르는 난제와 공동의 사명을 먼저 토론했다. 도서관-출판부 파트너들의 향후 회의도 계획되어 있다.

도서관-출판부 파트너십의 발전은 아직 초기인 만큼 단순한 보고 체계부터 완전한 통합 상태에 이르기까지 아직 통합 수준의 단계가 제각각이다. 하지만 학문 보급에 관여하는 단위의 혼합은 학계에서 학술 도서관의 변화하는 역할을 잘 보여준다.

결론

디지털혁명이 독자-출판사-도서관-저자 관계의 거의 모든 측면에 영향을 끼침에 따라 지난 사반세기 동안 도서관의 기능과 출판사와의 관계, 도서관의 출판 활동에 엄청난 변화가 일어났다. 디지털 도구가 개발, 사용되고 도서관과 출판사에 새로운 비즈니스 모델이 생겨남에 따라 이 관계들은 앞으로도 계속 변화할 것이다. 갈등도 있을 것이다. 구독 비용, 오픈 액세스, 빅딜, 한 명 이상의 독자가 동일한 출처에서 동일한 자료에 동시 접근할 수 있는 상황에서 수백 명의 독자가 사용할 수 있는 1개 사본의 가격을 책정하는 문제 등이다. 이러한 문제들을 해결하려면 약간의 논쟁뿐만 아니라 협업도 필요할 것이다. 도서관이 소장자료 개발과 배포처럼 더 많은 출판 기능을 차지하게 됨에 따라 출판사들은 특히 큐레이션을 포함해 도서관의 기능을 더 많이 차지하게 되었다.

그러나 도서관과 출판사는 계속 공생관계를 유지할 것이다. 둘 모두 더 넓은 공동체에 서비스를 제공하기 위해 존재한다. 학계에서는 그들의 제품과 서비스를 이용하는 교수와 학생들이고 공공도서관에서는 더 광범위한 제품과 서비스를 필요로 하는 폭넓은 청중들이다. 출판사, 특히 학술 출판사에게 도서관은 중요한 소비자이고, 도서관은 점점 더 정교해지는 플랫폼과 동료 검토 시스템을 위해 출판사에 기대고 있다. 도서관과 출판사는 연구자들의 자료 발견 용이성을 높이는 것과 같은 주제와 규범에 대해 함께 노력한다. 일부 대학에서는 출판부가 도서관에 보고하는 체계를 갖춰놓고 도서관과 출판부가 직접 협력하기도 한다. 반대 입장도 조금이나마 있겠지만 도서관과 출판부는 성공과 발전을 위해 서로가 꼭 필요하다.

참고 문헌

Adema, Janneke and Birgit Schmidt (2010). 'From Service Providers to Content Producers: New Opportunities for Libraries in Collaborative Open Access Book Publishing', *New Review of Academic Librarianship* 16(1), pp. 28 – 43. https://doi.org/10.1080/13614533.2010.509542

Anderson, Rick (2011). 'Print on the Margins: Circulation Trends in Major Research Libraries', *Library Journal*. http://lj.libraryjournal.com/2011/06/academic-libraries/print-on-themargins-circulation-trends-in-major-research-libraries/#_

Anderson, Rick (2013). 'Review of "Can't Buy Us Love: The Declining Importance of Library Books and the Rising Importance of Special Collections"', *Collection Management*, 39(2 – 3), pp. 227 – 8. http://www.sr.ithaka.org/sites/default/files/files/SR_BriefingPaper_Anderson.pdf&nid=614

Anderson, Rick (2014). 'How Important Are Library Sales to the University Press? One Case Study', *The Scholarly Kitchen blog*, 23 Jun 2014. https://scholarlykitchen.sspnet.org/2014/06/23/how-important-are-library-sales-to-the-university-press-one-case-study/

Arlitsch, Kenning and Carl Grant (2018). 'Why So Many Repositories? Examining the Limitations and Possibilities of the Institutional Repositories Landscape', *Journal of Library Administration*, 58(3), pp. 264 – 281. http://doi.org/10.1080/01930826.2018.1436778

Association of Research Libraries (2014). 'Expenditure Trends in ARL Libraries, 1986 – 015', Washington, DC: Association of Research Libraries. http://www.arl.org/storage/documents/expenditure-trends.pdf

Association of Research Libraries (2016). 'ARL University Library Expenditures, 2014 – 5', Washington, DC: Association of Research Libraries. http://www.arl.org/storage/documents/university-library-expenditures.pdf

Belter, C. W. and N. K. Kaske (2016). 'Using bibliometrics to demonstrate the value of library journal collections', *College and Research Libraries*, 77(4), pp. 410 – 22.

Berlin Declaration on Open Access to Knowledge in the Sciences and Humanities (2003). Berlin: Max Plank Society. http://oa.mpg.de/openaccess-berlin/berlin_declaration.pdf에서 복구.

Billings, Marilyn S., Sarah C. Hutton, Jay Schafer, Charles M. Schweik, and Matt Sheridan (2012). 'Open Educational Resources as Learning Materials: Prospects and Strategies for University Libraries', *Research Library Issues: A Quarterly Report from ARL, CNI, and SPARC*, 280, pp. 2 - 10. https://doi.org/10.29242/rli.280.2

Busher, Casey and Irene Kamotsky (2015). 'Stories and Statistics from Library-Led Publishing', *Learned Publishing*, 28(1), pp. 64 - 8. http://dx.doi.org/10.1087/20150110

Case, Mary and Nancy R. John (2007). 'Publishing Journals @UIC', *Research Library Issues: A Quarterly Report from ARL, CNI, and SPARC*, pp. 252 - 3. http://old.arl.org/bm~doc/arl-br-252-253-uic.pdf

Chadwell, Faye and Shan C. Sutton (2014). 'The Future of Open Access and Library Publishing', *New Library World*, 115(5/6), pp. 225 - 36. https://doi.org/10.1108/NLW-05-2014-0049

Chan, Leslie 외. (2002). Budapest Open Access Initiative. Retrieved from http://www.budapestopenaccessinitiative.org/read

Conrad, Kathryn M. (2017). 'Public Libraries as Publishers: Critical Opportunity', *Journal of Electronic Publishing*, 20(1). http://dx.doi.org/10.3998/3336451.0020.106

Cox, J., & Cox, L. (2008). Scholarly publishing practice: Academic journal publishers' policies and practices in online publishing, Third survey, ALPSP. http://www.alpsp.org/ngen_public/article.asp?id=0&did=0&aid=2446&st=scholarly%20publishing%20practice&oaid=0

Crow, Raym (2002). 'The Case for Institutional Repositories: A SPARC Position Paper', Washington, DC: SPARC. http://sparc.arl.org/sites/default/files/ir_final_release_102.pdf

De Groote, Sandra L. and Mary M. Case (2014). 'What to Expect When You Are Not Expecting to Be a Publisher', *OCLC Systems & Services: International Digital Li-*

brary Perspectives, 30(3), pp. 167 – 77. https://doi.org/10.1108/OCLC-01-2014-0004

Dempsey, L., C. Malpas, and B. Lavoie (2014). 'Collection Directions: The Evolution of Library Collections and Collecting', *Portal: Libraries and the Academy*, 14(3), pp. 393 – 423.

Ehling, Terry (2005). 'DPubs: The Development of an Open Source Publishing System', *Publishing Research Quarterly*, 20(4), pp. 41 – 3.

Elliott, Michael A. (2015). 'The Future of the Monograph in the Digital Era: A Report to the Andrew W. Mellon Foundation', *Journal of Electronic Publishing*, 18(4). http://dx.doi.org/10.3998/3336451.0018.407

Gilman, Isaac (2015). 'Adjunct No More: Promoting Scholarly Publishing as a Core Service of Academic Libraries', *Against the Grain*, 26(6), pp. 30 – 4. http://commons.pacificu.edu/libfac/25

Georgiou, Panos and Giannis Tsakonas (2010). 'Digital Scholarly Publishing and Archiving Services by Academic Libraries: Case Study of the University of Patras', LIBER Quarterly 20(2), pp. 242 – 57. http://doi.org/10.18352/lq.7991

Griffiths, Rebecca J., Matthew Rascoff, Laura Brown, and Kevin M. Guthrie (2007). University Publishing In a Digital Age, New York: Ithaka S+R. https://doi.org/10.18665/sr.22345

Hahn, Karla L. (2008). 'Research Library Publishing Services: New Options for University Publishing', Washington, DC: Association of Research Libraries. http://www.arl.org/about/1172-research-library-publishing-services-new-options-for-university-publishing#.WqqaxhPwaAx

Harboe-Ree, Cathrine (2007). 'Just Advanced Librarianship: The Role of Academic Libraries as Publishers', *Australian Academic & Research Libraries*, 38(1), pp. 15 – 25.

Hazen, D. (1995). 'Collection Development Policies in the Information Age', *College and Research Libraries*, 56(1), pp. 29 – 31. https://doi.org/10.5860/crl_56_01_29

Hu, Jane C. (2016). 'Academics Want You To Read Their Work For Free', *The*

Atlantic, 26 January. https://www.theatlantic.com/science/archive/2016/01/elsevier-academicpublishing-petition/427059/

Humanities Indicators (2015). 'Trends in Academic Books Published in the Humanities and Other Fields', Washington, DC: American Academy of Arts and Sciences. https://www.humanitiesindicators.org/content/indicatordoc.aspx?i=88

Inefuku, Harrison and Charlotte Roh (2016). 'Agents of Diversity and Social Justice: Librarians and Scholarly Communication', in *Open Access and the Future of Scholarly Communication: Policy and Infrastructure*, Kevin Smith, Katherine Dickson 편집, Lanham MD: Rowman and Littlefield. http://repository.usfca.edu/librarian/8

Johnson, L., S. Adams Becker, V. Estrada, and A. Freeman (2015). 'NMC Horizon Report: 2015 Library Edition', Austin, TX: The New Media Consortium. https://www.nmc.org/publication/nmc-horizon-report-2015-library-edition/

Lockett, Andrew and Lara Speicher (2016). 'New University Presses in the UK: Accessing a Mission', *Learned Publishing*, 29, pp. 320–9. https://doi.org/10.1002/leap.1049

Lyons, Charles, ed. (2014). 'Library Roles with Textbook Affordability', Special issue, *Against the Grain*, 26(5). http://www.against-the-grain.com/2016/10/v26-5/

Muccie, Mary Rose, Joe Lucia, Elliott Shore, Clifford Lynch, and Peter Berkery (2017). *Across the Great Divide: Findings and Possibilities for Action from the 2016 Summit Meeting of Academic Libraries and University Presses with Administrative Relationships (P2L)*, Washington, DC: Association of Research Libraries. http://www.arl.org/storage/documents/across-thegreat-divide-2016-p2l-summit.pdf

Mrva-Montoya, Agata (2016). 'University Presses: An Australian Perspective'. [재인쇄]. http://hdl.handle.net/2123/15802

Okerson, A. and A. Holzman (2015). *The Once and Future Publishing Library*, Council on Library and Information Resources: Washington, DC. Retrieved from www.clir.org/pubs/reports/pub166

Peet, Lisa (2017). 'Keeping Up: Budgets and Funding', *Library Journal*, 1 February.

https://lj.libraryjournal.com/2017/02/budgets-funding/keeping-up-budgets-funding/#_

Perry, Anali Maughan, Carol Ann Borchert, Timothy S. Deliyannides, Andrea Kosavic, and Rebecca R. Kennison (2011). 'Libraries as Journal Publishers', *Serials Review*, 37(3): 196 – 204. https://doi.org/10.1016/j.serrev.2011.06.006

Phan, T., L. Hardesty, and J. Hug (2014). 'Academic Libraries: 2012', U.S. Department of Education, Washington, DC: National Center for Education Statistics. https://nces.ed.gov/pubs2014/2014038.pdf

Publishers Communication Group (2017). 'Library Budget Predictions for 2017: Results from a Telephone Survey'. http://www.pcgplus.com/wp-content/uploads/2017/05/Library-Budget-Predictions-for-2017-public.pdf

Raju, R. and J. Pietersen (2016). 'Library as Publisher: From an African Lens', *Journal of Electronic Publishing*, 20(2). http://dx.doi.org/10.3998/3336451.0020.203

Roh, Charlotte (2016). 'Library Publishing and Diversity Values: Changing Scholarly Publishing Through Policy and Scholarly Communication Education', *College & Research Libraries News*, 77(2), pp. 82 – 5. https://doi.org/10.5860/crln.77.2.9446

Royster, Paul (2008). 'Publishing Original Content in an Institutional Repository', *Serials Review*, 34(1), pp. 27 – 30. https://doi.org/10.1080/00987913.2008.10765148

Santillan-Aldana, J. (2017). 'Approaches to Library Publishing Services in Latin America', *Journal of Electronic Publishing*, 20(2). http://dx.doi.org/10.3998/3336451.0020.202

Scheufen, Marc (2015). *Copyright versus Open Access*, Heidelberg: Springer.

Smith, Kevin L. and Katherine A. Dickson (2016). *Open Access and the Future of Scholarly Communication*, Lanham, MD: Rowman and Littlefield.

Sondervan, Jeroen and Fleur Stigter (2017). 'Sustainable Open Access for Scholarly Journals in 6 Years: The Incubator Model at Utrecht University Library Open Access Journals', *Learned Publishing*. http://dx.doi.org/10.1002/leap.1151

Strieb, K. L. and J. C. Blixrud (2013). 'The State of Large-Publisher Bundles in 2012', *Research Library Issues: A Report from ARL, CNI, and SPARC*, 282. http://

publications.arl.org/rli282

Suber, Peter (2012). *Open Access*, Boston, MA: MIT Press.

Sutton, Shan and Faye Chadwell (2014). 'Open Textbooks at Oregon State University: A Case Study of New Opportunities for Academic Libraries and University Presses', *Journal of Librarianship and Scholarly Communication*, 2(4). http://doi.org/10.7710/2162-3309.1174

Thornton, G. A. (2000). 'Impact of Electronic Resources on Collection Development, the Roles of Librarians, and Library Consortia', *Library Trends*, 48(4), pp. 842 – 56. Retrieved from https://www.ideals.illinois.edu/bitstream/handle/2142/8313/librarytrendsv48i4m_opt.pdf?sequence=1&origin=publication_detail

Truschke, Andrew (2015). 'To Embargo or Not to Embargo? Strategically Disseminating The Dissertation'. [Blog] *Dissertation Reviews*. http://dissertationreviews.org/archives/11995

Vandegrift, Micah and Josh Bolick (2014). '"Free to All": Library Publishing and the Challenge of Open Access', *Journal of Librarianship and Scholarly Communication*, 2(4). http://doi.org/10.7710/2162-3309.1181

Walters, William H. (2013). 'E-books in Academic Libraries: Challenges for Acquisition and Collection Management', *Portal: Libraries and the Academy*, 13(2), pp. 187 – 211. http://doi.org/10.1353/pla.2013.0012

Ware, M. and M. Mabe (2015). 'The STM Report: An overview of scientific and scholarly journal publishing', International Association of Scientific, Technical and Medical Publishers: The Hague, The Netherlands. Retrieved from http://digitalcommons.unl.edu/scholcom/9

Watkinson, Charles (2016). 'Why Marriage Matters: A North American Perspective on Press/Library Partnerships', *Learned Publishing*, 29, pp. 342 – 7. https://doi:10.1002/leap.1044

Whyte Appleby, Jacqueline, Jeanette Hatherill, Andrea Kosavic, and Karen MeijerKline (2018). 'What's in a Name? Exploring Identity in the Field of Library Journal Publishing', *Journal of Librarianship and Scholarly Communication*, 6(1). http://

doi.org/10.7710/2162-3309.2209

Wittenberg, Kate (2001). 'The Electronic Publishing Initiative at Columbia (EPIC): A University-Based Collaboration in Digital Scholarly Communication', *Learned Publishing*, 14, pp. 29 – 32.

Wolff-Eisenberg, Christine (2016). 'US Library Survey 2016', New York: Ithaka S+R. https://doi.org/10.18665/sr.303066

Xia, Jingfeng (2009). 'Library Publishing as a New Model of Scholarly Communication', *Journal of Scholarly Publishing*, 40(4), pp. 370 – 83. http://doi.org/10.1353/scp.0.0052

24장

책의 판매

닐스 페터 토마스(Niels Peter Thomas)

책 판매는 과도기에 놓여 있다. 지난 몇십 년 동안 고객의 관점뿐만 아니라 출판사의 관점에서도, 책이 어떤 경로를 거쳐 어떤 비즈니스 모델을 통해 팔리는가 하는 양상에 엄청난 변화가 일어났다. 체인 서점이 등장하고 그후에 아마존이 오늘날 세계에서 가장 크고 가장 강력한 전자상거래 대기업으로 성장한 것을 많은 독자가 기억한다. 출판사의 관점에서 디지털화는 지난 10년간 가장 큰 변화를 이끈 원동력이었고 비즈니스 모델 및 판매 경로에 완전히 새로운 가능성을 가져왔다(Schape 2011).

전 세계의 책 시장 가치는 소비자 가격으로 약 1,220억 유로(1,430억 달러)로 추정된다. 하지만 데이터에 일관성이 없고 국가마다 책과 책 판매를 매우 다르게 정의하기 때문에 정확한 수치에 대한 합의가 이루어지지 않고 있다. 책 시장의 중요성을 강조하기 위해 말하자면 음악, 비디오게임 또는 영화 시장보다 책 시장의 규모가 크다(Anderson 2017). 도서 판매 상위 7개국은 미국, 중국, 독일, 영국, 일본, 프랑스, 인도로 세계시장의 약 70%

를 차지한다. 모든 시장에서 종이책과 전자책이 모두 책 관련 상품으로 다뤄지지만 시장점유율은 크게 차이가 난다. 중국에서는 전자판의 시장점유율이 28%(콜롬비아 24%, 일본 18%)인데, 프랑스에서는 약 2.2%에 불과하다 (WIPO 2017).

선진국 대부분에서 책 시장의 규모는 감소하고 있으며 심지어 주요 신흥국에서도 안정적인 성장세가 나타나지 않는다. 2008년과 2016년 도서 시장의 실질적 가치를 비교해보면 오직 중국만이 현저한 성장세를 보이고 멕시코, 브라질, 러시아는 시장규모가 약간 줄어들었다(Anderson 2017). 흥미로운 사례는 독일이다. 시장조사 결과 2016년 도서 구매자 수가 3,080만 명으로 5년간 가장 낮은 수치를 기록했다. 2012년부터 2016년까지 610만 명 이상의 도서 구매자를 잃은 것이다. 그런 추세가 2017년에도 이어져 시장규모가 크게 줄어들었지만 남은 책 구매자들은 책을 더 많이 혹은 더 비싼 책을 사고 있다(Rösler-Graichen 2018). 대량 구매자의 감소와 비구매자의 증가는 시장의 발달을 약화시키지만 동시에 독일의 오락시장은 성장세이다. 이런 추세가 나타나는 이유에 관한 토론은 필립스를 참고한다 (Phillips 2017).

도서 시장의 구조도 달라졌다. 책 구매는 두 개의 주요 고객 집단에 의해 크게 변화했다. 바로 개인 소비자와 기관 소비자인데, 둘 다 구매 습관에 변화가 나타났다. 이러한 변화가 나타나기 전, 책 판매는 수 세기 동안 비교적 안정되어 있었다. 20세기에 출판산업은 소매업과 도매업으로 나뉘었고 출판사가 최종소비자와의 거래에 관여하는 예는 거의 없었다 (Hawker 2016).

개인 소비자들은 먼저 대형 체인 서점이 등장해 소규모 독립 서점에 압박을 가하는 모습을 지켜보았다. 그다음에는 아마존이 1994년 7월에 설립되고 두드러진 성장을 거쳐 결과적으로 책 거래에 일대 변혁을 가져오는 모습도 보았다. 현재 아마존은 일부 지역과 제품 부문에서 50% 이상의 시장점유율을 보유하고 소비자와 출판사 모두에 대한 시장지배력을 키우고 있다. 한편으로 아마존의 부상은 이전에 시장에 존재하지 않았던 비즈니스 인텔리전스(기업의 의사결정을 돕기 위해 데이터를 분석하여 정보를 제공하는 기술 및 분야-역주)의 등장과 발달을 가져왔고 그것은 확실히 시장에 가치를 더하고 있다. 이를테면 '이 책을 산 사람이 저 책도 샀다'고 알려준다. 또 한편으로 거대한 시장지배력의 집중화는 장기적으로 결코 소비자들에게 유리하지 않았다. 특히 남아 있는 독립 서점들은 여전히 경제적 압박에 허덕이고 결국 자취를 감춘다.

아마존이 종이책 시장을 지배한 후에 일으킨 가장 큰 변화는 전자책 단말기 킨들의 출시로 전자책 읽기로의 전환을 일으킨 것이었다. 그후에 아마존이 일으킨 전자책 혁신은 킨들 언리미티드였다. 이것은 최근 음반산업의 비즈니스 모델과 유사한 '무제한 전자책 구독 서비스'이다(Smith & Telang 2016). 전자책으로의 이동 추세가 계속될지, 아니면 소비자들이 결국 다시 종이책으로 돌아갈 것인지는 아직 확실하지 않지만, 아마존은 이전에 있었던 그 어떤 시도보다 책 판매에 확실히 더 많은 변화를 일으켰다.

이 장에서 책 판매는 법적 정의에 따른 '판매'를 가리키지 않는다. 엄밀히 말해서 전자책은 판매되는 것이 아니라 출판사가 구매자에게 일시적이거나 영구적인 사용권을 주는 것이기 때문이다. 여기에서는 도서 상품과 비즈니스 모델에 관한 전반적인 개요를 제공한 후 일반 도서 판매가 하나의 산업으로 어떻게 조직되어 있는지를 중점으로 살펴본다. 책이 어떤 형태로 어떻게 누구에 의해 팔리는가? 마지막으로 가격 형성 과정을 설명하고 이미 예측되고 있는 몇 가지 새로운 동향과 함께 현재 책 판매가 마주한 역동적인 영향력을 살펴봄으로써 마무리한다.

도서 상품과 비즈니스 모델

책 콘텐츠는 다양한 방법으로 소비되고 포장된다. 가장 명백한 방법은 종이책과 전자책이다. 하지만 그 다양한 형식 안에서도 책은 여러 다른 형태와 제품들로 팔릴 수 있다. 다음 목록은 가장 연관성이 높은 비즈니스 모델을 세 가지 범주로 나눈 것이다. 첫째는 주요 상품인 종이책, 둘째는 주요 제품인 전자 콘텐츠, 그리고 세번째는 책 콘텐츠에서 간접적으로 소득이 발생하는 좀더 복잡한 서비스로서의 주요 제품이다. 오디오북, 비디오, 라이브 이벤트, 인터랙티브 게임, 그 밖의 도서 콘텐츠 실행 매체 등 책의 대용물은 여기에서 살펴보지 않는다.

종이책과 비즈니스 모델

종이책 판매: 도서 시장 수익은 여전히 대부분 종이책 판매라는 매우 전통적인 방법으로 발생한다. 대부분의 책은 여러 변형된 형식(주로 하드커버와 소프트커버, 아래의 '도서 가격 형성' 참조)을 통해 개별적으로 팔리고 있지만, 과거와 현재를 비교해보면 묶음(도서 세트)이나 종이책과 전자 콘텐츠의 결합(보너스로 전자책도 이용할 수 있는 '하이브리드' 도서)처럼 새로운 사항이 몇 가지 있다.

종이책 대여: 종이책을 빌려주는 것은 엄격한 의미에서 '책 판매'가 아니다. 이것은 책의 판매를 대체하므로 중요한 비즈니스 모델이다. 책 대여

는 항상 도서관의 역할로 여겨졌지만 최근 아마존 같은 온라인 서점들이 일부 시장에서 실험적인 비즈니스 모델로 도입했다.

루스리프 서비스: 루스리프(looseleaf) 출판물은 정기적으로 페이지를 추가 또는 교체하는 와이어바운드 도서와 비슷하다. 따라서 이 비즈니스 모델은 전형적인 구독이라고 할 수 있으며 최종 제품이 책과 닮았다. 루스리프 서비스는 대부분 전자(정기) 간행물로 대체되었다.

도서 판매 클럽: 북클럽 회원들은 구독 형태로 클럽이 소개하는 책을 구입하며 우편을 통해 받아본다. 따라서, 북클럽은 구독 비즈니스와 독립적이고 개별적인 종이책이 합쳐진 혼합 비즈니스 모델로 볼 수 있다. 선진 시장에서는 온라인 소매업체와의 경쟁으로 북클럽이 쇠퇴하고 있다.

전자책과 비즈니스 모델

개별 전자책: 전자책은 PDF, HTML, EPUB 같은 여러 가지 포맷이나 아마존 킨들(MOBI, AZW 또는 KF8 포맷) 같은 특허 시스템으로 판매된다. 두 가지 모두 DRM의 보호를 받거나 받지 않는다. 합법적인 전자책 판매는 일반적으로 인쇄된 책을 파는 것과 똑같은 거래가 아니다. 소유자가 책을 읽을 수 있는 제한적이고 비독점적인 라이선스를 부여하는 것이기 때문인데 그러한 이유로 사용된 전자책을 재판매하거나 물려주는 것이 어렵다(Gabrio & Murphy 2014).

단일 전자책 챕터: 많은 출판사가 전체 전자책과 유사한 포맷으로 한

챕터씩 낮은 가격에 제공한다. 당연하지만 소설보다 논픽션 도서에 더 적절한 옵션이다.

전자책 컬렉션: 전자책의 집합을 주제와 저작권 연도별로 선별한 컬렉션으로 통합한 것이며 학술 콘텐츠와 더 관련있다. 전자책 컬렉션은 과학 도서관에 주로 판매되는 상품이다(Besen & Kirby 2014). 이 비즈니스 모델은 고객이 일정량의 서적에 대한 영구적인 접근권을 가지는 소유 모델과 구독 기간에만 접근이 허용되는 구독 모델로 나뉜다(Kerby & Trei 2015; Goertzen 2017).

'가변적 컬렉션'으로 알려진 특별한 형태의 전자책 패키지도 있다. 도서관 사서가 패키지에 들어갈 책을 독자의 실수요에 따라 선정하는 것이다 (patron driven acquisition, PDA, 이용자 주도식 취득). 이 패키지는 대부분 광범위한 책에 접근할 수 있는 무료 체험 기간을 주고 그후에 그 중요성이 입증된 책들을 더 긴 기간 동안 이용하는 것이다(Smith & Telang 2016).

전자책 '정액요금제': 대규모의 전자책 컬렉션과 비슷하지만 개별 소비자를 위한 제품으로 소비자가 월정액 구독으로 많은 책을 읽을 수 있도록 해준다. 동시에 읽을 수 있는 책의 권수가 제한되는 경우도 있는데 고객이 하나의 계정을 공유하는 위험을 줄이기 위해서다(킨들 언리미티드와 마찬가지다). 이 제품은 일반적으로 출판사가 아닌 서점에 의해 제공된다. 독자들이 여러 출판사에서 나온 책을 이용하고자 하기 때문이다.

기타 전자책 제품: 특히 B2B 도서 판매(법인 판매)에서 정기적으로 사

용되는 비즈니스 모델들이 있다. 예를 들어 구매 기업이 일정 금액을 내고 그 금액이 소진될 때까지 책 콘텐츠를 이용할 수 있는 거치금 모델, 그리고 앞에서 말한 비즈니스 모델들을 합친 유형이 있다.

책 서비스 비즈니스 모델

다음의 서비스들은 책 판매의 직접적인 대체 방식은 아니지만 종종 책을 더 저렴하게, 심지어 무료로 제공하기 위해 사용된다. 모두 책 콘텐츠로 수익을 창출할 수 있는 대안이므로 이 장에서 소개하기에 적절하다.

광고: 일부 종이책 또는 전자책(주로 논픽션)에는 광고가 포함될 수 있다. 광고로 수익을 창출함으로써 책값이 낮아지거나 무료로 제공될 수도 있다(전화번호부처럼).

출판 보조금: 일반적으로 출판 보조금은 책을 출판할 경제적 여건이 되지 않는 데뷔 혹은 무명 작가가 경제적 지원을 요청하는 것이다. 일부 국가에는 국가가 제공하는 보조금이 있다.

오픈 액세스 북: 최근 (학술) 저널 출판에서 점점 확대되는 추세인데 책에도 적용되고 있다. 일반적으로 저자 또는 자금 제공자가 출판물의 비용(book processing charge, BPC, 도서 처리 비용)을 지급하는 무료 온라인 버전의 전자책이다. 책 출판 보조금 지급과 BPC 지급은 개념적으로 매우 비슷하다. OA 도서가 자비(自費) 출판이 아니라는 신호를 출판사가 확실히 보내야만 하는 이유이다. 따라서 외부 서평으로 책의 품질을 증명해야 하는

필요성은 일반 도서보다 OA 도서에 더 중요하다.

출판사 간 라이선스: 출판사 간 B2B 비즈니스 모델을 이용한 콘텐츠 판매는 출판사들의 주요 수입원이다. 다른 지역과 언어 또는 구성 측면에서 책 출판시 언제나 명시한다.

책 판매

도서 거래는 거의 모든 국가에서 다층적인 도소매업이다.* 최근까지도 종이책은 대부분 이 시스템을 통해 판매되었다. 출판사가 책을 출판하지만 독자에게 파는 것은 서점이다. 서점은 출판사로부터 직접 책을 살 수도 있으나 대부분의 경우 도매업자로부터 구매한다. 도매업자는 중개인으로서 큰 창고를 운영하여 언제든지 납품할 수 있다. 출판사 영업사원들이 새로운 출판물을 서점에 소개하고 서점은 책을 구매해 매장에 진열할지 결정한다. 일반적으로 일정 기간이 지나도 정가에 팔리지 않는 책은 출판사에 반품할 수 있으며 반품은 대부분 전액 환수되므로 출판사에 큰 위험을 안긴다. 고객은 서점에 구비되지 않은 책도 주문할 수 있으며, 대부분 다음 날 도매업자를 통해 배송된다.

서점의 고객은 최종소비자(독자)이거나 기업, 정부 또는 학문 기관(도서관) 같은 기업 고객이다(Brown 2004). 큰 기업 고객들은 종종 출판사로부터 직접 구매한다. 이때 출판사는 도매업자와 유사하지만 특수 고객 집단에

---

* 중국의 1970년대 이후 소매 현황은 Liu(2018) 참고. 중국에도 도매와 소매 시스템이 있지만 서구 국가와 비교했을 때 당연히 소유와 법체계가 다르다.

게 추가 제품(도서관 소프트웨어, 가구 등)을 제공한다. 전통적으로 출판사는 최종소비자를 직접 상대하는 것을 거부했지만 이제는 점점 전략적 불이익으로 인식되는 경향이 강하다. 서양의 많은 출판사가 원래는 서점이면서 출판업에서도 왕성한 활동을 했으나(그 결과 출판업자가 조합 판매업을 소유했다), 20세기에는 대부분 서점 활동을 종료하거나 매각했다(Hawker 2016). 최근에는 출판사들이 최종소비자에 대한 판매 활동에 다시 투자하는 쪽으로 흘러가고 있는데, 일반적으로 온라인 매장에서의 전자상거래를 통해 이루어진다.

온라인 매장은 거대 인터넷 회사 아마존 닷컴(Amazon.com)에서 영감을 받아 탄생했다. 21세기에 아마존은 세계 거의 모든 국가에서 의심할 여지 없이 가장 큰 도서 소매상으로 발전했다. 아마존이 등장하기 전에 여러 서양 국가에서는 대형 체인 서점이 도서 시장을 지배했고 점진적으로 작은 독립 서점들을 대체하거나 삼켜버렸다. 아마존의 신속하고 지속적인 성공은 도서 무료 배송, 짧은 배송 기간, 할인 같은 새로운 거래 표준뿐만 아니라 현재 많은 독자의 선택을 좌우하는 정교한 서평 시스템의 도입으로 설명할 수 있다(Hong et al. 2017).

그러나 체인 서점과 소규모 독립 서점은 앞으로도 계속 존재할 것이다. 개인적인 안내, 공개 열람, 구매 전 도서 인쇄 품질 확인 등 일부 상품과 서비스는 오프라인 공간을 통해서만 가능하기 때문이다. 또, 전자책을 소매 서점에서 판매하는 것이 가능하고 그동안 이 사업 부문의 발달을 위해 많은 시도가 이루어졌지만 전자책 전문 업체 및 아마존 같은 대규모의 일반 온라인 서점을 비롯한 온라인 매장이 전자책 시장을 지배하고 있다(Schröder & Lich 2017). 온라인 판매는 운영비 절감과 소비자 행동에 대한 시장 인텔리전스의 가용성 향상 덕분에 대부분의 도서 부문에 비용 효율적이라고 할 수 있다.

지역 서점들은 비용 효율적인 온라인 상점들의 압력에 대처하려면 창의성을 발휘하여 오프라인 매장에서 더욱 나은 구매 경험을 제공해야만 한다. 다과 제공, 이벤트, 다른 제품 추가(예: 크리스마스 시즌 한정 제품 또는 영구 제품) 등의 방법이 있다.* 규모가 큰 오프라인 매장에서는 문구나 게임 같은 제품을 함께 파는 것이 표준으로 자리잡았다.

또한, 자가출판 도서는 대부분 온라인에서만 판매되는데 도매업체에 입고되지 않고 주문이 들어와야만 인쇄되기 때문이다(Print-To-Order, PTO, 주문형 인쇄). 중고책도 거의 전문 중고서점이나 고서점에서만 취급하고 소수의 희귀 도서는 경매로 팔린다.

책 가격

일부 국가에서는 법적으로(또는 사업상의 계약으로) 모든 책이 최종소비자에게 정가로(FBPL, '도서정가제'에 따라) 제공된다. 따라서 도서 판매업자는 출판사가 정한 소매가를 변경할 권한이 없다. 이 법이 존재하는 가장 큰 이유는 하나의 문화자본인 책에 대한 (파괴적인) 가격 전쟁이 없어야 크고 작은 서점이 다양하게 존재하고 책의 종류도 더 다양해질 수 있다는 가정 때문이다(van der Ploeg 2004). 그러나 정말로 그런 법적 효력이 있는가는 논란의 여지가 있다. 특히 정가제에도 불구하고 온라인 서점이 다수의 작은 소매업체들을 쫓아냈다는 사실로 비추어볼 때 그러하다. 도서정가제

---

* 오프라인 서점의 성공 사례는 런던의 돈트 북스(Daunt Books)와 아시아 몇몇 국가에 입점된 기노쿠니야 서점 참고.

를 시행하는 대부분의 나라에서는 똑같은 내용의 책이라도 다른 비즈니스 모델로 팔리거나 매체 형태나 제본이 다르면(소프트커버 vs 하드커버) 가격도 달라질 수 있다.

그러나 도서정가제의 존재 여부에 상관없이 출판사나 서점은 도서의 소매가를 정해야 한다. 가격 책정에는 몇 가지 규범이 있다. 일반적으로 하드커버는 소프트커버보다 훨씬 높은 가격으로 판매되고 전자책은 소프트커버보다 낮은 가격에 판매된다. 전문서 혹은 학술서의 경우 하드커버는 일반적으로 도서관과 기업 고객용이고 소프트커버는 가격에 민감한 개인 소비자용으로 간주된다. 소설의 경우 하드커버가 먼저 출판되고 그다음에 소프트커버인 '페이퍼백'이 출판되므로 시간의 경과에 따른 가격 차별이 발생한다. 하드커버와 페이퍼백 모두 제본의 유형은 가격 차별보다는 정당화의 이유가 된다.

전통적으로 책 가격은 대부분 '비용 추가(cost-plus)' 모델에 따라 책정된다. 출판, 인쇄, 배포 및 판매 비용에 프리미엄을 추가해 소매가격을 결정하는 것이다. 같은 부문의 성공한 도서들과 비교해(경쟁 기반) 몇 가지 가격 영향 요인을 조정하여 가격을 정하는 예도 있다. 가격에 영향을 미치는 요인은 제품 기반(페이지 수, 컬러 이미지, 특수 제본 등)일 수도 있지만 다른 요인(작가의 명성, 같은 임프린트가 출간한 다른 책들의 명성 등)이 근거가 되기도 한다. 수요에 기반한 가격 책정은 콘텐츠의 중요성이나 같은 장르 및 부문의 현재 수요를 고려한다.

전자책의 등장과 종이책의 전자상거래 소매의 등장도 보다 구체적인 가격 차별의 가능성을 허용했다. 법적으로 가능한 경우, 시간과 고객, 지역, POS(판매시점관리)에 따라 책의 가격이 다르게 책정되고 있다. 특히 전자책 시장의 비즈니스 모델 증가도 서로 다른 시장에서 여러 유형의 제품을 판매함으로써 가격을 차별화할 수 있는 가능성을 더해준다. 그러나 대부분의 출판사는 '99'나 '95'로 끝나는 이른바 '좋은 가격' 정책을 이용해 소비자들에게 좋은 가격이라는 심리적인 효과를 일으키는 방법을 고수한다.

많은 출판사가 시간에 따라 책의 가격을 바꾼다. 일부 출판사는 재고를 팔기 위해 오래된 책의 가격을 낮춘다. 그런가 하면 가격 민감도가 낮아 수요와 가격이 별개인 학술 서적의 경우에는 오래된 책의 가격을 오히려 높이기도 한다. 인쇄 역량 같은 것을 기반으로 하는 단기 역동적 가격 책정은 출판업계에 아직 널리 적용되지 않고 있다(Clerides 2002).

전자책 컬렉션의 가격 책정은 개별 도서 가격에 따르는데 한 가지 이점이 있다. 출판사의 출간 도서 포트폴리오가 해마다 크게 변하지 않으므로 이전 연도의 가격대가 해마다 새로운 가격의 기본 토대로 사용될 수 있다는 것이다. 물가상승률, 사용량 증가, 또는 패키지 내 콘텐츠 양의 증가로 인해 상대적인 변화는 있다.

책 판매의 현재 동향

앞에서 설명한 소매시장에 영향을 끼치는 요인들은 앞으로도 계속 존재할 것이다. 규모의 경제는 전자상거래를 통한 책 판매보다 소규모 독립 서점과 큰 체인 서점에 비용 압박을 가한다.

많은 국가에서는 수십 년 동안 도서 판매 수익이 총 GDP와 비슷하게 성장했지만 책 매출 성장은 21세기 초부터 경제에서 분리된 듯하며 현재는 안정 상태가 유지되거나 심지어 여러 국가에서 감소 현상도 나타난다(Phillips 2017). 앞에서 설명한 소매업의 변화뿐만 아니라 다른 매체 또는 오락 수단과의 경쟁이 이런 추세를 일으키는 동인이라고 할 수 있다. 여러 서구 국가의 인구통계학적 변화도 책 판매의 변화와 분명히 관련있다. 당연히 노령화 사회에는 급격한 인구 성장이 이루어지는 사회와는 다른 소매 구조가 필요하다. 일부 국가에서는 인구 노령화 현상으로 책 판매 수익이 어느 정도 증가할 수도 있다. 평균적으로 노인들이 청소년보다 책을 더 많이 읽기 때문이다.

현대 도서 시장에서는 종이책에서 전자책으로의 전환이 일어나고 있다. 하지만 그 속도는 부문마다 크게 차이가 난다. 소설(그리고 논픽션) 시장에서는 여전히 주로 종이책이 읽히지만 전자책 시장이 성장하고 있고 대부분의 전자책은 종이책 한 권의 판매를 대신할 것이다. 전자책 가격이 낮아지는 경향을 고려하면 전자책 발달 현상은 도서 산업의 전반적인 성장에 기여하지 않을지도 모른다. 학술 서적의 경우에는 많은 출판사가 이미 수익을 대부분 전자책으로 올리고 있으며 앞으로도 그러한 추세가 계속되리라는 것도 분명하지만, 그것이 종이책의 자기잠식효과로 보이지는 않는다. 언젠가는 완전한 전자책 사용으로 바뀔 것이고 종이책은 연구와 학습 목적의 학문적인 측면에서 계속 필요하리라고 볼 만한 이유가 많기 때문이다.

전망

앞으로 가까운 미래에는 책 판매에 더 많은 변화와 심지어 파괴 현상이 일어날 수도 있다. 몇 가지 기술 발달과 사회적 동향에 따라 소비자 도서 시장과 전문서(학술서) 시장 모두 변화할 수 있다.

픽션과 논픽션 소비자 시장에서는 제품 증가와 새로운 비즈니스 모델로의 변화가 계속될 것이다. 특히 무료 온라인 콘텐츠는 도서 시장의 변화를 일으키는 주된 원동력이 될 것이며 상품에서 광고 같은 서비스로의 매출 변화가 일어날 것이다. 이러한 시장동향은 신세대 독서 기기(전자책 단말기)의 발명과 시장 침투, '물건 축적보다 경험'을 우선시하는 사회적 현상에도 달려 있다(Phillips 2017). 궁극적으로 책은 소비자 시장에서 다른 오락산업과 경쟁하고 기업 시장에서는 특히 저널과 전문 데이터베이스 등 모든 형태의 출판물과 경쟁한다.

앞으로 종이책 시장은 인쇄 기술 혁신에 가장 많은 영향을 받을 것이다. 원칙적으로 그 기술은 도매업 시스템 전체를 바꿀 만한 힘이 있다. 만약 경제적으로나 기술적으로나 주문형 인쇄가 짧은 시간 내에 매장에서 가능해진다면 도매상 유통창고의 경제적인 타당성과 중요성은 대부분 사라질 것이다. 이러한 추세는 몇 년 동안 예측되어왔지만 아직 실현되지 않았다(Gallagher 2014). 앞으로도 정말 그런 일이 생길지 여전히 알 수 없다.

다른 매체의 비즈니스를 살펴보면 앞으로 책 소비에 나타날 가장 큰 동향을 예측할 수 있을지도 모른다. 기술과 경제구조가 비슷한 음악산업은 지난 10년간 완전히 바뀌었다. 오늘날 음악은 주로 정액제 서비스로 소비되고 개별 앨범 판매량은 현저히 감소했다. 이것은 책에서 발견되는 추세이기도 하므로 앞으로 전자책 사용으로의 변화가 더욱 커지고 책 시장의 집중화 현상도 다시 심화될 것이다(Smith & Telang 2016). 소비자의 '정가제 편향'을 고려할 때 이러한 추세가 더욱 가속화될 수 있다(McDonald & Smith Rowsey 2016: 255).

장기적으로 '블록체인' 같은 신기술이 도서 판매의 일부 요소에 현명한 해결책을 제공할 수 있을 것이다. 예를 들어 판매자에게서 구매자로 접근권의 이전을 보증하는 중고 전자책 시장 같은 것이 있을 수 있다. 그러나 블록체인 기술이 그러한 거래의 가장 효율적인 기반이 될 것인지 여부는 경제적으로나 기술적으로나 아직 명확하지 않다.

학술 서적 시장에는 현재의 추세에 더해져 더 많은 변화가 일어날 가능성이 있다. 책의 판매가 학술 저널의 판매 방식처럼 집중화되고 있다는 것이 하나의 추세이다. 만약 이러한 학술 서적의 '저널화'가 계속된다면 이미 학술 저널 시장에 존재하는 두 가지 효과가 나타날 것이다. 첫째는 '대량 거래'로의 지향이다. 전자책 컬렉션의 개별 판매 대신, 다년 구독 계약을 통하여 출판사의 모든 책을 전자책으로 전달받을 수 있다. 둘째, OA 출판이 모든 형태 출판물의 표준이 되어 OA 도서에 가속도가 붙을 것이다. 개인과 기관 전자책 시장의 미래는 도서 콘텐츠의 불법 도용 현상과도 큰 연관성을 가진다. 소비자 도서 시장에서 불법 복제본의 숫자를 줄이는 가능성은 미래의 기술 및 법률 도구에 달려 있다. 기관 도서 시장의 저작권 침해는 출판사가 제공하는 서비스와 자원의 진가를 학계가 인정해야만 극복될 수 있다.

전반적으로 책 판매는 사회, 경제, 기술의 변화 및 혁신과 더불어 계속 변화할 것이다(Lake 2016). 예측 가능한 미래에 도서 시장이 사라질 것이라는 신호는 전혀 보이지 않는다. 하지만 하나의 상품으로서의 책에 대한 우리의 인식과 더불어 책 판매 방식도 계속 진화할 것이다.

참고 문헌

Anderson, P. (2017). 'New BookMap Initiative: Trying To Chart the World Publishing Industry', *Publishing Perspectives*, News, October 23. https://publishingperspectives.com/2017/10/bookmap-launched-to-size-up-world-publishing/ [2018. 7. 7 검색].

Besen, S. and S. Kirby (2014). 'Library Demand for e-Books and e-Book pricing: An Economic Analysis', *Journal of Scholarly Publishing*, 45(2), pp. 128 – 41.

Brown, S., ed. (2004). *Consuming Books. The Marketing and Consumption of Literature*, Abingdon: Routledge Interpretive Marketing Research.

Clerides, S. (2002). 'Book value: intertemporal pricing and quality discrimination in the US market for books', *International Journal of Industrial Organization*, 20(10), pp. 1385 – 408.

Gabrio, K. and W. Murphy (2014). E-Book Rights: Advocacy in Action, Proceedings of the Charleston Library Conference. http://dx.doi.org/10.5703/1288284315570

Gallagher, K. (2014). 'Print-on-Demand: New Models and Value Creation', *Publishing Research Quarterly*, 30(2), pp. 244 – 8.

Goertzen, M. (2017). 'Applying Quantitative Methods to E-book Collections', *Library Technology Reports*, 53(4).

Hawker, J. (2016). 'Selling Words: An Economic History of Bookselling', in R. E. Lyons and S. J. Rayner (eds), *The Academic Book of the Future*, London: Palgrave Macmillan.

Hong, H., D., Xu, D. Xu, G. Wang, and W. Fan (2017). 'An empirical study on the impact of online word-of-mouth sources on retail sales', *Information Discovery and Delivery*, 45(1), pp. 30 – 5.

Kerby, E. and K. Trei (2015). 'Minding the Gap: ebook package purchasing', *Collection Building*, 34(4), pp. 113 – 18.

Lake, P. (2016). 'The Future of the Academic Book: The Role of Booksellers', in R. E. Lyons and S. J. Rayner (eds), *The Academic Book of the Future*, London: Palgrave Macmillan.

Liu, Z. (2018). 'Whither the Book Retailing Industry in China: A Historical Reflection', *Publishing Research Quarterly*, 34, pp. 133 – 46.

McDonald, K. and D. Smith Rowsey, eds (2016). *Netflix Effect*, New York; London: Bloomsbury Academic.

Phillips, A. (2017). 'Have We Passed Peak Book? The Uncoupling of Book Sales from Economic Growth', *Publishing Research Quarterly*, 33, pp. 310 – 27.

Rosler-Graichen, M. (2018). Der Buchmarkt verliert vor allem jungere Kaufer, Studie des Borsernvereins, 18 Januar 2018. https://www.boersenblatt.net/artikel-studie_des_boersenvereins.1422566.html [2018. 7. 7 검색].

Schrape, J. (2011). Der Wandel des Buchhandels durch Digitalisierung und Internet, SOI Discussion Paper 2011 – 01, Stuttgart.

Schroder, H. and A.-K. Lich (2017). 'Digitale Dienstleistungen im stationaren Einzelhandel als Antwort auf die Herausforderungen durch Online-Shops', in *Dienstleistungen* 4.0, M. Bruhn, K. Hadwich 편집, Wiesbaden: Springer Gabler, pp. 485 – 510.

Simon, J. (2014). 'E-Book Purchasing Best Practices for Academic Libraries', *Journal of Electronic Resources Librarianship*, 26(1), pp. 68 – 77.

Smith, M. and R. Telang (2016). *Streaming, Sharing, Stealing: Big Data and the Future of Entertainment*, Boston, MA: MIT Press.

van der Ploeg, F. (2004). 'Beyond the Dogma of the Fixed Book Price Agreement', *Journal of Cultural Economics*, 28(1), pp. 1 – 20.

World Intellectual Property Organization, ed. (2017). The Global Publishing Industry 2016, A Pilot Survey by IPO and WIPO. http://www.wipo.int/edocs/pubdocs/en/wipo_ipa_pilotsurvey_2016.pdf [2018. 7. 7 검색].

마무리
하며

25장

출판의 미래

─────

마이클 바스카(Michael Bhaskar), 앵거스 필립스(Angus Phillips)

서론

이 책을 읽는 내내 출판의 미래가 크게 변할 것이라는 점이 확실해 보였다. 출판의 오랜 역사 속에서 경제, 사회, 기술, 문화가 끊임없이 변화했다. 실제로 지식재산에서부터 산업 작업 흐름, 문화 형태에서 소매업까지 출판사들은 종종 최전선에 서서 변화를 이끌었다. 하지만 지난 반세기 동안 출판의 핵심 사업에 전례 없이 근본적인 변화가 일어났다. 이 책에서 내내 강조된 것처럼 출판사들의 대규모 통합이든 책의 본질을 바꿔놓은 읽기 기술의 발달이든 그러한 변화는 출판의 모든 측면에 영향을 끼친다. 오늘날 주요 출판사의 디지털화, 글로벌화가 이루어진 칸막이 없는 작업 공간은 20세기 중반과 비교해 완전히 다른 모습이다. 이러한 변화의 속도는 멈추지 않을 것이다.

출판의 미래에 대해 묻는 것은 단순한 학문 활동이 아니다. 전 세계의 출판 수익은 1,210억 달러지만 모든 형태의 출판을 고려하면 2020년까지 3,580억 달러에 이를 것으로 보인다(Kozlowski 2016). 출판은 수백만 명을 직접 고용하고 작가와 일러스트레이터부터 인쇄기 제조업체와 임업 관리자까지 간접적으로 더 많은 인력을 고용한다. 당면한 경제적 우려를 넘어, 우리는 출판이 어떻게 문화를 뒷받침하고 만드는지 살펴보았다. 그리고 출판이 다수의 훌륭한 사회적 토론을 정의하고 교육 시스템을 넘어 지식의 구성과 사회의 정보 전달에도 필수적이라는 것을 알 수 있었다. 출판은 중요하다. 그렇기에 출판의 미래도 중요하다. 출판의 미래를 아는 것은 앞에서 말한 모든 것을 위해 매우 중요하다. 이 책에 제시된 분석을 활용하여 그 미래를 이해하는 것이 필수적이다. 하지만 문제가 있다.

다시 출판의 미래로

대부분의 활동은 미래 예측 혹은 그 시도에 어느 정도 의존한다. 세금 수입과 재정지출을 계획하려는 정부, 최근의 소비자 동향이나 획기적인 기술을 예측하려는 기업, 심지어 다음주에 무슨 일이 일어날지 추측하려는 가정까지 모두 미래의 문제에 엄청난 자원을 쏟는다. 하지만 인간은 일반적으로 예측에 별로 뛰어나지 못할 뿐만 아니라 전문가의 예측일수록 실제로는 형편없을 때가 더 많다(Tetlock & Gardner 2016). 우리는 반복적으로 미래를 잘못 예측한다. 여기엔 지식도 해결책이 될 수 없다. 예측자들은 예측 내용을 엄격하게 검토하지 않는다. 높은 보수를 받는 주식시장 분석가들의 주가 예측이 단순한 추측보다도 더 못할 때가 많다. 다시 말하자면 업계 리더들의 선택에 따르는 것이 아니라 무작위로 주식을 고르는 것이 더 낫다.

출판과 책도 잘못된 예측의 대상이 된다. 기본적으로 일반 출판에서는 그 어떤 출판사도 혁신 트렌드를 미리 발견할 수 없다. 어떤 잠재된 사회적 임계점에 도달하면 갑자기 산업 전반에 트렌드가 퍼져나간다. 스티그 라르손이나 E. L. 제임스의 성공을 아무도 예측하지 못했다. 덴마크의 '휘게'를 다루는 책도 불과 몇 달 만에 갑자기 퍼졌다.

그러나 미래 예측 기록은 거시적인 차원에서도 매우 빈약하다. 몇 가지 예를 들어보자. 전자책 시장에 대한 예측이 많이 나왔지만 대부분은 틀렸다. 한 예로 믿을 만한 출처인 PwC는 2013년 전자책 시장이 2017년에는 종이책 시장보다 커질 것이라고 주장하는 보고서를 내놓았다(Owen 2013). 그러나 그런 일은 일어나지 않았다. 흥미롭게도 이것은 PwC가 그보다 앞선 1990년대 후반에 내놓은 예측과 비슷하다. 2000년대 중반에 이르러 전자책이 폭발적으로 성장하여 수십억 달러의 가치를 지니게 될 것이라고 예측했던 것이다(Gomez 2008). 역시나 그 예측은 사실로 이루어지지 않았다. 기술의 미래를 예측하는 것만 해도 매우 힘든데, 출판은 문화와 경제 매트릭스의 복잡한 결합이기에 예측이 더욱더 어려워진다.

사람들은 새로운 디지털 소셜 미디어 환경의 위협으로 아동 도서 시장과 아이들의 독서 욕구가 심각한 문제에 처했다고 주장한다. 설문조사에 따르면 아동 독서량은 감소하고 있다(Flood 2015). 연구에서도 여가에 독서를 하는 아이들이 줄어들고 있다는 사실이 나타난다(Harrison 2013). 하지만 아동 도서는 지난 7년간 상업 출판에서 호황을 누린 영역으로 해마다 매출 기록을 갱신했다(Bone 2017). 여기에는 단절이 있다. 예측이 제대로 들어맞지 않는다. 이 글을 쓰는 지금, 아동 출판은 많은 평론가들의 예측보다 훨씬 더 상황이 좋다.

출판의 죽음이나 책의 죽음이라는 친숙한 장르에도 예측이 많이 들어간다. 어떤 사람들은 여전히 '전통적인 도서 출판의 피할 수 없는 죽음'을 믿으며 똑같은 제목의 기사까지 나왔다(Diggs 2016). 그러나 하버드대학의 레아 프라이스(Leah Price)가 보여준 것처럼 이 주장에는 유명한 역사가 있다(Price 2012). 1990년대 초에 〈뉴욕 타임스 북 리뷰New York Times Book Review〉는 책의 종말을 예측하는 기사를 실었다. 비디오와 컴퓨터가 책의 시대에 종말을 가져오리라는 것이었다. 그 기사는 니체의 신과 마찬가지로 책은 죽었고 우리가 책을 죽였다고 주장했다. 하지만 프라이스는 책이 죽어가고 있다는 불만이 1830년대부터 시작되었다는 사실을 보여준다. 그때는 신문 때문에 책이 죽어간다고 했다. 프라이스의 요점은 이것이다. '모든 세대가 책의 비문을 다시 쓴다. 누가 책을 죽이는지만 바뀔 뿐이다'(Price 2012). 책 없는 미래에 관해 쓴 H. G. 웰스(H. G. Wells)부터 최초로 전자책 단말기를 예언한 스타니스와프 렘까지 공상과학 소설가와 미래학자들은 항상 책이 사라질 것이라고 예측했다. 더 넓게는 소크라테스에서 조너선 프랜즌(Jonathan Franzen)에 이르기까지 독서와 글쓰기, 책이 불행한 운명을 맞이하리라는 예측이 있었다. 하지만 책과 출판은 종말의 예측을 뛰어넘어 여전히 건재하다.

세상은 본질적으로 복잡하고 그 복잡성 때문에 정확한 예측이 매우 힘들고 어떤 경우에는 사실상 불가능하다. 1997년에 출판업 종사자 가운데 신생 인터넷 서점 아마존이 앞으로 20년 안에 미국 도서 판매량의 무려 45%를 장악하게 되리라고 예측한 사람은 많지 않았다(Shatzkin 2018). 그로부터 10년 후에도 여전히 예측하기 힘든 일이었다. 아마존이 책을 파는 기업이라기보다 기계학습, 로봇공학, 드론 기술과 같은 분야에서 특허를 창출하는 기계에 가까운 기업이 되리라는 예측도 마찬가지였다. 그뿐만 아니라 아마존의 시가총액이 전체 출판업계의 시가총액을 작아 보이게 만들 정도가 되리라고 생각한 사람은 더더욱 적었을 것이다. 클라우드 호스팅이나 애드버타이징 같은 아마존의 하위 사업 단위가 모건 스탠리가 보기에는 세계 3대 출판사 피어슨, RELX, 톰슨 로이터(Thomson Reuters)를 합친 것보다 높으리라는 것을 말이다. 출판업계 종사자들이 이것을 예측했다면 아마존 주식을 샀을 것이다.

예측은 맞을 때만큼이나 틀릴 때가 많다. 예측은 매우 빠르게 유행에 뒤떨어져 우리를 잘못된 방향으로 이끈다. 시나리오 작가 윌리엄 골드먼 (William Goldman)도 할리우드에 대해 '모두가 아무것도 모른다'라고 말했다. 출판도 마찬가지다. 일상의 측면에서 그 무엇도 알 수 없기에 출판사는 미지의 요인에, 더 크게는 산업의 전체적인 방향에서도 끊임없이 위험을 감수해야 한다. 그렇다면 미래에 대해 어떻게 생각해야 할까?

사고실험

플라톤의 동굴에서 롤스(1971)의 무지의 장막에 이르는 사고실험, 역사적 반사실부터 사후예측까지 그에 수반된 방법론들은 생각의 역사에 중요한 역할을 했다. 사고실험은 관련없는 것을 배제한다. 그렇게 함으로써 질문의 가장 중요한 부분에 집중하며 판단과 관점의 잡동사니를 처리해준다. 이전의 가정과 믿음을 재고할 수밖에 없게 만들어 어려운 질문에 대한 우리의 진정한 견해를 드러내준다. 상황을 한계로 밀어붙인다. 사고실험은 뒤죽박죽된 현실세계와 대조적으로 설계되지만 그래도 쓸모가 있다. 바로 앞에 있는 것 너머로 데려다주지만 탐구 주제와 비슷한 구조를 유지한다.

사고실험의 유익함이 증명된 것은 단지 철학에서만이 아니다. 예를 들어 과학에서 맥스웰의 악마나 슈뢰딩거의 고양이를 생각해보자. 기술에는 은하계 전체에서 스스로 무한 복제되는 폰 노이만의 탐사선, 항성을 둘러싸고 그 항성의 에너지를 받아 쓰는 다이슨 구가 있다. 이런 생각들은 말도 안 되는 것처럼 보이지만 과학자와 기술자의 우주탐사에 대한 이해에 점점 더 큰 역할을 하고 있다. 이것은 오늘날 사고실험의 중요한 역할을 암시해준다. 탐구를 통해 불확실한 미래를 헤쳐나가도록 해주는 것 말이다. 사고실험은 미래 예측이 아니지만, 어떤 일이 일어나고 또 일어날 수 있는지에 대한 의문과 생각을 제기해줌으로써 여러 가능성을 다시 생각해보게 해준다.

예를 들어 사고실험은 윤리 철학의 주요 요소였다. 하지만 요즘은 너무도 강력하고 빠르게 움직여 그 폭넓은 영향을 예측하기가 불가능한 AI 분야의 기술을 이해하는 수단으로서 견인력을 얻고 있다. 근래 철학에서 가장 유명한 사고실험 중 하나인 존 R. 설(John R. Searle)의 '중국어 방'은 이미 AI를 겨냥하고 있었다. 그것은 기계가 지각이 있는 것처럼 보일지라도 그렇지 않을 수 있다는 것을 설명하고자 하는 독창적인 실험이었다(Searle 1980). 좀더 최근에 옥스퍼드 사상가 닉 보스트롬(Nick Bostrom)은 '초지능'의 등장이 가져올 결과에 관한 광범위한 사고실험을 연달아 실시했다(Bostrom 2017). 실제로 사고실험은 이 문제를 탐구하는 유일하게 실용적인 수단이다. 전례 없는 일인 동시에 아마도 인간의 이해를 넘어서는 문제일 것이기에 사건이 가져올 결과를 구체적으로 모델링할 수 있는 사람도 없다. 따라서 오직 사고실험만 가능하다.

AI 분야에서 사고실험은 즉각적이고 실질적인 힘을 가지고 있다. 윤리 철학에서 가장 많은 논의가 이루어진 사고실험은 이른바 '트롤리 문제'(트롤리는 '전차'의 미국식 영어 표현)이다. 1960년대에 필리파 풋(Philippa Foot)이

처음 제기한 후 '트롤리학'으로 알려진 관련 저작이 쏟아져나왔고 미국의 웨스트포인트 육관 사관학교에서도 이를 가르친다(Edmonds 2015).

트롤리 문제에서는 선로에 다섯 사람이 묶여 있고 전차가 돌진한다. 그대로 두면 다섯 명 모두 죽음에 이를 것이 확실하다. 하지만 선로 변환기를 조작해 전차의 방향을 바꾼다면 그들의 생명을 구할 수 있다. 하지만 다른 선로에 다른 인부가 한 명 있다. 아무것도 하지 않으면 다섯 명이 죽고 적극적으로 뭔가를 하면 한 명이 죽는다. 대다수의 사람은 다섯 명이 아닌 한 명이 죽는 길을 선택해야만 한다고 생각한다. 이 문제의 '뚱뚱한 남자' 버전은 상황을 더욱 복잡하게 만든다. 전차가 통제 불능 상태에서 다섯 명을 덮치기 직전이다. 당신은 전차 위쪽의 다리에 있고 옆에는 뚱뚱한 남자가 서 있다. 그를 다리 아래로 밀면 물론 그는 죽게 되겠지만 그의 육중한 몸이 선로로 떨어져 전차를 멈추고 다섯 명의 목숨을 구할 수 있다. 과연 그렇게 해야 할까?

풋은 긍정적인 의무와 부정적인 의무가 있다고 믿었다. 이를테면 첫번째 과정에서 다섯 명의 생명을 구하는 것이 긍정적인 의무라고 할 수 있다. 하지만 '뚱뚱한 남자'가 등장하는 상황을 다른 측면으로 생각해보자. 장기 이식을 받지 않으면 죽는 다섯 명이 있다. 의사는 그들을 구하기 위해 건강한 환자 한 명을 죽여야 할까? 이것은 다리에서 뚱뚱한 남자를 밀치는 것과 똑같다. 풋은 긍정적인 의무와 부정적인 의무의 균형이 기본 버전의 트롤리 문제를 결정한다고 본다. 하지만 이 견해는 시작일 뿐, 이 문제와 관련해 방대한 저술이 나와 있다.

이 모든 것이 철학자들에게는 막다른 골목처럼 보일지도 모른다. 하지만 이 사고실험은 현재 성장하는 자율주행 자동차나 치명적인 자율무기 분야에서 너무도 실제적인 힘을 갖게 되었다. 둘 다 세상에서 가장 중요한 산업들의 근본적인 질서를 바꿀 수 있고 더욱 중요하게는 삶과 죽음을 둘러싼 현재 시나리오를 어마어마한 범위로 바꿀 수 있다. 자율주행 자동차는 이미 상당한 발달 단계에 접어들어 캘리포니아와 런던 같은 곳에서 시험되고 있다. 현재 미국에서는 매년 3만 5,000명이 도로에서 사망한다. 전 세계적으로 해마다 교통사고 사망자 125만 명과 부상자 1,500만 명이 발생한다(Ross 2017). 자율주행 자동차가 보편화되려면 트롤리 문제에 대한 명확한 답, 법으로 합의된 프로토콜, 그리고 보험사와 의회, 제조업자, 일반 대중의 지지가 반드시 마련되어야만 한다. 사고실험을 어떻게 해석하고 운송과 무기 알고리즘에 활용할 것인지에 수조 달러가 넘는 돈과 수많은 생명이 달려 있다.

출판의 미래를 예측할 수는 없어도 생각해볼 수는 있다. '만약'의 질문을 다양하게 던지고 결과에 대해 생각해볼 수 있을 것이다. 현재를 기준으로 전제를 추론해 축소 버전의 서사를 만들어서 살펴보는 것이다. 우선 풍부한 지식을 토대로 마련된 생각을 통해 예측해볼 수 있다. 둘째로는 불확실한 미래를 추론하는, 새롭게 유행하는 사고실험의 측면에서 가능하다. 사고실험은 출판의 미래와 현재를 매우 명백하게 드러낸다. 가장 중요한 특징들만 떼어내 극도로 확장하면 현재의 궤도를 재고해볼 수밖에 없게 된다. 그렇게 하면 출판에 대한 이해를 키우고 미래의 전략을 수립하는 데 도움될 수 있다. 사고실험이 어떤 식으로든 실제로 일어날 것이라는 말은 아니다. 그렇지 않을 가능성이 크다. 하지만 사고실험은 다양한 표현과 방식을 통해 출판의 미래에 무엇이 중요하고 무엇이 위태로우며 무엇이 가능성의 테두리 안에 놓여 있는지 명확하게 보여줄 수 있다.

학계와 일반 부문 모두에서 늘어난 유명 작가들의 자가출판

자가출판에 발을 들여 주목할 만한 성공을 거둔 유명 작가가 한 명 있다. J. K. 롤링은 거물 작가들이 출판사를 통한 출판을 고수하는 경향이 있다는 법칙의 예외를 보여주었다. 직접 판매, 해리 포터 세계관으로 이루어진 플랫폼 포터모어(Pottermore)를 구축한 능력, 세계적인 인지도에서 롤링은 타의 추종을 불허한다. 그러나 그녀가 전자책을 직접 판매하면서도 종이책은 기존 출판사인 블룸즈버리와 리틀, 브라운을 통해 출판한다는 사실은 주목할 만하다.

하지만 세계적인 판매량이 높은 유명 작가들이 전부 직접 판매로 전향하는 미래를 상상하는 것은 어렵지 않다. 거기에는 몇 가지 이유가 있다. 첫째, 출판사는 이미 작가들을 위한 서비스의 집합체로만 여겨지고 있다. 책의 생산 사슬에서 출판사는 편집을 비롯한 일부 측면을 맡고 있지만 인쇄나 판매 같은 측면은 다른 조직들이 수행한다. 스웨덴의 보니어(Bonnier)나 이탈리아의 펠트리넬리(Feltrinelli)처럼 좀더 수직 통합된 출판사들은 판매 기능을 전반적인 사업에 통합하기도 했지만 판매는 출판사의 핵심 기능이 아니다. 때때로 출판사는 번역 및 기타 권리의 판매를 대표하기도 하지만 작가나 작가의 대리인에게 맡겨지는 경우가 흔하다. 이처럼 출판 서비스의 집중화는 균형에 도달했다. 즉, 책 산업에는 이런 식의 운영이 가장 효율적인 것처럼 보였다. 그래서 이런 서비스들의 집합은 출판사의 관습적인 형태가 되었다. 하지만 이제는 서비스의 분리 과정에 가속도가 붙고 있는 듯하다. 지금까지 살펴본 것처럼 최근에 조판이나 교정처럼 출판의 여러 다양한 기능이 전문 프리랜서 또는 마케팅이나 홍보 대행업체 같은 전문 서비스 조직에 아웃소싱되는 현상이 가속화되고 있다. 출판은 스스로 기능을 분산시키고 있다.

결국, 이 과정이 완전히 실현된다면 출판사의 여러 기능이 기업가적인 유명 작가들을 겨냥한 새로운 독립적 사업 단위로 해체될 수 있다. 편집 단위와 제작 단위, 유통 단위, 판매와 마케팅, 홍보 단위가 있을 것이다. 어쩌면 모든 부문을 관리하는 조정자 역할이 새로 생길지도 모른다. 여기에서 유명 작가들이 자가출판으로 돌아설 두번째 이유가 나온다. 바로 돈이다. 성공한 작가들은 출판사에 상당한 흑자를 달성해줄 가능성이 크다. 즉 정기적으로 베스트셀러를 내는 작가들은 출판사로부터 엄청난 돈을 받지만 여전히 그들은 출판사의 고수익 상품이자 수익원이다. 만약 출판사 내부에서처럼 효율적으로 운영되는 하위 단위가 있다면, 그 가능성은 반반이지만, 현재 출판사에게 돌아가는 잉여가치는 작가들이 자가출판으로 전향하는 재정적 동인으로 작용한다.

따라서 출판사들은 그러한 변화를 재촉하는 동시에 하향곡선을 그리게 될 것이다. 거물 작가들이 떠나면 수익에 큰 손해가 발생해 압박이 심해지므로, 효과적인 출판 능력을 방해해 더 많은 작가가 떠날 것이기 때문이다. 이러한 추세가 이미 진행되고 있다. 필요한 기술과 관리 역량도 이미 마련되어 있다. 이제는 작가들이 위험을 감수할 의지가 있는가의 문제일 뿐이다.

학술 출판도 이러한 역학이 나타날 수 있다. 다수의 모노그래프(개별 논문)와 저널 출판사들은 마틴 이브(Martin Eve)가 학문의 상징적 자본이라고 부르는 위신이 뒷받침하고 있는데 arXiv 플랫폼 같은 새로운 이니셔티브는 새로운 커뮤니케이션 수단이 견인력을 얻을 수 있음을 보여준다(Eve 2014). 이브가 지적하는 바와 같이 위신은 대용물일 뿐이고 학술 출판 분야에도 변화가 생길 수 있다. 위신의 다른 형태가 유기적으로 성장하거나 자금 조달 기관이나 학계의 권력 중심에 의해 어떤 식으로든 의무화될 수 있다. 게다가 아이비리그 종신 재직권을 받은 학자라면 비정년 교수보다 상징적 자본이 많이 필요하지 않다. 자유 그 자체로 보상이 될 것이다. 전반적으로 arXiv 같은 모델로의 전환이 이루어질까? 학자들이 공개 검토를 위해 자료를 업로드하고 게시된 자료를 온라인에서 쉽게 접근할 수 있을 것이다. 그렇게 되면 저렴한 가격으로 판매 부문에서 책의 출판과 유통 서비스를 제공하는 전문 대행업체가 등장할 수 있다. 학술 출판의 느린 수레바퀴가 연구 속도에 따라 더 빠르게 움직이게 될 것이다. 머나먼 나중의 일처럼 느껴질지 모르지만 오픈 액세스 운동으로 그러한 변화에 조금 가까이 다가섰다. 이유야 어떻든 유명 학자의 이름을 신뢰할 수 없게 된 위기가 나머지 길을 안내해줄 것이다.

당신의 독서 취향에 맞게 AI가 쓴 책

장거리 비행을 가정해보자. 영화 감상도 내키지 않고 잠도 오지 않아서 책을 읽기로 한다. 그런데 무엇을 읽을까? 새 디지털 기기에 로그인해 헬리콥터와 특공대원, 달에 사는 나치, 격정적인 로맨스, 그리고 고양이가 나오는 흥미로운 소설책을 주문한다. 불과 몇 년 전만 해도 이 조합은 아무리 정교한 검색과 추천 기술로도 찾을 수 없는 이야기였겠지만 당신은 운이 좋다. 읽기 서비스가 내장된 기기가 기존 자료를 검색하여 적합한 자료를 찾아주는 것이 아니다. 당신을 위해 직접 그런 이야기를 써준다. 몇 초 만에 정확히 9만 5,000단어의 맞춤형 소설을 내놓는다. 정말로 헬리콥터와 특공대원, 달에 사는 나치, 격정적인 로맨스, 그리고 고양이가 나오는 흥미진진한 소설이다.

이 시스템은 당신이 명시한 사항에 부합할 뿐만 아니라 당신의 독서 취향을 깊이 이해하고 있다. 당신이 과거에 구매한 책을 전부 알고 그 책과 이야기에 대한 분석 정보를 갖추고 있다. 당신이 어떤 책을 읽을 때 도중에 그냥 기기를 꺼버리는지, 또 어떤 책을 읽을 때는 취침 시간이 훨씬 지나서까지 열심히 읽는지도 기기는 안다. 이 기기는 당신이 어떤 캐릭터에 공감하는지 추측하고 당신에게 이상적인 문장 길이와 여러 요소의 어휘를 계산하며 인간 작가의 능력을 초월한다. 큰 어려움 없이 위에서 말한 소설을 뚝딱 만들어준다. 당신은 공항에서 짐을 기다리는 동안 그 나라의 경제에 관한 입문서를 기기에 요청한다. 기기가 당신의 목적에 맞춤화되고 높은 수준의 견해가 들어간 1만 단어 분량의 책을 또 써준다.

출판사들이 사라지기 시작한 것은 사실이다. 하지만 사람들은 여전히 고전을 읽고 싶어하고 출판사들은 저작권 덕분에 구간 도서를 계속 공급하고 사업을 유지한다. 하지만 그들의 시장점유율은 매년 크게 감소하고 있다. '인간이 쓴 작품만 읽는 독자'인 일부 사람들 덕분에 비록 작은 규모일지라도 작가들이 명맥을 유지한다. 오늘날 작가들의 위치는 소설이나 TV 때문에 시가 처한 처지와 비슷하다. 대부분의 독자에게 AI가 쓴 글을 읽는 것은 너무도 좋은 경험이고 비용도 너무 저렴해서 그것이 없던 시절로는 도저히 돌아갈 수 없다. 문학과 시를 비롯해 어떤 종류의 특이한 책도 훌륭하게 써서 내놓는 이 시스템의 능력을 도저히 거부할 수 없다. 물론 승자는 기술 회사들이다. 이 책들 뒤에는 데이터 우위로 압도적인 시장 선두주자가 된 어느 주요 플랫폼에 집중된 독점 소프트웨어가 자리한다. 당신은 아무런 걱정도 없이 호텔에 체크인한다. 재미있는 두 권의 책이 매우 낮은 비용으로 당신을 즐겁게 해준다. 읽기 경험의 형태는 기존과 거의 똑같지만 그 이면의 산업은 완전히 변화했다.

이것이 불가능한 시나리오라고 보는가? 확실히 현재 기술의 영역을 넘어서는 일이기는 하다. 하지만 그동안 AI는 심층 학습 신경망과 강화 학습 알고리즘을 원동력으로 점점 빠르게 발달해왔다. AI 연구소 딥마인드 (DeepMind)의 알파고 소프트웨어가 세계 바둑 챔피언을 이긴 것은 모두의 생각보다 훨씬 앞서 일어났다. 바둑의 조합은 체스보다 더 기하급수적이라 '무차별 대입 공격'으로 이기는 것은 불가능하다. 하지만 기계학습은 최적의 전략을 예측함으로써 다른 방법을 시도할 수 있다. 충분한 훈련 데이터를 바탕으로 책이라는 일련의 데이터를 기계가 모방하는 것이 결코 상상에 불과한 일만은 아니다. 매우 짧은 시간 내에 수백만 또는 수십억 번의 반복으로 빠른 개선이 이루어질 수 있다.

미래학자이자 과학자인 한스 모라벡(Hans Moravec)은 책 쓰기 같은 것이 전적으로 인간의 영역이라고 믿어서는 안 된다고 경고한다. 수학, 체스, 일반 지식 퀴즈, 바둑, 투자 결정, 의료 진단 등 우리가 한때 인간 정신의 영역이라고 믿었던 것들이 시간이 흐르면서 기계의 영역이 되었다. 소설 집필도 그렇게 되지 않을까?

책이 사라지다

만약 책이 우리 삶에서 사라지면 어떻게 될까? 잘 팔리는 카테고리와 장르가 항상 바뀐 덕분에 출판은 서부극이나 공포, 에로틱한 소설에 이르기까지 최신 유행을 좇는 전문가가 되었다. 하지만 돌이켜보았을 때 출판 시장의 많은 부분이 꾸준히 침식되어왔다는 사실을 깨닫는다면 어떨까? 벼랑 끝부분이 파도에 부딪히고 깎여 바다로 떨어지는 것처럼 말이다.

과거에 사람들은 언어 사전을 샀다. 새 학년이 시작될 때마다 사전이 학생들의 필수 준비물이었던 때도 있었다. 하지만 이제 우리는 사전을 뒤적이기보다는 온라인에서 단어를 검색한다. 컴퓨터가 문법과 철자법을 도와주어 사전의 도움이 필요 없어졌다. 이제 우리는 종이 사전이나 상용 회화집보다는 번역 프로그램을 사용한다.

정보를 찾으려는 사람들은 자동으로 온라인에 접속하므로 이제 일반적인 참고 서적은 거의 잊혔다. 온라인 검색과 위키피디아가 오래전에 백과사전과 지도책을 대체했다. 새와 곤충, 꽃, 별자리를 알려주는 앱도 있다. 예전에는 장미를 가지치기하거나 파티오를 지을 때 가정용 참고 안내서를 찾았다. DIY, 퓨즈 교환, 집 구매에도 그런 책의 도움을 받았다. 하지만 이제는 유튜브에서 거의 모든 정보를 찾아볼 수 있다. 각종 제품의 포장을 뜯는 영상도 가득하다. 이제는 생활 방식이 바뀌어 굳이 자가용을 소유하지 않거나 전자제품이 고장나도 고치지 않는 사람들이 많아졌다.

학생들은 필요한 정보가 있으면 우선 구글을 찾고 그다음에는 도서관의 온라인 데이터베이스를 이용한다. 저널은 거의 완전히 온라인으로 이동했으며, 학술 단행본 같은 특수 서적도 그 뒤를 따랐다. 출판사들의 교과서 판매량은 줄어들었지만 그렇다고 전자 교과서의 판매량이 늘어난 것도 아니었다. 기술 기업들은 학교에 하드웨어와 소프트웨어 모두를 통한 기술의 활용을 장려했다. 종이책 예산은 거의 0에 가까울 정도로 줄어들었고 이제 아이들은 학습 도구로서의 종이책에 익숙하지 않다.

요즘 사람들이 회사에서 음료수를 마시며 격의 없이 나누는 대화의 주제는 이언 매큐언(Ian McEwan)이나 도나 타트(Donna Tartt)의 최신 소설이 아니라 〈기묘한 이야기〉나 〈스파이럴〉 같은 드라마이다. 문학 소설은 다른 매체에 중요한 역할을 하지만 이제는 다소 어렵고 시간이 많이 소요되는 것으로 인식된다. 많은 작가가 TV 드라마나 영화의 대본을 쓰는 일로 전

향했다. 문학 소설의 판매량은 더욱 감소하고 장르소설은 온라인 마니아 커뮤니티의 전유물이 되었다.

4G 네트워크의 보편화로 이제는 종이로 된 여행 안내서가 필요하지 않고 위치기반서비스가 할인 혜택으로 우리를 유혹하는 가게와 레스토랑을 추천해준다. 역사 유적지나 박물관, 갤러리에서 핸드폰을 꺼내 갖다 대면 오디오로 된 설명이 나온다.

집에서는 스마트 스피커와 상호작용을 한다. 요리책의 중요성은 줄어들었고 온라인에서 완벽한 조리법을 검색할 수 있다. 사물 인터넷으로 냉장고가 재료를 식별하고 주어진 시간 안에 만들 수 있는 요리를 제안한다.

사람들은 자녀가 스크린 기기에 너무 많은 시간을 소비하는 것을 좋아하지 않으며 유명 작가들의 그림책은 여전히 인기가 높다. 하지만 아이들이 10대가 되면 정적이고 지루한 것으로 여겨진 책은 아이들의 시야에서 사라진다. 대신 청소년들은 소셜 미디어와 비디오 및 채팅, 가상현실 체험에 빠진다.

책의 서비스화

어떻게 하면 책의 구매와 읽기를 서비스로 바꿀 수 있을까? 영화 스트리밍이나 의류 소매 모델을 책 비즈니스에 적용하면 어떨까? 제품에서 서비스로의 이동이 이미 학술 저널에서는 이루어져 이용자가 온라인에서 검색 가능한 대규모 데이터베이스에 연중무휴 접근할 수 있다. 그렇다면 소설과 비소설은 어떻게 서비스화될까?

넷플릭스는 영화 및 TV 프로그램에 대한 접근 권한을 월 단위 구독으로 제공하며 다양한 기기로 시청 가능하다. 이 모델은 오프라인 DVD와

박스 세트(세트화된 영상물-역주)의 대여와 소유에 큰 타격을 주었다. 이제는 TV를 소유할 필요성을 느끼지 않는 사람들이 많다. 모바일기기로 영화와 TV를 볼 수 있기 때문이다. 좋아하는 드라마의 다음 화가 방송될 때까지 기다릴 필요 없이 한꺼번에 몰아서 볼 수도 있다.

패션 분야에서 영국 소매업체 ASOS는 고객들에게 먼저 착용해보고 결제는 나중에 할 수 있는 옵션을 제공한다. 집으로 배송된 옷 중에서 구매할 옷만 결제하면 된다. 나머지 옷들은 환불할 필요도 없이 반품한다. 탈의실이 오프라인 매장에서 집으로 옮겨졌다.

집의 책장에 꽂힌 책을 절반도 읽지 않는다면 심각한 자원 낭비가 분명하다. 독자는 이 문제를 어떻게 해결할 수 있을까? 매체의 소유가 구식의 불편한 방법이라는 인식이 커지고 있는데, 이것은 미니멀리즘 라이프스타일을 추구하는 현대인의 욕구와도 맞아떨어진다. 요즘 사람들은 물질의 소유보다 경험의 구매에 더 관심이 있다. 집에 도서관처럼 책을 잔뜩 갖추는 것은 이제 옛날이야기이다. 요즘은 얼마 안 되는 책만 소장하고 집안 분위기를 해치지 않게 책등의 색깔이 보이지 않도록 진열한다.

우리는 이미 킨들 언리미티드(Kindle Unlimited)로 책을 읽고 있다. 100만 권이 넘는 전자책과 수천 권이 넘는 오디오북을 월 정액제로 이용할 수 있다(2017년 기준 영국에서는 7.99파운드). 『해리 포터』 시리즈와 마거릿 애트우드(Margaret Atwood)의 『시녀 이야기』 같은 책도 포함된다. 매달 무작위로 선별된 종이책을 집으로 배달해주는 구독 상자도 있다. 또 어떤 모델이 가능할까? 도서관에서 월 구독 서비스로 최신 베스트셀러와 신중하게 선별한 고전문학 소설을 빌릴 수 있다고 해보자. 그러면 평생 절대로 책을 살 필요가 없을 것이다. 이는 현재 공공도서관에서 제공하는 서비스지만 재정의 압박에 놓여 있다.

선물용이나 거실을 장식하려고 책을 산다면 인쇄소에서 커피를 마시는 동안 바로 복사본이 만들어져 나오는 방법도 있을 수 있다. 집에 여러 권의 책이 배송되면 처음 몇 챕터를 무료로 읽어보고 흥미를 자극하지 않은 책들은 반품하는 방법도 있을 것이다. 이런 무료 체험 모델은 부분적으로 작가들이 자금을 지원하는 것이나 다름없다. 독자가 책을 끝까지 읽는지 여부와 상관없이 구매와 동시에 작가들에게 저작권 이용료가 지급되는 오늘날과 달리 이 시스템에서는 독자가 책을 읽어야만 지급되기 때문이다. 사용자의 피드백이 저작권 이용료를 발생시킬 뿐만 아니라 작가의 다음 작품에도 기여한다. 성공한 작가들은 독자들을 위한 직접 서비스를 개발한다. 아마존 같은 중개자 없이도 안전한 결제서비스를 제공할 수 있는 블록체인 기술 덕분에 가능하다.

수요응답형 번역

최근에 번역가의 실력과 이름이 부각되면서 그들의 작품도 더욱 두드러지게 되었다. 예를 들어 『나폴리 4부작』의 작가 엘레나 페란테(Elena Ferrante)는 대중 앞에 나서기를 꺼려 그 번역가인 앤 골드스타인(Ann Goldstein)이 작가의 얼굴을 대신하게 되었다.

번역의 중요성이 부각되면서 철저한 조사도 이루어졌다. 번역가의 작품이 비판을 받는 가장 대표적인 사례 중 하나는 맨부커 인터내셔널상을 수상한 한강의 『채식주의자』에 대한 데버라 스미스(Deborah Smith)의 번역이다. 한국어를 모르지만 영어 번역서가 마음에 들지 않았던 팀 파크스(Tim Parks 2016)와 한국어 원문을 읽고 나서 번역본과의 수많은 차이와 누락을 지적한 한국인 학자 차스 윤(Charse Yun 2017)이 데버라 스미스의 번역을 맹렬하게 비난했다. 그러나 스미스의 반응은 이러했다. '문자 그대로의 번역은 존재하지 않는다. 두 언어의 문법이 다르고 어휘도 다르고 심지어 구두점의 비중도 다르다. "창조적"이 아닌 번역은 있을 수 없다.'

AI가 번역 기술을 개선하고 도와주는 미래를 상상할 수 있을까? 튜링 테스트는 컴퓨터와 텍스트를 교환함으로써 인공지능을 판별하는 방법이다. 번역 프로그램을 사용하여 상대방과 대화를 나눌 때 기계가 아닌 인간이라고 확신하게 할 수 있을까?

초기의 구글 번역은 거대한 책 뭉치에 의존하여 번역 작업을 가능하게 만들었다. 따라서 유명한 소설의 경우 그 소설의 다양한 판본을 참조함으로써 첫 줄을 완벽하게 번역할 수 있었다. 또한, 번역가들이 여러 다양한 언어로 만든 텍스트가 포함된 국제기구의 문서도 활용했다. 덕분에 문장의 단어를 번역하는 데에는 도움이 되었지만 문맥과 의미에 대한 감각은 별로 없었다.

근래에 이르러 구글은 AI 접근방식으로 옮겨갔다. 번역 프로그램이 패턴을 찾아 그 나름의 번역을 제시하는 방법이다. 이 방법은 이미지 인식에는 효과가 있었다. 신경 네트워크에 수백만 개의 이미지가 부여되어 고양이를 알아보는 방법이 학습되었다. 이제 이것이 언어에도 통할 수 있을까? 기디언 루이스크라우스(Gideon Lewis-Kraus)는 이렇게 적는다. '만약 영어의 공간 전체와 프랑스어의 공간 전체를 차지할 수 있다면 적어도 이론상으로는, 한 공간에서 문장을 취하고 다른 공간에서 동일한 문장을 제안하도록 네트워크를 훈련시킬 수 있다. 한쪽에는 수백만 가지의 영어 문장 인풋을, 다른 쪽에는 그에 상응하는 바람직한 프랑스어 아웃풋을 부여하면 시간이 지남에 따라, 이미지 분류자가 관련 패턴들을 픽셀로 인식하듯 단어의 관련 패턴을 인식할 것이다'(Lewis-Kraus 2016). 이 기계학습 접근법은 번역 프로그램을 크게 개선해주는 효과를 보여주고 있다.

현재 문학 번역의 경로는 개별적이고 우회적이다. 예를 들어, 문자 그대로의 직역 작업을 먼저 의뢰하고 (목적 언어의) 원어민이 문장을 다듬는다. 혹은 국제 통용어가 사용되기도 한다. 비주류 언어의 번역이 다른 번역판(대개 영어판)을 통해 이루어지는 것이다. 번역의 장벽 중 하나는 비용이다. 출판사들은 공공보조금에 의지해야 하는 경우가 많다.

번역 프로그램이 더욱 발전하면 여러 언어의 출판이 훨씬 쉬워지고 비용효율성이 커질 것이다. 프로그램을 이용해 대략적인 초벌 번역 작업을 수행할 수 있다. 소설 작품에는 더 높은 수준의 개입이 필요하겠지만 그럴 필요성이 크게 줄어드는 텍스트도 있을 것이다. 다양한 언어의 책을 쉽게 이용할 수 있어 세계 문헌 접근성에 혁명이 일어날 것이다. 언젠가는 주문이 있을 때마다 번역서가 한 권씩 만들어지는 수요응답형 번역이 이루어질지도 모르는 일이다.

무료 전자책, 5배 비싼 종이책

실리콘밸리는 '정보는 자유를 원한다'고 외쳤고 출판계는 '그렇지 않다'고 대답했다. 그러나 디지털 환경에서 정보의 가격은 떨어지고 있다. 이러한 추세가 만약 무한정 계속된다면 전자책의 무료화로 이어질 상황에 출판사는 처해 있다. 이 모델은 이미 UCL출판부 또는 오픈 북 출판사들이 채택한 오픈 액세스 모노그래프 출판과 함께 등장했다.

일반 출판에서는 전자책의 가격이 종이책보다 훨씬 낮을 뿐만 아니라 시간이 갈수록 더욱 저렴해진다는 증거가 나타난다. 디지털 출판사 카넬로(Canelo)의 연구에 따르면 2016년과 2017년의 특정한 날짜를 기준으로 아마존 상위 100위에 드는 종이책의 가격은 2016년 2월에 평균 5.66파운드에서 2017년 10월에는 6.15파운드로 상승했다(Canelo 2017). 한편 상위 100위 전자책의 가격은 절반 이하 수준이었다. 2016년에 2.55파운드, 2017년에는 2.43파운드였다. 상위 10위권의 경우, 종이책의 평균 가격은 2016년에 6.25파운드, 전자책은 2.85파운드였고 2017년에는 각각 8.19파운드와 3.19파운드였다(고가로 출시된 필립 풀먼Philip Pullman과 댄 브라운Dan Brown의 작품이 2017년 전자책 평균 가격을 왜곡했다). 1위 도서는 2016년에 7.49파운드/0.99파운드, 2017년에는 9.00파운드/0.98파운드였다. 2016년 킨들 100위권 중 38권은 1파운드 이하였고, 2017년에는 1파운드 이하가 55권이나 되었다.

이 결과는 단편적인 정보일 뿐으로 일괄적인 결론 도출에 사용될 수 없지만 어떤 차트를 보더라도 전자책이 보통 0.99파운드/0.99달러의 가격으로 책정된다는 것을 알 수 있다. 소매업체가 수익을 가져가며 일부 지역에서는 부가가치세까지 지불한 후에 출판사와 작가가 수입을 배분받는다. 따라서 한 권당 수익은 미미한 수준이다. 이 상태에서 작지만 중요한 단계를 거친다면 전자책이 무료화되고 독자 구축 수단으로 활용될 수 있을 것이다. 사실 이것은 출판사들에 금시초문인 이야기가 아니다(예: 애플 아이북스의 금주의 무료 도서).

영국에서는 종이책의 판매와 가격이 하락하고 있다. 특히 가격은 2000년 이후로 크게 떨어졌다(Canelo 2017). 하지만 2014/2015년경부터 다시 상승하기 시작했다는 증거가 있다. 출판사들은 하드커버를 앞세워 종이책 가격을 올리고 있다. 종이책의 가격 하락이 가뜩이나 치열한 시장에서 전자책이 부추긴 가격 경쟁 때문이었다면 이제는 그 역학이 바뀌었다. 모든 것이 덧없는 디지털 문화 속에서 손에 잡을 수 있고 훌륭하게 잘 만들어진 종이책은 가치가 올라갈 수 있다. 기술 대기업들이 지배하는 가볍고 무한한 무료 정보의 시대에 인쇄가 해결책으로 떠오를지도 모른다. 책은 대량생산되는 일반 소비자 품목이 아니라 예전처럼 장인의 작품이 되었다. 디자인 표준, 종이 품질, 생산 가치도 덩달아 크게 상승할 수 있다.

한편 디지털 영역은 인쇄에서 분리되어 점점 고유한 세계를 구축하고 있다. 이 추세는 아마존 상위 100위 전자책과 종이책 가격의 차이에서 보이듯 전자책이 독자를 끌어모으려는 목적으로 거의 무료화되었다는 사실로 확인된다. 이제 출판은 두 개의 세계, 아니, 거의 다른 두 개의 산업이 되었다. 높은 가치와 적은 숫자로 대표되는 인쇄의 세계, 낮은 가치와 무제한 무료로 대표되는 자가출판의 세계이다.

오프라인 소매업의 소멸: 인터넷으로 팔리는 책

평범한 소도시였던 그곳에 서점의 종말이 서서히 다가왔다. 어느 날 가장 먼저 대형 체인 서점이 완전히 무너졌다. 그다음은 유서 깊은 독립 서점의 차례였다. 그러고 나서는 슈퍼마켓과 다른 주요 소매점들이 더이상 책을 입고할 가치가 없다는 결정을 내렸다. 책이 차지하는 공간에 보다 단순하고 회전 빠른 제품을 두는 것이 더 효율적이었다. 하지만 거기에서 끝나지 않았다.

결국 마지막 대형 체인 서점 하나가 남았다. 그 회사는 한동안 고심하다가 회복되었고 다시 오프라인 서점의 중심에 섰다. 유서 깊은 독립 서점을 대신해 세련된 인디 매장이 생겨났다. 커피와 음식, 문구류, 공예품을 팔고 늦은 시간까지 영업을 했다. 한동안은 모든 것이 순조로운 듯했다. 수익은 정체기에 머물렀지만 안정적이었다. 하지만 이것은 새로운 변화를 위한 과도기일 뿐이었다.

소매 경제가 점점 더 어려워졌다. 까다롭게 선별한 고급 제품과 대폭 할인된 저가 제품은 각자 틈새시장을 찾았다. 그 중간의 제품들은 큰 압박에 놓였다. 고객들이 오프라인 매장에서는 제품을 확인하고 구매는 할인가를 제공하는 인터넷 매장에서 하는 이른바 '윈도잉(windowing)' 현상이 계속되었고 조용히 심화되고 있었다. 시내 중심가에 있는 상점들이 고전을 면치 못하면서 문 닫는 곳도 늘어났다. 빈 상점이 늘어날수록 이 소도시는 황폐해졌고 손님들이 물건을 둘러보기 위해 찾아올 이유도 점점 줄어들었다.

소매업의 생명줄인 고객 수가 새어나가기 시작했다. 임대인과 위원회의 요구도 심해졌다. 결국 임대료가 인하되었지만 이미 체인 서점의 현금 유동성은 명백한 위기에 처했다. 정부의 지원 방안마저 전혀 마련되어 있지 않았다. 간혹 기업들이 구세주로 나타났지만 계산기를 굴려보고는 굳이 도와줄 가치가 없다는 결론에 이르렀다. 점점 늘어가는 빚을 갚지 못하는 처지가 되자 출판사들도 서점에 책을 주지 않았다. 체인 서점의 상태는 서서히 악화되었고 어느 날 파산에 이르렀다. 임원들이 서점을 살리려고 애썼지만 이미 시장은 다른 곳으로 옮겨간 뒤였다.

그러는 동안 인디 매장이 책에 할애하는 공간은 점점 줄어들었다. 책을 사는 사람이 없었다. 하지만 엽서와 커피는 잘 팔렸다. 책이 30종, 20종, 10종으로 점점 줄어들다가 아예 취급하지 않게 되었다. 계산대 뒤쪽에 몇 권만이 가게의 원래 모습을 기념하는 물건으로 남았다. 결국 이 소도시에는 다른 지역과 마찬가지로 중고품 가게를 제외하고 책을 파는 가게가 하나도 없게 되었다. 서점이 사라졌다. 물론 사람들은 여전히 책을 읽었지만 종이책이든 전자책이든 구매는 전부 온라인에서 이루어졌다. 그편이 훨씬 싸고 편리했다. 지역 출판사와 작가, 일부 독자는 서점이 사라진 것을 아쉬워했다. 그들은 서점이 사라진 것을 보면서 읽기와 책의 미래가 불확실해졌다고 느꼈다.

아날로그의 부활

지금의 LP와 필름 사진을 중심으로 하는 아날로그 부활 추세가 앞으로 계속된다면 어떤 일이 일어날까? 디지털음악은 여러 면에서 완벽하지만 훌륭한 사운드 시스템을 통해 LP에서 흘러나오는 따뜻한 음색과는 비교가 안 된다. 지직거리는 소리조차 진정성이 있고 LP 자체도 소중하게 보존할 가치가 있다. 디지털 다운로드는 앨범 표지의 영향력과 매력을 재현하지 못한다. 종이책은 촉각적인 경험을 제공하고 가정과 직장 생활에 스며든 스크린 기기로부터 잠시 해방되게 해준다. 우리는 종이의 향과 정성이 들어간 디자인과 타이포그래피를 음미한다.

서양인들의 건강상태가 나빠졌음을 보여주는 연구 결과가 아날로그의 유행을 가속화한다. 여러 국가에서 기대수명이 줄어들었고 모바일기기가 장기적으로 건강에 해롭다는 자료가 나와 있다. 암 발생률이 증가했고 소셜 미디어 사용은 정신 건강에 심각한 해를 끼친다. 스마트폰 사용으로 아이들의 근시 비율이 증가했다. 게다가 주의 집중력 감소로 지능의 저하도 나타난다.

실리콘밸리 임원들은 오래전부터 자녀들을 학습에 기술 사용과 모바일기기의 교실 반입이 금지된 학교에 보냈다. 소셜 미디어의 '좋아요'에 집착하는 관심경제(attention economy)가 사회를 지배하고 있고 많은 사람이 가상현실 기기를 통해 주변의 진짜 세계가 아니라 자극적인 세계와 상호작용을 한다. 이런 사회에 강한 반발이 생기고 있다.

'좋아요' 알림이 올 때마다 분비되는 도파민에 중독되는 사람들이 많아지면서 외로움, 불안, 소외감과 싸울 수 있도록 성인들에게 소셜 미디어 사용을 금지하는 프로그램이 등장했다. 1월 한 달간 술을 마시지 말자는 드라이 재뉴어리(Dry January) 캠페인과 비슷하게 정기적으로 디지털 디톡스를 시행하자는 움직임이 등장했다. 의사들은 환자에게 개인과 사회에 대한 공감 능력을 회복하는 방안으로 소설을 읽으라고 처방한다. 스크린에서 자유로워진 독자들은 책의 유익함과 즐거움을 재발견한다.

전자 기기와 서버 공간, 자율주행 자동차에 전력을 공급하려면 막대한 자원이 필요하다. 그래서 전 세계적으로 정전사태가 일어나고 있다. 끊임없이 주의를 산만하게 만드는 이메일과 소셜 미디어 때문에 우리는 어딘가에 고작 몇 초밖에 집중하지 못한다. 여러 국가에서 IQ 수치도 하락하기 시작했다. 사람들의 지성 약화가 가져올 경제 경쟁력의 약화를 우려하는 각국 정부들은 학교와 대학의 교육에 책을 다시 도입하기로 했다. 학생들은 책 한 권을 끝까지 다 읽고 토론에서 자기 견해를 드러내야 한다. 공공 도서관에 대한 투자는 경제 전반에 도움을 줄 것이다. 게다가 많은 사람이 자율주행 자동차로 출퇴근하는 동안이나 전자 기기가 없는 침실에서 혹은 예전에는 하릴없이 스마트폰만 확인하던 쉬는 시간에 독서를 즐기며 책의 즐거움을 다시 발견할 것이다. 여러 직종에서 자동화가 늘어남에 따라 책을 읽을 수 있는 여유 시간도 늘어났고 쇼핑, 청소, 정원 가꾸기 등을 로봇이 대신해주면서 가정생활에도 혁명이 일어날 것이다. 최신 사회 현상이나 어른 및 아이들에게 독서를 장려하는 방법에 대한 작가들의 견해도 크게 환영받을 것이다.

결론

앞으로 출판산업에 무슨 일이 일어날지 아무도 모른다. 방금 이야기한 일들이 전부 혹은 일부 일어날 수도 있다. 일어날 가능성이 크다고 생각할 이유는 충분하다. 하지만 예측이 몽땅 빗나갈 가능성도 있다. 그만큼 현재의 환경이 불확실하므로 열린 태도를 보이는 것만이 이성적인 반응일 것이다.

그러나 한 가지만큼은 분명하다. 지금은 인쇄기와 르네상스, 종교개혁으로 근대가 시작된 이후 책과 출판에 있어서 가장 격동적인 시대라는 것이다. 정보와 커뮤니케이션의 매체와 기술은 지난 100년 동안, 특히 지난 30년 동안 15세기의 그것과 비슷한 과도기를 겪었다. 따라서 출판산업에 한층 더 극적인 파열과 변동이 일어나리라고 예상하지 않는다면 어리석은 일이다. 그 변화를 정확하게 예측할 수는 없지만 지금 만들어지고 있는 미래를 상상해볼 수는 있으리라.

참고 문헌

Bond, David (2017). 'Children's authors pen a tale of record book sales', *Financial Times* [온라인]. https://www.ft.com/content/78d9c896-2a8b-11e7-bc4b-5528796fe35c [2018. 1. 2 검색].

Bostrom, Nick (2017). *Superintelligence: Paths, Strategies, Dangers*, Oxford: Oxford University Press.

Canelo (2017). *Literature in the 21st Century: Understanding Models of Support for Literary Fiction*, London: Arts Council England [온라인]. http://www.artscouncil.org.uk/publication/literature-21st-century-understanding-models-support-literary-fiction [2018. 1. 8 검색].

Diggs, Kallen (2016). 'The Inevitable Death of Traditional Book Publishing', *Huffington Post* [온라인]. https://www.huffingtonpost.com/kallen-diggs/the-inevitable-deathof-t_b_11469768.html [2018. 1. 20 검색].

Edmonds, David (2015). *Would You Kill the Fat Man?: The Trolley Problem and What Your Answer Tells Us about Right and Wrong*, Princeton, NJ: Princeton University Press.

Eve, Martin (2014). *Open Access and the Humanities: Contexts, Controversies and the Future*, Cambridge: Cambridge University Press.

Flood, Alison (2015). 'Sharp decline in children reading for pleasure, survey finds', *The Guardian* [온라인]. https://www.theguardian.com/books/2015/jan/09/declinechildren-reading-pleasure-survey [2018. 1. 8 검색].

Ghost, Shona (2017). 'Amazon will become a $1 trillion giant in 2018, says Morgan Stanley', *Business Insider* [온라인]. http://uk.businessinsider.com/morgan-stanley-amazon-facebook-google-trillion-dollar-company-2018-2017-11 [2018. 1. 2 검색].

Gomez, Jeff (2008). *Print is Dead: Books in Our Digital Age*, Basingstoke: Palgrave.

Harrison, Angela (2013). 'Literacy: Fewer children reading in spare time, research suggests', BBC.co.uk [온라인]. http://www.bbc.co.uk/news/education-24387523 [2018. 1. 8 검색].

Kozlowski, Mike (2016). 'Global Publishing Industry will Generate $358 billion by 2020', *Goodreader* [온라인]. https://goodereader.com/blog/e-book-news/global-publishing-industry-will-generate-358-billion-by-2020 [2018. 1. 26 검색].

Lewis-Kraus, Gideon (2016). 'The Great A.I. Awakening', *New York Times Magazine*, 12. 14.

Owen, Laura (2013). 'PwC: the U.S. consumer ebook market will be bigger than the print book market by 2017', *Gigaom* [온라인]. https://gigaom.com/2013/06/04/pwc-the-us-consumer-ebook-market-will-be-bigger-than-the-print-book-market-by-2017/[2018. 1. 2 검색].

Parks, Tim (2016). 'Raw and Cooked', *New York Review of Books*, 6. 20.

Price, Leah (2012). 'Dead Again: The Death of the Book Through the Ages', *New York Times* [온라인]. http://www.nytimes.com/2012/08/12/books/review/the-death-ofthe-book-through-the-ages.html [2018. 1. 2 검색].

Rawls, John (1971). *A Theory of Justice, Cambridge*, MA: Harvard University Press.

Ross, Alex (2017). *The Industries of the Future*, London: Simon & Schuster.

Searle, J. (1980). 'Minds, brains, and programs', *Behavioral and Brain Sciences*, 3(3), pp. 417 – 424. doi:10.1017/S0140525X00005756

Shatzkin, Mike (2018). 'A changing book business: it all seems to be flowing downhill to Amazon', The Idea Logical Company [온라인]. https://www.idea-log.com/blog/changing-book-business-seems-flowing-downhill-amazon/ [2018. 1. 26 검색].

Tetlock, Philip and Gardner, Dan (2016). *Superforecasting: The Art and Science of Prediction*, London: Random House Books.

Yun, Charse (2017). 'How the Bestseller *The Vegetarian*, translated from Han Kang's original, caused an uproar in South Korea', *Los Angeles Times*, 9. 22.

찾아보기

지은이 앵거스 필립스(Angus Phillips)

옥스퍼드브룩스대학교(Oxford Brookes University) 산하 옥스퍼드 국제 출판 센터(Oxford International Centre for Publishing) 소장이다. 그전에는 옥스퍼드대학출판부의 편집자로 출판산업에 몸담았다. 출판을 주제로 전 세계에서 강연하고 세계의 출판사들에 교육과 컨설팅을 제공했다. 프린스턴대학출판부 유럽 자문위원회(European Advisory Board of Princeton University Press) 회원이며 4년 연속 북셀러(The Bookseller)상 심사위원으로 활약했다.
저서로『페이지를 넘기며Turning the Page』(2014),『도서 출판 속으로Inside Book Publishing』 (2019, 제6판 발간) 등이 있다.

마이클 바스카(Michael Bhaskar)

작가, 디지털 출판인, 연구자, 기업가. 런던에 있는 혁신적인 출판 기업 카넬로(Canelo)를 공동 창업했고 세계의 선도적인 AI 연구소 딥마인드(DeepMind)의 전속 작가로 있다. 출판, 매체의 미래, 창조 산업, 기술의 경제를 주제로 전 세계에서 강연했다. 〈가디언〉, 〈파이낸셜 타임스〉, 〈와이어드〉 등에 글을 싣고 〈BBC 2〉, 〈BBC World Service〉, 〈BBC Radio 4〉, 〈NPR〉 등의 방송에 출연했다. 영국젊은창의적기업가협회(British Council Young Creative Entrepreneur) 회원과 프랑크푸르트 도서전 펠로우로 활동했다.
저서로 단행본『콘텐츠 기계The Content Machine』(2013),『큐레이션: 과잉의 시대와 선별의 힘 Curation: The Power of Selection in a World of Excess』(2016)이 있다.

앨리스터 매클리어리(Alistair McCleery) | 시몬 머리(Simone Murray) | 아드리안 판데르베일(Adriaan van der Weel) | 미라 T. 순다라 라잔(Mira T. Sundara Rajan) | 엘리자베스 르 루(Elizabeth le Roux) | 존 오크스(John Oakes) | 마틴 폴 이브(Martin Paul Eve) | 카를로스 A. 스콜라리(Carlos A. Scolari) | 앨버트 N. 그레코(Albert N. Greco) | 미하 코비치(Miha Kovač) | 뤼디거 비셴바르트(Rüdiger Wischenbart) | 존 B. 톰프슨(John B. Thompson) | 서맨사 J. 레이너(Samantha J. Rayner) | 모이차 K. 세바르트(Mojca K. Šebart) | 프래니아 홀(Frania Hall) | 폴 루나(Paul Luna) | 존 W. 맥스웰(John W. Maxwell) | 앨리슨 베이버스톡(Alison Baverstock) | 리넷 오언(Lynette Owen) | 앨릭스 홀츠먼(Alex Holzman) | 세라 칼리크먼 리핀콧(Sarah Kalikman Lippincott) | 닐스 페터 토마스(Niels Peter Thomas)

옮긴이 정지현

스무 살 때 남동생의 부탁으로 두툼한 신디사이저 사용설명서를 번역해준 것을 계기로 번역의 매력과 재미에 빠졌다. 대학 졸업 후 출판번역 에이전시 베네트랜스 전속 번역가로 활동 중이며 현재 미국에 거주하면서 책을 번역한다.
옮긴 책으로『불이 켜진 창문』『아주 작은 대화의 기술』『철학이 있다면 무너지지 않는다』『창조적 행위 : 존재의 방식』『스파숄트 어페어』『버드나무에 부는 바람』『예술가의 초상』『네이처 매트릭스』『타이탄의 도구들』(공역) 등 다수가 있다.

옥스퍼드 출판의 미래

세계의 전문가들이 논하는 출판의 여러 갈래

초판 1쇄 인쇄 2024년 7월 15일
초판 1쇄 발행 2024년 7월 25일

지은이 앵거스 필립스 · 마이클 바스카 외 22인
옮긴이 정지현

편집 이고호 황도옥 이희연 | 디자인 윤종윤 이주영 | 마케팅 김선진 김다정
브랜딩 함유지 함근아 고보미 박민재 김희숙 박다솔 조다현 정승민 배진성
저작권 박지영 형소진 최은진 서연주 오서영 | 모니터 이원주
제작 강신은 김동욱 이순호 | 제작처 한영문화사

펴낸곳 (주)교유당 | 펴낸이 신정민
출판등록 2019년 5월 24일 제406-2019-000052호

주소 10881 경기도 파주시 회동길 210
전화 031.955.8891(마케팅) | 031.955.2680(편집) | 031.955.8855(팩스)
전자우편 gyoyudang@munhak.com

인스타그램 @gyoyu_books | 트위터 @gyoyu_books | 페이스북 @gyoyubooks

ISBN 979-11-93710-41-8 03010